金景芳全集

第七册

上海古籍出版社

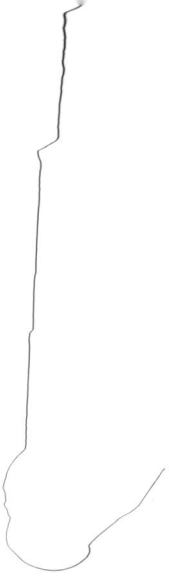

論文

目　録

子學編

第九冊

雜著編

經 學 編

研治經學之方法

自來治經，每由方法不善，墮入障惑；唐費光陰，虛耗心力，深可閔惜！茲爲正本謹始，粗定方法八條，用速來學，並冀海內賢達共商榷焉！

一、祛成見

人眼有翳，依翳起相；見几疑人，看朱成碧。成見不祛，亦心之翳也。吾心本明，可以照徹；而翳蔀之，明不外見。吾心本虛，可以受納；而翳柴之，物不得入。執其妄見，以爲實理，如夢求食，曷由得飽？昔在有漢，新承秦火，掇拾燼餘，缺簡殘編，稍稍復集；而師儒相習，蔽於緯候，汩經誣聖，以僞亂真。降及魏晉，老莊爲病，洎夫宋明，又溺釋氏。清人號稱"實事求是"，而以標榜門户，見誣兩漢，亦復不尠。大道多歧，玄珠難索，要皆成見之爲害也。晚近經學日替，學子有事於此，大抵餖飣擄攎，爲考訂之資，視同長物；求取任意，無顧本根。亦有以西土之説，曲相皮傅，爲失彌甚。重以俗矜撰述，人事刀筆，未親占畢，先議殺青，以割裂爲功夫，爲著書而學問；謂古經曰材料，詡私智曰發明，思有獲而無耕，效六經以注我。以云成見，斯爲已甚；則又衆學之隱憂，不獨經學爲然矣。

二、別正僞

經文流傳，逾二千載，疊經劫厄，正僞雜出，鑒裁不審，則將寶武夫而棄明月,祖篡竊而毀宗祊,惑纏終身,毒流來葉。吁可畏也!
《書》古文之偽,自閻氏《疏證》出而定讞;然《左氏》不傳《春秋》,人
猶訟之;至《周禮》,今日尚有目爲周公之書者,知言不其難歟? 夫
今文經皆可信,其説亦師承有自,多古之遺;然"仲尼没而微言絶,
七十子喪而大義乖",是知其所引申,不皆無失,而所坿益,尤難盡
依。昔何休解《公羊》,覃思不闚門者十有七年;組織之密,古今寡
儔。然其托意乃在"非常異義可怪之論",强合讖緯,曲解大義;真
使後人厭其説並廢其書,所失不亦多乎? 杜預號"《左傳》癖",著
《集解》,復撰《釋例》,於《土地名》、《世族譜》、《長曆》皆有編定,平
生精力,略瘁於此,足稱一家之學。江藩以名將抑之,良過(《南北
經術流派論》)。① 然《左氏》不傳《春秋》,欲通《春秋》而局守《左
氏》,已非知本;而況以劉歆之"諸凡",爲邱明之義例乎? 考其全書
指要,在"經之條貫,必出於傳;傳之義例,總歸諸凡"二語。而其鑄
成大錯,即在於此,可惜也! 總之,成家之學,其植基全在一二語,
因而醖釀融鎔,構成體系。故一是,一切是;一非,一切非。擇術洵
不可不慎也。

三、識宗趣

　　昔人有"六經皆史"之説(章學誠《文史通義·易教上》)。今之
學者,亦概視六經爲史料;慮無不分析整比爬梳鉤校,以明民族風
俗政制文物爲事,所謂經學,幾不足以自存。夫史以記事,經以明
道,各有區畛,何容相混? 自一刹那以前,宇宙間變化之迹象,謂皆
爲史,固爲不可;然因此輒謂自史以外,別無學焉,惡乎可? 抑匪特
經史有分,六經爲教,亦各不同。《禮·經解》孔子曰:"入其國,其
教可知也,其爲人也,温柔敦厚,《詩》教也;疏通知遠,《書》教也;廣

---

① (舊題)江藩:《經解入門》卷三。

博易良,《樂》教也;絜静精微,《易》教也;恭儉莊敬,《禮》教也;屬辭
比事,《春秋》教也。"《莊子·天下》曰:"《詩》以道志,《書》以道事,
《禮》以道行,《樂》以道和,《易》以道陰陽,《春秋》以道名分。"故一
學有一學之特質,亦即治一學有治一學之方法。學者治經,宜首識
宗趣,次議摶研;如振裘必挈其領,張網必提其綱。夫如是,方免於
紛馳旁騖、汎濫無歸,而有散錢得串、左右逢源之樂矣。

四、觀會通

　　六經爲孔子精神所寄,而孔子曰:"吾道一以貫之。"故研治經
學,貴能觀其會通,尋究一貫所在;而不宜執滯末節,自安拘墟。一
貫之義,或難言之。余謂凡名一家之學,皆有其得力處,以爲思想
核心;而融貫錯綜,旁魄布濩,構成體系,如礦物之結晶,動植之成
長,渾然有獨具之形性,而非搏湊,是即所謂一貫。豈惟孔子,古今
中外之哲人,莫不爾也。夫六經齊軌,爲教各殊。而《春秋》"據魯、
親周、故殷";《詩》錄魯周商三頌;《書》有三科之條(虞夏爲一科,商
爲一科,周爲一科,《書·堯典》疏引鄭玄《書贊》)。符驗灼然,非一
貫而何? 蓋孔子之道,本於天而一於仁。仁之施也,親疏有等,貴
賤有衰,等衰之數,禮也;時措而宜,義也。總仁禮義,是謂善。知
善,智也,四德咸得,天之道也。董仲舒曰:"道之大原出於天。"
(《賢良對策》)又曰:"《春秋》之道,奉天而法古。"(《春秋繁露·楚
莊王》)今觀《春秋》,自世而衰,則"所見異辭,所聞異辭,所傳聞異
辭"(《公羊》隱元年、桓二年、哀十四年,凡三見)。自地而衰,則"内
其國而外諸夏,内諸夏而外夷狄"。(《公羊》成十五年)自重而衰,
則"州不若國,國不若氏,氏不若人,人不若名,名不若字,字不若
子"(《公羊》莊十年)。莫不裁之禮義,要之以仁;而復斟酌尊親,
"據魯親周故殷,運之三代"(《史記·孔子世家》),惟義精而仁熟,
故仁至而義盡。六經大義,總攝於此。得其宗要,則條貫秩然;昧

其指歸，則觸塗成滯；學者宜知所當務矣。

五、明家法

漢儒傳經，不獨今古文異撰；即同屬今文，如《詩》，魯、齊、韓；《書》，歐陽、大小夏侯；《易》，施、孟、梁丘、京，亦各有封域，不能相通，師弟謹守，尠有越畔。是以後人治經，須務究明家法。家法明，則條貫得，而是非可考。否則擿埴索塗，冥行而已，無由得入。特不宜黨枯護朽，入主出奴，以守家法爲盡其能事耳。

六、尊古説

學問以是非爲斷，而不在於古不古。然六經成於仲尼，七十子之徒，親侍杖屨，所聞爲切。且各以所學，傳授後進，往往不絶，緒言餘論，漢時猶有存者。故清人治經，返求兩漢，未爲無見。夫世代相接，則習俗多同；篆籀初更，則音訓易考，此古説之所以可尊也。然以古説可尊，而盲目以從，不加料簡；將碔砆與璵璠齊收，蕭艾共芝蘭並采，終病踳駁，未獲一是，斯又不可不知也。

七、重參稽

莊周謂“以參爲驗，以稽爲決”（《莊子·天下》），清儒治經有焉。戴震曰：“有十分之見，有未至十分之見。所謂十分之見，必徵之古而靡不條貫，合諸道而不留餘議，鉅細畢究，本末兼察。若夫依於傳聞以擬其是，擇於衆説以裁其優，出於空言以定其論，據於孤證以信其通。雖溯流可以知源，不目睹淵泉所導；循根可以達杪，不手披枝肄所歧，皆未至十分之見也。”（《與姚孝廉姬傳書》）數語極精，有清一代考據精神，已具於此。斯爲試之已效者，宜保存勿失也。

八、闕疑殆

　　古書難讀，必假徑於注疏。而先儒解經，每於不可通處，傅會穿鑿，以飾其愚；重增障縛，爲經大害。孔子曰："知之爲知之，不知爲不知，是知也。"（《論語·爲政》）又曰："蓋有不知而作之者，我無是也。"（同上《述而》）又曰："君子於其所不知，蓋闕如也。"（同上《子路》）又曰："吾猶及史之闕文也。"（同上《衛靈公》）又曰："多聞闕疑，慎言其餘，則寡尤；多見闕殆，慎行其餘，則寡悔。"（同上《爲政》）漢儒惟魯詩，能守斯義。如申公爲《詩經》訓故，疑者則闕弗傳，王式曰聞之於師具是矣。唐生、褚生誦説有法，疑者丘蓋不言。下此則晉陶淵明"讀書不求甚解"，庶乎近之。蓋必"渙然冰釋，怡然理順"，乃所謂解。若求甚解，舍穿鑿末由也；自欺欺人，何如不解之爲愈？然觀今人猶多不免蹈不能闕疑之弊，故不憚煩，舉闕疑殆一條，繫之末焉。

　　以上八條，一二五六，相因以相濟；三四七八，相反而相成。蓋必成見祛，乃能別正譌；亦惟家法明，方知尊古説。至識宗趣，則瞭解一經之特殊性；觀會通，則發見六經之共同性；同而知其異，睽而知其通，本末兼該，體用一貫。而復參驗稽決，疑殆闕之，雖或未至，所失蓋寡。方今國體民主，思想自由，席清儒之厚業，有西學爲借鑑，不務求之則已，如務求之，定能事半而功倍。然而方國殊情，質文代易，食古貴化，膠柱難調。大抵清人治經，專博有餘而通精不足；而西學則衹可爲他山之助，而不可舍己徇之，削足以適屨，此又學者所當知也。

　　　　（四川三臺：東北大學《志林》學刊，1944 年 5 月）

經學與史學

經學、史學是兩種不同的學問，各有各自的領域，各有各自的研究對象、內容、方法和目的。本文主要是站在史學的立場上，着眼於二者的關係，想説明經學對於史學，特別是經學對於研究中國古代史的重要性和必要性。

經學是研究儒家經典的學問。儒家經典以孔子所傳授的六藝爲基礎，包括後人詮釋六藝的傳注説記等等。經是與傳對立的名稱。有傳然後有經，也同有子然後有父。章學誠説："依經而有傳，對人而有我，是經傳人我之名，起於勢之不得已，而非其質本爾也。"（《文史通義·經解上》）這個説法是對的。但是經之名產生之後，由於它多是權威的作品，因而又產生了新的意義。《博物志》説："聖人制作曰經，賢人著述曰傳。"這種説法也是有道理的。在經學中，舊有"六經"、"五經"、"九經"、"十二經"、"十三經"等等名稱。"六經"是指孔子所傳授的"六藝"，即《詩》、《書》、《禮》、《樂》、《易》、《春秋》來説的。至漢《樂》亡，置五經博士，是"五經"之名所由起。至唐以"三禮"、"三傳"合《詩》、《書》、《易》爲"九經"。文宗開成間刻石國學，又並以《孝經》、《論語》、《爾雅》爲"十二經"。宋刻《孟子》於經部，是爲"十三經"。世所稱"九經"、"十二經"、"十三經"，實際上不盡是孔子之書，裏邊雜有七十子後學及與此有關的著述，實是六藝之支流餘裔。今日我們研究經學與過去在封建社會、半殖民地半封建社會時期研究經學根本不同。那個時期研究經學，是把經學的思想觀點作爲人們政治生活和社會生活的最高準則，今日研究經學則不然，乃是把它作爲中華民族歷史文化遺產的一部分。由於它們是用古代語言寫的,研究它們也要從訓詁名物開始。但是我們的目的在於批判繼承,而不在其他。

史學所包括的範圍至爲廣博,舉凡古今中外一切通史、斷代史、專門史以及史學理論、史學方法等等,都屬於史學範圍。今日我們研究史學也與舊日不同。今日研究史學,不獨以才、學、識見長,更重要的要從歷史實際出發,應用馬克思主義作指導,闡明歷史發展規律,從而爲當前的政治服務。從歷史實際出發,就要求占有大量的史料,不論是地上的、地下的,正統的、非正統的,都不應輕易放過。基於上述觀點,研究中國古代史就不能不對經學予以足够的重視。過去在民主革命時期,我們曾經反對“尊孔讀經”。爲什麽呢? 因爲當時尊孔讀經是與反對革命、維護封建地主階級的統治聯繫在一起的。正如李大釗説的“余之掊擊孔子,非掊擊孔子本身,乃掊擊孔子爲歷代君主所雕塑之偶像的權威也;非掊擊孔子,乃掊擊專制政治之靈魂也”。[①] 當然,今天如果有人假借研究經學之名,而企圖復辟封建主義,我們同樣要堅決反對。假如不是這樣,而是爲了批判地繼承祖國歷史文化遺產,爲了研究中國古代歷史而研究經學,就不但不應該反對,而且應該提倡。根據我多年從事中國古代史研究的經驗,準備在這裏着重地談談研究經學對於史學的重要性和必要性。

一、解決中國原始社會與奴隸社會分期問題,
不可不研究經學

《禮記・禮運》篇首有孔子一段話,原文如下:

孔子曰:大道之行也,與三代之英,丘未之逮也,而有

[①] 《李大釗全集》,第 80 頁。

志焉。

　　大道之行也，天下爲公，選賢與能，講信修睦。故人不獨親其親，不獨子其子，使老有所終，壯有所用，幼有所長，矜寡孤獨廢疾者皆有所養，男有分，女有歸。貨惡其棄於地也，不必藏於己；力惡其不出於身也，不必爲己。是故謀閉而不興，盜竊亂賊而不作，故外戶而不閉，是謂大同。

　　今大道既隱，天下爲家，各親其親，各子其子，貨力爲己。大人世及以爲禮，城郭溝池以爲固，禮義以爲紀，以正君臣，以篤父子，以睦兄弟，以和夫婦，以設制度，以立田里，以賢勇知，以功爲己。故謀用是作，而兵由此起。禹、湯、文、武、成王、周公，由此其選也。此六君子者，未有不謹於禮者也，以著其義，以考其信，著有過，刑仁講讓，示民有常。如有不由此者，在勢者去，衆以爲殃，是謂小康。

　　這段話，王應麟《困學紀聞》卷五説："《禮運》，致堂胡氏云：'子游作。'呂成公謂'蜡賓之嘆，前輩疑之，以爲非孔子語。不獨親其親，子其子，而以堯舜禹湯爲小康，是老聃、墨氏之論'。朱文公謂'程子論堯舜事業非聖人不能，三王之事，大賢可爲，恐亦微有此意。但記中分裂太甚，幾以帝王爲有二道，則有病'。"是宋人多不相信這段話是孔子説的。其所以不相信，是由於他們認爲這是理想，不是史實。孔子是不會把理想説成史實的。解放前呂思勉著《經子解題》也説："《禮運》首節述大同之治，實孔門最高理想。"[1]解放後郭沫若同志著《奴隸制時代》引了《禮運》"大同"一節後説："雖然被充分理想化了，但在大體上是反映了原始氏族社會的現

　　　[1]　商務印書館，1929年，第53頁。

實。"引了"小康"一節後説:"由原始公社制轉變爲奴隸制這在中國是在唐虞時代以後出現的,《禮運》所謂'小康'之世,大抵和這相當。"①郭説"充分被理想化了",意思還有保留,但基本上是肯定了這是事實。范文瀾同志《中國通史簡編》第一編修訂本引了"大同"一節後説:"產生在封建社會而又極端擁護封建制度的儒家學派,如果不是依據古代傳聞,不能虛構出'大同'的思想。原始公社制確在遠古存在着,這也是一個證據。"②范説比郭説更前進一步,似乎完全肯定了這是事實。然而最近出版的新編《辭海》於"大同"條下依舊説是"儒家宣揚的理想社會"。也就是説,直至今日,《禮運》篇首孔子的這段話是理想還是史實,問題還沒有解決。古人不相信歷史上曾經有過一個無階級的社會,是可以原諒的。今日學習了馬克思主義理論,還不相信這一點,就不應該了。我們學習了馬克思主義理論,讀了摩爾根《古代社會》和恩格斯《家庭、私有制和國家的起源》以後,應該看到孔子的這段話驚人地反映了遠古社會的真實情況。不僅如此,還明確地指出中國原始社會與奴隸社會的分界綫,應劃在夏初。如果具體地加以分析,可以看出以下幾方面的情形:

"天下爲公,選賢與能,講信修睦",講的是社會情況。"天下"這個概念在不同的歷史時期有着不同的內容。這裏的"天下",不但不能用我們今日所説的"天下"來理解,也不能用下文"天下爲家"的"天下"來理解。恩格斯講到原始時代的部落説:"部落始終是人們的界限,無論對別一部落的人來説或者對他們自己來説都是如此。"又説:"凡是部落以外的,便是不受法律保護的。"③所以,這裏的"天下"至多祇能是一個部落。"選賢與能,講信修睦"反映

① 人民出版社,1977年,第15頁。
② 人民出版社,1953年,第23頁。
③ 《馬克思恩格斯全集》第21卷,第112頁。

這時沒有階級,執行社會職能的氏族部落首長是由選舉產生的,氏族集團之間講求忠信和睦,沒有戰爭。

"故人不獨親其親,不獨子其子",講的是家庭情況,反映這時是母系氏族的群婚家庭,而不是父系氏族的一夫一妻家庭。

"貨惡其棄於地也,不必藏於己;力惡其不出於身也,不必爲己",講的是經濟情況,反映這時的經濟是原始共産制的經濟,人們沒有私有觀念。

"是故謀閉而不興,盗竊亂賊而不作",反映這時沒有階級和階級鬥爭。

自"今大道既隱"至"是謂小康",講的是國家出現以後的情況。

"各親其親,各子其子",講的是家庭情況,反映這時的家庭是父權制的一夫一妻家庭。

"貨力爲己",講的是經濟情況,反映這時是私有制經濟。

"大人世及以爲禮"至"以功爲己",講的是社會政治情況,反映這時國家已經出現,階級統治工具相當完備。

"故謀用是作,而兵由此起",講的是階級鬥爭,反映這時不但産生了階級,而且階級鬥爭日益加劇。

"禹、湯、文、武、成王、周公,由此其選也",實際上是把禹、湯、文、武、成王、周公六人看作是奴隸社會的代表人物,而把中國奴隸社會與原始社會的界綫劃在夏初。

孔子顯然是不懂歷史唯物主義的。假如没有事實根據,他怎能虛構出這些東西呢?孔子在這裏明明説"而有志焉","志"就是記載。可惜許多人硬是不相信,因而不能不影響了人們對中國古史的正確理解。事實上,《禮運》篇首孔子的這段話,是中國古代史研究者瞭解中國原始社會以及中國原始社會與奴隸社會分期的極爲珍貴的史料。

不僅《禮運》篇首有孔子的這段話,《孟子·萬章上》述孔子語,説"唐虞禪,夏后殷周繼,其義一也",同樣是説明這個問題的。

"禪"是民主選舉,"繼"是世襲繼承。"禪"與"繼"的不同,正反映兩個歷史時代的不同。

總之,解決中國原始社會與奴隸社會的分期問題,舍研究經學而他求,簡直是"閉塞眼睛捉麻雀"。這樣做,並不説明怎麼聰明,而是愚蠢可笑的。

二、解決中國奴隸社會内部的階段問題,不可不研究經學

《論語・季氏》有"孔子曰:天下有道,則禮樂征伐自天子出。天下無道,則禮樂征伐自諸侯出"。實際上這是在周平王東遷之際劃了一個分界綫。東遷以前,爲禮樂征伐自天子出的時期;東遷以後,爲禮樂征伐自諸侯出的時期。禮樂征伐代表最高政治權力,這種政治權力是由天子來掌握還是由諸侯來掌握,恰恰反映中國奴隸社會是在上升時期還是在走下坡路。當然,戰國是孔子所不及見的。不過孔子的這種看法是符合歷史發展的真實情況的,可以作爲中國奴隸社會内部分段的依據。

對於夏殷周三代的不同特點,孔子也作過研究。《論語・爲政》有"子曰:'殷因於夏禮,所損益可知也;周因於殷禮,所損益可知也。'"

《禮記・禮運》有"孔子曰:'我欲觀夏道,是故之杞,而不足徵也,吾得《夏時》焉;我欲觀殷道,是故之宋,而不足徵也,吾得《坤乾》焉;《坤乾》之義,《夏時》之等,吾以是觀之。'"

《論語・八佾》有"子曰:'周監於二代,郁郁乎文哉,吾從周。'"

從上述三條材料可以看到,孔子對夏、殷、周三代的歷史做過認真的研究,並不以原有知識爲滿足,而且"之杞""之宋"做過實地調查。在調查中間,不是信任口説,而是特別重視文字材料。尤其像《坤乾》、《夏時》這樣的材料,在哲學上、政治上是有極其重要的時代特徵的。所以,孔子説"周監於二代,郁郁乎文哉",這決不是

一句空話,而是有具體内容的。他是在仔細地考察了三代歷史以後所得出的符合實際的結論。

《禮記·表記》有"子曰:'夏道尊命,事鬼敬神而遠之,……殷人尊神,率民以事神,……周人尊禮尚施,事鬼敬神而遠之。'"這是孔子研究了夏、殷、周三代社會以後在意識形態方面所得出的精確的評語。可惜,當前史學界、哲學界對孔子這個評語重視不够,例如有人談哲學史就武斷地説"奴隸制的哲學上層建築是宗教神學"。其實這樣説法是從概念出發,而不是從歷史實際出發。説殷代的哲學上層建築是"宗教神學",是可以的。説周代的哲學上層建築也是"宗教神學",就很不妥當。周代社會思想的特點是"重禮尚施",這一點可以在古書上找到大量材料來證明。禮的主要内容是親親尊尊,即正確處理當時社會在政治生活和社會生活中存在的血緣關係和階級關係,亦即把人事放在第一位,而不是把鬼神放在第一位,對於鬼神采取了敬而遠之的辦法。"遠之"就表明不相信有鬼神,"敬"則表明鬼神還可以利用,所以"事鬼敬神而遠之"這句話不應理解爲認識問題,而是有另外的原因。具體説,這是屬於政治問題。荀子説得好,"雩而雨,何也? 曰:無何也,猶不雩而雨也。日月食而救之,天旱而雩,卜筮然後決大事,非以爲得求也,以文之也。故君子以爲文,而百姓以爲神。以爲文則吉,以爲神則凶"(《荀子·天論》)。荀子真能瞭解到此中的秘密。什麽叫做"以爲文"? 實際上就是説當時統治階級利用鬼神爲政治服務。《國語·周語上》説"古者先王既有天下,又崇立於上帝明神而敬事之,於是乎有朝日、夕月,以教民事君",恰足以證明這一點。周初統治階級中的人物,如周公,儘管不相信有鬼神,但在當時的歷史條件下,既不能廢除宗教,也不能宣傳無神論,對鬼神祇能是敬而遠之。證明孔子的言論是可信的,應當重視。

所以,解決中國奴隸社會的内部分段問題,不可以不研究經學。

三、解決宗法問題，不可不研究經學

　　宗法是奴隸社會和封建社會共有的現象。但在中國奴隸社會的宗法比較典型。這種典型的宗法是符合歷史發展規律的。恩格斯説："一定歷史時代和一定地區内的人們生活於其下的社會制度，受着兩種生産的制約：一方面受勞動的發展階段的制約，另一方面受家庭發展的階段的制約。勞動愈不發展，勞動産品的數量、從而社會的財富愈受限制，社會制度就愈是在較大程度上受血族關係的支配。"①中國奴隸社會剛剛從原始社會脱胎出來，勞動還不發展。毫不奇怪，社會制度在較大程度上受血族關係的支配。但是中國典型的宗法制度爲什麽在周代即在中國奴隸社會全盛時期出現呢？這是因爲典型的宗法制度，反映發展到一定程度上的兩種社會關係，一種是血族關係，另一種是階級關係。經學上所謂"殷道親親，周道尊尊"對於回答這個問題有極重要的參考價值。《史記・梁孝王世家》褚先生補載竇太后説："吾聞殷道親親，周道尊尊，其義一也。"袁盎諸大臣通經術者解釋説："殷道親親者立弟，周道尊尊者立子。殷道質，質者法天，親其所親，故立弟。周道文，文者法地，尊者敬也，敬其本始，故立長子。周道太子死，立嫡孫，殷道太子死，立其弟。"《春秋公羊傳》隱公七年："齊侯使其弟年來聘。其稱弟何？母弟稱弟，母兄稱兄。"何休注説："分別同母者，《春秋》變周之文，從殷之質。質家親親，明當親厚異於群公子也。"這是"殷道親親，周道尊尊"二語明見於經學古籍中的。古人談"殷道親親，周道尊尊"，主要是從君位繼承制這方面來談的。其實這裏涉及重母統還是重父統的問題。《禮記・表記》説："母親而不尊，父尊而不親。"殷道親親，反映殷代社會母權制還有不少的殘

---

　　① 《馬克思恩格斯全集》第21卷，第30頁。

餘。鄭慧生《卜辭中貴婦的社會地位考述》一文説，"到了西周以後，氏族社會中婦女地位的獨立性降低了"，"但商代從母系氏族社會中來，婦女的社會地位，還没有一下淪落到底。所以在商代的政治、經濟、思想領域中，都還保存了一些母系氏族社會的遺迹，至少貴族婦女還有一定的宗法、經濟、軍事、政治權利。這權利雖然已經不大，但仍居於周代及其以後歷代婦女地位之上"。① 這些事實是古人説"殷道親親"的確證。至周則父權處於絕對優勢。《禮記·喪服四制》説："資於事父以事母而愛同。天無二日，土無二王，國無二君，家無二尊，以一治之也，故父在爲母齊衰期者，見無二尊也。"《禮記·喪服傳》説："婦人有三從之義，無專用之道。故未嫁從父，既嫁從夫，夫死從子。故父者子之天也，夫者妻之天也。"這是"周道尊尊"爲重父統的確證。正由於周人重父統，所以産生了嫡長子繼承制，正由於實行嫡長子繼承制，所以産生了宗法。宗法是爲不繼承君位的王子或公子而設的，使別於君統，而另立宗統。對於爲君者來説，一方面不令族人與君位相對抗，另一方面又要得到族人對君位的支持。血族關係在當時依然是一種不可忽視的力量。司馬談説："法家不別親疏，不殊貴賤，一斷於法，則親親尊尊之恩絶矣。"(《史記·太史公自序》)也就是説，衹有進入封建社會，在政治生活和社會生活中，血族關係才大大削弱。所以宗法制度的最重要的關鍵在於"別子爲祖，繼別爲宗，繼禰者爲小宗"。"別子"之得名，就在於區別於君統，另立宗統。"子"的意思，表明他是先君之子；"別"的意思，表明他有別於今君。"別子爲祖"的整個意思表明別子是宗統的初祖。"繼別爲宗"表明宗子是繼承別子的。不繼承別子，即不在宗法範圍之内。然而今日講宗法的卻有許多人説："天子是天下之大宗"，"諸侯是一國的大宗"。這顯然是不對的。天子、諸侯都有君位，不是別子或別子之子孫，怎能

① 《歷史研究》1981年第6期，第29~35頁。

成爲宗法中人？古人如梅福説：“諸侯奪宗。”(《漢書•梅福傳》)孫
毓説：“國君不統宗。”(《詩•公劉》疏)賈公彦説：“君是絶宗之人。”
(《儀禮•喪服》疏)都是對這個問題極正確的理解。今人多不之
察,究其原因,顯然是不研究經學之過。

四、解決井田問題,不可不研究經學

　　井田制的特點是土地分配給單個家庭並定期實行重新分配。
它不同於原始社會時期的氏族公社和共産制家庭公社的制度,也
不同於中國封建社會時期的制度。因爲氏族公社和家庭公社不但
土地公有,土地上的勞動産品也公有。中國封建社會時期,土地和
土地上的勞動産品都爲私人所有。井田制則不然。土地公有,分
配給單個家庭那份土地的勞動産品則歸這個家庭所有。所以,井
田制具有兩重性。這個兩重性正如馬克思所説的,成爲“以公有制
爲基礎的社會向以私有制爲基礎的社會的過渡”。[1]　就中國歷史
來説,則有井田制的社會正是由原始社會向封建社會發展的中間
環節,因而它成爲中國奴隸社會土地制度的基本特點。井田制和
宗法制一樣,都是原始社會進一步向前發展的合乎規律的形態。
井田制是由土地公有向土地私有過渡的中間環節,宗法制是由以
血族團體爲基礎的社會向完全以地區團體爲基礎的社會過渡的中
間環節。否定它們就是否定中國奴隸社會的存在。過去有人否定
井田制,認爲孟子所説的井田制是“烏托邦”,理由是“豆腐乾塊的
井田制度是不可能的”。[2]　他説“不可能”的根據是什麽呢？他的
根據不是客觀事實,而是主觀想象。凡是不符合主觀想象的,就認
爲不存在,這是地地道道的唯心主義哲學。然而事實上卻證明這

---

①　《馬克思恩格斯全集》第 19 卷,第 450 頁。

②　《井田制有無之研究》,華通書局,1930 年,第 2~3 頁。

個"豆腐乾塊"形態的井田制是歷史的必然。不但中國有，西歐也有。馬克思在《維·伊·查蘇利奇的復信草稿》裏所説的"棋盤狀耕地"，恩格斯在《馬爾克》一文裏所説的"狹長帶狀地塊"，同中國的井田制從本質上説是完全一致的。所以，研究中國奴隸社會的土地制度而否定井田制，否定《孟子》、《周禮》等一些經學中的記載，猶航斷港絶潢而蘄至於海，是不可能達到目的地的。

五、解決中國哲學史中天的問題，不可不研究經學

中國古書上有許多有關天的名詞概念，例如天子、天道、天命、天討、天罰等等。對於這些名詞概念究竟應怎樣理解才是正確的，成爲中國哲學史中一個大問題。我的意見，要想從根本上解決這個問題，不可不研究經學。

經學中在《尚書·堯典》裏用了很大的篇幅來談"欽若昊天"的問題。孔子稱讚堯的偉大，主要在"唯天爲大，唯堯則之"（《論語·泰伯》）。堯禪位於舜，別的都不説，祇説了"天之曆數在爾躬"（《論語·堯曰》）。舜禪位於禹，又把這句重複一遍。那麼，在堯以前有人提出過天的問題没有？從孔子説"唯天爲大，唯堯則之"看來，似乎没有。不然，孔子爲什麼用了兩個"唯"字呢？堯以前之所以没有人提到天的問題，很可能當時還没有天這個概念。原因一，中國古代在曆法上最早有"火正"，即設專職人員觀察心宿二的變化以確定季節。《左傳》襄公九年説："陶唐氏火正閼伯居商丘，祀大火，而火紀時焉。"是其證。後世如《詩·豳風》説："七月流火。"《左傳》僖公五年説："火中成軍。"昭公三年説："火中寒暑乃退。"哀公十二年説："今火猶西流。"等等，都是遠古實行火曆的遺迹。二，部落時代，人們所重視的是地方神即社稷，還没有天這樣的統一的概念。祇是至堯做部落聯盟首長時才有"乃命羲和，欽若昊天，曆象日月星辰，敬授人時"之事，在曆法上作了重大的改革。《吕氏春秋·勿

躬》説："羲和作占日，尚儀作占月。"羲和、尚儀都應是堯時負責改革曆法的人。"占日"就是觀測太陽，"占月"就是觀測月亮。這是造作新曆的最基本的工作。新曆制成用以"敬授人時"，於是一切政治、經濟、官方、民間，都可以按照新曆所規定的日程辦事，因而能達到"允釐百工，庶績咸熙"的效果。所以，堯的制定新曆，頒佈執行，官民稱便，成爲歷史上的創舉，影響極大。正因爲這樣，所以羲和、尚儀（嫦娥）都變成了神話中的人物。堯禪位於舜時所説的"天之曆數在爾躬"，實際上就是把每年頒行新曆作爲掌握政權的標誌。後世所謂朔政或頒朔，實自這時開始。《春秋》文公十六年書"夏五月公四不視朔"。《論語·八佾》説："子貢欲去告朔之餼羊，子曰：賜也，爾愛其羊，我愛其禮。"表明朔政之制至春秋時已變成具文，最後必然歸於廢除。然而在堯時卻是一件了不起的大事。孔子所説的"唯天爲大，唯堯則之"，顯然就是指這個事實。這個天包括日月星辰全部，所以稱爲昊天。前人釋昊天爲"元氣廣大"，無疑是對的。《書·皋陶謨》説："無曠庶官，天工人其代之。天敍有典，敕我五典五惇哉！天秩有禮，自我五禮有庸哉！同寅協恭和衷哉！天命有德，五服五章哉！天討有罪，五刑五用哉！政事懋哉！懋哉！"這些天敍、天秩、天命、天討等等就是所謂"天工人其代之"的事實。後此如《甘誓》説："今予惟恭行天之罰。"《湯誓》説"天命殛之"、"致天之罰"，《牧誓》説"今予發惟恭行天之罰"等等，這些"天命"、"天罰"，很明顯就是《皋陶謨》所説的"天命"、"天討"。語其根源，則不能不上溯至堯之則天。其他如天子的名稱，最初當然也是從則天這一事實演變而來的。儘管後世應用這類名詞概念有種種不同的理解，然而對這個問題如果溯本窮源，就不能不研究經學。有人僅憑幾條卜辭便斷言"凡是殷代的舊有的典籍如果有對至上神稱天的地方，都是不能信任的東西"，顯然是不足信據的。

六、解決中國古代的官制、禮制、
兵制、學制等問題,不可不研究經學

經學中所論及的問題非常廣泛,且多屬歷史上重大問題。它是經過有文化修養的人物前後相繼,長期進行研究總結所獲得的知識。儘管對於一些問題還沒有作過分門別類的研究,然而事實上是全面的、系統的。經過綜合研究,不難恢復其全貌。因此,關於中國古代的官制、禮制、兵制、學制等問題,都可以依賴研究經學來解決。不僅如此,經學論述古制裏邊還有很多精卓的見解。例如《禮記·昏義》説:"男女有别,而後夫婦有義;夫婦有義,而後父子有親;父子有親,而後君臣有正。故曰,昏禮者,禮之本也。"又《郊特牲》説:"男女有别,然後父子親;父子親,然後義生;義生,然後禮作;禮作,然後萬物安。"《易·序卦》説:"有天地然後有萬物,有萬物然後有男女,有男女然後有夫婦,有夫婦然後有父子,有父子然後有君臣,有君臣然後有上下,有上下然後禮義有所錯。"這些言論所説的基本内容,同恩格斯所説:"在歷史上出現的最初的階級對立,是同個體婚制下的夫妻間的對抗的發展同時發生的,而最初的階級壓迫是同男性對女性的奴役同時發生的。……個體婚制是文明社會的細胞形態,根據這種形態,我們可以研究文明社會内部充分發展着的對立和矛盾的本來性質。"[1]從本質上説是一致的。所謂"夫婦有義"和"父子親然後義生",這個義,不是别的,就是階級關係。這種見解,何等珍貴!有人堅持"謚法之興,當在戰國時代",完全不顧《禮記·檀弓上》説"幼名、冠字,五十以伯仲,死謚,周道也"和《史記·秦始皇本紀》説"朕聞太古有號無謚,中古有號,死而以行爲謚,如此則子議父,臣議君也,甚無謂,朕弗取焉。

---

① 《馬克思恩格斯全集》第 21 卷,第 78 頁。

自今已來,除諡法"的明文以及古書上所記載的大量事實。這種做法顯然不是正確對待歷史的做法。今日研究古史,例如井田問題、宗法問題,長期得不到解決,其原因固然由於鄙視經學,其他問題,也多如此。可見,解決許多中國古史問題,確實都不可不研究經學。

(《歷史研究》1984 年第 1 期)

六經與中國文化

　　"六經"爲《詩》《書》《禮》《樂》《易》《春秋》六部書的總名,是春秋時孔子編著的。六經在中國典籍中是最著名、影響最大的一種。如果從文化這個角度來看,可以說它是自堯舜以來幾代文化的總結,同時在一定程度上又可以說它對後世從兩漢到明清各個時代的文化起着規範作用。

　　六經原名"六藝",六經之名是後起的。《史記·孔子世家》說:"孔子以詩書禮樂教,弟子蓋三千焉,身通六藝者七十有二人",又說:"自天子王侯,中國言六藝者折中于夫子",是其證。

　　六藝中的禮樂詩書,很早以前,士子就用以爲教,例如《左傳·僖公二十七年》說:郤縠"悦禮樂而敦詩書"即其事。當然郤縠所學的禮樂詩書,與孔子所編著六藝中的禮樂詩書不會完全一致。關於六藝總的功能及其各自的特點,應如《史記·滑稽列傳》引述孔子的話說:"六藝於治一也,禮以節人,樂以發和,書以道事,詩以達意,易以神化,春秋以道義。"大意是說,六藝都是爲當時的政治服務的。具體說,禮是規範人們的行動的,樂是發揮人們的中和之氣的,書是記述歷史事實的,詩是表達思想感情的,易是講變化的(包括自然和社會的變化),春秋是講述義的,就是說人們所有一切的思想行動都應按照一定的準則辦事。《荀子·勸學》說:"禮樂法而不說,詩書故而不切",這是又就禮樂與詩書二者合起看,而辨明其爲用的不同。"法"是說它是現實的行爲準則,"而不說"是說沒有對它爭論的餘地;"故"是說它是歷史文獻,"而不切"是說它不切合當時的實際。《史記·司馬相如列傳》說:"《春秋》推見至隱,《易》

本隱以之顯”,則是説《春秋》與《易》是理論書。《春秋》從史實談到理論,史實是見,理論是隱。《易》利用卜筮來表現思想,思想是隱,卜筮是顯。

譯成今日的語言,似乎可以這樣説:詩是文學作品,書是歷史著作,二者同屬歷史文獻。禮在今日實際上已不存在了,似可用憲法和法律來代替。樂則屬藝術範圍,但今樂與古樂大不相同。春秋應是講政治思想的,易的形式與内容是矛盾的,從形式上看是講卜筮,從内容上看則是講哲學。《漢書・藝文志》把講哲學的列入六藝略,把講卜筮的列入數術略,是有道理的。

具體説,六經中的《書經》,連續地重點地記述唐虞夏商周五家的事迹,帶有通史的性質,爲中國重視歷史文化創造先例。其中《堯典》詳於天文,《禹貢》詳於地理,其它大部分都談人事。《湯誓》《牧誓》特重湯武革命。《周書》應是以周公爲重點。其中如《康誥》之“明德慎罰”與“人無於水監,當於民監”二語,對後世影響極大。

六經中的《詩經》是自西周至春秋初期的詩歌總集。其中有《大雅》《小雅》,《詩大序》説:“言天下之事,形四方之風,謂之雅”,是雅詩是代表中央政治的詩,有《周南》《召南》《邶》《鄘》《衛》等十五國風詩,《詩大序》説:“一國之事繫一人之本,謂之風”,《風》詩是代表地方政權的詩,有《周頌》《魯頌》《商頌》,《詩大序》説:“頌者美盛德之形容,以其成功告於神明者也”。是《周頌》是周王室祭告之詩,《魯頌》是列國魯侯祭告神明之詩,《商頌》是列國宋公祭告神明之詩。當時孔子編詩的意義主要是爲了政治,所謂“先王以是經夫婦,成孝敬,厚人倫,美教化,移風俗”,然而它屬於文學藝術範疇,對後世騷賦詩詞曲劇的發展起了開山作用。

六經中的《禮經》應是今存的《儀禮》十七篇。《儀禮》實際是周禮,即周代之禮。《禮記・中庸》説:“子曰:‘吾説夏禮,杞不足徵也;吾學殷禮,有宋存焉;吾學周禮,今用之,吾從周。’”《論語・八佾》説:“子曰:‘周監於二代,郁郁乎文哉,吾從周。’”《禮記・表記》

說："殷人尊神,率民以事神,先鬼而後禮,周人尊禮尚施,事鬼敬神而遠之。"證明孔子所編著的《禮經》是周禮。

談到禮,需要繼續再談三個問題。

1. 什麼是禮?　　《說文》說:"禮,履也。"《論語·顏淵》說:"子曰:'非禮勿視,非禮勿聽,非禮勿言,非禮勿動。'"《禮記·曲禮上》說:"道德仁義,非禮不成;教訓正俗,非禮不備;分爭辯訟,非禮不決;君臣上下父子兄弟,非禮不定;宦學事師,非禮不親;班朝治軍涖官行法,非禮威嚴不行;禱祠祭禮供給鬼神,非禮不誠不莊。"證明禮是社會上人的行爲規範。《禮記·禮器》稱"經禮三百,曲禮三千",其條目至爲繁縟。然大別之則可分爲五類,如《禮記·昏義》所說的"夫禮始於冠,本於婚,重於喪祭,尊於朝聘,和於射鄉,此禮之大體也。"即所謂周禮大別之可分五類:冠禮爲一類,因爲它是禮之始。《禮記·冠義》所謂則"禮義之始,在於正容體,齊顏色,順辭令。容體正,顏色齊,辭令順,而後禮義備"。婚禮爲一類,因爲它是禮之本。《禮記·昏義》所謂"男女有別而後夫婦有義,夫婦有義而後父子有親,父子有親而後君臣有正,故曰,婚禮者禮之本也"。喪禮·祭禮爲一類,因爲曾子說過:"慎終追遠,民德歸厚矣。"(《論語·學而》)喪是慎終,祭是追遠,所以稱重。朝禮、聘禮爲一類,朝是列國諸侯親自覲見天子之禮,聘是列國諸侯派卿大夫見天子之禮。大聘派卿,小聘派大夫。朝聘表示諸侯尊敬天子,所以說"尊於朝聘"。射禮、鄉飲酒禮爲一類。周代鄉飲酒禮有四:三年大比,鄉大夫獻賢者、能者於其君,將行,以賓禮待之,與之飲,一也;鄉大夫飲國中賢者酒,亦以賓禮待之,二也;州長會民習射而飲之酒,三也;黨正蜡祭飲酒,以敬老者,四也。鄉射之前,皆先行鄉飲酒禮,故二者皆屬鄉禮,但《鄉射禮》所記者射時之禮,故又兼屬於射禮。總之,射、鄉都有賓主相敬之意,所以說"和於射、鄉"。這五大類如果把喪祭更分爲兩類,朝聘更分爲兩類,射鄉更分爲兩類,則是八類。《儀禮》十七篇,篇目雖然不算多,內容實際把八類都包括盡了。

《禮記·郊特牲》説:"禮之所尊,尊其義也。失其義,陳其數,祝史之事也。故其數可陳也,其義難知也。知其義而敬守之,天子之所以治天下也。"可見,《儀禮》十七篇所講的主要爲"陳其數",如果想知其義,必須於《禮記》中求之。《禮記》中的《冠義》《昏義》《祭義》等等,都是談禮之義的。從禮之義來看,禮的制定必須爲政治服務。

2. 禮的産生　禮和俗二者從形式看很相似,例如前蘇聯學者柯斯文在《原始文化史綱》中説:"當原始人走近生疏的住地或人家等等時,總要對那住地或人家的主人致敬禮。"①這個"致敬禮"實際是俗,不是禮。禮和俗的區別,在於俗是自然形成的,而禮是制定的;俗在原始社會即已産生,而禮則是文明社會産生的。例如《禮記·禮運》説:"今大道既隱,天下爲家,各親其親,各子其子,貨力爲己,大人世及以爲禮,城郭溝池以爲固,禮義以爲紀。"又同書《昏義》説:"男女有別而後夫婦有義,夫婦有義而後父子有親,父子有親而後君臣有正,故曰昏禮者禮之本也。"《郊特牲》説:"男女有別然後父子親,父子親然後義生,義生然後禮作,禮作然後萬物安,無別無義禽獸之道也。"這與恩格斯的説法基本上一致,他説:"在歷史上出現的最初的階級對立,是同個體婚制下的夫妻間的對抗的發展同時發生的,而最初的階級壓迫是同男性對女性的奴役同時發生的。⋯⋯個體婚制是文明社會的細胞形態,根據這種形態,我們可以研究文明社會内部充分發展着的對立和矛盾的本來性質。"②由此,可以證明這個觀點是正確的。

3. 禮的發展規律　《禮記·禮器》説:"禮時爲大。"這個"時"包括兩個内容:一、從空間説,不同的國家可以有不同的禮;二、從

---

①　張錫彤譯,人民出版社,1955年,第193頁。
②　《馬克思恩格斯全集》第21卷,第78頁。

時間説,不同的時代也可以有不同的禮。總之,禮應適應主體的要求,不是一成不變的。《禮記·曲禮上》説:"禮從宜,使從俗",這就説明禮不是固定不變的。《論語·爲政》説:"子張問十世可也？子曰:'殷因於夏禮,所損益可知也;周因於殷禮,所損益可知也;其或繼周者,雖百世可知也。'"孔子説"雖百世可知",這段話就包含兩個意思,一個意思是説禮是發展的,另一個意思是説禮的發展是有規律性的。這個因、損、益三者就是禮的發展規律。"因"是説後一時代的禮對前一時代的禮,總是有因襲的部分,即繼承的部分。因爲歷史是不能割斷的,如果割斷,就不能發展了。"損"、"益",是説後一時代的禮對前一時代的禮,總是有改革或新建立的部分,即批判的部分。因爲没有如《易·雜卦傳》所説的"革去故,鼎取新",歷史也不會發展的。

近世有人反對禮教,著文説"禮教吃人"。我認爲,爲了反封建而反對舊禮教是對的。但是,如果反對一般的禮教就不對了。因爲禮是維持社會安寧秩序的一種有力的工具,没有禮的維持,社會很難不發生混亂。自新中國建立以來,舊禮確實遭到破壞,然而新禮並没有建立起來,以致社會上打爹罵娘的事情時有所聞,對於我們一個文明古國來説,委實不是光榮的。我還記得少小時,晚輩對長輩行見面禮要磕頭或作揖,後來改爲三鞠躬或一鞠躬。近年來,磕頭的没有了,三鞠躬或一鞠躬除在遺體告别或向死者敬獻花圈時可以見到。平時也很少見到。現今經常見到的是彼此互相握手,但是遇到節慶日,兒孫對老年人行禮就不好辦了,覺得磕頭作揖、鞠躬、握手都不合適,簡直是"無所措手足",不能不説已經暴露出來一大缺點了。

六經中的《樂經》早已失傳。今《禮記》四十九篇中有《樂記》,鄭玄説:"名曰《樂記》者,以其記樂之義。"大概《樂經》原來只記樂之數,即但記鏗鏘鼓舞,如《禮經》之有《儀禮》,然今日不傳,即傳亦無人能解。樂之義如禮之義,今傳之,是很寶貴的。

《樂記》文字較長，兹僅擇録言樂與政治的關係和言樂與禮的關係兩小段。

1. 言樂與政治的關係

> 凡音者，生人心者也。情動於中故形於聲，聲成文謂之音。是故治世之音安以樂，其政和；亂世之音怨以怒，其政乖；亡國之音哀以思，其民困。聲音之道，與政通矣。
>
> 凡音者，生於人心者也，樂者通倫理者也。是故知聲而不知音者，禽獸是也；知音而不知樂者，衆庶是也。唯君子爲能知樂。是故審聲以知音，審音以知樂，審樂以知政，而治道備矣。是故不知聲者不可以言音，不知音者不可以言樂，知樂則幾於禮矣。禮樂皆得，謂之有德。德者，得也。"

2. 言樂與禮的關係

> 樂者爲同，禮者爲異；同則相親，異則相敬；樂勝則流，禮勝則離。合情飾貌者，禮樂之事也。禮樂立，則貴賤等矣；樂文同，則上下和矣；好惡著，則賢不肖別矣。刑禁暴，爵舉賢，則政均矣。仁以愛之，義以正之，如此則民治行矣。樂由中出，禮自外作；樂由中出故静，禮自外作故文。大樂必易，大禮必簡，樂至則無怨，禮至則不爭。揖讓而治天下者，禮樂之謂也。

"樂者爲同，禮者爲異"，二者是對立的統一，既有區別，又有聯繫，同爲政治服務。孔子説"移風易俗，莫善於樂；安上治民，莫善於禮"，實是至當不易之論。

今日的音樂、戲劇以及流行歌曲，亦是音樂教之流。是否有移風易俗的問題，我看也應當有。不過，這涉及另一種專門知識，我不懂，不敢在這裏妄加評説。

六經中的《易經》，實際就是《周易》，裏邊包括《易傳》，因爲這是孔子用以教學的六藝之一。據《周禮·春官·太卜》説:"掌三易之法,一曰連山,二曰歸藏,三曰周易。其經卦皆八,其别皆六十有四。"證明六經中的《易經》不是一般的易,而是《周易》。又司馬遷説"孔子晚而喜《易》",即孔晚年以前並不喜《易》,①所以,孔子六藝之教的《易經》一定包括《易傳》。

《易經》的組成,包括三部分:卦、爻、辭。卦、爻是符號,辭是解釋卦爻的辭名。

《易經》是什麽書? 大家的看法有多種多樣,我相信孔子的説法是對的。《易·繫辭傳上》説:

> 子曰:"夫《易》何爲者也? 夫《易》開物成務,冒天下之道,如斯而已者也。"
>
> 是故聖人以通天下之志,以定天下之業,以斷天下之疑。
>
> 是故蓍之德圓而神,卦之德方以智,六爻之義易以貢,聖人以此洗心退藏於密,吉凶與民同患。神以知來,智以藏往。
>
> 其孰能與此哉? 古之聰明睿智神武而不殺者夫!

爲了説明方便,可把這段話分爲五節。

第一節是説《易》的性質。實際上極爲明確地説,從其思想内容來看,《易》是講哲學的。"開物"是説事物的開始,包括創造發明;"成務"是説事務的完成,包括竣工總結。因爲這個"開物成務"具有普遍意義,所以緊接着説"冒天下之道"。"冒天下之道"是説天下(包括自然界和人類社會)所有一切道理都囊括於此(道可以理解爲規律)。"如斯而已"是説就是這些,没有别的。語氣非常肯定。

---

① 詳見廖名春《試論孔子易學觀的轉變》。

　　第二節是説《易》的作用。"是故聖人以通天下之志，以定天下之業，以斷天下之疑。"意思是説昔之作《易》者利用《易》來統一天下人的意志，成就天下人的事業，解決天下人的疑惑。

　　第三節是説《易》利用蓍、卦、爻三種卜筮形式所具有的特點來表達自己的思想。

　　"蓍之德圓而神"，是説蓍的性質具有圓而神的特點。"圓"是象圓球，表明不穩定；"神"是神秘，表明陰陽不測。"卦之德方以智"是説卦的性質具有方以智的特點。"方"是象方形的東西，表明穩定。"智"是明智，表明吉凶可知。"六爻之義易以貢"，卦與六爻本是一個東西，所不同的是卦是全體，六爻是六個部分，但是卦與六爻表現在《易》裏的意義上是有明顯區別的。相對來説卦是不變的，六爻是變的，故説"易以貢"。易是變，貢是告。告什麼呢？告吉凶悔吝等等。

　　第四節是説《易》之作者暗地裏用蓍、卦、六爻等卜筮的形式以表述哲學的内容，從而達到吉凶與民同患的政治目的。"聖人以此洗心退藏於密"中"洗心"的"洗"，應依京、荀、虞、黄、張、蜀才作"先"①。"聖人"指《易》作者，"此"指蓍卦六爻，"先心退藏於密"指暗地裏用卜筮的形式以表述哲學的内容。"吉凶與民同患"即《易》作者所達到的政治目的。"神以知來"指蓍，"智以藏往"指卦。

　　第五節是對《易》作者的稱贊。"其孰能與此哉？"意思是説誰能著成這種東西呢？"古之聰明、睿知、神武而不殺者夫！"是説古人具備聰明、睿智、神武不殺三個條件的，才能作出這種東西。

　　我看孔子這個説法是可以信賴的，即《易》的可貴，不在於它的形式，不在於蓍、卦、六爻，而在於它的内容，在於思想理論。

　　《荀子·大略》説"善《易》者不占"，爲什麼善《易》者不占？因爲善《易》者掌握了《易》的思想内容，所以不須占。《莊子·天下》

---

　　①　見《經典釋文》。

説：“《易》以道陰陽。”“道陰陽”譯成今語是講矛盾，這正是在説
《易》的思想内容。《史記·司馬相如列傳》説：“《易》本隱以之顯”，
“隱”正是指《易》的思想來説的。王弼《周易略例·明卦適變通爻》
説：“夫卦者時也，爻者適時之變者也。”這也是就《易》的思想内容
來説的。程頤《伊川易傳》：“易，變易也，隨時變易以從道也。”與上
述諸家的説法基本上一致。我看這些人是真正懂《易》者。當然説
《易》是卜筮之書不能説不對，因爲古書如《國語》《左傳》都用《易》
以卜筮嘛！不過，自孔子著《易傳》以後，還認爲《易》是卜筮之書，
而大講什麽卦氣、納甲、河圖、洛書、先天、後天等等，我看可以休
矣。

　　六經中的《春秋》是孔子作的。它記載春秋時魯國自隱公元年
至哀公十四年二百四十二年的歷史，當時孔子曾同其它五經一起
用以教群弟子。

　　《春秋》是什麽書？學者間也有不同的看法。例如《孟子·離
婁下》説：“王者之迹熄而詩亡，詩亡然後《春秋》作。晉之《乘》、楚
之《檮杌》、魯之《春秋》一也，其事則齊桓、晉文，其文則史，孔子曰：
‘其義則丘竊取之矣。’”是孔子認爲《春秋》重在義。《史記·太史
公自序》説：“故《春秋》者，禮義之大宗也。”又同書《十二諸侯年表
序》説：“是以孔子明王道干七十餘君，莫能用，故西觀周室，論史記
舊聞，興於魯而次《春秋》。上記隱，下至哀之獲麟，約其辭文，去其
煩重，以制義法，王道備，人事浹。七十子之徒口受其傳指，爲有所
刺譏、褒諱、挹損之文辭，不可以書見也。魯君子左丘明懼弟子人
人異端，各安其意、失其真，故因孔子史記，具論其語，成《左氏春
秋》。”從孟子和司馬遷的言論來看，《春秋》確如孔子所説，是“以道
義”，即通過春秋二百四十二年的史實來談義。義亦可以稱禮義。
即春秋時各色人物包括天子、諸侯、卿大夫、士，其語言行動是否符
合當時社會所公認的義或禮義。《史記·司馬相如列傳》説“《春
秋》推見至隱”，也是這個意思。“隱”就是義，“見”就是史實。

　　上述説明《春秋》是什麼書的問題，自孔子、孟子至司馬遷都認爲《春秋》雖是魯史，然而其宗旨則在道義，即言義，從無異議。

　　《春秋》是什麼書，問題之有異議出於劉歆。原因是西漢五經博士只有今文《春秋公羊》和《穀梁》，古文《左氏傳》尚未立於學官。哀帝時，歆校秘書，見古文《春秋左氏傳》，大好之。及與帝親近，欲建立《左氏春秋》於學官，爭論説："左丘明好惡與聖人同，親見夫子，而公羊、穀梁在七十子後，傳聞之與親見之，其詳略不同。"又於《七略》中謬稱"左史記言，右史記事，事爲《春秋》，言爲《尚書》，帝王靡不同之"，即劉歆開始把《春秋》言義之書竄改爲記事之書。其後，杜預作《春秋經傳經解》，於序文激揚劉歆之餘波，又變本加厲，説："仲尼因魯策書成文，考其真僞而志其典禮，上以遵周公之遺制，下以明將來之法。"及劉知幾作《史通》，又把《春秋》看作是史書"六家""二體"之一家，他説："逮仲尼之修《春秋》也，乃觀周禮之舊法，遵魯史之遺文，據行事，仍人道，就敗以明罰，因興以立功，假日月而定曆數，藉朝聘而正禮樂，微婉其説，志晦其文，爲不刊之言，著將來之法。"

　　由於劉歆、杜預、劉知幾都是名人，他們的觀點在社會上產生很大的影響，以至於在學術界對《春秋》是什麼書的問題上，長期存在兩種派別，一種認爲《春秋》是言義之書，強調《公羊》《穀梁》是《春秋》傳，《左氏》不是《春秋》傳；另一種則相反，認爲《左氏》是《春秋》傳，前者號稱今文家，後者號稱古文家。兩派互相鬥爭，壁壘森嚴，各不相下，令後生學子惝恍迷離，無所適從。其實，《公羊傳》《穀梁傳》言義，如《史記·十二諸侯年表序》所説："七十子之徒口受其傳指，爲有刺譏、褒諱、挹損之文辭，不可以書見。"《左氏傳》言事，如《史記·十二諸侯年表序》所説："魯君子左丘明懼弟子人人異端，各安其意、失其真，故因孔子史記，具論其語，成《左氏春秋》。"三傳都是《春秋》傳，只是言義言事不同，不過，從孔子本意來説，應以言義爲正。

　　《春秋》是道義之書，而言義之傳莫如公、穀，這是沒有問題。公、穀二傳我認爲當以《公羊傳》爲長。今日解説《公羊傳》的，最早僅有何休《公羊解詁》一家。何休以十七年之功力來解説《公羊傳》，持論精密，爲世所重，但亦不無誤解之處。例如晉人王接説：“何氏黜周王魯，大體乖硋，志通《公羊》，往往還爲《公羊》疾病。”就説到痛處。

　　所謂《春秋》以道義，其見於《公羊傳》大抵有“據魯親周故殷”、“所見異辭，所聞異辭，所傳聞異辭”，“内其國而外諸夏，内諸夏而外夷狄”，“爲尊者諱，爲親者諱，爲賢者諱”這樣幾個問題。

　　《公羊傳·宣公十六年》説：“成周宣謝災何以書，記災也。外災不書，此何以書？新周也。”這個“新周”應讀爲“親周”，古新親二字可通，《史記·孔子世家》説，孔子“乃因史記作《春秋》，上至隱公，下訖哀公十四年，十二公，據魯親周故殷，運之三代”是其證。而何休《解詁》把新作本字讀，以爲是新舊之新。他錯誤地説：“孔子以《春秋》當新王，上黜杞，下新周而故宋。”這正是晉人王接所説“何氏黜周王魯，大體乖硋，志通《公羊》，往往還爲《公羊》疾病”。殊不知《春秋》所謂“道義”，端在親尊賢以及内外異辭等等這些文字的運用上。爲什麽據魯？因爲《春秋》是魯史，不能不以魯國的史實爲根據。爲什麽親周？因爲當時周王既是魯的上級，又與魯有親屬關係。這個親周是爲了與故殷相區別，實際上包括親、尊兩層意思。爲什麽故殷？是因爲親周而涉及。《禮記·郊特牲》説：“天子存二代之後，猶尊賢也，尊賢不過二代。”依照周存夏殷二代之後的意義，所以《春秋》因親周而故殷，故殷即故宋，因爲宋是殷後。這個故雖是由親而及，亦含有尊賢的意思。

　　《公羊傳·襄公九年》説：“宋火。何以書？記災也。外災不書，此何以書？爲王者之後記災也。”又《穀梁傳·莊公十一年》説：“宋大水，外災不書，此何以書？王者之後也。”《襄公九年》説：“宋災。外災不志，此其志何也？故宋也。”公、穀二傳這樣説是正確的,符合《春秋》故殷之義。

關於"內其國而外諸夏,內諸夏而外夷狄"之義見於《公羊傳·成公十五年》,原文説:"曷爲殊會吳? 外吳也。曷爲外也?《春秋》內其國而外諸夏,內諸夏而外夷狄。"

關於"所見異辭,所聞異辭,所傳聞異辭"之義分別見於《公羊傳》隱公元年、桓公二年、哀公十四年。此義本由於所獲得的史料有的是直接的,有的是是間接的,有的再間接的,而在寫法上不能一樣,也就是應當近者詳,遠者略。《荀子·非相》説:"五帝之外無傳人,非無賢人也,久故也。五帝之中無傳政,非無善政也,久故也。禹湯有傳政而不若周之察也,非無善政,久故也。傳者久則論略,近則論詳,略則舉大,詳則舉小。"荀子的説法,正是《春秋》"所見異辭,所聞異辭,所傳聞異辭"這條書原則的理論。這條原則本不難懂,却被何休《解詁》給搞糊塗了。他在隱公元年這條書法原則下説:"所見者謂昭、定、哀,己與父時事也。所聞者謂文、宣、成、襄,王父時事也。所傳聞者謂隱、桓、莊、閔、僖,高祖曾祖時事也。"(這個解釋應該説是對的)異辭者見恩有厚薄,義有深淺,時恩衰義缺,將以理人倫,序人類,因制治亂之法,故於所見之世,恩己與父之臣尤深,大卒有罪無罪皆日録之,'丙申季孫隱如卒'是也,於所聞之世,王父之臣恩少殺,大夫卒無罪者日録,有罪者不日,略之也,'叔孫得臣卒'是也,於所傳聞之世,高祖曾祖之臣恩淺,大夫卒有罪無罪皆不日,略之也,'公子益師、無駭卒'是也。於所傳聞之世,見治起於衰亂之中,用心尚粗觕,故內其國而外諸夏,先詳內而後治外,録大略小,內小惡書,外小惡不書,大國有大夫,小國略稱人,內離會書,外離會不書是也,於所聞之世,見治升平,內諸夏而外夷狄,書外離會,小國有大夫,'宣十一年秋晉侯會狄於攢函'、'襄二十三年邾婁劓我來奔'是也。至所見之世,著治太平,夷狄進至於爵,天下遠近大小若一,用心尤深而詳,故崇仁義,譏二名,'魏曼多、仲孫何忌'是也。所以三世者,禮爲父母三年,爲祖父母期,爲曾祖父母齊衰三月，立愛自親始，故《春秋》據哀錄隱，上治祖禰。"何休這段話可以説全錯。什麽"己與父之臣"、"王父之臣"、"高祖曾祖之臣"，分明是把"據魯親周"誤解爲"黜周王魯"之邏輯的結果。不但此也，他又把所見、所聞、所傳聞三世，理解爲據亂、升平、太平，還把内外的書法與此章牽附在一起，混亂不堪，簡直令人莫名其妙，使後人讀之，撲朔迷離，如入五里霧中。因此，讀《春秋·公羊傳》之難，反而不在本文而在注釋了。當然，總的看來，何休《解詁》解經精密，還是應當肯定的。

關於爲尊者諱，爲親者諱，爲賢者諱，見於《公羊傳·閔公元年》，原文説："冬，齊仲孫來。齊仲孫者何？公子慶父也。公子慶父則曷爲謂之齊仲孫？係之齊也。曷爲係之齊？外之也。曷爲外之？《春秋》爲尊者諱，爲親者諱，爲賢者諱。子女子曰，以春秋爲《春秋》，齊無仲孫，其諸吾仲孫與？"案子女子説不確，齊仲孫來應依《左傳》爲齊仲孫湫來。但是，《春秋》有此書法則可以肯定，《春秋啖趙集傳纂例·三傳得失議》説："《公羊》、《穀梁》初亦口授，後人據其大義散配經文，故多乖謬，失其綱統，然其大指亦是子夏所傳。"證明是對的。又同書《莊公田年》説："紀侯大去其國。大去者何？滅也。孰滅之？齊滅之。曷爲不言齊滅之？爲襄公諱也。《春秋》爲賢者諱。何賢乎襄公？復仇也。何仇爾？遠祖也。哀公烹乎周，紀侯譖之。以襄公之爲於此焉者，事祖禰之心盡矣。盡者何？襄公得復仇乎紀，卜之曰：'師喪分焉，寡人死之，不爲不吉也。'遠祖者，幾世乎？九世矣。九世猶可以復仇乎？雖百世可也。家亦可乎？曰不可。國何以可？國、君一體也，先君之耻，猶今君之耻也；今君之耻，猶先君之耻也。國、君何以爲一體？國君以國爲體，諸侯世，故國、君爲一體也。今紀無罪，此非怒與？曰非也。古者有明天子，則紀侯必誅，必無紀者。紀侯之不誅，至今有紀者，猶無明天子也。古者諸侯必有會聚之事，相朝聘之道，號辭必稱先君以相接，然則齊紀無説焉，不可以並立乎天下，故將去紀侯者，不得不去紀也。有明天子,則襄公得爲若行乎? 曰不得也。不得則襄公曷爲爲之? 上無天子,下無方伯,緣恩疾者可也。"《穀梁傳·成公元年》説:"秋,王師敗績於貿戎。不言戰,莫之敢敵也。爲尊者諱敵不諱敗,爲親者諱敗不諱敵,尊尊親親之義也。然則孰敗之,晉也。"又成公九年説:"晉欒書帥師伐鄭。不言戰,以鄭伯也。爲尊者諱恥,爲賢者諱過,爲親者諱疾。"啖助説:"諱者非隱其惡,蓋避之,避其名而遜其辭"。我看啖説之説可以破淺人之譏評。

　《春秋》是魯史,孔子作《春秋》所重乃不在史,而在義,這是爲什麼? 我看,如用今日的語言來説,這就是爲政治服務。因爲義的表現形式是禮。《春秋》的"所見異辭,所聞異辭,所傳聞異辭"等等書法實際都屬於禮的範疇。司馬遷説《春秋》者,禮義之大宗也",是對的。《荀子·天論》説:"人之命在天,國之命在禮。"禮是什麼? 有人説是等級制度。我認爲説等級制度是對的,但不確切。確切些説,應是階級制度。因爲等級與階級不是一個概念。有壓迫、剥削的是階級,沒有壓迫、剥削的,只能稱等級,不能稱階級,將來階級消亡,等級不能消亡的。因爲人類社會必須實行群體生活,而人類有老幼、强弱、智愚、賢不肖的差別。如果要求社會有序,必須使賢者在位,能者在職,而不能是相反,搞平均主義是行不通的,所以不能不要等級。我們黨的組織原則是下級服從上級,全黨服從中央,實際上並沒有廢除等級制度嘛。

（據金老手抄本整理）

《易》論(上)

——論《易》的起源和發展

《周易》是歷史的產物,是人類認識在具體歷史條件下長期發展的結果。論其形式,不可否認,是陳舊的、落後的卜筮形式,而其内容在當時卻是新生的、先進的哲學内容。這個具有舊的卜筮形式與新的哲學内容的矛盾的統一體,就是《周易》一書的本質特點。

《周易》哲學思想的形式,無疑是依賴於社會實踐,它是那個時代的生產水平與認識水平的反映,但從意識形態發展的相對獨立性來説,它又與其先行的思想體系密切聯繫着。也可以説它是卜筮本身所產生的對立物。它雖然暫時還保留着這個舊的卜筮外殼,但是,不久它必然找到新的、符合於内容的形式而抛棄了這個外殼成爲獨立的、嶄新的哲學,這由後來周秦諸子的著述得到證明。《周易》的内容與其形式的這一矛盾,指明這個哲學的未成熟性,它標誌着認識的歷史正發展到一個新的階段——由卜筮向哲學過渡的階段。哲學出現了,卜筮雖然不能即終止其流行,而且還要在很長時期内流行;但是,它已喪失了統治地位,僅以殘餘的形態存在着,它降爲社會裏多餘的廢物,它全是反動的東西,毫無積極意義可言。

談到這裏,可能有人要提出下列三個問題:一、卜筮能否產生哲學? 二、卜筮有什麽積極意義可言? 三、你在這裏已肯定《周易》是未成熟的哲學,後面又説其中有矛盾統一的原則,有數變、質變的原則,有自低級到高級的螺旋式發展,幾乎辯證法的原則全都有了,實際把《周易》講成了成熟的哲學,豈不是前後自相矛盾? 是不是前面講對了，後面所講的則未免牽强附會呢？ 兹逐一回答如下：

首先説第一個問題。卜筮能産生哲學，這一命題，並不是出於我的杜撰，客觀事實原來如此。這個道理，可引用馬克思的話來解釋。馬克思説："剛從意識之宗教形態中掙扎出來的哲學，它一方面消滅宗教之所以爲宗教，另方面它還衹是積極活動於這個理想化的、溶解爲思想的宗教領域之内。"①馬克思所説的，正是哲學剛從意識之宗教中掙扎出來的情況。這種情況與《周易》哲學還帶着卜筮外殼的情況十分相似。如果没有人否認卜筮是意識之宗教形態的話，那末，爲什麽不可以指着這個具體的事實説《周易》哲學是從卜筮母胎裏産生出來的呢？ 馬克思説："宗教的貧困，一方面是現實貧困的表現，一方面又是對現實貧困的反抗。宗教是苦難者的呻吟，是毫無心肝的世界的情操，是缺乏精神的狀態的精神，它是人民的鴉片煙。"②我認爲我們也可以應用這個公式説，卜筮的愚昧無知，一方面是認識愚昧無知的表現，一方面又是對愚昧無知的反抗，卜筮是缺乏科學時代的科學。這個道理，恩格斯曾有如下説明，即"至於説到那浮懸在更高的空中的意識形態領域，如宗教、哲學等，那末，這些東西還有着一種史前的、從歷史的時代中出現和繼承下來的儲藏，一種在今天的我們會要説它是愚想的儲藏。這各種各樣的關於自然、關於人類性質，關於精靈、魔力等等的虚僞的表象，大都是消極地有着經濟的基礎；史前時代的低度的經濟發展，把那關於自然的虚僞的表象當作了補充，有時也當作了條件，甚至當作原因。……科學的歷史，就是這種愚想漸漸被排除的歷史，是那新的比較不大荒誕的愚想來把它代替了的歷史"。③ 可見，卜筮在今天，我們固然衹能説"它是愚想的儲藏"，但在史前時

①　原載《剩餘價值學説史》卷1，兹自《馬克思恩格斯論宗教》第一章第十五節轉引。
②　原載《黑格爾法哲學批判導言》，兹自《馬克思恩格斯論宗教》轉引。
③　《馬恩通信集》：恩格斯給史密特的信。

代它卻曾是社會生活中一個重要部分,這是爲那個時代的低度經濟發展所決定的。我們如果責備那個時代的人們爲什麼這樣不科學呢?這與晉惠帝聞言百姓餓死,説"何不食肉糜"同樣可笑。"科學的歷史,就是這種愚想漸漸被排除的歷史"。今天的科學,原來是從那個不科學的認識階段發展而來的。卜筮的興起,已意味着人們不但關心眼前的事情,而且還關心未來的事情。因爲,假如對未來的事情,也能够像眼前的事情一樣看的分明,那末,就有可能預先采取適當的辦法與步驟,以使收穫增多,損失減少,不逢災害,永遠過着幸福的生活。事實證明,人類從這時起,已努力尋求能够預知未來的東西(如事物發展的規律),結果僅僅找到了卜筮這個虛偽的表象。但是,隨着勞動生産力的逐漸提高,和物質生活品生産過程中人與人及人與自然間的相應的關係的逐漸擴大,必然反映到人們的意識中,使卜筮的内容不斷改變,逐漸地減少了極荒誕、極不合理的成分,而補充以不大荒誕、比較合理的成分。卜筮的發展,一方面是遵循上述規律——恩格斯對這一規律曾有如下經典式的説明,即"任何思想體系一經出現之後,便結合着現有表象材料發展起來,並繼續改造這些表象材料"。[①] 一方面也由於不這樣,就不能滿足不斷地發展的歷史的要求。綜觀卜筮發展,曾經過長遠的歷史路程,至《周易》出現而達到了根本轉變點。即這時卜筮的量變將轉化爲質變,以前是卜筮發展階段,以後將由哲學發展來代替。事實證明,《周易》而後,偉大思想家如老子、孔子、墨子以及其他周秦諸子,所有精義妙理,都直寫胸臆,不假卜筮形式。後世雖有《太玄》、《元包》、《潛虛》、《洞極》諸作,祇如癖嗜殷周古董者仿製一些鐘鼎彝器,無論如何精美,依舊是古董家的玩藝兒,毫無現實意義可言。以上,就是由卜筮發展到哲學的簡單情況。自

---

① 原載《費爾巴哈與德國古典哲學的終結》,兹據《馬克思恩格斯論宗教》譯文轉引。

習用形而上學思想方法看來，也許還認爲是矛盾的、不可理解的，但是，這個辯證的發展，卻正是客觀世界的本來面目，已由鐵一般的事實證明了它，不是任何主觀見解所能改變的。

其次，談卜筮有無積極意義問題。這個問題，實際已在上文解答了。即在《周易》出現以前，是卜筮的發展階段，這時卜筮是有積極意義的。《周易》的歷史任務完成而後，哲學出現了，則卜筮變成完全反動的東西，毫無積極意義可言。這個道理原是"馬克思主義的一個大家知道的原則，就是同一思想在不同的具體歷史條件下，可能有不同的性質，在某一種條件下是進步的，另一種條件下是反動的"。① 斯大林説過："奴隸制度，就現代的條件來看，是很荒謬的現象，反常的荒誕事情。而奴隸制度在瓦解着的原始公社制度條件下，卻是完全可以瞭解并且合於規律的現象，因爲它和原始公社制度相比是前進一步。"②由此可見，這個問題實已不成爲問題，不須更費話來解釋。

最後，回答第三個問題。我認爲，提出這一問題，是祇從一般概念出發，忘記了列寧一句名言"具體地分析具體情況"。請看，《周易》的外貌，不是完全保持着卜筮的形式嗎？我們説它是哲學，祇是從其思想實質而言。其實，這個哲學，還牢固地被卜筮的狹小框子所束縛，它祇能在卜筮的形式所許可的範圍内，通過彎曲的道路，譯成卜筮的語言，隱約地表達出來，而不能獨立地、自由地、直截了當地、明白地、系統地爲哲學的敍述。這就是我們所以説《周易》不是成熟的哲學的確實根據。如果有人看到了"不成熟"三字，便以爲這意味着淺薄、平凡，那就完全錯了。實在，我所説的"不成熟"三字概念，僅僅限於上述内容，並不指其思想實質。如果論其思想實質，則《周易》的哲學思想，不但不能説是淺薄、平凡，毋寧説

---

① 日丹諾夫在關於亞歷山大著《西歐哲學史》一書討論會上的發言。
② 《聯共(布)黨史》第四章。

是深刻、卓越。在當時的歷史條件下,它的哲學思想實創造了最高峰。它在哲學上的成就,如與古代希臘哲學家相比,正像赫拉克里特。恩格斯就赫拉克里特哲學思想的產生及其思想的正確性和不够的地方,深刻地加以分析。他説:"如果我們留意地考察自然、人類歷史或我們自己的精神活動,那末我們首先見到種種聯繫及交互作用之無限錯綜的圖畫,在這中間,没有任何東西,保持原來的性質、場所及狀態,萬物皆動皆變、皆生皆滅。這個原始的、樸素的但實質上是正確的宇宙觀,正是古代希臘哲學的世界觀,它最初由赫拉克里特明白地發表出來:萬物存在着,同時又不存在着,因爲萬物皆在流動,萬物皆在永恒的變更中,皆在不斷産生與消滅的過程中。這種見解,無論怎樣地正確抓住了現象的整個的圖畫的一般性質,可是要解釋整個現象所由構成的個別部分,則它實是不够的;但若我們不能知道這些,那末整個現象,也是不能明白的。"(《反杜林論·引論》)恩格斯這一科學分析,可以完全適用於《周易》。如果有人擔心要是説《周易》中蓍卦的組成與應用,實質上貫穿着辯證法幾個基本原則,就會造成中國在西周時已有馬克思主義這樣荒謬的結論,就會鬧出笑話。我認爲這個擔心是多餘的,并且是不適當的。其所以不適當,是因爲,這個擔心是從主觀願望出發,不是從客觀實際出發,是光在一般概念上兜圈子,未曾"具體地分析具體情况"。假如是從客觀實際出發,曾具體地分析具體情况,那就一定會發現《周易》的哲學思想和赫拉克里特一樣,有其正確性,也有其歷史局限性;那就一定不會把《周易》原始的、樸素的辯證法看成與科學的、客觀的、以徹底的唯物主義世界觀爲基礎的馬克思主義辯證法是等同的東西。顯然,《周易》哲學,第一,它還籠罩着一層神秘的外衣。這點,赫拉克里特也不免。他"没有完全從宗教解脱出來,他也談神説鬼"。[1]"他的敘述形式,有時使人想

---

① 見王子野譯,薛格洛夫主編《西洋哲學史簡編》。

到扶乩的文字"。① 第二,它的政治觀點是擁護嚴別貴賤尊卑的等
級制度的。這方面赫拉克里特表現的更嚴重些,他竟是"一個貴族
奴隸主的支持者,他輕蔑漠視人民和'群衆'"。② 第三,它的辯證
法和赫拉克里特一樣,都是没有科學的臆測,正如恩格斯所指出
的,"無論怎樣正確地抓住現象的整個的圖畫的一般性質,可是要
解釋整個現象所由構成的個别部分,則它實是不够的"。這就是
説,它的宇宙觀儘管是正確的,但還是籠統、含糊,缺乏科學性、精
確性,因此,它是原始的、樸素的辯證法,不是科學的辯證法。總
之,它的思想是受當時的客觀條件制約的。如果確曾具體地分析
過它,就斷不會錯誤地認爲它的思想就是馬克思主義的思想。但
是,儘管這樣,並不因此而稍損《周易》在哲學發展的長途中所有的
天才的發現與光輝的成就。

　　有人説:現今哲學上有關辯證法的種種名詞概念,毫無疑義古
人是不知道的,今天硬加在《周易》身上,豈不是牽强附會,違反了
嚴格的歷史性嗎? 我認爲,硬加當然是不對的,問題在於到底是硬
加呢,還是它本身確實具有這些東西呢? 比如,我們説周天有三百
六十度,這算不算硬加呢? 這不算硬加。儘管天空没有刻着這些
痕跡,但是,曆家這樣劃分是有科學根據的,是符合客觀實際的。
又如,我們説美國是帝國主義,這算不算硬加呢? 也不算硬加。儘
管美國没有懸挂這種牌額,但是,馬克思列寧主義這樣肯定是科學
的,是符合客觀實際的。同樣,我們説《周易》有辯證法種種原則,
這是不是硬加,也要看《周易》的思想實質怎樣,而不應看它有没有
這樣的詞句。關於這一問題,後面還要占用很多的篇幅來詳細闡
述,在這裏僅先簡單地提出幾點談談。

　　第一,《周易》是講什麽的? 很早在《莊子·天下》篇裏就已明

---

① 見艾思奇、鄭易里合譯,米定、拉里察維基等著《新哲學大綱》。
② 見王子野譯,薛格洛夫主編《西洋哲學史簡編》。

白地回答了這個問題，它說："《易》以道陰陽。"這"道陰陽"，如果用今天大家都懂的話來說，就是講矛盾。當然不能說毛澤東同志的《矛盾論》，《周易》已經講過了。但是，可以這樣說，《周易》的矛盾論是低級的、原始的矛盾論，而毛澤東同志的矛盾論則是高級的、科學的矛盾論。因爲所講的原理原則，的確有某些地方相同。陰陽又叫做"兩儀"，是表明矛盾的兩個方面。這個陰陽（亦即矛盾），從卦來說，它貫穿在八卦、六十四卦中；從蓍來說，它貫穿在小衍之數（指天一地二至天九地十）、大衍之數（天地之數五十有五）中。而蓍和卦本身又是《周易》構成的兩部分，"蓍……以知來"，"卦……以藏往"，這也是陰陽，即也是矛盾。再從全《易》六十四卦的結構來考察，六十四卦從首到尾，兩兩相反相對，秩然有序，分成三十二個環節。每一個環節中包括兩個六畫卦（反對卦），每一個六畫卦中包括兩個三畫卦（内外卦），每一個三畫卦不消說是由兩個基本細胞"－－"、"－"發展而來的。又六畫卦，又是"因而重之"，"兼三才而兩之"，有"分陰分陽，迭用柔剛"之義。顯然，都是貫穿着矛盾。這個明明是有嚴整的規律性的東西，爲什麽偏認爲是糊塗賬？這個明明是辯證法，爲什麽用辯證法來解釋偏持反對意見？

　　第二，《易傳》說："生生之謂易。"又說："《易》有太極，是生兩儀，兩儀生四象，四象生八卦。"生生的意思，實際就是發展。初由太極發展爲八卦，繼又由八卦發展爲六十四卦。八卦叫做"小成"，六十四卦當然是大成了。小成是完成了簡單的機體，大成是完成了複雜的結構。六十四卦是八卦發展的繼續，而其發展的方式，則是"因而重之"，"引而伸之"，與前此不同。我們把八卦叫做低級的組織，把六十四卦叫做高級的組織，有何不可？如果說這是偶然與辯證法的原則巧合，那末爲什麽蓍的組織，也是這樣巧合？即它在發展過程中也有與八卦相當的小衍之數（指十）及與六十四卦相當的大衍之數。又，就《易》六十四卦考察，每卦六畫，有初有上。初包括下，上包括終。例如乾卦：初九，"潛龍勿用，下也"。上九，"亢

龍有悔,窮之災也”。坤卦:初六,“履霜,陰始凝也”。上六,“龍戰
于野,其道窮也”。都表明由初至上是發展過程中一個獨立的階
段。又每卦包括兩個三畫卦,《易緯•乾鑿度》說:“物有始有壯有
究,故三畫而成乾。”乾卦《文言》說,九四“或躍在淵,乾道乃革”。
“乃革”表明過渡,即内卦始、壯、究發展完結,向外卦三畫過渡。
《尚書•洪範》“曰貞,曰悔”,鄭玄説:“内卦曰貞,貞正也;外卦曰
悔,悔之言晦也,晦猶終也。”這是六十四卦的通例。又,六十四卦
全局,由乾坤開始至既濟未濟結束,是一個完整的發展過程。除了
《序卦》一篇是專爲説明這個問題而作,此外如《繫辭傳》説:“在天
成象,在地成形,變化見矣。是故剛柔相摩,八卦相蕩……”又説:
“乾坤成列而《易》立乎其中矣……”又説:“乾坤其《易》之門邪
……”又説:“乾之策二百一十有六,坤之策百四十有四,凡三百有
六十,當期之日。二篇之策萬有一千五百二十,當萬物之數也。”乾
卦《彖傳》説:“大哉乾元,萬物資始,……”坤卦《彖傳》説:“至哉坤
元,萬物資生,……”都是由多方面反復地闡發這個問題。而且其
發展還有嚴整的規律性,每兩卦都是相反或相對,自成一環節,《雜
卦》一篇基本上是爲闡明這個反對的意義而作的。又,《易》由乾坤
運動開始,乾純陽,坤純陰,運動的動力,在陰陽相摩,即在於内在
的矛盾。至既濟而矛盾解決,六爻當位,陰陽均停,《雜卦》所謂“既
濟定也”。然同時新的矛盾已産生,即未濟,陰陽相錯,六爻皆不當
位,《序卦》所謂“物不可窮也,故受之以未濟終焉”。綜上所述,皆
證驗明白,確然可據。爲什麼不可以應用辯證法諸原則來説明呢?

　　容或又有人説:“你所引據的,雜有《易傳》,不全是《易經》。
《易傳》是戰國人作的;或更晚,出於秦漢之間;或更晚,……總之,
《易傳》是後人附會之書,不足據。”關於《易傳》著述時代問題,儘管
我不同意這樣説法,但是,因牽涉問題較多,在此不準備多談,僅提
出一般性的兩點意見如下:

　　一、我認爲歷史有繼承性,前人遺説可以在後人之書裏保存。

如，《易經》爻皆稱九六，九六的意義，祇有《易傳》所記筮法能給以完整的、具體的説明，證明筮法就是在後人著述裏所保存的前人遺説。

二、説之可據與否，決定於所説的是不是符合客觀真理，而不決定於説的時間早晚。如，王弼《易略例》雖是魏人之作，不妨定爲學《易》入門必讀之書；《左傳》、《國語》中很多卜筮的言論，其人皆生於春秋時代。然大部分卻是庸俗巫史的胡説，對《易》實無所知，盡可置之不論不議之列。

僅僅根據上述兩點理由，我認爲《易傳》已可以引據，而況《易傳》與《易經》的關係還不祇這樣簡單，那末，爲什麼不可以引據？

馬克思説："人體解剖對於猴體解剖是一把鑰匙，在下等動物身上所透露的高等動物的徵象，反而祇有在認識了高等動物之後才能理解。資本主義經濟爲古代經濟等等提供了鑰匙。但是決不是抹煞一切歷史差別而把一切社會形態都看成是資本主義形態的那些經濟學家的做法。"①我們依據馬克思所確定的這條原則，祇要是不抹煞歷史差別，就有充分理由來用馬克思主義科學的辯證法，作爲理解《周易》這個原始的、素樸的辯證法的一把鑰匙，這既不是牽強附會，也不是違反嚴格的歷史性，而是惟一的正確的方法。祇有應用這個方法，才有可能解決《周易》中若干不能解決之謎，而使歷史上這部奇書，重新爲人所瞭解。

關於三個問題的解答，至此爲止，以下更進一步談談由卜筮到《周易》發生發展的歷史。

卜筮是人類在原始時期爲滿足生活要求而創造的一種認識方式——極其荒誕、不合理的方式。它的產生是以原始人的極低的生產發展水平爲條件。這時人們對於自然的現象、自然的性質、自然的規律性、人和自然的關係，都無所知，但覺得這自然的力量強

---

① 《政治經濟學批判導言》。

大得可怕，因此，遂引起誤解，認爲萬物有靈。在生活中碰到危難、疑惑不能解決的時候，幻想這有靈之物能給以啓示，於是産生了卜筮。

卜筮之分：卜重在占物之象，筮重在占物之數。但在初期，由於所用之物没有一定，或以草木，或以金石，鷄骨牛蹄，無一不可；方法也極爲簡單靈活，人人可以任意而爲，没有定型，所以通叫做卜，没有筮名。其共通點，僅所取客體必須具備兩種相反的特點，在應用時變化結果又必須祇顯現其中的一種特點。大抵占得正特點時叫做吉。吉，認爲是可行、勝利、幸運等等的徵兆。占得反特點叫做凶。凶，認爲與吉相反，是不可行、失敗、災害等等的徵兆。卜筮類似猜謎，而這個謎又好像祇讓猜"是"與"不是"，顯然，就有百分之五十的機會可以猜中。卜筮由於這個道理常常有驗，人們不知，卻以爲真有靈應，益堅其迷信之心；另方面又由於這時没有也不可能有較合理的認識方式可以代替它；因此，卜筮遂廣泛地被人重視，漸漸在生活中取得重要地位順利地發展起來。

隨着社會進展，卜逐漸完善其形式，充實其内容。其發展的步驟，大概是這樣：所用以卜的器物，初時，毫無限制，也不固定，很多東西都可用，且多是即用現成的東西，不加工；由此，漸漸進到有一定的限制，固定的祇用幾種東西並進行粗略的加工；最後則固定的祇用一種東西，有精細的加工。方法，則由没有定型，進到有定型；由簡單進到複雜；由没有附加什麼儀式，進到有繁縟的儀式；由不學而能，進到須向專門從事卜的職業者求教。内容，則由空虛無物，進而用詭秘的方式，暗中把自己的思想、語言輸入，托爲所幻想的靈物的思想、語言，造作繇辭、占書，並繼續加以改造，使其充實起來，豐富起來。根據確實材料，知道商代是卜發展最盛時期。這時的卜，雖然龜甲獸骨並用，但龜特被重視，已駸駸有被龜獨占的趨勢。自周以後，卜專用龜。龜得專用而其他可以用以卜之物統歸淘汰。其故，當如《白虎通義·蓍龜》、《論衡·卜筮》諸書所説：

龜是天地之間壽考之物，龜之爲言久也，舊也，明狐疑之事當問者
舊也。但是，應該指出，這個説法，祇回答了卜獨用龜的問題，如用
以説明卜時所問的對象，則這個説法還嫌不夠。因爲，後期的卜，
已經不是僅僅認爲龜有靈而問於龜，更重要的是認爲祖先有靈而
問於祖先。最顯著的例子，如《尚書·金縢》："卜三龜。"《史記》以
爲"即三王而卜"，①《禮記·郊特牲》："卜郊，作龜於禰宮。"《儀
禮·士冠禮》："筮於廟門。"凌廷堪《禮經釋例》："凡卜筮皆於廟門，
唯將葬於兆南。"等等，都證明卜的用意主要是認爲祖先有靈而問
於祖先，卜龜不過是因爲祖先的意志不能直接告語，想借龜的顯兆
以傳達而已。爲什麼定要在問龜之上又增多了問祖先這樣一層周
折呢？這是因爲這時社會已經向前發展，人的認識水平已經提高，
從前萬物有靈的思想已經失去統治地位而爲祖先崇拜的思想所代
替，如果不補充以這個新的意義，卜將失去其存在的理論基礎（當
然，這時也必然這樣做，因爲社會發展到一定階段，年老的祖父是
生產過程的指揮者，是幼輩的領導者、教育者，到了這些年老的長
輩死亡以後，他們的靈魂——從幼輩來説——仍然要擔負這些任
務的）。

　　此外，還有兩點應該指出：第一，商代是卜發展最盛時期。這
時，巫在社會中占有特殊重要的地位。這時的巫不僅是卜的職業
家，而且還擔當繼承、傳播與促進文化的責任。其中有不少人具有
極爲廣博的知識。自今天看來，他們都是宗教家，同時也是哲學
家，又是文學藝術家、自然科學家，而且還活動於政治舞臺。實際
他們是擁有没有分化的全部科學知識。我們由《楚語》觀射父所
述，知道遠古的巫是智、聖、明、聰，由他來"制神之處位次主而爲之
牲器時服"，並有祝、宗作副手。商代的巫，在歷史上雖然缺乏詳細
記載，但是，我們由《墨子·非樂》："湯之官刑有之曰：'其恒舞於

---

　　①　三王指太王、王季、文王。見《史記·魯周公世家》。

官，是謂巫風。'"知道巫是能舞。這個巫風，如果用《漢書·地理志》："大姬婦人尊貴，好祭祀，用史巫，故其俗巫鬼。《陳詩》曰：'坎其擊鼓，宛丘之下，無冬無夏，值其鷺羽。'又曰：'東門之枌，宛丘之栩，子仲之子，婆娑其下。'"一段文字作爲旁證（因爲大姬是周武王長女，可能沾染商人舊俗）加以解釋，實包含有音樂、舞蹈、詩歌三種因素，此其一；又，《呂氏春秋·勿躬》："巫彭作醫"與"巫咸作筮"相次，知巫彭是商代人，證明商代的巫兼診療疾病、通曉醫藥，此其二；又，《史記·天官書》："昔之傳天數者，高辛之前重黎，於唐虞羲和，有夏昆吾，殷商巫咸，周室史佚、萇弘。"證明商代的巫兼通天文學、數學，此其三；又，古時巫、史没有分化，巫史多連稱。如《楚語》："夫人作享，家爲巫史。"《易》巽卦九二："巽在床下，用史巫紛若。"及上文所引"好祭祀，用史巫"等，皆是。春秋時史蘇、史趙、史墨、史龜、史嚚等人，雖通得史稱，而《左傳》所記，衹言占卜之事，證明春秋時巫史分化過程還未完結，知商代的巫也是兼搞歷史的，此其四；又，《尚書·君奭》説："在……大戊時巫咸乂王家；在祖乙時，則有若巫賢。"由巫咸、巫賢，知道商代的巫實活動於政治舞臺，此其五。正由於商代的巫其知識是包羅萬象、百科全書式的知識，加以當時農業、畜牧業的發展，要求天文學、數學有更突出的進步（殷墟甲骨卜辭有十三月，證明商代已確知置閏。巫咸在天文學方面當有重大成就，可惜已不可考），這就給筮的產生，《易》的產生，也可以説，給辯證法的產生，準備了條件。第二，卜到了周代，已發展至最後階段，即衰亡階段。當然，主要原因由於社會又向前發展了，它已不能適應新的時代要求，但是就其本身來説，實也是卜暴露了不可克服的缺點，使它不能繼續發展下去。因爲，卜經過充分發展之後，遂使方法過於繁難，儀式過於隆重，例如《周禮》所記，《春官·宗伯》之屬，職掌卜事的，就有太卜、卜師、卜人、龜人、菙氏、占人等六官四十二人，府、史、胥、徒之數還不在内。卜書三兆：玉兆、瓦兆、原兆，其頌皆千有二百。所用之龜，亦不簡單。龜人掌六龜,《爾雅》又有十龜之名(《釋魚》),《春秋公羊傳》釋寶爲"龜青純",何休注:"千歲之龜,青髯,明於吉凶。"等等,非有專門知識不能辨別,非有力者也不能取得合格可用之龜,而且"取龜""攻龜""釁龜""命龜",禮文尤極繁瑣。這樣,就限制了卜的使用範圍,使其不能繼續擴大而祇能逐漸衰亡。事實上,如《禮記·禮器》説"家不寶龜"(家指大夫,古時大夫曰家),《儀禮·特牲饋食禮》與《少牢饋食禮》都用筮不用卜(特牲饋食,士祭禮;少牢饋食,大夫祭禮)。證明周制對大夫、士以下用卜已有限制。又,《禮記·表記》"卜筮不相襲也"注:"大事則卜,小事則筮。"《周禮·筮人》"凡國之大事,先筮而後卜"疏:"筮輕龜重,賤者先即事。"證明周制對用卜的事類,也加限制。所有這些限制,都不是祇憑主觀,而是爲客觀所決定的。因爲,就當時情況而論,大夫、士以下及小事皆卜,事實上有莫大的困難。正由於這樣,就給筮的發展,造成了便利條件。

筮的產生與發展,是爲具體歷史條件所決定的。《世本·作篇》:"巫咸作筮。"這條記載之所以可信,不但因爲有《吕氏春秋·勿躬》"巫咸作筮"和《周禮·筮人》"九筮之名:……二曰巫咸"可作明證,更重要的,是有上述歷史條件爲作證明。另方面即就造字而言,筮,從竹巫,已指明它與巫有密切關係。《周禮》説:"筮人掌三易以辨九筮之名。九筮之名:一曰巫更,二曰巫咸,三曰巫式,四曰巫目,五曰巫易,六曰巫比,七曰巫祠,八曰巫參,九曰巫環,以辨吉凶。"孫詒讓《正義》説:"鄭意巫皆筮之壞字,劉敞、陳祥道、薛季宣並讀九巫如字,謂'巫更等爲古精筮者九人,巫咸即《世本》作筮之巫咸。巫易,易當爲易,即《楚辭·招魂》之巫陽'。莊存與説同。其説與鄭異而略有根據。"我認爲,劉敞讀九巫如字是對的;至於説巫更等爲古精筮者九人,則不如説巫更等爲九種筮法較爲合理。九筮之名,實即用造筮者九人之名而名之,九筮是九種不同之筮,正如三易是三種不同之易。筮有多種,同時行用,所以筮人須辨;如説爲古精筮者九人,則筮人辨它幹什麼? 義不可通了。筮有九

種，同出於巫，巫咸之名，顯列第二，這說明什麼呢？ 第一，說明了
筮的產生時代，可由巫咸的時代來確定，至遲不應到周（因爲到周，
巫已退居到不重要地位），至早不應到夏（因爲巫咸前衹有巫更一
人，且其時條件未成熟），最可靠的說法，是正當商代卜發展最盛時
期；第二，說明了筮的產生，歸根到底是客觀的條件所決定的，不是
某一個人的腦子裏偶然想出來的。 世傳巫咸作筮，不過以巫咸之
名特著，用他作創造筮法的代表人物而已。

　　現在更就筮的本身來考察，《周禮》所稱九筮，久已不傳，今日
存者惟有《易傳》所述筮法一種，不知原爲何筮，或即巫咸所傳。 巫
咸確是古代歷史上一個了不起的人物。 他的名字見於《尚書·君
奭》、《周禮·筮人》、《莊子·天運》、《韓非子·說林下》、《楚辭·離
騷》、《史記·封禪書》、《天官書》、《漢書·郊祀志》及《山海經·海
外西經》、《大荒西經》；至秦《詛楚文》且尊爲“丕顯大神”，他在古人
意識裏所留下的影響，該是多麼廣泛、悠久而且深刻！ 他是半人半
神的人物，綜合後人對他所描述的印象，是既卓越又神秘。 這個人
物，無疑是符合當時歷史發展的情況的。 他這個半人半神的人物，
在筮裏得到了鮮明的反映，因爲筮正是神物而具有人性的。 筮在
組織形式上是與當時的天文學、數學的水平直接聯繫着的，其思想
内容是與當時的認識水平直接聯繫着的。 筮字從竹，竹是什麼呢？
竹就是策，也叫做算，也叫做籌，也叫做馬，今日通呼爲籌碼。 用著
草做策以筮，當與用龜以卜之意相同，這乃是後來演變的結果。 請
看，古龜著連用多稱龜筴，例如《禮記·曲禮》：“龜筴不入公門。”
“龜筴敝則埋之。”亦作龜策，例如《楚辭·卜居》：“端策拂龜。”《史
記》有《龜策列傳》。 單稱策的，如《易傳》：“乾之策二百一十有六，
坤之策百四十有四，二篇之策萬有一千五百二十。”筴、策實是一
字。 又，《儀禮·既夕禮》注：“古文‘筭’皆爲‘筴’。”《説文·竹部》：
“筭長六寸，所以計曆數者。”筭通作算，《漢書·律曆志》：“其算法
用竹徑一分，長六寸，二百七十一枚而成六觚爲一握。”筭也叫做

籌，《儀禮·鄉射禮》"箭籌八十"注："籌，筭也。"又叫做馬，《禮記·投壺》"請爲勝者立馬"注："馬，勝筭也。"綜上所述可見，筴（策）、筭（算）、籌、馬，名雖不同，其實一物，都是指着計算時所用以代表數目的東西而言。其物用竹或用著實際沒有兩樣。用著，不過是又加上一層神秘氣氛而已。《論衡·卜筮》所謂"蓋取其名也，夫蓍之爲言耆也，龜之爲言舊也，明狐疑之事當問耆舊也"。正是說明這個意思。由上所述更可見，筮用策，祇由這個用策的本身就說明了它與數學的關係。毫無疑義，如果沒有用策的數學作前提，用策的筮是不可能産生的。我們知道數學運算是一種思維過程，思維的材料是抽象的概念而不是直覺的表象。例如，三加五這個簡單的運算，三和五祇是量的規定，不包括質的規定，即祇表明某種單位的數量而不表明質是什麼東西、什麼顏色、乃至好壞等等，因此，在運算時，三和五祇是一般的概念，不是個別的映象。至於策呢？它較之使用數字更具有概括性、靈活性。因爲，它不限於代表某一個數，而是可以代表任何數，同時，也可以任何數都不代表。另方面，由於它本身是個實物，它又具有新的性質，即，能使抽象的概念具體化。作筮者就是利用策的這些性質，在占卜的外衣裏邊，闡述自己的世界觀。在筮法中所説的"象兩"、"象三"、"象四時"、"象閏"，這個象，就是用策來象。"象兩"、"象三"等等，跟所謂"卧算爲年，立算爲日"（《易緯·乾鑿度》）道理一樣，原是利用策的固有性質，不過稍變通些。《易傳》説："神无方而《易》无體。"又説："《易》无思也，无爲也，寂然不動，感而遂通天下之故。"這個既是无方，又是无體，既是寂然不動，又能感而遂通的《易》，實在也就是把策的固有特性拿來利用，因爲，策正是既可以説代表任何東西，同時也可以説任何東西都不代表。至於在筮法中提到四時，提到閏，不消説這是與當時的天文曆算知識直接聯繫着的。筮法的思想内容，即其世界觀，則可由當時未分化的包羅萬象的知識找到説明。恩格斯説："當着我們深思地觀察自然、人類歷史或我們自己的精神活動時，那末，在我們面前首先出現的是種種聯繫及交互作用的無限錯綜的圖畫。其中，沒有任何東西是不動的和不變的，一切都運動着、變化着、產生着和消失着。這樣，我們首先看到一般的圖畫，在這幅圖畫中各個個別部分暫時多少是隱蔽着的，我們對於運動、過渡與聯繫，比較對於什麼東西在運動、過渡與發生聯繫更加注意得多。這個原始的、樸素的但實質上是正確的宇宙觀，是古代希臘哲學所固有的。"我認爲恩格斯所揭示的實是客觀的一般發展規律，不單是古代希臘哲學所固有的，同樣，也是古代中國哲學所固有的，這點恰可用筮的思想實質及其產生的歷史條件來證明。總之，筮的產生，是由具體歷史條件決定的，這是不可爭辯的事實，無可懷疑的。

請再就文獻上所記載的有關史料來考察，《左傳》僖公四年："卜人曰：'筮短龜長。'"馬融說："筮史短，龜史長。"（見《周禮·占人》疏）我認爲馬融的解釋是正確的。因爲，筮產生在商代，其時卜的發展已達到頂點臨近沒落時期，由春秋初期說來，筮的歷史如從商大戊算起，至多不到一千年，而卜的歷史則應從人類原始時期算起，不知有幾千年之久，所以說筮的歷史短，卜的歷史長（古人說龜與說卜同意）。又，僖公十五年韓簡說："龜，象也，筮，數也。物生而後有象，象而後有滋，滋而後有數。"也與前說符合。卜人但據史實爲說，韓簡又作理論補充，兩說互證，事益明確。筮的產生，實以卜的充分發展爲前提，筮的方法簡易，正是改革了卜的方法煩難的缺點；筮的卦爻辭的形成，則是繼承了卜辭的經驗與成就；筮的思想內容，與卜比較，確是新生的、先進的東西，所以它一定戰勝落後的卜，而取得統治的地位。

普通說筮，實際已包括卦。若分開來講，則筮乃專指筮法而言。因爲筮法用策，一般又叫做策，《易傳》則叫做蓍。那末，卦是什麼時候產生的呢？ 它與筮的關係怎樣？

我認爲，筮產生了，筮的變化結果，要求用一種相適應的東西表示出來，於是產生了卦。卦與筮的關係如影與形的關係。没有形體的影子，那是不可想象的。因此，説在巫咸作筮以前，包犧氏已經"作八卦，以通神明之德，以類萬物之情"，那是不可想象的。包犧氏作八卦，《易傳》雖有明文可據，但是《易傳》這段文字，所説某事取諸某卦，實皆可疑。或係好事者所爲，編者誤收。談筮和卦產生先後及其相互關係問題，當以《説卦傳》之説爲準。《説卦傳》説："昔者聖人之作《易》也，幽贊于神明而生蓍，參天兩地而倚數，觀變于陰陽而立卦，發揮于剛柔而生爻，和順于道德而理于義，窮理盡性以至于命。"這段話，本末完具，簡明扼要，實全面地把《易》的構成部分，和各部分相互間的聯繫與關係及其重要意義揭示出來。《易》的構成實包括三個主要部分：一、蓍；二、卦；三、辭。這三個部分有機地聯繫着。有時但言蓍、卦，如"蓍之德圓而神，卦之德方以智"，因爲，言卦可包括辭；有時但言蓍，如"莫大乎蓍龜"，因爲，言蓍可包括卦和辭。總之，必三者兼舉而後備。後世言《易》，多片面地祇看重卦和辭而忽視蓍，認爲蓍小道不足講，或者糟糕得很！講蓍者竟以五行、圖書之説亂之。不知蓍正是卦之所從出，在《易》裏它和卦的地位同等重要，不明白蓍就不明白卦，因而整個《易》也不明白了。兹就引《説卦傳》一段文字，略爲分析如下：首先説，蓍是什麼？蓍就是策，因爲它用來反映宇宙變化發展規律（當然，祇是就其思想實質説，很明顯，它還未抛棄神秘的形式；另方面，它的反映還是原始的、樸素的，不能與科學的反映混爲一談），所以叫做"幽贊于神明"。這個"神明"二字的含義，必須與《易傳》其他地方，如"以體天地之撰，以通神明之德"，"知變化之道者，其知神之所爲乎"，"成變化而行鬼神"，"陰陽不測之謂神"，"精氣爲物，遊魂爲變，是故知鬼神之情狀"等，一切帶有"神明"、"神"、"鬼神"等字樣的詞句，互相參證，細心體會，加以總結，才能看出它與一般用法在意義上有哪些相同，哪些不同，而得出一個確切的、不可移易的解釋。大略説，這裏用"神明"二字和一般用法在意義上有相同的地方,就是都承認神明是一種看不見的東西,它在支配着宇宙變化發展。但是,對這種看不見的東西怎樣解釋? 這一點卻大不相同了。依一般的見解,神明是超越物質的東西,它在宇宙以外,而這裏所用的"神明"其真實意義,是指着宇宙本身所固有的東西而言,即所謂"變化之道"。換一句今天的話來説,就是變化發展的規律、法則。這個差別,是哲學上唯物論與唯心論不同的根本關鍵所在,非常重要,也最容易混淆,不可不辨。其次,"参天兩地而倚數",這個"數"是什麽? 就是大衍之數。著的應用首先在建立大衍之數,[①]"参天兩地",是説明大衍之數是怎樣建立的。這個極簡單的一句話,實包括《易傳》所述筮法"天一地二"至"凡天地之數五十有五"一整段文字。参兩字連用,例見《周禮·疾醫》:"兩之以九竅之變,参之以九藏之動。"及《周書·常訓》:"疑義以兩,平兩以参。"在這裏不同的,僅是兩参作参兩而已。参兩是古語,它已經由實數"三""二"的原義引申,另成一新義,自不能用"三""二"原意作解。後世通用"参加"、"参考"、"参觀"等,還保留着参兩連用的参字古義;至如兩字的用法,後世則極罕見。因此,参兩連用古義,後人已不能言。韓注:"参,奇也;兩,耦也。"固是誤解。朱子《本義》用"天圓地方,圓者一而圍三,方者一而圍四"來説明,尤穿鑿可笑。其實,"参天兩地"衹是把天數、地數合攏在一起而組成大衍之數,即《易傳》所謂"参伍以變,錯綜其數"。"参兩"、"参伍"、"錯綜"三詞,實一義。我們不能用實數的三二來解釋参兩,也同不能用實數的三五來解釋参伍一樣。讀古書不求明古人詞例而單從單個字的意義上轉圈子,是無法讀通的。再次,"觀變于陰陽而立卦",是説明卦對於著的依賴性。卦不是憑空造作出來的,它是依著的變化而創立的。卦有陰陽,由於著有陰陽;卦有變化,由於著有變化。卦是著的摹本,因而卦也具有體天地之撰、通神明之德的作用,即

---

①　《漢書·律曆志》注:"倚,立也。"

同蓍一樣也是宇宙變化發展的摹本。蓍是策，策本無定指，卦亦無定象；蓍有小衍之數（指天一至地十），卦亦有八卦與之相當；蓍有大衍之數，卦亦有六十四卦與之相當。兩兩對照，符驗灼然。當然，這不是説它們完全等同没有區别，而衹是説在其意義上，在所依據的原理、原則上是一致的。就是根據這個理由，所以我説卦與蓍的關係是影與形的關係，没有蓍而先産生了卦，那是不可想象的。又次，言"發揮于剛柔而生爻"，則是由卦又説到爻，爻是卦的細目，是卦的單位細胞，《易》到爻方是發揮盡致了，但是爻的剛柔也與蓍的變化密切聯繫着。至於"和順于道德"以下，則最後説到辭。《易》有辭而後完備，而後切於實用。綜觀所述聖人作《易》，共分五層，層層相因。五層，也可説是三層，因爲，蓍可包數，卦可包爻。又可説是兩個主要部分，即蓍和卦，因爲辭衹是卦的説明而已。可見卦的産生，實因於筮。筮、卦雖或同出一人一時所造，但論其先後，則筮定在前，卦絶無於筮前産生之理。

　　筮、卦、《易》是一個有機整體，在商代可能同時産生，或時間相去極近。其故，一則由於這時已經具備了一切條件，一則由於有史實可作證明。關於其産生的條件已如上述。關於史實的證明：一、由《周禮·太卜》職所掌，我們知道有"三易之法，一曰《連山》，二曰《歸藏》，三曰《周易》。其經卦皆八，其别皆六十有四"。二、由《左傳》襄公九年言"遇艮之八"先用一書占之，而後又説"是於（周易》……"，及《國語·晉語》言"得貞屯悔豫皆八"也是先用一書占之，而後又説"是在《周易》……"我們知道《周易》之外，還有《易》在，并且知道這些《易》都是占七八不占九六，卦爻辭也與《周易》不同。三、由《禮記·禮運》言，"我欲觀殷道，是故之宋，……吾得《坤乾》焉"，又説"《坤乾》之義，……吾以是觀之"。我們知道商代有一種《易》名《坤乾》，其六十四卦的順序是坤在乾前，并且知道由這個《坤乾》之義可以看出商代的社會特點。四、先儒説《連山》以艮爲首，《歸藏》（先儒謂即《坤乾》）以坤爲首。我讀《説卦》一篇，覺其義訓叢雜，而皆非無據，疑兼存三易之説。其言，"坤以藏之"，疑即《歸藏》之義。又，從"帝出乎震"至"然後能變化既成萬物"，與《周易》義全不相符。最突出的，是特別強調艮的重要性。如説："艮，東北之卦也，萬物之所成終而所成始也。故曰：'成言乎艮。'""終萬物始萬物者，莫盛乎艮。"等都是，疑是《連山》舊説。

　　總之，在《周易》出現以前，我們知道至少已有《連山》、《歸藏》二易行世。《連山》易給我們留下的痕迹很少，僅僅知道它是經卦八，其別六十有四，占用七八及六十四卦的結構以艮爲首而已。到底首艮有什麼意義，與當時社會有沒有關係及有什麼關係，我們已無從徵考，不能説明。至《歸藏》易（《坤乾》）雖然給我們留下的東西不見得比《連山》易多，但是，孔子曾明白指出：可用《坤乾》之義觀殷道，證明《坤乾》確不是一般卜筮之書，它已賦有哲學内容，能比較正確地反映社會思想、理論、觀點和政治制度，當然，也反映社會物質生活條件。這一點極爲珍貴。另方面，我們知道《周易》是周初的作品（近人對《周易》的看法，有很大分歧：有的説它具有樸素的辯證法思想；有的説它没有哲學思想，卦辭爻辭和現在的籤詩一般。至於它的産生時代，則異説很少，祇有康有爲、皮錫瑞等認爲卦辭爻辭是孔子所作，然影響不大，因此，我在這裏祇肯定它爲周初作品，不加考辨，以省篇幅）。從意識形態發展的相對獨立性來説，它定是《坤乾》發展的直接産物；從意識形態與政治、法權上層建築及其基礎的關係來説，它也必然反映當時的社會政治制度，歸根到底是反映當時社會物質生活條件。由此可見，我們如果把《坤乾》、《周易》二書的基本觀點研究清楚，可能對研究商周兩代社會有幫助。另方面，我們如果對商周二代史料多留意，也可能使《坤乾》、《周易》二書的基本觀點容易明瞭。因此，我認爲在論述《坤乾》、《周易》二書基本觀點這個問題上，多徵引一些史料，多占用一些篇幅，是有益的。

　　由上述各節，我們知道《坤乾》與《周易》不同。首先，在於六十四卦的結構。《坤乾》是以坤爲首,乾居坤後;而《周易》則相反,以乾爲首,坤在乾後。其次,在於占法。《坤乾》用七八不變爻,《周易》用九六變爻。最末,在於繇辭。因《坤乾》舊辭不傳,關於最末一點無法説明,兹僅就前兩點分析如下:

坤乾、乾坤,順序顛倒,是不是純出主觀隨意,偶然爲之,與客觀存在無關?我認爲不是!其所以不是,是因爲有大量史實可作證明。商周兩代社會不同,實集中地、突出地表現在繼承制上。古人很早就認識了這個問題的重要性,曾把商周二代繼承制不同的根本特點各用二個字來概括,即"殷道親親,周道尊尊"。這個"殷道親親,周道尊尊"簡直成了古人解釋商周二代社會的一把鑰匙,古人凡碰着有關二代的一切社會、政治、思想等等問題,就都用這把鑰匙來解決,果然,如散錢得串,無不通貫。爲什麼衹是繼承制,竟有這樣重大的意義呢?要知道繼承制的不同,乃是社會經濟發展水平不同的表現。當社會經濟發展水平極低的時代,不可能産生繼承的問題。繼承問題的出現,是社會生産力已經提高、生産品有了剩餘的標誌。但是,最初的繼承制,衹傳弟傳姊妹之子而不傳子。因爲,與當時的經濟結構相適應的是母系社會,這時氏族是社會經濟單位。隨着社會經濟發展,母系社會爲父系社會所代替,原來氏族是社會經濟單位,這時變爲家庭是社會經濟單位,繼承制的傳弟或傳姊妹之子的制度遂爲傳子制所代替。所以夏啓傳子不應看作簡單的、沒有什麼意義的事情,而應看作是社會的重大變革,它是經濟發展水平已達到一定的高度的反映。但是,歷史上某一種制度往往不是一下子就能完成的,而是經過長期的、反復的鬥爭才能完成的。例如,周行分封制,到秦廢除了分封制而代替以郡縣制,到漢又恢復了分封制。是不是歷史走回頭路呢?不是的!這衹是前進途中的曲折。因爲,秦朝所創立的郡縣制度,不是一下子就能完成的,而是要經過長期的、反復的鬥爭才能完成的。同樣,夏代的繼承制已開始傳子,到商代又立傳弟之法,表面上好像是復回到夏代以前，實際傳子是主要的，傳弟是前進中的曲折。至周代傳子制才最後確立，達到完成階段。古人把傳弟制叫做"親親"，傳子制叫做"尊尊"，是因爲傳弟重母統，傳子重父統。《禮記·表記》說："母，親而不尊；父，尊而不親。"是其證。重母統，親親，是原始社會的孑遺；重父統，尊尊，是階級社會的初制。親親，反映血緣關係。這時，夫對妻、父對子、嫡對庶、宗子對族人、有土之君對他的臣民等等的特權，還没有產生，或已經產生還未成熟。確切點說，是階級統治的關係還未產生，或產生了還未成熟。前者（各種特權還未產生），是夏代以前的情況；後者（各種特權產生了還未成熟），是商代的情況。尊尊，反映政治關係，血緣關係已退居次要地位，但還與政治關係密切地糾纏着。這時，夫對妻、父對子、宗子對族人、有土之君對他的臣民等等的特權，已經萌芽，或達到成熟。前者（各種特權已萌芽）是夏代的情況，後者（各種特權已達到成熟）是周代的情況。所有上述情況，都是它們的經濟關係所決定的。因爲，必經濟獲得發展，然後才能產生剥削與被剥削的關係，從而也相應地產生了維持、鞏固這個經濟關係的政治關係。以下就徵引一些必要的史料，加以證明。

《史記·梁孝王世家》（褚少孫補）說："梁王西入朝謁寶太后。燕見，與景帝俱侍坐於太后前，語言私說。太后謂帝曰：'吾聞殷道親親，周道尊尊，其義一也，安車大駕，用梁孝王爲寄！'景帝跪席舉身曰：'諾！'罷酒，出。帝召袁盎諸大臣通經術者，曰：'太后言如是，何謂也？'皆對曰：'太后意欲立梁王爲帝太子。'帝問其狀，袁盎等曰：'殷道親親者立弟，周道尊尊者立子。殷道質，質者法天，親其所親，故立弟；周道文，文者法地，尊者敬也，敬其本始，故立長子。周道，太子死，立適（嫡）孫；殷道，太子死，立其弟。'"

又，《春秋》隱公七年："齊侯使其弟年來聘。"《公羊傳》："其稱弟何？母弟稱弟，母兄稱兄。"何注："分別同母者，《春秋》變周之文，從殷之質，質家親親，明當厚異於群公子也。"

又,《春秋繁露·三代改制質文》説:"王者以制,一商一夏,一質一文,商質者主天,夏文者主地。"又説:"主天法商而王,其道佚陽,親親而多仁樸,故立嗣與子,篤母弟,妾以子貴……主地法夏而王,其道進陰,尊尊而多義節,故立嗣與孫,篤世子,妾不以子稱貴號。"

以上引用有關夏、商、周三代制度的三部分材料,所述内容,基本相同。除了中間夾雜一些無謂的天地陰陽之説,乃是用他們的唯心觀點所作出來的陋妄的解釋,完全是糟粕,應當剔除以外,其餘都有豐富的史實作根據,是經過若干歷史學者研究分析,所發現的其中的基本特點與最本質的東西。這個特點與本質的東西,鮮明地表現在不同的繼承制上。古人把這個特點與本質的東西用兩個字來概括,即所謂"親親"和"尊尊";用一個字來概括,即所謂"質"和"文"。質的含義是質野,因爲血緣是生物所共有,重視血緣是原始餘迹,所以叫做"質";文的含義是文明,因爲政治是人類所獨有,重視政治是進步的表現,所以叫做"文"。郭沫若同志説:"商人氣質傾向藝術,彝器之作,精絶千古,而好飲酒,好田獵,好崇祀鬼神,均其超現實之證。周人氣質則重現實,與古人所謂'殷尚質,周尚文'者適得其反。"郭沫若同志依據重現實與否來辨商、周質文,遂得出相反的結論,顯然與古人用質文的原意不相符合。其實,商人超現實,表現有原始性,也是質;周人重現實,表現有進步性,也是文。郭沫若同志所據事例,與古人所謂質文原意也並不是抵觸的。親親多仁樸,尊尊多義節,這也是可以理解的。因爲,親親重血緣關係,兄弟古稱"天倫",血緣關係有自然之愛,是人道的起點,即"仁"的起點。《中庸》説:"仁者人也,親親爲大。"《論語》説:"孝悌也者,其爲仁之本與?"就是闡明這個意思。正由於重視自然之愛,相對的就不大重視虚文末節,所以多"樸"。多"樸"是略於禮節的意思。尊尊重政治關係,君臣古稱"義合",這是新產生的關係,它是符合當時的客觀實際情況的。《中庸》説:"義者宜也,尊

賢爲大。”《喪服四制》説：“貴貴、尊尊，義之大者也。”就是闡明這個
意思。正由於“義”是出於人爲，不像“仁”有自然之愛作基礎，所以
需要用禮法來限制，所以多“節”。多“節”，是詳於禮制的意思。多
仁樸、多義節，正是尚質尚文的具體表現。關於繼承制，以《史記》
袁盎等所説最爲具體，以《春秋繁露》所説最爲完備，參證《公羊傳》
及何注之説，知親親確是重母統，無可疑者。《春秋繁露》所説的也
是周制，不是夏制。因爲夏代初立傳子之制，不可能規定這樣詳
密。《春秋繁露》所以這樣説，是用一質一文的公式例推的。它認
爲，一質一文是循環的、不變的，所以可以上推多少代，也可以下推
多少代，這是唯心的、形而上學的觀點，是錯誤的，應該批判的；是
糟粕，應該剔除的。但是，它看到夏傳子與周相同，因用尊尊概括，
則是正確的，因爲這是符合客觀實際情況、符合辯證發展規律的。
親親，重母統，故長子死，傳同母弟，不傳孫。也正由於重母統，故
妾子爲天子，妾得稱後；妾子爲君，妾得稱夫人，這叫做“妾以子
貴”。尊尊，重父統，故長子死，傳嫡孫，不傳餘子。也正由於重父
統，相對的就不重母統而嚴別尊卑，故妾子爲天子、爲君，妾仍舊
稱，不稱后，不稱夫人，這叫做“妾不以子稱貴號”。在這裏必須指
出，所謂親親傳弟，必長子死然後傳弟，長子不死，則仍傳子不傳
弟。縱然，事實上未必完全恪守此原則，總之，並未取消傳子之法。
所以這種傳弟之制，與原始氏族社會的傳弟，畢竟不同，這一點必
須辨清。王國維説：“商之繼統法以弟繼爲主而以子繼輔之，無弟
然後傳子。”[1]舉“自成湯至於帝辛三十帝中，以弟繼兄者凡十四
帝，其以子繼父者亦非兄之子而多爲弟之子”（同上）爲證。范文瀾
同志説：“商朝繼統法是以子繼爲主，以弟繼爲輔。”[2]其證據是“夏
帝和商先公都是父子相繼”。結論説：“周代傳子制度應是承襲商

---

①　《觀堂集林·殷周制度論》。
②　《中國通史簡編》修訂本第一編，殷制度與文化思想。

制而更加嚴格。"①我認爲，王、范二人之説都不若舊説爲確。王説缺點，在僅看到商繼統法的特點，不知這衹是表面現象，歷史的主流是傳子。商代不能廢除傳子之制，也同漢代不能廢止郡縣之制一樣。范説缺點，在抹殺了商繼統法的特點，不知"殷變夏，周變殷"（《淮南子·氾論訓》）是辯證發展的過程，不是簡單增長的過程。

《禮記·檀弓》："公儀仲子之喪，檀弓免焉。仲子舍其孫而立其子。檀弓曰：'何居！我未之前聞也。'趨而就子服伯子於門右。曰：'仲子舍其孫而立其子，何也？'伯子曰：'仲子亦猶行古之道也。昔者，文王舍伯邑考而立武王，微子舍其孫腯而立衍也。夫仲子，亦猶行古之道也。'子游問諸孔子，孔子曰：'否！立孫。'"

以上這段故事，正是在同一事實上，有兩種不同的看法：有的説立其子對，有的説立孫對。其實這是由於他們所依據的標準不同。説立子對的是依據殷道，説立孫對的是依據周道。仲子周人，自然應行周道。因此，孔子説的對，伯子説的不對。伯子之説不過是勉强地找個理由爲仲子作辯護罷了。春秋時像這樣的例子，還不止此，如：

《左傳》襄公三十一年："己亥，孟孝伯卒。立敬歸之娣齊歸之子公子裯，穆叔不欲，曰：'太子死，有母弟則立之，無則長立，年鈞擇賢，義鈞則卜，古之道也。非適（嫡）嗣，何必娣之子？且是人也，居喪而不哀，在戚而有嘉容，是謂不度，不度之人鮮不爲患，若果立之，必爲季氏憂。'武子不聽，卒立之。"

又，昭公二十六年："昔先王之命曰：'王后無適，則擇立長，年鈞以德，德鈞以卜，王不立愛，公卿無私，古之制也。'"

《國語·晉語》："公（晉獻公）曰：'非子之所知也。寡人聞之，立太子之道三：身鈞以年，年同以愛，愛疑決之以卜筮。'"

<hr>

① 《中國通史簡編》修訂本第一編，殷制度與文化思想。

　　以上三條，與《檀弓》所記子服伯子之語略同，都是借遵行古制
爲名，而幹的是破壞現行制度的勾當。實際，穆叔是不欲立公子
裯，王子朝是爲爭王位，晉獻公是要廢太子申生，哪一個人也不是
真正擁護古之制者（當然，古制也没有必要擁護）。當時流行的是
周制。所謂"古之制"，跟子服伯子所説的一樣，不是别的，就是殷
制。晉獻公雖未明言古制，而所説與前二者的話大致相符，知也是
殷制。由這幾條記載，我們又知道：商代繼承，不但有傳弟之法，又
有"以年"、"以德"、"以卜"之法；同樣周代繼承，不但有立孫之法，
又應如《公羊傳》所説的是："立適以長不以賢，立子以貴不以長。"
（隱公元年）必這樣做，才能通其變，濟其窮，且不違背"親親"、"尊
尊"的原則。大抵商代繼承制，親親傳弟外，還保存有原始社會選
舉遺意。其優點，常得長君、賢君，政權鞏固有力量。缺點，位不素
定，易啓爭端。《史記·殷本紀》説："自中丁以來，廢適而更立諸弟
子，弟子或爭相代立，比九世亂。"及《宋微子世家》説："《春秋》譏宋
之亂，自宣公廢太子而立弟，國以不寧者十世。"就是這個制度缺點
的最好證明。周代繼承制，鑒於商代繼承制的缺點，乃改行"尊尊"
之制。尊尊實質上就是嚴格的等級制度。《禮記·喪服四制》説：
"天無二日，土無二王，國無二君，家無二尊，以一治之也。故父在
爲母齊衰期者，見無二尊也。"①尊尊的基本原則，就是"以一治
之"。爲什麼必以一治之呢？其意義當如《荀子·致士》所説："君
者，國之隆也；父者，家之隆也。隆一而治，二而亂，自古及今，未有
二隆爭重而能長久者。"及同書《王制》所説："夫兩貴之不能相事，
兩賤之不能相使，是天數也。勢位齊而欲惡同，物不能贍則必爭，
爭則必亂，亂則窮矣。先王惡其亂也，故制禮義以分之，使有貧富
貴賤之等，足以相兼臨者，是養天下之本也。"又，《禮記·仲尼燕
居》有一段文字闡發"以一治之"的道理，最爲明暢，即"禮之所興，

---

　　①　"天無二日"數語，亦略見同書《曾子問》、《坊記》。

衆之所治也，禮之所廢，衆之所亂也。目巧之室則有奧阼，席則有上下，車則有左右，行則有隨，立則有序，古之義也。室而無奧阼，則亂於堂室也。席而無上下，則亂於席上也。車而無左右，則亂於車也。行而無隨，則亂於塗也。立而無序，則亂於位也。昔聖帝明王諸侯辨貴賤、長幼、遠近、男女、外內，莫敢相逾越，皆由此塗出也”。“立適以長不以賢，立子以貴不以長”，正含有“以一治之”的精神。因爲立嫡子衹論長幼不論賢否，立妾子衹論貴賤（貴妾賤妾）不論長幼，這樣君位候補人同時就衹有一個，不會有兩個，而且事先就已確定，所以能消弭争端，杜絶亂源。《左傳》閔公二年：“昔辛伯諗周桓公云：‘內寵並后，外寵二政，嬖子配適，大都耦國，亂之本也。’”尊尊，正是從這“亂之本”下手，事先預防。齊桓公葵丘之會，“初命曰‘誅不孝，無易樹子，無以妾爲妻’”（《孟子·告子下》）。這個初命全文，也是加強尊尊制度，防止争亂的。

　　周代所以實行尊尊制度，不但是吸取前代的經驗教訓，也是當時有這個需要，尤其是已經具備了實行這樣制度的條件。大抵夏道尊尊，開闢了傳子制度，這意味着父權制將代替母權制，家庭將代替氏族，私人所有制將代替公共所有制，階級社會將代替無階級社會而展開激烈的鬥爭。殷道親親，在繼承制上兼立傳弟法。傳弟法是重母統的特徵。傳子與傳弟并存，是由氏族社會向國家過渡中，家庭與氏族并存，私人所有制與公共所有制并存的反映。周道尊尊，建立了嚴格的傳子法——無嫡子者，傳嫡孫，不傳弟。從而產生了完密的宗法制度，確立“以一治之”的基本原則，貫穿到一切禮儀法度中。這時，國家已發展完成。正如王國維所說：“由是天子之尊，非復諸侯之長，而爲諸侯之君。”[1]氏族制度完全崩潰。先前，若干土地爲氏族公社或共產制家庭公社所有。至是，除了林麓川澤仍由公共使用外，其餘土地一般都用井田制方式分配給各

---

① 《觀堂集林·殷周制度論》。

個家庭使用。這樣,從公共耕地過渡到土地每年重新分配的個體耕作,是個很大的進步,①爲農民所樂於接受;另方面,大小封君也樂於這樣做,因爲,土地由封君分配,土地權實際已歸封君所有,給他們提供了剝削的條件。這就是周代奴隸制度所賴以建立起來的真實基礎。由此可見,周道尊尊,不但是吸取前代的經驗教訓,也是有這個需要。因爲,經濟發展,剝削也隨之發展,就需要一個強有力的能保證剝削的機構。當然,最根本的,有決定意義的,是由於有經濟發展這一條件。

在這裏有三個問題,還有必要補充説明:

一、商代社會是否存在氏族制度的問題。關於這一問題,我們可由保存到現在的周代社會制度的遺骸——儒家所講的禮裏找到一些綫索。

第一,儒家所講的禮把"男女有別"提到頭等重要地位,他們認爲,男女有別是禮的根本,是人與禽獸的界標。如《儀禮·喪服傳》:"禽獸知母而不知父。"《禮記·曲禮》:"夫唯禽獸無禮,故父子聚麀。是故聖人作爲禮以教人,使人以有禮知自別於禽獸。"又,《郊特牲》:"男女有別然後父子親,父子親然後義生,義生然後禮作,禮作然後萬物安。無別無義,禽獸之道也。"又,《昏義》:"男女有別而後夫婦有義,夫婦有義而後父子有親,父子有親而後君臣有正,故曰:'昏禮者,禮之本也。'"《孟子·滕文公下》:"楊氏爲我是無君也,墨氏兼愛是無父也,無父無君是禽獸也。"所有上述各條,本質上都説明一個問題——即"真正的人"應從"男女有別"那一天開始,亦即從"知父"那一天開始。至人類知母而不知父那個很長一段歷史時期,統統劃入禽獸範圍。周人爲什麼這樣露骨地強調男女有別呢? 強調知父的重要性呢? 顯然,是有政治意義的。不難想象,這正是周初社會家族戰勝氏族、父權戰勝母權的精神武

---

① 　恩格斯:《家庭、私有制和國家的起源》,第 136 頁。

器。後來雖時過境遷，但這理論已深入人心，故還受到大多數人的擁護和支持。假如，商代社會中氏族制已不存在，那末，周人這個理論豈不是無的放矢，不可理解嗎？

第二，從《儀禮·喪服》中可以看到"普那路亞"家庭痕迹。如，夫之昆弟無服；爲舅服緦麻而爲從母服小功；父之昆弟有父稱，父之姊妹無母稱特稱姑；相對的"謂吾姑者，吾謂之侄"，即對姑，無子稱特稱侄；母姊妹有母稱，母之昆弟無父稱特稱舅；相對的"謂吾舅者，吾謂之甥"，即對舅無子稱特稱甥等等皆是。後人對這些問題，認爲是不可理解。如《新唐書·禮樂志第十》："初，太宗嘗以同爨緦而嫂叔乃無服，舅與從母親等而異服，詔侍中魏徵、禮部侍郎令狐德棻等議：'舅爲母族，姨及外戚它姓，舅固爲重而服止一時，姨乃五月，古人未達者也。'"即其證。今天，我們在馬克思主義經典著作《家庭、私有制和國家的起源》中卻找到了完滿的解答。即爲什麼姑無母稱、舅無父稱呢？是因爲在"普那路亞"家庭時代，已經限制姊妹和兄弟間的性的關係的緣故。爲什麼姨得母稱，服重於舅呢？是因爲在"普那路亞"家庭時代，母跟母的姊妹曾經是父跟父的兄弟的共同之妻的緣故。爲什麼夫兄跟弟婦、嫂跟叔相互無服？是因爲在"普那路亞"家庭時代，他們和她們曾經是共同之夫和共同之妻的緣故。《喪服傳》說："夫之昆弟何以無服也？其夫屬乎父道者，妻皆母道也；其夫屬乎子道者，妻皆婦道也。謂弟之妻'婦'者，是嫂亦可謂之'母'乎？故名者人治之大者也，可無慎乎？"（亦見《禮記·大傳》）我們仔細體會這段文字，同樣，可以發現有如上面所說的情況。《禮記·大傳》說："異姓主名治際會，名著而男女有別。"我們依據這個主名原則來考察：弟之妻不得名婦，由於其夫没有子道；嫂不得名母，由於其夫没有父道。那末，可以設想，父道、子道中間是什麼道？當然是夫道了！其夫屬乎夫道，妻當然是妻道了！先前，不講男女有別，這個妻道是可以公開承認的，因爲事實上的確如此。至是，男女有別了，這個妻道首在嚴禁之例，絕對不容再有，而新的關係又没有適當的名字可用，索性遂不制名，不相爲服。《禮記・檀弓》：“喪服：兄弟之子猶子也，蓋引而進之也；嫂叔之無服也，蓋推而遠之也。”所説“引而進之”還不够恰當，因爲先前兄弟之子也是己之子；所説“推而遠之”則是正確的，因爲先前嫂叔曾是夫妻。周人對嫂叔的關係限制特嚴。《禮記・曲禮》：“嫂叔不通問。”又，《雜記》：“嫂不撫叔，叔不撫嫂。”《孟子・離妻》篇淳于髡言禮男女授受不親，舉嫂溺援之以手爲例，皆其證。由後人看來，嫂叔實不應無服，相互間種種限制，尤無必要，而周人之所以有必要的，除了解釋爲力矯前此之氏族制度，將不能説明。

第三，《禮記・大傳》説：“繫之以姓而弗别，綴之以食而弗殊，雖百世而婚姻不通者，周道然也。”證明周人是禁止同姓通婚的，因而使宗族制度的壁壘，特爲嚴整。另方面也證明殷人同姓通婚是可以允許的。殷人同姓不禁通婚這一事實，也説明是曾經存在氏族制度。恩格斯在他的經典著作之一——《家庭、私有制和國家的起源》第四章《希臘人的氏族》説：“希臘人的氏族已經不是易洛魁人底那種古老的氏族了，群婚的痕迹開始顯著地消失着。母權制已讓位給父權制，隨父權制而發生的私有財富，在氏族制度上打開了頭一個缺口。而第二個缺口乃是第一個缺口的天然後果：在實行父權制後，富有的女繼承人的財産，當她出嫁時，既歸於她的丈夫，從而歸於别一個氏族，所以，這便摧毁了一切氏族法則的基礎，并且爲了把少女的財産保存在自己的氏族以内，不惟容許少女在氏族内出嫁，而且使得非這樣做不可了。”恩格斯所説的“不惟容許少女在氏族内出嫁，而且使得非這樣做不可”正是殷人同姓允許通婚的道理，從而知道殷人是曾經實行過這種形式的氏族制度的。

二、周是否有井田制問題。我認爲，井田制是從共同耕地過渡到土地之完全私有的中間環節。井田之制不僅明白地見述於《孟子》、《周禮》、《穀梁傳》，如《詩經・小雅・信南山》：“畇畇原隰，曾孫田之，我疆我理，南東其畝。”“疆埸翼翼，黍稷或彧。”“中田有廬，疆場有瓜。”《左傳》襄公二十五年：“町原防，牧隰皋、井衍沃。”又，襄公三十年：“田有封洫，廬井有伍。”等等，也都證明這個制度確實存在過。而且“爲田開阡陌封疆”見於《史記·商君列傳》。又，《蔡澤列傳》也説：“商君決裂阡陌。”是井田制在什麼時候實行，什麼時候破壞，踪迹顯然，事無可疑。當然，井田制不能理解爲所有土地都必須分成“豆腐乾塊”，也同周人禁止同姓通婚，並不排除有魯昭公“取於吳爲同姓，謂之吳孟子”（《論語·述而》），晉平公“内實有四姬焉”的事實；周人“易樹子”和“以妾爲妻”，都在禁列（《公羊傳》僖公三年和《孟子·告子下》），並不排除事實上有很多人違反這個禁例；周制原是“天子之地一圻，列國一同，自是以衰”（《左傳》襄公二十五年），並不排除事實上各國的領土多不合制度。諸如此類，都應該把一般的制度和個別的事實區別開來認識。如果不把一般與特殊的關係弄清楚，而從絕對意義上理解，不但這一問題搞不通，任何問題都將不能得到正確解決，結果祇有走上胡適派反動的道路，對祖國歷史文化遺産一切加以否定而已。

　　三、殷社會是否爲奴隸制問題。我認爲，殷社會是奴隸制，但不是古代的勞動奴隸制而是東方的家庭奴隸制。其社會的決定性的生產部門的生產工作承擔者不是古代羅馬那樣的奴隸，而是如馬克思所説的“普遍奴隸”。[①] 近來有人認爲，殷人詞彙中的衆、庶、民、庶人、萬民等等，就是從事農業生產的大批奴隸。我認爲這樣説法是從公式出發，先肯定了商代是古代的勞動奴隸制，然後硬派他們做古代羅馬的奴隸，相反，倒能説明他們不是奴隸而是農村公社的成員。商代的奴隸，上等的如伊尹、傅説作相，中等的作宰、小臣、牧臣、籍臣，下等的作奚、奴、童、妾。總之，都是特權者的幫兇、爪牙，至多有充任手工業生產者，其生產品，主要也是供特權者享用，而都不是決定性生產部門——農業生產工作的承擔者。因

---

① 馬克思：《資本主義生產以前各形態》，人民出版社，1956年，第33頁。

此，我認爲商朝是奴隸社會，但不是古代的勞動奴隸制，而是東方的家庭奴隸制。

關於三個問題補充説明到此完結。

綜觀上述，我們可以相信殷道親親是殘存的舊的氏族社會意識的反映，其表現於哲學思想則爲首坤次乾的《坤乾》；周道尊尊是全盛時期的奴隸社會意識的反映，其表現於哲學思想則爲首乾次坤的《周易》（八卦取象：乾爲天、爲君、爲父、爲夫、爲男；坤爲地、爲臣、爲母、爲妻、爲女）。《周易》這個特點，《繫辭傳》在開頭第一句即用極沉重的語言明白指出説：“天尊地卑，乾坤定矣。”天尊地卑實際就是周道尊尊思想的公式化、教條化，其内容包括君尊臣卑、父尊子卑、夫尊妻卑、男尊女卑等等許多具體事實。我們試就全部《周易》考察，將看到，陰陽、剛柔、大小、消息、貴賤、君子小人等等上面都有尊尊思想的印記。特别是家人卦説：“家人，利女貞。”《彖傳》解釋説：“家人，女正位乎内，男正位乎外，男女正，天地之大義也。家人有嚴君焉，父母之謂也。父父、子子、兄兄、弟弟、夫夫、婦婦而家道正，正家而天下定矣。”在這裏暴露男尊女卑的思想，尤爲明顯。又，坤六三：“含章可貞，或從王事，無成有終。”《文言》説：“陰雖有美含之，以從王事，弗敢成也。地道也，妻道也，臣道也，地道無成而代有終也。”這條大意説，“地道”、“妻道”、“臣道”，三者一致，就是，儘管你自己有本領，還要聽從尊上的命令去辦事，辦出成績來，這成績要記在尊上的賬上。這是中國奴隸社會最典型的道德，是尊尊思想的具體表現。《坤乾》首坤次乾，其特點與《周易》相反，即親親重母統。《坤乾》書久亡，其詳細内容如何已不可知。或疑以母系爲中心的思想體系的建立是否可能？我認爲，這樣思想體系的建立不但可能，而且有具體例子可爲借照。這個具體例子就是《老子》。《老子》一書，言母、雌、牝、始、根等地方極多，且極力稱贊，簡直認爲這是人生行動的最高準則。最顯著的如説“萬物之母”，“爲天下母”，“而貴食母”，“有國之母”，“既得其母以知其子，既知其子復守其母”；説“能爲雌乎”，“知其雄，守其雌”；説“是爲玄牝”，“牝常以静勝牡”；説“天地之始”，“能知古始，是謂道紀”，“天下有始以爲天下母”，“天地根”，“各歸其根”，“重爲輕根”。又説：“堅强者死之徒，柔弱者生之徒。”又説：“我有三寶：一曰慈……慈故能勇。”又説：“聖人之在天下，歙歙焉爲天下渾其心，百姓皆注其耳目，聖人皆孩之。”特別是説“慈故能勇”，“聖人皆孩之”，把母性敦篤祥和的面目描繪得極爲逼真，充分證明他是如何推尊母性、崇尚陰柔！實與《周易》思想背道而馳，而和《坤乾》思想同一體系，那末，我們借《老子》推想《坤乾》，就比較容易理解了。

其次，從《坤乾》占七八不變爻，《周易》占九六變爻。這占不變爻與占變爻，實代表兩種思想方法。這兩種思想方法具體表現如何，可借老子與孔子爲例説明之。

老子説：“反者道之動。”又説：“禍兮福之所倚，福兮禍之所伏。”又説：“曲則全，枉則直，窪則盈，敝則新。”是老子已確切認識到宇宙是變動的，並認識到這個變動是遵循着正反兩面互相轉化的規律進行——即辯證的規律進行。但是，他處理問題的方法，卻是“抱一”，“抱朴”，“執古之道以御今之有”，即是不變的。《漢書·藝文志》敍道家説：“秉要執本，清虚以自守，卑弱以自持。”正是見到這一點。這個抱、執、秉、守、持等等，無疑是形而上學思想方法的表現，這説明了他的思想上的不徹底性。另方面，老子還重無爲、自然。這一思想，跟他崇尚陰柔的思想聯繫着。就是，人祇能消極地順應自然，而不能積極地改造自然，取消了人在歷史上的積極作用。這也是他的缺點。《坤乾》占七八不變爻，其意義大概是這樣。

《周易》占九六變爻，是認爲事物是變動的，處理事物的方法也應是變動的。把這個方法應用於實踐，則爲“趨時”、“化裁”。《繫辭傳》説：“吉凶悔吝者，生乎動者也。剛柔者，立本者也。變通者，趣（趨）時者也。”又説：“化而裁之謂之變，推而行之謂之通，舉而錯之天下之民謂之事業。”怎樣叫做“吉凶悔吝生乎動”？這是説，事情的得失成敗，是人的行動正確或錯誤所産生的結果。那末，自然應當在行動上着眼，這是闡明占變卦的道理。“剛柔立本”，是指出事變的根據。“變通趣時”，是説明處理事變的方法。“剛柔”，具體事物之象，脱離具體事物不能談變，所以説“剛柔立本”，“本”，就是根據。“趣時”是依據具體情況而爲適當必要的措置，顯然與“抱一”、“抱朴”無共同之處。這個適當必要的措置，叫做“變通”，分開來講是，“化而裁之”叫做變，“推而行之”叫做通。“化”，謂客觀事物發展規律，“裁”謂人的主觀能動性、創造性。“化而裁之”，不是完全隨順自然，取消人的積極作用，相反的是承認人的積極作用以利用自然、改造自然。這點，當然也與“無爲”、“自然”的客觀主義思想無共同之處。所謂“變”，它的精神實質就是這樣。“推而行之”是把“化而裁之”的“變”應用到具體實踐，這就叫做“通”。總起來説，叫做“變通”。把這一變通原則，應用到社會來爲人民謀福利，就叫做“事業”。以上就是《繫辭傳》所闡述的關於《周易》占變爻的意義。王弼《易略例》説：“卦者時也，爻者適時之變者也。”意亦略同。

　　趣時之義，在《周易》中實認爲是行動最高原則。綜計《象傳》、《象傳》、《文言》中用“大矣哉”讚嘆“時義”者六，讚嘆“時用”及“時”者各三，其餘言“與時偕行”者三，言“與時行”者二，言“與時消息”者一，言“時止則止，時行則行，動靜不失其時”者一，言“承天而時行”、“應乎天而時行”者各一。孔子讀《易》韋編三絶，蓋深有得於此，故不憚煩從多方面予以闡發。孟子説：“孔子，聖之時者也。”（《孟子·萬章下》）確能指出孔子思想的特點。孔子自述説：“我則異於是，無可無不可。”（《論語·微子》）孟子説：“可以速則速，可以久則久，可以處則處，可以仕則仕，孔子也。”（《孟子·萬章下》）這“無可無不可”和“可以速則速”數語，正是時字注腳。《周易》占變爻本已具有變通趨時之義，但是，經孔子闡述以後，更發展了它，豐富了它，使它遂達到更高的境地。故《周易》到了孔子之手才最後抵於完成，任何割裂的看法，都是錯誤的。

　　總之，《周易》是人類認識在具體歷史條件下長期發展的結果。其形式，雖然還未脫離老舊的、落後的卜筮的形式，而其内容卻反映了原始的、素樸的但實質上是正確的宇宙觀。

　　　　（原載《東北人民大學人文科學學報》1955 年第 2 期）

《易》論（下）
——論《周易》蓍卦的組成和應用

　　《周易》是具有卜筮形式和哲學内容的矛盾的統一體，它有荒誕的一面，也有正確的一面。我們對於它的荒誕的一面應該予以批判，而對於正確的一面則應予以闡揚。不加區别地一概否定或肯定，都是不恰當的。

　　《周易》包括蓍卦兩部分，這兩部分有機地聯繫着。《繫辭傳》説：“蓍之德圓而神，卦之德方以知（智）。……神以知來，知（智）以藏往。”正是闡明蓍和卦這兩個組成部分的不同性質及其相互關係。韓注：“圓者，運而不窮；方者，止而有分。……唯變所適，無數不周，故曰圓；卦列爻分，各有其體，故曰方。”這樣解釋方圓二字是正確的。大抵圓而神是説蓍數的“陰陽不測”，[1]方以智是説卦象的“吉凶可見”。[2] 一件事都有過去（往）將來（來）兩方面，用蓍求卦是知來，設卦待占是藏往。蓍卦本爲卜筮而設，而其内容實體現了哲學思想。這個哲學思想和古代希臘哲學一樣，是原始的、素樸的但實質上是正確的宇宙觀。但是，一經變成公式把它應用於卜筮，它就不可避免地又有了唯心的、形而上學的性質。《周易》一書，就是這樣複雜而又矛盾的東西，因此，我們不能用簡單的、形而上學的方法去處理。以下即就蓍卦的組成和應用兩方面，具體地

---

　　① 《繫辭傳》説：“陰陽不測謂之神。”
　　② 《繫辭傳》説：“八卦以象告，爻象以情言，剛柔雜居而吉凶可見矣。”

加以分析。

　　蓍的組成和應用，詳見《繫辭傳》所述筮法。蓍的應用，首先爲建立"大衍之數"。大衍之數實爲"五十有五"，由《繫辭傳》說"凡天地之數五十有五，此所以成變化而行鬼神也"知之。今本的"大衍之數五十"當是傳寫脫去"有五"二字。

　　大衍之數是怎樣組成的呢？《繫辭傳》有如下說明：即，"天一，地二；天三，地四；天五，地六；天七，地八；天九，地十。天數五，地數五：五位相得而各有合，天數二十有五，地數三十。凡天地之數五十有五，此所以成變化而行鬼神也"。[①]

　　天數地數，是大衍之數組成的基本細胞。天地不是別的，祇是表示對立的意思，蓍數之稱天地跟卦畫之稱陰陽一樣。如用辯證法的原則來說，就是矛盾着的兩方面。天數是奇數，地數是偶數。古人用奇數、偶數來表示矛盾，其意義跟用正和負、微分和積分來說明矛盾是一樣的。

　　如果把大衍之數看作是一個機體，那末，這個機體實包括兩個發展階段：由天一地二到天九地十，是第一個發展階段；由五位相得而各有合到凡天地之數五十有五，是第二個發展階段。第一個發展階段，由天一地二開始，到天九地十結束，實完成了大衍之數機體的低級組織。十是數的小成，這是古人所公認的。《左傳》莊公十六年說："使以十月入，曰，良月也，就盈數焉。"注："數滿於十。"又，僖公四年說："十年尚猶有臭。"疏："十是數之小成。"正由於數滿於十，十是數之小成，所以這一組織雖然簡單，已能綜攝一切數而無遺漏，因而有着普遍意義。由此低級組織更向上發展，則爲"五位相得而各有合"。"五位相得"，是說天數五位與地數五位相得。即，天一與地二相得，天三與地四相得，以下例推。相得的意思，如用辯證法來解釋，就是矛盾的統一——天地是矛盾，相得

────────────────

① 　今本有錯簡，此據《漢書·律曆志》引文校正。

是統一。五位相得，各成一矛盾統一體。"而各有合"，是説五位天數——一、三、五、七、九，合爲二十有五；五位地數——二、四、六、八、十，合爲三十。"凡天地之數五十有五"，是天數二十有五與地數三十之和，即爲大衍之數。由於大衍之數是天數二十有五與地數三十所組成，所以它也是個矛盾統一體。大衍之數是發展完成的高級組織，卜筮時應用它可以求卦占事，所以説"此所以成變化而行鬼神"。成變化而行鬼神已涉及蓍的應用問題。

蓍的應用，《繫辭傳》説："大衍之數五十（應作五十有五，説詳前），其用四十有九。分而爲二以象兩，挂一以象三，揲之以四以象四時，歸奇於扐以象閏，五歲再閏故再扐而後挂。是故四營而成易，十有八變而成卦。"

首先，應解決其用四十有九的問題。爲什麽五十有五不全用呢？關於這個問題，前人已有種種解説，兹先撮舉如下，然後再斷以我個人的意見。

京房説："五十者，謂十日、十二辰、二十八宿也，凡五十。其一不用者，天地之生氣，將欲以虛來實，故用四十九。"

馬融説："《易》有太極，謂北辰也。太極生兩儀，兩儀生日月，日月生四時，四時生五行，五行生十二月，十二月生二十四氣，北辰居位不動，其餘四十九，轉運而用也。"

荀爽説："卦各有六爻，六八四十八，加乾坤二用，凡有五十。《乾》'初九潛龍勿用'，故用四十九也。"

鄭玄説："天地之數五十有五，以五行氣通，凡五行減五，大衍又減一，故四十九也。"

姚信、董遇説："天地之數五十有五者，其六以象六畫之數，故減之而用四十九。"（以上俱見《易》疏）

王弼説："演天地之數，所賴者五十也，其用四十有九，則其一不用也。不用而用以之通，非數而數以之成，斯《易》之太極也。"（《繫辭傳》注）

　　朱熹説："大衍之數五十，蓋以河圖中宮天五乘地十而得之。至用以筮，則又止用四十有九。蓋皆出於理勢之自然，而非人之知力所能損益也。"（《易本義》）

　　綜觀上述，祇有姚信、董遇二人知大衍之數即是天地之數五十有五。鄭玄雖不敢肯定大衍之數即是天地之數，但也知其與天地之數有關，較勝於京房、馬融諸家之隨意附會。不過他們用"以五行氣通，凡五行減五，大衍又減一"及"其六以象六畫之數故減之"等説法來解決其用四十有九的問題，還是隨意附會，難爲典據。朱熹説："皆出於理勢之自然，而非人之知力所能損益"，豈知大衍之數及其用四十有九云云者，正是人之知力所造，以説明宇宙變化發展的規律，而不是出於理勢之自然。那末，爲什麽大衍之數五十有五不全用呢？因爲，五十有五全用，則分二，挂一，揲四，歸奇以後得不出來七、八、九、六之數，不能定爻成卦。無以達成卜筮所預期之目的。是故，説其用者，正由於有不用者在。其用者有所象，其不用者無所象。前人硬於無所象的地方求象，所能得到的當然祇有幻想或錯覺而已。

　　"分而爲二以象兩"，這是應用著以進行卜筮的第一個步驟（一營）。分而爲二，是信手把四十九策分爲兩部分。以象兩，是象兩儀，即矛盾兩個方面。當四十九策未分時則象太極。太極並不在四十九策之外。馬融説："《易》有大極，謂北辰也。北辰居位不動，其餘四十九，轉運而用。"及王弼説："其用四十有九，則其一不用也；不用而用以之通，非數而數以之成，斯《易》之太極也。"等等，均謂太極在四十九策之外，不但非《周易》本旨，亦不瞭解大極的意義。大極也叫做大一，是原始的一、整體的一、渾沌未分的一，而不是與二、三等等相對的一。《説文》一字下説："惟初太極，道立於一，造分天地，化成萬物。"《漢書·敍傳》説："元元本本，數始於一。"《禮記·禮運》説："夫禮必本於大一，分而爲天地，轉而爲陰陽，變而爲四時。"《吕氏春秋·大樂》説："萬物所出，造於大一，化於陰陽。"《繫辭傳》於他處説："是故，《易》有大極，是生兩儀，兩儀生四象，四象生八卦，八卦定吉凶，吉凶生大業。"所有上述"大極"、"大一"、"一"等等不同名稱，實質都是指着整體的一而言。兩儀祇是大極的發展變化，亦不能於大極本身有所增減，所以馬、王的見解是錯誤的。兩儀是矛盾着的兩個方面，它具有普遍意義，但是，"法象莫大乎天地"，《繫辭傳》此處的象兩，應看做是象天地，跟《説文》等書所説"造分天地"、"分而爲天地"的意思一樣。

"挂一以象三"，這是應用著以進行卜筮的第二個步驟（二營）。挂一，象造分天地之後又生了人；象三，象天地人三才。《説文》大字下説："天大，地大，人亦大焉。"《説卦》説："昔者，聖人之作易也，將以順性命之理，是以立天之道曰陰與陽，立地之道曰柔與剛，立人之道曰仁與義，兼三才而兩之，故易六畫而成卦。"《繫辭傳》説："《易》之爲書也，廣大悉備，有天道焉，有人道焉，有地道焉，兼三才而兩之故六，六者非它也，三才之道也。"以上這些文字都可爲象三是象天地人三才之證。不過這個三才中與天地相提並論的人字意義，古人在説明其具體內容時，每用王字來代替，如，《老子》説："道大，天大，地大，王亦大；域中有四大而王居其一焉。人法地，地法天，天法道，道法自然。"又説："昔之得一者，天得一以清，地得一以寧，神得一以靈，谷得一以盈，萬物得一以生，侯王得一以爲天下貞。"《老子》所説的"人法地"，實際就是王法地，由上文"四大"王與天地並言及下文"得一"也是侯王與天地並言可證。是老子意識裏的三才，實質上是天地王而不是天地人。又，《繫辭傳》説："天地設位，聖人成能。""天地之大德曰生，聖人之大寶曰位。"泰卦《大象》説："后以財（裁）成天地之道，輔相天地之宜，以左右民。"也是以聖人或后與天地並言，這個聖人或后，即王之異名。可見老子的見解不是個別的，而是代表這時社會一般人的見解。爲什麼把天地人理解成天地王呢？這是階級社會意識的反映。在階級社會裏不可能把一般人的地位提到與天地同等看待那樣高。

　　"揲之以四,以象四時",這是應用著以進行卜筮的第三個步驟(三營)。前此分而爲二已將四十九策分成左右兩部分(左象天,右象地),挂一,復由其一部分中(疏:"於天數之中,分挂其一。")抽出一策挂之。現在又把左右兩部分的每一部分從頭到尾四個四個的數,一策象一時,四策象春、夏、秋、冬四時。從著的全部進程說,這又可以叫做"兩儀生四象"。四象也是一般的範疇,本不專指四時而言,但是,"變通莫大乎四時",《繫辭傳》在此處實指四時。生就是發展,兩儀生四象的意義如何? 可用《周易》六十四卦的結構來說明,因爲它們所依據的原理是一致的。《繫辭傳》說:"……在天成象,在地成形,變化見矣。是故,剛柔相摩,八卦相蕩,鼓之以雷霆,潤之以風雨,日月運行,一寒一暑,乾道成男,坤道成女。"《繫辭傳》所說的天地,乃是乾坤兩卦之象;所說的日月運行,一寒一暑,乃是乾坤兩卦變化發展之象,前者即所謂兩儀,後者即所謂四時。"剛柔相摩,八卦相蕩",說明了變化的根本原因,並不是由外來的,而是由於其內在的矛盾性。《禮記・樂記》說:"地氣上齊(躋),天氣下降;陰陽相摩,天地相蕩,鼓之以雷霆,奮之以風雨,動之以四時,暖之以日月,而百化興焉。"與《易傳》文字相似,由於它是直接闡明自然現象,所以更覺明顯具體。"剛柔相摩,八卦相蕩",實即"陰陽相摩,天地相蕩"的寫照。相摩相蕩的根本原因,則在於"地氣上躋,天氣下降"。由此可見:象兩,不是象天地的形體,而是象其矛盾性質;象四時,不是孤立的,與象兩沒有聯繫,而是象其變化發展。

　　"歸奇於扐以象閏,五歲再閏,故再扐而後挂。"這是應用著以進行卜筮的第四個步驟(四營)。奇是"揲之以四"的餘數。這個餘數多寡,雖不能預知(因爲分二是信手分的),但是,可以斷定其僅限於幾個可能。因爲,總數四十九策,去挂一則餘四十八,此四十八分在左右,如左方揲四之餘爲一,則右定餘三。同理,左餘三,右餘一;左餘二,右餘二;左餘四,右餘四。把餘數提出另置於扐,就叫做"歸奇於扐"。扐也是數之餘。扐、奇之分，以曆法言，則奇象餘分，扐象閏月。所以説："歸奇於扐以象閏。""五歲再閏，故再扐而後掛"謂四營之中，掛一次，扐二次，象曆法五歲再閏。"而後掛"，謂一易四營完結，二易四營開始，把一變揲過之策合攏起來，又分二，掛一，揲四，歸奇，言掛是略語。三易（即三變）成一爻，説詳下。

"四營而成易，十有八變而成卦"，這是總述成卦的全部過程，實包括"四象生八卦"。因爲揲四、歸奇、二營實是一事，閏月即在四時之中。成易成卦即歸奇以後所産生之結果。

關於十有八變而成卦，《易疏》説："十有八變而成卦者，一爻有三變，謂初一揲不五則九，是一變也；第二揲不四則八，是二變也；第三揲亦不四則八，是三變也。若三者俱多爲老陰，謂初得九，第二、第三俱得八也。若三者俱少爲老陽，謂初得五，第二、第三俱得四也。若兩少一多爲少陰，謂初與二三之間或有四或有五而有一個八也，或有二個四而有一個九，此爲兩少一多也。其兩多一少爲少陽者，謂三揲之間，或有一個九、有一個八而有一個四，或有二個八而有一個五，此爲兩多一少也。如此三變既畢，乃定一爻，六爻則十有八變，乃始成卦也。"《疏》言"初一揲不五則九"，謂再扐之數，如其一爲一，其一爲三，或俱是二，加掛一則爲五；如俱是四，加掛一則爲九。言"第二揲不四則八"，因爲未成一爻，仍用一變揲過之策，即除去五或九所餘之策，亦即四十四或四十策，這樣，四營結果掛扐的總數自然是不四則八。言"第三揲亦不四則八"，因爲三變用二變揲過之策，這時總策數爲四十、三十六或三十二，依前法四營結果，掛扐總數爲不四則八。其言"俱多爲老陰，俱少爲老陽，兩少一多爲少陰，兩多一少爲少陽"，亦略見《儀禮・士冠禮》疏。其疏説："筮法依七、八、九、六之爻而記之，但古用木畫地，今則用錢，以三少爲重錢，重錢則九也；三多爲交錢，交錢則六也；兩多一少爲單錢，單錢則七也；兩少一多爲拆錢，拆錢則八也。"錢大昕云：

"考賈公彥疏本於北齊黃慶、隋李孟悊二家,是則齊、隋與唐初皆已用錢,重交單拆之名,與今不異,但古人先揲蓍而後以錢記之,其後術者漸趨簡易,但擲錢得數,不更揲蓍,故唐人詩有'衆中不敢分明語,暗擲金錢卜遠人'之句。"(《十駕齋養新錄》卷一《筮用錢》)其實,古筮法但用七、八、九、六記爻,並無重、交、單、拆之名。七、八、九、六出於過揲之數,重、交、單、拆出於挂扐之數,挂扐之數跟過揲之數固互爲餘補,可以由此知彼,但是,挂扐之數爲餘數,過揲之數爲本數,古人記爻實用本數不用餘數。例如,三變俱多,即初得九,第二、第三俱得八,總爲二十五;四十九去二十五餘二十四,是爲過揲之數,以四除之,正得六爲老陰。如三變俱少,即初得五、第二第三俱得四,總爲十三,四十九去十三餘三十六,是爲過揲之數,以四除之,正得九爲老陽。餘可類推。故知古人但用七、八、九、六記爻,不用重、交、單、拆,用本數不用餘數。以重、交、單、拆記爻,蓋起於擲錢代蓍之後,孔、賈二疏及錢大昕誤認爲古初如此,實未深考。

綜上所述,我們似可得出這樣結論,即,蓍的組成和應用,實反映作蓍(筮法)者的原始的、素樸的但實質上是正確的宇宙觀。作蓍者已經認識到宇宙是運動的,不是静止的;是發展的,不是重複的,其運動發展的根本原因,不是外來的,而是由於其內在的矛盾性。但是,它跟古代希臘哲學一樣,僅僅抓住了現象的整個圖畫的一般性質,而不能解釋整個現象所構成的個別部分,因而,對於整個現象的認識缺乏科學性;另方面,這個宇宙觀是通過卜筮的形式表達出來的。所謂,"蓍之德圓而神",主要關鍵決定於"分而爲二"時的信手一分;認爲這信手一分包含有什麼神秘,顯然是唯心的、荒謬的。這又説明他的宇宙觀的不徹底性。這個缺乏科學性和不徹底性,是它的歷史條件所決定的,在當時的歷史條件下不可能產生馬克思主義的科學的宇宙觀。所以儘管它具有上述缺陷,並不排除它的卓越意義。

其次,論卦的組成和應用。兹先談一談卦字的含義。

卦是什麼呢? 卦就是畫。《玉篇·卜部》引劉瓛説:"挂之言畫也,謂圖畫之也。"(古逸叢書本《玉篇》)《釋名·釋書契》説:"畫,挂也,以五色挂物上也。"《易緯·乾鑿度》説:"卦者,挂也,卦萬物視而見之。"證明卦、挂、挂,祇是寫法不同,原爲一字。今挂、挂二字還通用,惟卦字則早已爲八卦之卦所專用,然觀上列三書所述,其分合之迹還不難考尋。由於卦、畫二字互訓,又,《易·説卦》也説:"易六畫而成卦。"證明卦字本義就是圖畫的畫。正由於卦字本義是畫,所以又可稱象。《繫辭傳》説:"是故,易者象也,象也者像也。"又説:"夫乾,確然示人易矣! 夫坤,隤然示人簡矣! 爻也者效此者,象也者像此者也。"又説:"聖人有以見天下之賾而擬諸其形容,象其物宜,是故謂之象。聖人有以見天下動而觀其會通以行其典禮,繫辭焉以斷其吉凶,是故謂之爻。"又説:"聖人設卦觀象。"以至説"八卦成列,象在其中矣","八卦以象告",諸如此類,都是反復地在説明卦是象,爻是效。卦象什麼呢? 是象天下之賾。爻效什麼呢? 是效下天之動。用今天的話來説,就是反映客觀世界的發展規律。豈止卦爻字義如此,即兩儀的儀,四象的象,也都有摹寫的意思(兩儀之儀,如言渾天儀,候風地動儀)。不過卦之爲畫,是抽象的畫而不是直觀的畫,是典型的畫而不是任意的畫罷了。

卦的組成,基本上和蓍的組成的原則是一致的。--(陰、柔)一(陽、剛),是基本細胞,相當於大衍之數之有天、地。由--、一發展到八卦而小成,完成了卦的低級組織。八卦:☰(乾),☷(坤),☳(震),☴(巽),☵(坎),☲(離),☶(艮),☱(兑),相當於大衍之數的天一,地二,天三,地四,天五,地六,天七,地八,天九,地十。八卦由於其所含--、一二種原素的多寡及其構造型式的各異,規定了八種不同的性質,即《説卦》所謂:"乾,健也;坤,順也;震,動也;巽,入也;坎,陷也;離,麗也;艮,止也;兑,説(悦)也。"這樣,它也具有普遍意義,因爲任何事物如果區分爲八部分,依其不同性質用八卦逐一標記,已足够精密而無遺漏。由低級組織——八卦,"因而重之"(也叫做"引而伸之"),則六十四卦,完成了卦的高級組織。至是,可以用"開物成務,冒天下之道"(《繫辭傳》),跟大衍之數的可用以"成變化而行鬼神",亦復相同。其因而重之的意義,當如《繫辭傳》所説:"易之爲書也,廣大悉備,有天道焉,有人道焉,有地道焉,兼三才而兩之故六。六者非它也,三才之道也。"和《説卦》所説:"昔者,聖人之作《易》也,將以順性命之理,是以立天之道曰陰與陽,立地之道曰柔與剛,立人之道曰仁與義,兼三才而兩之,故《易》六畫而成卦,分陰分陽,迭用柔剛,故《易》六位而成章。"故重之者,乃是由三畫重爲六畫。重爲六畫的意義,是爲"兼三才(天地人)而兩之",因爲,這樣則能分陰分陽,迭用柔剛,即三才的每一才也被矛盾統一這一基本法則貫穿着。

請進一步來談《周易》六十四卦的結構。

《周易》六十四卦的結構,既不是如邵雍先天圖六十四卦機械的順序,也不是偶然的堆積,而是按照一定的規律排列的,這個規律正反映原始的、素樸的,但實質上是正確的宇宙觀。

《周易》六十四卦的結構,以乾坤兩卦居首,正如《易緯·乾鑿度》所説:"乾坤者,陰陽之根本,萬物之祖宗也。"《説文》一字下説:"惟初太極,道立於一,造分天地,化成萬物。"實隱括《易》理,取以解説六十四卦的結構,尤覺親切。蓋乾坤兩卦,是矛盾的統一體。《乾鑿度》説:"乾坤相並俱生。"從其統一體説是太極,是一;從其矛盾的兩方面説是造分天地;從其在變化發展過程中所產生的現象説是化成萬物。所以乾坤是陰陽的根本,萬物的祖宗。

《繫辭傳》説:"乾之策二百一十有六(老陽數九,過揲之數三十六,乾卦陽爻六,六個三十六策,故二百一十有六),坤之策百四十有四(老陰數六,過揲之數二十四,坤卦陰爻六,六個二十四策,故百四十有四),凡三百有六十,當期之日。二篇之策萬有一千五百二十,當萬物之數也(《易》上下二篇六十四卦三百八十四爻,陰陽各半,陽爻一百九十二,總爲六千九百一十二策,陰爻亦一百九十二,總爲四千六百零八策,陰陽合計萬有一千五百二十策）。"這是從著一方面指出《周易》六十四卦結構的意義。

乾坤兩卦之策共三百六十,相當於一歲的日數,這句話很容易被人誤會爲"生拉硬扯",而忽略其中所包蘊着的深刻意義。應當指出:這句話實鮮明地表達了乾坤兩卦在六十四卦中的重要地位與意義。説明乾坤兩卦既不是跟其餘諸卦等同,又不是孤獨地立於其餘諸卦之外,而是一方面跟其餘諸卦有内在聯繫,共爲統一的整體;一方面卻是矛盾的開始,自成一獨立環節。其餘諸卦不是別的,衹是乾坤兩卦變化發展的過程。乾坤之策凡三百六十當期之日,表明乾坤兩卦在其發展過程中,是一個獨立的環節。當期之日的具體内容包括"日月運行,一寒一暑",亦即"四時行焉,百物生焉"(《論語・陽貨》)。其在乾卦之《彖》説:"乾:元,亨,利,貞。"充分證實了這一意義。前人解元、亨、利、貞四德,多用春、夏、秋、冬四時相配,無疑是對的。蓋"乾,健也",健就是力量。天是宇宙間最大的力量。這個力量主要表現在太陽(日)上。《禮記・郊特牲》:"郊之祭也,迎長日之至也,大報天而主日也。"古人大報天而主日,正説明所謂"郊天",實質是祭太陽。《漢書・魏相傳》稱魏相數表采《易》陰陽及《明堂月令》奏之,曰:"……天地變化,必繇(由)陰陽,陰陽之分,以日爲紀,日冬夏至,則八風之序立,萬物之性成。"魏相所説更明顯地指出太陽在天地變化中的重要意義。乾坤之策當期之日,其表現於乾者爲元、亨、利、貞已如上述。其表現於坤者,則爲"元、亨、利牝馬之貞"。什麼叫做牝馬之貞呢? 師儒久失其解,總由去古愈遠,對於古人的生活茫無所知之故。其實,這在古人固屬習見之事,不待解釋,人人知之。我讀《黑韃事略》見有如下一段文字。即"其牡馬留十分壯好者作移剌馬種,外餘者多騸了,所以無不强壯也。移剌馬者公馬也,不曾騸,專管騍馬群,不入騸馬隊。騸馬、騍馬各自爲群隊也"。又,"其騍馬群,每移剌馬一

匹,管驏馬五六十匹。驏馬出群,移剌馬必咬踢之使歸。或他群移
剌馬逾越而來,此群移剌馬必咬踢之。摯而有別,尤爲可觀"。我
認爲《黑韃事略》這段文字,恰是"牝馬之貞"的最好説明。牝馬之
貞並無其他奧義,衹如驏馬群的驏馬專一服從其群的移剌馬的約
束而已。

　　"二篇之策萬有一千五百二十,當萬物之數"。這個萬物之數
包括六十四卦在内。六十四卦歸根到底都是天地變化、陰陽交感
所生,即乾坤兩卦的内在矛盾所展開的鬥爭所生。故於乾卦《彖
傳》説:"大哉乾元! 萬物資始,乃統天。"於坤卦《彖傳》説:"至哉坤
元! 萬物資生,乃順承天。"《序卦》説:"有天地,然後萬物生焉。盈
天地之間者唯萬物,故受之以屯……"屯卦《彖傳》説:"屯剛柔始交
而難生。"所有這些都説明《易》中萬物是由乾元資始,由坤元資生,
總之,是天地變化所生。所以,《周易》六十四卦應看作是乾坤兩卦
變化發展的過程。

　　《繫辭傳》説:"乾坤其《易》之緼邪! 乾坤成列而《易》立乎其中
矣。乾坤毀則无以見《易》,《易》不可見,則乾坤或幾乎息矣。"這也
是闡明《周易》六十四卦結構的精意。它首先指出,《易》的底蘊衹
是乾坤,這是極其深刻而又重要的説明。其次,"乾坤成列而《易》
立乎其中矣",説明《周易》六十四卦是有内在聯繫的統一整體,是
按照一定的規律向前變化發展的,而乾坤這一個環節則是變化發
展的開端。其餘諸卦,依次遞承,其共同規律是兩卦相承,不反則
對(如☲(屯)☲(蒙)是反,☵(坎)☲(離)是對)。以次又構成三十
一個環節。每一個環節包括對立着兩個六畫卦(反對對立),每一
個六畫卦包括對立着兩個三畫卦(内外對立)。每一個六畫卦又是
"分陰分陽,迭用柔剛",每一個三畫卦又是由兩種原素(⚋、⚊)組
成的,一句話:都貫穿着矛盾的統一這一辯證法的基本特徵而互相
依賴着、制約着,結成了大大小小、裏裏外外無數層的網,變化着、
運動着的網。那末,這樣説來,是不是《周易》哲學的宇宙觀已經不

是原始的、素樸的，而與馬克思主義哲學的宇宙觀没有區別呢？當然不是！請看《周易》六十四卦相次，其意義祇如《序卦》所説："有天地，然後萬物生焉。盈天地之間者唯萬物，故受之以屯——屯者盈也，屯者物之始生也。物生必蒙，故受之以蒙——蒙者蒙也，物之稚也。物稚不可不養也，故受之以需——需者飲食之道也。飲食必有訟，故受之以訟。訟必有衆起，故受之以師——師者衆也……"其每卦相次，儘管都是"必"（間有用"不可不"、"然後"等，意亦相同），又是"故"，從表面上看，其間也象有必然性、因果依賴性。但一細審其實際，則蒙次屯，需次蒙等等，所有這些現象及其相互聯繫，完全是臆測、虛構，没有科學根據。更進一步考察其中所有一切複雜現象及其相互聯繫，同樣，可以看到是幻想的、架空的、没有科學根據。所以，《周易》哲學正同古代希臘哲學一樣，是原始的、素樸的但實質上是正確的宇宙觀，而與馬克思主義哲學的科學的宇宙觀是有本質上區別的。

"乾坤毁則无以見《易》，《易》不可見，則乾坤或幾乎息矣"，這是説明六十四卦序列最後一環節——既濟、未濟兩卦的意義。乾坤毁是矛盾已經解決，變化已到盡端，故無以見《易》。既濟：離下坎上，六爻剛柔皆正而當位，《雜卦》説："既濟，定也。"正是矛盾解決之象。説《易》不可見，則乾坤或幾乎息矣"，用"幾乎"二字，語有分寸，其實，變化並没有息，也不可能息。故未濟爲卦，坎下離上，六爻剛柔皆不當位，《序卦》解釋説："物不可窮也，故受之以未濟終焉。"即舊的矛盾剛解決，新的矛盾已産生，變化何嘗息？但是，就乾坤這一矛盾發展的總過程來説，則是到此完結了，可以説幾乎息。

《繫辭傳》説："乾坤其《易》之門邪！乾，陽物也；坤，陰物也。陰陽合德而剛柔有體，以體天地之撰，以通神明之德。"這也是闡明《周易》六十四卦結構的意義。乾坤其《易》之門，説明《易》是乾坤變化所生。這個"門"字的含義，《繫辭傳》在另外一個地方有確切的詮釋。即,"闔户謂之坤,闢户謂之乾,一闔一闢謂之變,往來不窮謂之通"。這個一闔一闢在總的發展過程中構成一個環節,其中包括一個肯定,一個否定。爲什麽往來不窮呢? 是由於"窮則變,變則通"(《繫辭傳》)。"窮",是數變的限界;"變",是由數變引起的質變。這樣,由數變到質變,由質變到數變,復由數變到質變,遵循着螺旋曲綫由低級向高級發展,構成了無限環節,就叫做"往來不窮"。可見,乾坤其《易》之門,並不是一句泛話,而是真能揭示《周易》六十四卦全部結構的精意。"乾,陽物也;坤,陰物也",説明乾坤是矛盾的兩方面。"陰陽合德而剛柔有體",説明陰陽是互相依賴着、制約着的統一整體。同時,陰陽又各具有一定的性質以互相區別而不能混同。"以體天地之撰,以通神明之德",則説明《周易》六十四卦之所以如此結構,是爲了反映客觀世界,爲了揭露世界的發展規律。

關於卦的應用,《繫辭傳》中有如下説明:"聖人設卦,觀象,繫辭焉,而明吉凶。"這一簡單的説明,實全面地、扼要地揭露了卦是怎樣應用於實際生活中。倒轉説來,就是《易》的最大功用,在"明吉凶"。即,指示人們要做什麽,不要做什麽。但是,吉凶怎樣能明呢? 需要有文字(辭)説明。文字説明不是憑空編造的,是根據對於卦象的觀察和理解。而卦象則是由卦畫規定了的。從用卦這個角度來看,辭是最主要的環節。辭包括卦名、彖辭、爻辭。兹分述如下:

一、卦名　卦固然是象,用以反映客觀事物的;但是,它具有抽象性和概括性,充其量也僅僅是若干公式、範疇,離開具體事實,就不能説明任何東西。因此,應用卦,首先要給它安立一個名字,使與實際結合,於是内容確定了,範圍縮小了,儘管它還是有一般性質,人們卻可以遵循它的指示或暗示來進行探索了。王弼説:"故舉卦之名,義有主矣。"(《易略例·明象》)這話是對的。

卦名有八卦(三畫卦)的卦名和六十四卦(六畫卦)的卦名。八

卦是基本的類型，它的名字是根據各該卦所含 -- 、— 多寡及其構造
的型式而確定的。乾、坤、震、巽、坎、離、艮、兌八名，標明了☰、☷、
☳、☴、☵、☲、☶、☱八種不同的性質。《説卦》説：“乾，健也；坤，順
也；震，動也；巽，入也；坎，陷也；離，麗也；艮，止也；兌，説（悦）也。”
意思是説，乾即是健，坤即是順，其餘並同。名義既定，依此取象，
因事觸類，變換無方。《説卦》説：“乾爲天，坤爲地，震爲雷，巽爲
風，坎爲水，離爲火，艮爲山，兌爲澤。”又説：“乾爲馬，坤爲牛，震爲
龍，巽爲鷄，坎爲豕，離爲雉，艮爲狗，兌爲羊。”又説：“乾爲首，坤爲
腹，震爲足，巽爲股，坎爲耳，離爲目，艮爲手，兌爲口。”又説：“乾爲
父，坤爲母，震爲長男，巽爲長女，坎爲中男，離爲中女，艮爲少男，
兌爲少女。”證明卦象不是固定的，常視具體情況爲轉移。但是，不
管怎樣不固定，卦象永遠要受卦名決定着，即當某一具體事物，分
爲八部分，用八卦來表示時，其每一卦象的性質必須與卦名一致而
不得相抵觸，這是卦名的重要意義。

　　六十四卦是以八卦爲基礎而向上發展的機體。其每一個卦，
一方面具有它固有的、獨立的性格，另方面又是整個機體中一個組
成部分。六十四卦的卦名，就要反映這樣性質；同時，還要有普遍
意義，以便能利用它來説明同一類型的衆多問題。《繫辭傳》説：
“其稱名也，雜而不越。”又説：“其稱名也小，其取類也大。”這兩條
正是説明六十四卦的卦名能符合上述要求。“雜”，説明六十四卦
各有獨特的性格，無一雷同；“不越”，説明各卦間有内在聯繫構成
序列共爲一個統一的整體。“其稱名也小，其取類也大”，則是説明
它具有普遍意義。

　　二、象爻辭　卦名是由卦象産生的，反過來它又規定了卦象的
義蘊，限制了卦象的範圍，這是卦名的特質。不過卦名至多用兩個
字，畢竟是標徵性質，不能承擔説明的任務。要求卦能致用，還需
要加文字説明，這個文字説明就是象辭和爻辭，也叫做“繇辭”。

　　象辭和爻辭的區别：1. 象辭是一卦的總説明，爻辭則是卦中各

組成部分（爻）的説明；2. 彖辭主要從本體上看問題，爻辭主要從變動上看問題。《繫辭傳》説："彖者，言乎象者也；爻者，言乎變者也。"又説："彖者，材也；爻也者，效天下之動者也。"又説："聖人有以見天下之賾，而擬諸其形容，象其物宜，是故謂之象；聖人有以見天下之動，而觀其會通以行其典禮，繫辭焉以斷其吉凶，是故謂之爻。極天下之賾者存乎卦，鼓天下之動者存乎辭。"凡此，都是闡明象辭與爻辭的不同性質與作用的。

關於象辭和爻辭的文字體例，《繫辭傳》有如下説明："其旨遠，其辭文，其言曲而中，其事肆而隱。"當然，彖、爻辭裏還保存有卜辭蜕變的痕迹，同時，辭句越是古怪也越能增加神秘性。但是，這樣含義深遠，造語奇奥，其言似迂迴曲折，而實切中事理，其事似膚淺徑直，而實精義無窮，也確有優點。比如詩詞，爲什麼多用比興，很少用賦體呢？因爲，比興一方面有生動的形象爲其内容，另方面又具有典型性與概括性，能令人從任何角度來看，都感到它這話是爲我而發的，這樣，是最適合於廣泛應用的。

明吉凶是靠彖、爻辭來實現，而吉凶則是爻象所決定的。它們這種關係，《繫辭傳》有如下説明："爻象動乎内，吉凶見乎外，功業見乎變，聖人之情見乎辭。"爻象動乎内，吉凶見乎外，實質就是"八卦定吉凶"，説明吉凶跟爻象有密切的聯繫，欲知吉凶，須先看爻象。爻象動於内則吉凶現於外，如影隨形，如響應聲，爻象是吉凶的本源，吉凶是爻象的末流。功業見乎變，説明功業跟爻象吉凶的關係。"吉凶生大業"，是作《易》的最終目的，《周易》哲學思想應用於實際生活中最後具體地表現在功業上。但是，八卦怎樣定吉凶？吉凶怎樣生大業？具體運用卻不是簡單容易的事，而是十分複雜而艱巨的問題。兹先釋吉凶的含義，然後再説八卦怎樣定吉凶，吉凶怎樣生大業。

吉凶是略語，實包括悔、吝、无咎等。這些卜筮上專用術語，當然不是《周易》新創的，而有其逐漸形成的歷史。但是，它們在《周

易》裏所表示的意義，可能跟先前不同。關於它們在《周易》裏使用
的含義及其相互關係，《繫辭傳》有如下說明：“吉凶者，失得之象
也；悔吝者，憂虞之象也。”又說：“吉凶者，言乎其失得也；悔吝者，
言乎其小疵也；无咎者，善補過也。”大意：吉凶是表示相反的兩極，
吉的意思是獲得，以事業言是成功；凶的意思是喪失，以事業言是
失敗。悔吝則事在兩可之間，吉凶還未確定。不過悔是改過遷善，
已轉向吉了；吝則怙惡遂非，結果必至於凶。至无咎之意，則是理
應獲咎，因善於補過，故得免咎。《周易》之義，特重无咎，《繫辭傳》
說：“懼以終始，其要无咎，此之謂《易》之道也。”《論語》說：“子曰，
‘加我數年，五十以學《易》，可以無大過矣。’”（《述而》）皆其證。因
爲，消極地減少錯誤，即是積極地加速成功，這個道理是不難理解
的。

　　八卦怎樣定吉凶呢？ 首先決定於這卦在六十四卦整個結構中
所居的地位及其性質。《繫辭傳》說：“《易》之爲書也，原始要終，以
爲質也；六爻相雜，唯其時物也。”原始要終以爲質，就是說《周易》
六十四卦結構實質是一個發展過程。六爻相雜，唯其時物，就是說
每一卦在整個發展過程中標誌着一個特定的時代與特定的性質。
王弼說：“卦者，時也；爻者，適時之變者也。夫時有否泰，故用有行
藏，卦有大小，故辭有險易。”（《易略例·明卦適變通爻》）正是認識
到這個道理而努力予以闡發。

　　其次，決定於這爻在全卦結構中所居的地位及其性質。《繫辭
傳》說：“卑高以陳，貴賤位矣；動靜有常，剛柔斷矣。”貴賤，就是其
所居的特定地位；剛柔，就是其所具的特定性質。

　　《易緯·乾鑿度》說：“初爲元士，二爲大夫，三爲三公，四爲諸
侯，五爲天子，上爲宗廟。”是爻位分貴賤之事。

　　《繫辭傳》說：“六爻之動，三極之道也。”又說：“分陰分陽，迭用
柔剛，故《易》六位而成章。”是爻位分三才陰陽之事（初、二爲地道，
三、四爲人道，五、上爲天道。初、三、五爲陽位，二、四、上爲陰位）。

《繫辭傳》説:"《易》之爲書也不可遠,爲道也屢遷,變動不居,周流六虛,上下無常,剛柔相易,不可爲典要,唯變所適,其出入以度,外内使知懼。"是爻位有上下、外内之事。

再次,決定於各該爻本身的變動。《繫辭傳》説:"八卦成列,象在其中矣;因而重之,爻在其中矣;剛柔相推,變在其中矣;繫辭焉而命之,動在其中矣。吉凶悔吝者,生乎動者也。剛柔者,立本者也;變通者,趣(趨)時者也;吉凶者,貞勝者也;天地之道,貞觀者也;日月之道,貞明者也;天下之動,貞夫一者也。"這一段説明,由本到末,由體到用,極其圓融透闢。它着重指出"吉凶悔吝生乎動者也",這一點還有必要加以闡明,即依《周易》的見解,吉凶並不等於禍福。禍福説完全是宿命論,意思是説,"是禍脱不過","是福找上門";而吉凶則從行動着眼,肯定了人在歷史中所起的積極作用。所以,它既説"吉凶悔吝生乎動",又説"變通趣時",這正是《周易》哲學的特點。荀卿説:"善爲易者,不占。"(《荀子·大略》)管輅説:"善《易》者,不論《易》。"(《三國志·魏志·管輅傳》注)嚴君平卜筮於成都市,"人有邪惡非正之問,則依蓍龜爲言利害;與人子言,依於孝;與人弟言,依於順;與人臣言,依於忠;各因勢導之以善"(《漢書·王貢兩龔鮑傳》)。上述三人所説所做的,深得《周易》精意。吉凶悔吝生乎動,這個動的根本原因在於"剛柔相推"。《繫辭傳》説:"剛柔相推,而生變化。"剛柔相推,就是對立面的鬥爭。但是,人們決不是無能爲力的,在一定的限度内,人們是有旋乾轉坤的作用的,正如斯大林所教導我們的:"人們如果認識了自然法則,估計到它們,依靠它們,善於應用和利用它們,便能限制它們發生作用範圍,把自然的破壞力引導到另一方面,使自然的破壞力轉而爲社會造福。"①關於這個道理,《繫辭傳》還有幾處有較詳細的説明,兹引來作爲補充。即:"極天下之賾者,存乎卦;鼓天下之動者,存乎

---

① 斯大林:《蘇聯社會主義經濟問題》。

辭；化而裁之，存乎變；推而行之，存乎通；神而明之，存乎其人。"又說："形而上者，謂之道；形而下者，謂之器；化而裁之，謂之變；推而行之，謂之通；舉而錯之天下之民，謂之事業。"又說："剛柔雜居而吉凶可見矣。變動以利言，吉凶以情遷。是故，愛惡相攻而吉凶生，遠近相取而悔吝生，情偽相感而利害生。"綜觀上述：所有化而裁之，推而行之，神而明之，舉而錯之，變動以利言，吉凶以情遷等等，實質上都是說明人的主觀能動性在變動中間發揮相當大的作用。至愛惡、遠近、情偽等，則是具體地指出許多矛盾的方面；相攻、相取、相感等，則爲矛盾方面的鬥爭；天下之動貞夫一，則又說到就在這變動的裏邊仍然貫穿着客觀法則，即所有天下的變動都由於矛盾而產生，所以天下的變動都爲求矛盾的解決（貞夫一）。但是，舊的矛盾剛解決，新的矛盾已產生，就在這矛盾不斷地產生與解決，歷史才得到進步與發展。這個道理，由六十四卦的結構體現出來，說已詳前，茲不復述。

關於各爻間的相互關係，又有比、應、承、乘的規定。這些名目，一般都取陰陽異類相從立義：凡二爻相鄰者爲比；其內外卦相對應的爻，如初與四，二與五，三與上爲應；爻之在上者，於下爲乘；爻之在下者，於上爲承。柔承剛爲順，柔乘剛爲逆。又，陰爻（柔）居陰位（二、四、上），陽爻（剛）居陽位（初、三、五）爲得正，爲當位；否則叫做失正，不當位。王弼說："夫應者，同志之象也；位者，爻所處之象也；承乘者，順逆之象也；遠近者，險易之象也；內外者，出處之象也；初上者，始終之象也。是故，雖遠而可以動者，得其應也；雖險而可以處者，得其時也；弱而不懼於敵者，得所據也；憂而不懼於亂者，得所附也；柔而不憂於斷者，得所御也；雖後而敢爲之先者，應其始也；物競而獨安於靜者，要其終也。故觀變動者，存乎應；察安危者，存乎位；辨順逆者，存乎承乘；明出處者，存乎外內。遠近終始，各存其會，避險尚遠，趨時貴近，比復好先，乾壯惡首，明夷務暗，豐尚光大。"（《易略例·明卦適變通爻》）這段文字，簡明融貫，深得要領，八卦定凶吉的原理原則，略具於是，兹引來以作總結性的説明。

　　"吉凶生大業"，是《周易》理論應用於實際生活中所預期的結果。所謂"舉而錯之天下之民謂之事業"意亦指此。因爲，吉凶者，失得之象，人們有了行動的指南，自然容易做好工作，但是，《周易》是否能作人們行動的指南？這個問題，一方面決定於《周易》的理論是否正確，一方面決定於人們是否能夠正確地運用這個理論於具體實踐。關於後者，是"神而明之，存乎其人"的問題，此處可以不談；關於前者，《繫辭傳》有兩段比較簡而扼要的説明，兹逐録如下："子曰：'夫《易》何爲者也？夫《易》，開物成務，冒天下之道，如斯而已者也。是故，聖人以通天下之志，以定天下之業，以斷天下之疑。'"及"是以明于天之道，而察于民之故，是興神物，以前民用"。大略説：開物是蓍之事，所謂"蓍之德圓而神，神以知來"。知來是開物；成務是卦之事，所謂"卦之德方以智，智以藏往"，藏往是成務。由於蓍卦即《易》能知來藏往，所以冒天下之道。冒是包括無遺的意思，因爲，天下之道不過是過去（往）和將來（來）兩方面而已。又，此處所謂"天下之道"的内容，實包括天下之道和民之故兩方面。譯成今天的話，天之道是關於自然界的發展規律，民之故是關於人類社會的一般原理。由於《易》是經過明於天之道和察於民之故而制作的，所以也冒天下之道，因爲，天下之道不過是自然界和人類社會兩方面而已。神物謂蓍和卦，也就是《易》。作《易》的目的，是爲了"以前民用"，具體些説，即所謂"以通天下之志，以定天下之業，以斷天下之疑"。通志，是以思想言；定業，是以事功言；斷疑，是以應用於具體實際言。

　　根據上面關於蓍卦的組成和應用的分析，我們知道《周易》的哲學是原始的、素樸的但實質上是正確的宇宙觀。因此，説它"冒天下之道"，"明于天之道而察于民之故"，這話，是有根據的、正確的。它不但闡明了這個宇宙觀，而且還想把這個宇宙觀應用於實際生活中，這是它的卓越處。但是，由於歷史條件的限制，決定了它有不可克服的缺陷：第一，它這個宇宙觀是直觀的，不是科學的，因而它的認識不能完全符合於客觀實際；第二，它還帶着卜筮的外殼，它的宇宙觀還須假借卜筮的形式表達出來，不可避免地，就有了唯心的、形而上學的性質。由於具有上述缺陷，所以，它的宇宙觀應用於實際生活中，至多能予人們的行動以一定的幫助，肯定説，還不能執行行動的指南的任務。

（原載《東北人民大學人文科學學報》1956 年第 1 期）

説《易》

近年來有很多人對《周易》發生興趣。在學術界經常看到有討論《周易》的文章或專著發表。最近在武漢市專爲討論《周易》問題開了一次大會。據説要求參加大會的人很多,經過一定的限制,出席的還有一百多人,盛況可想而知。我是一個《周易》愛好者,當時因事不獲參加大會。今日得閑,補寫《説〈易〉》一篇,敬向與會同志和中外《周易》愛好者求教。下面準備用六個小題目來談。

一、筮起源於數,而不是起源於卦。伏犧氏畫卦之説不足據

古今談《易》者總是從八卦談起,認爲伏犧氏畫八卦。其實不然。《易》産生於筮,筮起源於數,而不是起源於卦。

《禮記·曲禮上》説:"龜爲卜,筴爲筮。"《左傳》僖公十五年説:"龜,象也;筮,數也。物生而後有象,象而後有滋,滋而後有數。"古者卜筮相近,故《禮記》、《左傳》二書都以卜筮二者相對比來加以説明。二書明白地説明了用龜的是卜,用筴的是筮。龜重在象,而筮重在數。如《左傳》所説,從歷史發展來看,是"物生而後有象,象而後有滋,滋而後有數"。所以,一定是先有卜而後有筮。

筴是什麽? 筴字亦作策,是計數的工具,或以竹,或以蓍。

《説文·竹部》筮下説:"《易》卦用蓍也,從竹巫。"段玉裁説:"《曲禮》曰龜爲卜,策爲筮。策者,蓍也,從竹者,蓍如筭也,筭以竹爲之。從巫者,事近於巫也。"我以爲段説未的。筮從竹,是由於初時筮以竹爲之。從巫,是由於初時筮是巫的職業。《呂氏春秋·勿

躬》說：“巫咸作筮。”是其證。段説“蓍如筭”則是對的。古時筭、籌、策是一種東西，都是計數的工具。筮不用竹而用蓍，則是後起之事。

王充《論衡·卜筮》説：“子路問孔子曰：‘猪肩羊膊可以得兆，藋葦藁芼可以得數，何必以蓍龜？’孔子曰：‘不然，蓋取其名也。夫蓍之爲言耆也，龜之爲言舊也，明狐疑之事當問耆舊也。’”《論衡》這段話可爲筮用蓍是後起之事的證明。

《説文·竹部》筭下説：“長六寸，所以計曆數者。從竹弄。常弄乃不誤也。”《老子》説：“善數不用籌策。”證明筭、籌、策、箸，名雖不同，實際是一種東西，都可用爲計數的工具。《史記·留侯世家》説：“藉前箸爲大王籌之。”看來不僅策筭，食用的筷子也可作爲計數的工具。

由上述一路證明，可以斷言，筮實起源於數，而不是起源於卦。

卦是什麽？卦是一種符號。根據《易傳》保存下來的筮法來看，卦是由筮法得出七、八、九、六之數，然後畫成的。

可能有人不同意這種看法。認爲伏犧氏畫八卦，《易傳》有明文，怎能輕易加以否定呢？爲了弄清這個問題，先把《易傳》原文引述如下，然後再加以論證。

《易·繫辭傳下》説：“古者包犧氏之王天下也。仰則觀象於天，俯則觀法於地，觀鳥獸之文與地之宜，近取諸身，遠取諸物，於是始作八卦，以通神明之德，以類萬物之情。作結繩而爲罔罟，以佃以漁，蓋取諸離……蓋取諸夬。”

我認爲這段話不是《易傳》原文，而是後人羼入的。理由有四：第一，關於八卦之産生，據《易·繫辭傳上》説：“是故《易》有大極，是生兩儀，兩儀生四象，四象生八卦。”大極也稱大一，它是絕對的一，整體的一，而不是相對的一，局部的一。“大極生兩儀”就是哲學上所説的“一分爲二”。兩儀的意思是一對。《詩·鄘風·柏舟》：“實維我儀。”毛傳説：“儀，匹也。”匹，正是兩儀的儀字本義。

前蘇聯學者柯斯文《原始文化史綱》説："在許多落後部落的語言中，'二'這個數目僅僅意味着一件整體東西的兩半。"①《説文·兩部》説："兩，平分也。"意亦如此。用符號來表示，則爲—、--，或稱陰陽。"兩儀生四象"，即依照一分爲二的辦法，由兩儀變成四象。即變爲太陽、少陰、少陽、太陰。四象，用符號來表示，則爲⚌、⚍、⚎、⚏。"四象生八卦"，也是依照一分爲二的辦法，四象就變成八卦。八卦，用符號來表示，即變成☷、☶、☵、☴、☳、☲、☱、☰，由於每一卦所包含的陰陽符號有多寡及排列的順序不同，而形成八種不同的性質。於是取名爲坤、艮、坎、巽、震、離、兑、乾。《説卦》説："乾，健也。坤，順也。震，動也。巽，入也。坎，陷也。離，麗也。艮，止也。兑，説也。"就是説明這個八卦具有八種不同的性質。也就是説，乾就是健，坤就是順，其他同此。至於説乾爲天，坤爲地，震爲雷，巽爲風，坎爲水，離爲火，艮爲山，兑爲澤。乾爲馬，坤爲牛，震爲龍，巽爲鷄，坎爲豕，離爲雉，艮爲狗，兑爲羊。乾爲首，坤爲腹，震爲足，巽爲股，坎爲耳，離爲目，艮爲手，兑爲口，則不然。在這裏，"爲"的意義是"化"。就是説，因時因地不同，乾、坤等八卦所代表的事物也不同。這樣，這個八卦怎能是由仰觀俯觀近取遠取的辦法得出來的呢？《易傳》此處顯然與"古者包犧氏之王天下也"那段話不能統一，而應以此爲是，因爲它是合理的。第二，如果祇是作八卦，而没有重爲六十四卦，又怎能通神明之德，類萬物之情？怎能取諸噬嗑，取諸隨呢？第三，《易傳》中對作《易》者祇稱"聖人"，或稱"中古"，稱"殷之末世，周之盛德"，從不確指何人。第四，古人製造生産工具，用歷史唯物主義的觀點來看，一是由於生活需要，一是由於有了歷史條件。而説是取諸某卦，於史實很難説得通。

　　現在附帶談一個問題。

———————

　　①　張錫彤譯，人民出版社，1955年，第164頁。

今春承張政烺同志以發表在《文物》雜志 1984 年第三期的一篇題爲《帛書〈六十四卦〉跋》的文章見示。讀了以後深感這篇文章在《周易》研究方面有新發見，並作出了若干正確的有啓發性的説明。當然其中也不無可以商榷的地方。例如他説："解放以來，河南安陽四盤磨，陝西長安張家坡，岐山鳳雛村，扶風齊家村，曾發現一些甲骨上刻着數目字一行，不與它辭連接。我認爲就是筮卦。"這一判斷，我認爲是正確的，能發前人所未發，對《周易》研究作出了重大的貢獻。在文章中張政烺同志又説："從筮數到爻象是一個重大的變化過程。"又説："筮法是中國古代文明史上數理方面的一種抽象概念的産生和應用的實録。"我認爲這些見解也是前人沒有説過的，同樣是正確的，并且對《周易》研究具有極其重要的意義。

至於談到其中可以商榷的地方，我看有以下四點：

第一，在解釋安陽四盤磨出土卜骨上有"七五七六六六曰魁"、"七八七六七六曰隗"時，政烺同志説："如果按照奇數爲陽、偶數爲陰的原則而畫成卦畫，則爲☰☷☷曰魁，☰☵☰曰隗。"這個解釋，據我看有問題。《儀禮・士冠禮》經文説："筮與席、所卦者，具饌於西塾。"鄭玄注説："'筮'，所以問吉凶，謂蓍也。'所卦者'，所以畫地記爻。"賈公彥疏説："云'所卦者所以畫地記爻'者，筮數依七八九六之爻而記之。但古用木畫地，今則用錢。以三少爲重錢，重錢則九也；三多爲交錢，交錢則六也；兩多一少爲單錢，單錢則七也，兩少一多爲拆錢，拆錢則八也。"根據這個説法，則安陽四盤磨卜骨上的數目字也應是用以記爻，而不是卦畫。這個記爻的數目字，是由筮法的演變得出的，而不應用奇數爲陽、偶數爲陰來説明。

第二，安陽四盤磨卜骨上記的數目字，不用七八九六，與《周易》不同，可能不是用《易傳》内的筮法，而是用另一種筮法。《周禮・春官・筮人》説："掌三易以辨'九筮'之名。"證明殷周時筮法原有九種，並不以《易傳》内所載的一種筮法爲限。

第三，政烺同志説："蓋古代中國東方人'數以八爲紀'，而西方人'數以九爲紀'，應是地方的風俗習慣如此。吕不韋采集到，也許是從古代文獻歸納得來的。我們根據這類記載，可以説，筮法本來是東方人開創的，故筮數止於八，傳到西方，周人使用了一段時期，逐漸修正，使它成爲合乎西方人風俗習慣的東西，筮數中遂出現了九字。"我們知道，《周易》的七八九六，是由筮法用大衍之數經過分二、挂一、揲四、歸奇而得出來的，則政烺同志上面説法自難成立。

第四，阜陽簡臨卦作🝆，與馬王堆帛書作🝋，它們都是《易》的卦畫，而不是用數目字記爻。八、八都是符號"--"的異作。同樣，洛陽北窑西周墓出土銅戈上的"🝏"，也應是卦畫，而不是記爻的數目字。政烺同志讀爲記爻的數目字"一、六、一"，似欠斟酌。

但是，政烺同志所提供的資料則是很寶貴的，它證明筮確實起源於數，同時也證明《周禮》所説的"九筮"是有根據的。

二、初時的筮與發展到《周易》時的筮
不是一回事，不宜等量齊觀

古今説《易》的書很多，然而真知《易》的卻非常少。原因何在呢？據我看主要是思想方法有問題。問題在：1. 不能從發展上看問題。如從筮產生的歷史來看，筮起源於巫。無疑它是以萬物有靈論爲基礎的一種宗教迷信行爲。但是當它已發展到《周易》的時候，如果還是這樣看，就不對了。這也同人是從猿變來的，如果認爲今天的人就是猿，則是莫大的錯誤。2. 不能從本質上看問題。《周易》固然是卜筮之書，但一考察其内容，就會發現它包括有"天之道"和"民之故"，好似電腦一樣貯存着豐富的自然和社會的思想理論信息。這樣，怎能把《周易》與原始的卜筮看成是等同的東西呢？《漢書·藝文志》的《六藝略》有《周易》，《術數略》也有《周易》，證明漢人對《周易》已有兩種不同的看法。

　　三、《周易》是卜筮之書，但作《易》者並不認爲卜筮有
靈，可以前知，而是以神道設教即利用卜筮作爲階級統治
的工具

　　《易·繫辭傳上》引孔子一段話，對於《周易》的性質與基本内
容講得非常清楚。

　　他說："夫《易》何爲者也？夫《易》開物成務，冒天下之道，如斯
而已者也。是故聖人以通天下之志，以定天下之業，以斷天下之
疑。是故蓍之德圓而神，卦之德方以智，六爻之義易以貢，聖人以
此洗心退藏於密，吉凶與民同患，神以知來，智以藏往。其孰能與
此哉！古之聰明睿智神武而不殺者夫！是故明於天之道而察於民
之故，是興神物，以前民用。聖人以此齋戒以神明其德夫！"這段話
應是孔子讀《易》以後，對《周易》所作的全面說明。

　　"夫《易》何爲者也？"這是先提出問題，下面都是對這個問題的
回答。

　　"開物成務，冒天下之道"，是對《周易》一書所作的說明。

　　"開物"猶言發明創造，"成務"猶言總結。孟子說："孔子之謂
集大成。集大成也者，金聲而玉振之也。金聲也者，始條理也。玉
振之也者，終條理也。始條理者，智之事也。終條理者，聖之事
也。"(《孟子·萬章下》)意略同此。"冒天下之道"是説《周易》内容
把天下之道囊括無遺。

　　"如斯而已者"，是説祇此而已，没有別的東西。

　　"以通天下之志"三句是談《周易》的作用。"通天下之志"猶言
統一天下人的思想，"定天下之業"猶言成就天下人的事業，"斷天
下之疑"猶言解決天下人的問題。

　　"蓍之德圓而神，卦之德方以智，六爻之義易以貢"，具體地指
出蓍、卦、六爻三者構成《周易》的主要内容。"德"是性質，"蓍之德
圓而神"是説明蓍的性質的。"圓"，如韓康伯所説，"圓者，運而不

窮”。“神”，如《易·繫辭傳上》所説，“陰陽不測之謂神”。著是從筮法一方面説的。筮法自大衍之數五十有五，其用四十有九，經過分二、挂一、揲四、歸奇等演變而後，得出的是七八九六不一定，這就是“圓而神”。“卦之德方以智”，是説明卦的性質的。“方”，如韓康伯所説，“方者，止而有方”，亦即成卦以後就不變了。“智”説明全《易》六十四卦蘊藏着豐富的哲學、社會、政治思想内容。“六爻之義易以貢”，是説明全《易》六十四卦中每一卦六爻的性質和作用的。“易”是變，“貢”是告。韓康伯説“貢，告也，六爻變易，以告吉凶”，是對的。《説卦傳》説“昔者聖人之作《易》也，幽贊於神明而生著，參天兩地而倚數；觀變於陰陽而立卦，發揮于剛柔而生爻”，也是著、卦和六爻並談的。

　　“聖人以此洗心退藏於密，吉凶與民同患，神以知來，智以藏往”，這幾句話很重要，需要作詳細説明。“此”，在這裏主要指著和卦。“洗”應從京、虞、董、張、蜀才作“先”（陸德明《經典釋文》）。“以此先心退藏於密”，就是説在卜筮之先，已把著和卦所反映的内容秘密地貯存在《周易》裏邊。我們知道，著是計數的工具，卦是由兩種符號構成的。恩格斯説：“全部所謂純數學，都是研究抽象的，它的一切數量，嚴格説來，都是想象的數量。”[①]向來數學家就是利用數學這個抽象的特點，於是產生了代數學，以至於造出今日的電腦。我國古人也正是利用著卦具有類似這樣的特點，於是用來貯存“天之道”和“民之故”。當然，還遠不如代數學和今日電腦的進步，然而從方向道路來看，應該説是一致的。

　　“吉凶與民同患”的意思是説古人作《易》是爲了指導人們的行動。“神以知來”是就著一方面説的，“智以藏往”是就卦一方面説的。

　　“其孰能與此哉？古之聰明睿知神武而不殺者夫！”這是孔子

---

① 《馬克思恩格斯全集》第 20 卷，第 615 頁。

對作《易》者的稱贊。"殺"應從孔疏讀爲刑殺的殺。這句話總的是說，古時統治階級人物作了《易》，利用蓍卦這種辦法來進行階級統治，是何等"聰明睿知"并且是"神武而不殺"！

"是以明於天之道而察于民之故，是興神物，以前民用，聖人以此齋戒以神明其德夫！"這是對上文又作了一次簡單的總結。"天之道"是指自然，"民之故"是指社會。"明於天之道而察於民之故"，是説作《易》者既瞭解自然又瞭解社會。"是興神物"，是説瞭解自然和社會以後，於是創立蓍卦。"神物"是指蓍，同時也包括卦。"以前民用"，則是用蓍卦以指導人們的行動。"聖人以此齋戒以神明其德夫！""此"是"神物"，亦即蓍卦，其中并包括有天之道和民之故。"齋戒"，在古時是祭祀中的概念。古時祭祀之先要實行齋戒，所謂"散齋七日，致齋三日"，"散齋於外，致齋於内"。散齋也叫戒，致齋也叫齋。《禮記·祭義》説："齋之日，思其居處，思其笑語，思其志意，思其所樂，思其所嗜，齋三日，乃見其所爲齋者。"總之，齋戒是要求澄心息慮，專一對待所祭祀的對象。《禮記·經解》説："潔靜精微，《易》教也。"大概也是從這個意義來説的。"以神明其德"與孔子在另一個地方所説"神而明之，存乎其人，默而成之，不言而信，存乎德行"，意思大致相同。

經過上述分析，不難看出，蓍卦雖號稱"神物"，但蓍卦之所以神，並不在於蓍卦本身，而在於裏邊所蘊藏着的天之道和民之故。可見孔子説"其孰能與此哉？古之聰明睿智神武而不殺者夫"，是有道理的。

四、衹有瞭解了"是以明於天之道而察於民之故，是興神物，以前民用"，才能瞭解《周易》

由於這個問題特別重要，下面準備多占些篇幅來説明。

首先説在《周易》裏有哪些地方可以證明是"明於天之道"。

1. 從蓍（筮法）一方面來看

今日保存在《易傳》裏的筮法，其中有錯簡和脱字。經過校正，全文應如下。

天一地二，天三地四，天五地六，天七地八，天九地十。

天數五，地數五，五位相得而各有合，天數二十有五，地數三十。凡天地之數五十有五，此所以成變化而行鬼神也。

大衍之數五十有五，其用四十有九。分而爲二以象兩，挂一以象三，揲之以四以象四時，歸奇於扐以象閏，五歲再閏，故再扐而後挂。

是故四營而成易，十有八變而成卦。

上述筮法，最基本的是大衍之數五十有五（原脱“有五”二字）。而構成大衍之數五十有五的基礎則是天一地二，天三地四，天五地六，天七地八，天九地十。

爲什麽大衍之數五十有五以由一至十這十個數目字爲基礎呢？這與古人數學知識的發展有關係。《左傳》莊公十六年説：“公父定叔出奔衛，三年而復之。曰：‘不可使共叔無後於鄭。使以十月入。曰良月也。就盈數焉。’”杜預注説：“數滿於十。”孔穎達疏説：“《易·繫辭》‘天一地二，天三地四，天五地六，天七地八，天九地十’，至十而止，是數滿於十也。閔元年傳曰：‘萬，盈數也。’數至十則小盈，至萬則大盈。”實際上是十和萬二者標誌着古人數學知識發展的兩個階段。前蘇聯學者柯斯文《原始文化史綱》説：“安達曼人和其他一些落後的部落能够計數到十。十以上的數目就一概稱之爲‘多’或‘很多’。”①這就表明，古人所以把十看作盈數，是因爲那時還能記憶十曾是數學知識發展中一個劃時代的標誌。萬爲

---

① 張錫彤譯，人民出版社，1955 年，第 164 頁。

盈數也可由"萬物"、"萬民"這些概念看到它的痕迹。

筮法把十這個數字看得如此重要，主要是認爲它有涵蓋一切，囊括無遺的意義。

天地在這裏是表示奇偶，表示陰陽，也表示對立的統一。"五位相得"是什麼意思呢？表明一與二相得，三與四相得，五與六相得，七與八相得，九與十相得，也就是説，在這十個數目字當中，構成了五個對立的統一。"各有合"則表明五個天數合在一起，爲二十有五；五個地數合在一起，爲三十。"五十有五"又是五個天數與五個地數之合。這樣，在五十有五當中既有作爲細胞的這個天地相得的對立的統一，又有對立統一的發展。因此，遂用這個天地之數五十有五作爲大衍之數。"成變化"指"四營"和"十有八變"而言。"行鬼神"則指經過這種變化而得出七八九六，即得出六十四卦而言。

爲什麼大衍之數五十有五不全用而衹用四十有九呢？這是因爲，五十有五全用，則分二、挂一、揲四、歸奇等等變化以後，得不出七八九六這樣預期的結果。朱熹説："皆出於理勢之自然而非人之智力所能損益也。"（《周易本義》）殊不知此等做法恰恰是古人智力的安排。

"分而爲二以象兩"，分什麼呢？所分的就是大衍之數所用的四十有九，亦即用這個四十有九來代表大衍之數。它象什麼呢？它是象太極。太極亦稱大一，是絕對的一，整體的一，渾沌未分的一。但它不是空洞無物，因爲它是由天地之數組成的。二象兩，這個"兩"正如柯斯文《原始文化史綱》所説的"在許多落後部落的語言中，'二'這個數目僅僅意味着一件整體東西的兩半"。[1] 所以，説它是兩儀可以，説它是一分爲二也可以。然而在這裏的"兩"，則是象天地。理由是"法象莫大乎天地"。

“挂一以象三”。“挂一”是分二之後又挂一。“兩”是象天地，“一”則是象人。“象三”則是象三才，即象有了天地以後又有了人。《易·泰卦·大象傳》説：“後以裁成天地之道，輔相天地之宜，以左右民。”《易·繫辭傳下》説：“天地設位，聖人成能。”又説：“《易》之爲書也，廣大悉備，有天道焉，有人道焉，有地道焉，兼三材而兩之，故六，六者非它也，三材之道也。”由此可見，我國古代思想家對人，即對社會，看得何等重要！

“揲之以四以象四時”。“揲”是數。數什麽？是數分而爲二的兩部分。“揲之以四”就是四個四個地數。“象四時”，是象春夏秋冬四時，其意義無疑是象天地的運行變化。孔子説：“天何言哉！四時行焉，百物生焉，天何言哉！”（《論語·陽貨》）很明顯，與此思想是完全一致的。

“歸奇於扐以象閏，五歲再閏，故再扐而後挂”。“奇”是揲四的剩餘。這個剩餘象曆法的閏，“扐”是另置於扐。“五歲再閏”，也是曆法上事。“再扐”表示再閏。由此可見，此種筮法的產生與天文曆法有密切關係。可以斷言，這個筮法的產生不會早於《堯典》所説的“期三百有六旬有六日，以閏月定四時成歲。”

“是故四營而成易，十有八變而成卦”，是説通過上述辦法（包括“四營”、“十有八變”）得出七八九六，即成爲卦。

2.從挂一方面來看

《易·繫辭傳上》説：“是故《易》有大極，是生兩儀，兩儀生四象，四象生八卦。”這是對八卦產生的具體的説明。由於已見上文，此處不再説明，以免重複。

《易·繫辭傳上》説：“八卦而小成，引而伸之，觸類而長之，天下之能事畢矣。”韓康伯於“引而伸之”下説：“伸之六十四卦。”於《繫辭傳下》“八卦成列，象在其中矣。因而重之，爻在其中矣”下説：“夫八卦備天下之理，而未極其變，故因而重之，以象其動用，擬諸形容，以明治亂之宜，觀其所應，以著適時之功，則爻卦之義，所存各異,故爻在其中矣。"這種説法基本上是對的。它既説明了"引而伸之",同時也包括"觸類而長之"的意義。因爲一談到爻,就不僅是六十四卦,同時也包括三百八十四爻了。由於全《易》内容不外乎此,故説"天下之能事畢矣"。

關於六十四卦内容問題,如果説在蓍一方面也有表現,這就是《易·繫辭傳上》所説的"乾之策二百一十有六,坤之策百四十有四,凡三百六十當期之日。二篇之策萬有一千五百二十,當萬物之數也"。這裏的"當期之日"就是當四時,"當萬物之數也"就是當萬物。合起來,同孔子所説的"天何言哉?四時行焉,百物生焉,天何言哉"的思想正復一致。《易緯·乾鑿度上》説:"乾坤者陰陽之根本,萬物之祖宗也。"也是從這個意義來説的。餘如《序卦傳》説:"有天地,然後萬物生焉。"也是以乾坤二卦爲天地,其餘諸卦爲萬物。《易·繫辭傳上》説:"在天成象,在地成形,變化見矣。是故剛柔相摩,八卦相蕩,鼓之以雷霆,潤之以風雨,日月運行,一寒一暑,乾道成男,坤道成女。"這裏的天地也是指乾坤二卦而言。"剛柔相摩"以下至"一寒一暑"則是説天地"變化",亦即指四時來説的。成男成女則是生萬物。又乾卦《彖辭》説"元亨利貞",坤卦《彖辭》説"元亨利牝馬之貞"。實際上也是説天地變化,表現爲四時行焉。乾卦《彖傳》説:"大哉乾元,萬物資始,乃統天。"坤卦《彖傳》説:"至哉坤元,萬物資生,乃順承天。"大意也是説明"有天地然後萬物生焉"。由此可見,無論從蓍一方面或從卦一方面來看,其内容都是反映"天之道"。而這個"天之道",説穿了,不外就是孔子所説的"天何言哉,四時行焉,百物生焉,天何言哉"這一思想,《周易》裏用蓍和卦具體地表現出來罷了。

此外,孔子對《周易》六十四卦的結構,又有兩段話從思想上作了精湛的説明。

這就是:

1."乾坤其《易》之緼耶?乾坤成列,而《易》立乎其中矣。乾坤毁則无以見《易》,《易》不可見,則乾坤或幾乎息矣。"

2."乾坤其《易》之門耶? 乾,陽物也。坤,陰物也。陰陽合德,而剛柔有體,以體天地之撰,以通神明之德。"

"乾坤其《易》之緼耶"是説全《易》六十四卦已蘊藏在乾坤二卦之中。"乾坤成列,而《易》立乎其中矣",是説當乾坤二卦排列在六十四卦之首時,全《易》已經在裏邊了。這句話是對上一句話的又一次説明。實際上是把全《易》六十四卦看作乾坤二卦的變化發展過程。"乾坤毁則无以見《易》",是説乾坤二卦變化發展到盡頭時,乾坤不見了,《易》也不見了。"《易》不可見,則乾坤或幾乎息矣",這是反過來説一番。"《易》不可見"是説乾坤二卦在全《易》中已發展到既濟、未濟了。既濟卦離下坎上,"剛柔正而位當",《雜卦傳》説:"既濟定也。"這正是乾坤或幾乎息之象。所謂"幾乎息",實際上是没有息。所以《序卦傳》於未濟説:"物不可窮也。故受之以未濟終焉。"

"乾坤其《易》之門耶?"是説在全《易》六十四卦的發展過程中,乾坤二卦好似一對門户。這個"門"應從《易傳》另一個地方所説的"闔户謂之坤,闢户謂之乾。一闔一闢謂之變,往來不窮謂之通"來理解。所謂"窮則變,變則通,通則久",也是這句話的另一種説法。從全《易》六十四卦的排列順序來看,最明顯的,例如《序卦傳》説:"恒者久也。物不可以久居其所,故受之以遯。"這個"物不可以久居其所"就意味着久居其所則窮,"不可以"就意味着需要變;"受之以遯"就意味着變則通。證明全《易》六十四卦確實象徵一個大事物的發展過程。而這個發展過程是以乾坤二卦爲門户的。"乾,陽物也。坤,陰物也。陰陽合德而剛柔有體,以體天地之撰,以通神明之德",是説乾坤二卦的一陽一陰,一剛一柔,在全《易》六十四卦的發展過程中所發生的作用。

關於"察於民之故"問題,《易傳》裏也有很多地方談到。例如《易·繫辭傳上》開頭便説:"天尊地卑,乾坤定矣。卑高以陳,貴賤位矣。動静有常，剛柔斷矣。方以類聚，物以群分，吉凶生矣。"這段話顯然是以察於民之故爲根據的。在這裏是作爲全書綱領提出的。由於重要，以下將逐一加以分析。

首先說"天尊地卑，乾坤定矣"。這句話放在如此重要的地位，有什麽意義呢？因爲它反映周代在思想政治方面較之殷代作了重大的改革。即前此爲"殷道親親"，而今日變成了"周道尊尊"。由於"殷道親親"，反映在殷易《歸藏》六十四卦的次序上爲首坤次乾。《歸藏》又名《坤乾》，是《歸藏》首坤次乾的確證。由於"周道尊尊"，所以反映在《周易》六十四卦的次序上爲首乾次坤。這個首乾次坤，在思想政治上反映天尊地卑，男尊女卑，君尊臣卑，父尊子卑，夫尊妻卑。正由於這種改革關係重大，所以《易・繫辭傳上》頭一句便說了"天尊地卑，乾坤定矣"。"殷道親親"，"周道尊尊"，詳見《史記・梁孝王世家》褚先生補編。《禮記・表記》說："母親而不尊，父尊而不親。"所以"殷道親親"是重母統，反映殷代社會還有氏族社會的殘餘。"周道尊尊"是重父統，反映周代社會階級統治已完全確立。

"卑高以陳，貴賤位矣"，是講六十四卦每一卦由初到上，六爻地位的不同。《易緯・乾鑿度上》說："初爲元士，二爲大夫，三爲三公，四爲諸侯，五爲天子，上爲宗廟。"這種說法大體上說是對的。

"動静有常，剛柔斷矣；方以類聚，物以群分，吉凶生矣"。這兩句話與上面兩句話所談的內容略有不同。上面兩句話所談的爲"聖人有以見天下之賾，而擬諸其形容，象其物宜"(《繫辭傳上》)。這兩句話所談的則爲"聖人有以見天下之動，而觀其會通，以行其典禮"(《繫辭傳上》)。每卦六畫"分陰分陽，迭用柔剛"(《繫辭傳上》)。剛柔之分，由於動静。常動爲剛。常静爲柔。"斷"就是分的意思。光有剛柔，還看不出吉凶。吉凶之生，在於"剛柔相推，而生變化"(《說卦傳》)。《易・繫辭傳下》說："吉凶悔吝者生乎動者也。剛柔者立本者也，變通者趣時者也。"正是說明這個問題。剛柔不能生吉凶。"剛柔相推",即剛柔變動時,才能生吉凶。《温公易說》解釋"方以類聚,物以群分,吉凶生矣"說:"方,道也。道同則類聚,志異則群分。同則相愛,異則相惡。愛惡相攻而吉凶生,《易》皆則之。"這段話如與《繫辭傳下》"剛柔雜居而吉凶可見矣。變動以利言,吉凶以情遷,是故愛惡相攻而吉凶生,遠近相取而悔吝生,情偽相感而利害生"一段話相對照,可以看出,基本上是正確的。

王弼《周易略例·明卦適變通爻》說:"夫卦者,時也。爻者,適時之變者也……夫應者,同志之象也。位者,爻所處之象也。承乘者,逆順之象也。遠近者,險易之象也。內外者,出處之象也。初上者,始終之象也。是故雖遠而可以動者,得其應也。雖險而可以處者,得其時也。弱而不懼於敵者,得所據也。憂而不懼於亂者,得所附也。柔而不憂於斷者,得所御也。雖後而敢爲之先者,應其始也。物競而獨安於靜者,要其終也。"王弼這段話對於《周易》"爻象動乎內,吉凶見乎外,功業見乎變"(《繫辭傳下》)所反映的複雜情況講得非常透闢而具體,特別是我們就全《易》六十四卦總的結構來考察。王弼說"卦者時也",就是說每一卦代表一個時代。這個時代的進程,由初爻至上爻,可視爲量變。由前一卦至後一卦,可視爲質變。尤其是《序卦傳》於六十四卦的相次,除乾坤二卦外,都用"故受之以"這樣套語來説明,表明其間有必然性。這一點,絕不簡單。儘管這種所謂發展規律是出於主觀臆斷,没有科學依據,然而在當時的歷史條件下,對所謂"民之故"的考察,竟能達到如此境地,應當承認,確是一件了不起的事情。

"是興神物",這個"神物"無疑是指蓍,也兼指卦。然而必須指出,蓍卦之所以神,一在於"知來",一在於"藏往"。這一點並不在蓍卦本身,而在於"明於天之道,而察於民之故"。

"以前民用",則如《繫辭傳下》所說的"因貳以濟民行,以明失得之報"。用今日通行的語言來說,就是用它指導人民的行動。露骨點説，就是用它對人民進行統治。

五、在先秦時，言《易》者已有兩派，以後一直相沿至今

今觀《左傳》、《國語》二書遇卜筮時，言《周易》者甚多。是《周易》一書在當時並非罕見之物。然而《左傳》昭公二年説韓宣子適魯觀書於大史氏，見《易象》與《魯春秋》。並説：“周禮盡在魯矣。吾乃今知周公之德與周之所以王也。”證明韓宣子所見的《易象》與同書莊公二十二年説“有以《周易》見陳侯者”的周史和僖公十五年史蘇所占的“歸妹之睽”的《周易》定不相同。最合理的推測，則前者所説的《易象》應包含思想理論，而後者所説的《周易》則完全是卜筮之書。否則“吾乃今知周公之德與周之所以王”，從何説起？不僅如此。《禮記・禮運》説：“孔子曰：我欲觀夏道，是故之杞，而不足徵也，吾得《夏時》焉。我欲觀殷道，是故之宋，而不足徵也，吾得《坤乾》焉。《坤乾》之義，《夏時》之等，吾以是觀之。”是孔子得《坤乾》能觀殷道，則《坤乾》非單純卜筮之書甚明。此外，如《史記・孔子世家》稱孔子晚而喜《易》，讀《易》韋編三絶，著成《易傳》十篇。則孔子所喜的《易》也定非純爲卜筮。推之《莊子・天下》説“《易》以道陰陽”，《荀子・大略》説“《易》之咸，見夫婦。夫婦之道不可不正也，君臣父子之本也”，可見先秦時韓宣子、孔子、莊子、荀子所言《周易》都與周史、史蘇不同。則我説先秦時言《易》者已有兩派，實信而有徵。

《漢書・儒林傳》説：“及秦禁學，《易》爲卜筮之書，獨不禁，故傳受者不絶也。”是漢初傳《易》者主要是傳卜筮一派的學問。漢人一切言“卦氣”、“納甲”、“爻辰”等等皆爲孔子《易傳》所無。爲什麼呀？因爲不如此，則《周易》不能用於卜筮。後世如《火珠林》、《增删卜易》、《卜筮正宗》等書的出世，亦復如是。然而司馬遷説“《易》以道化”，“《易》本隱以之顯”。《漢書・藝文志》於《六藝略》列《周

易》，於《術數略》也列《周易》。則漢人對《周易》就有兩種看法，即一種視《周易》爲孔門所傳授的儒家理論，一種則視《周易》爲單純的卜筮之書。

此後，如王弼、程頤等都是從理論方面來理解《周易》的。如唐人李鼎祚《周易集解》，清人惠棟、張惠言的《易漢學》、《虞氏易》等，主要是從卜筮方面來理解《周易》的。

近半個世紀以來，有人學了馬克思主義，認爲《周易》有唯物論和辯證法思想，有人則以殷墟甲骨卜辭相比附，視《周易》爲純粹卜筮之書。是近人對《周易》的看法依然分爲兩派。

六、結論

《周易》不能說不是卜筮之書，但是學《易》時也要看到，從最初的卜筮到後來《周易》成書，中間有一個發展過程。由於這個發展，作爲卜筮之書的《周易》實際上已發生質變。即從形式上看它仍舊是卜筮之書，而從實質上看已變成一部蘊藏着深邃的哲學和社會政治思想的理論著作。當然，《周易》的這個思想是通過蓍與卦來實現的，并且依然把蓍與卦看成是"神物"。然而這種神物之所以神，並不在於這個神物本身，而在於這個神物背後儲藏着關於天之道和民之故的知識。當應用時，也不是認爲這個神物可以前知，而是認爲它可以作爲對人民進行統治的工具。這一點，傳統的以卜筮爲職業的巫史是不瞭解的，一般人更不知道。應該說，真正瞭解《周易》的，衹有下述兩種人：一是作《易》者，即孔子在《易傳》裏所稱道的"古之聰明睿知神武而不殺者"；一是學《易》者，即"晚而喜《易》"，"讀《易》韋編三絕"，著成《易傳》的孔子。

《周易》之所以不易爲人理解，固然在於它還披着一層神秘的外衣，但是這不是主要的，主要在於它的思想理論的高深。

《周易》一書所包含的哲學思想和社會政治學思想，實際上已達到當時所能達到的高峰。中國之有《周易》,毋寧説是中國的驕傲。所以,必須看到一些看不起《周易》或者想盡一切辦法來割斷《易經》和《易傳》的關係及《易傳》與孔子的關係的人,不僅僅是無知,裏邊還有一種民族虛無主義的思想在作祟。

（原載《史學月刊》1985 年第 1 期）

關於《周易》研究的若干問題①（存目）

① 見《周易全解》卷首序,另發表於《烟臺大學學報》1988年第2期。

關於《周易》的作者問題

誰是《周易》的作者？這個問題比較複雜，不是三言兩語能談清楚的，需要多占些篇幅，做較詳細的説明。

今傳本《周易》，從表面來看，是一部書。然而裏邊有經，有傳。在經裏，又有八卦、重卦、卦辭、爻辭的問題。這些東西都是何人所作，嚮來就有不同的説法。在傳裏，一般説有上彖、下彖、上象、下象、上繫、下繫、文言、説卦、序卦、雜卦等十篇，亦稱《十翼》。這十篇是誰作的？説者也有很大分歧。下面就根據我的看法依次加以説明。

首先，説八卦。依照傳統的説法是伏犧氏始作八卦。這個説法，《易·繫辭傳下》有明文，自漢至唐無異詞。宋人歐陽修作《易童子問》始提出疑義。他説：

> 童子曰："敢問八卦之説，或謂伏犧已受河圖，又俯仰於天地，觀取於人物，然後畫爲八卦爾，二説雖異，會其義則一也。然乎？"曰："不然。此曲學之士牽合傅會以苟通其説而遂其一家之學爾。其失由於妄以《繫辭》爲聖人之言而不敢非，故不得不曲爲之説也。河圖之出也，八卦之文已具乎？則伏犧受之而已，復何所爲也？八卦之文不具，必須人力爲之，則不足爲河圖也。其曰觀天地，觀鳥獸，取於身，取於物，然後始作八卦。蓋始作者，前未有之言也，考其文義，其創意造始，其勞如此，而後八卦得以成文，則所謂河圖者，何與於其間哉？若曰已受河圖，又須有爲而立卦，則觀於天地鳥獸，取於人物者，皆備言之矣，

而獨遺其本始所受於天者,不曰取法於河圖,此豈近於人情乎?考今《繫辭》,二説離絶,各自爲言,義不相通。而曲學之士牽合以通其説而誤惑學者,其爲患豈小哉?"

此後,葉適《習學記言》也説:

《傳》既謂包犧氏始作八卦,神農、黄帝、堯、舜續而成之,又謂《易》興於中古,當殷之末世,周之盛德,於稽其類其衰世之意,是《易》之或遠或近,不能自必其時也,皆以意言之而已。

我認爲,歐陽氏首先提出疑義,實具卓識。葉氏的説法,也有見地,足資參考。不過,我對此還有不同的看法。

我認爲,歐陽修《易童子問》把伏犧氏始作八卦與河圖聯在一起,非《易·繫辭傳》所有。説:"伏犧氏德合上下,天應以鳥獸文章,地應以河圖洛書,伏犧則而象之,乃作八卦。"出於《禮緯·含文嘉》,不能執以非難《易·繫辭傳》。

又,《繫辭傳下》"包犧氏之王天下也"至"蓋取諸夬"一大段文字,應是後人竄入,不是《繫辭傳》原文。同樣,"天垂象,見吉凶,聖人象之;河出圖,洛出書,聖人則之"一段文字,也應是後人竄入的,不是《繫辭傳》的原文。

關於前一問題,我的理由有四:1. 這一説法與同書"是故《易》有大極,是生兩儀,兩儀生四象,四象生八卦"的説法相矛盾。比較起來,後一種説法能具體地闡述八卦的起源,並符合全《易》六十四卦結構的思想實質,而前一種説法則否。2. 這段文字内説"爲罔罟"、"爲耜"、"爲末"等等,都取諸某卦,於道理説不通。3. 先秦的儒家著述裏,絶不見有伏犧氏畫八卦之事。4.《易傳》裏談作《易》的地方很多,都但稱聖人,從不確指何人。

我説"天垂象,見吉凶,聖人象之;河出圖,洛出書,聖人則之"數語,也是後人竄入,是因爲這幾句話從形式上看,與"天生神物,聖人則之；天地變化，聖人效之"重複。從内容上看，"天生神物，聖人則之；天地變化，聖人效之"頭上有"是故"二字，表明它是承接上文，與上文談的是同一個問題。"天生神物"與上文"是興神物"的"神物"是一個東西，都是指著來説的。"天地變化"則是上文"法象莫大乎天地，變通莫大乎四時"的另一種説法。總之，都是談著卦本身。而"天垂象，見吉凶"，"河出圖，洛出書"則不然。所談的不是著卦本身，也不是承接上文。所説的"天垂象，見吉凶"與上文所説"探賾索隱，鈎深致遠，以定天下之吉凶，成天下之亹亹者，莫大乎蓍龜"的"吉凶"，毫無關涉。而與喜談災異的漢儒所説的日食、星變等等，如出一轍。至於"河出圖，洛出書"一語，更是突如其來，在全部《周易》裏找不到一點痕迹。這些東西，怎能與"天生神物"、"天地變化"並爲一談？顯然係後人竄入無疑。

　　應當指出，古人的著作與後人的著作不同。古時没有印刷術，没有版權，更没有稿酬。所以，今人指先秦某書爲某人作，其實，多不是某人自作，其中有的部分出於門弟子記録，有的部分甚至得之於道聽途説而爲好事者所記。其筆於書也，端賴竹簡，其傳於當代或後世也，惟靠手抄。不僅如此，而且當時的文字，並没有規範化。所以，傳至後世的先秦古書，脱簡、錯簡、訛誤，以至於後人竄入之事，往往有之。正因爲這樣，向歆父子的校書工作，所以成爲必要。不瞭解這一點，而以後世某人作某書的眼光來看古書，就不能不造成莫大錯誤。

　　即以孔子的著作爲例來説吧。過去在封建社會，尊孔子爲聖人，對於聖人之書，衹能信守，不敢輕議一字。其實，孔子之書裏，也不少訛奪、錯亂，以及後人竄入之事，即以今本《易傳》所載筮法爲例來説吧，其中就有明顯的錯簡和脱字之處。現在就先指出今本的錯誤，然後再把已校正的文字照録如下。

　　今本"大衍之數五十"至"再扐而後挂"一節，"天數五，地數五"至"此所以成變化而行鬼神也"一節，"乾之策二百一十有六"至"當

萬物之數也"一節,"是故四營而成易"至"可與祐神矣"一節,"天一
地二"至"天九地十"一節,共五節,分在五處,互不聯繫,令人茫然
不解其本意所在。

經過校正,這段文字應如下:

　　天一地二,天三地四,天五地六,天七地八,天九地
十。天數五,地數五,五位相得而各有合,天數二十有五,
地數三十,凡天地之數五十有五,此所以成變化而行鬼神
也。

　　大衍之數五十有五(原脱"有五"二字,今校補),其用
四十有九。分而爲二以象兩,挂一以象三,揲之以四以象
四時,歸奇於扐以象閏。五歲再閏,故再扐而後挂。

　　是故四營而成易,十有八變而成卦。八卦而小成,引
而伸之,觸類而長之,天下之能事畢矣。顯道神德行,是
故可與酬酢,可與祐神矣。

　　乾之策二百一十有六,坤之策百四十有四,凡三百有
六十,當期之日。二篇之策萬有一千五百二十,當萬物之
數也。

必如此校正,然後文從字順,義理亦可得而解。

至如竄入之文,上文所舉二例,已可證明。不過,執上文所舉
二例,非孔子作,就説全部《繫辭傳》都非孔子作,則爲以偏概全,不
僅陷於邏輯上錯誤,事實也並非如此。這個問題,因下文還要詳
談,這裏暫不羅縷。

其次,説重卦。重卦,舊日有伏犧自重(王弼説)、神農重卦(鄭
玄説)、夏禹重卦(孫盛説)、周文王重卦(司馬遷説)諸説。其實,都
無確據。觀《周禮·春官·大卜》:"掌三易之法。一曰《連山》,二
曰《歸藏》,三曰《周易》。其經卦皆八,其別皆六十有四。"證明早在
《連山》易時,已有重卦。至於開始重卦者爲何人,因史無明文,可
以存而不論。

其次，説《周易》卦辭、爻辭作者。關於《周易》卦辭、爻辭的作者，傳統有二説：一説卦辭、爻辭都是周文王作；一説卦辭周文王作，爻辭周公旦作。實則二説都無顯據，不如從《易・繫辭傳》以爲作於殷周之際爲妥，不必定指何人。

最後，説《易傳》十篇（亦稱“十翼”）的作者。根據我多年學《易》所得，認爲《易傳》十篇基本上是孔子作。但裏邊有記述前人遺聞的部分，有弟子記録的部分，也有後人竄入的部分，脱文錯簡還不計算在内。具體説，《繫辭傳》裏的筮法和“易有大極，是生兩儀，兩儀生四象，四象生八卦”數語，《説卦》裏的“乾，健也。坤，順也”至“故謂之少女”一段話，都是瞭解《周易》的關鍵性問題。不瞭解這些，就不知《周易》中的乾坤、九六爲何物。所以，這些東西，一定是孔子學《易》以前就有的，不是孔子所作。《周易》原是筮書的一種，這種筮書是以著和卦爲占驗的工具。在《周易》以前，已有《連山》、《歸藏》二易。從《周禮・春官・大卜》説《連山》、《歸藏》、《周易》三易，“其經卦皆八，其別皆六十有四”，和《筮人》説“掌三易以辨九筮之名。一曰《連山》，二曰《歸藏》，三曰《周易》。九筮之名：一曰巫更，二曰巫咸，三曰巫式，四曰巫目，五曰巫易，六曰巫比，七曰巫祠，八曰巫參，九曰巫環”來看，是三易皆用筮，而筮有九種。《易・繫辭傳》裏的筮法是哪一種，已不可知。然必是九筮中的一種則無疑，不可能是孔子所作。又，三易都是經卦八，其別六十有四。於卦的起源、性質及應用等等，古時應有説。古説不可見，於《説卦》見之。所以，《説卦》中所載的“乾，健也。坤，順也”至“故謂之少女”一段文字，一定是相傳舊説，不是孔子所作。

關於“易有大極，是生兩儀，兩儀生四象，四象生八卦”和“乾，健也”至“故謂之少女”一段文字，舊説多誤，兹略釋如下。

“易有大極，是生兩儀”應用馬克思主義觀點來看。“大極”亦稱大一（大一或作大乙），就是整體的一，絶對的一。“大極生兩儀”就是一分爲二。“儀”，古義爲匹（《詩・鄘風・柏舟》“實維我儀”。

毛傳：“儀，匹也。”），所以兩儀不是別的，就是一對，也就是陰陽，哲學上名爲對立的統一。《易》用符號來表示，則爲⚋⚊。“兩儀生四象，四象生八卦”，也是按照一分爲二的方式依次産生的。在《易》裏，八卦的符號爲☰、☷、☳、☴、☵、☲、☶、☱。每一卦都是由兩個最基本的符號⚋、⚊組成的。⚋表示陰、柔，⚊表示陽、剛。根據每一卦具有兩種符號多寡及其排列順序，而形成八種不同的性質。用文字來表示，這就是乾、坤、震、巽、坎、離、艮、兑等八卦卦名的由來。《説卦》説：“乾，健也。坤，順也。震，動也。巽，入也。坎，陷也。離，麗也。艮，止也。兑，説也。”這就是對於八卦的卦名及每一卦的具有的不同性質的説明。《説卦》在此以下又説：“乾爲馬，坤爲牛，震爲龍，巽爲鷄，坎爲豕，離爲雉，艮爲狗，兑爲羊。乾爲首，坤爲腹，震爲足，巽爲股，坎爲耳，離爲目，艮爲手，兑爲口。乾天也，故稱乎父。坤地也，故稱乎母。震一索而得男，故謂之長男。巽一索而得女，故謂之長女。坎再索而得男，故謂之中男。離再索而得女，故謂之中女。艮三索而得男，故謂之少男。兑三索而得女，故謂之少女。”以及“乾爲天……坤爲地，……震爲雷……巽爲木，爲風……坎爲水……離爲火……艮爲山……兑爲澤……”等等都是在不同場合應用八卦於實際的實例，這些東西，也應該在有《易》時就有，不是孔子新作。

其他，如《文言》全部和《繫辭傳》中專解爻辭的兩大段文字，如“鳴鶴在陰”至“盗之招也”，“《易》曰，‘憧憧往來’”至“立心勿恒，凶”，應爲諸弟子在平日孔子講述時，所作的記録。從本意説，仍應屬於孔子。

至於後人竄入部分，已見上文，兹不復述。

關於孔子自作部分，我認爲，除上述三部分，其餘都是孔子所作。

最突出的，如“夫《易》何爲者也”至“聖人以此齋戒以神明其德夫”一大段話。雖冠以“子曰”，然而自成體系，首尾文義一貫。特別是從用途着眼，對《周易》內容作了極爲深切、精湛的説明。縱令是孔子弟子記錄的，在孔子講述時，也一定成竹在胸，或已寫成書稿，故應視爲孔子自作。由於這段文字非常重要，且難於理解，兹略以己意闡釋如下。

首句"夫《易》何爲者也"？是提出問題。意思是問《周易》是做什麼的？下一句説："夫《易》開物成務，冒天下之道，如斯而已者也。"是回答問題。這是將進行詳細地闡釋之前，先作一個簡單概括的回答。就一件事情來説，"開物"是創始，"成務"是完成。意思是説《周易》在這兩方面都起了不小的作用。"冒天下之道"的"冒"字，有籠罩一切的意思，"冒天下之道"意思是説《周易》把"天下之道"完全概括了。這個"天下之道"具體説，包括"天之道"和"民之故"兩個方面。下文有"是以明於天之道而察於民之故"。在那裏所説的"天之道"和"民之故"，實際上就是在這裏所説的"天下之道"。用今日的眼光來看，當時所説的"天之道"是屬於自然方面的問題，所説的"民之故"是屬於社會方面的問題。因爲在《周易》裏，無論自然和社會，都講到了，所以説是"冒天下之道"。"如斯而已"是説除此以外，沒有別的東西。下面繼續説，"是故聖人以通天下之志，以定天下之業，以斷天下之疑"，是從應用的角度看問題，對上文所作的補充。"志"指思想，"業"指事功，"疑"是猶豫不決。"通"、"定"、"斷"則是説應用《周易》能在這三方面起到的作用。

"是故蓍之德圓而神，卦之德方以智，六爻之義易以貢，聖人以此洗心退藏于密，吉凶與民同患，神以知來，智以藏往。其孰能與此哉？古之聰明叡智神武而不殺者夫！"這是對《周易》又作了具體、詳細、深入的説明。因爲《周易》的思想是利用蓍和卦作爲工具表現出來的，所以，這一段文字主要是闡釋蓍和卦二者所具有的性質和作用。蓍就是筮法中所用的蓍。《禮記・曲禮上》説："龜爲卜，筴用筮。"筴亦作策，是計數的工具。初時用竹，後來用蓍。《左傳》僖公十五年晉人韓簡説："龜，象也。筮，數也。物生而後有象，

象而後有滋，滋而後有數。”證明筮與數學有密切關係。“蓍之德圓
而神”，是說蓍的性質和作用。“德”就是性質。“圓而神”説明筮法
演變，所能得出的結果，是七、是八、是九、是六不一定。“圓”如韓
康伯注所説的，是“運而不窮”。“神”則如《繫辭傳上》所説的“陰陽
不測之謂神”。“卦之德方以智”是説卦的性質的。“德”也是性質。
“方以智”是説得出卦以後，就有定了，而且裏邊蘊藏着豐富的知
識。“方”，韓康伯注釋爲“止而有分”，是對的。“六爻之義易以
貢”，是解釋卦有六爻的意義。卦有六爻，爻固爲卦所包，但在《易》
中卦與爻又各有不同的性質與作用。《繫辭傳上》説：“彖者言乎象
者也。爻者言乎變者也。”又説：“聖人有以見天下之賾，而擬諸其
形容，象其物宜，是故謂之象。聖人有以見天下之動，而觀其會通
以行其典禮，繫辭焉以斷其吉凶，是故謂之爻。”就是説明爻是言乎
變的，爻是聖人有以見天下之動，而觀其會通以行其典禮，繫辭焉
以斷其吉凶。這樣，爻與卦又有顯著的不同。王弼《周易略例·明
卦適變通爻》説：“夫卦者時也，爻者適時之變者也。”這個解釋，對
於辨明卦與爻的不同，最得要領。韓康伯爲“易以貢”作注説：“貢，
告也。六爻變易，以告吉凶也。”是對的。“聖人以此洗心，退藏於
密，吉凶與民同患。神以知來，智以藏往”，“洗”應從京、荀、虞、董、
張、蜀才作先（見《經典釋文》）。“以此洗心，退藏於密”主要是説蓍
卦的作用。“以此”的“此”就是蓍卦。“退藏于密”，所藏的是什麽
東西呢？所藏的就是“天之道”和“民之故”，這一點在下文中有確
切的説明。所以，蓍卦用今日最新科技成就來比擬，好似電子計算
機。“天之道”和“民之故”好似信息，把“天之道”和“民之故”作爲
信息貯存於蓍之中，以備後日應用，這就叫做“以此洗心，退藏於
密”。“吉凶與民同患”則是指應用蓍卦以指導人們的行動來説的。
“神以知來，智以藏往”，則是説蓍、卦二者的作用不同。蓍的神在
知來，卦的智在藏往。既知來，又藏往，當然已無所不包了。在這
裏邊，也反映有辯證法思想。“其孰能與此哉？古之聰明睿智神武

而不殺者夫！”這是對《周易》作者的讚揚。“聰明睿智”是説作《易》者有高度智慧，“神武而不殺”是説蓍卦能起到政治力量所不能起到的作用。

“是以明於天之道而察於民之故，是興神物，以前民用，聖人以此齋戒以神明其德夫！”這段話，對於我們瞭解《周易》一書的特點來説，尤爲重要。可以看出，“明於天之道而察於民之故”是作《易》的前提條件。什麼叫做“天之道”呢？譯成今語，就是自然規律。什麼叫做“民之故”呢？譯成今語，就是人類社會或歷史的發展規律。在當時的歷史條件下，能不能認識自然規律和社會發展規律？這個問題不能作簡單的回答，需要問一下怎麼看？如果用現代的標準，用馬克思主義經常談的自然規律和社會發展規律來看，是不能。可是要用古代的標準，用原始的、樸素的觀點來看，則是可能的。從《周易》一書的本身來考察，如筮法所説的“分而爲二以象兩”，“揲之以四以象四時”以及“乾之策二百一十有六，坤之策百四十有四，凡三百有六十，當期之日。二篇之策萬有一千五百二十，當萬物之數也”。《繫辭傳》所説的“法象莫大乎天地，變通莫大乎四時”，實際上，就是作《易》者所必須明瞭的“天之道”。《繫辭傳》所説的“聖人有以見天下之賾，而擬諸其形容，象其物宜，是故謂之象。聖人有以見天下之動，而觀其會通，以行其典禮，繫辭焉以斷其吉凶，是故謂之爻”。這個“天下之賾”與“天下之動”實際上就是作《易》者所必須察的“民之故”。用今日通行的語言來説，也就是自然的規律和社會的發展規律，祇是程度上有低級的和高級的不同罷了。“是興神物”這個“神物”就是蓍，當然也包括卦。蓍卦之所以神，並不在於蓍卦本身，而在於它是以“明於天之道而察於民之故”爲基礎的。“以前民用”與“吉凶與民同患”是一個意思，都是説應用蓍卦可以指導人們的行動。“聖人以此齋戒以神明其德夫！”這是從統治者一方面來説的。“以此”就是用《易》用蓍卦。“齋戒”二字是古人祭祀時常用的語言。“齋”也稱致齋，“戒”也稱散齋。古人一般是致齋三日，散齋七日，致齋於内，散齋於外。古人齋戒，主要是爲達到澄心息慮，專心一志。“以此齋戒以神明其德”，就是説用《易》，用著卦可以作爲修養之資，以使自己的智慧能得到不斷的提高。

《繫辭傳》的這段文字不簡單，它把《周易》的本質特徵和社會效用完整、準確地揭示出來了。思想非常明晰，文字也簡練極了。它肯定不是前人的成説，也不是後人竄入的。它是一位頭腦睿智的偉大思想家研《易》的深刻體會。這個人是誰呢？自春秋到戰國的數百年間，除孔子以外，没有第二個人做得到。

下面專説《序卦》。

韓康伯注《序卦》説：“凡《序卦》所明，非易之藴也。”葉適《習學記言》説：“《序卦》最淺鄙，於《易》有害。”康有爲《新學僞經考》説：“《序卦》膚淺。”戴震《〈周易〉補注目録後語》也説：《序卦》“詞指不類孔子之言”。果真如此嗎？我認爲，這些説法，都不是對《周易》有真正的理解，而衹是逞虛憍之氣，肆狂妄之言。兹申論如下。

我認爲《序卦》是《周易》的綱領，是《周易》六十四卦結構的總説明。自非對《周易》有全面深入的瞭解，不能道隻字。下面就結合《繫辭傳》，對《序卦》開頭、中間、結尾三方面文字作詳晰的説明。

1.《序卦》開頭一句説：“有天地然後萬物生焉。”這句話十分明確地説出了乾坤二卦在《易》六十四卦結構中的重要意義。所説的“天地”，就是乾坤。所説的“萬物”就是乾坤而下的屯蒙諸卦。“有天地然後萬物生焉”表明乾坤而下的屯蒙諸卦不是别的，就是天地變化所生出的萬物。《繫辭傳上》説：“子曰，乾坤其《易》之緼邪？乾坤成列而《易》立乎其中矣。乾坤毁則無以見《易》，《易》不可見，則乾坤或幾乎息矣。”這段話實際上正是説明全《易》六十四卦的結構問題。“乾坤其《易》之緼”説明全《易》六十四卦的複雜内容，都藴藏在乾坤二卦之中。用辯證法的觀點來看，可以説乾坤是一個矛盾的統一體。屯蒙以下諸卦，則是這個矛盾統一體的發展變化。

前者即所謂"卷之則不盈一握"，後者即所謂"放之則彌於六合"，卷也好，放也好，其實是一個東西。在《序卦》就是所謂"有天地然後萬物生焉"。"乾坤成列而《易》立乎其中矣"，則是"乾坤其《易》之緼"的另一種説法。不過，説"緼"表明還没有展開，説《易》立乎其中則表明已經展開罷了。"乾坤毁，則无以見《易》，《易》不可見，則乾坤或幾乎息矣"，這個"乾坤毁"是説乾坤這個矛盾統一體的變化已達到了盡端。在《序卦》則是已達到既濟未濟，即達到六十四卦最後的一個環節。既濟《彖傳》説："剛柔正而位當。"《雜卦》説："既濟定也。"這就是所謂"乾坤毁"。既濟的對立面爲未濟。《序卦》説："物不可窮也，故受之以未濟終焉。"這正是"乾坤或幾乎息"的説明，説"幾乎息"，實際是没有息，而且也不可能息。由此可以看出《周易》一書所反映的辯證法思想是何等高明，

《繫辭傳下》説："子曰：'乾坤其《易》之門邪？乾，陽物也；坤，陰物也。陰陽合德而剛柔有體，以體天地之撰，以通神明之德。'"這段話，實際上也是説明乾坤二卦在《易》六十四卦結構中的性質和作用。這個"門"是對乾坤二卦既是對立的統一體，又能變化發展的最好的形容。《繫辭傳上》有"闔户謂之坤，闢户謂之乾，一闔一闢謂之變，往來不窮謂之通"一段話，對這個"門"字闡釋得尤爲生動而具體。"乾，陽物也；坤，陰物也"是專從對立面來説的，"陰陽合德而剛柔有體"則是説乾坤二卦又是統一體。"以體天地之撰，以通神明之德"這句話的上一句是説乾坤象天地，下一句是説，乾坤變化象天地變化。這裏的"神明"二字，可用《繫辭傳上》"子曰，知變化之道者，其知神之所爲乎"的"神"字來解釋，也是從變化一方面來説的。《繫辭傳上》説："乾之策二百一十有六，坤之策百四十有四，凡三百有六十，當期之日。二篇之策萬有一千五百二十，當萬物之數也。"這是從筮法上來説明全《易》六十四卦結構的意義的。爲什麽説"乾之策二百一十有六"呢？這是由於乾卦六爻皆九。九是筮時經過四營以後，結果爲三十六策得出的。六爻皆

九則爲二百一十六。同樣,坤卦六爻皆六,六是四營結果爲二十四策得出的。六爻皆六,則爲百四十有四。"當期之日"即當一歲的日數。乾坤二卦象天地。乾坤變化象天地變化。天地變化爲四時,即"當期之日","二篇之策萬有一千五百二十",是怎麽得出的呢? 這是因爲六十四卦三百八十四爻,陰陽各半,陽爻(九)爲一百九十有二,陰爻(六)爲一百九十有二。以九爲三十六,六爲二十四計算,則總數爲萬有一千五百二十。把這段話與《序卦》聯繫起來看,可以看出,這正是"有天地然後萬物生焉"的另一種説明。此外,如乾卦《彖傳》説:"大哉乾元,萬物資始,乃統天。"坤卦《彖傳》説:"至哉坤元,萬物資生,乃順承天。"所説的如與《序卦》首句的觀點相對照,可以看出,也是一致的。

2. 從六十四卦的中間各卦互相聯繫結果看,可以看出其間有正反兩種方式。

正又有兩種:①"必有所……或……必……"②"……然後……"

反也有兩種:①"……不可不……"②"……不可以終……"或"不可以……"

即六十四卦中的相次兩卦都是互相對立的。《雜卦》説:"乾剛坤柔,比樂師憂,臨觀之義,或與或求。"等等,實際上就是指這一點來説的。不僅如此,從其相次的用語來看,其間有必然性。儘管這個必然性是主觀臆測的,沒有客觀依據。然而在當時的歷史條件下,不能不承認這個成就是卓越的、了不起的。

3. 六十四坤以既濟、未濟兩卦殿末,其意義已見上文,兹不重述。

總之,《序卦》對全《易》六十四卦的結構作了精辟的闡述。根本不是什麽"膚淺"、"淺鄙",而是非常深刻,最爲難得。它與《繫辭傳》在思想上是一個統一的整體,它們關於六十四卦結構的思想,是密不可分的,互爲補充的。《序卦》完全不是可有可無。沒有它,

《繫辭傳》闡釋六十四卦結構意義的話，也將不能理解。《繫辭傳》的思想屬於孔子既如上述，那末，《序卦》爲孔子作，便是肯定無疑的了。

（原載《周易研究》1985 年創刊號）

三易思想的産生不在堯前

三易爲《連山》、《歸藏》、《周易》，明見於《周禮·春官·太卜》。原文説："掌三易之法：一曰《連山》，二曰《歸藏》，三曰《周易》，其經卦皆八，其別皆六十有四。"又《筮人》説："掌三易以辨九筮之名，一曰《連山》，二曰《歸藏》，三曰《周易》。九筮之名：一曰巫更，二曰巫咸，三曰巫式，四曰巫目，五曰巫易，六曰巫比，七曰巫祠，八曰巫參，九曰巫環，以辨吉凶。"

從上述記載，可以明顯地看出三易都是卜筮之書，它們有相同的部分，也有不同的部分。例如三易都是卜筮之書，其經卦皆八，其別皆六十有四，皆爲太卜和筮人所掌，是相同的。但三易的名稱不同，其別卦六十有四的排列順序以及辯吉凶的筮法也當不同。我們知道《周易》首乾次坤，《歸藏》又名《坤乾》，則是首坤次乾，證明三易其別六十有四的排列順序必不相同。《左傳·襄公九年》説："筮之，遇艮之八。史曰：'是謂艮之隨，隨其出也，君必速出。'姜曰：'亡！是於《周易》曰隨元亨利貞无咎。'"證明三易的筮法也不相同。

三易的"經卦皆八"。這個八經卦定爲乾坤震巽坎離艮兌八卦。同樣，這個八經卦的性質及取象也應是相同的，即都是"乾，健也。坤，順也。震，動也。巽，入也。坎，陷也。離，麗也。艮，止也。兌。説也"，都是乾爲天，坤爲地，震爲雷，巽爲風，坎爲水，離爲火，艮爲山，兌爲澤。

從三易八經卦的取象來看，這個乾爲天，坤爲地，很值得注意。因爲乾坤二卦的取象實代表三易的基本思想。

三易中《連山》、《歸藏》二易雖亡，《周易》卻完好地保存下來了。今觀《易・繫辭傳上》説："天尊地卑,乾坤定矣。""易與天地準,故能彌綸天地之道。""與天地相似故不違。""法象莫大乎天地,變通莫大乎四時。""乾坤其《易》之緼耶。"《易・辭傳下》説:"乾坤其《易》之門耶?"等等。特別是"法象莫大乎天地,變通莫大乎四時"二語,分明是説易最大的法象是天地。而這個天地顯然不是《國語・楚語》所説"顓頊受之,乃命南正重司天以屬神,命火正黎司地以屬民"的天地,而是如《易序卦傳》所説"有天地然後萬物生焉",換句話説即《楚語》所説的天地是認爲天是神的世界,地是人的世界,而易所説的天地則與四時有密切聯繫。恰似孔子所説:"天何言哉? 四時行焉,百物生焉,天何言哉?"(《論語・陽貨》)

　　中國古代什麼時侯開始把神的世界的天,變爲與四時有密切聯繫的天呢? 我説是在堯時,因爲堯時始改火曆爲"曆象日月星辰"的新曆。《楚語》説:"命火正黎司地以屬民。""火正"乃是觀察天火,既觀察心宿二以定季節的專職,説明當時是實行火曆。《國語・魯語》説:"帝嚳能序三辰以固民。"《禮記・祭法》説:"帝嚳能序星辰以善衆。"《大戴禮・五帝德》説:"帝嚳曆日月而迎送之。"證明帝嚳已注意觀察日月,想改火曆,另制新曆了,但未完成。到堯"乃命羲和,欽若昊天,曆象日月星辰"(《尚書・堯典》),始制成新曆。這時天地這兩個概念因之發生了變化。即昔日的天表明它是神的世界,而今日之天則不然,它乃是"四時行焉,百物生焉"的主體。《禮記・郊特牲》説:"郊之祭也,迎長日之至也,大報天而主日也。"周人郊天主日,正表明這時的天是四時的主體而不是"以屬神"的天。

　　由三易的經卦皆八,可以看出"法明莫大乎天地,變通莫大乎四時",這一思想應是三易共同的。這一思想從歷史來看祇有在堯制定新曆後才能産生,原先實行火曆時不可能産生。職此之故,我認爲三易思想的産生不在堯前。

(原載《長白論叢》1992 年創刊號)

耄年談《易》

我是《周易》愛好者，自從十六歲入初級師範學校本科學習，於課餘時間開始學《易》以來，斷斷續續地學了七十多年。解放前，曾把學《易》的心得寫成《易通》一書問世；解放後，又繼續寫成《易論》、《説易》兩篇論文及《周易講座》、《周易全解》二書付梓。今年我九十一歲了，古人説"八十、九十曰耄"，我還想對《易》談一些意見，因題曰《耄年談易》。下面準備談八個問題。

一、"三易"的産生

"三易"爲《連山》、《歸藏》、《周易》。如果説《連山》是夏易，《歸藏》是殷易，《周易》是周代之易，則"三易"之産生，距今已三千餘年，它無疑是中國最古老的典籍。不過，由於《連山》、《歸藏》二易已亡，今日我們祇能根據《周易》一書來作説明。又，《周易》是卜筮之書，光從表面上看，不是一般人所能理解的，本文祇想根據《易傳》來作説明，因爲《易傳》相傳是孔子作，孔子的作品據我看是可以依賴的。

《易·繫辭傳上》説："子曰：'夫《易》何爲者也？夫《易》開物成務，冒天下之道，如斯而已者也。是故聖人以通天下之志，以定天下之業，以斷天下之疑，是故蓍之德圓而神，卦之德方以知，六爻之義易以貢，聖人以此洗心，退藏於密，吉凶與民同患，神以知來，知以藏往。其孰能與此哉？古之聰明睿知神武而不殺者夫！'"

我認爲這段話對於瞭解《周易》十分重要。首句"夫《易》何爲者也"是在問《易》是幹什麼的。爲什麼這樣提出問題呢？這是因爲當時人們祇知道《易》是卜筮之書，而不知道卜筮祇是它的形式，其内容則是"開物成務，冒天下之道"。以下又展開説。"是故聖人"的所謂"聖人"，實際上是指《易》的作者。"以通天下之志"三句，是説作《易》的目的。"蓍之德圓而神"三句，是蓍、卦與六爻三者的功用。"聖人以此洗心"至"知以藏往"，是説統治者利用卜筮作爲手段，藉以達到"吉凶與民同患"的目的。"其孰能與此哉？古之聰明睿知神武而不殺者夫"二句是稱贊《易》之作者，認爲他的這種作法是既聰明睿知，又可稱爲神武，因爲他不用殺戮即可達到他所要達到的目的。觀卦《象傳》説："聖人以神道設教而天下服矣。"我認爲"聖人"作《易》，神武而不殺，應該就是古人"以神道設教"的一個例子。其他如《國語・周語上》説："古者先王既有天下，又崇立於上帝明神而敬事之，於是乎有朝日夕月，以教民事君。"也是古人"以神道設教"的例子。《荀子・天論》説："雩而雨何也？曰，無何也，猶不雩而雨也。日月食而救之，天旱而雩，卜筮然後決大事，非以爲得求也，以文之也。"這個"以文之也"，説的也是"以神道設教"的問題。我認爲，古人搞"以神道設教"，不是認識上的問題，而是出於政治上的原因。

據我看，上述孔子這段話，實際已把《易》的制作及其實質談清楚了。在當時爲什麼會產生這樣内容與形式相矛盾的書呢？我認爲這是歷史條件決定的，即第一，當時剛從原始社會發展而來，原始社會的原始宗教不可避免地有很大的影響，例如《國語・楚語》説，在顓頊氏"絕地天通"以前，固然是"民神雜糅，不可方物，夫人作享，家爲巫史"，就是顓頊"絕地天通"時，還是"乃命南正重司天以屬神，命火正黎司地以屬民"，即仍然視天爲神的世界，視地爲人的世界。不難想象，夏殷周三代廣大群衆的認識水平是很低的，遇有疑難問題，祇能聽命於鬼神，要想直接把《周易》這樣高深的哲學思想向他們灌輸，是不可能的。這樣，被稱爲"聰明睿知"的統治者，祇能想出另外的一種辦法，即利用卜筮的形式間接地向他們進行說教。

第二，中國在進入文明社會的前夜，帝堯制定新曆法，改變了用觀察心宿二以紀時的老辦法爲"欽若昊天，曆象日月星辰，敬授人時"。這時的天被看作"四時行焉，百物生焉"的天，而不是把天看作神的世界。實際上，從這時起，在社會上層人物那裏，唯心論之外，産生了素樸的唯物論，而且占有重要的地位。就是說，從思想來看，發生了劃時代的變化。

又，《論語·堯曰》說："堯曰：'咨爾舜，天之曆數在爾躬，允執其中，四海困窮，天禄永終。'舜亦以命禹。"說明堯舜禹三人以天下相傳，别的什麽也不說，僅僅說"允執其中"這四個字。意思就是說，必須牢牢地掌握這個中字。而且不僅堯舜禹相傳如此，《孟子·離婁下》還說："湯執中，立賢無方。"中字既然如此重要，那末，它的正確意義應該怎樣理解才對呢？朱熹注《中庸》引"子程子曰，不偏之謂中"。近人也有說中是折中主義的。他們這樣理解對不對呢？我看不對。我認爲，正確的理解應如《中庸》說："仲尼曰：'君子中庸，小人反中庸。君子之中庸也，君子而時中；小人之中庸也，小人而無忌憚也。'"以及《孟子·盡心上》說："孟子曰：'楊子取爲我，拔一毛而利天下，不爲也。墨子兼愛，摩頂放踵利天下，爲之。子莫執中，執中爲近之，執中無權，猶執一也，所惡執一者，爲其賊道也，舉一而廢百也。'"實際上孔孟二人是說這個中不是不偏，也不是折中主義，而是"時中"，有權的中。

什麽是時中呢？《孟子·萬章下》說："孔子之去齊，接淅而行。去魯曰，遲遲吾行也，去父母國之道也。可以速而速，可以久而久，可以仕而仕，可以處而處，孔子也。"孟子說："孔子聖之時者也。"正說明孔子是實行"時中"。

什麽是有權的中呢？《孟子·離婁下》說："淳于髡曰：'男女授受不親，禮與？'孟子曰：'禮也。''嫂溺則援之以手乎？'曰：'嫂溺不援,是豺狼也。男女授受不親,禮也;嫂溺援之以手者,權也。'"孟子這裏所說的權,正是有權的中。我認爲,無論時中也好,有權的中也好,都是說這個中不是固定不變,而是隨着不同的時間和條件而轉移的。這個觀點顯然不是形而上學,而是辯證法。

如果說帝堯的時候已經產生了唯物論和辯證法(當然都是極樸素的),那末,韓愈《原道》說"堯以是傳之舜,舜以是傳之禹,禹以是傳之湯,湯以是傳之文武周公,文武周公傳之孔子,孔子傳之孟軻",就是有根據了。這樣,《周易》產生於殷周之際,它的內容包含有樸素的唯物論和辯證法的思想,就絲毫不奇怪了。

二、《周易》一書的結構

如上文引據《易·繫辭傳上》那段話所說,《周易》作者所利用的卜筮形式爲蓍、卦和六爻三個層次。這三個層次是互相聯繫的,是一個整體。卦是由蓍產生的,六爻乃是作爲一個整體的卦的六個部分。具體地說,蓍的特點是"圓而神"。圓,是說它是變動不居的;神,則是說它有"知來"的作用。卦的特點是"方以知",方是說它是穩定不變的,知應讀爲智,智是說它有"藏往"的作用。六爻的特點是"易以貢",易是變,所謂"爻者言乎變者也"。貢是告,告什麼? 告吉凶。下文所謂"吉凶與民同患",即指此。所以談此三者,是因爲《周易》的全部內容有賴於蓍、卦和六爻三者來表現。下面根據《易傳》,對蓍、卦和六爻作較詳悉的說明。

1.蓍。人們常說"象數",實際蓍就是數。因爲數是抽象的,故用蓍來表示。蓍是蓍草,是具體的物。《論衡·卜筮》說:"子路問孔子曰:'豬肩羊膊可以得兆,雚葦藁芼可以得數,何必以蓍龜?'孔子曰:'不然,蓋取其名也。夫蓍之爲言耆也,龜之爲言舊也。'"證明用蓍祇是取其名,從可用以計數來說,用籌用算皆可,不一定用蓍。

《易》筮法裏數的應用，是以一、二即一奇一偶爲起點的。《繫辭傳上》所謂“天一地二，天三地四，天五地六，天七地八，天九地十”，把十作爲數的發展的第一個階段。《左傳》莊公十六年說：“公父定叔出奔衛，三年而復之，曰：‘不可使共叔無後於鄭。’使以十月入，曰：‘良月也，就盈數焉。’”杜預注說：“數滿於十。”孔穎達疏說：“《易·繫辭》云‘天一地二，天三地四，天五地六，天七地八，天九地十’，至十而止，是數滿於十也。閔元年《傳》曰：‘萬，盈數也。’數至十則小盈，至萬則大盈。”筮法數至十而止，顯然把十視作盈數。筮法自十以上，仍然是用這十個數字，改爲“天數五，地數五，五位相得而各有合，天數二十有五，地數三十，凡天地之數五十有五，此所以成變化而行鬼神也”。即把十以內的數字用另一種辦法以構成大衍之數。筮法說“四營而成易，十有八變而成卦”，就是以這個大衍之數爲根據進行演變的。所謂“四營”，就是筮法所說的“分而爲二以象兩，挂一以象三，揲之以四以象四時，歸奇於扐以象閏，五歲再閏，故再扐而後挂”。

“分二”，是把大衍之數中的四十有九分爲兩部分。爲什麼這個大衍之數五十有五不全用，而衹用四十有九呢？前人不得其解，臆造種種異說（如孔疏所引諸說）。其實這裏邊並無深義，衹是由於不用四十有九，四營以後得不出預期的結果，即得不出七八九六，不能定爻成卦。“象兩”，是象兩儀，亦即象天地。

“挂一”，是於四十九支蓍草分爲兩部分以後，又於其中取出一支。“象三”，是象三才，意思是說有了天地之後又產生了人。

“揲之以四”，是把已分成兩部分的蓍草，又分別四個四個地數。“以象四時”，就是象天地運行而產生的春夏秋冬四時。“象四時”，意味着“四時行焉，百物生焉”。

“歸奇於扐以象閏，五歲再閏，故再扐而後挂”，這是因爲曆法四時中有閏月，所以筮法中又有此二營。筮法說“四營而成易，十有八變而成卦”，就是說，四營三變而成一爻，十有八變而成一卦。

從"分而爲二以象兩"來看,這個成爻成卦,不是別的,就是如《序卦傳》所說,"有天地然後萬物生焉"。

2.卦。人們常說"象數",實際卦就是象。因爲象也是抽象的,故用━、╍兩個符號來表示。這兩個符號代表奇偶,亦代表陰陽。從蓍的角度看,則名爲九、六。它實際是卦的結構的細胞形態。《繫辭傳上》說:"是故易有大極,是生兩儀,兩儀生四象,四象生八卦。"又說:"八卦而小成。"證明━、╍就是兩儀,而大極是一,兩儀是一分爲二。在筮法,大極就是大衍之數五十有五,兩儀就是"分而爲二以象兩"。《說文》說:"惟初大極,道立於一,造分天地,化成萬物。"也是應用《周易》的觀點來解釋一的。大極和兩儀實際上是一個東西。一,是整體;兩,是一個整體的兩部分。它與《老子》說的"道生一,一生二,二生三,三生萬物"的觀點是不同的。

"八卦而小成",是說八卦已構成一個初級的機體,可用以代表八種不同的事物。例如《說卦傳》說"乾,健也。坤,順也。震,動也。巽,入也。坎,陷也。離,麗也。艮,止也。兑,說也。乾爲馬,坤爲牛,震爲龍,巽爲雞,坎爲豕,離爲雉,艮爲狗,兑爲羊。乾爲首,坤爲腹,震爲足,巽爲股,坎爲耳,離爲目,艮爲手,兑爲口"等等都是。《繫辭傳上》又說:"引而伸之,觸類而長之,天下之能事畢矣。"韓康伯說"伸之,六十四卦",是對的。《易》六十四卦是由小成的八卦再發展而構成的大的機體。《周禮·春官·大卜》說:"掌三易之法,一曰《連山》,二曰《歸藏》,三曰《周易》,其經卦皆八,其別皆六十有四。"是三易的結構都是用八卦和六十四卦作爲部件。但是三易的六十四卦排列順序,可能不一樣。今《連山》、《歸藏》二易已亡,二易六十四卦如何排列已不可知,所可知的,祇是今存的《周易》六十四卦的排列順序。

據我理解,今傳世《易傳》除了《雜卦傳》及《說卦傳》中自"天地定位"至"然後能變化既成萬物也",不似孔子作,《繫辭傳》中"天垂象,見吉凶,聖人象之;河出圖,洛出書,聖人則之"及"古者包犧氏

之王天下也"至"蓋取諸夬"等疑是後人竄入外,其餘都是孔子解説
《周易》的《易傳》。

　　關於《周易》六十四卦的結構,從其思想内容來看,集中地反映
在《序卦傳》之中。至於若干重點部分,則在《繫辭傳》裏又反復地
作了説明。例如《繫辭傳上》説"乾坤其《易》之緼邪"? 這是着重説
明乾坤兩卦在六十四卦序列中的重要性,亦即認爲《周易》六十四
卦的全部思想内容都蘊藏在乾坤兩卦中。這一説法與《序卦傳》
"有天地然後萬物生焉"的觀點是一致的。下面説:"乾坤成列而
《易》立乎其中矣。"實際上是對乾坤兩卦的重要意義又作一次説
明。"乾坤毁則无以見《易》,《易》不可見,則乾坤或幾乎息矣",這
是對六十四卦最後兩卦既濟、未濟所作的説明。"乾坤毁則无以見
《易》",是説既濟。既濟的"剛柔正而位當",是説陽爻在陽位,陰爻
在陰位。從篇首兩卦一是純陽、一是純陰來看,是最不平衡。當變
到既濟"剛柔正而位當",就達到平衡了,《易》到此已完成它的使命
了。《雜卦傳》説"既濟定也",應是指這一點來説的。"《易》不可
見,則乾坤或幾乎息矣",是説未濟。"幾乎息",實際是説沒有息。
《序卦傳》説:"物不可窮也,故受之以未濟終焉。""物不可窮也",就
是説沒有息。六十四卦祇是完成一個大的發展階段,未濟以後將
又開始一個新的發展階段。有人説《周易》是循環論,不對,它正是
所謂螺旋式上升。

　　《繫辭傳下》説:"子曰:'乾坤其《易》之門耶! 乾陽物也,坤陰
物也,陰陽合德而剛柔有體,以體天地之撰,以通神明之德。'"這也
是對六十四卦結構所作的説明。認爲乾坤兩卦在六十四卦中好似
兩扇門。《繫辭傳上》説:"闔户謂之坤,闢户謂之乾,一闔一闢謂之
變,往來不窮謂之通。"這裏説:"乾陽物也,坤陰物也。"正説明六十
四卦是乾坤這一對矛盾所發生的作用。

　　"陰陽合德而剛柔有體",則是説明由於乾坤這兩扇門的一闔
一闢,往來不窮而產生出包括乾坤在内的六十四卦。"以體天地之

撰,以通神明之德",則是説這六十四卦體現了天地的運動變化及其所發生的作用。

從著一方面來看,則如《繫辭傳上》所説:"乾之策二百一十有六,坤之策百四十有四,凡三百有六十,當期之日;二篇之策萬有一千五百二十,當萬物之數也。"

關於八卦的符號、性質、取象及其樸素關係的説明。

(1)八卦的符號。由今本《周易》六十四卦的標題可以看得出來,即乾☰、坤☷、震☳、巽☴、坎☵、離☲、艮☶、兑☱。

(2)八卦的性質。《説卦傳》説:"乾,健也。坤,順也。震,動也。巽,入也。坎,陷也。離,麗也。艮,止也。兑,説也。"

(3)八卦取象。《説卦傳》説:"乾爲馬,坤爲牛,震爲龍,巽爲雞,坎爲豕,離爲雉,艮爲狗,兑爲羊。乾爲首,坤爲腹,震爲足,巽爲股,坎爲耳,離爲目,艮爲手,兑爲口。"

(4)八卦的相互關係。《説卦傳》説:"乾,天也,故稱乎父。坤,地也,故稱乎母。震一索而得男。故謂之長男。巽一索而得女,故謂之長女。坎再索而得男,故謂之中男。離再索而得女,故謂之中女。艮三索而得男,故謂之少男。兑三索而得女,故謂之少女。"

3.六爻。《繫辭傳上》説:"彖者言乎象者也,爻者言乎變者也。"又説:"聖人有以見天下之賾,而擬諸其形容,象其物宜,是故謂之象。聖人有以見天下之動,而觀其會通以行其典禮。繫辭焉以斷其吉凶,是故謂之爻。"《繫辭傳下》説:"八卦成列,象在其中矣。因而重之,爻在其中矣。繫辭焉而命之,動在其中矣。吉凶悔吝者,生乎動者也。剛柔者,立本者也。變通者,趣時者也。吉凶者,貞勝者也。"《説卦傳》説:"觀變於陰陽而立卦,發揮於剛柔而生爻。"

以上幾條的説明,雖然有繁有簡,總之,都説明卦(亦稱象稱象)與爻的關係。相對來説,卦是不變的,爻是變的。卦有八卦、六十四卦之分,而爻專指六爻,即六十四卦每一卦中的爻。

　　《繫辭傳下》篇首一段話是對六爻的變又作了較詳的説明。
"剛柔相推,變在其中矣",是説六爻的變由於剛柔相推。一卦六爻
中的爻,有的是陽爻,是剛;有的是陰爻,是柔。相推,是説在運動
中則剛可變爲柔,柔可變爲剛。"繫辭焉而命之,動在其中矣",是
説《周易》的爻都是變動的。"吉凶悔吝者,生乎動者也",是説爻辭
有吉凶悔吝,都是由於爻的變動而産生出來的。"剛柔者立本者
也,變通者趣時者也,吉凶者貞勝者也",是説爻是剛是柔,表明其
根本如此,變動以後爲剛爲柔,則是爲了適應時的變化。"吉凶者
貞勝者也",是説爻的吉凶是在變動中産生的,而所以爲吉爲凶,則
是以貞正勝。

　　《繫辭傳下》説:"《易》之爲書也,原始要終以爲質也。六爻相
雜,唯其時物也。其初難知,其上易知,本末也。初辭擬之,卒成之
終,若夫雜物撰德,辯是與非,則非其中爻不備。噫,亦要存亡吉
凶,則居可知矣。知者觀其彖辭則思過半矣。"

　　"二與四同功而異位,其善不同,二多譽,四多懼,近也。柔之
爲道不利遠者,其要无咎,其用柔中也。三與五同功而異位,三多
凶,五多功,貴賤之等也,其柔危,其剛勝耶。

　　《易》之爲書也,廣大悉備,有天道焉,有人道焉,有地道焉,兼
三材而兩之,故六;六者非它也,三材之道也。

　　道有變動,故曰爻;爻有等,故曰物;物相雜,故曰文;文不當,
故吉凶生焉。"

　　以上這幾段話主要是講六爻。"《易》之爲書也,原始要終以爲
質也",這是爲了講六爻,先講全書。"原始",是説以乾坤兩卦爲
首。"要終",是説以既濟、未濟兩卦居末。"以爲質也",是説《周
易》一書是以乾坤兩卦開始,既濟、未濟兩卦結束作爲本體。"六爻
相雜,唯其時物也",是説全《易》六十四卦六爻雜陳,代表不同的時
間和不同的事物。"其初難知,其上易知,本末也",是説每一卦的
初爻的辭是什麼,很難知道,而上爻的辭是什麼,就容易知道了,因

爲它們是本末的關係。這由辯證法的理論來説明，由初爻至上爻就可以説是量變。"初辭擬之，卒成之終"，這是説初爻擬議出辭來，至上爻則遵循這個辭義以達到終點。例如乾卦初九説"潛龍勿用"，上九則爲"亢龍有悔"。"若夫雜物撰德，辯是與非，則非其中爻不備"，這個"中爻"應指二、三、四、五，對初、上兩爻來説的中，而不是説專指二、五兩爻。韓康伯説："夫彖者舉立象之統，論中爻之義。"他以爲是二、五之中，可能是錯的。"雜物撰德，辯是與非"，則是指在每一卦中所反映的複雜情況，包括事物、性質、肯定、否定等等。"噫，亦要存亡吉凶，則居可知矣"，是説一卦有了這六爻的爻辭，則這一卦是存是吉，是亡是凶，就可以知道了。"知者觀其彖辭則思過半矣"，這是因爲彖辭是説明一卦的整體，而六爻的爻辭是説明這個整體的六個部分，所以聰明人一看到一卦的彖辭，就會知道這一卦六條爻辭的大半意思了。

"二與四同功而異位"至"其柔危其剛勝耶"，是就現存《周易》六爻的通例來説明，意思是説六爻中二與四都是陰，爲"同功"；"異位"則是指二者貴賤之位不同。"其善不同，二多譽，四多懼"，是就現存《周易》的實際情況來説的。"近也"，是説四之所以多懼，是因爲它與五接近。五位爲君，與君近，故多懼。"柔之爲道不利遠者，其要无咎，其用柔中也"，是專説二多譽，因爲二是柔，本來柔與五遠是不利的，但是二柔得中，所以"其要无咎"，也就是説"多譽"。"三與五同功而異位"，三與五都是陽，爲"同功"。"異位"，是説三與五貴賤之位不同。"三多凶，五多功"，也是就現存《周易》六爻的實際情況來説的。"貴賤之等也"，是説五爲君位貴，故"多功"；三爲臣位賤，故"多凶"。"其柔危其剛勝耶"，是説三與五如果是陽剛比較好，如果是陰柔，就很危險。

上邊所引的最後一段話，也是講六爻問題。它認爲六爻的初與二是代表地道，三與四是代表人道，五與上是代表天道。因爲代表天地人三才之道，所以説"廣大悉備"。"道有變動，故曰爻"，道是規律。因爲規律是在運動中表現出來的，所以説"道有變動，故曰爻"，這也是説"爻者言乎變者也"。"爻有等，故曰物"，是説爻有初上貴賤的等級，所以每一爻代表一種事物。"物相雜，故曰文"，是説在六爻中每一爻是剛是柔、是貴是賤，各不相同，所以説"物相雜"。"故曰文"，是説物相雜就叫做文。"文不當，故吉凶生焉"，是説這個相雜的物在六爻中的地位、性質以及對卦之時適合與否，因而産生了吉凶。其實本意是説，當是吉，不當是凶，不要以辭害意。

三、《易傳》問題

《易傳》是孔子作，自秦以前相傳如是，本不成問題。當然，古人所謂作，不能用近人的標準去看。近人所謂作，必須出於自己之手，而古人則不然。如《墨子》、《莊子》、《韓非子》等，往往雜有弟子所作或同一學派的人的作品。章學誠《文史通義》有《言公》一文，對這個問題分辨得很清楚。可是自宋人歐陽修作《易童子問》，對《易傳》開始提出疑義，延至近世則變本加厲，在學術界幾乎是異口同音，都説《易傳》非孔子作。

幸而近年長沙馬王堆漢墓出土有帛書《周易》，内有《易辭》和佚文多篇，其中《要》篇明白説："夫子老而好《易》，居則在席，行則在橐。""有古之遺言焉，予非安其用，而樂其辭。""後世之士疑丘者，或以《易》乎！""（子貢問）夫子亦信其筮乎？（子曰）我觀其德義耳，吾與史巫同途而殊歸。"這段佚文，正可以與《孔子世家》説"孔子晚而喜《易》，《序》、《彖》、《繫》、《象》、《説卦》、《文言》"，"讀《易》韋編三絶"，互相印證。特別是説"後世之士疑丘者，或以《易》乎"與《孟子·滕文公下》説"知我者其惟《春秋》乎！罪我者其惟《春秋》乎"的語氣完全相同，毫無疑義是出於一人之口。況答子貢問説："我觀其德義耳，吾與史巫同途而殊歸。"正明白地説孔子與史巫同是《周易》的解説者，但史巫致力在卜筮，而孔子致力在思想。

"同途"是說他們同是解説《周易》的,"殊歸"則是説其歸宿是判然不同的。

《易傳》説過"蓍之德圓而神,卦之德方以知,六爻之義易以貢"之後説:"聖人以此洗心,退藏於密。"是什麼意思呢? 我認爲這正是説《周易》作者利用卜筮的形式作爲手段間接地傳達哲學思想。在當時這種做法不爲一般人所知,還是一種秘密。從今傳世的《左傳》、《國語》來看,當時的《周易》確爲史巫所掌握,專用於卜筮。祇有孔子"讀《易》韋編三絶",著成《易傳》,才第一次揭穿了這個秘密。據我看,孔子應是早已具備了這種思想,不然怎能揭穿這個秘密呢?

我們知道,在孔子的思想中特別重視時,重視中,重視仁義。而《易傳》裏談仁義的有《説卦傳》:"昔者聖人之作《易》也,將以順性命之理,是以立天之道曰陰與陽,立地之道曰柔與剛,立人之道曰仁與義,兼三材而兩之,故《易》六畫而成卦。"至於談時談中的就更多了。例如讚嘆時、時用、時義,至於稱"大矣哉"的就有豫、隨、頤、大過、坎、遯、蹇、睽、解、姤、革、旅等十二卦。其餘單稱時的有乾、坤、蒙、大有、隨、賁、遯、損、益、升、艮、豐、小過等十三卦。從《彖傳》看,稱中的有乾、蒙、需、訟、師、比、大有、觀、噬嗑、无妄、大過、坎、離、睽、蹇、解、益、姤、萃、升、困、井、鼎、漸、旅、巽、節、中孚、小過、既濟、未濟等三十一卦。總之,由上述這些詞句可以明顯地看出《易傳》思想與孔子的思想完全吻合。《中庸》説"仲尼祖述堯舜,憲章文武,上律天時,下襲水土",這種説法正包括天地人三才之道。足見《易傳》祇有孔子能作,別人是作不出來的。

四、包犧氏始用八卦問題

《繫辭傳下》有"古者包犧氏之王天下也,仰則觀象於天,俯則觀法於地,觀鳥獸之文與地之宜,近取諸身,遠取諸物,於是始作八卦，以通神明之德，以類萬物之情。作結繩而爲網罟，以佃以漁，蓋取諸離”至“上古結繩而治，後世聖人易之以書契，百官以治，萬民以察，蓋取諸夬”一大段文字，我認爲這是後人竄入，非孔子作。祇是因爲它假借孔子之大名，傳之既久，深入人心，所以直至今日，執一稍識文字的中國人，試問他《易經》八卦是何人所作，他會不假思索地説，是包犧氏（或稱伏羲氏）所作。其實這段話爲後人竄入，本不難辨别，祇是歷代尊崇孔子爲聖人，怕加上“非聖無法”的罪名，不敢觸犯罷了。今辨之如下：

第一，中國人談古代史繇來有三皇、五帝、三王的説法。《左傳》僖公二十五年説：“使卜偃卜之，曰吉，遇黄帝戰於阪泉之兆。公曰：‘吾不堪也。’對曰：‘周禮未改，今之王古之帝也。’”是夏商周三代之君始稱王，黄帝等五帝則稱帝，這是歷史事實。包犧氏稱氏應又在五帝之前，怎能稱“王天下”呢！在《禮記·禮運》中孔子於“大道之行與三代之英”，辨别極清楚，怎會説“包犧氏之王天下”呢！

第二，“仰則觀象於天，俯則觀法於地”，顯然是根據《繫辭傳上》“成象之謂乾，效法之謂坤”和“法象莫大乎天地”來説的。但是《易》的天地如《序卦傳》説“有天地然後萬物生焉”和筮法説“乾之策二百一十有六，坤之策百四十有四，凡三百有六十，當期之日”，這個天地祇是帝堯制定新曆法如《堯典》説“帝曰，咨！汝羲暨和，期三百有六旬有六日，以閏月定四時成歲”以後才有的。帝堯以前是實行火曆，如《國語·楚語》所説：“顓頊受之，乃命南正重司天以屬神，命火正黎司地以屬民。”即實行火曆年代，於“絶地天通”時，還是認爲天是神的世界，地是人的世界，怎會有《易經》所説的乾爲天、坤爲地那樣的天地呢！可見包犧氏仰觀天，俯察地，始作八卦的説法，絶對不是事實。

第三，《易》有井卦，是取象於客觀事物的井，有鼎卦，是取象於客觀事物的鼎。如果説有了井、鼎兩卦以後才製作出實物的井和鼎來,是倒因爲果,怎能令人相信呢！在這段話裏居然説"作結繩而爲網罟,以佃以漁,蓋取諸離",孔子是絶對不會説出這種本末倒置的話的。

第四,《易傳》言及《易》作者時一概稱"聖人",從不確指某人。又《繫辭傳上》説:"易有太極,是生兩儀,兩儀生四象,四象生八卦。"怎能又説包犧氏仰觀俯察始作八卦呢！我看孔子是不會説出這樣自相矛盾的話的。

不須多説,祇此四條,已足以證明這一大段話不是《易傳》原文,乃是後人竄入的。

五、"河圖"、"洛書"問題

由於《繫辭傳上》有"河出圖,洛出書,聖人則之"之文,自兩漢以來,學《易》者大多數人都對此特別感興趣,以爲如果能夠瞭解圖書,就能夠從根本上瞭解《易》了。但是"河圖"、"洛書"都講些什麼? 什麼時候出現的? 在先秦並没有説明,祇是《論語・子罕》有"子曰:'鳳鳥不至,河不出圖,吾已矣夫'"和《尚書・顧命》"陳寶:'赤刀、大訓、弘璧琬琰在西序;大玉、夷玉、天球、河圖在東序'"兩句記載,都未加解釋。對"河圖"、"洛書"詳細加以説明的,是在西漢後期。據我看,這個"河出圖,洛出書,聖人則之",與上文的"天垂象,見吉凶,聖人象之"都是後人竄入的,不是《繫辭傳》原文,理由是這一大段話主要講"八卦定吉凶,吉凶生大業"。其"探賾索隱,鈎深致遠,以定天下之吉凶,成天下之亹亹者,莫大乎蓍龜",正是承上文"八卦定吉凶,吉凶生大業"來説的。因此,説"是故天生神物,聖人則之;天地變化,聖人效之",是對的。這個"神物",與"是興神物,以前民用"一樣,是指蓍龜。亦即蓍、龜在這裏無意義,祇是起足句的作用,同"潤之以風雨"的風一樣。説"天地變化,聖人效之",也是承"法象莫大乎天地,變通莫大乎四時"來説的。其所以説"八卦定吉凶,吉凶生大業",是因爲八卦是《周易》六十四卦全文的基礎,不能不講。在這裏突然加入"天垂象,見吉凶,聖人象之。河出圖,洛出書,聖人則之",是爲什麼呢? 上文既説"八卦定吉凶",這裏又説"天垂象見吉凶",一段文字之間,前後就自相矛盾,孔子怎會寫出這種文章呢!《周易》全書都是用八卦定吉凶,這本來是鐵一般的事實,不須證明。而説"天垂象,見吉凶,聖人象之","河出圖,洛出書,聖人則之",就不同了,這完全是子虛烏有之談,有誰能證明呢? 可見這兩句話分明是後人竄入,孔子的原文絶對不會是這樣。

孔穎達《周易》疏説:"'河出圖,洛出書,聖人則之'者,如鄭康成之義,則《春秋緯》云:'河以通乾出天苞,洛以流坤吐地符,河龍圖發,洛龜書感,河圖有九篇,洛書有六篇。'"

又,孔穎達《尚書·洪範》疏説:"《漢書·五行志》劉歆以爲'伏羲繼天而王,河出圖,則而畫之,八卦是也。禹治洪水,錫洛書,法而陳之,洪範是也'。先達共爲此説。龜負洛書,經無其事。《中候》及諸緯多説黄帝、堯、舜、禹、湯、文、武受圖書之事,皆云龍負圖、龜負書。緯候之書,不知誰作,通人討核,謂僞起哀平。雖復前漢之末始有此書,以前學者,必相傳此説。"細繹孔穎達二疏,實際亦不相信緯候之説。胡渭《易圖明辨》説:"歐陽永叔、司馬君實、姚小彭、項平甫、袁機仲、林德久、趙汝楳、王子充、歸熙甫、郝仲興諸人都欲屏絶圖書。"足見真理自在人心,作僞者終不能不被明眼人所識破。

六、王弼《周易注》、《周易略例》問題

《周易》原是卜筮之書,這一點是千真萬確的事實,任何人也不能否定。但是孔子自"晚而喜《易》","讀《易》韋編三絶"之後,深刻地瞭解到卜筮乃是《周易》的外在的形式,其精華並不在於外部的

形式,而在於内部的思想,於是著成《易傳》,以饗後人。雖有孔子著成《易傳》,但是在當時和後世,視《周易》爲單純卜筮之書者,依舊廣泛流行。《漢書·儒林傳》說"及秦禁學,《易》爲筮卜之書,獨不禁,故傳受者不絕也",就是證明。不過,孔子以義理說《易》,則是有劃時代意義的,必須承認。

此後,兩漢及三國,受了五行、讖緯的影響,以《易》名家的,大都是所謂"象數派"。自王弼出,作《周易注》及《周易略例》,始獨黜象數,上接孔子之傳。儘管他有使《易》入於老莊的缺點,但是能完成這種著作,洵非大智大勇不辦。我讀王書,特別欣賞《周易略例》,尤其對於他以下這些言論更感興趣。其於《明象》說:"夫象者何也?統論一卦之體,明其所由之主者也。"這種說法,當然是《易》所有,然而不見於《易·繫辭》。於《明卦適變通爻》說:"夫卦者時也,爻者適時之變者也。"這種說法亦是《易》所固有,《易·繫辭》沒有說。"夫應者,同志之象也;位者,爻所處之象也;承乘者,逆順之象也;遠近者,險易之象也;内外者,出處之象也;初上者,終始之象也。是故雖遠而可以動者,得其應也。雖險而可以處者,得其時也;弱而不懼於敵者,得所據也;憂而不懼於亂者,得所附也;柔而不憂於斷者,得所御也;雖後而敢爲之先者,應其始也;物競而獨安於靜者,要其終也。故觀其變動者,存乎應;察安危者,存乎位;辯逆順者,存乎承乘;明出處者,存乎外内;遠近終始,各存其會。避險尚遠,趨時貴近;比復好先,乾壯惡首;明夷務問,豐尚光大。吉凶有時,不可犯也;動靜有時,不可過也。犯時之忌,罪不在大;失其所適,過不在深。動天下,滅君主,而不可危也。侮妻子,用顏色,而不可易也。故當其列貴賤之時,其位不可犯也;遇其憂悔吝之時,其介不可慢也。觀爻思變,變斯盡矣"。這一大段話有的是《易·繫辭》說過的,有的《易·繫辭》沒有說,而確是《易》應有之義,闡釋得極爲明通。於《明象》說:"是故觸類可爲其象,合義可爲其徵。義苟在健,何必馬乎!類苟在順,何必牛乎!爻苟合順,何

必坤乃爲牛！義苟應健，何必乾乃爲馬！而或者定馬於乾，案文責
卦，有馬無乾，則僞說滋漫，難可紀矣。互體不足，遂及卦變，變又
不足，推致五行，縱復或值，而義無可取。”主象數者不辨《說卦傳》
中的言八卦性質與言八卦取象不同，如此評判，既犀利，又正確。

　　以上這些言論，簡直是孔子《繫辭傳》的續編。雖亦義本《繫辭
傳》，然而新意頗多，與單純重複《繫辭傳》的語言者，大不相同。據
我看，真正學《易》有得，對《易》理作精確的闡發的，孔子而後，王弼
應是第一人，雖以程頤《易傳》方之，亦遜一籌。

七、象數與義理問題

　　後世學《易》有所謂“象數”、“義理”之說。其實，“三易”原來都
是卜筮之書，爲史巫所掌，當時並無所謂象數、義理問題。自孔子
“晚而喜《易》”，“讀《易》韋編三絕”，著成《易傳》，專以義理說《易》，
此後講《易》遂有所謂義理之學。孔子說：“吾與史巫同途而殊歸。”
（長沙馬王堆漢墓帛書《周易》佚文《要》篇）即其證明。但是孔子之
書在當時的影響實際並不很大。世上廣泛流行的，依舊以爲《易》
是單純卜筮之書。正式形成象數、義理兩派，大概在漢以後。漢和
漢以後之所謂象數，並不以《易》的卜筮原文爲限，而是又不斷地向
前發展，加入“卦氣”、“納甲”、“爻辰”，以至“爐火”、“圖書”等等，幾
乎成了一個無所不包的獨立學派。我對於這一學派所知甚少，不
敢妄加是非。不過，我終以爲學《易》仍應以孔子爲歸，不要耗神於
《易》的形式，而應殫精於《易》的内容。

八、今日對《周易》一書的評價

　　我們今天從事現代化建設，對待《周易》一書應持何種態度呢？
我認爲從《周易》的思想内容來看，是唯物論、辯證法的，“溫故而知

新"，其理論思維有利於現代化建設，應當提倡。當然，《周易》產生在我國三千年以前，它雖然包含原始的、素樸的唯物論、辯證法，決不能與馬克思主義辯證唯物主義相提並論，但是從性質上看，則是一致的，如果僅僅把它同商彝周鼎一樣看待，是不對的。

最近我讀薄一波同志《若干重大決策與事件的回顧》下卷，見有"主席講了一大段哲學，主席講：平衡是相對的、暫時的、過渡的。不平衡才是絕對的。我們一定要有一個平衡，沒有一個暫時平衡和統一也不行。但它是相對的，就是要不斷地用先進的經驗，在前進中把原來的平衡打破。祇有把平衡不斷打破，事業才能前進。平衡打破了就前進了，前進又達到平衡。平衡又是暫時的，然後又有好多工作前進了，又把原來的打破，又前進"一段文字，我頗感興趣，以為這是活的哲學，可以看作是毛澤東同志用馬克思主義普遍原理與具體革命實踐相結合的一個典型事例。不過細讀幾遍，又覺得似曾相識，仿佛在哪裏見過。經過反復思考，才憶起我談《周易》六十四卦的排列順序就曾看出為首乾坤兩卦一個是純陽，一個是純陰，最不平衡。當發展到第六十三卦既濟時，"剛柔正而位當"，實際上是說已達到平衡了。然而第六十四卦的未濟，卻是剛柔全不正，亦全不當位，這不是說明平衡被打破，又將進入一個新的發展階段嗎？《序卦傳》說："物不窮也，故受之以未濟終焉。"這句話有多麼深刻！因此，我看《周易》並不陳腐，而是如日月經天，光景常新的。在這裏需要補充一句，就是說我並不是說毛澤東的這一思想自《周易》來，而祇是說《周易》思想具有真理性。

不僅如此，例如乾卦《大象》說："天行健，君子以自強不息。"大畜卦《大象》說："天在山中大畜，君子以多識前言往行。"頤卦《大象》說："山中有雷，頤，君子以慎言語，節飲食。"咸卦《大象》說："山上有澤咸，君子以虛受人。"大過卦《大象》說："澤滅木，大過，君子以獨立不懼，遯世無悶。"家人卦《大象》說："風自火出，家人，君子以言有物而行有恒。"睽卦《大象》說："上火下澤，睽，君子以同而異。"蹇卦《大象》説:"山上有水,蹇,君子以反身修德。"損卦《大象》説:"山下有澤,損,君子以懲忿窒欲。"益卦《大象》説:"風雷,益,君子以見善則遷,有過則改。"升卦《大象》説:"地中生木,升,君子以順德,積小以成大。"困卦《大象》説:"澤無水,困,君子以致命遂志。"艮卦《彖傳》説:"艮止也,時止則止,時行則行,動靜不失其時,其道光明。"小過卦《大象》説:"山上有雷,小過,君子以行過乎恭,喪過乎哀,用過乎儉。"既濟卦《大象》説:"水在火上,既濟,君子以思患而豫防之。"等等,對於一個人的立身行事有極重要的指導意義。特別是對《周易》全書思想概括爲"立天之道曰陰與陽,立地之道曰柔與剛,立人之道曰仁與義",説明《周易》真正是"冒天下之道",它總結出自然界和人類社會的全部規律,休説三千年前的古代,就是現今有此論著,也是了不起。因此,我認爲今日對《周易》一書應給以很高的評價。

一九九三年中秋節前一日於吉林大學

(原載《名家談易》,廣州:美芝靈國際易學研究院,1994 年)

《周易》的兩個問題

近年興起一種《周易》熱。這個《周易》熱波及的範圍非常廣，從國內到國外，從專家學者到江湖術士，幾乎都參加進來了。最流行的有兩個觀點：一是伏羲氏畫八卦，二是《易傳》是戰國人作的。我不同意這兩個觀點。

我認爲，說伏羲氏畫八卦不可信，說《易傳》是戰國人作的，是打倒孔家店浪潮下的產物，不足爲據。

一

我是《周易》的愛好者，多年從事《周易》研究。解放前，我寫《易通》時，受舊說蒙蔽很深，對《易·繫辭傳下》"古者包犧氏之王天下也"至"蓋取諸夬"一大段文字不敢提異議。解放後，我寫《易論》，由於學習了馬克思主義，對此發生懷疑，但衹是避而不談，還不敢公開否定。之後，我着重學習了摩爾根《古代社會》、恩格斯《家庭、私有制和國家的起源》、馬克思《摩爾根〈古代社會〉一書摘要》及一些考古學著作，始明確地瞭解所謂伏羲氏畫八卦之說，絕非事實，斷不可信。所以當我寫《說易》及《關於〈周易〉的作者問題》時，就明確地指出《繫辭傳》裏的"古者包犧氏之王天下也"至"蓋取諸夬"一大段文字是後人竄入的，不是《繫辭傳》原文。

伏羲氏據說是三皇之一。有人說在燧人氏前，有人說在燧人氏後，有人說與女媧氏是兄弟，總之，是自天地剖判以來，首先出世的人。從現代考古學來看，應是在舊石器時代。舊石器時代的石器是打制的，連磨光都不能，怎能畫出具有高度抽象力的八卦符號呢？又説"王天下"，在舊石器時代，連氏族都不見得有，怎會有王天下呢？一句話，所謂伏羲氏畫八卦之説，完全是嚮壁虛造，絕非事實。

考伏羲氏這個名字，衹見於《莊子》、《管子》、《戰國策》和《荀子》，均戰國時著作，不見於戰國前的篇籍。如果説是孔子作《易傳》，在《繫辭傳》中寫了這一段話是不可能的。因爲一，孔子是春秋時人，當時還不存在伏羲氏的名字。二，孔子對史學十分審慎，《史記·五帝本紀》論贊説："學者多稱五帝，尚矣。然《尚書》獨載堯以來，而百家言黄帝，其文不雅馴，薦紳先生難言之，孔子所傳宰予《五帝德》及《帝繫姓》，儒者或不傳。"證明孔子衹認爲堯以來是信史，故删定《尚書》從《堯典》開始。至《五帝德》及《帝繫姓》雖曾對宰予講過，以非信史，故不下傳。現存的《禮運》篇首言大同一段，實際上是孔子所寫的原始社會史，他説："故人不獨親其親，不獨子其子，使老有所終，壯有所用，幼有所長，矜寡孤獨廢疾者皆有所養。男有分，女有歸，貨惡其棄於地也，不必藏於己，力惡其不出於身也，不必爲己。"這段話與現代科學家所講述的原始社會史的觀點基本上一致，顯然是孔子對古史傳説所作的總結，剔除其不可信部分，保留其可信部分。例如炎帝、黄帝這些人物的名字，在傳説中一定都有，卻没有寫入，定是因爲不可信。又，孔子作《春秋》記日食 36 次，今用科學推算，有 34 次是正確的，足見其記事的準確程度。三，《繫辭傳》中的"古者包犧氏之王天下也"一大段文字自身就有矛盾不通之處。例如説"始作八卦"，又説"蓋取諸離"，"蓋取諸益"，"蓋取諸噬嗑"等等，離、益、噬嗑顯然是六十四卦裏的六畫卦，而不是三畫卦的八卦。《易》六十四卦中有鼎，有井，很明顯是先有實物，然後才像物作卦，絕不是如本文所説，實物耒、末的製作，是"蓋取諸益"。又，此處説包犧氏始作八卦，與《説卦傳》説"昔者聖人之作《易》也，幽贊於神明而生蓍，參天兩地而倚數，觀變於陰陽而立卦,發揮於剛柔而生爻"的説法不一致。因此,可以肯定這一大段文字不是孔子作的,而是後人竄入的。

那末,是誰竄入的呢? 據我推斷,很可能出於戰國時主張"終始五德之運"的鄒衍一派人之手。證據是唐人司馬貞《三皇本紀》説:"庖羲氏木德王。女媧氏代伏羲立,不承五運。"這個"木德王"與"不承五運"二語,無意中就透露出它是襲用鄒衍"終始五德之運"之説。鄒衍創立"終始五德之運"的謬論,大概是由於他對古史情況全然不知,妄以爲自天地剖判以來就有王,就有五行。因而制造出所謂三皇、五帝種種名號及若干事迹。虛構他們的遞嬗是依照"五德轉移"的公式向前發展。所謂"五德"就是五行水火木金土之德,德謂性質。五行性質有相生相克,因而以爲各個皇王的交替,就是依照五行生克向前發展的。他們的全部言論,今已無考。《史記·孟子荀卿列傳》亦語焉不詳,《易·繫辭傳下》的一大段文字很可能就是鄒衍遺説的一部分。

伏羲氏畫八卦,本非事實,無足觀采,乃附孔書以傳,遂使蚊蠅與驥尾俱馳,貽害千載。不僅如此,而且由伏羲氏畫八卦而導致先天、後天,由先天、後天又增益以河圖、洛書。卮言日出,汗漫無涯,把一個光采四溢的寶書,變成百孔千瘡,可慨也已!

二

現在談談《易傳》的作者問題。過去在打倒孔家店的浪潮下,凡是能證明《易傳》非孔子作者,都極容易得到認同。而自今日看來,當日的所謂論證,大抵是無中生有,不能成立。現舉出兩篇有代表性的文章略作分析。

(1)《論"十翼"非孔子作》[1]

---

[1] 編者按:見《古史辨》第三册,北京朴社,1931 年。

　　這篇論文爲了證明自己觀點的正確,舉了十條證據。卻沒有一條能夠站得住脚。

　　證一說:"從前晉朝汲郡魏襄王的古墓裏得到一大批古書,内有《易經》兩篇與現在的《周易上下經》同,但是没有'十翼'。我們知道魏文侯很能尊儒好古,他奉子夏爲師,子夏是孔門的大弟子,倘孔子作'十翼',不應魏國無傳,何以魏冢《易經》仍止兩篇?"我認爲《易經》與《易傳》單行,不在一起,這是古書慣例。墓裏有没有與世上有没有,孔子作没作,不是一回事,不能因爲魏襄王墓裏没有"十翼"就説孔子没有作過"十翼"。

　　證二説:"《左傳》魯襄公九年,魯穆姜論元亨利貞四德與今《文言》篇首略同。以文勢論,祇見是《周易》抄《左傳》,不見是《左傳》抄《周易》。"我認爲,孔子生於穆姜之後,《左傳》作者見過這幾句話,孔子也可能見過這幾句話。

　　證三説:"《論語》曾子曰:'君子思不出其位。'今《周易》艮卦《象傳》也有此語。果孔子作'十翼',記《論語》的人不應誤作'曾子曰'。"我認爲,曾子是孔子的學生,學生可以稱述老師的語言,《論語》裏這條文字,如爲曾子弟子所記,是無可非議的。

　　證四説:"《繫辭》中屢稱'子曰',明非孔子手筆。"我認爲,古書所謂作,不必親自寫定,《莊子》、《孟子》都是如此,章實齋有《言公》一篇,談的正是這個問題。

　　證五説:"《史記·自序》引《繫辭》稱《易大傳》並不稱經,並不爲孔子語。"我認爲,稱《易大傳》不稱經,這是實事求是,它不能證明"十翼"非孔子作。

　　證六説:"《史記》托始黄帝,他説,'百家言黄帝,其文不雅馴,薦紳先生難言之',而曰'不離古文者近是'。《伯夷傳》的起首説,'〔學〕者載籍極博,猶考信於六藝',許由、務光,太史公雖親登箕山許墓,祇以孔子不曾説到,故不敢輕信。列傳始伯夷,世家始吴泰伯,多是孔子稱述到的人。《史記》推尊孔子如此。今《繫辭》詳述伏羲神農制作，太史公並不是没有見到，何以五帝托始黄帝，更不敍及伏羲神農呢？可證在史公時尚不以《繫辭》爲孔子作品。"我認爲，《繫辭》係孔子作，《孔子世家》已有明確記載，何勞費詞考證。

證七説："《論語》學《易》事，祇有'加我數年五十以學《易》可以無大過矣'一條。據《魯論》'易'字當作'亦'。古人四十爲强仕之年，孔子仕魯爲司寇將近五十，他在未仕以前説，再能加我數年，學到五十歲，再出做事，也可以没有大過失了，這本是很明白的話。《古論》上妄錯易一字，便附會到'五十學《易》'等等説話。"在證七前，又説："以上六證，前人多説過，祇説非孔子作'十翼'，現在要更進一層説，孔子對於《易經》也並未有'韋編三絶'的精深研究，那孔子作'十翼'的話自然無根據了。"我認爲，古書簡編不同，字有歧異，這是常有的事。精於校勘者，一定棄短從長。《魯論》作"加我數年五十以學，亦可以無大過矣"，孔子説過"吾十有五而志於學"，爲什麼又説"加我數年五十以學"？"亦可以無大過矣"與上文"加我數年五十以學"，有什麼聯繫？至於學什麼，更没有説明。這種語言，能够説是《論語》的語言嗎？反之，依《古論》改爲"加我數年五十以學《易》，可以無大過矣"，則文從字順，"學"有着落，"無大過"也有着落，而且又可與《孔子世家》"假我數年，若是，我於《易》則彬彬矣"，互相證明。爲什麼校勘以後，硬要從《魯論》不從《古論》呢？顯然這是主觀偏見在作祟。我認爲從《古論》是正確的。

證八説："孟子書内常稱述《詩》、《書》而不及《易》。今《繫辭》裏有'繼之者善，成之者性'的話，孟子論性善也並不引及。荀子也不講《易》。"我認爲，孟子、荀子講《易》與否，不能證明孔子作《易傳》與否。《繫辭》説"繼之者善"，是説繼承"一陰一陽之謂道"是善，不是説性是善，"成之者性"才是説性。孟子論性善，爲什麼要引《繫辭》這句話？

證九説："秦人燒書，不燒《易經》，以《易》爲卜筮書，不和《詩》、《書》同樣看待。自從秦人燒書後，一輩儒生無書可講，祇好把一切思想學問牽涉到《易經》裏面去講，這是漢代初年《易》驟盛的一個原因。若是孔子作'十翼'，《易》爲儒家經典，豈有不燒之理。"我認爲，秦不燒《易》是事實，你所説的理由要由事實來證明，没有事實證明，你所説的理是不真實的。

證十説："《論語》和《易》不同。這一層應得稍爲詳述，現在姑且提出三個字來講。"作者所謂三個字是道、天和鬼神。因爲文字太繁，儘管我不同意他的意見，但是，爲了節省篇幅，我不準備逐一辨析了。

總之，我看過本篇文章，感到作者旁徵博引，湊足十條證據，然而全無是處，枉費心力，祇足證明"十翼"爲孔子作，這是鐵一般的事實，不是這十條所能動搖的。

(2)《易傳探源》①

這篇作品，也論證《易傳》非孔子作，文字很長，還有若干大小標題，從擺出的架勢來看，志不在小。看過以後，令人感到通篇盡是穿鑿附會，没有一條可稱爲真憑實據。而且語言大部分尖酸刻薄，帶有侮辱性，不似客觀地探討問題的文章。如果説是客觀地探討問題，倒是作者徵引的歐陽修的一段話比較好。作者在歐陽氏外，又提出幾位名人，如趙汝談、姚際恒、馮友蘭，卻没有引用他們片言隻字。

歐陽修的一段話獨被徵引，説明這一段話最有説服力，對作者有更大的幫助。現在照錄如下，可以仔細地看一看。

> 《繫辭》……《文言》、《説卦》而下，皆非聖人之作，而衆説淆亂，亦非一人之言也。昔之學《易》者，雜取以資其講説，而説非一家，是以或同或異，或是或非……《文言》曰："元者，善之長也；亨者，嘉之會也；利者，義之和也；貞

---

① 編者按：見《古史辨》第三册，北京朴社，1931 年。

者，事之幹也。"是謂乾之四德。又曰："乾元者，始而亨者
也；利貞者，性情也。"則又非四德矣。謂此二説出於一人
之手，則殆非人情也。《繫辭》曰："河出圖，洛出書，聖人
則之。"所謂圖者八卦之文也，神馬負之，自河而出，以授
於伏羲者也。蓋八卦者，非人之所爲，是天之所降也。又
曰："包羲氏之王天下也，仰則觀象於天，俯則觀法於地，
觀鳥獸之文與地之宜，近取諸身，遠取諸物，於是始作八
卦。"然則八卦者是人之所爲也，河圖不與焉，斯二説者已
不能相容矣。而《説卦》又曰："昔者聖人之作《易》也，幽
贊於神明而生蓍，參天兩地而倚數，觀變於陰陽而立卦。"
則卦又出於蓍矣。八卦之説如是，是果何從出而也？謂
此三説出於一人之手，則殆非人情也。人情常患自是其
偏見，而立言之士莫不自信，其欲以垂乎後世，惟恐異説
之攻之也，其自肯爲二三之説以相牴牾而疑世，使人不信
其書乎！故曰非人情也。凡此五説，自相乖戾，尚不可以
爲一人之説，其可以爲聖人之作乎……余之所以知《繫
辭》而不非聖人之作者，以其言繁衍叢脞而乖戾也……至
於"何謂"、"子曰"者，講師之言也；《説卦》、《雜卦》者，筮
人之占書也。（《易童子問》卷三）

這段文字實際講了四個問題。1. 元亨利貞；2. 河圖、洛書；3.
包羲氏始作八卦；4."何謂"、"子曰"。我認爲，河圖、洛書及包羲氏
始作八卦諸文都是後人竄入的，與孔子無關，我別處有説，在此可
以不談。其餘兩個問題，元亨利貞既釋爲四德，又説"乾元者，始而
亨者也；利貞者，性情也"，這是《易傳》體例如是。由於《易》義豐
富，必須從多方面解釋乃盡。至於《繫辭》有"何謂"、"子曰"，這祇
能説明《繫辭》不是孔子親手寫的，不能證明《繫辭》不是孔子作。
因爲古人之著作與後世不同，很多不是自己寫定，例如《孟子》、《莊
子》都是如此。章學誠《文史通義》有《言公》一篇，正是談這個問

題。看來歐陽修這段話並不能幫作者的忙。不過,歐陽修依然是值得尊敬的人,不能因此而遭到菲薄。因爲當時孔子被尊爲聖人,享有絕對權威。對孔子提出異議,假如被扣上"非聖無法"的帽子,是不得了的。乃歐陽修獨能堅持真理,敢講自己的話,較之觀察風色、隨波逐流者,相去何啻霄壤。

過去在打倒孔家店的浪潮下,人們攻擊孔子,説《易傳》非孔子作,並進一步説《易經》是單純的卜筮之書。下面這一觀點也有不小影響,有必要加以辨析。

有人把《周易》卦爻辭看作籤訣。説"籤訣紙條上端往往寫着'伍子胥吴市吹簫'、'姜太公八十遇文王'、'韓信登壇拜將'、'關雲長秉燭達旦'……的故事,就因爲這些故事是習熟於現在人的口耳之間的,祇要説了這件故事的名目便立刻可以想出它的涵義。但也有不直稱一件故事的名目而就敍述這件事的內容的,例如《牙牌數》中的一條:'三戰三北君莫羞,一匡天下霸諸侯。若經溝壑殉小節,蓋世功名盡射鈎。'我們如果不讀《左傳》和《論語》或《列國志》便不能明白它説的是曹沫和管仲的故事。《周易》的卦爻辭的性質既等於現在的籤訣,其中也難免有這些隱語"。

把卦爻辭中的歷史故事,如"高宗伐鬼方"、"箕子之明夷"等説成與籤訣上的歷史故事一樣,其目的在説明卦爻辭没有思想,卦爻辭中歷史故事的思想就是卦爻辭的思想。其實,這對卦爻辭是極大的歪曲。事實恰恰相反,卦爻辭中的歷史故事是爲思想服務的。卦爻辭有思想,卦爻辭中歷史故事的思想没有獨立性。

正由於説者想歪曲卦爻辭,將非歷史故事説成是歷史故事。例如《易·大壯》六五爻辭"喪羊於易,無悔",《旅》上九"鳥焚其巢,旅人先笑後號咷,喪牛於易,凶",《晉》卦辭"康侯用錫馬蕃庶,晝日三接"等,統統被穿鑿附會地説成是歷史故事。實際上《周易》與籤訣雖都可用於卜筮,這一點可以説相同,但二者的性質則大異。籤訣祇言禍福,而且籤訣與籤訣之間是孤立的,没有聯繫。而《周易》

則不然。《易·繫辭傳上》說，"《易》與天地準"。其經卦八、別卦六十有四，説明《易》是一個整體，其内部聯繫至爲密切。可見把卦爻辭中的歷史故事與籤訣上的歷史故事等同起來是荒謬的。

至有人見到爻辭中有"中行"二字，就説是"春秋時晉國的荀林父"，有人把乾卦的元亨利貞釋爲"大亨利占"，其用意固然在歪曲《周易》，又是大勢所趨，無足深論了。

我認爲《周易》從形式看是卜筮之書，從内容看卻藴藏着深邃的哲學思想。《周易》之爲書，確實很奇特，在全世界也是獨一無二。但它是不是由於伏羲氏畫八卦或者是受龍馬負圖、洛龜獻書的啓示而制作的呢？不是。它是當時歷史條件的産物。我認爲，即便有伏羲氏畫八卦和河出圖、洛出書這等事，也祇能得出八卦，而八卦祇是符號，它與《易》是兩件事，它同代數學的公式用 a、b、x、y 作符號一樣，記住 a、b 等符號不等於記住代數學，這個道理明白易懂。我看一些《周易》的研究者，竟把一生的精力都用在研究河圖、洛書和八卦的幾種圖上，未免太可惜了。

《易》的産生是由當時的歷史條件决定的。奴隸制時代，廣大群衆剛從原始社會脱胎而來，思想水平普遍低下，一切行動聽命於鬼神，篤信卜筮。統治階級中的個别人，由於受傳統歷史文化的熏陶，具有很高的智慧，就采取這種巧妙的辦法，用卜筮作手段，暗地裏向廣大群衆灌輸哲學思想。這是一種秘密，長時期人們都把它作爲卜筮之書來應用，今存的《左傳》、《國語》等書中之用《周易》於卜筮的可爲證明。至孔子出，如《史記·孔子世家》所説"孔子晚而喜《易》"，"讀《易》韋編三絶"，如長沙馬王堆出土《帛書·要》所説"夫子老而好《易》，居則在席，行則在橐"，對《易》下了很大功夫，才能全部瞭解《易》，並作成《易傳》。它不是任何人所能作到的事。有人説《易傳》是戰國人作的，我認爲戰國人祇能把伏羲氏畫八卦，"河出圖"、"洛出書"以及"天垂象，見吉凶"一類的東西竄入《易傳》，他們哪能作出《易傳》呢。馬王堆出土《帛書·要》説："後世之士，疑丘者或以《易》乎？"足見孔子作《易傳》，要付出很大勇氣。這一點，也是祇有孔子能作到的。《帛書·要》載（子貢問）："夫子亦信其筮乎？"（子曰：）"我觀其德義耳，吾與史巫同途而殊歸。"證明孔子是欣賞《易》的思想內容，而不是欣賞《易》的卜筮形式。

　　孔子的這個觀點全面清晰地見載於《易·繫辭傳上》。這段話大體上可分爲五節，由於向來沒有人把它解釋清楚，茲逐節迻録如下，並簡略地加以解釋。

　　　　子曰：夫《易》何爲者也？夫《易》開物成務，冒天下之道，如斯而已者也。

　　這是第一節，言《易》的性質。首句"夫《易》何爲者也"是設問，問《易》是幹什麼的。它説明當時人都認爲《易》是卜筮之書。次句"夫《易》開物成務，冒天下之道"是答句。"開物成務"是指事物的開始和事業的完成。"冒天下之道"，是説《易》囊括宇宙間所有一切的道理。"如斯而已者也"，是最後又强調一句。説祇是如此，没有別的。

　　　　是故聖人以通天下之志，以定天下之業，以斷天下之疑。

　　這是第二節，言《易》之功用。"以通天下之志"，是説利用《易》可以統一天下人的意志。"以定天下之業"，是説利用《易》可以成就天下人的事業。"以斷天下之疑"，是説利用《易》可以解決天下人的疑惑。

　　　　是故蓍之德圓而神，卦之德方以知，六爻之義易以貢。

　　這是第三節，是説作爲手段的卜筮，其内容的蓍、卦與六爻三者的性質和作用。"蓍之德"是説蓍的性質。圓是説不穩定，因爲筮法的大衍之數五十（應爲"五十有五"，今本脱"有五"二字），經過

"四營"、"十有八變",所得出的蓍數爲七、八、九、六不一定。《易·
繫辭傳上》説"陰陽不測之謂神","神"是指陰陽不測,也就是蓍數
爲七、八、九、六不一定。"卦之德",是説卦的性質。"方"是確定。
因爲筮法得出卦來,就確定了。"知"應讀爲智。"智"是説卦確定
後,就可以知道吉凶悔吝了。"六爻之義易以貢",是説六爻與卦二
者之義相對來説,卦是不變的,六爻是變的,易就是變,貢是告。告
什麼? 告吉凶。

　　　聖人以此洗心退藏於密,吉凶與民同患,神以知來,
　　知(智)以藏往。

　　這是第四節,言利用卜筮這個手段所要達到的目的。"聖人以
此洗心退藏於密","聖人"指作《易》者。"以此"是用這個,即指用
蓍卦和六爻。"洗心退藏於密","洗",《經典釋文》説:"京、荀、虞、
董、張、蜀才作先。"是對的。"先心退藏於密",就是説事先把蓍卦
六爻收起來置於隱密的地方。"吉凶與民同患",這個"吉凶"是經
過卜筮所得出的吉凶,"與民同患"是指統治階級中的作《易》者,
"與民同患"有與人民同憂喜的意思。爲什麼能與人民同憂喜? 因
爲這個吉凶與一般卜筮的吉凶不同,裏邊蘊藏着哲學思想。"神以
知來",指蓍。"智以藏往",指卦。

　　　其孰能與於此哉? 古之聰明睿知神武而不殺者夫!

　　這是第五節,也是最後一節。它是稱贊作《易》者的巧思。"其
孰能與於此哉?"是問誰能作出這個東西呢?"古之聰明睿知神武
而不殺者夫"是答問。説這是古時的人具有極高的智慧,又有神奇
般的武力,然而不用於殺伐,就能使民服。

　　孔子對《易》是什麼書的問題,已經講得一清二楚了。然而後
世言《易》者竟熟視無睹,依舊説《易》是卜筮之書,從而又大力宣揚
什麼先天、後天、河圖、洛書等等荒唐謬悠之説,亦可怪已!

　　　　　　(《傳統文化與現代化》1995 年第 1 期,中華書局)

談談《周易》辯證法問題

辯證法這個詞不是中國固有的，大概是近代從西方傳入的，是誰首先用辯證法解釋《周易》，我不知道。1939年，抗日戰争時期，我在東北中學教書。由於長沙大火，學校從湖南邵陽桃花坪遷到四川威遠縣靜寧寺。在遷校途中，我從開明書店買了幾本新理論書。其中有博洽德的《通俗資本論》，有傅子東譯的列寧《唯物論與經驗批判論》等等。這時我學《易經》將近二十年，其中有些問題怎麼也不明白。直到我讀了列寧《唯物論與經驗批判論》附錄裏的《談談辯證法問題》，才覺得有些問題可以解決了。

學校搬到了靜寧寺，我用寒假一個多月的時間，寫了一本書，取名叫《易通》。《易通》這個名字原先周敦頤用過，我覺得這個時候我對《易經》可以搞通，所以我也叫《易通》。1940年秋天，我到復性書院讀書，雇人把它抄出一個清本。這時候適逢教育部舉辦"著作發明及美術獎勵"，我覺得我是第一個用辯證法研究《周易》的，我就請獎。那時獎勵要求兩個教授推薦，我就求金毓黻先生和高亨先生兩位推薦，後來得獎了。這是解放前的事。後來我知道在我以前更早還有人用辯證法研究《周易》，究竟是誰，我也不知道。看來我用辯證法研究《周易》也是比較早的。從1939年到現在已經五十八年了，解放後我又用辯證法寫了幾本書。

我是一個《周易》愛好者，對《周易》的辯證法問題有新的體會。我準備從《周易》"乾坤其《易》之縕也"這個問題講起。這句話在《繫辭上》後邊一大段裏。開始是"子曰：書不盡言，言不盡意"，中間有這麼一段："乾坤其《易》之縕邪？ 乾坤成列而《易》立乎其中矣。乾坤毀則無以見《易》。《易》不可見,則乾坤或幾乎息矣。"

"乾坤其《易》之緼邪",就是問,乾坤是《易經》一個蘊藏體嗎?用疑問的口氣說出來,但辭疑意不疑。我以爲這句話的意思是:《周易》這部書,從乾坤到既濟、未濟全部内容都蘊藏在乾坤兩卦裏。這個斷語很驚人。《周易》一部書蘊藏在兩卦裏?這兩卦也不是一個大口袋,怎麼裝到那裏去?這是不大好講的。别人没講過。衹有孔子讀《易》韋編三絶,大概是他做出結論,或者講過。我看的書少,我覺得好象没有一個人把這個問題講清楚。這個問題又難又重要又寶貴,我不自量力,想講講它。

我認爲"乾坤成列而《易》立乎其中矣,乾坤毀則無以見《易》。《易》不可見,則乾坤或幾乎息矣",這就是講"乾坤其《易》之緼"。我準備從"乾坤成列而《易》立乎其中矣"講起。"乾坤成列而《易》立乎其中矣"從表面辭句上看還是好明白的,但爲什麼"乾坤成列"《易》就立乎其中呢?這需要解釋。"乾坤成列",我以爲,《易經》六十四卦如果站隊,乾坤兩卦都站到成列的隊伍裏。這個《易》就在裏頭。

怎麼知道這個呢?這可以從屯卦講起。屯卦卦辭是:"元亨利貞,勿用有攸往,利建侯。"《彖傳》是:"剛柔始交而難生,動乎險中,大亨貞。雷雨之動滿盈,天造草昧,宜建侯而不寧。""剛柔始交而難生"怎麼講?在屯卦裏怎麼是"剛柔始交"呢?我體會"剛柔始交"就是乾坤始交。爲什麼?"乾剛坤柔"嘛。乾坤是對立,始交是對立統一。

什麼叫交呢?可以看第十一卦泰卦,泰卦卦辭:"小往大來,吉亨。"《彖傳》說:"泰小往大來,吉亨,則是天地交而萬物通也,上下交而其志同也,内陽而外陰,内健而外順,内君子而外小人,君子道長,小人道消也。"泰卦是地天泰,坤在上乾在下,乾爲天坤爲地,表示天地相交,亦即乾坤相交,天地交就是對立統一。"天地交而萬物通"這句話也不大好講。我先引《序卦》講屯卦說的:"有天地,然後萬物生焉,盈天地之間者唯萬物,故受之以屯。屯者盈也,屯者物之始生也。"這是講有天地(天地就是乾坤)"然後萬物生焉",有天地就有萬物。這個怎麼理解? 我看可以從乾坤兩卦看看。

乾卦卦辭:"元亨利貞。"坤卦:"元亨利牝馬之貞。君子有攸往。先迷後得主。利西南得朋,東北喪朋,安貞吉。"乾"元亨利貞",《彖傳》裏講"大哉乾元,萬物資始",好象"元亨利貞"就好比春夏秋冬。再從《乾文言》裏講"元者善之長也"這一段,元亨利貞又可以説是仁義禮智、看起來,西方有人説《易經》就是代數學,我看"元亨利貞"真的好象代數學的一個公式,可以代進春夏秋冬,也可以代進仁義禮智。《乾彖傳》説:"大哉乾元,萬物資始,乃統天。"《坤彖傳》説:"至哉坤元,萬物資生乃順承天。"乾卦怎麼叫做"萬物資始"呢? 實際上乾元就是春天,春天來了,天地暖了。因爲商周魯都在中國北方,溫帶,四季分明,所以春天天氣暖了,萬物資賴春天開始生長,但是還沒有生長。坤卦"至哉坤元,萬物資生"。坤爲地,坤元,到春天時,萬物資生,資賴坤元生長起來。"乃順承天",天開始,萬物才能生,所以它是順承天。這裏談到萬物的問題,天地能生萬物,這個用孔子在《論語》上簡單的話説是:"天何言哉,四時行焉,百物生焉,天何言哉。"天就是四時行焉。春夏秋冬,主要是太陽的變化。天有四時的變化,地也就百物生焉,這可以理解"有天地然後萬物生焉"。所以"剛柔始交而難生"之"剛柔始交"就是乾坤始交,也就是天地始交。乾坤到屯剛開始交,所以"剛柔始交而難生","難生"指的是屯。

"動乎險中,大亨貞"。"動乎險中",水雷屯,内卦爲震,外卦是坎。坎爲水,震爲雷,坎,險也;震,動也,即"動乎險中"。"大亨貞"就是"元亨利貞"。"雷雨之動滿盈",因爲水雷屯,坎爲水,爲雨;震爲雷,那就是"剛柔始交"時有"雷雨之動滿盈"。關於"雷雨之動滿盈",我可以還引《繫辭上》頭一段講的"在天成象,在地成形,變化見矣。是故剛柔相摩,八卦相盪,鼓之以雷霆,潤之以風雨,日月運行,一寒一暑,乾道成男,坤道成女"這麼一段。

"在天成象"是什麼? 韓康伯注:"象,況日月星辰。""象"比作日月星辰這是對的。象是現象,從外面可以看到的,看到天上就是日月星辰。"形"況山川草木,這有缺點。爲什麼? 因爲地首先有土,山川草木沒有土。《國語・魯語》展禽批評臧文仲祭祀海鳥"爰居"講了許多祭祀,其中講了天之三辰,地之五行。天,祭祀三辰,就是日月星;地,祭祀五行,就是金木水火土。説"形"況山川草木,倒不如説"形"況五行,可能更好一些。"在天成象,在地成形",就產生了變化,從剛才講乾坤就可以看出來。

"是故剛柔相摩,八卦相盪",這是説什麼呢? "剛柔相摩",就是天地相交,乾坤相交,乾剛坤柔。爲什麼説剛柔而不説天地、乾坤呢? 這主要是從變化説的。因爲《説卦》説"發揮於剛柔而生爻",爻是講究剛柔的。《繫辭》講"彖者言乎象者也,爻者言乎變者也",爻是講變的,所以説"剛柔相摩"。"剛柔相摩"即剛柔相推。《繫辭上》説,"剛柔相推,變在其中矣"。

"八卦相盪"是什麼意思? 既然説天地交,又説八卦幹什麼呢? 我認爲八卦相盪也是乾坤、天地相摩,因爲《説卦》裏講:"乾天也,故稱乎父;坤地也,故稱其母。震一索而得男,故謂之長男。巽一索而得女,故謂之長女。坎再索而得男,故謂之中男。離再索而得女,故謂之中女。艮三索而得男,故謂之少男。兑三索而得女,故謂之少女。"因爲乾坤生六子,所以八卦説的還是乾坤、天地。可見"剛柔相摩,八卦相盪"講的是天地交,是對立統一。

"鼓之以雷霆,潤之以風雨"實際就是講屯卦的"雷雨之動滿盈"。"鼓之以雷霆",打雷打閃;"潤之以風雨",颳風下雨。

下面兩句"日月運行,一寒一暑"是什麼意思呢?《繫辭》裏有這麼一段:"闔户謂之坤,闢户謂之乾,一闔一闢謂之變,往來不窮謂之通。""闔户"用一扇門做比喻。"乾坤易之門也",那是兩扇門。用一扇門做比喻,把門關上,就是坤;把門打開,就是乾。這表示乾

坤是對立的。"一闔一闢謂之變",一闔一闢,一開一關,這就是乾
坤統一而生變化。

"往來不窮謂之通","往來"怎麼講? 泰卦説"小往大來",講到
往來。否卦"大往小來",也有往來的問題。我想"日月運行,一寒
一暑"講的就是往來問題。

關於這個問題,我再引用一段話,《繫辭》裏有咸九四爻辭"貞
吉悔亡,憧憧往來,朋從爾思"。孔子講"天下何思何慮,天下同歸
而殊途,一致而百慮。天下何思何慮"。現在有很多人常用"同歸
而殊途"這句話,其實他不知道爲什麽用"同歸而殊途"。孔子講
"日往則月來,月往則日來,日月相推而明生焉。寒往則暑來,暑往
則寒來,寒暑相推而歲成焉",這是講往來。"日往則月來",太陽落
了月亮出來。"月往則日來",月亮落了太陽出來。"日月相推而明
生焉",太陽、月亮互相推動而産生了光明。一天是這樣。一年,寒
往則暑來,冬天走了,熱天來了,暑往則寒來,寒暑相推而歲成焉,
也是這樣。

這個往來講的是現象,是四時。下面孔子把它提高到理論:
"往者屈也,來者伸也,屈伸相感而利生焉。"往是屈,來是伸,這就
講到理論,帶有普遍性。爲使之更明白,又作比喻:"尺蠖之屈,以
求伸也。龍蛇之蟄,以存身也。精義入神,以致用也。利用安身,
以崇德也。"尺蠖是俗稱"量天尺"的綠蟲子,它往前爬,先把身子彎
起來,擠到一起,然後再往前伸。"龍蛇之蟄",龍不可知,蛇冬眠是
爲了天熱了它再出來,爲了活動。這都是一屈一伸,一來一往。
"精義入神,以致用也",我們學習精義入神,幹什麽呢,爲了用,這
也是一屈一伸,"入神"就是屈,"致用"就是伸。利用安身,是爲了
增高德行。"過此以往,未之或知也",在這以往,就不知道了。爲
什麽不知道? 因爲是普遍的規律,例子太多了,例如勞動和休息,
也是一屈一伸,光勞動不行,必須休息。光休息也不行,必須勞動。
這也是屈伸來往。我們呼吸也是屈伸。例子多得很,不能再舉。

所以説"過此以往，未之或知也"。"窮神知化，德之盛也"，化是變化。這就是講往來就是屈伸，所有的事物都是這樣進行，一屈一伸。

《易經》六十四卦排列，都是一正一反。乾純陽，坤純陰。屯，水雷屯，反過來是山水蒙。坎反過來還是坎，坎爲水。震反過來變成艮，艮爲山。這就是山水蒙。需，水天需，下一個天水訟，倒過來了。師，地水師，水地比，所有六十四卦完全這樣排列，這樣排列的意思就是一屈一伸，一來一往。這個變化是一種規律，都得這樣變化，不這樣不行。那麼，"往來不窮"也就是講變化，通過往來才能長期變化，六十四卦裏都是往來，所以説"往來不窮謂之通"。我的理解就是這樣。

范文瀾《中國通史簡編》講到《周易》，批評《周易》講"終而復始"、循環、重複，不講前進。他説《周易》講"終而復始"還是對的，説不講前進則不對。"終而復始"才是前進。列寧講螺旋式曲綫發展，實際上也是循環，《易經》六十四卦排列完全是這種情況。所以"日月運行，一寒一暑"是講發展，是講《易經》。"剛柔相摩，八卦相蕩，鼓之以雷霆，潤之以風雨，日月運行，一寒一暑"，都是講《易經》的。所以説"乾坤成列，而《易》立乎其中矣"，説《易》存在於其中，這完全是對的。

"乾道成男，坤道成女"，這就是萬物，萬物有男有女，不是指人類男女，而是指雄性、雌性。這就是乾坤成列而易立乎其中。

"乾坤毀則無以見《易》"，第六十三卦既濟，水火既濟，内卦是離火，外卦是坎水。因爲第一卦乾純陽，第二卦坤純陰，到既濟一半陰一半陽，而且陽在陽位，陰在陰位。孔子《象傳》説："剛柔正而位當也。"這是它的特點。陽在陽位，陰在陰位，好像一個酸性，一個鹼性，到這時候就中和了。陰則純陰，陽則純陽，是最不平衡的，到這時候平衡了，乾坤毀了。《雜卦》説"既濟定矣"就是這個意思。那就"無以見易"，就沒有變化。乾坤相交，發生變化，一直地向前

變化。變化到既濟，一個大的階段變化完了，結束了。但是說的是
“乾坤或幾乎息矣”。“幾乎息”，實際是沒有息，天地不能停止，乾
坤也不能停止。所以《序卦》講，“物不可窮也，故受之以未濟終
焉”。物是不能窮盡的，既濟沒有了變化，之後還有未濟，還得繼續
變化。有乾坤才有《易經》，到既濟未濟，《易經》就完了。看起來
《易》的全部內容確實蘊藏在乾坤兩卦中。所以孔子講“乾坤其
《易》之縕邪”，是對的。下面的幾句話就是對它的說明，雖不太好
理解，但也是很對的。今天我試圖解釋它的含義。整個《易經》，都
是講對立統一。對立統一是辯證法的核心，也是《周易》的核心。

　　爲了說明乾坤兩卦的重要，我再談談“乾坤其易之門邪”一段
話。“乾坤其易之門邪”在《繫辭下》，全文如下：“乾坤其《易》之門
邪。乾，陽物也。坤，陰物也，陰陽合德而剛柔有體，以體天地之
撰，以通神明之德。”乾坤這兩卦是《易經》的一個門嗎？是疑問口
氣，實際上也是辭疑意不疑。下面說“乾，陽物也”，乾卦六爻都是
陽；“坤，陰物也”，坤卦六爻都是陰。乾坤一陰一陽，這講的是對
立。“陰陽合德而剛柔有體”，“陰陽合德”就是乾坤合德，也就是對
立統一。“相交”、“合德”意思一樣。“剛柔有體”，過去我對此也不
能理解，覺得陰陽、剛柔是一回事，實際上，陰陽是指卦，剛柔是指
爻。《說卦》：“觀變於陰陽而立卦，發揮於剛柔而生爻。”所以“陰陽
合德”是講卦，“剛柔有體”是講爻。爻講變，“剛柔有體”講相交以
後方能變化。變化有體，體現了“以體天地之撰，以通神明之德”。
這兩句話什麼意思？撰字，韓康伯認爲當數講，我覺得講不通。按
我的理解，是不是可以這麼說：以體現天地的變化，在物質性方面
的形態；以通神明之德，在精神性方面的性質。形態是指變化，一
往一來。從性質上來說，有泰有否，有剝有復。毛主席的《矛盾論》
上講：“事物矛盾的法則，即對立統一的法則，是自然和社會的根本
法則，也是思維的根本法則。”所以自然和社會從規律說是一樣的。
從歷史上說，周秦漢唐就是變化形態。在性質上說，有治亂，有存

亡。一往一來實際上是一治一亂。孟子説:"天下之生久矣,一治一亂。"這是對的,一治一亂是規律。毛主席講一個朝代上升時期是真老虎,下降時期是紙老虎,實際上也是講有治有亂。

變化就是這樣,就是一往一來,一屈一伸,這就是規律,在易中把這叫"天命"。天命和規律一樣,不是絶對的,而是相對的。中國古人莊子在《列禦寇》篇中講"達大命者隨,達小命者遭"。《孟子·盡心》有正命、非正命説。故孟子説:"是故知命者不立乎巖墻之下。"巖墻很危險,要倒,在那裏站着,墙倒會被壓死,那不叫正命,叫非正命。用恩格斯的話説,一個叫必然性,一個叫偶然性。命都是必然性,但必然性不排除有偶然性,它不是絶對的。我們既要知道規律,又不能把規律看成死的,看成絶對的。

《周易》有對立統一規律,也有質量互變規律、否定之否定規律。

《周易》六十四卦的每一卦都體現質變與量變互相轉化的規律。如乾卦六個陽爻,從初到上經過潜、見、惕、躍、飛、亢六步,是量變的過程。到上九"亢龍有悔",就要發生質變了,質變就是這一卦轉爲下一卦。下一卦又開始量變的過程。

我上面着重講了《周易》的往來問題,往來就是否定之否定。來是肯定,往是否定,下一個來是否定之否定。六十四卦排列都是一正一反。正是肯定,反是否定。下一個正是否定之否定。

(《社會科學戰綫》1998 年第 3 期)

論《周易》的實質及其産生的時代與原因

我學《易》七十多年,今年已經九十六歲,始認識到《周易》一書實際是用辯證法的理論寫成的。爲什麽這樣説呢?請列八證:

證一

《繫辭傳上》説:"《易》與天地準,故能彌綸天地之道。""《易》與天地準",就是説《易》是依照天地寫的,天地是原型,《易》是摹寫本。"故能彌綸天地之道","道"是規律,"天地之道"是自然規律,"彌綸"可以譯爲完全反映。"故能彌綸天地之道"就是説所以能完全反映自然規律。爲什麽能完全反映自然規律呢?是因爲天地包括兩方面:一方面是對立,另一方面是統一。毛澤東同志在《矛盾論》結論中説:"矛盾統一的法則,即對立統一的法則,是自然和社會的根本法則,因而也是思維的根本法則。"因爲對立統一是自然的根本法則,所以才能完全反映自然規律。

證二

《繫辭傳下》説:"子曰:乾坤其《易》之門邪?乾,陽物也;坤,陰物也。陰陽合德而剛柔有體,以體天地之撰。以通神明之德。""乾,陽物也。坤,陰物也",這説明乾坤是對立的。"陰陽合德",是説乾坤是統一的。在辯證法中,對立統一是核心,所以我説《周易》是用辯證法的理論寫成的。

證三

乾、坤二卦,乾六爻皆陽,坤六爻皆陰,表明乾坤是對立的。《乾》卦辭是"元亨利貞",《坤》卦辭是"元亨利牝馬之貞",表明乾、坤二卦是統一的。爲什麽説是統一的?卦辭的"元亨利貞"和"牝馬之貞"不好懂,需加以解釋。先説"元亨利貞",用四時來説,"元"是開始,可以看成是春天;"亨"是亨通、發展,可以看成是夏天;"利"是成熟,可以看成是秋天;"貞"是冬藏,可以看成是一個周期的終結。西方人説《周易》是代數學,"元亨利貞"可以看成是公式,它可以代進春夏秋冬,也可以代進仁禮義智。

再説"元亨利牝馬之貞"。"牝馬之貞",不好講。《黑韃事略》説:"其牝牡馬,留十分壯好者作移剌馬種,外餘者多騸了,所以無不强壯也。移剌者,公馬也,不曾騸,專管騍馬群不入騸馬隊。騸、騍馬各自爲群隊也。又其騍馬群,每移剌馬一匹管騍馬五六十匹,騍馬出群,移剌馬咬踢之使歸。或它群移剌馬逾越而來,此群移剌馬必咬踢之。"乾好比移剌馬,坤好比騍馬,騍馬要服從移剌馬管理,所以坤雖也是元亨利貞,但卻要聽從乾。孔子作《彖傳》,解釋乾卦説:"大哉乾元,萬物資始,乃統天。"爲什麽説萬物資始呢?意思是説春天到了,天氣暖了,萬物開始要產生了。"乃統天",它是"元亨利貞"的開始。坤卦的《彖傳》説:"至哉坤元,萬物資生,乃順承天。"坤的元,萬物資之以生。因爲乾天氣暖了,地有了光和熱,才能產生萬物。"乃順承天",即"利牝馬之貞"。這表明萬物的産生靠乾坤統一。乾坤二卦既對立又統一,所以它可以看成是辯證法的核心。

證四

《易》有泰、否二卦。泰是地在上天在下,坤在上乾在下。《泰》卦辭爲:"小往大來,吉亨。"《彖傳》説:"泰。小往大來,吉亨。則是天地交而萬物通也,上下交而其志同也。内陽而外陰,内健而外順,内君子而外小人。君子道長,小人道消也。"在《周易》中,陰爲小,陽爲大。"小往",外爲坤,小的走了;"大來",内爲乾,大的來了。坤上乾下,天地交而萬物通,這是自然現象;上下交而其志同,即官民同,則是社會現象。"内陽而外陰,内健而外順,内君子而外小人",表明乾坤是統一的,所以"吉亨"。

否是天上地下,乾上坤下。卦辭説:"否之匪人,不利君子貞,大往小來。"《彖傳》:"否之匪人,不利君子貞,大往小來。則是天地不交而萬物不通也,上下不交而天下無邦也。内陰而外陽,内柔而外剛,内小人而外君子。小人道長,君子道消也。"這表明乾坤是對立的。光是對立,没有統一,是不能生長萬物的。

泰、否二卦證明《易經》有辯證法的思想。

證五

《繫辭傳上》説:"天尊地卑,乾坤定矣……在天成象,在地成形,變化見矣。""天尊地卑,乾坤定矣",天在上地在下,乾坤對立。"在天成象",韓康伯注:"日月星辰。"這是對的。"在地成形",韓康伯注:"山川草木。"不確,應解爲五行。我認爲,《國語·魯語》展禽批評臧文仲祭祀海鳥爰居,引了古人許多祭祀。其中,説古人祭天是祭"三辰",祭日月星;祭地是祭"五行",祭水火木金土。所以,"成形"解釋爲山川草木,不如解釋爲水火木金土。"在天成象,在地成形,變化見矣",則是講乾坤統一。天主要有太陽,發出光和

熱；地有土壤和水。萬物生長，光有光和熱而沒有土和水，不行；光
有土和水而沒有光和熱，也不行。祇有二者相結合，才能産生萬
物。既講統一，又講對立，可見《易》講辯證法。

證六

　　《繫辭傳上》説："乾坤其《易》之緼邪？乾坤成列而《易》立乎其
中矣。乾坤毀則無以見《易》。《易》不可見，則乾坤或幾乎息矣。"
"乾坤其《易》之緼邪？"是説全部《易》經都蘊藏在乾坤二卦中。"乾
坤成列"，是説乾、坤擺在六十四卦的行列裏；"而《易》立乎其中
矣"，是説《易》就存在於裏邊了。爲什麼這麼説？可以看屯卦。
《彖傳》説："剛柔始交而難生。""剛柔始交"就是乾坤始交，因爲《雜
卦》説乾剛坤柔嘛！屯是乾坤二卦開始相交，這説明以下許多卦都
是乾坤相交産生的。"乾坤毀則無以見《易》"是説什麼？説的是第
六十三卦既濟，説明既濟是乾坤變化一個周期的終結。乾、坤一個
是純陽，一個是純陰，最不平衡；既濟一半陰一半陽，陰陽都當位，
陰在陰位，陽在陽位，表明一個周期變化已經完結。開始最不平
衡，這時已平衡，好象開始一個是酸性，一個是鹼性，現在已經中和
了。所以説"乾坤毀則無以見《易》"，乾坤毀滅了，《易》就沒有了。
"《易》不可見，則乾坤或幾乎息矣"，説的是未濟。《易》不可見，乾
坤幾乎停止。"幾乎停止"實際是説沒有停止，而且不可能停止。
《序卦傳》"物不可窮也，故受之以未濟終焉"，正説明這個問題。總
起來看，正是説《易》經的全部內容都蘊藏在乾坤二卦中。當然全
《易》內容是用辯證法的理論寫成的。

證七

　　《繫辭傳上》説："闔户謂之坤，闢户謂之乾。一闔一闢謂之變，

往來不窮謂之通。"這段話的意思是説,乾坤不難懂,可以用户(即獨扇門)作比喻來説明。"闔户謂之坤",是説關上門就叫做坤。"闢户謂之乾",是説打開門就叫做乾。這分明是説乾、坤是對立的。"一闔一闢謂之變",就是又關上又打開,這叫做變。這分明是説乾坤相交或統一。"往來不窮謂之通",是説乾坤相交以後的變化、發展。"往來"是一往一來,也可以看作是一正一反。從《易》經來看,乾坤相交以後,屯卦是正,蒙卦是反;需卦是正,訟卦是反;師卦是正,比卦是反,等等。"謂之通"是叫做通,是説這樣發展下去就通行無阻了。總之,用獨扇門作喻來説明乾坤,也就是説明辯證法。

證八

《繫辭傳上》説:"子曰:夫《易》何爲者也? 夫《易》開物成務,冒天下之道,如斯而已者也。"這段話不易理解,朱熹説:"開物成務,謂使人卜筮,以知吉凶,而成事業。"不可從。據我理解,這也是説"《易》與天地準,故能彌綸天地之道"。爲什麼這樣説? 請看六十四卦的排列,是以乾、坤兩卦居首,既濟、未濟兩卦殿末。繼續乾、坤兩卦的是屯卦。《序卦傳》説:"有天地然後萬物生焉,盈天地之間者唯萬物,故受之以屯。屯者盈也,屯者物之始生也。"屯卦《彖傳》説:"剛柔始交而難生。"剛柔始交就是説乾坤始交。從六十四卦的排列來看,乾坤兩卦相交發展爲屯,一直到既濟、未濟。這樣説,屯就是"開物"。既濟,《彖傳》説:"剛柔正而位當。"《雜卦傳》説:"既濟,定也。"就是從全《易》來説,即濟就是"成務"。開物、成務代表事物發展周期的兩端,它有普遍性。例如,一年有春夏秋冬,是一個周期,春就是"開物",冬就是"成務"。一個事物有發生、發展、衰老、死亡,發生就是"開物",死亡就是"成務"。因爲"開物成務"反映普遍規律,所以説"冒天下之道",就是覆蓋天下之道,也説是把自然規律包括無遺。"如斯而已",是説《易經》就是講這個的，沒有別的。用辯證法來看，就可以說《周易》一書實際是用辯證法的理論寫成的。

由此八證可以相信，《周易》一書是用辯證法的理論寫成的是千真萬確的事實，無可懷疑。同時，這個事實昭昭在人耳目，縱有持異議者，也無法説成是穿鑿附會。

辯證法這個概念，不是中國固有的，而是近代從西方傳入的。毛澤東作《矛盾論》，於結論説：“對立統一的法則，是自然和社會的根本法則，因而也是思維的根本法則。”證明辯證法在哲學上何等重要！ 而説中國在 3000 年前，殷周之際產生的《周易》，居然是用辯證法的理論寫成的，這個問題能不令人感到驚訝嗎？ 它是怎麼產生的呢？ 如果没有真憑實據，無論怎麼説，也很難使人相信。最近，我把這個問題作爲重要課題進行研究，可喜的是，很快我就得出滿意的結果。現在，就把我研究的過程和所得的結果撮述如下。

首先説我研究這個課題，是從《繫辭傳》“《易》之興也，其於中古乎”和“《易》之興也，其當殷之末世周之盛德邪？ 當文王與紂之事邪”開始的。通過“殷之末世周之盛德”、“文王與紂之事”與“作《易》者其有憂患”，我認爲《史記》“文王拘而演《周易》”是可信的。因爲文王被殷紂王囚於羑里，當然是有憂患。另外，“《易》之興也”，朱熹《周易本義》説“夏商之末，易道中微，文王拘於羑里而繫象辭，易道復興”是有道理的。就是説，在《周易》作出以前，已經有《連山》、《歸藏》二易存在。那麼，文王被囚，爲什麼演《周易》呢？ 歷史上被囚的人很多，誰也没演《周易》。考察當時的歷史，文王在被囚以前，如《論語》所説“三分天下有其二以服事殷”。因爲紂王接受崇侯虎的譖言：“西伯積善累德，諸侯皆嚮之，將不利於帝。”所以囚文王於羑里。文王被囚以後，思想發生了根本變化，由“以服事殷”一變而爲“西伯戡黎”。由此可見，“文王拘”，在憂患中而作《周易》，一定是與推翻殷商政權有關，而决不是想做學究。但是《周易》是一種哲學，它祇能作“批判的武器”，而不能作“武器的批判"。那麼,利用它怎麼能推翻殷商政權呢? 我説不然。文王正可以利用這個"批判的武器"來推翻殷商政權的指導思想。殷商政權的指導思想是什麼呢? 我研究了三條材料,而得出結論:就是《歸藏》易或者《坤乾》易。第一條材料是《禮記·表記》。《表記》説:"殷人尊神,率民以事神。"第二條材料是《尚書·西伯戡黎》。《西伯戡黎》説殷商大臣祖伊聽到西伯戡黎,驚惶失措,認爲將有亡國的危險,奔告殷紂王,而殷紂王説:"我生不有命在天?"第三條材料是《禮記·禮運》。《禮運》説:"孔子曰:我欲觀夏道,是故之杞,而不足徵也,吾得《夏時》焉;我欲觀殷道,是故之宋,而不足徵也,吾得《坤乾》焉。《坤乾》之義,《夏時》之等,吾以是觀之。"孔子得《坤乾》就可以觀殷道,證明《坤乾》就是殷商政權的指導思想。

　　説文王作《周易》是爲了推翻殷商政權的指導思想《歸藏》或《坤乾》,有什麼證據呢?《歸藏》、《連山》二《易》,亡佚已久,無從知曉。過去,宋人邵雍解釋《説卦》首章,認爲是伏羲八卦、文王八卦、先天之學、後天之學,我説這是不知妄作。我一向認爲,《説卦傳》首章是舊易遺説。今天,我尋找《歸藏》遺説,乃細讀《説卦》,反復翻閲,悉心思索。一日,我不禁狂喜,仿佛發現新大陸。我發現《連山》、《歸藏》的遺説,就在《説卦傳》中。怎麼見得呢? 我認爲從"天地定位"到"坤以藏之",是《歸藏》的遺説。"坤以藏之"的"藏"字,與下文"萬物之所歸也"的"歸"字,透露出"歸藏"一名的痕迹,所以説這一段是"歸藏"遺文。從"帝出乎震"到"然後能變化,既成萬物也",我認爲是《連山》遺説。這段話強調"艮",説"艮"是"萬物之所成終而所成始",而《連山》首艮,因此可以斷定是《連山》遺説。

　　再看《連山》、《歸藏》二《易》遺説與《周易》相對比,有哪些相同? 有哪些不同? 相同點有二:第一,如《周禮·春官·太卜》所説:"掌三《易》之法,一曰《連山》,二曰《歸藏》,三曰《周易》。其經卦皆八,其別皆六十有四。"第二,都講萬物的發生與成長。從《連山》來看,"萬物出乎震。震東方也","然後能變化,既成萬物也",都是講萬物的生成。這和《周易》是相同的。不同之處在於：第一，《連山》講萬物的出生是由於上帝的主宰。它說"帝出乎震"，又說"萬物出乎震"，意思是有了上帝的主宰，萬物才產生。這裏有上帝，《周易》則没有。《連山》易還說："神也者，妙萬物而爲言者也。"認爲有神在起作用。《周易》則不講神，《周易》中的"神"不是神靈的神。第二，《連山》、《歸藏》都講萬物的變化不是靠天地或乾坤，而是靠雷、風、水、火、山、澤等乾坤六子。從《連山》易來說，"動萬物者莫疾乎雷，撓萬物者莫疾乎風，燥萬物者莫熯乎火，説萬物者莫説乎澤，潤萬物者莫潤乎水，終萬物始萬物者莫盛乎艮，故水火相逮，雷風不相悖，山澤通氣，然後能變化，既成萬物也"，這表明萬物的變化、成長，靠的是八卦中的六子，而不是乾坤。從《歸藏》易來看，"天地定位，山澤通氣，雷風相薄，水火不相射，八卦相錯"。"八卦相錯"，是説八卦相交錯。"天地定位"是乾、坤交錯，"山澤通氣"是艮、兑交錯，"雷風相薄"是震、巽交錯，"水火不相射"是坎、離交錯。天地祇是"定位"，没有起作用。起作用的是八卦中的六子，即"雷以動之，風以散之，雨以潤之，日以烜之，艮以止之，兑以説之"。文王作《周易》，是要推翻殷商政權的指導思想，即改造《歸藏》哲學爲《周易》哲學。《歸藏》認爲在背後起主宰作用的是帝和神，而表面上起作用的是六子。文王把帝、神的作用改成天地自身的作用，把六子的作用歸屬於乾坤。那麼，天地怎麼能生長萬物呢？主要在天地相交。天地是對立的，天地交則是統一的。文王用天地的對立統一作《周易》，本來是爲了反對《歸藏》，事實上就變成了創造辯證法。今天，我們學習辯證法，知道對立統一是辯證法的核心。文王雖不知有辯證法，卻無意中與辯證法暗合，不是自覺地，而是自發地產生了辯證法。這樣，文王作《周易》，便成了文王創造辯證法。

　　上述看法，前賢似無道及者，能否成立，願質之於海内外研《易》的大方之家。

（《傳統文化與現代化》1998 年第 3 期）

帛書《易傳》思想不屬於道家系統[*]

廖名春曾從我問業,自這時開始,我們二人建立起一種深厚的感情。他取得博士學位後,即被北京清華大學中國思想文化研究所聘爲講師,現已晉陞爲副教授。

最近廖名春以美芝靈國際易學研究院《國際易學研究》執行編輯的名義給我寄來新出版的《道家文化研究》第 3 輯(馬王堆帛書專號)一冊,並約我爲《國際易學研究》第 1 期寫一篇文稿。

我讀了《道家文化研究》第 3 輯以後,引起我特別注意的是余敦康先生大作開篇的一段話。他說:"近年來關於《易傳》思想的學派歸屬問題引起了學術界的興趣,提出了幾種不同的看法。一種以金景芳、呂紹綱先生爲代表,認爲屬於儒家系統;一種以陳鼓應先生爲代表,認爲屬於道家系統。我則持調和折衷的立場,認爲是儒道互補的產物。"余先生這段話說得非常明白、肯定,好象當前這幾個學術派別已經壁壘分明,正在擺好陳勢,準備斯殺,一決雌雄的樣子。其實,我僻處一隅,消息不靈通,根本不知道有這件事。我是《周易》愛好者,過去有一些論著問世,確實認爲《易傳》思想屬於儒家系統,但是,還談不到是什麼代表。因爲,多年來從不見有人推我爲代表,我也不敢傲然以代表自居。

陳鼓應先生是著名學者,疇昔我們接過談、合過影,他的觀點我是知道的。但是我殊不願和他辯論,因爲辯論起來,難免語言使

---

　　*　未發表,金老曾於手稿上批注"因有傷友誼,作廢"。

用不當,容易傷害感情。不如暫且擱置起來,各自努力學習。異日學習有進益,誰是誰非,自己會逐漸覺悟過來。

我現在承《國際易學研究》新刊約稿,有似箭在弦上,不得不發,文章不能不寫了。文章寫出後,還希望陳鼓應先生鑒諒。

我從《道家文化研究》第3輯了解到陳鼓應先生的立論根據主要是在"道論"、"太極説"、"大恒概念"、"天尊地卑"、"剛柔"、"三極之道"這幾個問題上,下面即依照這個順序,逐一加以辨析。

一、道論

陳鼓應先生説:"道論是先秦道家的共同主張。"下面引用馮友蘭、李鏡池的話説,"從前馮友蘭先生曾在英文本的《中國哲學簡史上》説:'《易傳》中最重要的形上學觀念是"道"的觀念,道家也是如此。'又在《中國哲學史》上説:'《易傳》采老學"道"之觀念。'李鏡池先生在《周易探源》中説:'道家思想的特色,在於以"道"爲宇宙構成的總原理;道家又認識到事物矛盾變化的道理。道是道家思想的進步的地方。在《繫辭》裏也有類似的理論。'"以後陳鼓應先生下斷語説:"這意味着從道論的角度來看,《繫辭》與老子間有着内在思想的聯繫,本文則進一步論證它可視爲道家學派内的發展。"

陳文對"先秦道家各派之間的差異很大的"的論述部分,兹不具引。

主要的是在結處説:"從道家系統内部來看,莊子學派主要把老子客觀的道内在化而爲人心靈的一種境界,從而發展出一種高超境界的哲學。與莊學比,《繫辭》在這方面是望塵莫及的。"

我不同意陳鼓應先生的看法。我認爲道是一個大概念,道家使用,儒家也可以使用。儒道兩家思想的不同,不在於是否論道,而在於怎樣論道。有如狂者東走,逐者亦東走,東走雖同,而東走的目的卻大不相同。又如,今日同是講哲學,而有唯心的與唯物的

不同;同是講政治,而有資産階級的與無産階級的不同。應該看到
《老子》與《易・繫辭》雖然都曾論道,但《老子》説:"道生一,一生
二,二生三,三生萬物。"而《繫辭》卻不説"道生一,一生二,二生
三",而説"一陰一陽之謂道。"不説"三生萬物",而説:"有天地然後
萬物生焉。""一陰一陽"與"天地"都是"二"嘛。"二"是什麼?用今
日哲學的語言來説,"二",就是對立的統一,就是矛盾。"道"是什
麼?用今日哲學的語言來説,"道",就是規律。毛澤東説:"事物矛
盾的法則(規律亦稱法則)即對立統一的法則,是自然和社會的根
本法則,因而也是思維的根本法則。它是和形而上學相反的。"①
看來《易・繫辭》的觀點和毛澤東所説的觀點是一致的。《老子》
説:"道生一,一生二,二生三,三生萬物。"顯然不是二生規律,而是
規律生一,一生又二。這種觀點與《易・繫辭》的觀點大不相同。
並且不符合"對立的統一的規律是自然和社會的根本規律"的觀
點,而是與形而上學相一致了。這怎麼能説《易傳》思想屬於道家
系統呢?

二、太極説

　　由於陳文論證問題分成幾個段落,兹就其主要段落依次辨析
如下。

　　1、陳鼓應先生説:

　　　　在諸子文獻中,太極最早出現於《莊子・大宗師》中。
　　莊子形容道的神妙,説是"在太極之先而不爲高,在太極
　　之下而不爲深"。此處同太極對文,太極指空間的最高極
　　限。《繫辭》把它拿過來,看作是卦象或天地萬物的根源。

---

①　《毛澤東選集》合訂本,第 301 頁。

是對《莊子》中太極一詞意義的發展。

我認爲這個論點很難成立，没有說服力。因爲，《繫辭》、《莊子》的成書孰前孰後，學術界還有爭議。特別是帛書《要》說："夫子(孔子)老而好《易》，居則在席，行則在橐。"與《史記·孔子世家》說"孔子晚而喜《易》，序彖系象說卦文言，讀《易》韋編三絶"一致，所以說"太極最早出現於《莊子·大宗師》中"，"《繫辭》把它拿過來"的論點是很難成立的。而況太極是一個名詞概念，人"可以使用，不能視爲道家所專有，怎能說《繫辭》把它拿過來"呢？

2、陳鼓應先生説：

> 從哲理方面來説，"易有太極"章是講宇宙發生的問題。其中太極是天地萬物的根源，類似於道家哲學中的道，而"太極生兩儀"等則近於老子所説"道生一，一生二，二生三，三生萬物"因而太極説也源於道論的一部分。

我認爲《易傳》分明説"一陰一陽之謂道"。《易傳》説《易》有太極"，這個"太極"祇相當於老子"道生一"的一，它既不"類似道家哲學中的道"，也不"近於"老子所説"道生一，一生二，二生三，三生萬物"。可見陳先生這種説法如果不是不理解儒道兩家哲學之異趣，就是有意曲解。總之，是不符合客觀實際的。

3、陳鼓應先生説：

> 朱伯崑先生曾説："在中國哲學史上，關於宇宙形成的理論有兩個系統：一是道家的系統，本於《老子》的"道生一"説；一是《周易》的系統，即被後來易學家所闡發的太極生兩儀説。"這是非常正確的。

我認爲陳鼓應先生既然稱贊朱伯崑先生"兩個系統"説"非常正確"，下面反而大講"交互融合"，這樣説難道不自相矛盾嗎？

4、陳鼓應先生列舉《易緯·乾鑿度》、《淮南·原道訓》、《天文

訓》、《黃帝四經》、《莊子》、《鶡冠子》以及王弼、周敦頤、張載、朱熹
等有關的大量文字,最後說:

> 以上所舉《易緯》、王弼、周敦頤、張載、朱熹等對《易》
> 的解釋,在易學史均占有十分突出的地位,他們對太極的
> 解釋,都援用道家性的氣、道及理,表明太極概念從產生
> 到發展都具有明顯的道家性質。

我認爲我們作爲一位科學研究者,惟一的要堅持真理,不要看
地位高低、人數多寡。據我看,陳鼓應先生所舉的那些人物用道家
的觀點解釋太極是事實,但是不能說他們的解釋是正確的。因現
在《老子》與《易傳》原書具在,我們最好是相信原書,不要相信他們
那些東西。做科學研究貴獨立思考,盲從附和,是不足取的。

三、大恒概念

陳鼓應先生說:

> “太極”一詞從《莊子》中發展而來,但在帛書本《繫
> 辭》中,“太極”則寫“大恒”,雖然“極”、“恒”二字篆文字體
> 相近,但由於帛書《繫辭》中既有“極”字(如“三極之道”)
> 又有“恒”字,因而“大恒”並不象是“太極”的誤寫(帛書
> 《老子》中既有“恒”字也有“極”字,二者之間區別還是較
> 明顯的)。
> 　　“大恒”一詞與老子的關係更加密切(帛書《老子》
> “恒”字出現 28 次之多),老子形容道時常使用“大”、“恒”
> 二字。《老子》第 1 章即提出“恒”道的概念。二十五章
> 說:“强字之曰道,强力之名曰大。”又以大象等喻道。老
> 子用“大”指道在空間上的無限延伸,“恒”指道在時間上
> 的無限綿延。因而,“大恒”便是指道在時空上的無限性。

　　“大”、“恒”在《老子》中分開使用，是形容道的性質
的，到帛書《繫辭》則將之合二而一，並成爲實體性的詞
滙。從“大恒”這一概念，我更可看出《繫辭》在義理方面
與老子的關聯，同時也可表現出易有大恒（極）章的哲理
内容。

　　我認爲無論“太極”也好，“大恒”也好，都祇是一個詞。必須由
這個詞與“生兩儀”聯結在一起，組成一個句子，才能表達爲思想。
而這個思想實質上就是“一分爲二”。它同《老子》“道生一，一生
二”的思想相比，僅僅“一生二”一點相同。至“一生二”前又多了一
個“道生一”，則絕對不相同，而儒道兩家思想的分歧，恰恰在這一
點上。我敬告陳鼓應先生，不管您用多少語言，想什麼辦法都不能
改變這個事實。

四、天尊地卑

陳鼓應先生説：

　　“天尊地卑”一詞，見於《莊子》書，而這一概念，較早
出現在馬王堆出土的帛書《黃帝四經》中。
　　《莊子・天道》：尊卑先後，天地之行也，故聖人取象
焉。天尊地卑，神明之位也。爲了確信“天尊地卑”的思
想，這裏把它提到“神明之位”的地步，這在莊子學派中是
僅見的。從《天道篇》這段文字裏，可以看出莊子後學的
流派中有吸收稷下黃老思想的成份。這裏，認爲“尊卑先
後”的序位是“天地之行”，而且爲聖人所“取象”。這一
“聖人取象”的觀念，與《繫辭傳》驚人的相同。
　　“天尊地卑”的觀念，在帛書《黃帝四經》已有所體現。
《十六經・果童》說：“觀天於上，視地於下，……以天爲

父，以地爲母。"這裏天在上、地在下的提法，似已隱含天
高地卑之意。而《稱》中則明顯地具有這種思想："天陽地
陰，……主陽臣陰，上陽下陰；……貴陽賤陰。"這裏由天
地到主臣、上下之間的尊卑貴賤思想表露無遺。

　　我認爲《繫辭》開頭便說"天尊地卑，乾坤定矣"，這是客觀事
實，確定無疑，盡人皆知。但是它爲什麼這樣說呢？顯然因爲《繫
辭》又稱《易傳》，它是解說《易經》的。《易經》六十四卦以乾坤兩卦
爲首。《易經》的取象是乾爲天，坤爲地。故《繫辭》說："天尊地卑，
乾坤定矣。"這正如《文心雕龍·史傳》所說："傳者轉也，轉受經旨，
以授於後。"《莊子·天道》說："尊卑先後，天地之行也，故聖人取象
焉。天尊地卑，神明之位也。"這種說法固然"與《繫辭傳》驚人的相
同"。但是，需要問一下，到底是誰在先，誰在後，誰抄襲誰的呢？
我看陳鼓應先生這個說法是倒果爲因，即不是《繫辭傳》抄襲《莊
子·天道》，而是相反，《莊子·天道》抄襲《繫辭》。這種論證其結
果祇能是搬起石頭砸自己的腳，還能說明什麼呢？

五、剛柔

　　由於陳鼓應先生談這個問題時，文字較長，從其觀點來看，前
後無大差異，玆但引首段如下。

　　他說：

　　　　剛柔對稱，始見於《詩·商頌》"不剛不柔，敷政優
優"。又見於《尚書·洪範》"三態"（應是德字）：一曰正
直，二曰剛克，三曰柔克。指的是人的品德。到了老子才
第一次來表述普遍性的哲學原理。顯然老子對剛柔對立
方面的論述，以及普遍意義上的闡述，啓發了《易傳》的作
者，在《象傳》中大量引入剛柔，有意地用之來解釋卦象，

《繫辭》便繼承了《彖傳》以剛柔解《易》的傳統。

我認爲剛柔是兩個詞。這兩個詞是誰創造的？誰最先使用的？不知道。祇是在現存傳世文獻中始見於《詩·商頌》。剛柔從創造它們那一天起，可能就含有對立的意義，但不能説有普遍性。説它們有普遍性正如陳鼓應先生所説：是從"老子對剛柔對立方面的論述"來看出來的。也就是説從它們的矛盾性具有辯證法的規律看出來的。用今日的語言來説，就是老子懂辯證法。那末，是不是《易傳》的辯證法思想是受了老子的啓發呢？我對這個問題是持否定的態度。我嘗謂孔子、老子的思想都源於《易》。《周禮·春官·太卜》説："掌三易之法，一曰《連山》，二曰《歸藏》，三曰《周易》，其經卦皆八，其別皆六十有四。"我以爲孔子的思想源於《周易》，老子的思想源於《歸藏》。《歸藏》又名《坤乾》（見《禮記·禮運》鄭玄注），證明其別卦六十四是以坤爲首。《吕氏春秋·不二》説"老耽貴柔"，是老子思想源於《歸藏》之證。"三易"都是由經卦八，別卦六十四組成。而八卦的細胞形態是兩儀。《詩·鄘風·柏舟》："實維我儀。"毛傳説："儀，匹也。"所以兩儀就是一對。在卦畫爲⚋，在筮法爲天地，所謂"天一地二天三地四天五地六天七地八天九地十"是也。總之，都是對立的統一，都是矛盾。從《周易》的結構來看，它充滿辯證法思想，《歸藏》亦當如是。因此，我認爲，説《易傳》思想是受《老子》思想啓發，是不符合實際的。

從今日來看，在老子、孔子思想中都有辯證法。這二人的辯證法思想到底是不分高下，還是有優有劣呢？據我看，孔子的辯證法思想優於老子的辯證法思想。證據是老子説的是辯證法，而做的不是辯證法，而孔子説的、做的都是辯證法。何以見得呢？據我看，《老子》書五千言，可以歸結爲兩句話，即"反者道之動，弱者道之用"。這兩句話的"反者道之動"，是他説的"弱者道之用"，是他做的。也就是説，他説的，即在認識上，是辯證法；他做的，即在實踐上，則不是辯證法，而是形而上學。用毛澤東的話説，老子在認識上是兩點論,在實踐上則不是兩點論,而是一點論。所以,老子的辯證法是不完全的。孔子則不然。孔子自己説過:"我則異於是,無可無不可。"(《論語·微子》)孟子也説過:"孔子之去齊,接淅而行。去魯曰:'遲遲吾行也,去父母國之道也。'可以速而速,可以久而久,可以處而處,可以仕而仕,孔子也。""孔子聖之時者也。"(《孟子·萬章下》)證明孔子不僅在認識上是兩點論,符合辯證法,在實踐上也是兩點論,符合辯證法。因此,我認爲孔子思想優於老子。其根源在於孔子學《易》,注重《周易》六十四卦爲首的乾坤兩卦,而老子學《易》祗注重《歸藏》爲首的坤一個卦。

六、三極之道

陳鼓應先生説:

　　《繫辭》的"三極之道",指天、地、人三者至極之道。"三極之道"今本《繫辭》下作"三材之道",謂:"有天道焉,有人道焉,有地道焉,兼三材而兩之,……三極之道也。"《説卦傳》則作"三才",謂:"立天之道曰陰與陽,立地之道曰柔與剛,立人之道曰仁與義,兼三才而兩之。"今本《繫辭》下所説的"三材之道",不見於帛書本,乃是從古佚書《易之義》中抽出添補的,而《説卦》這段文句更爲完整的出現於《易之義》中。帛書《繫辭》和《易之義》都是從六爻爻位的角度,喻《易》的象徵天、地、人之道。"三極之道"與"三材之道"是異文同義,但原本作"三極"則更接近於道家概念。

　　道家常用"極"的概念以喻人或天地間最高准則。在中國哲學史上,成爲最高哲學的"無極",始於《老子》(二十八章)。"太極"一詞,則見於《莊子·大宗師》。《老子》一書,"極"字六見,如十六章:"致虛極,守靜篤。"帛書乙本："致虛，極也；守静，督也。"則"極"已是一個獨立的觀念。六十八章"配天古之極"（按：俞樾疑"古"是衍文），《黄帝四經》等書的"天極"概念，或本於此。老子之後，南北道家都喜用"極"字（《莊子》書中"極"字三十見，如"無極"、"太極"、"八極"、"六極"、"北極"等詞。《文子》、《鶡冠子》亦屢見）而《黄帝四經》之重視"極"義，全書達三十三見，除"天極"等概念之外，還提出"發佈制度，建立準則"（佈制建極）的重要主張。而'三極之道'則更是《四經》思考問題的一個特殊方式。

……

我認爲今本《繫辭》下説："《易》之爲書也，廣大悉備，有天道焉，有人道焉，有地道焉，兼三材而兩之，故六。六者非它也，三材之道也。"與《説卦》説："昔者聖人之作《易》也，將以順性命之理，是以立天之道曰陰與陽，立地之道曰柔與剛，立人之道曰仁與義，兼三才而兩之。"故"《易》六畫而成卦。分陰分陽，迭用柔剛，故《易》六位而成章"。都是説明一個問題，即"《易》六畫而成卦"或"《易》六位而成章"。例如《周易·乾卦》："初九，潛龍勿用。九二，見龍在田，利見大人。"這兩畫或兩位是象地道。"九三，君子終日乾乾，夕惕若，厲，无咎。九四，或躍在淵，无咎"，這兩畫或兩位是象人道。"九五，飛龍在天，利見大人。上九，亢龍有悔"，這兩畫或兩位是象天道。陳鼓應先生説："帛書《繫辭》和《易之義》都是從六爻爻位的角度，喻《易》的象徵天、地、人之道。"是對的。説："'三極之道'與'三材之道'是異文同義，"也是對的。但是，又説："但原本作'三極'，則更接近於道家概念。"就不對了。因爲語言文字是人類交流思想的工具。工具人人都可以使用，道家可以使用，儒家也可以使用。道家使用過"極"字，爲什麽儒家不可以使用"極"字，儒家一使用"極"字就變成了道家呢？這個論點很明顯是不能成立的。

上文我對陳鼓應先生的六個主要論點已經辨析完畢。

　　最後,我還要在總的方面,對陳文提點意見。

　　《道家文化研究》第 3 輯一書載有陳鼓應先生三篇大作,我全讀過了。總的感覺,在方法論問題上有重新考慮的必要。

　　我看陳鼓應先生論證問題,總是在概念上作文章。例如"道"、"太極"、"大恒"等等,都是概念。從邏輯學來看,確定真或假,是或非的是判斷,而不是概念。一個概念究竟是屬於道家或屬於儒家,至不確定。因此,陳文洋洋莀莀,寫了幾十萬字,説到底,一個問題也没有解決,特別是思想問題。使用這個方法來論證,我看是不會解決問題的。

　　　　　　　(本文係草稿,尚未公開發表,據手稿整理)

《堯典》新解（節選）

　　《今文尚書》有《堯典》無《舜典》，《舜典》是後世人從《堯典》分出去的。孔子"論次"《尚書》將《堯典》列爲首篇，有極深遠的意義。《史記·五帝本紀》説："學者多稱五帝尚矣，然《尚書》獨載堯以來，而百家言黄帝，其文不雅馴，薦紳先生難言之。"以爲孔子因堯以前史事古説多誕妄無明據，故不取，可能是對的，但是孔子"論次"《尚書》取《堯典》作第一篇，堯以前事不取，還有更深一層的意義。從《堯典》的内容看，有三項是主要的，一是制曆，二是選賢，三是命官，而第一項制曆是劃時代的大事。這件大事是堯完成的。在堯的時候，人們對天的認識發生了根本性的變化。孔子説："唯天爲大，唯堯則之。"（《論語·堯曰》）這話有兩層意思，一是説天的概念發生變化，以前的天是個狹小的世界，它屬於神，現在的天廣大無比，包括日月星辰，它是自然；二是説這樣的天概念是堯建立起來的，唯有堯能够遵循自然之天的規律制定新曆法，指導人們的生産與生活，堯以前的人辦不到。堯是一個偉大的人物。

　　堯時代關於天概念的變化是劃時代的，它既影響到人們的社會經濟生活，也關係到人們的意識形態。堯以前，先有占星術，由占星術發展爲"火曆"。"火曆"通過觀察二十八宿之心宿二即大火在昏時的中、流、伏、内等表象確定季節，即《左傳》襄公九年所謂"以火紀時焉"。此時日月的運行人們不能看不見，但是不理解。據《國語·楚語下》説，顓頊時期，"命南正重司天以屬神，命火正黎司地以屬民"，叫做"絶地天通"，即把天與人分開。南正重專管天，天是神的世界，火正黎專管地，地是人的世界。此時人們衹把天視作神。至帝嚳時發生變化,開始對天的自然性質有所認識。《大戴禮記·五帝德》説:"高辛氏曆日月而迎送之。"《國語·魯語上》説:"帝嚳能序三辰以固民。"高辛氏即帝嚳,三辰即日月星。帝嚳欲制以日月運行爲主體的新曆,但未完成。新曆在堯時制定,故《堯典》説:"乃命羲和,欽若昊天,曆象日月星辰,敬授人時。"又説:"期三百有六旬有六日,以閏月定四時成歲。"堯的新曆所認識的天已是孔子説的"四時行焉,百物生焉"的天,即自然之天,不再是"南正重司天以屬神"的神的天。堯時自然之天的天概念產生,前此就有的神之天的天概念依然存在。唯物論的世界觀由此開端。唯物論與唯心論兩種世界觀的鬥争亦發生於此時。《論語·堯曰》記堯對舜説:"咨爾舜,天之曆數在爾躬,允執其中,四海困窮,天禄永終。""允執其中"的"中",朱熹引子程子説"不偏之謂中",是錯誤的。"執中"應以孔子講的"時中"和孟子講的"行權"爲正解,即在事物的矛盾兩方面中不執一、不調和,而依據時變把握矛盾的主要方面。這是中國人最早的辯證法思想。中國古代哲學的歷史應當追溯到堯這裏。《堯典》是中國最古老的哲學史資料,《周易》是講辯證法的書,而《易》的八卦恰是產生於堯之時或稍後,伏犧氏畫八卦的説法不足信據。《周易》的辯證法不會早於堯。説中國古代辯證法始於《老子》,唯物論的世界觀至《荀子》才有,是不對的。

　　《堯典》雖記載堯舜時事,但是它顯然是後世人所追記,篇首説"曰若稽古帝堯"就是證明。整個《尚書》29篇當寫成於周平王東遷以後,其原始的材料是歷代傳下來的官方檔案,下限應止於秦穆公。至孔子"論次詩書"時,《尚書》之29篇已經具備,而且實際篇數要大大多於29。《堯典》尤其必定成書於孔子之前,《史記·孔子世家》講孔子"追迹三代之禮,序《書傳》,上紀唐虞之際,下至秦穆,編次其事",就是證明。孔子編《書》,已有唐堯虞舜的內容,那豈不就是《堯典》!疑古派學者斷言《堯典》是戰國儒家搜集材料精工編造而成。陳夢家作《尚書通論》甚至認定伏生所傳29篇乃秦時齊魯儒生所更定。《堯典》更被判定"非先秦之舊"，"其編定成本當在秦並六國之後"。根據是《堯典》所記"十有二州"、"協時月正日同律度量衡"、"五載一巡守"諸事，皆秦並六國後力行之法，先秦必不能有。其實不然，"十有二州"以及"同律度量衡"、"巡守"這類事情肯定是堯時歷史的紀實。堯時華夏自身的部落聯盟所據區域大約在中原冀州一帶，當然不會很大，但是據史載，它的活動涉及的範圍其實相當廣泛，除今日之西藏、新疆以外的其他地區，幾乎都有堯舜禹的足迹。當時洪水泛濫，治水的問題迫使四方部落與華夏部落聯盟發生緊密聯繫，有的自動來服，有的則武力征服。征服之後不可能實行象後世那樣的有效統治，但需納稅、進貢而已。這就是説，堯舜禹作爲華夏族部落聯盟的首長，其控制的範圍絶不限於本聯盟活動的狹小地域。州是個地理概念，没有行政意義。十二這個數字多少帶有主觀色彩，可是禹治水涉及的九州，還是符合實際的。所以《堯典》文在"十有二州"之後便改稱"九州"了。既然控制的地面有九州之廣，華夏族部落聯盟首長定期巡守各地，爲什麽不可能！"協時月正日"，"同律度量衡"，秦時有，堯時也當有，因爲華夏族各部落與四裔部落事實上存在着各種社會交往，時月日及律度量衡有必要"協"、"同"。祇是"協"、"同"的程度與歷史意義和秦時不一樣。以爲《堯典》所記事凡沾秦的邊，就是秦漢人依照秦法僞造，不是先秦舊物，是錯誤的。這種無端疑古的方法尤不足取。

　　説堯時括動範圍不限於華夏族所在之中原地區，包括廣大的所謂"天下"、"四海"，有足够的文獻依據。《堯典》本身有"協和萬邦"説。《左傳》哀公七年有"禹合諸侯於塗山，執玉帛者萬國"的記載。《國語·魯語下》記有"禹致群神於會稽之山，防風氏後至，禹殺而戮之"之事。《戰國策·齊策四》説"古大禹之時，諸侯萬國"，"及湯之時，諸侯三千"。《魏策二》説"禹攻三苗，而東夷之民不起"。《尚書大傳》説"天下諸侯之悉來進受命於周公，而退見文武之尸者千七百七十三諸侯"。《漢書·賈山傳》說"昔者周蓋千八百國"。《逸周書·殷祝》說"湯放桀而復薄,三千諸侯大會"。諸多古書記載不約而一致,絕不能說毫無根據。祇是"國"、"邦"是借用後世的名詞而已。"萬"也不必是實數,但是堯舜禹時之氏族、胞族、部落多得數以千計肯定是事實。湯時尚有三千,周初且千八百,堯舜禹時有萬邦、萬國,有幾千實屬理之當然。所謂萬邦萬國,必然包括堯舜禹所在華夏族部落聯盟之外的廣大區域。禹合諸侯之塗山地望何處,古人有今浙江會稽、今安徽當塗、今安徽懷遠之說。即便是懷遠,也遠在堯舜禹所居之冀州之外。東夷非華夏,三苗更遠在長江之南。禹致群神之會稽山,據韋昭注,即越王勾踐栖於會稽之會稽山,在今浙江紹興。至於為禹刑殺的防風氏,據說是守封山、嵎山之汪芒民的頭頭。韋昭注說二山在吳郡永安縣,即今之江蘇蘇州一帶。遠不在華夏族部落聯盟範圍之內。這些材料證明,堯舜禹的"天下"很廣大,由於治水的需要,相互關係至為密切。《堯典》所記"十有二州"、"同律度量衡"、"五載一巡守"諸事,必是堯時史實之反映,載入簡策流傳下來,絕不是到秦並六國之後由某人照抄秦制而造成。

竺可楨作《論以歲差定堯典四中星之年代》,利用現代方法據歲差推算出"鳥、火、虛三星至早不能為商代以前之現象,星昴則為唐堯以前之天象",論定《堯典》作成於西周初年。這個結論也有問題,四中星的年代顯然自相牴牾,鳥、火、虛既是商或商之後的現象,何以能夠與堯之前的中星昴作為同時的天象寫入《堯典》! 作《堯典》的人必不懂歲差,不能推算,四中星必據實測記錄而來。誰實測呢? 堯時的人。留下了材料,後世人寫入書中。遠古的人對星宿非常熟悉,所以《洪範》說"庶民唯星"。庶民百姓生活與生產不靠上頭頒的朔政,祇靠自己仰觀星宿定時節。現代的普通人對於古人星宿知識的豐富程度簡直無法想象。早在堯之前人們已有占星術,又發明"以火紀時"的火曆,與星宿打過長期的交道,至堯時實測出四中星不應當成爲問題。

那末《堯典》寫成於何時？《堯典》開篇言"曰若稽古"，説明是後世人追寫的，不是堯舜禹時所作。但是材料是當時傳下來的。材料很多，有些也不完全一致。我們以爲，周平王東遷以後，包括《堯典》在内的許多《書》篇，經某個大學者之手纂修而成。篇目數量要多於今傳的 29 篇。其中必有堯舜以前的東西，孔子"論次"《詩》、《書》時給舍棄了。不然，司馬遷何必説《尚書》"獨載堯以來，而百家言黄帝，其文不雅馴"！

《堯典》所記堯舜禹的史迹基本上是可信的。説堯舜禹是神話人物，《堯典》是戰國秦漢人精心編造的，古代中國的歷史是層累地造成的，這一觀點我們認爲是錯誤的。《堯典》有重要的史料價值，研究中國古代史舍《堯典》不用，是極大的失誤。

曰若稽古帝堯　　"曰若稽古"，漢人馬融釋作"順考古道"，鄭玄釋作"稽古同天"，都是錯誤的。蔡沈《書集傳》以"曰若稽古帝堯"爲句，"帝堯"屬上，則是正確的。"帝堯"屬上爲什麽對，它説明帝堯是古人，《堯典》是後人追記的，不是帝堯時的記録。曰、粤、越三字古通用。《召誥》"越若來三月"，《漢書・律曆志》引佚《武成》"粤若來二月"，《漢書・王莽傳》"粤若翌辛丑"，《盂鼎》"粤若翌乙亥"，其"越若"、"粤若"與"曰若"同，都是發語辭，不爲義。稽，考；稽古，考古，即考察古人帝堯。有人釋作考察古代傳説，没有根據。"曰若稽古"，是寫《堯典》的人開篇交代所叙述的是古代的人和事。

克明俊德　　這句話古人大抵有兩種解釋，一種解釋説是堯自明其德。《禮記・大學》引《康誥》"克明德"、《大甲》"顧諟天之明命"、《帝典》"克明峻德"，而總釋之曰："自明也。"《荀子・正論》在力倡主道利宣利明的時候，引用《康誥》"克明明德"文，亦謂"明德"是自明。《論衡・程材篇》説"堯以俊德致黎民雍"。《講瑞篇》説"然而唐虞之瑞必真是者，堯舜之德明也"。是王充以爲"克明俊德"是堯自明其德。《漢書・平當傳》："昔者帝堯南面而治，先克明峻德以親九族而化及萬國。”是平當亦以“克明峻德”之德是堯自身之德。以爲“克明俊德”是堯自明其德的説法是正確的。“明德”是自明其德,這在《左傳》中也能找到旁證。成公二年引《周書》“明德慎罰”句而釋之曰:“文王所以造周也。明德,務崇之之謂也。慎罰,務去之之謂也。”成公八年引《周書》“不敢侮鰥寡”句,以“所以明德也”釋之。宣公十五年記晉侯賞中行桓子和士伯,羊舌職説:“《周書》所謂‘庸庸祗祗’者謂此物也夫!士伯庸中行伯,君信之亦庸士伯,此之謂明德矣,文王所以造周不是過也。”《左傳》三引《周書》(《康誥》)“文王克明德”,都是取人君如何自明其德之義。宣十五年引“庸庸祗祗”句,看似講人君應用能用人者,敬能敬人者,是明他人之德,其實質還是人君明自己的德。竹添光鴻《左氏會箋》説:“人君之德,莫明於尊賢。”至爲確當。這是一種解釋。另一種解釋是説“克明俊德”是堯能明“俊”者之德,即明他人之德。僞孔傳:“能明俊德之士,任用之。”鄭玄注:“俊德,賢才兼人者。”(孔疏引)孔疏:“言堯之爲君也,能尊明俊德之士,使之助己施化。”皆以爲“克明俊德”是任用賢才,並誤。因爲“克明俊德”以下數句擊個意思顯然是説堯首先解決自身的問題,而後及於九族,及於百姓,及於萬邦。是一個由身及外,由近及遠,由血親集團及廣大社會的過程。如果以爲“克明峻德”是任用俊德之士,則這過程便缺少一個重要環節,況且任用賢德之士的問題在上文“允恭克讓”句中已包括,無須在此贅言。鄭玄和孔穎達對此語的理解亦並非明確無疑。鄭注《禮記·大學》“《帝典》曰‘克明峻德,皆自明也’”句云:“皆自明明德也。”孔穎達疏云:“皆是人君自明其德也,故云‘皆自明也’。”與他們釋《堯典》之語自相抵牾。關於“克明俊德”四字的義訓,克訓能,無歧説。明訓顯訓昭,亦無歧説。唯俊字古説多歧,作峻則訓大,作俊則訓美,大與美義亦相近。《史記·五帝本紀》作:“能明馴德。”《集解》引徐廣曰:“馴,古訓字。”《索隱》:“《史記》馴字徐廣皆讀曰訓。訓,順也。吉聖德能順人也。”段玉裁《古文尚書撰異》："《今文尚書》'五品不訓'，《史記》作'不馴'，然則馴、訓古通用。"王先謙《尚書孔傳參正》則進一步引《洪範》"於帝其訓"與《宋微子世家》引作"於帝其順"相對照，說"馴、順、訓三字通用"。是知徐廣釋訓爲順，以爲"言聖德能順人也"，近是。

　　以親九族　堯"克明俊德"，能夠昭明弘揚自身之順德，以此便可以"親九族"。九族不論作何解，是指有血親關係的一定規模的血緣團體，則是無疑的。"親九族"是使九族範圍内的人親密團結和睦，亦即理順九族的關係。這裏固然有堯本人與九族親的意思，但是據下文"九族既睦"看，"以親九族"主要的意思是說使九族内的人們關係和睦。"九族"何指，古有二說，一說九族爲上自高祖下至玄孫，《經典釋文》曰："上自高祖下至玄孫。"馬融、鄭玄及偽孔傳說同。另一說九族爲父族四、母族三、妻族二。許慎《五經異義》引《戴禮》、《尚書》歐陽說云："九族乃異姓有親屬者。父族四，五屬之内爲一族，父女昆弟適人者與其子爲一族，己女昆弟適人者與其子爲一族，己之子適人者與其子爲一族。母族三，母之父姓爲一族，母之母姓爲一族，母女昆弟適人者爲一族。妻族二，妻之父姓爲一族，妻之母姓爲一族。"《白虎通義·宗族篇》說與《尚書》歐陽說同，唯合母之父族、母族爲一族而增母之昆弟一族，與歐陽說微異，其實質是一致的。兩說相比較，《尚書》歐陽說爲可取，馬、鄭之說無據亦無理，顯然是不對的。自漢迄清多數學者主歐陽說而駁古文家說。許慎《五經異義》說"禮，緦麻三月以上，恩之所及。禮，爲妻父母有服，明在九族中。九族不得但施於同姓"，是主《尚書》今文家說而以古文家說爲不然。《左傳》桓公六年杜預注曰："九族謂外祖父、外祖母、從母子及妻父、妻母，姑之子、姊妹之子、女子之子並己之同族。"實贊成《尚書》歐陽氏之今文家說。孔穎達《左傳正義》與杜注說同，而駁鄭尤爲有力，孔氏云："鄭玄爲昏必三十而娶，則人年九十始有曾孫，其高祖、玄孫無相及之理，則是族終無九，安得九族而親之！"清人程瑶田《儀禮喪服足徵記》以爲《白虎通義》釋

《尚書》九族之義與《喪服》説同，而論證至爲明晰。程氏云："《喪服》自斬衰三年上殺之至於齊衰三月，自齊衰期下殺之至於緦麻，又旁殺之亦至於緦麻，非所謂父之姓爲一族乎！《喪服》姑之子緦麻，非所謂父女昆弟適人者有子爲二族乎！《喪服》甥緦麻，非所謂身女昆弟適人有子爲三族乎！《喪服》外孫緦麻，非所謂身女子子適人有子爲四族乎！《喪服》爲外祖父母小功，非所謂母之父母爲一族乎！《喪服》舅與舅之子皆緦麻，非所謂母之昆弟爲二族乎！《喪服》從母小功，從母之子緦麻，非所謂母之女昆弟爲三族乎！《喪服》妻之父母皆緦麻，非所謂妻之父爲一族，妻之母爲二族乎！"俞樾《九族考》亦贊同《尚書》歐陽今文家説，但是於九族之具體指稱則以男系爲主另立新説。父族四，爲高祖之族、曾祖之族、祖之族、父之族。母族三，爲母之曾祖族、母之祖族、母之父族。妻族二，爲妻之祖族、妻之父族。歐陽氏九族説及俞樾九族説皆以異姓有服者爲據，駁之者則以母、妻之族稱黨不稱族爲辭。其實這兩個根據皆不足爲據。同姓不婚乃周制，遠在氏族社會末期的堯舜時代，恐怕是以同姓通婚爲常，同姓不婚可能是偶然現象。既然同姓通婚爲常，則所謂母族、妻族實與父族無異，因而無所謂異姓的問題，稱黨稱族的區別更屬無義。《堯典》"以親九族"的九族不過指與自己有較近血親關係的九個血緣實體而已。親九族，是説堯在"克明俊德"即解決了自身的品德問題的前提下進一步解決自己所在的血緣團體的人們之間的關係問題。這個問題對於堯來説至關重要。當時是原始社會，"禮義有所措"的文明時代尚未開始，人們是按血緣團體組織成社會的，地域團體是以後的事。堯是部落聯盟首長，不同於後世的帝王或地方行政長官，他是部落聯盟的首長，必然也是本部落本氏族的代表。他若要解決好部落聯盟的問題，必須先把自己所在的血緣團體內的事情辦好，否則他的一切便没了根柢。總之，我們不可以周秦的制度衡量堯舜，否則會不得要領。清人魏源已經看出了一點端倪，他在《書古微》中説："同姓婚姻不通,始於周制。自周以前,堯舜同出黄帝,而堯二女妻舜,是妻族即父族、母族均出帝胄邦君,伯叔甥舅無甚懸隔。豈得據漢制夷九族之刑駁唐虞上古數姓旁通之典乎!"魏説極是。

平章百姓 這句話的關鍵詞是百姓。百姓指稱什麽人,蔡沈《書集傳》説是"畿内民庶"。説"畿内"是對的,畿内即堯所在的部落聯盟内,不包括本聯盟以外的其他部落。説"民庶"則不對。"民庶"一詞相當於後世與官府、官吏對言的平民百姓。在堯的時代没有這種階級的劃分,人們都生活在一定的血緣團體之内。血緣團體按姓氏劃分。就是説,每個人都有自己的姓氏。屬於同一個氏的人們,領導者與一般成員,其身份是相同的。這裏説的百姓,所指是堯的部落聯盟以内除堯的直近親屬即所謂九族以外的所有血緣團體,那些血緣團體中的所有的人,領導者和一般成員,都含蓋在内。僞孔傳:"百姓,百官。"孔穎達疏:"經傳'百姓'或指天下百姓。此下有黎民,故知百姓即百官。"説百姓是民庶,不對;説百姓是百官,也不對。堯時是原始氏族社會,人們生活在血緣紐帶維繫着的血緣體之中,不存在官員和民庶的對立。如果説百姓就是百官,便把各族氏中的一般成員排斥在百姓之外了。況且堯的部落聯盟内的族氏很多,在聯盟中擔任官職的族氏畢竟衹是一部分,如果説百姓就是百官,則未在聯盟中擔任職務的族氏便不在百姓之内了。既不是堯的"九族"之親,更不是下文所説的"萬邦",又不在"百姓"之内,那末算什麽呢! 鄭玄注説"百姓"是"群臣之父子兄弟"。"群臣"當然就是"百官"。鄭氏不説百姓是百官,而説是百官的父子兄弟,意思是説百姓是官僚貴族們的不在官的子弟。這是用漢代的情形比況遠古社會,當然不恰當。又,近人王國維説:"此句(平章百姓)極可疑,後人之疑《堯典》者亦多因此句。因古書中無姓字,而姓氏之制至周始成,且皆女人用之。唯金文中多生字,此'百姓'亦當作'百生'。'百生'者百官也。此與下'黎民於變時雍'、'百生'、'黎民'對文。"(吳其昌《王觀堂先生尚書講授記》)王氏此語兩個論點都可商榷。第一，古書中無姓字，姓氏之制至周始成，這一說法不符合歷史實際。《左傳》昭公三十二年：“三后之姓，於今爲庶。”杜預注：“三后，虞、夏、商。”散見於各書引用的《世本》佚文，關於黃帝至堯舜禹時期人們的姓氏問題有大量的記載。堯舜禹時期不是沒有姓氏，而是與西周時的姓氏制度有所不同。堯舜禹時期的姓氏乃自然長成，且姓與氏的區分並無嚴重的意義。周代的姓氏制度如《左傳》昭公八年所説：“天子建德，因生以賜姓，胙之土而命之氏。諸侯以字爲氏，因以爲族，官有世功則爲官族。”與宗法、分封之制有關，姓是天子根據血緣關係“賜”的。氏則是天子、諸侯根據人爲的政治原因命的，姓與氏區分至爲嚴格，各有不同的意義。一個人可以因爲諸種原因失去姓氏，如《左傳》襄公十一年所記“俾失其民，隊命亡氏，踣其國家”者是。説堯的時代沒有周代那種姓氏制度可，説堯時代根本沒有姓氏則大不可。第二，王氏説“百姓”與下文之“黎民”對文，故百姓即百官。這一觀點源自孔穎達疏，用後世階級社會官與民對立的情形加諸原始社會，不足取。説已見上。以上説“百姓”，以下説“平章”。平字《史記·五帝本紀》作便。王引之《經義述聞》説馬融本作平，鄭玄本作辯。《詩·采菽》孔疏説《書傳》（即《尚書大傳》）作辨。《後漢書·蔡邕傳》、《白虎通義·姓名篇》、曹植《求通親親表》引《堯典》皆作平。《後漢書·劉愷傳》、班固《典引》、《東觀漢記》引《堯典》皆作辨。古平、便、辨、辯四字聲近義通。平章二字，章字訓明，向無異義。平字鄭玄作辯，訓爲別，僞孔傳訓爲和，蔡傳訓爲均。《説文》：“辯，治也。”《公羊傳》隱公元年何休注、《淮南子·時則訓》高誘注並曰：“平，治也。”《詩·采菽》“平平左右”，毛傳曰：“平平，辯治也。”王引之《經義述聞》以爲“平章”之平“訓爲辯治可也”。以上平字四訓，訓和訓均，於經義皆未爲安。別治二訓，自上下文義看，鄭玄訓別義長。若訓治，則“平章百姓”釋作治明百姓，於義扞格難通。下文“協和萬邦”之“協和”是兩個同類動詞組成的並列式詞，“平章百

姓"之"平章"應與"協和"屬於同一情況。"平章百姓",意謂把本部
落聯盟內堯之近親九族之外所有不同姓氏的血族體區分明確,使
各行其事,各盡其責,無有紊亂。

　　協和萬邦　"萬邦"與上文之"九族"、"百姓"屬於同一類型的
詞。"九族"範圍最小,指堯自己父、母、妻三方面九支直近親屬。
"百姓"的範圍比"九族"大得多,包括九族之外,部落聯盟之內所有
不同姓氏的血族體。"萬邦"更在堯所在的部落聯盟之外,即上文
"光被四表"的四表中生存的後世稱爲夷狄的氏族,部落或部落聯
盟,先時數量相當的多,後來逐漸減少。稱作"萬國",可能不虛。
《左傳》哀公七年"禹合諸侯於涂山,執玉帛者萬國",《戰國策·齊
策四》"古大禹之時,諸侯萬國",《逸周書·殷祝》"湯放桀而復薄,
三千諸侯大會",《尚書大傳》"天下諸侯之悉來進受命於周而退見
文武之屍者千七百七十三諸侯"等等記載就是證明。"諸侯"是後
世人追記時用的詞彙,不是堯舜禹當時的實際用語。堯舜禹等中
原華夏族部落聯盟的首長與四表萬邦的關係,雖不會像周天子和
衆諸侯那樣緊密,更不是秦漢中央集權國家皇帝與各地方長官那
種絕對的君臣隸屬關係,但是堯舜禹與"四表"的"萬國"肯定有相
當密切的聯繫,萬國要受中原華夏族部落聯盟的制約,堯舜禹的活
動必不限於本部落聯盟之內。這有兩個歷史的因素起作用,一個
是堯舜禹時實行的是軍事民主制,對外的武力征服不可避免。一
個是當時正處於世界性的洪水時代,治水事業客觀上要求整個黃
河、長江兩大流域中生存的人類有一個統一的指揮。實現這種聯
繫的手段是征服伴隨着納貢。這是有文獻記錄可查的。"禹之裸
國,裸入衣出,因也"(《呂氏春秋·貴因》),"禹致群神於會稽之山。
防風氏後至,禹殺而戮之"(《國語·魯語下》),"禹攻三苗,而東夷
之民不起"(《戰國策·魏策二》),證明禹爲了治水曾遠離中原,而
且必要時不惜采取強力辦法。據此,《史記·五帝本紀》舜"南巡
狩,崩於蒼梧之野,葬於江南九疑,是爲零陵"的記載,實不爲無據。

據《五帝本紀》，堯也把注意力放到四裔，竭力改變那裏的落後狀態，曾"流共工於幽陵，以變北狄；放驩兜於崇山，以變南蠻，汪三苗於三危，以變西戎；殛鯀於羽山，以變東夷。四罪而天下服"。這些行動，可能就是堯"協和萬邦'的實際内容。邦即國，古文《尚書》的本子作邦，今文《尚書》的本子作國。《史記·五帝本紀》、《漢書·地理志》、《論衡·藝增篇》皆作"萬國"，蓋本於今文《尚書》，非爲避高祖諱。漢人規矩，《詩》、《書》不諱，不改經字。協字，《史記·五帝本紀》作合，曰"合和萬國"；下文之"協時月正日"，《五帝本紀》作"合時月正日"，是史公訓協爲合。鄭玄注《周禮·秋官·鄉士》曰："協，合也，和也。"《論衡·齊世篇》引經作"叶和萬國"。《説文》叶字云："古文協，從日十。叶或從口。"協字云："同衆之和也，從劦十。"是協叶古今字。僞孔傳："協，合也。"是古人訓協爲合，没有異義。合是分的反義，和是乖的反義。"協和萬邦"，把中原華夏部落聯盟以外的"萬邦"，即所有的氏族、部落或部落聯盟聯合起來，建立合和的關係。

欽若昊天　自此以下至"四時成歲，允釐百工，庶績咸熙"一大段文字，全是説堯命羲和二族要做的事情。這些事情至關重要，尤其"欽若昊天，曆象日月星辰，敬授人時"這幾句話，具有劃時代的意義，它標誌着人們對天的認識發生了根本的變化。在堯之前實行火曆，對自然之天的認識相當狹窄，僅限於星宿。日月之運行不能看不見，但是不認識。那時的天是神的世界。到了堯時，"乃命羲和欽若昊天"之後，一個以日月運行爲主的廣闊的自然之天展現在人們面前，從此主宰之天的天概念之外又産生了自然之天的天概念。主宰之天的天概念是哲學唯心論的萌生土壤，自然之天的天概念是哲學唯物論的先聲。這是從意識形態的角度看"欽若昊天，曆象日月星辰"的意義，若從當時部落聯盟的管理上説，此事也是第一重要的，故《漢書·食貨志》説："堯命四子以敬授民時，是爲政首。"《爾雅·釋詁》："欽，敬也。"《釋言》："若，順也。"《史記·五

帝本紀》“欽若”作“敬順”。欽若釋作敬順，是對的。堯要求羲和嚴
肅認真地對待天的事情，不可苟且馬虎。“昊天”，許慎《五經異
義》：“《今尚書》歐陽説：‘春曰昊天，夏曰蒼天，秋曰旻天，冬曰上
天，總爲皇天。’《爾雅》亦然。《古尚書》説云：‘天有五號，各用所宜
稱之。尊而君之，則曰皇天。元氣廣大，則稱昊天。仁覆憫下，則
稱旻天。自天監下，則稱上天。據遠視之蒼蒼然，則稱蒼天。”許氏
按説：“《尚書》堯命羲和‘欽若昊天’總勑四海，知昊天不獨春。《春
秋左氏》曰：‘夏四月己丑，孔子卒。’稱‘旻天不吊’，時非秋也。”許
氏説《爾雅》與《今尚書》説同，其實大同而小有異。今文《尚書》説
“春曰昊天”，《釋天》説“夏爲昊天”，此略有不同也。鄭玄《駁五經
異義》云：“《爾雅》者孔子門人作，以釋六藝之文，言蓋不誤矣。春
氣博施，故以廣大言之。夏氣高明，故以遠大言之。秋氣或殺或
生，故以閔下言之，冬氣閉藏而清察，故以監言之。昊天者，其尊大
號。六藝之中諸稱天者，以己情所求言之，非必於其時稱之。浩浩
昊天，求天之博施，蒼天（疑天當爲蒼）蒼天，求天之高明。旻天不
吊，則求天之殺生當得其宜。上天同云，求天之所爲當順其時。此
之求天，猶人之説事，各從主耳。若察於是，則堯命羲和‘欽若昊
天’，孔子卒稱‘旻天不吊’，無可怪耳。”其實《爾雅》説、《尚書》今文
歐陽説、《尚書》古文説對“欽若昊天”之“昊天”的説解都是對的。
許、鄭二氏之認識也都極得要領。把天按四時變化稱爲昊天、蒼
天、旻天、上天以及總稱皇天等等，説明不把天視作神，而是視天爲
自然。“欽若昊天”之“昊天”是浩浩廣大的自然之天，這是他們的
一致看法。有了這一點，他們其餘的分歧都可忽略不計。

　　曆象日月星辰　　這一句至關重要，是“乃命羲和，欽若昊天”的
主要内容。“欽若昊天”必須落實到“曆象日月星辰”上才有意義。
“厲象日月星辰”，標誌古代天文曆法至此已發展到一個新階段，先
前實行火曆，不問日月，觀察大火即心宿二昏時所見之中、流、伏、
内等不同天象確定時節，這是當時人人可行的，不必由聯盟的管理

機構統一授時。現在不看大火,而是看日月在二十八宿經星上的
運行規律,不是人人能够辦到的,所以此時不但要觀象,還須向下
授時。實行以日月運行爲主要内容的新曆法,并且觀象授時,這是
一個突破性的進步。有人説這對實行的衹是曆,尚談不上曆法,曆
法是從戰國四分曆開始的。其實不然,有曆必有曆之法,没有一定
的法,曆則無從産生。戰國四分曆的確嚴密、科學,是以前之曆法
不能比擬的,但是不能因此説四分曆産生之前無曆法,以前的曆法
衹是相對簡單、疏闊而已。在堯命羲和"曆象日月星辰"之前,實行
火曆,是有文獻可徵的。《左傳》襄公九年説:"古之火正,或食於心
或食於咮,以出内火。是故咮爲鶉火,心爲大火。陶唐氏之火正閼
伯居商丘祀大火,而火紀時焉。"《鄭語》:"黎爲高辛氏火正。"《楚語
下》:顓頊氏"命火正黎司地以屬民"。言及大火,言及火正,言及火
紀時,顯然堯以前實行的曆法是火曆。不過,據《大戴禮記·五帝
德》"高辛氏曆日月而迎送之"和《魯語上》"帝嚳能序三辰以固民"
的記載以及韋昭"三辰,日月星"的注文,在堯之前人們已意識到日
月在曆法上的重要性,而籌劃創制新曆。堯命羲和"曆象日月星
辰"以制定新曆的活動並非突然出現。堯制定以日月星辰爲内容
的新曆之後,舊時的火曆也没有消失,社會的上層使用陰陽曆,一
般民衆則仍依賴火曆,即觀察星星安排生産與生活。《洪範》"庶民
唯星"一語説的就是這種情況。陰陽曆必須專家通過"曆象"得出,
然後向下"授時",然而"授時"之難以普及,不要説古代,就是在解
放前舊中國的邊遠地區,民衆不看皇曆看星星的情況也是司空見
慣事。現在説羲和之"曆象日月星辰",它與先前的火曆大不一樣,
火曆極簡單,衹須憑經驗用肉眼看而已,盯住昏時大火(心宿二)的
中、流、伏、内等動向即可,不須"曆象"。而新的陰陽曆的對象是日
月運行,要根據日月運動推算出年、月、日、四時甚至閏月來,簡單
的觀察辦不到,非"曆象"不可。那末"曆象"是什麽呢?蔡沈《書集
傳》:"曆,所以紀數之書;象,所以觀天之器。如下篇璣衡之屬是

也。"於下篇"璿璣玉衡"句釋曰："猶今之渾天儀也。"蔡説顯然錯
誤，把曆釋作書，把象釋作器，於理不合。堯時怎會有紀數之書，怎
會有觀天之器，於文亦不通。"曆象"必是謂詞，表示動作，書和器
在此作謂詞，講不通。《史記·五帝本紀》作"數法日月星辰"。《索
隱》："《尚書》作'曆象日月'，則此言'數法'。是訓'曆象'二字，謂
命羲和以曆數之法觀察日月星辰之早晚，以敬授人時也。"《正義》：
"曆此法象，其日之甲乙，月之大小，昏明遞中之星，日月所會之辰，
定其所行數，以爲一歲之曆。"史遷釋作數法是對的，但是《索隱》將
"數法"釋作"曆數之法"，謂"曆象"爲"以曆數之法觀察"云云則不
確。"曆象"應是兩個同類性質的詞組成的並列動詞，即曆是一詞，
象是一詞。梅文鼎《曆學源流論》謂"曆者算數也；象者圖也，渾象
也"。沈彤《尚書小疏》謂"曆謂以數推之，象謂以法窺之。數即九
數中差分贏不足旁要諸數，法即渾天圖象與諸測驗之器，凡皆所以
爲定時之本也"。梅、沈二説義同，釋曆爲算數，爲以數推之，是對
的；釋象爲圖象，爲測驗之器，則迂曲不通。僞孔傳："星，回方中
星。辰，日月所會。曆象其分節，敬記天時，以授人也。"孔穎達疏：
"命羲和令以算術推步，累曆其所行，法象其所在，具有分數節候參
差不等，敬記此天時以爲曆而授人。"僞傳強調"曆象"的對象是日
月星辰之"分節"，孔疏釋"曆象"爲以算術推步，釋孔傳所云"分節"
爲日月星辰之分數節候參差不等，都是對的。但是有欠簡捷。王
安石説："曆者步其數、象者占其象。"（盛百二《尚書釋天》引）要言
不煩，最爲得當。其實曆就是計算亦即推步，象就是察看亦即觀
象。"曆象"的對象必是"日月星辰"，"日月星辰"有必要"曆象"。
若在堯之前之天文曆法，先是一般占星術，後來是火曆，祇須肉眼
觀象而已，無須推步計算。觀象的內容主要是天象，其次是物象、
氣象。天象在當時主要指星象，即二十八宿經星之象，不包日月在
內。《國語·周語中》所記"天辰角見而雨畢，天根見而水涸，本見
而草木節解，駟見而隕霜，火見而清風戒寒"，就是遠古時代占星術

所能掌握的天象、物象、氣象實況。此天象、物象、氣象，觀之可也，
不須計算。後來有了火曆，觀象的對象集中到"火"上。火即大火，
古書也叫辰，即二十八宿之心宿二，實際上是一連三個星，所以又
叫三星。按照中國古人的傳統排法，它屬於東方蒼龍七宿。火在
遠古中國人的生活中曾經扮演過重要的角色。古書有記載，如《左
傳》莊公二十九年："火見而致用。"昭公四年："火出而畢賦。"昭公
三年："火中寒暑乃退。"哀公十二年："火伏而後蟄者畢。"僖公五
年："火中成軍。"昭公六年："火未出而作火。"昭公九年："今火出而
火陳。"昭公十七年："今除於火。""火出必布焉。""火出而見。""今
兹火出而章。""必火入而伏。""火出於夏爲三月。""若火入而伏。"
昭公十八年："火始昏見。""火之作也。"哀公十二年："今火猶西
流。"《詩·七月》："七月流火。"《夏小正》："初昏大火中。大火者心
也。心中，種黍菽糜時也。""五月大火中。"八月"辰則伏。辰也者
謂星也，伏也者入而不見也。""九月內火。內火也者大火。大火也
者心也。""主夫出火。主夫也者，主以時縱火也。"《禮記·月令》：
"季夏之月昏火中。"等等舉不勝舉，都是後世人對古時實行火曆情
況的追述。也説明自堯時制定陰陽曆之後，火曆並未消失，在人們
的生活中仍起作用。火曆的基本特點是用肉眼直接觀察昏時①大
火的出、中、流、伏、內等不同位置，藉以確定歲首和春種秋收的季
節。歲、四季、月份、節氣的概念全沒有。它與先前的一般占星術
一樣祇須觀象，不須推步計算。不同於早期占星術的是它集中在
一個心宿二上，形成了一定的規律，可以叫做"曆"了。一旦人們的
觀象活動由二十八宿的領域進入日月的時候，觀象的手段便不夠
了，還必須進行計算亦即"曆"。《大戴禮記·五帝德》説帝嚳"曆日
月而迎送之"，這個"曆"字不簡單，頗堪注意。占星術和火曆是無
須"曆"的，祇須"象"而已。祇有對日月，既須"象"又須"曆"，即觀

---

① 日落後三刻或二刻半。

象又計算。《堯典》講"曆象日月星辰"，"曆象"二字首先表現出新曆法在制曆手段上的變化。"曆象日月星辰"，這句話的"日月"應特別注意，今人對日月太熟悉，已經司空見慣，讀起來極易不以爲然。而在當時，日月正式進入人們的生活領域，其實是中國古代天文曆法史和認識史上的一次偉大的革命。以前祇看星星，現在則曆象日月，日月成爲曆法的真正主角，星星祇是在曆象日月的過程中起輔助作用時才有意義。"日月星辰"是什麼？日月不成爲問題。星辰是什麼，古説不一。《白虎通義•聖人篇》："堯曆象日月旋璣玉衡。"以"旋璣玉衡"取代《堯典》之"星辰"，是以星辰爲北極及門建，這當然不對。《周禮•春官•大宗伯》"以實柴祀日月星辰"句鄭玄注："星謂五緯，辰謂日月所會十二次。"五緯是金、木、水、火、土五星。孔穎達疏："《堯典》云'曆象日月星辰'，《洪範》五紀亦云'星辰'，鄭皆星辰合釋，此文皆上下不見祭五星之文，故分星爲五緯，與辰別解。"是鄭玄僅於《大宗伯》文釋星爲五緯，於《堯典》、《洪範》諸文則一概合釋"星辰"爲"日月所會十二次"。"日月所會十二次"的説法大體正確，有《左傳》昭公七年"何謂辰？日月之會是謂辰，故以配日"作爲證明。鄭玄以爲"曆象日月星辰"之"星辰"爲一物，而釋爲"日月所會十二次"，那末此星與辰究竟是怎樣的關係？孔穎達於《大宗伯》疏説："二十八星，面有七，不當日月之會直謂之星。若日月所會則謂之宿，謂之辰，謂之次，亦謂之房。故《尚書•胤徵》云'辰弗集於房'，孔注云'房，日月所會'是也。"於《堯典》疏説："日行遲，月行疾，每月之朔，月行及日而與之會，其必在宿分。二十八宿是日月所會之處。辰，時也。集會有時，故謂之辰。日月所會與四方中星俱是二十八宿。舉其人目所見，以星言之；論其日月所會，以辰言之。其實一物，故星辰共文。"又，僞孔傳説："星，四方中星也。"孔穎達疏："二十八宿布在四方，隨天轉運更互，在南方每月各有中者。《月令》每月昏旦唯舉一星之中，若使每日視之，即諸宿每日昏旦莫不常中，中則人皆見之，故以中星表宿。

四方中星,總謂二十八宿也。"孔穎達對"星辰"的解釋正確而且透闢。他的核心思想是星即指二十八宿,不包括其他。星在作爲日月相會的時空座標時又稱作辰,"日月星辰",實質祇有日月星,不是日月星之外另有辰。四中星是二十八宿的代表,所以説"日月星辰"之星是四方中星,亦可。根據孔穎達的認識,我們必引導出以下的合理結論:所謂"曆象日月星辰",其實是曆象日月。宿次辰房和中星都是爲曆象日月服務的。堯的新曆法若離開日月,二十八宿或者中星,便失去意義。這是堯時新曆法與以前的火曆的本質區別。關於"星辰"的其他任何解釋,祇要不符合這一結論便是錯的。《漢書·律曆志下》:"辰者,日月之會而建所指也。"説日月之會是對的,説建所指也則爲蛇足。蔡沈《書集傳》:"星,二十八宿。衆星爲經,金、木、水、火、土五星爲緯,皆是也。"説星是二十八宿,是對的;説星包括金、木、水、火、土五星則誤。這説明《漢志》作者和蔡傳的作者並未真正理解堯命義和"曆象日月星辰"的意義。《漢書·律曆志上》引《堯典》"曆象日月星辰",顏師古注曰:"星,四方之中星也。辰,日月所會也。"沈彤《尚書小疏》謂師古説"最是。星不必兼歲星鬥星,辰不必兼建所指"。顏説是,沈説尤精卓。然而對"曆象日月星辰"的解釋最切中要害的是盛百二的《尚書釋天》。盛氏云:"蓋曆象在授人時,授人時在歲月日時之正,正日之長短必以日出入之早晚,正月之朔望必以日與月之冲合,正時之春秋冬夏必以日之長短與昏之中星,昏之中星,二十八宿也。正歲必以日之周天與月會日之常數及其閏,而五緯於數者並無所用。"意謂堯之新曆法目的是確立歲月日時的概念(這是前所未有的),而確立這些概念必須"曆象"日月運行的規律和數字,做到這些則離不開二十八宿。二十八宿之外的東西則都不需要。附帶説一下二十八宿名目出現的問題。今所傳二十八宿名目最早見於《淮南子·天文訓》和《漢書·律曆志》。《史記·曆書》雖詳備二十八宿名目,但與今所傳二十八宿名稱略有不同。更早的文獻如《禮記·月令》僅記二十六宿，《爾雅・釋天》則僅有十七宿。《周禮・夏官・馮相氏》記馮相氏掌"二十有八星之位"，而其名目不詳。《周禮》一書據我們考證，大約寫定於平王東遷之後即春秋初年。本世紀七十年代在湖北隨縣出土一隻戰國箱蓋，其上繪有二十八宿，其實這並不是二十八宿概念出現的上限，《周禮》的記載應當先予它。《堯典》寫定於平王東遷之後不久，但所記史事當是堯時代的實録無疑。《堯典》既已提出星、火、虛、昴四宿名稱，而且是作爲四仲月中星提出的，那末當時絶不至於衹知道此四宿，其餘一概不知。在堯命義和"曆象日月星辰"之前人們對星星已積累了豐富的知識，《洪範》説"庶民唯星"就是證明。否則到堯時便無從制定以日月爲紀的新曆法，因爲曆象日月是離不開二十八宿經星的。雖然目前尚無確證證明堯時已有完整的二十八宿概念，但是也不能説堯時没有具備二十八宿概念和名目的可能性。

敬授人時　敬授人時是"曆象日月星辰"即制定以日月爲紀新之曆法的直接目的。堯之前實行火曆，部落聯盟内雖没有專職官員火正，但文獻不見有授時的記載。授時自堯時起施行。蔡沈《書集傳》："人時謂耕穫之候，凡民事早晚之所關也。"蔡氏説耕穫之候是"人時"，不確切。首先，"人時"二字宜分別説，人是人，時是時。人字是有一定意義的。段玉裁《古文尚書撰異》謂自來《尚書》無作"人時"者，注疏本《洪範》僞孔傳、《皋陶謨》正義皆云"民時"。治古文《尚書》的《尚書大傳》鄭玄注、《鄭語》韋昭注、徐偉長《中論・曆數篇》和治今文《尚書》的《史記・五帝本紀》、《漢書》之《律曆志》、《食貨志》、《藝文志》、《李尋傳》、《王莽傳》、漢孫叔敖碑亦皆引作"民時"。唐天寶三載衛包奉命改定經文時將"民時"誤改作"人時"。按段説誤，作"人時"是，作"民時"非。人與民二字在經典中意義有別，《詩經・假樂》有"宜民宜人"句，《皋陶謨》有"在知人在安民"句，《洪範》有"厥庶民無有淫朋，人無有比德"句，皆民有民義，人有人義。民是一般老百姓，治於人和食於人的勞動者，人則是有地位的統治階級人士。堯時是原始氏族社會的軍事民主制時代，國家尚未産生，當然談不上統治階級和被統治階級的劃分，但是畢竟有民族、部落酋長與一般民族成員之別。堯命羲和"曆象日月星辰"之後"敬授人時"，是授時給本部落聯盟内各部落、氏族以及"萬邦"的領導人而不是授給民族的一般成員。所以，當作"人時"，不當作"民時"。時字蔡氏以爲是指確定耕穫之候及與民事相關者，亦未的。確定耕穫之候是授時的目的之一，但不是"時"的本身。時是什麼，籠統地説，這個時就堯命羲和通過"曆象日月星辰"而制定的新曆法，具體地説，應當就是《洪範》九疇中第五疇五紀之"一曰歲，二曰月，三曰日，四曰星辰，五曰曆數"。這五紀在堯時當已初步産生。授時就是授這個。堯以前的火曆時代没有這五紀，授時是談不上的。其次，這"敬授人時"實際上是朔政制度的先驅。朔政制度在後來夏商周時期成爲中央政治集團的權力標誌，《禮記·大傳》"聖人南面而治天下"必"改正朔，易服色"，《春秋》文公十六年"公四不視朔"，《論語·八佾》："子貢欲去告朔之餼羊。子曰'賜也，爾愛其羊，我愛其禮'"等記載正是古代實行朔政制度的遺迹。堯施行"敬授人時"是朔政制度的開始，從《論語·堯曰》"唯天爲大，唯堯則之"，"咨爾舜，天之曆數在爾躬"中能够得到證明。《論語》"唯天爲大"之天與《堯典》"欽若昊天"之天一樣，是自然之天。《論語》之"天之曆數"與《堯典》"敬授人時"之"時"含義相同，都指堯所制定的新曆法而言，即歲、月、日等等。衹是文勢略有區别，言"時"，是從部落聯盟的工作角度出發，言"曆數"則强調它是部落聯盟軍事民主制首長的權力標誌。"敬授人時"即頒朔的具體辦法，最早的記載應是《洪範》"王省唯歲，卿士唯月，師尹唯日"。王制定並頒發一年的朔政，王朝大臣、列國諸侯管各個月份，以下大夫士等管每天。餘如《周禮·春官·大史》"正歲年以序事，頒之於官府及都鄙，頒告朔於邦國"，蔡邕《明堂月令論》"古者諸侯朝正於天子，受月令以歸而藏諸廟中。天子藏之於明堂，每月告朔朝廟，出而行之”，記述更爲詳明。雖然所用皆後世詞語，但是關於授時頒朔的基本情形當與堯時無異。

（與呂紹綱合寫，《孔子研究》1992 年第 4 期）

《皋陶謨》新解

今文《尚書》有《皋陶謨》無《益稷》,《益稷》是後世人從《皋陶謨》分出去的。《説文》言部云:“《虞書》曰:‘咎繇謨。’”《漢書》師古注、《後漢書》李賢注、《文選》李善注俱作“咎繇”。是“皋陶”古作“咎繇”,作“皋陶”乃後人所改。謨,《爾雅·釋詁》:“謀也。”《説文》言部:“謨,議謀也。”又:“謀,慮難曰謀。”《左傳》襄公四年:“咨難爲謀。”《國語·魯語》:“諮事爲謀。”《詩·皇皇者華》“周爰諮謀”,毛傳:“諮事之難易爲謀。”《吕氏春秋·召類》:“凡謀者,疑也。疑則從義斷事。”《春秋繁露·五行五事》:“聽作謀,謀者事也。王者聽,則聞事與臣下謀之,故事無失謀也。”是謀爲有疑難不決之事與人議論謀畫之意。《史記·夏本紀》:“皋陶作士以理民。帝舜朝,禹、伯夷,皋陶相與語帝前。皋陶述其謀。”是知此篇主要記載皋陶、禹在帝舜面前相互討論議謀如何治理好部落聯盟以及本部落聯盟以外事務的問題,此篇經文無“伯夷”,司馬遷言及“伯夷”,是因爲他認爲經文自“皋陶方祇厥敍”及“夏擊鳴球”至“庶尹允諧”是史臣伯夷敍事之文。

從篇首云“曰若稽古皋陶”看,此篇與《堯典》一樣,是後世追記成篇,不是當時人所作,而材料是當時傳下來的。寫定成篇當在周室東遷之後,出自某個大學者之手。孔子編定《尚書》從堯的事迹開始,堯之前五帝之事不取,說明孔子認爲自堯以下之史料可信。

《皋陶謨》全文從内容看,確實可以劃分爲前後兩部分。從“予思贊贊襄哉”以上,都是皋陶與禹在舜面前的對話,主要講兩個問題:一是“知人”,一是“安民”。這兩點都是當時舜遇到的必須妥善解決的具有決定性的問題。自"帝曰，來禹，汝亦昌言"以下，除皋陶與禹以外，插進了帝舜的言論，主要講"君"與"臣"應當如何各安其止，即各爲所當爲與不爲所不當爲的問題。《尚書大傳》載孔子關於《尚書》"七觀"的話，謂"《皋陶謨》可以觀治"，是有道理的。

《皋陶謨》中提出的某些思想如"在知人，在安民"，"寬而栗"等"九德"，"天工人其代之"，"天聰明自我民聰明，天明畏自我民明威"等，肯定是當時人意識形態的真實記録，并且對後世産生過深遠影響。關於皋陶"方施象刑唯明"和禹"荒度土功"，"苗頑弗即工"的記載是極珍貴的史料。

曰若稽古皋陶曰："允迪厥德，謨明弼諧。"

"曰若"是發語辭，不爲義。稽，考。稽古，考古。説見《堯典》解。"曰若稽古皋陶曰"，蔡沈《書集傳》釋云："稽古之下即記皋陶之言者，謂考古皋陶之言如此也。"意謂考察古人皋陶如何如何説。這樣解釋是對的。偽孔傳亦以"皋陶"屬上讀，但是釋"曰若稽古"爲"順考古道"則誤。《堯典》"曰若稽古帝堯"，此經"曰若稽古皋陶"與之一樣，所考的顯然是堯與皋陶這兩個古人。不同的是，前者考帝堯之行事，後者考皋陶之言語。因此前者曰"典"，後者曰"謨"。孔穎達《書正義》引鄭玄注云"以皋陶下屬爲句"，殊誤。其實"曰若稽古某某"是古語經常用的定式，不唯《尚書》如此，其他古籍亦不乏其例，如《白虎通·聖人篇》："曰若稽古皋陶。"孔穎達《毛詩正義》之《周頌譜》疏引《中候擿雒戒》云："曰若稽古周公旦。"

《史記》引《尚書》文皆以訓代經，《夏本紀》云："皋陶述其謀曰：'信其道德，謀明輔和。'"把其（厥）字移至道（迪）上，因此有人懷疑今文《尚書》作"允厥迪德"。皮錫瑞《今文尚書考證》據蔡邕《中鼎銘》："公允迪厥德。"《朱公叔墳前古碑》："允迪聖矩。"《陳留范史雲碑》："允迪德譽。"《張玄祠堂碑銘》："允迪懿德。"皆以"允迪"連文，證明今古文皆作"允迪厥德"。段玉裁《古文尚書撰異》亦云："《夏本紀》'信道其德，謀明輔和'，即'允迪厥德，謨明弼諧'也。各本作

'信其道德'，蓋誤。"按，皮、段説是。

　　"允迪厥德，謨明弼諧"，允、迪、謨、弼、諧，《爾雅·釋詁》釋作信、道、謀、輔、和。厥，《爾雅·釋言》釋作其。這些字作這樣的訓釋，當然是對的，所以《史記》引作："信其道德，謀明輔和。"但是這兩句話的實質性意義到底是什麼，仍不明白。首先，這兩句話在經文中具有總攝下文的意義，是皋陶所述之謀的總提示，下面所云都是這兩句話的具體化。所以皋陶出此語後禹接着問道："俞，如何？"意謂"你説的很對，但是如何實現呢？"其次，須明瞭"允迪"與"謨明"二句之語法關係。僞孔傳、蔡傳、曾運乾《尚書正讀》諸書皆以爲是條件複句，即前句是因，後句是果。然而自經下文體會，既論及"允迪厥德"的内容，也言及"謨明弼諧"的内容，二句應是並列關係。第三，迪字的訓釋問題，《爾雅·釋詁》訓道，《夏本紀》亦訓道。《説文》辵部："迪，道也。"段注："道兼道路、引導二訓。"僞孔傳、蔡傳並訓蹈。唯獨王引之《經傳釋詞》訓用，謂"某氏《傳》於諸'迪'字，或訓爲道，或訓爲蹈，皆於文義未協"。王氏又云："迪爲不用之用，又爲語詞之用，義相因也。"按，王説可取。依王氏義，"允迪厥德"當釋爲"信用其德"。用是不用之用。引申開來，用是照辦、實行的意思。德字應取與刑相對應之義，即廣義的德。"允迪厥德"出自身份爲主管刑法的士皋陶之口，格外有意義。皋陶的意思顯然是説，辦好部落聯盟乃至全"天下"的事情，靠消極的刑法不行，要靠實實在在，誠誠懇懇地實行德政，發揮教化的作用。還有厥（其）字的問題，其是代詞，代誰？僞孔傳謂"其，古人也"。蔡傳以爲"其德"是爲君者之德，即當時在位者帝舜之德。蔡説是。

　　"允迪厥德"一語是説在位者帝舜應當如此。"謨明弼諧"一語是説輔佐帝舜的"臣下"們應當如此。謨，謀。謨明，謀畫事情要聰敏高明。弼，輔。諧，和。"臣下"們輔佐爲君者要和。和是孔子説的"君子和而不同"的和。弼諧，指"君臣"關係而言。有人解作輔臣們團結一致，不合經義。

禹曰:"俞,如何?"皋陶曰:"都,慎厥身修,思永,惇敍九族,庶明勵翼,邇可遠在兹。"禹拜昌言曰:"俞。"

禹問如何做到"允迪厥德,謨明弼諧",皋陶作答,禹表示贊同。俞,《夏本紀》作"然",贊成的意思。都,《夏本紀》作"於",張守節《正義》:"於讀烏,嘆美之辭。""慎厥身修思永",《經典釋文》於"身修"絕句,《夏本紀》張守節《正義》以及偽孔傳説同。《爾雅·釋詁》慎訓誠,永訓長。"慎厥身修",言(領導者)應當誠敬地對待自己的修養,即認真修治自身。"思永",謀慮長遠,非祇想到眼前。蔡傳説"思永,則非淺近之謀",是對的。"惇敍九族",作"惇敍"蓋本夏侯《尚書》。《夏本紀》本歐陽《尚書》作"敦序"。惇,《爾雅·釋詁》訓厚。序,《魯語下》"夕序其業",韋昭注:"序,次也。""九族",古人説解見仁見知,但是指稱與自己有較近血緣關係的人們,則是一致的,説見《堯典》"以親九族"解。"惇敍九族",敦厚九族親屬間的有倫次的親密關係,意與《堯典》"以親九族"相似而語意有所加重。以上"慎厥身修,思永,惇敍九族",是説領導者首先要解決自身的問題,其次是謀慮要深遠而不可目光短淺的問題,然後是處理好九族關係的問題。做到這些,便可以達到"庶明勵翼,邇可遠在兹"的效果。庶,《爾雅·釋詁》訓衆。明,孔穎達《尚書正義》引鄭玄、王肅注訓作賢明之人。勵翼,鄭玄勵作勵,據《爾雅·釋詁》訓勵爲作,又釋翼爲"羽翼之臣",釋全句爲"以衆賢明作羽翼之臣",不可從。孔穎達《尚書正義》引王肅云:"以衆賢明爲砥礪,爲羽翼。"亦不可從。勵,《説文》作勴(勴),力部云:"勉力也。"《釋名》:"勵,勸也。"《左傳》哀公十一年:"宗子陽與閻丘明相勴也。"杜注:"相勸勴。"勴通作勵。《廣韻》:"勴勉也。"《後漢書·祭彤傳》:"璽書勉勵。"是勵或作勴或作勴,都是勸勉自強的意思。翼,《爾雅·釋詁》:"翼,敬也。"《詩·小雅·六月》:"有嚴有翼。"毛傳:"翼,敬也。"敬,《釋名》:"警也,恒自肅警也。"《玉篇》:"恭也,慎也。"由此看來"勵翼"是兩個自動詞,不及物,是説衆賢明之人勸勉努力,謹謹慎慎，規規矩矩。偽孔傳解翼爲"翼戴上命"，俞樾《群經平議》釋翼爲助，謂"庶民勉厲以助上也"，都是增字解經，不足取。但是俞樾説"九族，舉至近者；庶明，舉至遠者，故曰'邇可遠在兹'。《論語》曰'君子篤於親則民興於仁'，此所以'惇敍九族，庶明勵翼'也"。卻極有見地（其釋庶明爲衆民，不足取）。處理好九族的關係問題，從而使衆賢者努力工作，老實服從，由解決近的問題達到解決遠的問題，就在於此。"禹拜昌言"，《荀子·大略篇》："平衡曰拜。"王先謙《荀子集解》："平衡謂磬折，頭與腰如衡之平。"引郝懿行云："拜者必跪，拜手，頭至手也，不至地，故曰平衡。"是拜的動作第一要跪下，第二要手平伸而頭低至手上。古文《尚書》作"昌言"，今文《尚書》昌作讜或作讜。但是，今文《尚書》中的夏侯本子作讜或作讜，而歐陽本子則與古文《尚書》一樣作昌。在漢代，作昌作讜，音同義同，讜與讜亦通用。《説文》日部："昌，美言也。"《字林》："讜言，美言也。"《聲類》："讜言，善言也。"《夏本紀》引徑作"美言"。俞，《夏本紀》作"然"，表示贊同的意思。全句是説，禹恭恭敬敬地接受了皋陶講的"美言"，説了一聲"是的"。

　　總之，皋陶這幾句話，意思是這樣的：作領導者的人，要誠敬認真地修治自身，要深謀遠慮，不可衹顧一時，還要處理好九族親屬間有倫次的親密關係。由自身而九族，由近而及遠，影響之下，衆賢明之人必能勸勉努力，謹慎規矩。

　　皋陶曰："都，在知人，在安民。"禹曰："吁，咸若時，惟帝其難之。知人則哲，能官人。安民則惠，黎民懷之。能哲而惠，何憂乎歡兜，何遷乎有苗，何畏乎巧言令色孔壬！"

　　篇首"允迪厥德，謨明弼諧"是皋陶之謨提綱挈領的兩句，意謂爲"君"的要運用、發揮他的德政、德教，爲"臣"的要謀略高明，與"君"協調，和而不同。以下"慎厥身修"諸句是實現那兩點的具體要求。但是顯然不夠，所以皋陶又提出知人、安民的問題。知人、安民是皋陶所論的主要之點。禹提出詰難，並非政見不同，是爲了通過辯論使認識更加深入。

“皋陶曰，都，在知人，在安民”，都字《夏本紀》作“於”，音烏，嘆美之詞。說見前。兩個“在”字承接上文而來，即做到。“慎厥身修，思永，惇敍九族，庶明勵翼，邇可遠在茲”，在於知人，在於安民。人與民兩字對言，意義是有區別的。人指上層人物，在後世階級社會指統治階級裏的人，在原始社會則指氏族、部落、部落聯盟的領導人物。民指普通的勞動者，即經文“庶明勵翼”的“庶明”。關於人、民的區別，說見《堯典》“敬授人時”解。“知人”是爲君者對官員的瞭解，不是一般的知人。知人才能善任，所以知人極難也極重要。《漢書·薛宣傳》谷永上疏云：“帝王之德莫大於知人。知人則百僚任職，天工不曠，衆職修理，奸軌絶息。”說的正是皋陶所說“在知人”的意思。祇是皋陶的“知人”指部落聯盟酋長而言，不是後世的帝王。然而“知人”的意義是一致的。“安民”，使民得安。《爾雅·釋詁》：“安，定也。”《說文》、《方言》並云：“安，静也。”桂馥《說文解字義證》：“静也者，當爲靖。”《釋詁》又云：“安，止也。”郝懿行《爾雅義疏·釋詁下》：“安者，《說文》云‘静也’，與止義近。下文云（指《爾雅·釋詁》）‘定也’，定又訓止。”郝氏又云：“今人施物於器曰安，亦取其止而不動矣。”《戰國策·秦策》云：“而安其兵。”高誘注：“安，止也。”《釋名》：“安，晏也。晏晏然和喜無動懼也。”據此可知，“安民”是使民晏然安静，和樂無有危懼。經上文言“庶明勵翼”就是民安的寫照。這當然是領導者“允迪厥德”而不是强暴壓抑的結果。

“禹曰：‘吁，咸若時，惟帝其難之。’”吁，《說文》口部：“驚也。”《堯典》“帝曰吁，嚚訟可乎？”孔傳云：“吁，疑怪之辭。”禹對皋陶以上言論感到震驚，故發出驚嘆之詞。“咸若時”，《夏本紀》作“皆若是”。《爾雅·釋詁》：“咸，皆也。”“時，是也。”史公據《爾雅》，以詁訓代經文。若，《說文》草部若字段注：“又假借爲如也。”“咸若時”，（事情）都如此，即像你說的那樣，知人、安民都做到，則“惟帝其難之"。惟，王引之《經義述聞》卷三："發語詞也。《書·皋陶謨》曰'惟帝其難之'是也。"又云："字或作唯，或作維。家大人曰'亦作雖'。"帝指帝堯。《左傳》文公十八年魯大史克言堯時有十六族，世濟其美，"而堯不能舉"；有三族，世濟其兇，"而堯不能去"。《論語·雍也》記孔子説博施濟衆，"堯舜其猶病諸"，説明堯舜也有難以做到的事情。堯實際上就有當舉未舉、當去未去的失誤，没做到皋陶講的"知人"。其，尚且。"惟帝其難之"，堯尚且難做到它。意思是説，知人、安民是做不到的。

　　"知人則哲，能官人。安人則惠，黎民懷之"。禹進一步論説知人、安民之難能。蔡傳説："知人，智之事也；安民，仁之事也。"是説得對的。智與仁兼舉，則既哲且惠，能官人，又能令黎民懷之。《廣雅》："則，即也。"《爾雅·釋言》："哲，智也。"《漢書·五行志》引作悊，師古注："悊，智也。能知其材，則能官之，所以爲智也。"《夏本紀》哲逕作智。《説文》叀部："惠，仁也。"《廣雅》同。《爾雅·釋詁》："惠，愛也。"《詩·大雅·民勞》："惠此中國。"《大雅·瞻仰》："則不我惠。"鄭箋並云："惠，愛也。"賈誼《新書·道術篇》："心存恤人謂之惠。"是惠謂對民存仁愛體恤之心。黎民，普通的氏族成員，普通的勞動者，説見《堯典》解。《爾雅·釋詁》："懷，思也。"又云："懷，止也。"郝懿行《爾雅義疏》："懷者思之止也，懷訓思而尤甚於思。"這兩句話是説，知人就哲，能任用好人不任用壞人；安民就惠，普通的民衆就想安止於此而不離去。

　　"何憂乎歡兜，何遷乎有苗，何畏乎巧言令色孔壬"。堯時有所謂"四兇"，歡兜、共工、鯀三兇曾被委任以部落聯盟的重要職務，後來都出了大問題，結果共工被流於幽州，歡兜被放於崇山，鯀被殛於羽山。有苗（三苗）是居於南方的非華夏族，即所謂蠻夷，因爲長期不服中原華夏部落聯盟的領導而被遷往西方的三危。四兇，禹在這裹衹言及三兇，未提鯀。據《夏本紀》之《集解》引鄭玄注説，是"禹爲父隱，故言不及鯀也"（孔穎達《尚書正義》以爲此語是馬融説的,未知孰是)。禹也未明言共工,僞孔傳説"巧言"就是"静言庸違","令色"就是"象恭滔天"。據《堯典》,這正是共工的表現。《論語•學而》"巧言令色鮮矣仁",包咸注云:"巧言,好其言語;令色,善其顔色。皆欲令人説之,少能有仁也。"孔,《爾雅•釋言》云:"甚也。"壬,《爾雅•釋詁》云:"佞也。"又,《春秋》經莊公十七年:"秋,鄭詹自齊逃來。"《公羊傳》解釋説:"何以書? 書甚佞也。"是知"孔壬"即"甚佞","甚佞"就是大奸。禹不明言"共工",而説"巧言令色孔壬",點出他外表言好色善,内裏卻包藏禍心的特點,目的顯然是爲了有力地證明"知人"之難。如果堯做到了"知人",壞人不用,則歡兜何須憂,共工何須畏! 如果堯做到了"安民",天下之人無不懷之,有苗何須遷! 禹之詰難如些鋒利,不容皋陶不向問題的深層講開去。

皋陶曰:"都,亦行有九德。亦言其人有德,乃言曰,載采采。"禹曰:"何?"皋陶曰:"寬而栗,柔而立,愿而恭,亂而敬,擾而毅,直而温,簡而廉,剛而塞,强而義。彰厥有常,吉哉。"

經文自此至"撫於五辰,庶績其凝",專論如何知人的問題。這裏皋陶提出"九德"作爲選擇"官員"的標準。在部落聯盟或各部落擔任各項職務的人應當具有這"九德",同時提出了從某人之行事驗證某人是否具有"九德"的知人方法。《論衡•答佞篇》云:"唯聖賢之人,以九德檢其行,以事效考其言。行不合於九德,言不驗於事效,人非賢則佞矣。"恰是皋陶之意。

都,《夏本紀》作"然,於"。於即都,音烏,嘆美之辭。然,乃史公據語意所加。"然,於",皋陶對禹的詰難表示理解和贊賞。亦,語助詞,無義,相當於"惟"或"唯"。蔡傳"亦"訓"總",未知何所據,今不取。顧野王《玉篇》據《説文》亦部釋"亦"爲人之臂。手部釋"掖"爲人之臂下,以及《詩•陳風•衡門》小序"以誘掖其君"鄭箋:"掖,扶持也。"而解"亦行有九德"爲"人掖扶其行有九德"。迂曲之至,其艱澀難通勝過經文,今亦不取。"亦行有九德",義甚明瞭,曾運乾《尚書正讀》謂"言人之行有九德",極是。下文"亦言其人有德",《夏本紀》引無"人"字。今各本皆有"人"字。段玉裁《古文尚書撰異》考證,唐石經有"人"字,後來覆定石經時删去人字。今注疏本有人字,乃據別本而來。《夏本紀》引無人字,是今文《尚書》本無人字。今按,有人字於經義爲順。亦字,語助詞,無義。"言其人有德",謂説此人有德。言外之意,若薦舉一個人,不可僅説他可以勝任,還要説他有德。若無德,則不可薦舉。何以證明他有德無德呢? 下文"乃言曰,載采采",就是證明的辦法。采,《爾雅·釋詁》訓事。采采,不止一事,許多事。載,古人訓釋不同。《夏本紀》訓始。《詩·周頌·載見》序:"載見,諸侯始見乎武王廟也。"其《詩》"載見辟王"句毛傳云:"載,始也。"是漢人載有始訓,但是"載見辟王"之"載"在句中做副詞,下有謂詞"見",訓始是對的。而在此經文"載采采"句中,"載"字本身是謂詞,訓始則不通。僞孔傳:"載行采事也。稱其人有德,必言其所行某事某事以爲驗。"曾運乾《尚書正讀》:"載,爲也。"訓行訓爲,在此作謂詞,義通文順,可從。"乃言曰,載采采",意謂要説出他做的一些事情來(以驗證他確實有德)。

　　"禹曰:何?"禹問皋陶九德有哪些。"皋陶曰:'寬而栗'……"皋陶列述"寬而栗"以下之九種德。"九德"的句式相同,那末,上下兩字是怎樣的關係呢? 孔穎達《尚書正義》引鄭玄注説:"凡人之性有異,有其上者不必有下,有其下者不必有上,上下相協乃成其德。"孔疏云:"是言上下以相對,各令以相對,兼而有之,乃爲一德。"鄭注、孔疏認爲"九德"各德之上下兩字合而爲一德,是對的。但是把上下兩字看成是對等的關係,則不妥。"九德"之每一德雖必須由上下兩字合成,然而上一字與下一字的意義顯然有別,上一字是主要的。應當説,九德主要是上面的寬、柔、愿、亂、擾、直、簡、剛、强九個字。把下一字換到上面去,變成"栗而寬"等等,是絶對不可以的。再者,"九德"之每一德的上下二字也不是相反相成的對立關係。很明顯,剛與柔是相反相成的對立關係,可是在"九德"

中剛與柔分別與塞、立合成一德：説明剛與塞、柔與立不是相反相成的對立關係。其餘七德必亦同此。曾運乾《尚書正讀》引金履祥説"九德"云："九德凡十八字，而合爲九德者，上九字其資質，下九字則進修。"金氏此説極精，看到了上九字與下九字的不同。不過説上九字是資質，天賦的；下九字是進修，後天的，實爲美中之不足。實際上上九字也是一個人後天修養習染而成的品德。皋陶認爲擔任部落聯盟或部落一定的管理職務的"官員"應具有這九種品德。什麽事情都有個限度，過或不及都不可。所以九種品德又各加了一定的條件限制，使不至於過火。例如寬好，寬過了頭，就變爲不好。"寬而栗"，給寬加上個栗的要求，使不過於寬，才爲最好。這裏含有中的思想。中的思想首見於《論語·堯曰》之"允執其中"（《大禹謨》亦有"允執厥中"語，但是《大禹謨》是僞託之作，不能引以爲證），記的是堯舜時事，是可信的，此經之"九德"之説是一個證明。

　　"寬而栗"，《夏本紀》集解引馬融注："寬大而敬謹戰慄也。"（據俞樾《群經平議》，今《夏本紀》集解未見引馬融此語）僞孔傳："性寬宏而能莊栗。"孔穎達《尚書正義》引鄭玄注："寬謂度量寬宏。"三人關於寬的訓解一致，寬就是度量寬大能容，不成爲問題。問題在栗字，馬云"敬謹戰慄"，僞孔傳云"莊栗"，意同，皆謂小心戒慎之意。俞樾《群經平議》説："栗與秩古通用，寬而栗猶寬而秩也。言寬大而條理秩然也。"根據是《公羊傳》哀公二年"戰於栗"，《經典釋文》曰："栗，一本作秩。"俞氏同時又引《禮記·表記》"寬而有辨"鄭注："辨，別也，猶寬而栗也。"然後説："然則鄭君以'寬而栗'爲'寬而有辨別'，得其旨矣。"條理秩然與寬而有辨別，意義一貫。寬大過了頭容易條理紊亂，是非不分，故云"寬而栗"。按俞説是。

　　"柔而立"，僞孔傳："和柔而能立事。"孔穎達《尚書正義》引鄭玄："柔謂性行和柔。"柔是柔，和是和，義有不同，用"和柔"釋柔，不妥。柔不含和義，柔者不必和。《説文》術部："柔，木曲直也。"段

注："《洪範》'木曰曲直'，凡木曲者可直，直者可曲，曰柔。"又云："柔之引伸爲凡軟弱之稱。"是柔謂木可曲可直，引申有弱義，故《老子》常柔弱連稱。《易·説卦》："乾，健也；坤，順也。"《易·雜卦》："乾剛坤柔。"是柔亦有順義。"柔和"、"柔弱"、"柔順"都是今之常語，可是義有不同。"柔和"是柔且和之意，不但柔，而且和。"柔弱"、"柔順"則不是柔且弱，柔且順，因爲柔就是弱，柔就是順。柔須有個限度，就是不能柔到不立的程度，故云"柔而立"。蔡傳："柔而立者，柔順而植立也。"最爲得當。孫星衍《尚書今古文注疏》"柔順近弱而能樹立"，也對。"九德"之"而"字，據《吕氏春秋·土容》"柔而堅，虛而實"，高誘注："而，能也。"皆當讀爲能。另外，附帶説一句，常有人説道家貴柔，孔子與儒家尚剛，顯然不合實際。説道家貴柔是對的，説孔子與儒家尚剛則不對。孔子與儒家所貴者中也，即中庸之道。所謂貴中，是一切依時而定，當柔則柔，當剛則剛，不拘執一偏。《周易》既講乾之剛，也講坤之柔。此經亦然，"九德"中有"剛而塞"，也有"柔而立"，《洪範》更有"柔克"、"剛克"之説。《尚書》、《周易》的思想爲孔子與儒家一脈相承下來。

"愿而恭"，僞孔傳："愨愿而恭恪。"蔡傳襲用之云："謹愿而恭恪也。"《説文》心部："愿，謹也。"《廣雅》："愿，愨也。"《説文》心部："愨，謹也。"是愿訓謹訓愨。《荀子·正名》："故其民愨，愨則易使。"《左傳》襄公三十一年："愿，吾愛之，不吾叛也。"杜注："愿，謹善也。"《周禮·土司寇》"國刑上愿糾暴"鄭注："愿，愨慎也。"是愿之義是謹厚戒慎，老誠不貳。這樣的人，爲不至於走到極端，應當能恭。僞孔傳釋恭爲恭恪，恭據《説文》是肅的意思。段注説肅是持事振敬，賈誼《新書》謂"接遇慎容謂之恭"。《論語·子路》"居處恭，執事敬"，《季氏》"貌思恭"，"事思敬"。是恭的意思表現在容儀是恭肅，表現在做事上是誠敬。這樣的恭祇能助長愿的人更加愿，根本不能防止愿發展到過火程度。所以"愿而恭"的"恭"字不應當是恭恪的意思。《夏本紀》"愿而恭"作"愿而共"。共字同然可以借作恭,但是《史記》作恭敬講的恭字皆作恭,如《堯典》、《史記》引"允恭"、"象恭",作恭而不作共。那末《夏本紀》"愿而共"的"共"是什麼意思呢?段玉裁《古文尚書撰異》謂《史記》本今文《尚書》作"愿而共"勝於古文《尚書》作"愿而恭"。段曰:"謹愿人多不能供辦,能治人多不能敬慎,德與才互兼也。"按段説有道理。謹愿的人謹愿過了火便不能辦事,不能管理。愿而能共才是完滿的,即既謹愿忠厚又能辦事,善於管理。謹厚過份變成呆子以至於不會辦事,這等於廢材,不可用。

"亂而敬",乱繁體作亂。《爾雅・釋詁》:"亂,治也。"《説文》乙部:"亂,治也。從乙,乙,治之也,從𤔔。"段玉裁以爲文理不可通,改爲"亂,不治也。從乙𤔔,乙,治之也",并且注云:"亂,本訓不治,不治則欲其治,故其字從乙,乙以治之。"按,段氏説可商。證諸經典,亂訓治,是也。《夏本紀》"亂而敬"徑作"治而敬"。《論語・泰伯》:"予有亂臣十人。"馬融注:"亂,治也。"郭璞注《爾雅・釋詁》"亂,治也"亦引《泰伯》此句。《左傳》襄公二十八年:"武王有亂臣十人。"杜注:"亂,治也。"是知亂訓治是没有問題的。問題是亂爲什麼訓治呢?古人有不同的解釋,郝懿行《爾雅注疏》:"《説文》:'孿,亂也。一曰治也。'是孿兼治亂二義,經典通以亂字代之,蓋亂,孿聲義同耳。"謂以亂代孿,孿有治義(孿字在《説文》言部)。朱熹《論語集注》於《泰伯》"予有亂臣十人"句下云:"亂本作乿,古治字也。"金履祥《論語孟子集注考證》:"亂字從爪從系從乙,取以手理絲而有條理也。後人亂字加乙,與累亂相似,故遂誤以乿爲亂。"謂亂是乿的訛誤。《爾雅・釋詁》:"徂存也。"郭璞注:"以徂爲存,猶以亂爲治,以囊爲曩,以故爲今,此皆詁訓義有反覆旁通,美惡不嫌同名。"謂訓亂爲治乃詁訓義有反覆之常例。以上三説見仁見知,未知孰是,學者當深研之。郭説爲後世人所常取。敬,《説文》苟部:"敬,肅也。"聿部:"肅者,持事振敬也。"段注謂"與此爲轉注"。心部"忠,敬也","懬,敬也","憼,敬也","恭,肅也","惰,不敬也”，義皆相足。《釋名疏證補》：“敬警二字古通用。”《詩·鷄鳴》序“夙夜警戒”，《經典釋文》：“警本作敬。”《詩·常武》鄭箋：“敬之言警也。”賈誼《新書》：“接遇肅正謂之敬，反敬爲優。”《説文》人部：“優，饒也。”段注“引申之爲優游，爲優柔”。是敬有肅義，有警義，與惰義反，與優義反。由此看來這個敬字與《周易》乾九三“君子終日乾乾，夕惕若厲”意義相近，即時刻戒慎警惕，做事無些許大意。一個善治即有較强管理才能的人，極易自恃有才幹而走向粗枝大葉的一端。如果他能够保持一個敬字，便完備可用了。所以，僞孔傳解“亂而敬”爲“有治而能謹敬”，是對的。

　　“擾而毅”，擾今簡化字作扰。《玉篇》引作“㹟而毅”。《説文》：“㹟，牛柔謹也。”㹟隸定作㹟。《廣雅》：“㹟，柔也，善也。”蓋許慎亦以爲此字訓爲馴、柔，當作㹟（隸定爲㹟）。然而古書多作擾（隸定爲擾）。《説文》手部：“擾，煩也。”段注：“煩者熱頭痛也，引申爲煩亂之稱。訓馴之字，依許作㹟，而古書多作擾。蓋擾得訓馴。猶亂得訓治，徂得訓存，苦得訓快，皆窮則變，變則通之理也。”《周禮·天官·大宰》“以擾萬民”，鄭注：“擾猶馴也。”又《地官·司徒》“安擾邦國”，鄭注：“擾亦安也。”《説文》手部擾字段注云：“《周禮》鄭注‘擾猶馴也’，言‘猶’者，字本不訓馴。”毅，《左傳》宣公二年：“殺敵爲果，致果爲毅。”《皋陶謨》孔疏云：“謂能致果敢殺敵之心，是爲强毅也。和順者失於不斷，故順而能決乃爲德也。”按，孔説是也。馴順對於一個管理者來説是必要的。若是過了度則失於猶豫寡斷，務必補之以果決敢斷的精神才算完足。

　　“直而溫”，《説文》乚部：“直，正見也。”謂目正視，這是直的本義。“直而溫”的“直”用的是引申義。《廣雅》：“直，正也。”《周易》坤卦：“直其正也。”《左傳》襄公七年：“正直爲正，正曲爲直。”《詩·小雅·小明》“正直是與”，毛傳：“正直爲正，能正人之曲爲直。”《禮記·郊特牲》“告之以直信”，鄭注：“直猶正也。”《説文》乚部直字段注：“見之審則必能矯其枉，故曰‘正曲爲直’。”據古人的這些見解，正與直是有區別的。直雖訓正，但是在古人的語言實踐中，正指自己，直指正人。《論語·微子》記柳下惠説“直道以事人”還是“枉道以事人”的問題，討論的是直。直是直他人之曲。《論語·顔淵》記孔子説“子帥以正，孰敢不正”和《子路》記孔子説“不能正身，如正人何”，討論的是正。正可以用來表達自己，也可用來表達正人。但是凡直字則都是用來表達直人的。此經“直而温”的直即指正人之曲而言，非言自己也。因爲正人才有個温與不温的問題，若自己，何須言温！正人之曲，敢於對上提出批評，恰是爲“官”者所必當有的品德。温，《詩·小雅·小宛》：“人之齊聖，飲酒温克。”毛傳：“齊，正；克，勝。”鄭箋：“中正通知之人飲酒雖醉，猶能温借自持以勝。”鄭訓温爲蘊借。孔疏：“蘊借者，定本及《箋》作温字。舒瑗云：‘苞裹曰蘊，謂蘊借自持，含容之義。’經中作温者，蓋古字通用。”《禮記·内則》云“子事父母”，應“柔色以温之”，鄭玄注亦云：“温，借也。”温與蘊通，蘊亦作薀。《説文》艸部：“蘊，積也。”《左傳》隱公六年：“芟夷蘊崇之。”杜注：“蘊，積也。”是温字在此包含能容的意思。敢於正他人之曲的直者，發展過了火，容易失於刻薄而缺乏包容的氣度。“直而温”，既能正人之曲又能大度包容。孫星衍《尚書今古文注疏》解作“梗直不撓而能温克”，釋直爲“梗直不撓”不算錯，但不準確。温字取《小宛》“飲酒温克”之義，是極正確的。僞孔傳解“直而温”的温爲温和，淺甚。温字固然有温和之義，如《詩·小宛》：“温温恭人。”毛傳：“温温，和柔貌。”《爾雅·釋訓》：“温温，柔也。”邢疏：“寬緩和柔也。”温和與蘊借含容，意向亦一致。但是温和是表面顔色，蘊借含容是内在修養，有能含容的修養，方可顯出温和的顔色。一個敢於正人之曲的直人，祇注意態度温和並不能防止他走向刻薄的極端，祇有做到蘊借包容才能使他的直保持在適當的限度上。

“簡而廉”，《周易·繫辭傳》：“坤以簡能。”孔疏：“簡謂簡省。”《詩·邶風·簡兮》：“簡兮簡兮。”毛傳：“簡，大也。”《論語·公冶

長》："吾黨之小子狂簡。"孔安國注："簡，大也。"又《雍也》："仲弓
曰：'居敬而行簡，以臨其民。'"孔安國注："居身敬肅，臨下寬略。"
劉寶楠《論語正義》："《爾雅·釋詁》：'簡，大也。'寬大之治，有似疏
略。《毛詩·匪風》傳：'亨魚煩則碎，治民煩則散。'煩與簡相反。"
《堯典》："簡而無傲。"馬融注解爲"簡約"。《皋陶謨》孔疏："簡者，
寬大率略之名也。"綜合以上古人語意，簡有簡約、寬大、疏略而不
煩瑣之義。廉，《禮記·中庸》："簡而文，溫而理。"鄭注："猶'簡而
辨，直而溫'也。"説明"簡而廉"之廉鄭讀爲辨。又，《論語·陽貨》：
"古之矜也廉。"鄭注："魯讀廉爲貶。"《禮記·玉藻》："立容辨卑。"
鄭注："辨讀貶。"廉、辨聲相近，並可讀爲貶，所以鄭注讀"簡而廉"
之廉爲辨。辨，分別。"簡而廉"，謂雖簡約而有分別。俞樾《群經
平議》云："凡人惟過於簡約而無等威，易於無別。《書》曰'簡而
廉'，《禮》曰'簡而文'，其義一也。"按，俞説是。《左傳》昭公元年
"宋左師簡而禮"又爲一證。廉訓作辨，頗有道理。一個負有管理
責任的人，爲政應當寬簡不煩，疏略不密，然而又容易失於禮節不
講，等別無分。"簡而廉"，亦即"簡而禮"，"簡而文"，既簡約又能保
持禮文，方可爲一德。僞孔傳："性簡大而有廉隅。"廉的本義是堂
廉即堂之邊，隅的本義是堂之角，邊亦訓稜。廉隅即邊角、棱角。
《禮記·儒行》："近文章，砥厲廉隅。"《漢書·揚雄傳》："不修廉隅，
以徼名當世。""砥厲廉隅"與"不修廉隅"意義相反，一爲修廉隅，一
爲不修廉隅。是廉隅猶今語之所謂框框、規矩之類。"性簡大而有
廉隅"，意謂雖然簡約寬大，卻亦能保持一定的框框、規矩，不至於
簡約得無所拘束。此説亦不能説完全不合經旨。又，孫星衍《尚書
今古文注疏》據《釋名》"廉，斂也"，《説文》廣部"廉，仄也"，故釋"簡
而廉"爲"簡大似放而能廉約"，似亦不悖經意。三説比較，俞説爲
長。

　　"剛而塞"，剛與柔是相反的概念。《易·雜卦傳》："乾剛坤
柔。"《易·説卦傳》："乾健也，坤順也。"乾卦"大象"："天行健，君子

以自強不息。"是剛是強健的意思,其反義是柔,柔是柔順的意思。偽孔傳解剛爲"剛斷",孔穎達《尚書正義》進一步解爲"剛而能斷",用斷字來界定剛,顯然失於偏。如果剛是剛斷,那末柔便是寡斷了。可是柔的意思是弱,是順,並非寡斷,所以才補之以"立",謂柔弱、柔順者免於不能立。"柔而立",柔弱、柔順而能自立,才是完備的柔德。柔不是寡斷,則剛便不應是剛斷。一個人資質剛健,需要能塞。塞是什麼意思?《説文》心部:"㥶,實也。從心。塞省聲。《虞書》曰:'剛而㥶。'"段玉裁《古文尚書撰異》説:"作㥶者壁中原文,作塞者蓋孔安國以今文讀之也。"是塞字《説文》訓實。《夏本紀》以詁訓代經文,"剛而塞"徑作"剛而實。"是司馬遷亦訓塞爲實,鄭玄注《禮》、《詩》,塞字亦訓實,如《中庸》"不變塞焉",鄭注:"塞猶實也。"《詩·鄘風·定之方中》"秉心塞淵",鄭箋:"塞,充實也。"《詩·大雅·常武》"王猷允塞",鄭箋:"守信自實滿。"《禮記·祭義》"而天下塞焉",鄭注:"塞,充滿也。"塞訓實、充實、充滿,"剛而塞"的意思就易解了。剛健強勁,弄得不好,容易失去內在的涵養,或者沒有一定的立場,或者沒有應有的原則,總之,外強而中乾。所以需要"剛而塞",外剛而能中實。蔡傳解"剛而塞"爲"剛健而篤實也",是對的。王鳴盛《尚書後案》説"冀缺以陽處父'剛而不實'知其不免,剛健篤實,斯爲類也",取陽處父的實例自反義上解"剛而塞",尤其得要領。俞樾《群經平議》説"塞當讀爲思","今文塞字之義爲古文思字之義","思塞雙聲,故義得相通","剛而塞"者"剛而思"也。"剛斷之人恐或不能審思,則失之於不當斷而斷者多矣。故必'剛而思'乃爲德也"。俞氏此解,其誤有二:一是取偽孔傳釋剛爲剛斷説;二是釋塞爲思,於理難通。若説思,九德之哪一德不需要思,豈止剛一德!

"強而義",強與剛相聯繫,但是有所不同。剛有強義,卻與柔相對應;強有剛義,卻與弱相對應。剛的意思是健,而強的意思是壯大、強盛。國有強弱,人亦有強弱,然而強國強人不一定剛,弱國

弱人不一定柔。剛與强的區別可以用《周易》乾卦與大壯兩卦來考
察。剛相當於乾，元亨利貞，自强不息；强相當於大壯，大壯利貞，
非禮勿履。自强不息，務須自我充實，故言"剛而塞"。强大隆盛，
容易凌人，務須自我克制，故《易》言大壯，非禮弗履，《書》言"强而
義"。江聲《尚書集注音疏》引《禮記·聘義》"勇敢强有力者"句釋
此經文"强"字，是對的。僞孔傳釋强爲"無所屈撓"，孔疏謂"强謂
性行堅强"（王氏《尚書後案》以爲是孔疏引鄭玄語，誤），亦不違經
義。義字怎麽講？王引之《經義述聞》釋爲善，釋"强而義"爲"性發
强而又良善也"。王説理據充足。《詩·大雅·文王》"宣昭義問"，
毛傳："義，善也。"《禮記·緇衣》"章義癉惡"，皇侃疏："義，善也。"
《爾雅·釋詁》："儀，善也。"義字古通作儀。强國强人而無善，則後
果不堪設想，故云"强而義"。《左傳》昭公元年"不義而强，其斃必
速"，隱公元年"多行不義必自斃"，都是從反面講出了"强而義"的
道理。僞孔傳説義是"動必合義"，王氏駁之曰："若云强而合義，則
九德皆當合義，非獨强也。"釋義爲善，是；釋義爲道義之義，非。

　　"彰厥有常，吉哉"，此語看似簡單，古人解釋分歧卻大。鄭玄
説："人能明其德，所行使有常，則成善人矣。"王肅説："明其有常則
善也。言有德當有恒也。"僞孔傳説："明九德之常以擇人而官之，
則政之善。"（皆孔穎達《尚書正義》引）孔疏説："此句言用人之義，
所言九德謂彼人常能然者，若暫能爲之，未成爲德，故人君取士必
明其九德之常，知其人常能行之，然後以此九者之法擇人而官之，
則爲政之善也。明謂人君明之。"僞孔傳與孔疏以爲主詞是人君，
吉是善政，鄭玄以爲主語是人臣，吉是善人，皆有增字解經之嫌，不
可從。王肅則根本没説明白。這句話的主詞承上文而來應當是九
德，不是人君也不是人臣。吉不是善政也不是善人，而是吉德。
厥，在此是語助詞，表示停頓，無義，不能釋作代詞之或其。常，恒。
有常即有恒。這不成問題。彰訓明，也不成問題，但與明略有不
同。《説文》彡部："彰，文彰也，從彡、章。"段注："會意，謂文成章。"

桂馥《説文解字義證》："彰通作章。《説文》以彰爲文章者,謂鳥獸羽毛之文也,如夏翟虎豹之屬。"引申之則謂人之言行有序不紊,文理著明,如《左傳》襄公三十一年:"動作有文,言語有章。"蓋謂言行井然著明,語語事事皆成文章。此經彰字當亦是此義,言上述九德條條有序,著明不亂,寬必能栗,柔必能立,愿必能恭,等等;又能有常,即恒久堅持,非出於一時勉强而爲,那就是吉德。言外之意,是説如果九德不彰無恒,例如簡而不能廉,剛而不能塞,强而不能義,那是兇德了。今人言德都是正面意義,兇德不稱德,古人言德則有吉凶之分。《左傳》文公十八年言"孝、敬、忠、信爲吉德,盜、賊、藏、姦爲凶德",顯然以爲德有吉凶。此經言"吉"而無"德"字,蓋因上文所言者九德,於此不必言之也。蔡傳釋此經文曰:"彰,著也。成德著之於身而又始終有常,其吉士矣哉!"爲近之,而釋吉爲吉士,亦誤。

討論過九德之後,我們不免産生下面三點想法。第一,《皋陶謨》所謂九德,如寬,如柔,如愿,如亂,如擾,如直,如簡,如剛,如强,無非人之性格、心理以及行爲能力方面的特點,尚不具有後世如仁義禮智信忠孝等道德範疇的意義。第二,寬而栗、强而義的句式,反映出一種過猶不及的思想,與後來孔子表述的中庸之道一致。第三,此經之九德與《堯典》之"直而温,寬而栗,剛而無虐,簡而無傲",似有淵源關係。而《洪範》三德正是此經九德之概括。"寬而栗、柔而立,愿而恭"相當於《洪範》的"柔克","亂而敬,擾而毅,直而温"相當於《洪範》的"正直","簡而廉、剛而塞,强而義"相當於《洪範》的"剛克"。《吕刑》亦有三德之説。這説明《尚書》各篇内容是貫通的。以上三點共同證明《皋陶謨》"九德"的早期性和真實性。

（與吕紹綱合作,《社會科學輯刊》1993 年第 5 期）

《禹貢新解》前言

　　《禹貢》是《尚書》中重要的一篇,也是我國最早的地理學著作。所記禹時之山川、土壤、物産、交通、區劃等皆至爲精密、完整、系統,具有相當大的科學性。有人説《禹貢》所記山川物産等自然狀況是可貴的,而大禹其人及治水其事是神話傳説,不可信。其實不然,大禹其人,治水其事,是有文獻可徵的。《書》序"禹别九州,隨山浚川,任土作貢"之説絶非無根空談。《尚書·立政》説:"以陟禹之迹。"《尚書·吕刑》説:"禹平水土,主名山川。"《詩·商頌·長發》説:"洪水芒芒,禹敷下土方。"《詩·小雅·信南山》説:"信彼南山,維禹甸之。"《國語·周語下》記太子晉言伯禹"高高下下,疏川導滯,鐘水豐物,封崇九山,決汩九川,陂障九澤……"《左傳》襄公四年記魏絳述虞人之箴云:"芒芒禹迹,畫爲九州,經啓九道,民有寢廟,獸有茂草,各有攸處,德用不擾。"昭公元年天王使劉定公勞趙孟於潁,館於雒訥,劉子曰:"美哉禹功,明德遠矣。微禹,吾其魚乎!吾與子弁冕端委以治民,臨諸侯,禹之力也。"《論語·泰伯》記孔子説:"卑宫室而盡力乎溝洫,禹,吾無間然矣。"這些文獻材料的史料價值無容置疑,它們記大禹治水之事,言之鑿鑿,哪裏有神話傳説的痕迹!戰國秦漢的文獻諸如《墨子·兼愛中》、《孟子·告子下》、《莊子·天下篇》、《荀子·成相》、《吕氏春秋·愛類》、《屈原·天問》、《淮南子·本經訓》等亦皆記載大禹治水的史實。《史記·夏本紀》更將《禹貢》全文加以訓詁而記録之。據《史記·河渠書》記載,司馬遷曾"南登廬山,觀禹疏九江,遂至於會稽太湟,上姑蘇,望五湖;東窺洛汭、大邳,迎河,行淮、泗、濟、漯、洛渠;西瞻蜀之岷山及離碓;北自龍門至於朔方"。司馬遷治史是認真的,如果他没有根據,不會南北東西尋禹迹而實地考察。

《禹貢》寫成於何時,也是個有爭議的問題。現在大多數人認爲《禹貢》不是虞夏時所作。王國維《古史新證》説:"《禹貢》文字稍平易簡潔,或係後世重編,然至少亦必爲周初人所作。"以爲《禹貢》之成篇不會晚於周初。錢玄同《讀書雜志》説:"《禹貢》等篇,一定是晚周偽造的。"陳夢家《尚書通論》把《禹貢》列入戰國時代著作。顧頡剛《禹貢注釋》序言説:"我們可以猜測,《禹貢》是公元前第3世紀前期的作品,較秦始皇統一的時代約早六十年。"蔣善國《尚書綜述》説:"《禹貢》所記的疆域,近於戰國末季到秦始皇時的版圖。"以爲《禹貢》寫成於戰國時代。我們認爲《禹貢》固然不可能是夏代人所作,但也不會是周初的作品,因爲《禹貢》的文風與《周書》之《大誥》、《康誥》有很大的不同,倒是與《周禮》極相似,很可能是周室東遷後不久某一位大家所作。倘是戰國時代的作品,孔子怎能將它收入《尚書》!

疆域問題是主《禹貢》戰國時作説的一條重要論據。郭沫若《中國古代社會研究》説:"中國古代的疆域衹在黄河的中部,就是河南、直隸、山西、陝西一部分的地方。直隸、山西的北部是所謂北狄,陝西的大部分是所謂西戎,黄河的下游是所謂東夷,長江流域的中部都還是所謂蠻荆,所謂南蠻,淮河流域是所謂淮夷、徐夷。而在《禹貢》裏面所謂荆州、青州、揚州、徐州等等,居然已經畫土分貢了,這是絶對不可能的事實。"顧頡剛《禹貢注釋》序謂"九州制是由戰國時開始醖釀的,到漢末而實現","可是古代並不曾真有這個制度"。也是説《禹貢》既然有九州之説,便不能作於戰國以前。

郭氏、顧氏的推論,我們以爲不能成立。郭氏説中國古代的疆域僅僅在黄河中部,其餘南北東西都是四夷,不屬於中國,而《禹貢》竟别爲九州,畫土分貢,故《禹貢》是春秋戰國間構成。郭氏找到的理由是疆域問題。顧氏斷定《禹貢》作於前3世紀早期,找到

的理由在州制。九州之説出現於戰國時代，但是戰國時代實際上
並不存在九州的劃分。直到漢末，"曹操執政，才依了《禹貢》而實
定九州的制度"。戰國之前連九州之説也没有，而《禹貢》言九州，
故《禹貢》必不會早於戰國成書。

　　郭氏所説的華夏與夷狄的界限，是春秋時代疆域的狀況。虞
夏時期尚處在原始社會末期的軍事民主制時代，當時有的是氏族
和部落以及部落聯盟，後世的國家尚未産生。禹是華夏族部落聯
盟的首領。由於治水的需要，周邊的氏族、部落勢必與之發生聯
繫，繳納一定的貢獻是情理中事。《左傳》哀公七年説："禹合諸侯
於涂山，執玉帛者萬國，今其存者無數十焉。""諸侯"與"國"顯然是
後世用語，實爲當時的部落。《左傳》的這條材料説明禹同"萬國"
有關，"萬國"的確在向禹納貢。至於九州，在《禹貢》裏不過是個純
粹的地理概念，不含後世國家産生以後才有的疆域觀念。當《禹
貢》言及九州時，並不意味它認爲九州一概屬於禹代表的華夏部落
聯盟。《禹貢》爲什麽會知道冀州以外的地理狀況，這個問題不難
理解。首先，治水是個牽涉廣泛的事情，促使人們不得不瞭解寰宇
内一切大山大水。其次，如同柯斯文《原始文化史綱》所説："原始
人的生活條件逼着他要首先完全熟悉自己的鄉土、自己求食地區
和圍繞着自己的自然界。這種原始的鄉土志，在所有現代部落和
部族中間，是很被重視的。每一個小地方，每一條小溪，每一丘陵，
每一地方的特點，任何一堵峭壁，都有一定的名稱。原始人的知識
也往往擴展到離開本部落很遠的區域。原始人能够很快地畫出可
以稱之爲路綫圖的東西來，就正好證明這一點。"原始社會的人對
自然環境的直觀認識能力要高過現代人。所以看見《禹貢》裏言及
東西南北那麽多山名、水名、物産名以及九州的州名，絲毫不必大
驚小怪。《吕刑》説"禹平水土，主名山川"，是有根據的。《爾雅》之
《釋地》、《釋丘》、《釋山》、《釋水》之地、丘、山、水之名亦當爲禹所
命。《禹貢》裏九州州名、山名、水名、土名、物名，都出於大禹之時，

是無須懷疑的。

　　顧氏關於《禹貢》之九州出於戰國説，也有自相牴牾之處。既説九州説"必然到了戰國的中期才有出現的可能"，又説"這便是存在決定思維的一個例子"。戰國是七國割據的時代，周天子早已形同虛設，全中國範圍内根本没有一個中央政權存在，怎麽可能"決定"九州説這個"思維"的出現！漢代出現十二州或十三州的制度，那是因爲漢代有個强大而穩固的中央政權，它需要對全國進行分區統治。如果説禹時不存在産生九州制的條件，那末戰國時代這個條件也不存在。據此而説《禹貢》有九州説因而衹能是成書於戰國時代，是没有道理的。須知，《禹貢》的九州純係依自然條件分區，不是行政區劃。如冀州，《禹貢》本經未言經界，《爾雅·釋地》説："兩河間曰冀州。"郭璞注："自東河至西河。"即包含今日山西、河北兩省地，衹是個自然區域的概念。這種情況後世很長時期没有改變。據《周禮·夏官·職方氏》記載，周時仍分天下爲九州，與《禹貢》略有不同者，徐州、梁州分别合并於青州、雍州，於冀州之北另闢幽、并二州。雖然設了"職方氏"一個職官，統管各州的土地、物産、人民、農牧事宜，但是九州仍然是地理概念，不具有行政的意義。《漢書·地理志》約引《職方氏》之文曰："掌天下之地，辯九州之國。"極得要領。不是國中有州，而是州中有國。《禹貢》和《職方氏》之州莫不如此。戰國時代的九州説亦與此同。《説文》川部州字云："水中可居曰州。昔堯遭洪水，民居水中高土，故曰九州。一曰州疇地，各疇其土而生之。"《經典釋文》引《春秋説題辭》云："州之言殊也。"是知《禹貢》九州之州字不過是在治水過程中民衆自然形成的一塊塊居住地的意思。

　　總之，禹時産生九州的觀念不僅可能，而且是必然的。由斷言九州説不能産生於戰國之前從而得出《禹貢》之成書不會早於戰國的結論，不能成立。《禹貢》不是禹時的作品，也不是戰國時代的作品，它當是周室東遷不久某位大家根據禹時流傳下來的史料寫成的。

　　還有一個證據能夠證明《禹貢》不是戰國人作，這就是黃河下游河道問題。據譚其驤先生研究，春秋戰國時代，黃河下游以走《漢志》河爲常，也曾不止一次走《禹貢》、《山經》河。也有可能東（《漢志》河）西（《禹貢》、《山經》河）二股曾長期同時存在，二股迭爲幹流，而以東股爲常。公元前 4 世紀四十年代左右，齊、趙、魏各在當時的河道（即《漢志》河）的東西兩岸修築了綿亘數百里的堤防，此後《禹貢》、《山經》河即斷流，專走《漢志》河，一直沿襲到漢代（《西漢以前的黃河下游河道》，載《長水集》下）。如果譚先生這一結論是可信的話（我們認爲可信），那末顧頡剛先生關於《禹貢》作於公元前 280 年左右的論斷則大可懷疑。試想，到公元前 280 年時，由於齊、趙、魏各國築堤，黃河下游河道穩定在《漢志》河裏已近一個世紀，寫《禹貢》的人爲什麼不寫看得見的《漢志》河，偏偏寫他看不見的《禹貢》河？ 最合理的解釋祇有一個，《禹貢》不是寫作於公元前 280 年左右，而是在那時以前。

　　《禹貢》最後有一段講服制的問題，提出甸、侯、綏、要、荒五服的説法。什麼是服？《論語·泰伯》説文王"三分天下有其二，以服事殷"。《周禮·夏官·職方氏》鄭玄注説："服，服事天子也。"是知服是關於各地各族各國與華夏族天子（中央政權）關係的制度。這種關係的親疏，應盡義務與責任的大小，依所在地域與天子的距離遠近而劃分幾個層次，劃分九個層次的叫九服，劃分五個層次的叫五服。這種服制與後世的中央與地方的關係有所不同。郭沫若的《金文叢考·金文所無考》指出服制"並非地域之區劃"，是對的。據文獻記載，商代有服制，《尚書》中的《康誥》、《酒誥》、《召誥》、《君奭》諸篇所説的"侯甸男邦采衛"，是商代服制的孑遺。《國語·周語》所記祭公謀父講的先王之制，甸、侯、賓、要、荒五服，是周初成王時周公旦制定的。夏代是否有服制，文獻無徵。禹時尚在國家產生之前的原始社會末期，不應當有所謂服制。《禹貢》裏講的服制當是後世人竄入的，不是《禹貢》原文。郭沫若《金文所無考》説《尚書・禹貢》和《周禮》之《大司馬》、《職方氏》、《大行人》諸職所述之服制，"乃後人所僞託"，是正確的。

古書是靠人們輾轉鈔寫而流傳的，與後世有了雕板印刷之後的書不同，在古人書中竄入一點後人的東西，是極平常的事，完全不必驚詫不已，更不該發現古人書中有後人的東西就把古書的寫作時代拖後。在《禹貢》中發現了後人僞託的東西，也是正常的，不應因此懷疑全篇的真實性。

今之學者多有斷定《禹貢》作成於戰國者，其實大可商量。司馬遷作《夏本紀》、班固作《地理志》皆全文移録《禹貢》，不以爲是後世人的作品。鄭玄作《尚書注》，亦不懷疑《禹貢》成於禹之時。尤當注意者，漢初伏生口頭傳授今文《尚書》29 篇，其中有《禹貢》。假如《禹貢》出自戰國人之手，伏生不至於一無所知。伏生作有《尚書大傳》，完書早已不存，據清人陳壽祺《尚書大傳輯校》，伏生《大傳》有云："孔子曰，丘常悉心盡志以入其中，則前有高岸，後有大溪。填填正立而已。'六誓'可以觀義，'五誥'可以觀仁，《甫刑》可以觀誡，《洪範》可以觀度，《禹貢》可以觀事，《皋陶謨》可以觀治，《堯典》可以觀美。"陳氏案曰："《外紀》引'子夏讀書畢'一條，末舉所徵，然《文選》注、《御覽》、《困學紀聞》分引數條，並與此合，是爲書傳文無疑。薛季宣《書古文訓序》亦有此文。"是知伏生確認有所謂《尚書》"七觀"之説。"七觀"中包括《禹貢》，而"七觀"實出於孔子之口。孔子見過《禹貢》，是不成問題的。

但是，《禹貢》是不是禹本人所記呢？ 漢人對此沒有一點的懷疑。後世人認識有所變化，唐人孔穎達《尚書正義》説："此篇史述時事，非是應對言語，當是水土既治，史即録此篇。"以爲乃史官所録，非禹自記。宋代學者大多贊同此説而略有分歧。有人力主《禹貢》出自史官，如宋元之際金履祥作《尚書表注》，論定"此篇蓋夏史之追録"。南宋張九成則另有説法，他以爲首句"禹敷土，隨山刊

金景芳全集

木，奠高山大川”和末句“禹錫玄圭，告厥成功”，是史官之辭。其餘
自“冀州”至“訖於四海”，“皆禹具述治水本末”，“盡載以奏於上，藏
史官，史官略加删潤，敍結成書”（傅寅《禹貢説斷》引）。南宋另一
學者錢時作《融堂書解》，其文曰：“先儒謂首尾數語是史氏之文，自
‘冀州’至‘訖於四海’，皆禹所自記。今以‘祗臺德先，不距朕行’觀
之，則此書非史氏所作甚明。”

　　上述唐宋人關於《禹貢》誰作的問題，總而言之不外乎三種意
見：一、虞時史官所記或夏時史官追記，孔穎達《正義》、金履祥《表
注》是；二、首尾兩小段是史官所記，餘皆禹本人具述，經史官删潤
成書，張九成《尚書詳説》是；三、因仍舊説，確信出禹本人之手，錢
時《融堂書解》是。明人郝敬《尚書辨解》亦謂事乃禹之事，篇由史
臣録而成之。清人胡渭《禹貢錐指》綜貫諸家，乃集大成之作，它認
爲“《禹貢》即夏史所録，而其事則皆舜相堯時事也”。

　　以上諸家意見雖紛紜不一，但是以爲《禹貢》之作不晚於虞夏
則是一致的。自今日看來，《禹貢》不可能敍結成篇於虞夏之時，更
不會是禹本人手定。不過他們肯定《禹貢》所記之事是“禹別九州，
隨山刊木，任土作貢”的歷史事實，是可取的。最可能的情況是虞
夏之時記録留下了禹別九州，任土作貢的史料，傳至後世，到了周
平王東遷之後，即春秋初期，經過一位學者的加工潤色而寫定成
篇。今之學者有人斷定《禹貢》是戰國中期作品，我們實不敢苟同。

　　關於《禹貢》篇名問題，“禹貢”二字顯然表明篇中所述乃禹之
事，且是從“貢”的角度談問題。書序用“禹別九州，隨山浚川，任土
作貢”三句話概括篇意，僞孔傳以“禹制九州貢法”一語釋篇名，是
正確的。禹是名是號，古人其説不一。顧炎武《日知録》卷二説：
“堯舜禹皆名也。古未有號，故帝王皆以名紀。”以爲古有名無號，
故《禹貢》篇題不諱禹啓。《禮記·曲禮上》説：“詩書不諱。”《周
禮·春官·外史》：“掌達書名於四方。”鄭玄注：“謂若《堯典》、《禹
貢》，達此名使知之。”孫詒讓《周禮正義》：“謂此書名即指古書之篇

名。"胡渭《禹貢錐指》："書名則垂諸簡策以詔來世，與敘述之文不同，故二典、謨、貢不嫌以名著也。"是知詩書不諱稱君名，今禹字在篇名不在敘述之文，則尤無須諱。

關於《禹貢》之貢字，古人解釋亦有所不同。貢與賦有何區別，篇中言貢亦言賦，爲什麼篇名言貢而不言賦。僞孔傳說："任其土地所有，定其貢賦之差。"統言貢賦而未及貢與賦之別。孔穎達《尚書正義》謂"賦者自上稅下之名"，"貢者從下獻上之稱"，"與《周禮·大宰》九貢不殊"。蔡沈《書集傳》從之。籠統地言貢賦而不加區別和以下獻上與上稅下區分貢賦之不同，都不符合《禹貢》貢賦之實際。南宋朱熹同時代人王炎作《禹貢辨》，說："九州有賦有貢。凡賦，諸侯以供其國用。凡貢，諸侯以獻於天子。"清人胡渭《禹貢錐指》贊成王炎的意見，說"賦出於百姓，貢出於諸侯"，"唯甸服千里之内天子所自賦，餘皆以封諸侯。諸侯取於民謂之賦，而出其國用之餘以獻於天子，則貢也而非賦矣"。"貢之爲言廣矣大矣，賦止甸服，貢盡九州；賦止中邦，貢兼四海；言賦不可以該貢，言貢則可以該賦。"胡氏見解頗精到，比宋人王炎分析更加透徹。胡氏說賦是百姓對諸侯，貢是諸侯對天子；貢涉及面廣大，九州中土，要荒四海都包括在内，賦就天子說僅止於千里畿内。《禹貢》篇名言貢不言賦，是因爲貢可以該賦，賦不可以該貢。胡說極是。《周禮·職方氏》"制其貢各以其所有"說、《周禮·大宰》之九貢（祀貢、嬪貢、器貢、幣貢、材貢、貨貢、服貢、斿貢、物貢）說與《禹貢》之貢說一致，都是天下九州四海向天子進貢。《左傳》的有關記載，可爲印證。僖公四年齊桓公伐楚，理由之一便是楚成王"爾貢包茅不入，王祭不共，無以縮酒"。楚成王自己也承認"貢之不入，寡人之罪也"。昭公十三年子產說："昔天子班貢，輕重以列，列尊貢重，周之制也。"《左傳》這兩條記載說明諸侯向天子進貢是歷史事實。周代的貢制不是一朝一夕產生，是有歷史淵源的。《左傳》哀公七年說："禹合諸侯於塗山，執玉帛者萬國。"可見禹時已存在納貢制度。

《禹貢》所述之貢制必非虛語。不過"諸侯"、"萬國"是後世用語，當時沒有諸侯與萬國，有的是氏族、部落和部落酋長。在禹的時代有納貢的制度，並不奇怪。一些部落給另一强大部落納貢，是原始氏族社會普遍存在的事實。馬克思《摩爾根〈古代社會〉一書摘要》說："阿兹忒克聯盟並没有企圖將所征服的各部落並入聯盟之内，因爲在氏族制度下，語言的分歧是阻止實現這一點的不可克服的障礙。這些被征服部落仍受他們自己的酋長管理，並可遵循自己古時的習慣。有時有一個貢物徵收者留駐於他們之中。"說明原始氏族社會被征服部落對征服者部落有納貢的關係。在中國古代，在禹之前可能已存在諸多周邊部落給華夏族部落聯盟納貢的制度。到了禹時，始任土作貢，形成一定的制度，即依土地之肥瘠、多少制定貢之差等。孔穎達《尚書正義》說："貢賦之法其來久矣，治水之後更復改新。言此篇貢法是禹所制，非禹始爲貢也。"極有見地。

有一個問題這裏有必要指出。《禹貢》篇名所講的貢與《孟子》講的"夏后氏五十而貢，殷人七十而助，周人百畝而徹"的貢是否同義？宋代學者大多搞錯。《禹貢》的貢是中土以外各部落向華夏族部落聯盟納貢，發展下去就是《左傳》僖公四年和昭公十三年管仲和子産講的諸侯向天子進貢的貢。夏商周實行的貢助徹，相當於地租。貢是實物地租，助是勞役地租，徹是貢助兩種地租並行，與三代的土地所有制相適應，本質上是一種經濟行爲。《禹貢》的賦有一定的經濟意義，貢則純係超經濟剥奪。宋代學者的錯誤就在於把《禹貢》的貢與貢助徹的貢混同起來。如夏僎《尚書詳解》說："按孟子言夏后氏五十而貢，則貢者雖土地之所産，亦夏后氏田賦之總名，猶商助周徹之稱。"陳經《尚書詳解》說："其所貢即在九等田賦之内。《孟子》曰：'夏后氏五十而貢，商人七十而助，周人百畝而徹，其實皆什一也。'先王取民有制，豈肯於田賦之外別有貢耶！"錢時《融堂書解》說："蓋貢者，夏后氏取民之總目，五十而貢是也。"

林之奇《尚書全解》說:"貢者乃賦稅之總稱。"又說:"此貢之一字,與商之助,周之徹,皆是其一代之制,取民之總名也。"傅寅《禹貢說斷》說:"三代取民之制,必以貢助徹爲名,其用心之仁可知矣。是故史官之名此書,孔子之作此序,皆於貢之一字,深致其意。"蔡沈《書集傳》說:"是篇有貢有賦,而獨以貢名篇者,《孟子》曰:'夏后氏五十而貢。'貢者較數歲之中以爲常,則貢又夏后氏田賦之總名。"他們不明白《孟子》所說三代貢助徹是井田制度下的租賦,承擔者是井田制度下的庶人大衆,享受者是各級有地者,而《禹貢》的貢是實物貢獻,承擔者是諸侯(禹時是部落酋長),享受者是天子(禹時是部落聯盟首長們)。與土地所有制無關。宋人的這種混淆,認識上的根源在於《孟子》"夏后氏五十而貢"這句話。秦漢以後與土地所有制相聯繫的田租田賦再也不用貢字表述,而貢成爲地方給皇帝進貢的專用字。因此誰也不會誤認貢字是明代或清代田賦之總名。我們應當明白,堯舜禹時及夏代各部落各方國給華夏族部落聯盟及夏王朝奉納的實物貢獻同《孟子》所說"夏后氏五十而貢"的貢不是一回事,後者是田賦之總名,而前者不是。

(與呂紹綱合作,《煙臺師範學院學報》(哲社版)1994 年第 3期)

《甘誓》淺説

《尚書·甘誓》記伐有扈氏事。誰伐有扈氏，經文未明言。《史記·夏本紀》説"有扈氏不服，啓伐之。"《淮南子·齊俗訓》高誘注説："有扈，夏啓之庶兄也。以堯舜舉賢，禹獨與子，故伐啓，啓亡之。"以爲伐有扈氏者是夏啓。《墨子·明鬼下》引用《甘誓》全文，而篇名作《禹誓》，以爲伐有扈氏於甘者是禹。我們認爲前説符合歷史實際，《甘誓》所記伐有扈氏者不是禹。禹容或有伐有扈氏事，但是這次不是他。自《甘誓》本文看來，作誓者口氣嚴厲，態度決絶，誓與有扈氏作殊死戰，顯然祇有殺益奪權，用世襲制取代禪讓制，因而遭到有扈氏激烈反對的啓才能如此。

又，《吕氏春秋》有夏后相伐有扈説。其《先己》篇説："夏后相與有扈戰於甘澤而不勝。"此説更不能成立。高誘注此語，但以啓事爲説，不及相。是高氏所見本《吕氏春秋》作"夏后啓"，不作"夏后相"。作"夏后相"，乃後人傳鈔之誤。再者，據《史記·夏本紀》説，《甘誓》大戰於甘的結果是"遂滅有扈氏"，不是"不勝"。可見《吕氏春秋》所言與《甘誓》所記不是同一次戰争。

《甘誓》寫定成篇的時間當在西周，材料則出於夏啓時。是研究夏史的重要史料。

大戰於甘，乃召六卿。

戰而言大，是强調夏后啓伐有扈氏的這場戰争規模大，意義大。鄭玄説"天子之兵，故曰大"（《尚書》孔疏引），不足據。據經下文接"乃召"云云，知"大戰於甘"句含有"大戰於甘"之前的意思。甘在何處，據《漢書·地理志》："右扶風，鄠，古扈國，有扈谷甘亭。

扈,夏啓所伐。"(今本無前扈字和甘字,今據王念孫説補)知甘在漢右扶風郡之鄠縣。鄠縣即今陝西西安市西南之户縣。又馬融云:"甘,有扈南郊地名。"(《史記・夏本紀》解引)馬融又云:"甘,水名,今在鄠縣西。"(《經典釋文》引)馬説與《漢志》合。馬本人是右扶風人,其説當有據。馬氏既説甘是地名又説是水名,其實不矛盾。《水經》"渭水又東含甘水"句下酈注云:"水出南山甘谷,北逕秦文王萯陽宫西,又北逕五柞宫東,又北逕甘亭西,在水東鄠縣,昔夏啓伐有扈,作誓於是亭。故馬融曰:'甘,有扈南郊地名也。'"是甘指甘水亦指甘亭。啓作誓在甘亭,戰事則必發生在甘亭附近之甘水岸邊。"乃叶六卿"之"六卿"不好解釋,鄭玄注"六卿者,六軍之將"(《詩・大雅・域樸》"六師及之"句下孔疏引),又説"《周禮》六軍皆命卿,則三代同矣"(《禮記・曲禮下》"五官教貢曰享"句下孔疏引),以爲夏代和周代一樣也有六軍,六軍有六軍將,六軍將皆命卿,故曰"六卿"。説周代天子有六軍,有根據,如《周禮・夏官・敍官》説"凡制軍,萬有二千五百人爲軍,王六軍","軍將皆命卿"。又如《詩・大雅・常武》:"整我六師。"《小雅・瞻彼洛矣》:"以作六師。"《大雅・域樸》:"六師及之。"毛傳謂六師即天子六軍。但是説夏代天子亦有六軍,則無顯據。此經之"六卿"是否西周寫定《甘誓》的人使用當時用語指稱夏代的事情,亦不得而知。今存疑可也,未可遽作結論。經文之大意謂啓與有扈氏大戰於甘,戰事即將開始,於是召來帶兵作戰的好將們(向他們訓話)。

王曰,嗟,六事之人,予誓告汝。

王,夏啓。《尚書》堯、舜、禹皆稱帝,而夏啓稱王。《爾雅・釋詁》帝與王同訓君,但是自今日看來,帝、王二詞之内涵根本不同。帝是原始社會的部落聯盟首長,王是階級社會的國家君主。前者是選舉産生的領袖,後者是世襲的統治者。嗟,感嘆之詞。《堯典》多見咨字。咨,有時同嗟,作嘆詞用。但是有時咨字作動詞用,訓爲詢、謀,如《堯典》"咨四岳"是詢問四岳的意思,亦即舉行部落聯盟酋長會議。故《爾雅·釋詁》咨字兩訓,一與詢、度、訪同訓謀,一與嗟同訓嶯。經上文言"六卿"是史官記事語,又經周代人寫定,所用是周時詞語。此言"六事之人"是夏啓自語,反映的是當時的實際情況,謂在夏啓身邊的管軍事亦即帶兵作戰的人。因爲恰好是六個人,故云"六事之人"。《墨子·明鬼下》引此經作"王乃召左右六人"云云就是證明。《爾雅·釋詁》:"予,我也。"是予是夏啓自稱。《禮記·曲禮下》:"約信曰誓。"《經典釋文》引馬融:"軍旅曰誓,會同曰誥。"是誓是提出約束性要求令人信守的意思,且必與軍旅有關。經文大意謂夏啓説,六位帶兵作戰的人,我把我一定消滅有扈氏的決心和要求告訴你們。

有扈氏威侮五行,怠棄三正。

有扈氏是夏啓要征伐的對象。有扈氏,《經典釋文》引馬融云:"姒姓之國,爲無道者。"孔穎達《尚書正義》引鄭玄云:"有扈,與夏同姓。"高誘注《吕氏春秋·先己》云:"有扈,夏同姓諸侯。"根據《左傳》昭公元年"夏有觀扈,商有姺邳"和《國語·楚語上》"堯有丹朱,舜有商均,啓有五觀,湯有太甲,文王有管蔡,是五王者皆有元德也,而有姦子"的記載,觀是夏啓之子,而有扈與觀並言,知有扈氏的確與夏啓同姓。但是説有扈氏是個國家則大有討論的餘地。因爲夏朝剛從原始氏族社會脱胎出來,整個夏朝數百年都是由原始社會向成熟的奴隸制社會過渡的階段,以地域團體爲特點的國家固然已經出現,然而大量存在的必然還是血緣團體的部落和氏族。夏王朝剛剛建立的夏啓時代尤當如此。所謂國、所謂諸侯,實在是後世周人和漢人的用語,不宜視作實録。有扈氏是一個部落,它的頭頭是酋長,必不是西周才有的分封的諸侯。正因爲如此,它才有與創造新事物──國家的夏啓發生對抗的可能。有扈氏部落的地理位置,説在今日陝西户縣,是可信的。《漢書·地理志》云:"右扶風,鄠,古國,有扈谷亭。扈,夏啓所伐。"王先謙《補注》引王念孫云:"吴卓信曰:'此縣夏爲扈國,殷爲崇國,周爲豐邑,秦改鄠,漢置縣。'"《説文》邑部:"鄠,右扶風縣也。"又:"扈,夏后同姓所封,戰於甘者,在鄠。"段注:"夏之有扈,在漢之鄠縣也。鄠即扈。"諸説一致,未見有異議者。但是説"同姓所封"是不對的。夏代無周代的封建制度,有扈氏應是自然長成的部落。説"同姓",意謂它與夏后氏是血緣近親。"威侮五行,怠棄三正",是夏啓提出的有扈氏之主要罪狀。威侮二字,王引之《經義述聞》以爲:"義不相屬,威爲暴虐,侮爲輕慢,不得合言虐慢也。且人於天地之五行何暴虐之有乎!威,疑當作烕(猶滅,今簡化作灭)。烕者蔑之假借也。蔑,輕也。蔑侮五行,言輕慢五行也。"按王説可從。五行是什麽,諸家説最爲紛歧,其實《甘誓》所説的五行就是《洪範》的五行。《洪範》記周初箕子向武王獻治國大法九項即九疇。九疇的第一項就是五行。五行是什麽,它們有什麽意義,《洪範》交代的極明瞭。它説:"五行,一曰水,二曰火,三曰木,四曰金,五曰土。水曰潤下,火曰炎上,木曰曲直,金曰從革,土爰稼穡。潤下作鹹,炎上作苦,曲直作酸,從革作辛,稼穡作甘。"水、火、木、金、土,就是人們常見的、與生產生活緊密相關、不能須臾離開的五類有形的物。它們各有一定的不同特點,水的特點是潤下,火的特點是炎上,等等。人務須認識這些特點,加以正確的運用,使之爲自己服務。如果不認識這些特點,甚乃違背它們,必造成災難。這個問題對於今人來説是婦孺皆知,若提出作爲治國大法的第一項,不免可笑,然而在西周初年的確是個很大的問題,非提不可。據《洪範》記載,箕子説這洪範九疇產生於禹時,而且箕子説"在昔鯀堙洪水,汩陳其五行,帝乃震怒",於是才有了《洪範》九疇。可見鯀治水失敗的原因就在於他不懂得水潤下的特點,水該下泄,他卻堙之使向上。他這種汩亂五行規律的作法,在當時被認爲是極大的罪行,説出來誰都明白,所以夏啓伐有扈氏首先指責他"威侮五行"。一説這個,人們馬上意識到有扈氏罪惡嚴重,非打倒他不可。至於有扈氏是否真的如此,那是另一回事。"五行"這個詞最早見於《甘誓》,而最早作具體説明

的是《洪範》。最早的"五行"指水火木金土五種物質是不成問題
的。直至春秋時代人們還説"天有三辰,地有五行"(《左傳》昭公三
十二年史墨語)。天與地對言,三辰是日月星,五行則顯然是地上
的水火木金土。後世之"五行",除水火木金土以外可能還另有所
指,但是《甘誓》之所謂"五行"必定是地上的水、火、木、金、土五種
物質無疑。近年有人説《甘誓》的"五行"指的是天上的五星即水
星、火星、木星、金星、土星,得到一些人的肯定。其實這個結論難
以成立。理由是明顯的,第一,必須明確,我們討論的是《甘誓》的
"五行",不是後世任何其他文獻的"五行"。《甘誓》記的是夏啓時
事,當時人們還不認識五星,無緣把五星叫做"五行"。第二,如果
説《甘誓》的"五行"是五星,那末"威侮五星"該怎樣理解? 五星在
天上走,自有自己的踪迹,有扈氏威侮怎麼樣,不威侮又怎麼樣!
不要説夏啓説不明白,力主"五行"爲五星説的今人恐怕也難説明
白。第三,在夏啓的時代人們對天體的認識重點在日月,和當時知
道一部分後來逐漸認識全的恒星二十八宿。這有文獻記載可爲證
明。《大戴禮記·五帝德》"曆日月而迎送之",帝嚳顯然認識日月
并且重視它們。《堯典》"曆象日月星辰、敬授人時",帝堯派人觀察
計算日月運行及其在二十八宿背景上相會的規律,制定陰陽合一
的新曆法,向下頒布。夏啓時當然也實行堯時以日月爲主要內容
的曆法。總之,夏初天文曆法的重心是日月,其次是尚不完全的二
十八宿。五星別説不認識,就是認識也排不上號。因此夏啓不會
説有扈氏威侮五星的話,説了也不能激起義憤。有扈氏如果有問
題,應當表現在是否執行堯時制定的以日月爲重心的曆法上,而不
是對星星如何。"庶民唯星"(《洪範》),祇有平民大衆才看星星,有
扈氏是部落酋長,不看星星是當然的,輕慢五星無緣構成他的罪
狀。"怠棄三正"的"三正"是什麼,古來説法也不少,但絶無令人信
服者。馬融説"三正,建子建丑建寅之三正也"(《經典釋文》引),顯
然不對。根據《左傳》昭公十七年梓慎"火出於夏爲三月,於商爲四

月，於周爲五月”的説法，古代確實有三正之事，即夏代以建寅之月（今陰曆正月）爲正月，商代以建丑之月（今陰曆十二月）爲正月，周代以建子之月（今陰曆十一月）爲正月。但是這個“三正”的説法衹能由周人説出，夏啓之時商周尚是未來之事，何得有“三正”之説！又，緯書把三正説拉到夏以前，如《通典》引《尚書中候》説，軒轅、高辛、夏后氏、漢，皆以十三月爲正；少昊、有唐、有殷，皆以十二月爲正；高陽、有虞、有周，畢以十一月爲正。這純係無根謬説，堯以前施行火曆，根據大火即心宿而確定生產時節，不知道四時，不知道年月日，談不上以何月爲正的問題。堯時制定新的陰陽曆，根據自然的規律，必以孟春之月即寅月爲正月。以後商周改正朔，全是出於政治的目的。夏和夏以前既無改正朔的可能亦無改正朔的必要。馬氏釋《甘誓》之“三正”爲建子建丑建寅之三正，不能成立。也有人釋“三正”爲三個或兩三個大臣，亦不妥。正固然可以訓長、訓官，但是有扈於夏初不過是個部落，不同於商周的方國、諸侯國，有扈氏的酋長還不是諸侯國君，不大可能產生諸侯國君與大臣的矛盾問題。論者多引用甲骨金文和後世文獻證明《甘誓》“三正”是兩三個大臣，殊不足信。那末，《甘誓》之“三正”作何解釋爲是呢？正與政古可通用，《甘誓》本篇下文之“御非其馬之正”，《史記•夏本紀》“正”作“政”。“三正”，就是三方面的政治。哪三方面？天、地、人。古人一提天地人，就意味着全面、徹底，一切都包括在内。何以知道“三”是天地人？《尚書大傳•唐傳》云：“以齊七政。七政謂春秋冬夏天文地理人道，所以爲政也。”《國語•楚語下》云：“天地民及四時之務爲七事。”七政、七事義同，皆指政治而言。《甘誓》之“三正”其實是這裏講的“七政”，省去春秋冬夏四時而已。春秋冬夏與天地人本非同類同等的概念，“天”裏已含有春秋冬夏，不應放到一起稱“七政”、“七事”。這是今人的邏輯，可是古人的邏輯習慣就是這樣。我們知道這一點，就該明白《尚書大傳》和《國語》的“七政”、“七事”，重點是説天地人。人事可以稱政治，天地怎麼可以稱政治呢？這又是古今人觀念不同之處。在古人的觀念中，天地人是相通的，國家的政治不僅要反映并且適應人之道即社會的規律，還要反映并且適應天之道、地之道即自然的規律。《易·繫辭傳》就突出地强調天地人，説"立天之道曰陰與陽，立地之道曰柔與剛，立人之道曰仁與義"。政治必須正確反映這三方面的問題。反映并且適應天之道、地之道、人之道的政治，就是"三正"。鄭玄説"三正"是"天地人之正道"(《尚書》孔疏引)，把"三正"之"正"釋作"正道"，不對。天地人之正道是"三正"的"三"，反映并且適應天地人之道的政治才是"三正"的"正"。經文大意是説有扈氏既輕慢"五行"，違背自然規律，又忽視"三正"，搞糟了政事。這是啓的指責，有扈氏是否如此，另當別論。

天用剿絕其命，今予唯恭行天之罰。

《説文》刀部："剿，絕也。從刀，喿聲。《周書》(周者夏之誤)曰'天用剿絕其命'。"又，力部："勦，勞也。從力，巢聲。《春秋傳》曰：'安用勦用。'"段玉裁刀部注謂唐以前本《甘誓》剿作剿，衛包改剿作剿，宋開寶年間改作勦。"蓋衛包當日改剿爲從刀之剿猶可説也，改爲從力之勦則不可説矣"。按段説是，勦當作剿或剿，訓絕。偽孔傳："剿，截也。截絕謂滅之。"亦通。《一切經音義》引《蒼頡篇》："用，以也。"相當於今語由於、因爲。天字的含義比較複雜，一句兩句話難説清楚。《尚書》自《堯典》開始，天字的意義大體一致。它的本初意義是自然之天，其基本的内容是天上的太陽，也包括月亮和後來逐漸認識的恒星二十八宿。《堯典》"欽若昊天"、《皋陶謨》"天工人其代之"以及《論語·堯曰》"唯天爲大，唯堯則之"的天都是這樣的意思。這個自然之天的天概念是堯時建立起來的。它在人們的心目中偉大無比，祇有偉大的部落酋長堯可與相比，也祇有堯有資格代天行事。堯時可能已有了郊天的祭祀。郊天是因爲天給人類帶來無窮的恩惠，人類要報答它。郊天的祭祀給天蒙上一層宗教的神秘色彩。至夏啓時，國家產生了，出於政治統治的需要，夏啓宣稱他是天子即天之子，郊天於是成爲天子至高無上的權力的象徵。他的賞罰都代表天進行，因此是正確的，正義的，不可抗拒的。儘管這個天已具有宗教迷信的意義，但是它所指認的對象仍然是以日月星辰爲内容的廣闊的天體世界，不同於古希臘的宙斯和基督教的上帝。命這裏應指有扈氏這個部落的整體命運，不似指有扈氏部落酋長個人。兩句經文的大意是，夏啓説，有扈氏"威侮五行，怠棄三正"，罪大惡極，天因此要消滅它，結束它的歷史命運。今天我要嚴肅認真地執行天對它的懲罰。

左不攻於左，汝不恭命；右不攻於右，汝不恭命；御非其馬之正，汝不恭命。

這幾句話是夏啓在數落完有扈氏的罪狀，指出戰爭的正義性之後對自己軍隊提出的具體作戰要求。看來用的是車戰。《史記·夏本紀》集解引鄭玄云："左，車左；右，車右。"《詩·魯頌·閟宮》"公車千乘"句下鄭玄箋云："兵車之法，左人持弓，右人持矛，中人御。"《左傳》宣公十二年樂伯曰："吾聞致師者，左射以菆。"杜預注："左，車左也。菆，矢之善者。"又，攝叔曰："吾聞致師者，右入壘折馘，執俘而還。"鄭玄注、箋説與《左傳》合。《説文》彳部："御，使馬也。"段玉裁注："《周禮》六藝：四曰五馭。《大宰》注曰：'凡言馭者，所以歐之内之於善。'"是知古代戰車上有左、右、御三人。左主射，右主擊刺，御居中駕車使馬。這是兵卒所駕之戰車，若將師之指揮車又當別論。本篇所言乃兵卒之戰車。《説文》攴部："攻，擊也。"段注："《考工記》攻木、攻皮、攻金注曰：'攻猶治也。'此引申之義。"是此經文攻字當訓治。恭、正，《墨子·明鬼下》、《史記·夏本紀》皆作共、政。古共恭、正政通用。《爾雅·釋詁》："恭，敬也。"《釋訓》："肅肅，恭也。"《廣雅》："恭，肅也。"是恭是嚴肅認真、欽敬不苟之意。《管子·法法》："政者正也。正也者所以正定萬物之命也。是故聖人精德立中以生正，明正以治國。故正者所以止過而逮不及也。過與不及皆非正也。"御的職事是主馬之正，即使馬速度方向皆適中，無過無不及也。馬之正，就是御的職事。經文的大意是，夏启告誡説，戰車上的三人要各盡自己的職責，若車左不做車左的事情（主射），你不認真執行我的命令；車右不做車右的事情（主擊刺），你不認真執行我的命令；御者不做馭馬的事情，使馬的速度方向適中恰當，你不認真執行我的命令（則我將如何如何）。

用命賞於祖，弗用命戮於社。予則孥戮汝。

承上文而來，謂你們若用命，我就賞你們於祖；若弗用命，我就戮你們於社。《説文》用部："用，可施行也。"弗，《史記·夏本紀》作不。弗訓不，不誤。但弗、不二字程度有差別。《公羊傳》桓公十年"其言弗遇何"，何休注："弗者，不之深也。"《説文》丿部："弗，矯也。"段玉裁注："凡經傳言不者，其文直；言弗者，其文曲。"是弗不雖同義，而弗視不之義爲重。戮，《墨子·明鬼下》、《史記·夏本紀》俱作僇。戮僇古通用。戮，《説文》戈部訓殺，《廣雅·釋詁》訓殺亦訓辱。《周禮·秋官·敍官》"掌戮"鄭玄注："戮猶辱也。"《爾雅·釋詁》訓病。僇，《説文》人部："痴行僇僇也。"桂馥《説文解字義證》："痴亦病也。"是戮（通僇）有殺、辱、病三義。經此文兩戮字皆應取殺義。孥，《史記·夏本紀》作帑。段玉裁《古文尚書撰異》説今文、古文皆作奴，作帑是假借，作孥是淺人所改。《詩·小雅·常棣》"樂爾妻帑"，毛傳云："帑，子也。"孔疏云："《左傳》曰：'秦伯歸其帑。'《書》曰：'予則帑戮汝。'皆是子也。"段玉裁《説文》女部奴字注："毛傳曰：'帑，子也。'其字當作奴，引申之義也。"《説文》巾部："帑，金幣所藏也。"段注："《小雅·常棣》傳曰：'帑，子也。'此假帑爲奴。《司禮》曰：'其奴，男子入於罪隸，女子入於舂稾。'本謂罪人之子孫爲奴，引申之則凡子孫皆可稱奴，又假帑爲之。"又，《漢書·文帝紀》："盡除收奴相坐律令。"應劭云："奴，子也。"顏師古云："奴讀與帑同，假借字也。"是經文孥當作奴，假借爲帑。奴、帑本義絕異，而皆有子或子孫的引申義。《史記》既作帑，必取其子義，則《甘誓》孥字當釋作子或子孫，確切無疑。經文"予則孥戮汝"一句，蔡沈《書集傳》釋作"言若不用命，不但戮及汝身，將並汝妻子而戮之"，是對的。唯言子而連及妻，誤。《湯誓》孔疏引鄭玄注《湯誓》"帑戮"云："大罪不止其身，又帑其子孫。"鄭説是。唯帑即子孫，當言"戮其子孫"，而不當言"帑戮其子孫"。有一個問題需要説明，當時還没有滅族和連坐的刑法。如《左傳》昭公二十年引《康誥》曰："父子兄弟罪不相及。"(按今本《康誥》無此語，蓋約引其意也)同時尚且言父子兄弟罪不相及，夏初尤其不當有父兄獲罪連及子弟之刑法。那末，《甘誓》"予則孥戮汝"一語出自夏啓之口，豈不矛盾？其實不然。處在戰争時期，刑罰自當嚴於平時，猶如蔡沈《書集傳》所説，"戰，危事也。不重其法，則無以整肅其衆而使赴功也"，"盤庚遷都尚有劓殄滅之無遺育之語，則啓之誓師，豈爲過哉"。此三句經文的大意是："執行命令(而有功)，在祖前行賞；不執行命令(而敗北)，在社前殺人(這是通常的辦法。如果不執行命令而敗北，我不但殺你本人)，還要殺你的子孫。"還有一個祖、社的問題需要説明。《周禮·春官·小宗伯》"若大師，則帥有司而立軍社，奉主車"，鄭玄注云："王出軍，必先有事於社及遷廟而以其主行。社主曰軍社，遷主曰祖。《春秋傳》(按《左傳》定公四年)曰：'軍行被社釁鼓，祝奉以從。'《曾子問》曰：'天子巡守，以遷廟主行，載於齊車，言必有尊也。'《書》曰：'用命賞於祖，不用命戮於社。'"按鄭説是。鄭説據《禮記·曾子問》，《尚書大傳》説同。此經所言"賞於祖"之祖即遷廟之主。何謂遷廟？遷廟與正廟相對而言。依周制説，天子七廟，始祖后稷和文王、武王三廟百世不遷，其餘高曾祖禰四廟逐代而遷。王崩，三年喪畢，新主自寝遷於廟，是爲今王之禰廟，先前之曾祖禰廟依次陞爲高曾祖廟。先前之高廟則遷出，遷出之高廟即是遷廟。未遷之廟，與已遷之廟相對而言可稱正廟。各廟皆有主(木質的牌位，《公羊傳》文公二年何注云："主狀正方，穿中央，達四方。天子長尺二寸，諸侯長一尺。"又，《山海經·中山經》云："桑封者，桑主也。方其下而鋭其上，而中穿之，加金。")。

據夏炘《學禮管釋・釋祔》説："古人之主不常在廟中。既祭則匵而藏之。正廟之主各藏太室西壁之中,遷齋之主於太祖太室北壁之中。"(自注:高堂隆説,見《通典》)古代天子巡狩或出征,奉遷廟之主於齊車,載之行。所言乃周制,夏初廟制古無説,可據爲參考。"弗用命戮於社"之社,是社稷之主。社是土神,稷是穀神,但是社與稷同,不能分立別祭,故言社則稷必在其中。古代唯宗廟有主,天神地祇百神皆無主,明堂雖享上帝,亦無主。概言之,有廟方有主,無廟則無主。社稷壇而不屋,亦不當有主。有時社稷有主,是出於軍事的需要。《左傳》襄公二十五年記鄭子展、子產伐陳,入之,"陳侯免,擁社,使其衆男女別而累,以待於朝"。杜注:"免,喪服。擁社,抱社主,示服。"又定公四年云:"君以軍行,祓社釁鼓,祝奉以從。"是知社之有主,唯軍社有之。社稷有壇無屋,主無從立,故軍社之主或別藏他處,或臨時爲之,有軍事則奉之以行。社主形制如何,文獻無徵,未可詳言。以上言祖與社。還有一個問題,即何以賞罰必於祖、社。這個問題應據《墨子》爲説,《墨子・明鬼下》云:"賞於祖者何也? 告分之均也。僇於社者何也? 告聽之中也。"江聲《尚書集注音疏》:"分之均,謂頒賞於均;聽之中,謂斷罪允當也。"意謂賞罰當着鬼神的面進行,必然公正無私,允當合理。這樣解釋是對的。爲什麼賞必於祖而戮必於社?僞孔傳説,"賞祖主前,示不專","戮之於社主前,社主陰,陰主殺,親祖嚴社之義"。這兩句話互文見義,共説出兩層意思,一説賞戮於祖社之前是爲了表示不是天子自己專行。此與《墨子》所謂頒賞平均,斷罪允當,義同。二説祖陽社陰,賞於祖戮於社有親祖嚴社之義。這一層意思與《墨子》的説法不但不抵觸,而且是個補充,合起來很全面。

　　説畢《甘誓》,我們不禁想到一些問題。《甘誓》文不足百,反映的問題卻極深刻、重要、豐富。首先,《甘誓》反映了上古史中一個至關重要的問題,即啓的歷史地位問題。啓是中國奴隸制國家的創建者,原始社會末期軍事民主制度下的禪讓制轉變爲國家制度下的世襲制，是由啓完成的。啓是個劃時代的歷史人物。啓的君位是怎樣取得的，嚮來是個疑問。《孟子・萬章上》和《史記・夏本紀》强調啓賢因而受到擁護而即天子位。《竹書紀年》更説"益干啓位"（《晉書・束晳傳》引）。《戰國策・燕策》則説"禹授益"，"啓與支黨攻益而奪之天下"。《韓非子・外儲説右下》亦言"禹死，將傳天下於益，啓之人相與攻益而立啓"。一個説位是啓的，益奪之；一個説位是益的，啓奪之。今尋繹《甘誓》文意，後説爲是。從《甘誓》看，啓與有扈氏勢不兩立，這是爲什麽呢？《史記》説"有扈氏不服"。有扈氏爲什麽不服？《淮南子・齊俗訓》道出了個中奥秘："有扈氏爲義而亡，知義而不知宜也。"有扈氏因堅決反對啓的政權而致滅亡，把這叫做"爲義"，叫做"不知宜"，豈不恰好説明啓的政權是通過"不義"的暴力手段破壞了傳統的選賢制度而從益的手中奪得的！

其次，《甘誓》涉及夏初意識形態方面的問題。一個是"五行"，一個是"天"。《甘誓》講的"五行"，就是水火木金土五種大地上常見的物質。按照《洪範》的解釋，"水曰潤下，火曰炎上，木曰曲直，金曰從革，土爰嫁穡"，是它們各自的特性。這在今人看來簡單得很，而在當時卻事關重大，鯀因爲無視水潤下的特點而治水失敗，啓伐有扈氏也以"威侮五行"做爲藉口。《甘誓》有兩個"天"字，我們認爲這個"天"概念含義是複雜的，它的本義是自然之天，當説到"天用劋絶共命"、"恭行天之罰"的時候，便染上了宗教迷信的色彩。

第三，中國軍事史應從《甘誓》寫起。中國原始社會部落之間固然有過戰争，但是有確鑿記載的戰争是《甘誓》之甘之戰。《甘誓》實際上提出了戰争的正義性問題。《甘誓》證明夏初已有戰車和車戰。

第四，《甘誓》"用命賞於祖，弗用命戮於社"兩句話，可視作夏初有社稷之祀的鐵證，同時證明《淮南子・齊俗訓》"有虞氏之禮，其社用土"之説不虛。

　　第五,據《周禮·秋官·司刑》鄭玄注云"夏刑大辟二百,臏辟三百,宮辟五百,劓墨各千",夏代已有五刑。但是夏代不應有族誅和連坐之法。《甘誓》言"予則孥戮汝",涉及罪及子孫的問題,祇能用戰時行非常之法來解釋。《湯誓》有同樣一句話,亦當作如是解。

　　　　　　　　　　(與呂紹綱合寫,《社會科學戰綫》1993 年第 2 期)

《湯誓》新解

序說

談四個問題。第一，漢初伏生所傳今文《尚書》是孔子論次的，《史記·儒林列傳》說孔子"論次《詩》、《書》"，是可信的。據《漢書·藝文志》說，西漢時期魯共王劉餘壞孔子宅所得古文《尚書》（或云即孔氏家傳本）中有二十九篇與伏生傳授的今文《尚書》同，另多出十六篇。又據馬融、鄭玄《書序》注，古文十六篇屬於《商書》部分的有《湯誥》、《咸有一德》、《典寶》、《伊訓》、《肆命》、《原命》六篇（孔穎達《尚書正義》、《堯典》篇題下引）。《湯誥》篇在今文《湯誓》之前，其餘五篇在《湯誓》之後。

今文《尚書》是漢初伏生憑記憶傳授的，他是不是由於忘記而把十六篇漏掉了呢？我們認爲不是。一般來說，記漏某些字句或段落有可能，漏掉十多篇全文則不可能。事實上，伏生要傳授的祇有這二十九篇，其餘諸篇他根本就不想傳授。有一個問題能證明這一點，《尚書大傳》記孔子說："《堯典》可以觀美，《禹貢》可以觀事，《皋陶》可以觀治，《洪範》可以觀度，'六誓'可以觀義，'五誥'可以觀仁，《甫刑》可以觀誠。通斯七觀，書之大義舉矣。"此"七觀"所涉及的篇目不出今文二十九篇之外。《尚書大傳》出自伏生之手，他知道孔子有"七觀"之說，說明他傳授的二十九篇是他歷來習讀的《尚書》足本。漢初他傳授《尚書》祇講二十九篇，不及其餘，不是出於他主觀意圖或者由於遺忘，而是《尚書》在先秦存在一個二十九篇的本子。

伏生傳授的這二十九篇本子很可能就是孔子"論次"的。漢代魯共王壞孔子宅所得的古文本子應當是未經孔子"論次"的本子，其中有孔子留取的篇目，也有孔子删掉的篇目。當然這是我們的推測，缺乏直接的證據，不能視作定論。

第二，成湯以爲國號的商應是契之孫相土遷於商的商。《左傳》襄公九年記士弱説，"陶唐氏之火正閼伯居商丘"，"相土因之"。服虔説："相土居商丘，故湯以爲天下號。"王肅《書序》注説："契孫相土居商丘，故湯以爲國號。"（孔穎達《左傳正義》引）士弱和服、王的説法是正確的。成湯以爲國號的商，得自相土遷商的商。商即西周初封微子於宋的宋，亦即今之河南商丘。

相土自何處遷於商呢？《荀子·成相》説："契玄王，生昭明，居於砥石遷於商，十有四世，乃有天乙是成湯。"《世本》説，"契居番"，"昭明居砥石"。相土是昭明之子，昭明居砥石，是知相土自砥石遷於商。《淮南子·地形訓》説："遼出砥石。"高誘注説："砥石，山名，在塞外，遼水所出，南入海。"是知昭明所居之砥石在遼河發源處，即今内蒙古自治區昭烏達盟克什克騰旗之白岔山。

"契居番"的番在何處呢？《穀梁傳》哀公四年："六月辛丑，亳社災。"《公羊傳》"亳社"作"蒲社"。《史記·趙世家》："秦攻番吾。"張守節《正義》説："上音婆，又音盤，又作蒲。"是知番、蒲、亳三字古音同，可以通作。那麽，"契居番"就是契居亳。又據《左傳》昭公九年"肅慎、燕亳，吾北土也"的説法，燕亳與肅慎並列，燕亳當是一地，不是燕與亳。燕亳與肅慎鄰近。《左傳》既言燕亳"吾北土也"，則燕亳地處中原之北方無疑。

王國維《北伯鼎跋》説北伯之北是古之邶國，邶即周封召公子於燕的燕。又《逸周書·作雒》説："武王克殷，乃立王子禄父俾守商祀。"《漢書·地理志》説："邶以封紂子武庚。"《帝王世紀》説："殷都以北爲邶。"邶不是紂都，而是在紂都以北。爲使武庚守商祀而必封於邶，則邶（即燕）是契所居之番（即亳）是可以肯定的。亳是殷商的發祥地,故後來商雖屢遷,而亳名不廢。

契所居之番就是亳,就是周初擊敗武庚叛亂之後封召公子於燕的燕。契之孫相土自砥石遷於商的商就是周封微子於宋的宋,即今河南商丘,徵諸文獻,是没有問題的。

但是古人大多未曾注意及此,而把商的發祥地往往搞錯。《史記·殷本紀》説契"封於商",鄭玄乃附會説:"契始封商,遂以商爲天下號。商國在太華之陽。"(孔穎達《尚書正義》、《殷本紀》集解引)《括地志》亦云:"商州東八十里商洛縣,本商邑,古之商國,帝嚳之子商(契)所封也。"孫星衍《尚書今古文注疏》取此説。這是錯誤的,錯誤的根源在《史記》。歷史上祇有契之孫相土遷於商之事,無契封於商之實。當時是原始社會,契是一部落酋長,部落及其居地是自然形成的,無所謂封建。契的居地在番,即燕亳,與陝南之商洛無涉。湯之用爲國號的商實取自契孫相土遷於商的商,即後來的宋,今之河南商丘。由於《史記》搞錯,後人附合《史記》,也跟着搞錯。

持這一錯誤説法的人往往引《詩》作證。《殷本紀》司馬貞《索隱》説:"堯封契於商,即《詩·商頌》云'有娀方將,帝立子生商'是也。"(按此出《詩·長發》篇)孔穎達《左傳正義》襄公九年"相土因之"句下亦引《詩·玄鳥》"天命玄鳥,降而生商"語證"契封商"。

《詩》説不錯,是後人理解錯了。《商頌》是成湯以後人作的。"生商"的商是詩人站在後世的立場追述先人歷史時不得不使用的國號。猶如今日我們中國人把華夏與夷狄的歷史一概稱作中國的歷史,其實古代中國的國號相繼叫做夏商周秦漢魏晉宋齊梁陳魏齊周隋唐宋遼金元明清等等。商之名始於相土,至契十四代孫成湯建立國家,正式定國號爲商。契的後代於是自稱商人。《詩》言"生商",是説他們的始祖契是有娀氏女吞玄鳥卵而生的,其中没有契居於商地的意思。司馬遷"契封商"的説法很可能是由誤解《詩》"天命玄鳥,降而生商"的語意而來。

第三,關於湯武革命的問題。孔子"論次詩書",把上古遺存下來的衆多記事的篇章删定爲《尚書》二十九篇,删存去取是有深意的。以《堯典》爲首篇,堯以前全不取,其深意在《堯典》解裏已有説明。這裏説説《湯誓》。《商書》中除《湯誓》之外還有《湯誥》、《咸有一德》等多篇,孔子皆不取,卻留《湯誓》作爲第一篇,這絶非偶然。孔子很重視湯革夏命這一歷史事件,以爲有重大的歷史意義。基於同樣的認識,孔子把《牧誓》列爲《周書》的第一篇,又把《甘誓》存留於《虞夏書》中。《牧誓》講武王伐紂,《甘誓》講啓征有扈氏,都是革命事件,具有革命的意義。

古人有意把這些有重大歷史意義的革命事件記録下來并且予以留存,很不簡單。孔子認識這些事件的意義,把它們編入《尚書》二十九篇中,更不簡單。孔子還把《湯誓》講的湯革夏命和《牧誓》講的武革殷命概括爲"湯武革命",寫入《周易》革卦《彖傳》,其文曰:"天地革而四時成。湯武革命,順乎天而應乎人,革之時大矣哉。"孔子視湯武革命爲順天應人之事,以爲人間的革命行動如同天道四時交迭一樣合情合理。從這一點看,孔子的確是一位思想深刻的歷史家。後世有人把孔子説成復古派,甚至説成是食古不化的人,真真是誤解了孔子。我們今日研讀《湯誓》,應當解除這一誤解。

第四,關於湯伐桀時湯都與桀都地望問題。湯都地望應以蔣廷錫《尚書地理今釋》之説爲是。蔣氏説:"蓋湯未伐桀居南亳,後自南亳遷西亳。與葛伯爲鄰乃居南亳時事。"是湯在伐桀之前居南亳,之後遷西亳。《漢書·地理志》河南偃師縣班固自注云:"尸鄉,湯所都。"又山陽郡薄縣臣瓚注云:"湯所都。"蔣廷錫説"尸鄉在今開封府偃師縣西四十里"。偃師之有商代古都已爲近年考古發掘所證實。薄即亳,蔣廷錫説"在今河南歸德府商邱縣東南四十里",亦即現在之河南商丘。南亳在商丘,湯伐桀之前所居。西亳在偃師,湯伐桀之後所居。南亳、西亳並在今河南省,相距不爲遠。

　　桀都地望問題，古説紛然，莫衷一是。僞孔傳説桀都安邑，安邑即漢代之河東郡安邑縣，在今山西省夏縣西北。此説實難置信，湯都今河南商丘，若桀都今山西夏縣附近，湯伐桀奔走如此遥遠之路程，在古代的交通條件下，爲不可思議。

　　今細尋繹，《竹書紀年》的記載似較可信。《竹書紀年》載，“太康居斟尋，羿亦居之，桀又居之”（據《史記・夏本紀》正義引臣瓚）。斟尋是古國名。據《夏本紀》正義引臣瓚説，斟尋先在河南，後遷北海。北海之斟尋故址在今山東濰縣東南五十里。河南之斟尋故址，《括地志》説在河南鞏縣西南五十八里。太康、羿和桀所居之斟尋應當在河南鞏縣這裏，不是在山東濰縣。《竹書紀年》又載“桀元年即位居斟尋”，“十三年遷於河南”。斟尋在鞏縣西南，“河南”又在哪裏呢？《史記・孫子吳起列傳》記吳起對魏武侯説：“夏桀之居，左河濟，右太華，伊闕在其南，羊腸在其北。”集解引臣瓚説：“今河南城爲直之。”《括地志》説：“故王城一名河南城，本郟鄏，周公所築，在洛州河南縣北九里苑内東北隅。”是夏桀“十三年遷於河南”之“河南”，就是後來周公所築之王城，亦即更後來的河南城，今天的河南洛陽，夏桀之最後都城就在這裏。證諸其他文獻，桀都洛陽説，十足可信。《國語・周語上》記幽王二年西周三川皆震，伯陽父預言周將亡説：“昔伊洛竭而夏亡。”《周語上》又記内史過對周惠王説：“昔夏之興也，融降于崇山；其亡也，回禄信於聆隧。”都證明桀都在伊洛左近，以洛陽當之，不誤。又《詩・商頌・長發》“韋顧既伐，昆吾夏桀”，鄭箋説：“昆吾夏桀同時誅也。”《竹書紀年》：“商自陑征夏邑，克昆吾，大雷雨戰於鳴條。”昆吾、夏桀既同時誅，則必相距不甚遠。據金鶚《求古録禮説》考證，昆吾在今河南許昌東，鳴條在今河南開封陳留附近。如果桀都在安邑不在洛陽，則昆吾夏桀同時被誅而且戰於鳴條，則成爲不可能。

　　金鶚《求古録禮説》力主桀都洛陽，理據俱足，端可信賴。魏源《書古微》堅信湯都在戰國商於之地即今陝西商州之説，斷言桀都在安邑,鳴條更在安邑之西,强詞少據,不可從。

經文

　　王曰,格爾衆庶,悉聽朕言,非臺小子敢行稱亂。有夏多罪,天命殛之。今爾有衆,汝曰,我后不恤我衆,舍我穡事而割正夏。予惟聞汝衆言,夏氏有罪,予畏上帝,不敢不正。今汝其曰,夏罪其如臺。夏王率遏衆力,率割夏邑。有衆率怠弗協,曰時日曷喪,予及汝皆亡。夏德若兹,今朕必往。爾尚輔予一人致天之罰,予其大賚汝。爾無不信,朕不食言。爾不從誓言,予則孥戮汝,罔有攸赦。

新解

　　王曰,格爾衆庶,悉聽朕言,非臺小子敢行稱亂。有夏多罪,天命殛之。

　　王,指成湯。格,來。悉,盡。臺,音弋,《爾雅·釋詁》訓我。小子,成湯自稱,謙詞。称(本文原作簡化字),繁體作稱。段玉裁《古文尚書撰異》説經此文之稱本作偁,衛包改作稱。稱訓舉,凡手舉,字當作再;凡稱揚,字當作偁;凡銓衡,字當作稱。今字通作稱。稱訓舉,故《史記·殷本紀》引《湯誓》文,"稱亂"作"舉亂"。有夏,指夏王朝。天命,天之命令,即上帝的命令、旨意。殛,段玉裁《説文》歺部注説是極之假借。《堯典》"殛鯀於羽山"、《多方》"我乃其大罰殛之"、《湯誓》"天命殛之"之殛字並當作極。極今簡化作极,极有誅訓,但是誅字有誅殺、誅責二義,究竟取何義,宜視文義定。《公羊傳》莊公三十二年"君親無將,將而誅焉"。誅當訓誅殺。經此文之殛訓誅。誅則當取誅責義。按段説是,誅責泛言懲罰。湯伐桀的結果恰是桀戰敗逃亡,湯未殺死他。

　　此段經文大意是説,來,你們這些民衆。都聽我説,不是我敢舉行叛亂,是夏桀犯下的罪行太多,上天命令我懲罰他。

　有一個問題須略作説明,即湯在伐桀之當時是否已稱王的問題。《史記·殷本紀》引,"王曰"作"湯曰",以爲湯伐桀當時未稱王。蔡沈《書集傳》説"王曰"是史臣追述之語,也以爲未稱王。僞孔傳則説:"湯稱王,則比桀爲一夫。"金履祥《尚書表注》亦云:"成湯興師之時,是爲受命之始,稱王誓衆。舊説追書者,非也。"按説稱王者是。從事理上説,湯伐桀前稱王合於禮。《孟子·梁惠王下》:"賊仁者謂之賊,賊義者謂之殘,殘賊之人謂之一夫。聞誅一夫紂矣,未聞弑君者也。"桀與紂同類,既曲仁曲義而爲一夫,湯稱王而伐桀,不爲違禮。從事實上説,湯若未稱王,何以在誓衆時自稱"予一人",在商代祇有天子才可自稱"予一人"。湯誓衆時三言天命,知在誓衆之前必有告天之舉,而告天必王所爲。不稱王,何得告天!

今爾有衆,汝曰,我后不恤我衆,舍我穡事而割正夏。

　爾、汝,《史記·殷本紀》俱作女,義同,第二人稱代詞,對我而言你。有衆,衆,應指國人。上文衆庶連言,衆與庶似有區別,衆指國人,則庶當爲野人。但是《湯誓》"格爾衆庶",衆是主要的,庶因言衆而連及之而已。

　后,《爾雅·釋詁》與天、帝、皇、王、公、侯同訓君。其實在秦以前,可以稱君者不止這些,凡有采地的卿大夫皆可以稱君。雖然自天子(天、帝、皇、王)至於大夫皆可稱君,但是各稱謂之間是有差別的。唯后有所特殊,天子可以稱后,諸侯也可以稱后。經此文之後應指天子,但究竟是指桀還是指湯,古人説法不同。僞孔傳以爲后指桀,清人江聲《尚書集注音疏》、段玉裁《古文尚書撰異》、孫星衍《尚書今古文注疏》並從之。此説大謬,若"我后"是桀,則湯誓衆之衆不是亳之衆而是夏邑之衆。湯誓桀之衆,於理於文並不可通。宋人林之奇(少穎)《尚書全解》(書已不存,夏僎《尚書詳解》引)、蔡沈《書集傳》、元人金履祥《尚書表注》以爲后指湯,甚是,今從之。

恤，憂。穡，《史記·殷本紀》引作嗇。作穡，唐人衛包所改。其實嗇、穡古互相假借，義同。《郊特牲》之"先嗇"、"司嗇"、"報嗇"之嗇皆謂農。經此文之"穡事"必謂農事無疑。舍，廢。

割正，割字《説文》刀部段注説與害、蓋義同，殘破之、斷裂之之義。但是經此文之"割正"應是一個成詞，不宜分開講。在此作動詞用，是這句話的謂語，可以理解爲征伐。不言征，不言伐，而言割正，是因爲要加重語氣以突出强調夏桀之罪大惡極。

此段經文大意是説，(我奉天命伐夏桀，可是)你們這些人卻説，"我們的湯不體恤我們民衆，廢棄我們的農事，而讓我們徵伐夏桀"。

予惟聞汝衆言，夏氏有罪，予畏上帝，不敢不正。

予，我。惟，發語詞，無實義。衆，亳邑之國人。夏氏，即上文之有夏，實指夏桀。上帝，即上文"天命"之天。

經文大意是説，我聽説，你們説這樣的話(："我后不恤我衆，舍我穡事而割正夏")。其實是夏桀有罪(上帝命我伐他)。我怕上帝，不敢不伐夏桀。

今汝其曰，夏罪其如臺。夏王率遏衆力，率割夏邑。有衆率怠弗協，曰時日曷喪，予及汝皆亡。夏德若兹，今朕必往。

如臺，二字連用，是《書》中常見的成詞，如《西伯戡黎》"今王其如臺"，《高宗肜曰》"乃曰其如臺"，《盤庚上》"卜稽曰其如臺"，與經此文之"夏罪其如臺"，用法一致。《史記·殷本紀》引《湯誓》作"女其曰有罪其奈何"，以奈何訓如臺，是對的。《公羊傳》昭公十二年"如爾所不知何"，定公八年"如丈夫何"，何休注並云："如猶奈也。"臺字古音與我字近，故《釋詁》臺有我訓。我字古音與何字同，故臺字又有何訓，何、臺可假借。是"如臺"就是後世漢語中常用的奈何、如何。

率，王引之《經傳釋詞》以爲《湯誓》此三率字並是語助詞，無實義。馬融、僞孔傳釋爲"相率"，不對。遏，止。怠，慢，懈，不事事。

協，《釋詁》：“協，和也。”《說文》劦部：“協，衆之同和也。”

邑，《史記·殷本紀》引作國。《說文》邑部：“邑，國也。”說邑是國，是對的，但是須知必須是天子、諸侯的都城才可稱國。夏、商都城稱邑，夏稱夏邑，商稱商邑，周稱京師或稱邑。此“夏邑”指夏桀所居之都城。

時，是，指示代詞。日，太陽。《尚書大傳》：“伊尹入告於王曰：‘大命之亡有日矣。’王偢然嘆啞然笑，曰：‘天之有日，猶吾之有民也。日有亡哉，日亡吾乃亡矣。’是以伊尹遂去夏適湯。”鄭玄注：“自比於天，言常在也。比於日，言去復來也。”是知“時日曷喪”之日是天上的太陽。《孟子·梁惠王上》引《湯誓》“時日曷喪”句，趙岐注說日是乙卯日之日，即今日、昨日、明日之日，誤。說“時日曷喪”這兩句話的是什麽人，鄭玄《尚書》注以爲是桀，趙岐《孟子》注以爲是湯，都不對。出此言者是夏邑之衆。

曷，《孟子》引作害，段玉裁《古文尚書撰異》說曷本作害，衛包改作曷。害亦讀曷。曷，何也。兹，此。德，古有吉凶之別。《左傳》文公十八年：“孝敬忠信爲吉德，盜賊藏姦爲凶德。”桀之德當然是凶德。朕，第一人稱代詞，我。

此段經文大意是説，現在你們要問，夏桀的罪行如何呢。（我告訴你們，）夏桀遏止夏邑衆人的勞力，（不許他們把力量用在生產上，）殘害了夏邑。（夏邑的衆人恨透了夏桀，）大家懈怠不幹事，不與他合作。他們指着夏桀說：“你這個太陽什麽時候滅亡呢，我們寧願同你一起滅亡。”夏桀的凶德就是這個樣子。現在我一定前往討伐他。

爾尚輔予一人致天之罰，予其大賚汝。爾無不信，朕不食言。爾不從誓言，予則孥戮汝，罔有攸赦。

爾，你。尚，經典中義項很多，或訓助，或訓主，或訓上，或訓庶幾，究竟作何解釋，須視上下文義而定。這裏的尚字訓庶幾爲貼切。庶幾與今語“差不多”相近，但又含有人的主觀願望在内，即希望差不多如此。輔，《左傳》僖公五年：“輔車相依。”車依輔，輔亦依車，是輔之本義，引申爲相助。

予一人，經典中常見之成詞。今文作予，古文作余，甲骨金文皆作余。予、余，我。《禮記·玉藻》：“凡自稱，天子曰予一人。”湯既稱“予一人”，就表明他已經稱王。《湯誓》是天子自稱“予一人”的第一例。

致，《說文》夂部：“致，送詣也。”段注：“送詣者，送而必至其處也。”《漢書·文帝紀》顔注：“致者，送至也。”是致的意思不僅是送，而且要送到。

天，與上文“天命殛之”之天與“予畏上帝”之上帝義同。天之罰，上帝的懲罰。其，此用爲時間副詞，將要。賚，《爾雅·釋詁》、鄭玄《尚書》注（《史記·殷本紀》集解引）俱云：“賚，賜也。”（《殷本紀》引作理，大賚作大理。理爲厘的同音假借，厘、賚古通用。）

食言，王引之《經義述聞》卷二十六“載諼食詐，僞也”條下説：“食言者，言而不行則爲自食其言。食者消滅之義，非虛僞之義也。”日人竹添光鴻《左氏會箋》僖公十五年“我食吾言，背天地也”句下箋云：“哀二十五年孟武伯惡郭重曰：‘何肥也？’公曰：‘是食言多矣，能無肥乎！’然則食言者謂言而不行，若自食之耳。”按王氏、竹添氏説是。食言是説話不算數，説了不辦。猶如自己從口説出的話又自己從口吃掉，故稱食言。《爾雅·釋詁》：“食，僞也。”郭璞注引“《書》曰‘朕不食言’，孫炎云：“食，言之僞也。”（《湯誓》孔疏引）《左傳》僖公十五年“我食吾言”杜注：“食，消也。”食言之食訓僞訓消俱不確，今不從。

爾無不信，《史記·殷本紀》引無作毋。信，《爾雅》、《廣雅》俱訓誠。《説文》言部信誠互訓。賈誼《新書·道術》説，“期果言當謂之信，反信爲慢”，“志操精果謂之誠，反誠爲殆”。殆通怠。是“不信”謂做事慢怠，“無不信”謂做事不要慢怠。“爾無不信”與“朕不食言”是相對應的並列句子。上句説你們（跟着我作戰），不要慢怠；下句説我也不食言（説賞必賞）。孔穎達《尚書正義》釋"爾無不信"爲"汝不得不信我語"，係望文生義，增字解經，不可從。

孥戮，《尚書》中凡兩見，一在《甘誓》，一在本篇，句式並爲"予則孥戮汝"，可見是成詞。《夏本紀》、《殷本紀》引俱作帑僇。孥，段玉裁《古文尚書撰異》説古文、今文皆作奴。作帑是假借，作孥是淺人所改。又《説文》巾部帑字段注："《小雅·常棣》傳曰：'帑，子也。'此假帑爲奴。《周禮》曰：'其奴，男子入於罪隸，女子入於舂藁。'本謂罪人之子孫爲奴，引申之則凡子孫皆可稱奴。又假帑爲之。"《詩·常棣》"樂爾妻帑"孔疏、《漢書·文帝紀》"盡除收奴相坐律令"應劭注、師古注俱云奴是子，奴讀與帑同。

戮，《説文》戈部訓殺，《周禮·秋官·敍官》"掌戮"鄭玄注説"猶辱也"，《爾雅·釋詁》訓病。是戮（通僇）有殺、辱、病三義。經此文之戮字應取殺義，取辱義病義皆不妥當。

孥，子孫。孥戮，殺子孫。孥戮汝，殺你的子孫。《湯誓》"孥戮"鄭玄注説："大罪不止其身，又孥戮其子孫。"是對的。蔡沈《書集傳》釋《甘誓》"孥戮"説："言若不用命，不但戮及汝身，將並汝妻子而戮之。"也是對的。唯言子而連及妻，誤。

從經文本身看，"孥戮汝"祇能如此作解，有人説"孥戮"是收子孫爲奴，與經文文義顯然不合，但備爲一説可也。

另有一點需要説明。《左傳》昭公二十年引《康誥》云："父子兄弟罪不相及。"（按今《康誥》無此語，蓋約引其意）周時尚且言父子兄弟罪不相及，夏啓、成湯似乎不當有"孥戮汝"之言。在遠古，在氏族、部落内部，莫説子孫，就是犯罪者本人也不過行象刑或流刑。鯀治水失敗，遭放逐，其子禹不但未受連累，反倒做了舜的接班人。但是處在戰爭狀態，情況就不同了。戰爭是危事，生死存亡攸關，重法重罰是必然的。時代越古遠越當如此。

赦，《爾雅·釋詁》："舍也。"郝懿行《爾雅義疏》謂"赦與舍音義同"。舍爲舍的假借字。《説文》攴部赦字段注："赦與舍音義同，非專爲赦罪也。後舍行而赦廢，赦專爲赦罪矣。"經此文之赦字，是把罪舍置不問的意思。

此段經文大意是説，希望你們佐助我（對夏桀）執行天之罰，我將要大大地賞賜你們。你們（跟着我作戰），不要慢怠，我也説話算數（説賞必賞）。你們若不照我説的辦，我（不但戮殺你們自身），還要戮殺你們的子孫，無所赦免。

總論

談三點。第一，《湯誓》三次言及天命，與《甘誓》有所不同。《甘誓》記夏啓征有扈氏，是上伐下的戰争，固然也標榜天命，説"天用勦絶其命，今予惟恭行天之罰"，與《湯誓》相比，強調天命卻力度有所不足。《湯誓》記湯伐桀，屬下抗上，難免有犯上作亂之嫌，故湯誓衆時首先申明"非臺小子敢行稱亂"，然後步步加強地再三指出他的行動乃代行天意，完全出於無奈。一言"天命殛之"，非由私意。二言"予畏上帝"，不得不恭行上帝的命令。三言"致天之罰"，罰桀的是天，他不過起個中介的作用。總之，湯必須讓人們相信，要求伐桀和實行伐桀的是上天、上帝而不是他本人，因而他進行的戰争是正義的。《牧誓》則是另一種情況，推翻商朝政權的鬥争已由文王做了幾十年，周人實力達到"三分天下有其二"的程度，革命的輿論成熟、完備，以至於形成了各諸侯國的反商同盟。武王伐紂不過是水到渠成、瓜熟蒂落的事情，所以《牧誓》説一句"今予發惟恭行天之罰"足矣。

第二，關於賞罰問題，蔡沈《書集傳》説："禹之征苗止曰：'爾尚一乃心力，其克有勳。'至啓則曰：'用命賞於祖，不用命戮於社，予則孥戮汝。'此又益以'朕不食言'，'罔有攸赦'，亦可以觀世變矣。"蔡氏此説頗有見地，注意到了社會的變化。不過"爾尚一乃心力，其克有勳"句出僞古文《大禹謨》，實未足信據。據《國語·魯語下》

記孔子説，"昔禹致群神於會稽之山，防風氏後至，禹殺而戮之"，知禹曾殺戮過外氏族的人。至啓及湯，變化就在於把殺戮擴大到本氏族本部落或者説本國。啓賞罰比禹分明，而湯則更加堅決、嚴厲。

　　第三，關於《湯誓》的寫定成篇時代問題。從篇中稱"王曰"看，《湯誓》不出成湯本人之手，是無疑問的。由成湯當時或稍後史官記録，也是無疑問的。當時已有文字，大事由史官記録下來，是必然的事情。當時人留下原始材料，後人據以整理成篇，寫成誓的樣式。寫定成篇的時間，很可能是西周。

　　　　　　　　　（與呂紹綱合作，《史學集刊》1996 年第 1 期）

《尚書・盤庚》新解

《尚書・盤庚》佶屈聱牙，嚮稱難讀。舊解往往有誤，乃試作新解。茲略陳之如下，以就正於方家。

序　説

談五個問題。第一，篇名問題。《左傳》哀公十一年引此篇稱篇名曰"盤庚之誥"，是知《盤庚》篇雖不稱誥，而實際上是誥體。後世韓愈作《進學解》謂"周誥殷盤，佶屈聱牙"，誥與盤連言，亦以爲《盤庚》篇是誥。是誥不言誥而以盤庚之名名篇，其原因如馬融所説："不言'盤庚誥'者何？非但錄其誥也，取其徙而立功，故以'盤庚'名篇。"(《經典釋文》引)

第二，盤庚遷殷是自北向南還是自南向北的問題。這個問題古人説法不同，《史記・殷本紀》説："帝盤庚之時，殷已都河北。盤庚渡河南，復居成湯之故居。"以爲盤庚遷殷是自黃河之北遷到黃河之南。揚雄《兗州牧箴》説："成湯五徙，卒都於亳。盤庚北渡，牧野是宅。"以爲盤庚遷殷是自黃河之南遷到黃河之北，與史公之説截然相反。孰是孰非，自今日看來，完全可以斷定，揚雄的説法是對的，19世紀末以來河南安陽殷墟及殷代甲骨片的陸續發現，是最有力的證明。

盤庚遷殷的殷，揚雄説在黃河之北，是對的，但是他説殷是牧野，則不對。殷就是今河南安陽之殷墟，這不但有考古發掘提供的證據，就是古代文獻也有明確的記載。孔穎達《尚書・盤庚》正義引《竹書紀年》云："盤庚自奄遷於殷，殷在鄴南三十里。"《史記·殷本紀》正義引《括地志》云："相州安陽縣本盤庚所都，即北蒙殷墟，南去朝歌城百四十六里……西南三十里有洹水，南岸三里有安陽城，西有城名殷墟，所謂北蒙也。"《史記·項羽本紀》："項羽乃與期洹水南殷墟上。"《集解》云："瓚曰：洹水在今安陽縣北，去朝歌殷都一百五十里。然則此殷墟非朝歌也。《汲冢古文》曰'盤庚遷於此'，《汲冢》舊'殷墟南去鄴三十里'，是舊殷墟，然則朝歌非盤庚所遷者。"《水經注》洹水條亦同此說。

第三，盤庚自何處遷殷的問題。《盤庚》有"不常厥邑，於今五邦"之說，五邦實際上說的就是五次遷徙。張衡《西京賦》說"殷人屢遷，前八而後五"，謂成湯之前遷八次，之後遷五次。後五次遷徙各遷何處，諸說不同。重要的是五遷的最後一遷如何指實。《書序》、《殷本紀》都說湯始居亳，仲丁遷於隞（囂），河亶甲居相，祖乙遷於邢（耿），這是四遷。第五遷是盤庚治亳殷，復居成湯之故都，意謂盤庚自邢（耿）遷於殷。偽孔傳、《殷本紀》正義並同此說。《經典釋文》引馬融說："五邦，謂商丘、亳、囂、相、耿也。"謂盤庚遷殷不在五遷之內，與諸說異，但是既言第五遷是耿，則言外之意是盤庚遷殷必自耿。按耿在今河南温縣東，位於黄河北岸，與盤庚遷殷是自南渡河而北的說法不合。《殷本紀》索隱以《漢書·地理志》"河東皮氏耿鄉，故耿國"之春秋小國耿當之，尤不足信。盤庚率民自今山西西河附近越過太行山到達安陽，不可思議。據《太平御覽》八十三引《竹書紀年》說"河亶甲自囂遷於相"，"祖乙居庇"，"南庚自庇遷於奄"，"陽甲居奄"，"盤庚自奄遷於北蒙曰殷"。按奄在山東曲阜，自曲阜遷至河南安陽，路程不爲太遠，說盤庚自奄遷於殷，近是。但是現在仍不到下結論的時候，姑且存疑，等待進一步研究爲穩妥。

第四，盤庚爲什麼遷殷的問題。《後漢書·文苑列傳》載杜篤《論都賦》云："昔盤庚去奢，行儉於亳。"孔穎達《尚書正義》引鄭玄注云:"祖乙居耿後奢侈逾禮,土地迫近山川,嘗圮焉。"以爲盤庚由於要去奢行儉和躲避河圮而遷殷。不唯杜、鄭,漢人人云亦云,大多如是說。直至兩千年後的今天,人們仍然照着漢人的說法講《盤庚》,說祇有盤庚一人主張遷殷,下層群衆和上層貴族都反對。殊不知漢人的這一說法係無根據的臆測之辭,是錯誤的。

根據漢人這一說法講《盤庚》,根本講不通。經文中找不到盤庚去奢行儉和河圮的記載,更不見下層民衆反對搬遷的言論。相反,從開頭至"厎綏四方"的一段,盡記下層民衆一再強調遷徙是殷人的傳統,以爲"不常寧"、"不常厥邑"即不定居一處,當遷則遷,是"先王之烈",是"先王之大業",極力主張搬遷。如果不適時搬遷,死守舊居不動,就是"今不承於古",就是"不克從先王之烈",不"紹復先王之大業",便不能"天其永我命","厎綏四方"。經文交代説:"民不適有居,率籲衆感出矢言。"明明指出呼籲搬遷是下層民衆直陳的意見,它正是盤庚遷殷的動力和原因,漢人卻硬説民衆反對搬遷,是盤庚在説服他們。兩千年來大家一直照着這一說法講《盤庚》,至今講不明白。

《書序》"民恣胥怨"一句説盤庚遷殷,民衆不同意,便相率抱怨,發泄牢騷。《書序》這主觀臆想對漢人的錯解起了推波助瀾的作用。然而《書序》祇可參考,不可盡信。《書序》本身就來歷不明,它是何人何時所作,至今還是個難解之謎。

漢人之所以對盤庚遷殷的原因解釋錯誤,與不理解《盤庚》開頭"盤庚遷於殷,民不適有居"兩句話的真義有直接關係。"盤庚遷於殷"其實不是首句,是個單獨的句子,不與下句連貫,在篇中起提綱振領的作用,可視作全篇之題目。下句"民不適有居"才是首句,它開門見山地指出盤庚遷殷的緣由。漢人不察,竟以爲"盤庚遷於殷"是首句,意謂盤庚已經遷往殷地。"民不適有居",適字取之義往義,民不往殷地去,把整個的意思講反了。

"民不適有居"的適字是關鍵。適字固然有之義、往義,也有悦義、樂義。《一切經音義》引《三蒼》云：“適，悦也。”《廣韻》：“適，樂也。”《正韻》：“適，安便也，自得也。”《莊子·大宗師》“適人之適，而不自適其適者也”，成玄英疏：“悦樂衆人之耳目，焉能自適其情性耶！”“民不適有居”的適字必當取悦義、樂義。民不喜歡不滿意現在的“有居”，故有搬遷的要求；因爲要求搬遷，所以才説出下文論説搬遷與否乃國運攸關的一段話，盤庚才告誡官員們“無或敢伏小人之攸箴”。適字取悦義、樂義，“民不適有居”句理解爲下層民衆不願意在舊地繼續生活下去，强烈要求遷往新居地，全篇皆順。倘依漢人的解釋，説“民不適有居”是盤庚既遷殷之後，下層民衆不往新地去，則於事理不合，於文理難通，而盤庚遷殷的緣由必糊裏糊塗講不清楚。

　　第五，《盤庚》篇何時何人寫定的問題。《史記·殷本紀》説：“帝盤庚崩，弟小辛立，是爲帝小辛。帝小辛立，殷復衰，百姓思盤庚，乃作《盤庚》三篇。”是史遷以爲《盤庚》乃小辛在位時百姓所作。《書序》説：“盤庚五遷，將治亳殷，民恣胥怨，作盤庚三篇。”是以爲《盤庚》爲盤庚自作。按史遷説爲可信。盤庚自作成篇實屬不可能。

　　附帶談談《書序》問題。所謂《書序》，今尚存在，僞《古文尚書》散置於各篇之首。《漢書·藝文志》説孔子“爲之序”。班固孔子作《書序》之説可能得自劉歆。劉、班之説值得懷疑，《書序》所言事，《史記》常常也説，然而頗不同，如《盤庚》書序説：“盤庚五遷，將治亳殷，民恣胥怨，作《盤庚》三篇。”以爲《盤庚》篇盤庚自作。而《史記·殷本紀》説：“帝盤庚崩，百姓思盤庚，乃作《盤庚》三篇。”二説大異。兩説比較，史遷説爲得其實。倘《書序》是孔子作，史遷不至於不知，知之更不至於擅改。孔子作《書序》説，朱熹已經不信。閻若璩《尚書古文疏證》後附有其子閻泳所輯《朱子古文書疑》四十七條，内有朱熹論《書序》云：“漢人文字也不喚作好，卻是粗枝大葉，《書序》細弱，衹是魏晉人文字。”“《尚書》小序不知何人作，大序亦非孔安國作。怕祇是撰《孔叢子》的人作。""《書》小序亦非孔子作，與《詩》小序同。""《書序》是得書於屋壁已有了，想是孔家人自做的。"朱熹説《書序》不是孔子作，是完全正確的。但是他既説《書序》與《書》同出於屋壁，又説是魏晉人作，自相矛盾，故未爲可信。平心而論，説魏晉人作，未免太晚。説孔家人作，是可能的。但是時間似不應晚於司馬遷作《史記》之時。究竟何人何時作，今不宜遽作定論，姑且存疑。

新　解

伏生《盤庚》本一篇，鄭玄一分爲（上中下）三篇。今復伏生之舊，合三而一，但將首句"盤庚遷於殷"提出做標題，其餘分爲四大段。限於篇幅，此文暫解前兩段。

盤庚遷於殷。

此爲獨句，不與下文連貫，在篇中起提綱振領的作用，相當於篇題。

據《史記·殷本紀》，湯以下之商王是外丙、仲壬、太甲、沃丁、太庚、小甲、雍己、太戊、仲丁、外壬、河亶甲、祖乙、祖辛、沃甲、祖丁、南庚、陽甲、盤庚。自湯至盤庚相繼立者凡18世。其中外丙、仲壬、太庚、雍己、小甲、太戊、外壬、河亶甲、沃甲、南庚是兄終弟及登位，不計世數，則盤庚爲湯之第十代孫，祖乙之曾孫。據《太平御覽》八十三引《竹書紀年》："盤庚旬。"知盤庚名旬。

《太平御覽》八十三引《竹書紀年》云："盤庚旬自奄遷於北蒙，曰殷。"《括地志》云："相州安陽縣本盤庚所都，即北蒙殷墟，南去朝歌城百四十六里。"又云："西南三十里有洹水，南岸三里有安陽城，西有城名殷墟，所謂北蒙也。"是知盤庚自奄遷於殷。殷在今河南安陽，奄在今山東曲阜。

一

民不適有居，率吁衆慼出矢言。

民，勞力的下層民衆。《詩》、《書》中民、人意義有別，民指稱勞力者，人指稱勞心者。適，《爾雅·釋詁》與之同訓往。《一切經音義》引《三蒼》訓悦，《廣韻》訓樂。《盤庚》此適字訓之、往或訓悦、樂，關係甚大。訓之、往，則"民不適有居"爲民不願意遷居，反對遷殷；訓悦、樂，則"民不適有居"爲民不喜歡舊居，希望遷殷。《史記·殷本紀》取之、往義，謂"殷民胥皆怨，不欲徙"。其後僞孔傳、蔡沈《書集傳》、段玉裁《説文》頁部籲字注、江聲《尚書集注音疏》、王引之《經傳釋詞》卷九、近人曾運乾《尚書正讀》，説並同《史記》，都説民不欲遷，故不往殷邑去。這一説法是錯誤的，不可從。祇有金履祥《尚書表注》説："民之不欲遷者皆在位者秫之，其言欲遷者又在位者蔽之。"似乎想説民是欲遷的，但亦語出含胡，並無確論。孫星衍《尚書今古文注疏》訓適爲悦，是對的，但是説民不悦的是新邑，不是舊邑，也未打破民不欲遷的舊説。今按此適字訓悦、樂，"民不適有居"，謂民衆不喜歡不滿意"有居"。"有居"即居，是未遷之舊居即奄之居，不是遷徙後之新居即殷之居。祇有如此理解，方於理爲合，於文爲順。

"率吁衆慼出矢言"句主語承上句爲"民"。舊説以爲此句主語是盤庚，誤。此時文中盤庚尚未出現，所記是民的言論。率，語助詞，無實義。吁，繁體作籲，《説文》頁部："籲，呼也。"慼，《説文》頁部籲字下引作戚。段注："戚，今本作慼，俗字也，衛包所改。"戚字本義是斧，引而申之有促迫、憂愁之義。更引申有親戚之義，如《詩·行葦》"戚戚兄弟"，毛傳："戚戚，内相親也。"此經文之戚字孫星衍《尚書今古文注疏》釋作"貴戚之臣"，是對的。矢，或訓陳，或訓誓，或訓正，或訓直，考上下文義，此矢字當取正義。矢言，正言，正直之言。

這兩句話大意是説,民衆不喜歡(奄地之)舊居,(要求遷徙),呼吁(盤庚之)貴戚近臣,講出正直的話。

曰,我王來,既爰宅於兹,重我民,無盡劉,不能胥匡以生。

自此以下至"厎綏四方",都是民衆"出矢言"的話,向貴戚近臣們陳述要求遷徙的理由。

曰,民曰。我王,居奄諸王。據《太平御覽》八十三引《竹書紀年》,"南庚遷於奄","陽甲居奄","盤庚居奄","自奄遷於北蒙曰殷",是"我王"指南庚、陽甲、盤庚言。舊説以爲"我王"指祖乙,不對。祖乙遷耿,以後南庚又遷奄,至盤庚自奄遷殷;若説"我王"指祖乙,則必以爲盤庚自耿遷殷,而耿在黃河之北,今河南省溫縣東,殷在河南省安陽,更在耿之北,盤庚若自耿遷殷,必不過黃河,與經下文"盤庚作,唯涉河以民遷"説不合。民"出矢言"時所居之地既是奄不是耿,則所稱"我王"不是祖乙無疑。

爰,於。宅,《爾雅·釋言》:"居也。"邢昺疏:"謂居處也。"是宅作名詞用,謂居處。《釋名》:"宅,擇也。言擇吉處而營之也。"《詩·大雅·文王有聲》"宅是鎬京",鄭玄箋:"武王卜居是鎬京之地。"是宅亦作動詞用,謂選擇居處。經此文之宅字當是動詞。兹,此。重,《説文》重部:"厚也。"段注:"厚斯重矣。"《爾雅·釋詁》訓殺。胥,《釋詁》訓相。匡,《左傳》成公十八年"匡乏困,救災患",杜注:"匡亦救也。"

這幾句經文記民衆要求遷徙的理由,大意是説,自從我王(南庚、陽甲、盤庚)來到奄地,選擇這個地方居住以後,厚待我們民衆,我們沒有(因爲惡劣的環境而)死盡。但是,即使我們相互救助也不能繼續生存下去。

卜稽曰,其如台。先王有服,恪謹天命,兹猶不常寧,不常厥邑,於今五邦。

稽,王國維説:"稽本乩。龜甲文中屢見'王囧曰',囧即占之奇

文,亦即乱之初字也。"(吳其昌《王觀堂先生尚書講授記》)是卜稽
即卜占、卜乱,亦即卜。古代遷邑是大事,遷與不遷及遷於何處,必
問卜。如台,《史記》引《尚書》皆改作奈何,古如台與奈何聲近,奈
何義同如何。

　　先王,指成湯及其以後諸王,今王盤庚不在内。服,《爾雅·釋
詁》訓事。恪,《說文》心部作愘,訓敬。謹,《說文》與慎互訓。寧,
《爾雅·釋詁》訓安,安訓坐訓定。邑,商代稱國家的統治中心。
邦,國,亦邑也。五邦,漢人謂商自成湯算起共遷邑五次,有過五個
國邑。五邦指哪五個國邑,說法不同。《經典釋文》引馬融說:"五
邦謂商邱、亳、囂、相、耿也。"孔穎達《尚書正義》引鄭玄、王肅說同。
商邱是成湯伐桀前的國邑,即南亳,不當數在五邦之内。偽孔傳謂
"湯遷亳,仲丁遷囂,河亶甲居相,祖乙居耿,我往居亳,凡五徙國
都",更加不對。民在盤庚遷殷之前言"於今五邦",五邦必不含亳
殷在内。今按五邦應是西亳、囂、相、耿和南庚所遷之奄。

　　此段經文大意是,民衆說,問卜於龜又能怎樣呢,該遷還是要
遷。先王們做事總是誠敬謹慎地順從天命,尚且不定居一處,不恒
居一個國邑不動,到現在已經有過五個國邑了。

今不承於古,罔知天之斷命,矧曰其克從先王之烈,若顛木之
有由蘖。天其永我命於兹新邑,紹復先生之大業,底綏四方。

　　古,指先王。罔,不。矧,況,又。克,能。烈,《爾雅·釋詁》訓
業又訓餘。舊說釋此烈字都取業義,謂先王之大烈、大業云云,恐
誤。下文有"先王之大業"語,此更言先王之大業,似嫌重複。此烈
字應取餘義,《詩·大雅·雲漢》序"宣王承厲王之烈"語式正與此
同。毛傳云:"烈,餘也。"孔疏云:"宣王承其父厲王衰亂之餘政。"
此"先王之烈"當指先生留下的今已不可繼續居住下去的奄邑而
言。但是,"克從先王之烈"不是說守住先王留下的奄邑不動,而是
要從奄邑遷走,另尋新邑,故下文緊接着有"若顛木之有由蘖"一
語。《雲漢》序之"宣王承厲王之烈"語意亦同,不是說宣王繼承厲

王之亂政不變,而是要把父親留下的亂政變爲治政,故下文有"内有撥亂之志"云云。

顛木,倒木。由蘗,《説文》木部引作鼀櫱,馬部引作鼀栭。由,是鼀的假借字。鼀字訓生,《説文》馬部:"鼀,木生條也。"木生條是大樹上生出小枝。蘗、櫱、栭古字同。《説文》木部:"櫱,伐木餘也。"伐木餘即倒木之上又生之芽。《魯語》"山不槎蘗",韋昭注:"以株生曰蘗。"《東京賦》"山無槎栭",薛綜注:"斬而復生曰栭。"揚雄《太玄》:"株生蘗,其種不絶。"諸説概括而言,蘗是倒木所生之芽,芽又長大成木,等於木斬而復生,連綿不斷,其種不絶。商之屢遷,其意義與此同,故商民舉"若顛木之有由蘗"以爲喻。

永,長。兹,此。紹,繼。底,定。綏,安。

此段經文大意是,現在不繼承先王屢屢遷邑的傳統,不知道天之欲斷絶我們的國命,想叫我們滅亡。更做不到從先王留下的舊邑遷到新邑,象伐倒之枯木生出新芽那樣。天將延長我們的國命於此新邑,以繼承恢復先王之大業,安定四方。

二

盤庚敩於民,由乃在位,以常舊服,正法度。曰,無或敢伏小人之攸箴。

自此起開始敍述商王盤庚關於遷邑問題的態度和做法。爲全篇第二大段落。

敩,《説文》教部:"覺悟也。"覺悟是由不知而知。我教人,使由不知到知,謂之敩;我從人學,使己由不知到知,亦謂之敩,是敩字含有教與學二義。經此文言"盤庚敩於民",顯然是説盤庚從民學,從民那裏學到了東西,使自己由不知到知。亦即從民那裏受到啓發,有所覺悟。

由,在此應訓正。《方言》卷六云:"由、迪,正也。東齊青徐之間相正謂之由、迪。"又云："胥、由，輔也。吳越曰胥，燕之北鄙曰由。"是由有輔正之義。乃，其。在位，指經下文所言之"邦伯、師長、百執事之人"，亦含貴戚近臣在內，即朝廷內外負有責任的各類各級官員，這些人當然大多是世族大姓。"敎於民"與"由乃在位"是相對應的。前句言敎，向民敎，敎的內容是經上文"不常厥邑，於今五邦"云云。後句言正，正在位者，正的內容是經下文之"以常舊服，正法度"。這就表明了盤庚聽取民意，必欲遷邑的堅決態度。

服，事。舊服，舊事，即先王當遷邑便遷邑的事情。正法度，端正法度。此端正法度非泛言端正一般的法度，乃特指不許官員們把民眾要求遷邑的意見隱藏不報。經下文言"曰無或敢伏小人之攸箴"就是"正法度"的具體內容。

伏，隱藏，埋伏。小人，勞力者，即經上文"民不適有居"之民。攸，語助詞，無實義。箴，古代以石爲箴，用以刺病。這是本義，引申之義是凡規戒、勸諫之詞。

這幾句經文大意是，盤庚一方面敎於民，受到民的啓發，知道了遷邑勢在必行；一方面以先王屢屢遷邑的故常舊事正諸在位者的認識，又嚴正法度，不允許有人敢於把民眾的規戒、勸諫隱藏起來不上報。

王命衆悉至於庭。

自"盤庚敎於民"至"悉至於庭"，是史官記敍盤庚的行動。王，指盤庚。衆，指邦伯、師長、百執事之人以及貴戚近臣。悉，盡，都。庭，朝中。此兩句意思是，盤庚命令邦伯、師長、百執事之人以及貴戚近臣都到朝中來，聽他訓話。

王若曰，格汝衆，予告汝訓，汝猶黜乃心，無傲從康。

自"王若曰"以下，直至"罰及爾身，弗可悔"，全是盤庚對邦伯、師長、百執事之人以及貴戚近臣的訓話。但是，"王若曰"三字是史官記敍語，"格汝衆"才是盤庚的話。

王若曰，王大意這樣說。表示王以下所說，衹是大概意思如此，並非字字句句都是原話。蔡沈《書集傳》説"若曰者，非盡當時之言，大意若此也"，是對的。

格，來。訓，《説文》言部："説教也。"《一切經音義》五："導也，教也。"是訓之義是説道理以教導人。猶，語助詞，無實義。黜，《説文》黑部："貶下也。"乃，你。無，通毋、勿。傲，輕慢，不敬，不遜。康，康樂，安逸。

這幾句經文大意是，盤庚説，你們大家都過來，我告訴你們一些道理，你們要降下你們的心，不要傲慢不敬，不要沉湎於康樂安逸。

古我先王亦唯圖任舊人共政。王播告之，修不匿厥指，王用丕欽，罔有逸言，民用丕變。

盤庚繼續向官員貴戚訓話。古我先王，指成湯及其以後諸明王。圖，謀。舊人，世臣舊家之人。反對遷邑的主要是這些人。共政，共與國事。或讀政爲匡正之正，亦通。"王播告之"之"王"即"古我先王"，對今王而言，故稱先；對臣下而言，故稱王。播，布。修，飾，文飾，引申爲一切外表的修整。匿，隱藏。指，旨意，內心的主要意圖。用，因，以。丕，語助詞，無實義。欽，言行小心，唯恐有失。罔，不。逸，失。變，化。

此段經文大意是，古時我們的先王們也謀求任用世臣舊家的人共與國事。先王們遍告共與國事的世臣舊家的人，言行可以修飾，但不可隱藏其中的主旨。先王們自己也小心敬慎，唯恐有失。結果民衆的意見沒有佚失漏掉，都反映了上來，民衆們因而也有所變化。

今汝聒聒，起信險膚，予弗知乃所訟。

盤庚以古諷今，講完古昔先王與舊人之故事，開始評論當今之人與當今之事。

聒聒，《經典釋文》引馬融説："拒善自用之意。"《玉篇》云："聒，愚人無知貌。"《一切經音義》二十一引《蒼頡篇》云："聒，擾亂耳孔也。”三種解釋並不抵觸，可以互相補充。自以爲是的人當然是愚蠢的人，他們發表意見往往聒聒亂叫，擾亂別人耳孔。

起信險膚，江聲《尚書集注音疏》的解釋爲可信據。江氏說："起，造言也。信，讀當爲引而信之信。信，申說也。造爲險波膚浮之語而申說之無以，所謂脅動以浮言也。""此篇是戒群臣之浮言惑衆，則此'起信險膚'非謂其聽信人言也，乃責其生硬浮言，支離牽引爾。故解起爲造言，信爲申說。"

弗，不。乃，你。訟，争辯。

這幾句經文大意是，現在你們卻愚蠢自用地聒聒亂說，生造并且發揮險惡、膚淺的浮言以迷惑民衆，我不知道你們如此争辯的用心是什麼。

非予自荒兹德，唯汝含德，不惕予一人。

荒，廢。兹，此。兹德，指經上文"古我先王，亦唯圖任舊人共政，王播告之"之德。含德，把德給含藏、隱伏起來，不予施行，是指世臣舊族不按照先王要求的那樣辦，"修不匿厥指"，而是聒聒亂說，制造險膚浮言以惑衆。惕，敬畏。予一人，盤庚自稱。

這三句話的大意是，不是我荒廢先王"唯圖任舊人共政"的原則不施行，而是你們把先王"修不匿厥指"的要求含藏起來不照辦，聒聒亂說，生造浮言以惑衆，不敬畏我，不聽我的話。

予若觀火，予亦拙謀，作乃逸。

此三句是盤庚自責的話。

觀，讀如字。觀火，比喻所見清楚明白。鄭玄《周禮·夏官·序官》注："爟，讀如'予若觀火'之觀。"又《周禮·夏官·司爟》鄭玄注："今燕俗，名湯熱爲觀。"是鄭玄釋觀火爲熱火。江聲《尚書集注音疏》、王鳴盛《尚書後案》、段玉裁《古文尚書撰異》、陳喬樅《今文尚書經說考》、孫星衍《尚書今古文注疏》、皮錫瑞《今文尚書考證》並從鄭說。按鄭說非是。盤庚自比熱火是什麼寓意，難以理解，且與下文意不相屬。

拙，今文作㶱，《説文》火部：“《商書》曰：‘予亦㶱謀。’讀若巧拙之拙。”拙謀，笨拙的謀畫，謀畫不當。逸，失。

三句經文的大意是，我看得很清楚，我也有問題，我也不善於謀畫，造成你們的過失。

若網在綱，有條而不紊。若農服田力穡，乃亦有秋。

此兩句是比喻世臣舊族之人。紊，亂。服，事。穡，種莊稼。有秋，有年，即有收穫。乃，與“而”義同，口氣重於“而”。這兩句話講的是正面意義，所取比喻之義在言外。網不在綱上則紊亂，農不服田力穡則没有收穫，與經上文言“無傲從康”相呼應。前者喻其傲上，後者喻其從康。

此兩句經文大意是，象網在綱上，有條不紊；象農夫種田，勉力耕作，而有收穫。

汝克黜乃心，施實德於民，至於婚友，丕乃敢大言汝有積德。乃不畏戎毒於遠邇，惰農自安，不昏作勞，不服田畝，越其罔有黍稷。

克，能。黜，《説文》黑部：“貶下也。”乃，你。實德，符合根本利益的實際的好處。婚，《爾雅·釋親》：“婦之父母，壻之父母相謂爲婚姻。”此泛指一切與己有親戚關係的人。友，朋友，僚友。既是世臣舊家的婚友，則婚友本身必也是世臣舊家。丕，或作不、作否，語詞，無實義。丕乃敢，乃敢也。乃敢，方敢，才敢。乃不畏，乃，轉語，卻。乃不畏，卻不畏。戎，《爾雅·釋詁》訓大。毒，《説文》屮部：“厚也。害人之草，往往而生。”段注：“往往猶歷歷也，其生蕃多，則其害尤厚。故字從屮，引申爲凡厚之義。”是毒訓害，戎毒，大害。邇，近。惰，懶。昏，孔穎達《尚書正義》引鄭玄注讀昏爲暋，訓爲勉。服，事。越，於。罔，無。

此段經文大意是，盤庚對世臣舊家們説，你們要降下你們的心，爲民衆以及你們的親戚朋友幹一點實實在在的好事，你們才可以大言你們積了德。你們卻不怕大的毒害（指不遷徙造成的危害）

禍及遠近各地。就像懶惰的農夫，祇圖自己安逸，不勤勉勞苦，不
事田畝，怎能有糧食可收穫呢！

汝不和吉言於百姓，唯汝自生毒，乃敗禍姦宄以自災於厥身，
乃既先惡於民，乃奉其恫，汝悔身何及。相時憸民，猶胥顧於箴言，
其發有逸口，矧予制乃短長之命。

和，《説文》口部："相應也。"吉，《説文》與善互訓，《釋名》卷四：
"吉，實也，善實也。"吉言，善言，好話，符合實際的話，與"浮言"相
反。百姓，指百官，與"民"指勞力之民衆者不同，但又與盤庚着重
批評的世臣舊家有別。毒，義與經上文"戎毒"之毒同。敗禍姦宄，
四字平列，各個讀斷。敗，《三蒼》："壞也。"禍，《説文》："害也，神不
福也。"姦、宄，《國語·魯語上》："竊寶者爲宄，用宄之財者爲姦。"
乃敗禍姦宄，四種壞事都做，實際上是說無惡不作。先惡於民，陳
夢家《尚書通論》說"謂爲民所痛惡"。奉，《説文》與承互訓，《廣
雅·釋詁》："奉，持也。"恫，陳夢家《尚書通論》謂日本唐寫本作侗，
作侗者是。《論語·泰伯》"侗而不愿"，孔安國注："侗，未成器之人
也。"《莊子·山木》："侗然其無識。"是恫當作侗，侗謂幼稚無知。
陳氏說"乃奉其恫"謂自用其愚，即上聒聒拒善自用之義。按陳說
是。憸，《説文》心部："憸，疾利口也。《詩》曰'相時憸民。'"按《詩》
曰是《書》曰之誤。段玉裁注說古文《盤庚》作憸，今文《盤庚》作散，
憸、散字異音同，今本《盤庚》作儉民，乃淺人所爲。按段說是。憸
民，憎惡利口的民衆。民衆皆憎惡利口，故云。相，視。時，是。箴
言，規戒勸諫之言，義同經上文"小人之攸箴"之箴。逸口，講話有
所失控，講了過頭的話。矧，況。短長之命，實際是決定生與死之
命。

此段經文大意是，你們不響應百官中的正確言論，竟自己製造
禍患，敗禍姦宄無惡不作，必把災害加諸自身。既爲民衆所痛惡，
又愚昧無知，堅持拒善自用的毛病不改，你們要追悔莫及的。看看
這些不擅長言詞的民衆吧，他們提出建設性意見的時候，尚且注意

不説過頭、失實的話。更何況我，決定你們生死命運的人，哪裏敢
信口講話！

**汝曷弗告朕，而胥動以浮言，恐沈於衆。若火之燎於原，不可
嚮邇，其猶可撲滅。則唯汝衆自作不靖，非予有咎。**

曷，何。弗，不。朕，我。胥，相。浮言，謡言。恐，恐
懼。沈，通淫。《國語·齊語》“擇天下之甚淫亂者而先征之”，《管子·小匡
篇》淫作沈。《尚書·微子》“我用沈酗於酒”，沈酗猶淫酗。是沈與
淫古聲同而通用，又多假借爲湛。淫，《釋名·釋言語》：“浸也。浸
淫旁入之言也。”恐沈於衆，謂恐懼情緒在衆人中傳播擴展。僞孔
傳説“恐汝沈溺於衆有禍害”，不對。

燎，《説文》火部：“放火也。”《詩·小雅·正月》“燎之方揚”，鄭
玄箋：“火田爲燎。”是古人爲燒田而放的火稱燎。邇，近。“其猶可
撲滅”，言不可撲滅。僞孔傳、蔡沈《書集傳》以爲言可撲滅，不對。
《左傳》隱公六年君子曰：“長惡不悛，從自及也，雖欲救之，其將能
乎？《商書》曰：‘惡之易也，如之火燎於原，不可鄉邇，其猶可撲
滅？’”杜預注：“言不可撲滅。”《左傳》君子曰和杜預的理解是對的。
意謂燎原之火，靠近尚且不可，更何言撲滅。

靖，《經典釋文》引馬融云：“安也。”僞孔傳：“謀也。”都不確。
孫星衍《尚書今古文注疏》謂靖與善同義。《藝文類聚》八十七引
《韓詩》曰：“靖，善也。”《堯典》“静言”，《五帝本紀》作“善言”，《漢
書·王尊傳》作靖言。按靖訓善，是對的。《經義述聞》卷三亦云：
“家大人曰：‘靖，善也。言是汝自作不善所致也。不善，即上文所
云先惡於民也。靖通靚，又通作静。’”咎，過錯。

此段經文大意是，你們爲什麼不把話直接對我説，而相互之間
用浮言進行鼓動，使恐懼情緒在衆人中傳播擴散，像火之燎原，不
可靠近，更不可能撲滅。這是你們大家自作不善，不是我有什麼過
錯。

遲任有言曰：“人唯求舊，器非求舊，唯新。”古我先王，暨乃祖

乃父，胥及逸勤，予敢動用非罰。世選爾勞，予不掩爾善。茲予大享於先王，爾祖其從與享之。作福作災，予亦不敢動用非德。

遲任，孔穎達《尚書正義》引鄭玄云：“古之賢史。”不知何據。《論語‧季氏》孔子說“周任有言曰”，馬融注謂周任是“古之良史”。二任是不是一人，今無可考。

遲任言人求舊，器求新，盤庚引用之，重點在人求舊。舊人，其實是指舊的家族，非指舊的個人。舊的家族就是與王室血緣關係和政治關係都親近，世代與王室合作且有功於王室的世臣舊家。如果舊人是指老年人，“人唯求舊”，則年輕人一概不用，古今必無此理。

古我先王，成湯及其以下至南庚、陽甲諸王都在其內。《史記‧殷本紀》記盤庚曰：“昔我高后成湯與爾之先祖俱定天下。”謂先王祇是成湯，恐怕不確切。經言與先王“胥及逸勤”的不祇有乃祖，還有乃父。乃父顯然指父輩言。父輩不可能與成湯相提並論。

暨，及，與。乃，你。祖，泛指祖、曾、高及其以上直至與成湯同時之諸先祖。胥，相。勤，勞。逸勤，逸勞，猶今語勞逸。胥及逸勤，謂我先王與你們的先祖先父們勞逸相及，即同甘苦共患難。予敢，我哪敢，我不敢。非罰，不當罰而罰或當輕罰而重罰，即罰不當罪。選，僞孔傳訓數，是對的。《左傳》昭公元年：“弗去，懼選。”杜預注：“選，數也。恐景公數其罪而加戮。”《左傳》言數其罪，《盤庚》言數其勞，罪與勞不同，但是選之義爲數，則是一樣的。勞，功勞。掩，《經典釋文》：“本又作弇。”弇、揜、掩古通用。《五經異義》引作“予不絕爾善”。作掩作弇，是掩蔽、覆蓋的意思，作絕是絕棄的意思。江聲《尚書集注音疏》從《五經異義》作絕。按作絕不如作掩符合經文上下語意。《中庸》有“誠之不可揜”句，《大學》有“揜其不善”句，正與《盤庚》“不掩爾善”句類似。

大享，即《禮記》所說大饗。江聲《尚書集注音疏》引惠先生云：“王者吉禘之禮行於春夏，謂之大禘，行於秋謂之大嘗，行於冬謂之大烝。《左傳》所謂‘烝嘗禘於廟’是也。《祭統》之‘大嘗禘’、《司勳》之'大烝',皆喪畢之吉禘也。"又曰:"烝嘗禘本四時之祭,吉禘因之而有大禘大嘗大烝之名。"又曰:"祭莫大於祭(按當作喪)畢之吉祭。一王終,嗣天子即位奉新陟之王,升合食於明堂,上自郊宗石室,傍及毀廟,下逮功臣,無不與食,合數十世之主,行配天之禮,故謂之大禘。"惠氏謂大享是天子喪畢新王舉行的吉禘,功臣與食。按惠説是。

"兹予大享於先王,爾祖其從與享之",這兩句經文,古文今文説不同。《周禮·夏官·司勳》:"凡有功者,銘書於王之大常,祭於大烝,司勳詔之。"鄭玄注:"生則書於王旌,以識其人與其功也。死則於烝先王祭之。詔,謂告其神以辭也。盤庚告於卿大夫曰:'兹予大享於先王,爾祖其從與享之。'是也。"以爲"兹於大享於先王"云云講的是功臣配享。此古文説。《尚書大傳》:"古者諸侯始受封,則有采地,百里諸侯以三十里,七十里諸侯以二十里,五十里諸侯以十五里。其後子孫雖有罪黜,其采地不黜,使其子孫賢者守之,世世以祠其始受封之人。此之謂'興滅國,繼絶世'。《書》曰:'兹予大享於先王,爾祖其從與享之。'此之謂也。"《五經異義》、《韓詩外傳》説與此略同。以爲"兹於大享於先王"云云講的是世禄的問題。此今文説。按古文之功臣配享説合乎經意,今從之。今文之采地與世禄説與經意顯然不合,且分封制度始於西周,迄今尚無足夠的證據證明商代有分封制度。今不從。

作福作災,是天子獨有之權力,諸侯大夫不得爲之。作福,指稱賞有功;作災,指稱罰有罪。災,非謂自然之災,乃天子所作之災,故作災又云作威。《洪範》有"臣無有作福作威"句,作威與作災義同。

非德,與上文之非罰相對應。非罰謂罰不當罪,不當罰而罰,亦即不公正地使用作災的權力。非德謂無功而賞,不當賞而賞,亦即不公正地使用作福的權力。

這一段經文大意是,古賢史遲任説過:"人要舊的,器不要舊的,要新的。"從前,你們的先祖與父輩和我的先王們同甘苦共患難。我哪裏敢濫用作福作災的權力,罰所不當罰。世世數録你們先人的功勞,在我爲先王們舉行大享的時候,你們的先人也將與之配享。我不能掩蓋、埋没你們先人的功勞,我也不敢濫用作福作災的權力,賞所不當賞。

予告汝於難,若射之有志。汝無侮老成人,無弱孤有幼。各長於厥居,勉出乃力,聽予一人之作猷。

志,射箭時心中必有一個確定的目標,這確定的目標就是志。《左傳》定公八年:"顔息射人中眉,退曰:'我無勇,吾志其目也。'"此"吾志其目"的志與"射之有志"的志義同。射箭如果無目標,射哪算哪,極易;如果目標既定,射必求中,則難甚。經文以"射之有志"喻按既定目標做成事情之難能。

"侮老成人"與"弱孤有幼"是相對應的句子,句式相同。"侮老"、"弱孤"是動詞,"成人"、"有幼"是名詞。孔穎達《尚書正義》引鄭玄注云:"老弱,皆累忽之意也。"按鄭説是。王引之《經義述聞》卷三:"當以弱孤連讀,言以爲孤弱而輕忽之也。"王説亦是。孤猶寡的意思,《左傳》昭公二十七年:"專禍楚國,弱寡王室。"弱寡猶弱孤。《左傳》成公十三年:"寡我襄公。"杜預注:"寡,弱也。"是弱孤或弱寡本是形容詞、自動詞,卻往往做及物動詞用,"弱孤有幼"就是一例。侮老成人,因成人之老而輕忽之。侮老二字連續,爲一及物動詞。侮,《説文》訓傷,傷訓輕。《廣韻》:"傷,相輕慢也。"老,也應理解爲輕慢,《漢書·趙充國傳》言充國年七十有餘,"上老之"。這"上老之"就是説皇上因爲他年老而輕慢他。

予一人,我,商周天子自稱。作,《爾雅·釋言》訓爲。猷,《爾雅·釋詁》訓謀。作猷,出謀畫策的意思。

這段經文大意是,我告訴你們,辦成一件有既定目標的事情,是很難的,就像射箭一樣,心中先有一個明確的目的,要使箭準確中的,談何容易。你們不要輕忽年老者和幼稚者的意見與問題。你們要在你們所居住的地方負起責任來,勤勉效勞,盡心出力,聽我的指揮,照我的計劃辦。

無有遠邇,用罪伐厥死,用德彰厥善。邦之臧,唯汝衆,邦之不臧,唯予一人有佚罰。凡爾衆其唯致告,自今至於後日,各恭爾事,齊乃位,度乃口,罰及爾身弗可悔。

邇,近。無有遠邇,不分遠邇,一例對待。伐,《廣雅·釋詁》:"擊也。"彰,《廣雅·釋詁》:"明也。"彰或作章,義同。伐、彰皆動詞,死、善皆名詞。死,死罪。善,善行。臧,《爾雅·釋詁》:"善也。"佚,同逸,《爾雅·釋言》:"逸,過也。"《國語·周語上》記內史過引《盤庚》曰:"國之臧,則唯女衆。國之不臧,則唯余一人,是有逸罰。"邦作國,邦即國。佚作逸,佚即逸。韋昭注云:"臧,善也。國俗之善,則唯女衆,歸功於衆也。逸,過也。罰,猶罪也。國俗之不善,則唯余一人,是我有過也。言其罪當在我也。"按韋說是。

恭,《國語·周語下》:"夙夜,恭也。"韋昭注:"夙夜敬事曰恭。""各恭爾事",各自認真做好自己分內的事情。齊,《詩·小雅·小宛》:"人之齊聖。"毛傳:"齊,正。"鄭箋:"中正通知之人也。"是齊有正訓。齊乃位,與經上文之"由乃在位"意義相近,意謂你們要端正你們自己的職責。度,當爲斁。《説文》攴部:"斁,閉也。從攴,度聲,讀若杜。"經典多借爲杜,如《管子·輕重篇》:"杜其門而不得出。"是度乃口,當讀爲斁乃口,意謂閉上你們的口。

此段經文大意是,不分遠者方國諸侯近者朝廷百官,其有死罪,我用刑罰懲治他;其有善行,我用賞賜表彰他。國家搞好了,是你們這些人的功勞;國家搞得不好,是我的過錯。凡是你們這些人,都要互相轉告我的意思,從今而後,你們各個人都認真辦好自己分內的事情,端正自己的職分。不該管的不要管,閉上你們的嘴,不要製造浮言。等到刑罰加到你們身上的時候,後悔就來不及了。

以上從"盤庚斁於民"至此,爲全篇的第二大段。以下兩大段因篇幅所限,省。

(與呂紹綱合作,《社會科學戰綫》1996 年第 3 期)

釋"二南"、"初吉"、"三淪"、"麟止"

一、"二南"

我讀《詩經》，開頭就碰到一個難題，這就是"周南"、"召南"兩個名目的解釋問題。儘管古今注釋家曾經作過種種猜測，但是就我所看到的，沒有一種注釋能令人完全滿意。

這幾種舊說是：

(1)《毛詩·關雎序》說。

> 南，言化自北而南也。

這一種說法在社會上流行最廣、最久，也最沒道理。這一點，崔述已經在《讀風偶識》中辯駁過了："江、漢、汝、沱皆在岐周之東，當云自西而東，豈得自北而南乎？"今觀《尚書》所錄的周初文告，如《牧誓》、《大誥》、《酒誥》諸篇，都提到"西土"或"東土"，證明崔說是對的。可見《毛詩序》對於"二南"的解釋，是不正確的。

(2)《韓詩序》說。

韓說見《水經注·江水二》所引：

> 《周書》曰："南，國名也。南氏有二臣，力均勢敵，競進爭權，君弗能制，南氏用分為二南國也。"按韓嬰敘《詩》云："其地在南郡南陽之間。"

細繹《水經注》文字，韓說似即取於《周書》。其實《周書》的說法也是不正確的。胡承珙即曾指出其缺點說："若僅南氏二臣之國而冒之以周、召,於義不可通矣。"(《毛詩後箋·周南召南》)胡説無疑是對的。

(3)程大昌《考古編·詩論》説。

> 蓋南、雅、頌,樂名也。若今之樂曲之在某宫者也。《南》有周、召,《頌》有周、魯、商,本其所得而還以繫其土也。

程説晚出較新,在學術界産生相當大的影響。例如清初惠周惕説:"風、雅、頌,以音别也。"[1]近人梁啓超説:"南是一種音樂。"[2]又,章炳麟説:"二南爲荆楚風樂。"[3]等等,就是直接、間接地接受了程説的影響。其實這些説法也不能成立。

第一,我們知道,周制夷夏之辨甚嚴。果如諸家所説"二南"的"南"爲"南夷之樂"或"荆楚風樂",那末,周人把它用爲鄉樂、燕樂、射樂和房中樂;孔子教導他的兒子伯魚説:"汝爲《周南》、《召南》矣乎? 人而不爲《周南》、《召南》,其猶正墙面而立也與?"(《論語·陽貨》)試問,他們爲什麽把"南夷之樂"的地位看得如此之高? 於道理講不通。

第二,諸家根據《詩·鼓鐘》的"以雅以南",《禮記·文王世子》的"胥鼓南",《左傳》襄公二十九年的"見舞象箾南籥者"和《詩·鼓鐘》毛傳的"南夷之樂曰南"來證明"南"是樂名,爲"南夷之樂",這一點並不見得是錯誤。但因此進一步把"南夷之樂曰南"的南與《周南》、《召南》的"南"並爲一談,這就有問題了。顯然,即就所引《左傳》襄公二十九年吴公子季札觀周樂這份材料而言,上文已説"使工爲之歌《周南》、《召南》",下文又説"見舞象箾南籥者",則《周南》、《召南》的"南"與"南籥"的"南"之非一物,已斷然可知。又,

---

①　惠周惕:《詩説》。

②　梁啓超:《釋"四詩"名義》。

③　章炳麟:《檢論·詩終始論》。

《周南》、《召南》在習慣上固然可簡稱爲"二南"或直稱爲"南",但是單稱"南"的"南夷之樂"則絕對不能稱爲《周南》或《召南》。可見縱然證明了"南"是"南夷之樂",還不能說"二南"的"南"就是"南夷之樂"。

根據上述兩點分析,可以看到程説也有很大缺點,不能視爲定論。

(4)王夫之《詩經稗疏•周南》説:

> 蓋周公、召公分陝而治,各以其所,登其國風。則《周南》者,周公所治之南國;《召南》者,召公所治之南國也。北界河雒,南逾楚塞,以陝州爲中綫而兩分之,《史記》謂雒陽爲周南,從可知已。
>
> 陝東所統之南國爲周南,則今之南陽、襄、鄧、承天、德安、光、黃、汝、潁是已。陝西所統之南國爲召南,則今漢中、商、雒、興安、鄖、夔、順慶、保寧是已。其國之風,或其國人所作,或非其國人所作而以其俗之音節被之管弦,今雖無考,而大要可知。
>
> 故《漢廣》兼言江、漢,江北漢南今之潛、沔也;《汝墳》言江、汝之間,則今之光州、新蔡也,而皆係之以《周南》。若《召南》之以地紀者,曰《江有沱》,又曰《江有汜》。按《禹貢》:"岷山導江,東別爲沱。"《水經》:"江水歷氐道縣,溫水入焉。又東別爲沱,過都安縣。"今溫水自龍安府石泉縣入江。都安今成都府灌縣。沱江在今新繁縣。汜者,水決復入之總名。沱即汜也。言沱言汜,皆川北西漢水(原注:"今嘉陵江")南之地。《集傳》以景陵之沱汜當之,未是。又,《殷其靁》之詩曰:"在南山之陽。""南山"終南山也。《爾雅》:"山南曰陽。"自漢中而東至均州皆在終南之陽,於春秋爲庸、麋。召南在陝州之西,明矣。
>
> 據此則二陝分治之地,別爲二南。不言國者,文王未

有天下，侯國非其所有，特風教遠被，以類附也。

我認爲王氏以"二陝分治之地，別爲二南"，這種解釋是對的，但以"南"爲"南國"，以"不言國者"爲"文王未有天下，侯國非其所有，特風教遠被，以類附也"，則仍是曲説，不符合當時事實。以下將逐項加以説明。

首先要説明爲什麽説以"二陝分治之地，別爲二南"的解釋是對的呢？請先從《史記·自序》"太史公留滯周南"説起。在這裏，裴駰《集解》轉引摯虞説："古之周南，今之洛陽。"司馬貞《索隱》引張晏説："自陝以東，皆周南之地也。"細審《史記》原義，"周南"決是地名。摯、張二人的解釋，雖略有出入，而大體相同（張説可以看作是對摯説的補充），應該説都是正確的。用二陝分治來解釋"二南"，顯然是與毛、韓之義相背，而別爲一派。前人如全祖望、陳喬樅諸氏都以爲是魯詩説，這種推斷是可以信據的。[1] 陸德明説："齊詩久亡，魯詩不過江東。"[2]今觀《文選》載潘岳《西征賦》有："美哉邈乎，兹土之舊也！固乃周召之所分，二南之所交。"潘氏爲西晉人，其時魯詩猶存，潘氏所用，正是魯義。

周召分陝而治之説，不僅見於《史記·燕召公世家》、《公羊傳》隱公五年，並見於《禮記·樂記》所説的"五成而分，周公左，召公右"。又，《尚書·顧命》載："太保率西方諸侯入應門左，畢公率東方諸侯入應門右。"王肅説："畢公代周公爲東伯。"（《顧命疏》）這種説法當與事實相符，證明周初制度確是如此。《漢書·藝文志》評論三家詩，言："魯最爲近之。"魯詩以周召分陝而治來解釋"二南"，實較衆説爲勝。可惜千載沉淪，無人能持其義。王夫之獨力主此説，這正是他的識見過人處。應該肯定，這樣解釋，基本上是正確的。

---

① 　見《魯詩遺説考》、王先謙《三家詩義集疏》。
② 　陸德明：《經典釋文·序録》。

其次,要談一談以"南"爲"南國"的解釋爲什麼不對。我們試就司馬遷用"周南"一詞,摯虞説爲"古之周南,今之洛陽"來考察。《尚書・召誥》説:"王來紹上帝,自服於土中。"《周禮・大司徒》説:"日至之景,尺有五寸,謂之地中,天地之所合也,四時之所交也,風雨之所會也,陰陽之所和也。然則百物阜安,乃建王國焉。"《史記・周本紀》説:"周公行政七年……使召公復營洛邑……卒營築居九鼎焉。曰:'此天下之中,四方入貢,道里均。'"這些材料裏所説的"土中"、"地中"、"天下之中",毫無疑義都是指洛陽而言。試問洛陽既然是"天下之中",怎能又説是"南國"? 可見王夫之把"二南"的"南"看成是方位詞,解釋爲"南國"是不對的。

最後,談談王氏所説"不言國者,文王未有天下,侯國非其所有"的問題。這個問題最容易瞭解。很顯然,周、召分陝而治是在武王滅殷以後,怎能又説爲文王未有天下,豈不是自相矛盾? 所以這種説法,不須更舉詩篇來作具體的説明,已經知道它是錯誤的了。

綜觀上述四種解釋,獨有最後一種能根據周、召分陝而治之説釋"二南"與當日的實際情況相符,較其他三説爲勝。但是還有兩個問題不能解決,即"南"的解釋問題和"二南"在國風中與其他十三國風詩的關係問題。這兩個問題正是本文準備討論的主要内容。

1."南"的解釋

這個問題爲什麼長期得不到解決? 主要由於年代久遠,中間經過層層誤解,遂使古義淪湮,鉤考不易。前人研究學問,常常感到有兩種困難:一、"歧路亡羊";二、"習非勝是"。我研究這個問題的時候,恰恰也有這種感覺。正因爲這樣,所以現在進行説明或論證時,就不能不多費唇舌,而很難做到衹用三言兩語即解決問題。

我認爲"周南"、"召南"是簡稱,不是全稱。全稱當爲"周南之國"、"召南之國"。今本《毛詩》,《周南》、《召南》有尾題,與《邶》、

金景芳全集

《鄘》等十三國風同例。但《邶》風尾題爲"邶國十九篇、七十一章、三百六十三句"，《鄘》風尾題爲"鄘國十篇、三十章、百七十六句"，其餘諸國也是這樣，即都首標某國，下注若干篇、若干章、若干句。可是《周南》、《召南》獨不然。既不是題爲"周南國"、"召南國"，也不是題爲"周南"、"召南"，而是題爲"周南之國"、"召南之國"。這一點應該引起我們的注意。這種題法肯定不是毛公所爲，因爲毛解"二南"爲"化自北而南"，必不能改"周南"爲"周南之國"。也不能説出於其他西漢經師之手，因爲漢儒所患的是抱殘守缺，絶不敢輕易改作。可見這個"周南之國"、"召南之國"，定是《詩經》舊題無疑。

"周南之國"、"召南之國"是什麼意思呢？就是周公所任之國，召公所任之國。"南"字同任，在這裏是動詞，不是方位詞。王夫之用周召分陝而治之説以解"二南"是對的。但是，當他具體地爲"周南"、"召南"二題作訓詁時，乃説爲"周公所治之南國"、"召公所治之南國"，以"南"爲方位詞，則仍未擺脱舊日見解，這就不對了。《國語·周語》説："鄭伯，南也。"根據這個"南"字的含義，可以正確地瞭解"二南"的"南"。不過要認識這句話的本來意義，還需要做一段考據工作。

請先回顧一下過去的舊注是怎麼解釋的。根據韋昭的《國語解》就有好幾種説法，原文如下：

> 賈侍中云："南者，在南服之侯伯也。或云，南，南面君。"鄭司農云："南爲子男。鄭今新鄭。新鄭之於王城在畿内。畿内之諸侯雖爵有侯伯，周之舊法，皆食子男之地。"昭案：《内傳》子産争貢，曰："爵卑而貢重者，甸服也。鄭伯男也，而使從公侯之貢，懼弗給也。"以此言之，鄭在南服明矣。周公雖制土中，設九服，至康王而西都鄗京，其後衰微，土地損減，服制改易，故鄭在南服。

　　我認爲上述三家的解釋都不正確。其所以不正確,第一,在於把《國語・周語》富辰所説的"鄭伯,南也"與《左傳》昭公十三年子産所説的"鄭,伯男也"作同一處理。其實兩書所談的並不是一個問題。依照語法分析,《國語》裏所説的"鄭伯,南也","鄭伯"是主語,"南也"是謂語,這句話的中心意思是在於説明鄭伯這個人的身份特殊。所以下文緊接説:"王而卑之,是不尊貴也。"至於《左傳》裏所説的"鄭,伯男也"則不然,"鄭"是主語,"伯男也"是謂語,這句話的中心意思在於説明鄭國這個國家在爵列裏屬於"伯男"一級。按照"列尊貢重"的原則,不應要求鄭國職貢按照公侯一級的數量來獻納,所以下文接着就説:"而使從公侯之貢,懼弗給也。""懼弗給也"的意思就是説負擔太重,怕繳納不起。當然古代文字不用標點,單從表面上看,兩處文字没有什麽不同(古南、男二字可通用),可是如果細心,一讀上下文,就可以看得十分清楚。韋昭把兩處文字看成没有區別,肯定説是錯誤的。第二,在於無論解釋爲"在南服"、"南面君"或"爲子男",都非常牽強,不能與上下文義密合。試問僅僅一個"南"字,怎能具有"在南服"、"南面君"的含義? 退一步講,即令具有上面所説的含義,又怎能突出地説明他是"貴"呢? 可見這兩種解釋都是不對的。至於説"爲子男",則更是不通之至。分明鄭是伯爵,怎能又説是"子男"? 即令是"子男",又怎能説明他是"貴"? 可見這種解釋也是不對的。

　　那末,"鄭伯,南也"這個"南"字到底應該怎麽解釋呢? 我認爲這個"南"字,是王朝執政者之稱。在周初,周公、召公分陝而治,得稱"南";在春秋初,鄭武公、莊公爲平王卿士,亦得稱"南"。《三國志・陳思王植傳》:"三監之釁,臣自當之;二南之輔,求必不遠。"又,《晉書・王導傳》:"雖有殷之殞保衡,有周之喪二南,曷諭兹懷?"這種以"二南"與"三監"、"保衡"並列,作爲王朝一種最尊崇的政治職位名稱,實符古義。不過,在這裏還有一個問題需要解決。就是富辰説這話時,所説的"鄭伯"乃是鄭文公。鄭文公未任卿士,怎麼也得稱"南"的問題。這個問題需要從史實中尋找答案。

《左傳》僖公二十八年於城濮之戰後，有以下這樣記載："五月丙午，晉侯及鄭伯（文公）盟於衡雍。丁未，獻楚俘於王，駟介百乘，徒兵千。鄭伯傅王，用平禮也。"此處"鄭伯傅王，用平禮也"，杜預《集解》說："傅，相也。以周平王享晉文侯仇之禮享晉侯。"杜說對不對呢？我認爲不對。怎麼知道杜說不對呢？請看《左傳》襄公二十五年：

　　　　鄭子產獻捷於晉，戎服將事……晉人曰："何故戎服？"對曰："我先君武、莊爲平、桓卿士。城濮之役，文公布命曰：'各復舊職。'命我文公戎服輔王，以授楚捷。不敢廢王命故也。"

我們認爲子產說的話要比杜預說的話可靠得多，我們祇能相信子產的話，不能相信杜預的話。實際子產在這裏已極其明確地回答了我們的問題。事實是這樣：春秋初期，鄭武公、莊公爲平王卿士，以後由於王室既卑，號令不行於諸侯，卿士這個官職失去了存在的基礎，已經無形中被廢除了，乃至在生活中被遺忘了。但是並未由王室公開宣布廢除。因此，儘管鄭伯實際上已不爲卿士，在名義上還代代保留着卿士的舊頭銜。正因爲這樣，所以城濮之役，鄭文公才有資格被拉上舞臺，"戎服輔王"扮演了一次喜劇中不大重要，然而不可缺少的角色。假如鄭文公不是跟這個卿士的職位還有一點瓜葛，那末，所有"各復舊職"、"用平禮也"這些話，將從何說起？

正由於鄭文公無卿士之實，而有卿士之名，所以富辰才對襄王說"鄭伯，南也"這番話，用意在提醒襄王注意，不要忘掉鄭伯的這個名義。"南"字在這裏祇是卿士的另一種稱謂，下文所謂"不尊貴"的"貴"字，也是指卿士而言，這應當是沒有疑問的。

春秋初鄭武公、莊公爲平、桓卿士，與周初周、召分陝而治的職位基本上一樣。故周、召稱南,鄭伯也稱南。《詩經》"二南"的得名,實由於二公當時的職位,不與方位南北相干。當然"鄭伯,南也"這個"南"字是名詞,"周南之國"、"召南之國"這兩個"南"字則是動詞,不能說二者之間不存在一點差異。不過在古語法習慣上,名詞可以作爲動詞用,動詞也可以轉化爲名詞,這點差異不能否定二者在本質上是一致的關係。

2. "二南"在國風中與其他十三國風詩的關係

依據上述論點,是《周南》、《召南》所録詩篇,從地域範圍來説,已經把陝東、陝西囊括無遺,那末,這"二南"之詩和其他十三國風將怎樣劃分呢? 我認爲要解決這個問題,又貴乎瞭解什麼是"正變"。

《風》、《雅》舊有"正""變"之義。説者多從《毛詩序》的見解,認爲:

> 王道衰,禮義廢,政教失,國異政,家殊俗,而變《風》、變《雅》作矣。

即認爲《風》、《雅》正變與世代盛衰是一致的,變《風》、變《雅》都是衰世淫邪或刺亂之詩。然而根據這個觀點去讀《詩經》,結果總覺不通。因此鄭樵作《風非有正變辨》説:"若以美者爲正,刺者爲變,則《邶》、《鄘》、《衛》之詩謂之變風可也;《緇衣》之美武公,《駟鐵》、《小戎》之美襄公,亦可謂之變乎?" 又作《雅非有正變辨》説:"《小雅·節南山》之刺,《大雅·民勞》之刺,謂之變雅可也,《鴻雁》、《庭燎》之美宣王也,《崧高》、《烝民》之美宣王,亦可謂之變乎?"① 即見用毛義解釋不通,索性要從根本上否定《風》、《雅》有正變。我認爲鄭樵這種作法是不對的。《毛詩序》不能正確地解釋"正變",也同它不能正確地解釋"二南"一樣。這些地方有賴於學

① 鄭樵:《六經奥論》。

者細心鑽研,以期求得初義。依我淺見,正變實爲編詩之義,不是作詩之義。"二南"應依照傳統的説法,定爲正風,其他十三國詩,統爲變風。正風以周、召二公兩大轄區劃界。編詩者把所得於各該區内諸侯之詩,按照某種原則,加以選擇排比,編在一起,作爲進行教育的典範,故名爲正風。其餘則美刺兼收,各繫本國,遂名爲變風。正因爲這樣,所以孔子説:"人而不爲《周南》、《召南》,其猶正墙面而立也與?"也正因爲這樣,所以"二南"標題與諸國不同,不能以某國名,而衹能總題爲"周南之國"、"召南之國"。這"周南之國"、"召南之國"的標題正意味着這裏邊的詩是從很多國中選出來的啊!《雅》的正變,亦是編詩之義。因與本文關係不大,兹暫從略。

現在可以把我的全部論點簡單地歸納爲如下幾條:

(1)"二南"應根據周、召分陝而治來理解;

(2)《周南》、《召南》是簡稱,全稱當爲"周南之國"、"召南之國";

(3)"南"字同任,是動詞,不是方位詞;

(4)"二南"中的"南"字本義,久已失傳,僅在《國語·周語》"鄭伯,南也"句中透露點消息;

(5)"二南"與其他十三國風是正風與變風的關係。"正變"是編詩之義,不是作詩之義。

二、"初吉"

《詩經·小雅·小明》:"二月初吉。"毛傳、鄭箋都釋"初吉"爲朔日。《國語·周語》:"自今至於初吉。"韋昭也釋"初吉"爲朔日。學者承用此説,未聞有人提出異義。至王引之作《經義述聞》於"朔日不謂之吉日,亦不謂之古月"條説:

　　日之善日謂之吉日,或謂之吉。朔日不必皆吉,故朔日不可謂之吉日也。《月令》季春之月，“擇吉日大合樂”，季秋之月，“爲來歲受朔日”。吉日之非朔日，明甚。《天官・大宰》“正月之吉”，《地官・黨正》“孟月吉日”，《族師》“月吉”，皆日之善者。日之善者，不必在朔日也。其在月之上旬者，謂之初吉（原注：“對中旬下旬之吉日言之”）。《周語》曰：“自今至於初吉。”“初吉”謂立春之日也。立春多在正月上旬，故謂之初吉。《小雅・小明》篇：“二月初吉。”亦謂二月上旬之吉日也。上旬凡十日，其善者皆可謂之初吉，非必朔日也。

大意是説“初吉”是一個月的上旬吉日。對中旬、下旬的吉日而言，故名爲初吉。不應釋爲朔日。近人王國維作《生霸死霸考》又有新的看法。略謂：

> 余覽古器物銘而得古之所以名日者凡四：曰初吉，曰既生霸，曰既望，曰既死霸。因悟古者蓋分一月之日爲四分。一曰初吉，謂自一日至七八日也；二曰既生霸，謂自八九日以降自十四五日也；三曰既望，謂十五六日以後至二十二三日；四曰既死霸，謂自二十三日以後至於晦也。①

並歷舉静敦、冘彝、邾敦、虢季子盤、吳尊、師兑敦等六器銘文以證明他的主張“一日至八日均可謂之初吉”之説的正確。

綜觀上述兩家説，各有特點。從材料來説，前者所根據的都是文獻，後者所根據的都是實物。從方法來説，前者主要是用演繹法，開始從初吉二字的訓詁出發來考慮問題；後者則主要用歸納法，研究了大量實物，然後才下結論。二家研究的結果，大體上相近，但還未達到完全一致。即前者的結論認爲“初吉”是一月的三

---

① 王國維：《觀堂集林》卷一，中華書局 1959 年。

分之一,後者的結論認爲初吉是一月的四分之一。目前學術界似以王國維之説爲定論(《辭海》"初吉"條的最後按語即用王説)。但是我的看法卻與此相反,認爲王國維之説,不如王引之之説尤爲接近於事實。爲什麽呢? 我們如果仔細地對王國維的論證方法加以考察,就會發現裏邊存在着兩個很大的缺點。

第一,他的結論是在研究了六個器物銘文以後而得出來的。從邏輯來説,這是一種歸納法。但是它是簡單枚舉歸納法,而不是完全歸納法。簡單枚舉歸納法所提供的是或然性或高或低的結論,但在科學上不能當作證明的形式來使用。

第二,無論四分也好,三分也好,依據邏輯規則,必須按照一個根據來進行。而王國維所斷言的"四分",其中之三,即"既生霸"、"既望"、"既死霸",都是根據人們在一月中所見月光有晦明圓缺等不同的變化來劃分的。這種劃分是合理的,可以允許的。至於"初吉",則不然。它的命名顯然與月的盈虧没有聯繫,怎能加入"生霸"、"死霸"行列,與其他三者一樣分享一月的四分之一呢? 這一點在道理上是説不通的。

正由於王國維在論證方法上有上述兩大缺點,所以他所作出的結論是不足信據的。

爲什麽説王引之的説法尤近於事實呢? 這是因爲"初吉"這個詞,實起源於卜筮,我們可以從古人卜筮日的記載裏找到這個詞的正確含義。關於古人卜筮日的一般原則,《禮記·曲禮》説:

> 外事以剛日,内事以柔日。凡卜筮日。旬之外曰遠某日,旬之内曰近某日。喪事先遠日,吉事先近日……卜筮不過三。

這一段文字裏邊有幾個詞不容易瞭解,還需要詳細加以闡釋。

1. "日"

中國古代很早就使用干支紀日法。一般都把干叫做"日",把支叫做“辰”。《左傳》昭公七年：“天有十日。”杜注：“甲至癸。”又，成公九年：“浹辰之間。”孔疏：“浹爲周匝也。從甲至癸爲十日。從子至亥爲十二辰。”應該指出，杜、孔這樣解釋“日”、“辰”是正確的。古人“祭祀卜日不卜辰”（劉敞説），因此，《曲禮》所説的“剛日”、“柔日”、“卜筮日”、“遠某日”、“近某日”等等，所有這些“日”字，都是指十天干之日而言，即“甲至癸”。

2.“剛日”、“柔日”

從甲至癸十日中，甲、丙、戊、庚、壬五奇爲剛日，乙、丁、己、辛、癸五偶爲柔日。

3.“旬之外曰遠某日”、“旬之內曰近某日”

“旬”的意思是指經過了從甲至癸的一次循環而言，所以一旬就是十日。“某日”是指按照當時風俗習慣應選擇一個特定的日子，例如用剛日或用柔日，用丁或用辛等等。胡培翬説：“古人卜筮之法，皆以此月之下旬卜筮來月之日。如吉事則以此月之下旬，先卜來月之上旬。不吉，卜中旬。又不吉，卜筮下旬。喪事則以此月之下旬，先卜筮來月之下旬。不吉，卜筮中旬。又不吉，卜筮上旬。此所謂‘喪事先遠日，吉事先近日’是也。”①胡氏這種説法是有根據的，正確的。

爲什麽必“以此月之下旬，卜筮來月之日”呢？這是由於祭前還有一個齋戒的期間。所謂“致齋三日，散齋七日”（《禮記·祭統》），合計需十日。《國語·周語》説：

> 先時九日，太史告稷曰：“自今至於初吉，陽氣俱蒸，土膏其動，弗震弗渝，脈其滿眚，穀乃不殖。”稷以告王曰：“史帥陽官以命我司事曰：‘距今九日，土其俱動，王其祗祓，監農不易。’”……先時五日，瞽告有協風至。王即齋

---

① 見所著《儀禮正義》之《特牲饋食禮正義》。

　　宫，百官御事，各即其齋三日。

以上是虢文公向周宣王講述古代籍田制度的一個片斷。籍田在一年立春之日舉行，不卜筮日。所以説“初吉”，實際即立春之日。“王其祇祓”爲將行散齋（戒），“王即齋宫”爲將行致齋（齋）。“先時九日”正是預先給散齋、致齋留下餘地。籍田不卜筮日，但也必須在“先時九日”早作準備，這就是“皆以此月的下旬，卜筮來月之日”的道理。

　　《春秋》僖公三十一年説：“四卜郊，不從。”《公羊傳》：“曷爲或言‘三卜’，或言‘四卜’？ 三卜，禮也；四卜，非禮也。‘三卜’何以禮？‘四卜’何以非禮？求吉之道三。”《公羊傳》説“求吉之道三”，就是根據“卜筮不過三”的原則來講的。“卜筮不過三”的具體作法，就是像胡培翬所説的那樣（已見上文，兹不重引）。

　　正由於古人卜筮日，皆以此月之下旬卜筮來月之日，又根據“卜筮不過三”的原則，把一月劃分爲上、中、下三旬，所以上旬之日遂有“初吉”之名。“初”對還有中、下而言，“吉”則説明它與卜筮的關係。也就是説，依照這樣解釋，‘初’、‘吉’二字都確有着落，驗之實際，亦復符合。我所以説王引之的説法尤爲接近於事實。

三、“三湌”

　　“三湌”一詞，見於《莊子·逍遥遊》。原文爲：“適莽蒼者，三湌而反，腹猶果然；適百里者，宿舂糧；適千里者，三月聚糧。”“三湌”一詞在這裏應當怎麽講？據我所知有：

　　1.成玄英《莊子疏》説：“往於郊野，來去三食，路既非遥，腹猶充飽。”

　　2.宣穎《南華經解》説：“言飯三盂。”

　　3.王先謙《莊子集解》説：“‘三湌’猶言竟日。”

　　綜上三説，實祇二義。其一認爲“三湌”是吃三頓飯，包括早

餐、午餐和晚餐,爲一日所食的飯食數量。其二認爲“三飧”是在某
一頓飯中所吃飯食的三個單位數量。這兩種解釋,哪一種對呢?
可能多數人贊成前一種説法,認爲後説没有道理。其實不然。後
説比較接近原意,而前一種説法則是錯誤的。

凌廷堪《儀禮釋例・飲食之例》中説:“凡食禮:初食三飯,卒食
九飯。”

“三飯”一詞雜見於《儀禮》、《禮記》、《論語》諸書。例如:

> 《儀禮・士昏禮》:“三飯卒食。”
> 又,《特牲饋食禮》:“尸三飯告飽。”
> 又,《少牢饋食禮》:“尸三飯。”
> 又,《公食大夫禮》:“賓三飯以湆醬。”
> 《禮記・曲禮》:“三飯,主人延客食胾。”
> 又,《玉藻》:“飯飧者,三飯也。”
> 《論語・微子》:“三飯繚適蔡。”

什麽叫做“三飯”呢? 根據賈公彦“一口謂之一飯”的説法(見
《儀禮・少牢饋食禮》疏),則“三飯”就是三口。在這裏需要補充説
明一個問題,就是古人所謂“一口”、“三口”,同我們今天所理解的
吃幾口飯,卻不一樣。古人吃飯不使筷子,直接用手抓取。例如
《曲禮》説:“共飯不澤手。”又説:“毋摶飯,毋放飯。”《儀禮・特牲饋
食禮》説:“佐食摶黍授祝,祝授尸,尸受菹豆執以親嘏主人。”所有
這些“不澤手”、“摶飯”、“放飯”、“摶黍”等等,都可爲古人吃飯不使
筷子,直接用手抓取的證明。古人把抓取一次叫做一飯,一飯也就
是賈疏所説的“一口”。一飯爲當時吃飯數量的最小單位。食禮:
初食三飯,告飽。這是根據“禮成於三”的原則,三飯爲一成(詳見
《儀禮・特牲饋食禮》注),可以暫時告一段落。假如因侑(勸),又
三飯,告飽。是爲再成。又侑,又三飯,告飽。是爲三成。《特牲饋
食禮》到此之後,不復飯。鄭注:“三三者,士之禮大成也。”

　　由上述一些説明可見，在古人的意識裏，所謂"三飯"，不但不是如我們今天所説的一日三餐，就是在一餐中，也是表明食量的少，而不是表明食量的多。

　　"三飯"也叫"三食"。例如《禮記·曲禮》："三飯主人延客食胾。"孔疏説："三飯謂三食也。"又，《禮器》："天子一食，諸侯再，大夫士三，食力無數。"鄭注説："一食、再食、三食，謂告飽也。"孔疏解釋"士大夫三"，説"少牢、特牲皆三飯而告飽"，證明"三飯"也叫"三食"。

　　現在還要説一説飱字。《説文·食部》，飱爲餐之重文，於餐下説："吞也。"段注："口部曰：'吞，咽也。'《鄭風》曰：'使我不能餐兮。'《魏風》曰：'彼君子兮，不素餐兮。'是則餐猶食也。"餐猶食，"三餐"（"三飱"）就是"三食"，也就是"三飯"，可無疑義。今《曲禮》疏："三飯，謂三食也。禮食三飱而告飽，須勸乃更食。"孔所説"三飱"，即"三餐"。古代有一個時期以飱、餐爲一字，[1]故餐寫成飱。孔疏以"三餐"、"三食"、"三飯"三詞可以互訓，尤爲三詞同義的確證。

　　上文已對"三飱"一詞作了考察，現在我們可以掉轉頭來再看看《莊子》原文，到底"三飱"一詞在這裏，應當怎麼解釋，才是穩恰。

　　可先從"莽蒼"説起。《莊子釋文》："司馬云：'莽蒼，近郊之色也。'"《説文·邑部》郊字下説："距國百里爲郊。"郝懿行《爾雅義疏》説："《説文》云：'距國百里爲郊。'此據王畿千里而言，設百里之國，則十里爲郊矣。"詳繹《莊子》原文，"莽蒼"與"百里"、"千里"連言，看來説"莽蒼"是用以表示近郊十里的距離，是對的。因爲十里、百里、千里，都是遞增十倍，比例相當，似與原文意旨相符。假如"莽蒼"是近郊十里，那麼，往返一次，最多有三小時已够用了。既然不需"竟日"，也没有"帶三餐的飯"的必要，證明成、王兩家的

────────────

　　①　參見段玉裁《説文解字·食部》餐字注。

解釋是不能成立的。

再從"三餐"與"宿舂糧"、"三月聚糧"連敍來考察。可以看出他們所談的,主要是食糧的數量問題。大意是說食糧數量多少的比例是同行路距離遠近相一致的。"三飱"一詞,在這裏主要在說明食量之多少。意思是說,途程太近了,僅僅吃了這樣一點,可是直到回來的時候,肚子還不覺餓。假如把"三飱"解釋爲吃三頓飯,那末祇走了十里路一個來回,怎能需要吃這樣多? 即使吃這樣多,這個"腹猶果然"又從何說起? 可見"三飱"一詞,在《莊子》這篇文章裏,祇能解釋爲如古人所說的"三飯",即"三口",而不能解釋爲如我們今天通常所說的"一日三餐"的三頓飯。

宣穎以"飯三盂"來解釋"三飱",當然與原意還不無距離。但他懂得這個"三飱"是代表一頓飯中的一定的量,而不是三頓飯的總量,這一點,無疑是正確的。

四、"麟止"

關於《史記·自序》裏"麟止"二字,歷來注家、學者有許多不同的解釋。

關於這個事例的原文是這樣:

> 故述往事,思來者,於是卒述陶唐以來,至於麟止,自黃帝始。

裴駰《史記集解》引張晏說:

> 武帝獲麟,遷以爲述事之端。上紀黃帝,下至麟止,猶《春秋》止於獲麟也。

司馬貞《史記索隱》說:

> 服虔云:"武帝至雍獲白麟而鑄金作麟足形,故云'麟

止’。遷作《史記》止於此，猶《春秋》終於獲麟然也。”《史記》以黃帝爲首，而云“述陶唐”者，案《五帝本紀贊》云：“五帝尚矣，然《尚書》載堯以來，百家言黃帝，其文不雅馴。”故述黃帝爲本紀之首，而以《尚書》雅正，故稱“起於陶唐”。

細繹張、服兩家的解釋，基本上是一致的，即都認爲“陶唐”、“麟止”是司馬遷自述他作《史記》所采取的上限和下限。但是這種解釋，特別是説“起於陶唐”，不僅與事實不符，即在本文裏也説不通。因爲本文裏明明寫着“自黃帝始”，“上記軒轅”，“余述歷黃帝以來”。且小序於《五帝本紀》第一，上面也清楚地寫着“維昔黃帝，法天則地”。怎能説起於陶唐呢？至於“麟止”之義，到底是“止於獲麟”呢？還是“作麟足形”？它與下文的“下至於兹”、“至太初而訖”的記載又怎麼能統一起來呢？看來，這兩個矛盾，張、服二人並没有解決，或者説，没有很好地解決。

首先談第一個矛盾，即《史記》上限問題。張晏對此采取避而不談的態度，祇簡單地説一句“上記黃帝”了事。服虔是談了，但談得十分牽强，不能令人滿意。試問，分明是起源於黃帝，祇由於怕人家説“不雅訓”，硬要説“起於陶唐”，掩耳盜鈴，又有什麼意義呢？事實上司馬遷並没有這樣做。所以説服虔這樣解釋並没有解決問題。

其次，談第二個矛盾，即《史記》的下限問題。張、服二人解釋“麟止”有一個共同點，即都認爲此處的“麟”，是指漢武帝獲麟而言。但是“獲麟”之年跟“鑄金”之年之間還有分歧，《史記》下限究竟在何時？是張、服二人之見，也不能一致。

梁玉繩説：“若所稱‘麟止’者，取《春秋》絶筆獲麟之意也。武帝因獲白麟，改號元狩。下及太初四年，凡廿二歲。再及太始二年，凡廿八歲。後三歲而爲征和之元。太始二年更黃金爲麟趾褭蹏，蓋追記前瑞焉。而史公借以終其史，假設之辭耳。”①根據梁氏的説明，是獲麟在元狩改元之年（前122年），“鑄金”在太始二年（前95年）。而太初首尾共四年（前104—前101年），恰居二者的中間，即在獲麟之後二十餘年，“鑄金”之前的八九年。三説不能統一，到底哪一説對呢？還有待進一步加以説明。可見張、服二人也没有解决這第二個矛盾，即《史記》一書的下限問題。

　　近人有崔適者，作《史記探源》，悍然不顧一切，獨主張晏之説。認爲：“《武帝本紀》當止於元狩元年冬十月獲麟。”“年表、世家、列傳稱是。”②他這種主張當然與事實不符，不能從《史記》本書裏找到證明。但是他采取的辦法，不是放棄自己的主張，或對自己的主張發生懷疑，而是堅信自己的主張是正確的，不可動摇的。於是凡遇《史記》原文同他的主張有抵觸之處，就一律指爲是後人續竄。雖《史記·自序》的“太史公曰：余述歷黄帝以來，至太初而訖”，《建元以來諸侯年表》末，褚先生曰“太史公記事，盡於孝武之末”，《集解》、《索隱》皆謂“終於天漢”等等言論，也一律不予考慮。不僅如此，甚至根據“述陶唐以來”一語，欲改題《五帝本紀》爲《陶唐本紀》。學者著書立説，如此主觀武斷，全然不顧客觀事實，誠爲少有。這樣做，當然不能解决問題。

　　王國維説：

　　　《史記》記事，公自謂“訖於太初”，班固則云“訖於天漢”。案史公作記，創始於太初中，故原稿紀事，以元封、太初爲斷，此事於諸表中踪迹最明。如《漢興以來諸侯年表》與《建元以來王子侯者年表》皆記太初四年。此史公原本也。《高帝功臣年表》則每帝一格，至末一格則云“建元元年至元封六年三十六”，又云“太初元年盡後元二年

①　梁玉繩：《史記志疑》卷三六。
②　崔適：《史記探源·麟止後語》。

十八"。以武帝一代截而爲二,明前三十六年事爲史公原本,而後十八年事爲後人所增入也。《惠景間侯者年表》與《建元以來侯者年表》末,太初已後一格,亦後人所增。殊如《建元以來侯者年表》元封以前六元各占一格,而太初以後五元並爲一格,尤爲後人續補之證。《表》既如此,《書》、《傳》亦宜然。(《觀堂集林・太史公行年考》)

按王國維氏根據《史記》諸表記事行款,辨明孰爲原本,孰爲後補,至極精審,能發前人所未發。今本《史記》文字有後人增補之處,固爲不容否認的事實,但如崔適所説的起訖,則斷斷乎不能令人相信。因爲不獨《史記・自序》説"余述歷黃帝以來,至太初而訖",明白可據,而且還可以於其他地方找到很多證明。像這樣鐵一般的客觀事實,無論如何,是不能改變的。

那末,"述陶唐以來,至於麟止"這句話,到底應當怎樣解釋才對呢?我認爲"陶唐"係指《尚書》上限,所謂"《尚書》獨載堯以來"即其事。"麟止"則謂《春秋》之下限,《春秋》一書大家公認是魯哀公十四年春"西狩獲麟"絶筆。司馬遷所以説這話,表明《史記》之作,乃是繼承孔子,完成他的未竟之業。他在上文曾説過:"先人有言:自周公卒,五百歲而有孔子。孔子卒後,至於今五百歲,有能紹明世,正《易傳》,繼《春秋》,本《詩》、《書》、《禮》、《樂》之際,意在斯乎,意在斯乎!小子何敢讓焉?"正可與此互相證明。所以,"陶唐"、"麟止"是孔子的歷史著述的起訖,而不是《史記》的起訖。"麟"是春秋時魯人所獲的麟,而不是漢武帝所獲的麟。前人不管張晏也好,服虔也好,乃至梁玉繩、崔適等也好,都不悟及此,而錯誤地認爲是《史記》的起訖。豈知這樣理解,不但跟《史記》全書記載不合,跟本篇結語説"余述歷黃帝以來,至太初而訖"不合,即在這個句子本身也説不通,因爲句子裏明白寫着"自黃帝始"啊!

其實,"麟止"的誤解,並不自張晏、服虔始,早在張、服以前,班彪就已經作了這樣錯誤的解釋。《後漢書・班彪傳》引述班彪的

《略論》說:"司馬遷采《左氏》、《國語》,刪《世本》、《戰國策》,據楚漢列國時事,上自黃帝,下訖獲麟,作《本紀》、《世家》、《列傳》、《書》、《表》凡百三十篇,而十篇缺焉。"班彪說《史記》"下訖獲麟",是他誤以"麟止"爲《史記》下限之證。又《漢書·揚雄傳》說:"及太史公記六國,歷楚漢,訖麟止,不與聖人同,是非頗謬於經。"這裏的"訖麟止",當也是班彪的話爲班固保留下來的。何以見之呢?因爲班固於《司馬遷傳》贊裏說:"司馬遷據《左氏》、《國語》,采《世本》、《戰國策》,述《楚漢春秋》,接其後事,訖於天漢。"又於《敍傳》裏說:"漢紹堯遠,以建帝業,至於六世,史臣乃追述功德,私作《本紀》,編於百王之末,厠於秦漢之列,太初以後,闕而不錄。"即在兩處都不說"訖麟止",而說"訖於天漢"或"太初以後,闕而不錄",可見班固並不以父說爲然。證明《揚雄傳》裏的"訖麟止",定是彪語,而非固語。班彪是東漢初年著名的歷史學者,曾經作過《後傳》六十五篇以續《史記》,所處的年代與司馬遷相去不遠。以常理來推斷,他解釋"麟止"應當不會錯誤。然而事實卻不然,他的的確確是錯了。看來他的許多長處並沒有使他不犯錯誤,相反,適足以掩蓋他的錯誤,而成爲一誤再誤、長期得不到糾正的原因。

　　　　　　　　　　　　　　　　(《文史》第 3 輯,1963 年 10 月)

《豳風》說

清人張履祥《楊園先生全集》有《〈豳風〉説》，略謂：

> 魯無風，《豳風》猶魯風也。周公治魯，尊尊而親親，故魯雖弱，有先王遺風。他日，夫子曰："魯一變至於道。"又曰："吾舍魯何適矣？"蓋此志也。以《周南》始，以《豳風》終，始終以周公也。

解放前，徐中舒先生也主此説。他曾有《〈豳風〉説》一文，其副題爲《兼論〈詩經〉爲魯國師工歌詩之底本》，[1]文中廣列論據以證。

我不同意張、徐二人之説。

《詩經》之有風、雅，據我看，《詩大序》的説法是對的："一國之事繫一人之本謂之風；言天下之事，形四方之風謂之雅。"也即風詩是一個地方政權統治範圍以内的詩歌，而雅是代表中央政權所收集的詩歌。因此，王畿以内的詩歌祇能稱風，不能稱雅。《詩經》之有《王風》，正表明它是王畿以内的詩歌。《春秋》莊公六年有"王人子突救衛"，這個"王人"的"王"，正同《王風》的王一樣，所指的都是周天子直轄的區域。王人通常也稱爲周人。《左傳》隱公三年説："王崩，周人將畀虢公政。"這"周人"就是"王人"。[2]

所以，《王風》不稱"雅"，正表明它是王畿以内的詩歌，而與周室微弱無關。舊説謂"平王東遷，政遂微弱，下列於諸侯，其詩不能

---

① 《歷史語言研究所集刊》第六本第四分。

② 同《孟子·滕文公上》所説的"周人百畝而徹"的"周人"不是一回事。這裏的"周人"是同鄭衛等諸侯國對言；而《孟子》的"周人"是同夏后氏、殷人兩個朝代對言。

復雅，而同於國風焉"（見《詩·王風》孔穎達疏），不是正確的解釋。自孔子論次《詩》、《書》之時而言，《王風》之王，應是今王，即東周之王。那末，對於西周時的王風，稱王稱周俱不妥，當時的處理辦法，就是別列《豳風》。周之稱"豳"，正如徐中舒先生所説，"猶晉之稱唐，（拓跋）魏之稱代，遼之稱契丹，元之稱蒙古"，因爲"豳爲周人舊居"，怎能説"豳風猶魯風"呢！

《豳風》確有幾篇詩談及周公，但周公實未封魯。封魯的乃是周公子伯禽，不是周公。兹列三證：

一、《詩·魯頌·閟宮》：

> 王曰叔父，建爾元子，俾侯於魯，大啓爾宇，爲周室輔。

二、《左傳》定公四年：

> 周公相王室，以尹天下，於周爲睦，分魯公以大路、大旗、夏后氏之璜、封父之繁弱……因商奄之民，命以伯禽，而封於少皞之虛。

三、《春秋公羊傳》文公十三年：

> 周公何以稱大廟？於魯封魯公以爲周公也。周公拜乎前，魯公拜乎後。曰："生以養周公，死以爲周公主。"然則周公之魯乎？曰，不之魯也，封魯公以爲周公主。然則周公曷爲不之魯，欲天下之一乎周也。

根據上述三條材料來看，可以斷言周公實未封魯。正由於周公未封魯，所以，稱魯公的，祇能是周公之子伯禽，絶没有稱周公爲魯公的。《史記》有《魯周公世家》之目，是司馬遷的誤記，不足爲據。周公既未封魯，則張履祥"周公治魯"之説，自不能成立。審觀《豳詩》，不但《七月》與魯無涉，即《鴟鴞》、《東山》諸篇，亦俱與魯無涉。因此，説《豳風》猶魯風是毫無根據的。

（《學術月刊》1984 年第 11 期）

《周禮》《王制》封國之制平議

　　《周禮·地官·大司徒》和《禮記·王制》都談到封國之制，而分歧很大。自來學者咸存經今古文門户之見，異執相非，訟久不決。新中國成立以來，史學界亦罕見有人談及這個問題。我認爲這個問題也是中國古代史中一個大問題，不應置之不論不議之列。今試作平議，有錯誤的地方，敬希同好指正。

　　爲了有利於把問題談清楚，本文準備先討論有關周初封國諸問題，然後再平議《周禮》、《王制》封國之制。

　　分封制實創始於周初。王國維説商無封建之事，是對的。漢人婁敬説：“周之先，自后稷堯封之邰。”（《漢書·婁敬傳》）司馬遷説：禹“封皋陶之後於英、六”（《史記·夏本紀》）和契“封於商”（《史記·殷本紀》），都非事實。事實上，原始氏族社會是以血族團體爲基礎。而這些血族團體如氏族、胞族、部落等等都是“自然長成的結構”，[①]並不是如後世的諸侯國，是經過分封才出現的。

　　堯、舜、禹三人，實際上都是中國華夏族部落聯盟的軍事首長。禹、契、后稷則是以部落首長被選入這個部落聯盟裏擔任公職的。《世本·居篇》説“契居番”，番就是契部落的所在地。至於商，則是相上所遷，明見於《左傳》襄公九年。《國語·周語下》稱“崇伯鯀”，下又稱“伯禹”，《逸周書·世俘》有“籥人奏崇禹生丌三終”，“崇”實際上就是鯀禹部落的所在地，“伯”則是古時部落首長之名。《詩·大雅·生民》説后稷“即有邰家室”，這個“邰”，無疑就是后稷部落

---

① 《馬克思恩格斯全集》第 21 卷，第 179 頁。

的所在地。在堯舜禹時期,哪裏有所謂"封國"之事?

周行分封是當時的歷史條件所許可,並通過周人鞏固新取得的政權而實現的。

先秦古書之言周封國的,除了《左傳》僖公二十四年,昭公二十六年、二十八年和定公四年而外,有《禮記·樂記》、《荀子·儒效》和《吕氏春秋·慎大》。

《禮記·樂記》説:

> 武王克殷、反商,未及下車而封黄帝之後於薊,封帝堯之後於祝,封舜之後於陳;下車而封夏后氏之後於杞,投殷之後於宋。

《吕氏春秋·慎大》説:

> 武王勝殷,未下輿,命封黄帝之後於鑄,封帝堯之後於黎,封帝舜之後於陳,下輿,命封夏后之後於杞,立成湯之後於宋,以奉桑林……三日之内,與謀之士封爲諸侯,諸大夫賞以書社,庶士施政去賦。

《史記·周本紀》則説:

> 武王追思先聖王,乃襃封神農之後於焦,黄帝之後於祝,帝堯之後於薊,帝舜之後於陳,大禹之後於杞,於是封功臣謀士,而師尚父爲首封。封尚父於營丘,曰齊。封弟周公旦於曲阜,曰魯。封召公奭於燕。封弟叔鮮於管,弟叔度於蔡。餘各以次受封。

審視三書所説,有同有異,武王封先代之後是三書所同,其細别微有出入,可以不論。《史記》稱"襃封神農之後"和"黄帝之後"等等,值得注意。據我理解,"襃封"與新封不同。襃封表明前此已有封地,今衹是襃大之而已。新封則不然,新封是原無封地,今始立國。《吕氏春秋·觀世》説:"此周之所封四百餘,服國八百餘。"

“所封”當是新封，“服國”則謂舊邦。《樂記》説“投殷之後於宋”和《吕氏春秋·慎大》説“立成湯之後於宋”，則於事實不符，故《史記》不從。

《逸周書·作雒》説：

> 武王克殷，乃立王子禄父，俾守商祀。

《史記·宋微子世家》説：

> 周公既承成王命，誅武庚，殺管叔，放蔡叔，乃命微子開代殷後，奉其先祀，作《微子之命》以申之，國於宋。

這樣，怎能如《樂記》和《吕氏春秋·慎大》所説武王“投殷之後於宋”或“立成湯之後於宋”呢？

又，《吕氏春秋·慎大》説“三日之内，與謀之士封爲諸侯”，《史記·周本紀》因之，説“於是封功臣謀士，而師尚父爲首封。封尚父於營丘，曰齊。封弟周公旦於曲阜，曰魯。封召公奭於燕”云云，也不足據。

王國維《北伯鼎跋》説：

> 余謂邶即燕，鄘即魯也。

又説：

> 及成王克殷踐奄，乃封康叔於衛，封周公子伯禽於魯，封召公子於燕。[①]

王氏這個説法是正確的。不但有北伯北子器可證，《詩·魯頌·閟宫》説：

> 王曰叔父，建爾元子，俾侯於魯，大啓爾宇，爲周室輔。乃命魯公，俾侯於東，錫之山川，土田附庸。

---

① 《觀堂集林》卷十八。

《左傳》定公四年説：

> 故周公相王室，以尹天下，於周爲睦。分魯公以大路
> 大旂……國商奄之民，命以《伯禽》，而封於少皞之虚。

這兩條材料，更是有力的證明。

關於師尚父受封，《左傳》昭公二十年説：

> 昔爽鳩氏始居此地，季萴因之，有逢伯陵因之，蒲姑
> 氏因之，而後太公因之。

《漢書·地理志》説：

> （齊地）少昊之世有爽鳩氏，虞夏時有季萴，湯時有逢
> 公柏陵，殷末有薄姑氏，皆爲諸侯，國此地。至周成王時，
> 薄姑氏與四國共作亂，成王滅之，以封師尚父，是爲太公，
> 《詩·風》齊國是也。

《漢志》略本《左傳》而記述加詳，則師尚父之封是在成王時而不在武王時，確然可據。

由此可見，《史記·周本紀》所説，武王封功臣謀士，而師尚父爲首封云云，斷非事實。同時也可以看出《左傳》僖公二十四年富辰説：

> 昔周公弔二叔之不咸，故封建親戚以蕃屏周。

又，定公四年祝佗説：

> 昔武王克商，成王定之，選建明德，以蕃屏周。

這兩條材料是可信的。周始封諸侯，在成王時。至《左傳》昭公二十八年説：

> 昔武王克商，光有天下，其兄弟之國者十有五人，姬
> 姓之國者四十人，皆舉親也。

　　是説周得天下,有封兄弟之國十五人,姬娃之國四十人之事,
並不謂他們都是武王所封。

　　《荀子·儒效》説:

　　　　武王崩,成王幼,周公屏成王而及武王,以屬天下,惡
　　天下之倍周也。履天子之籍,聽天下之斷,偃然如固有
　　之,而天下不稱貪焉;殺管叔,虛殷國,而天下不稱戾焉;
　　兼制天下,立七十一國,姬姓獨居五十三人,而天下不稱
　　偏焉。

　　荀子所説,最爲得實。總之,周始行分封,是在成王時,其事則
由周公主持。目的在鞏固姬周政權,直接原因是懲於武庚及徐奄
的叛亂。

　　古書上談禹、湯及周初時諸侯之數。《左傳》哀公七年説:

　　　　禹合諸侯於塗山,執玉帛者萬國。

　　《逸周書·殷祝》説:

　　　　湯放桀而復薄,三千諸侯大會。

　　《戰國策·齊策四》説:

　　　　媵聞古大禹之時,諸侯萬國……及湯之時,諸侯三
　　千。

　　《尚書大傳·洛誥傳》説:

　　　　天下諸侯之悉來進受命於周公,而退見文武之尸者
　　千七百七十三諸侯。

　　《漢書·賈山傳》説:

　　　　昔者周蓋千八百國。

　　首先説,上述這些諸侯數字,都不能看作是實數。

《左傳》閔公元年説：

> 萬，盈數也。

又，莊公十六年"使以十月入，曰良月也，就盈數焉"下孔穎達疏説：

> 數至十小盈，至萬則大盈。

可見古人稱"萬國"猶稱"萬物"一樣，衹表明多的意思，並不是實數。"三千"亦然。《史記·孔子世家》説：

> 古者詩三千餘篇。

又説：

> 弟子蓋三千焉。

這些"三千"，也是説多，不能看作是實數。周初千七百七十三諸侯，有人説這是用《禮記·王制》封國的辦法計算出來的，不是實數。

其次，説大禹時有"諸侯國"，也不是事實。夏曾佑《中國古代史》説：

> 夫古國能如是之多者，大抵一族即稱一國，一國之
> 君，殆一族之長耳。

夏氏這個説法，最有見地。在氏族社會，衹有氏族、胞族、部落以至部落聯盟，既没有後世所説的"諸侯"，也没有後世所説的"國"。《左傳》中稱禹時有"諸侯萬國"，乃是借用後世的語言以名前代的組織罷了。

然而"萬國"、"三千"、"千八百"這些數字，作爲氏族組織或諸侯國，由於種種原因，隨着歷史的發展，不斷減少，以及減少有如此數字的比例來看，則比較接近事實，還是有意義的。

王國維《殷周制度論》説：

　　　　武王克紂之後，立武庚，置三監而去，未能撫有東主
也。逮武庚亂，始以兵力平定東方，克商踐奄，滅國五十，
乃建康叔於衛，伯禽於魯，太公望於齊，召公之子於燕，其
餘蔡、郕、郜、雍、曹、滕、凡、蔣、邢，茅諸國，碁置於殷之畿
內及其侯甸，而、魯、衛三國以王室懿親，並有勳伐，居蒲
姑商奄故地，爲諸侯長。

　　説：

　　　　逮克殷踐奄，滅國數十，而新建之國，皆其功臣、昆
弟、甥男、本周之臣子，而魯衛晉齊四國，又以王室至親爲
東方大藩，夏殷以來古國，方之蔑矣，由是天子之尊非復
諸侯之長而爲諸侯之君。其在喪服，則諸侯爲天子斬衰
三年，與子爲父，臣爲君同，蓋天子諸侯君臣之分於此始
定。

王氏此論，最得當時情勢，是中國奴隸社會，經過周初分封，遂達到
全盛時期。

　　　關於周初分封諸侯，既如上述，那末，諸侯的等級及其封地大
小，應以哪種説法爲確呢？據我看，諸侯大國封地百里之説，不僅
見於《孟子》、《王制》，先秦古書幾乎莫不如此。例如《左傳》襄公二
十五年説：

　　　　且昔天子之地一圻，列國一同（地方百里曰同），自是
以衰。

　　又，昭公二十三年説：

　　　　無亦監乎若敖，蚡冒至於武、文，土不過同。

　　《國語·楚語上》説：

　　　　齊桓晉文皆非嗣也，還軫諸侯，不敢淫逸……是以其

入也,四封不備一同,而至於有畿田。

《荀子·王霸》説:

> 湯以亳,武王以鄗,皆百里之地也。

又《議兵》説:

> 古者湯以薄,武王以鄗,皆百里之地也。

上述這些記載,俱出於春秋戰國時人之口,竟不謀而同,豈云無故?

不僅如此,當時諸侯各國的兵制、官制俱以大、次、小三等爲次,與《孟子》、《王制》所言諸侯封地的等第相同。例如:

《左傳》成公三年説:

> 次國之上卿當大國之中,中當其上,下當其上大夫。小國之上卿當大國之下卿,中當其上大夫,下當其下大夫。上下如是,古之制也。

又,襄公十四年説:

> 成國不過半天子之軍,周爲六軍,諸侯之大者,三軍可也。

又,莊公十六年説:

> 王使虢公命曲沃伯以一軍爲晉侯。

以此例之,則《孟子·萬章下》説"大國地方百里","次國地方七十里","小國地方五十里",是可信的。

或疑周制諸侯無五等。以《左傳》、《國語》諸書證之,顯然是疑所不當疑,例如《國語·周語上》説:

> 昔我先王之有天下也,規方千里以爲甸服……其餘以均分公侯伯子男,使各有寧宇,以順及天地,無逢其災害。

又,《魯語下》説：

> 天子作師,公帥之以征不德；元侯作師,卿帥之以承
> 天子；諸侯有卿無軍,帥教衛以贊元侯,自伯子男有大夫
> 無卿,帥賦以從諸侯。是以上能征下,下無姦慝。

《左傳》襄公十五年説：

> 王及公侯伯子男甸采衛大夫各居其列,所謂周行也。

《國語·楚語上》説：

> 天子之貴也,唯其以公侯爲官正也,而以伯子男爲師
> 旅。

特別是《春秋》是正名分之書,在此書裏,書會俱稱本爵。例如宋公、齊侯、鄭伯、許男等等,從無假借。有人連這些材料也予否定,那末,他們講歷史,表面上以使用史料必須絕對可信作標榜,而實際上是祇承認有主觀上的歷史,而不承認有客觀上的歷史。這樣,歷史又怎能講下去呢?

把上述一些問題談清楚以後,現在可以進而談談《周禮》、《王制》的封國之制了。

鄭玄以爲"《王制》之作,蓋在秦漢之際",盧植則説"漢文帝令博士生作此篇"(《禮記正義》王制孔疏引)。考《史記·封禪書》有漢文帝使博士諸生刺六經中作《王制》之語,清人王鳴盛、何焯等説《禮記》中的《王制》與漢文帝令博士諸生所作的《王制》不是一回事。總之,《王制》不是先秦舊籍,至早是秦漢之際人追記,則是可以肯定的,

《王制》説：

> 王者之制爵禄,公侯伯子男凡五等……天子之田方
> 千里,公侯田方百里,伯七十里,子男五十里。

這種説法與《孟子·萬章下》所説"天子之制,地方千里,公侯皆百里,伯七十里,子男五十里"大同,可以信據。當然,如本篇裏説,"凡四海之内九州","凡九州千七百七十三國"和"千里之外設方伯"等幾段話,則都昧於當時情況,出於主觀臆測,不可輕信。

《王制》説:"公侯田方百里。"這個"田"字,殊非空設,大可注意。這個"田"字與《周禮·大司徒》所説的"封疆"不同,"封疆"包括郊野全部,而"田"則不然,"田"是專指郊内耕地而言。

《爾雅·釋地》説:

> 邑外謂之郊,郊外謂之牧,牧外謂之野,野外謂之林,林外謂之坰。

古代人口稀少,所謂邑,也可稱國。《説文·邑部》"邑"下説"國也",即其證。

焦循説:

> 蓋合天下言之,則每一封爲一國。而就一國言之,則郊以内爲國,外爲野。就郊以内言之,又城内爲國,城外爲郊。蓋單舉之則相統,並舉之則各屬也。①

焦氏所説,對於讀古書很有益處。實際上他是説國這個概念的内容是不斷發展的。概念内容的不斷發展,正是客觀歷史實際不斷發展的反映。

《左傳》隱公元年説:

> 先王之制:大都不過叁國之一,中五之一,小九之一。

這裏所謂"國"就是指"城内爲國"的國。

《孟子·滕文公上》説:

> 國中什一使自賦。

---

① 孫詒讓:《周禮正義》太宰疏引。

這個"國"，就是指"郊以内爲國"的國。

《左傳》桓公六年説：

> 漢東之國，隨爲大。

這個"國"，就是"每一封爲一國"的國。

由此可見，《王制》和《孟子》所説的公侯皆方百里，是但指郊以内而言，與《周禮》所説的"諸公之地封疆方五百里"並不是一回事。

古時，諸侯受封，所缺少的不是土地而是人民。正因爲這樣，所以伯禽受封，分以殷民六族；康叔受封，分以殷民七族；唐叔受封，分以懷性九宗（《左傳》定公四年）。周初封公封侯如《周禮》所説的方五百里或方四百里，事實上是不可能的。

《周禮》一書，爲真爲僞，學術界長期以來争論不休。尊之者以爲"周公致太平之道，迹具在斯"，詆之者則以爲"戰國瀆亂不經之書"，甚至説是劉歆僞作。其實這些説法都非至當不易之論。張載説："《周禮》是的當之書，然其間必有末世增入者。"我基本上同意這種看法。過去我研究井田制和長沙馬王堆一號漢墓帛畫，深感到《周禮》中《載師》、《遂人》、《司常》諸職之文之可貴。這些文字，不但戰國時人偽造不出來，即春秋時人也不能偽造。不過，如《大司徒》、《大司馬》、《職方氏》、《大行人》諸職所言的畿服和封國之制，則決非西周所有，故宜分别觀之。

吳晗同志在《〈金瓶梅〉的著作時代及其社會背景》一文有下述一段話：

> 一個作家要故意避免含有時代性的紀述，雖不是不可能，卻也不是一件容易的事。因爲他不能離開他的時代，不能離開他的現實生活，他是那個時候的現代人，無論他如何避免，在對話中，在一件平凡事情的敍述中，多少總不能不帶有那時代的意識。即使他所敍述的是假托古代的

題材，無意中也不能不流露出那時代的現實生活。①

這段話當然說的是小說，我看也適用於一切作品。《周禮》一書，我看是東遷以後某氏所作。作者得見西周時王室檔案，故講古制能極爲纖悉其體。但其中也增入自己的設想，例如封國之制一類的東西，就是他根據自己的設想所制定出的方案，這個方案即帶有時代的特點。不但西周無此方案，即春秋戰國時人也不會作此方案。原因是春秋戰國時周室已衰微，降爲二三等小國，當時人不會幻想它還能復興。在西周的歷史條件下，不可能有人想搞這樣的分封。

《周禮·大司徒》說：

> 諸公之地封疆方五百里，其食者半。諸侯之地封疆方四百里，其食者叁之一。諸伯之地封疆方二百里，其食者叁之一。諸子之地封疆方二百里，其食者四之一。諸男之地封疆方百里，其食者四之一。

在這段文字裏，"其食者"三字，關係重要，不可忽視。這個"其食者"的"食"，同《大司馬》所說的"上地食者叁之二……中地食者半……下地食者叁之一"和《禮記·檀弓上》所說的"我死則擇不食之地而葬我焉"的"食"，義同，都是指有實際農產物收穫的土地而言。這樣，《周禮》說諸公之地雖名爲方五百里，如以其食者計算，則與《王制》所說的出入不大。也就是說，《周禮》、《王制》二書所言封國之制，從表面上看，固然分歧很大，如果經過仔細考察，可以看到，二者相差並不太懸殊。

總之，《周禮》、《王制》所言封國之制都不是周初實錄，然也並不是沒有參考價值，采取完全否定的態度，是不對的。

（《人文雜志》1982 年增刊，《先秦史論文集》）

---

①　吳晗：《讀史劄記》。

《周禮》

《周禮》是談政治制度的書。漢初時,名爲《周官》,將《周官》之名改稱《周禮》,蓋始於劉歆。自鄭玄兼注《周禮》、《儀禮》、《禮記》,《周禮》遂爲三禮之一。

第一節 《周禮》作者和成書年代

《周禮》作於何時? 這個問題自漢以來,即衆説紛紜。説《周禮》出於周公或劉歆僞作,固然不對;説"出於六國時人"[1]也不見得對,近人洪誠采朱謙之等人之説,斷爲"成書最晚不在東周惠王後",[2]我看比較接近事實。

朱説:

> 此書中所用古體文字,不見於其他古籍,而獨與甲骨文、金文相同。又其所載官制與《詩經》大雅、小雅相合,可見非在西周文化發達的時代不能作。[3]

洪氏更補充説:

> 從語法看,文獻中,凡春秋以前之文,十數與零數之間,皆用"有"字連之,戰國中期之文即不用。《尚書》、《春

---

① 見皮錫瑞《經學通論·三禮》。
② 《讀〈周禮正義〉》,見《孫詒讓研究》。
③ 《周禮主要的思想》,見《光明日報》1981 年 11 月 12 日第 2 版。

秋經》、《論語》、《儀禮》經文、《易·繫辭傳》皆必用。《穆
天子傳》以用爲常。《王制》、《莊子》不定。《左傳》、《國
語》以不用爲常。《山海經》中之《五藏山經》不用。《孟
子》除論述與《尚書》有關之事而外,亦不用。《周禮》之經
記全部用,此種語法與《尚書》,《春秋經》同,故非戰國時
人之作。①

我基本上同意洪誠的觀點。

考周公營成周(即洛邑)原是周武王的宿願。這一點,《史記·
周本紀》采《逸周書·度邑》述武王語説:

> 自洛汭延於伊汭,居易毋固,其有夏之居。我南望三
> 涂,北望岳鄙,顧詹有河,粤詹雒伊,毋遠天室。營周居於
> 雒邑而後去。

這是説,周武王曾因地理形勢,決定在伊、洛流域,原來夏人的舊地
營建洛邑,作爲新都。於"周公行政七年"下又説:

> 成王在豐,使召公復營洛邑,如武王之意。周公復
> 卜,審視,卒營築,居九鼎焉,曰:"此天下之中。四方入貢
> 道里均。"作《召誥》、《洛誥》。

從這兩條材料裏,可以看得非常清楚,營成周是武王的意思。其出
發點在於考慮地理形勢,至於"天下之中",則是營成周的副産物,
並不在初時考慮之内。而《周禮》則不然,《周禮》把"求地中"作爲
"惟王建國"的唯一標準。説什麼"日至之景,尺有五寸,謂之地中,
天地之所合也,四時之所交也,風雨之所會也,陰陽之所和也,然則
百物阜安,乃建王國焉"(《周禮·地官·大司徒》),這種説法顯然
違背周初營洛事實。

---

① 《讀〈周禮正義〉》,見《孫詒讓研究》。

《周禮》封國之制,不但與《孟子》、《王制》之説不合,也與《左傳》、《國語》之説不合。例如《左傳》襄公二十五年説:

> 且昔天子之地一圻,列國一同,自是以衰。

意思是説:過去天子之地轄區千里,列國之地轄區各百里,依此遞降。昭公二十三年説:

> 無亦監乎若敖、蚡冒,至於武、文,土不過同。

這是説:楚國若敖(楚君熊儀)、蚡冒(楚君,即楚武王之父),至於武王、文王,封地不超過百里。《國語·楚語》説:

> 齊桓晉文皆非嗣也,還軫諸侯,不敢淫逸……是以其
> 入也,四封不備一同,而至於有畿田。

此處所載封地同樣不超過百里。可見,周初封國無有過百里的。而《周禮·大司徒》卻説:

> 諸公之地,封疆方五百里……諸侯之地,封疆方四百
> 里……諸伯之地,封疆方三百里……諸子之地,封疆方二
> 百里……諸男之地,封疆方百里。

這種封國之制,斷非周初所有。

畿服之制古籍有二説。

其一,《尚書·康誥》説:

> 侯甸男邦采衛,百工播民見士於周。

這是説,侯、甸、男邦、采、衛等諸侯和周朝官民,都效力於周新大邑。這裏,侯、甸、男、采、衛當時稱爲外服。《酒誥》説:

> 越在外服,侯甸男衛邦伯。越在内服,百僚庶尹,惟
> 亞惟服宗工。

意思是:在外服的職官,如侯、甸、男、衛的國君;在内服的職官,如

各級官員,衆長官,以及副職、其他官吏和王族官員。根據《尚書》所記,則王畿之外,有侯、甸、男、采、衛諸服,且甸服屬於外服。

其二,《國語·周語》説:

夫先王之制,邦内甸服,邦外侯服,侯、衛賓服,蠻、夷要服,戎狄荒服。

這是説,先王的制度規定,王畿方千里之内爲甸服,王畿之外爲侯服,侯服之外爲賓服,賓服之外爲要服,要服之外稱荒服。

《荀子·正論》亦有類似的記載。根據《國語·周語》所記,則甸服屬内服,即王畿之地;而甸服之外,還有賓服、要服、荒服等等。

以上二説不同,最合理的理解,爲《尚書》所記應是周初仍襲殷制,未及改作,《周語》、《荀子》所述,則是周人新制,後世沿用。而《周禮》卻於《夏官大司馬·職方氏》、《秋官大行人》説什麼“九畿”、“九服”(指侯、甸、男、采、衛、蠻、夷、鎮、藩等九服。自王畿千里之外,每五百里爲一服,依次爲别),周公時顯然不可能有如此遼闊的疆域。

然而除此而外,《周禮》其餘部分則什九是西周舊制,無可疑者。

我考儒家的儒,得《太宰》“九兩”的“儒以道得民”。瞭解到儒字古義是“有六藝以教民者”,證之以太史公談《論六家要指》説“儒者以六藝爲法”,《漢書·藝文志》説儒家“游文於六經之中,留意於仁義之際”,《史記·孔子世家》説“孔子以詩書禮樂教,弟子蓋三千焉,身通六藝者七十有二人”而皆通。我考井田制,從《地官·載師》而知古時遠郊亦曰牧,實爲恩格斯《馬爾克》一文中所説的“公共馬爾克”,近郊亦曰“農郊”(農郊取《詩·衛風·碩人》),實爲恩格斯《馬爾克》一文中所説的“分配馬爾克”。從《地官·遂人》而知井田制就是“把土地分配給單個家庭並定期實行重新分配”,與馬克思恩格斯所論述的農村公社完全一致。其他如“合耦”之制,“不易之地家面畝，二易之地家二百畝，再易之地家三百畝”之制，等等，都不能僞，並不可能作於春秋中期以後。

因此，我認爲《周禮》一書是東遷以後某氏所作。作者得見西周王室檔案，故講古制極爲纖悉具體。但其中也增入作者自己的設想。例如封國之制、畿服之制一類的東西，就是作者自己設想所制定的方案。這個方案，具有時代特點，不但西周不能爲此方案，即春秋戰國時人也不會作此方案。原因是春秋戰國時，周室衰微已甚，降爲二三等小國，當時不會幻想它會復興。而在西周的歷史條件下，則不可能產生這樣的設想。至於鄭玄所説“周公居攝而作六典之職，謂之《周禮》”，是没有根據的。

第二節　　體例和内容

《周禮》文繁事富，體大思精。全書用六官區分爲六部分。今冬官全亡，地官司禄，夏官車司馬、輿司馬、行司馬、掌疆、司甲，秋官掌察、掌貨賄、都則、都士、家士諸職亦闕。

六官爲天官、地官、春官、夏官、秋官、冬官。每一官都有“惟王建國，辨方正位，體國經野，設官分職，以爲民極”數語冠首。以下，如在天官則説“乃立天官冢宰，一使帥其屬而掌邦治，以佐王均邦國”。冢宰爲六卿之首、百官之長，其職掌理天下政務，以輔佐王者統治天下。天官所屬編制，上自大宰、小宰，下至屢人、夏采，包括六十二種職官。

在地官則説“乃立地官司徒，使帥其屬而掌邦教，以佐王安擾邦國”。地官之三長大司徒，掌邦教、土地、賦税等。其編制有大司徒、小司徒、鄉師、鄉大夫、州長、黨正，以及嬉人、槀（gǎo）人等。

在春官則説“乃立春官宗伯，使帥其屬而掌邦禮，以佐王和邦國”。宗伯爲六卿之一，掌邦禮，主管宗廟祭祀等。春官的編制，上自大宗伯、小宗伯，下至都宗人、家宗人包括六十九種職官。

在夏官則説"乃立夏官司馬，使帥其屬而掌邦政，以佐王平邦國"。夏官之長大司馬，爲六卿之一，掌軍政，統領軍隊。夏官之屬有小司馬、軍司馬、輿司馬、行司馬、司勛，以及撢人、都司馬等六十八種官名。

在秋官則説"乃立秋官司寇，使帥其屬而掌邦禁，以佐王刑邦國"。秋官大司寇爲六卿之一，其職掌獄訟刑罰等司法政務。秋官之屬有小司寇、士師、鄉士、遂士、掌交、朝大夫等六十五種官名。

以上諸官均先敍其官名、爵等、員數，再分敍各自的職掌。

《周禮》冬官全亡，以《考工記》補之，所記包括治木之工、治金之工、設色之工、刮摩之工、搏埴之工等，對於車、削、矢、劍、鐘、量、甲、韋革、皋陶、染羽、磬、玉、弓等等的製作，敍述甚詳。

應該指出，《周禮》所説"惟王建國"的"國"，實包括王畿全部。"體國經野"的"國"，則爲與野相對而言，但指遠郊以内。至"以佐王均邦國"的"國"，則是指諸侯之國。一篇之内，用了三個"國"字，而義各不同，不可不辯。同時，"惟王建國"數語，是從一般意義來講的。這個"王"不定指某王，表明這祇是草擬一個備用的方案。

第三節　史料價值、影響及注本

讀《周禮》，不僅可以考見古制，還可以看到《周禮》作者的邏輯思想。學者稱贊孫詒讓《周禮正義》"以太宰八法爲綱領"。其實太宰的六典、八法、八則、八柄、八統、九職、九賦、九式、九貢、九兩都有綱領意義。即都是運用邏輯思想，從複雜繁賾的職事中，概括爲若干條原則。

《周禮》六官所記，基本上是西周歷史條件下的各種現實的政治制度。因此，有人以《周禮》嬪御、奄寺、飲食、酒漿、衣服、次舍、器用、貨賄皆領於冢宰，冕弁、車旗、宗祝、巫史、卜筮、瞽侑（gǔyòu）

皆領於宗伯，爲周公相成王格心輔德之法，[①]也有人以爲周公成文武之德，相成王爲太師，乃廣置官闕、猥褻、衣服、飲食、技藝之官以爲屬，必不然矣。[②] 這都是不懂得歷史唯物主義，用後世之見來臆測古人的。殊不知《周禮》這些記載，恰是當時的真實情況。我們今日而欲考求中國古代的田制、兵制、學制、刑法、祀典諸大端，固捨是書莫屬了。

儘管自來學者對《周禮》一書疑信參半，然而此書對後世的影響還是很大的。最顯著的例子如王莽、王安石的變法，宇文泰的改革官制，有人認爲就都是規摹《周禮》的。

《考工記》亦是先秦古書，漢人用補《周禮》冬官，其書稱“鄭之刀”，又稱“秦無廬”。而鄭封於宣王時，秦封於孝王時，此書當然非周初作品，但不能因此就説《考工記》是戰國末的書。梁啓超雖然説《考工記》是戰國末的書，但也不能不承認“其文體較古雅些，所敍之事也很結實，沒有理想的話”。[③] 其實，這一點正可作爲它是周室東遷後的人所作的一個證據。《考工記》舉出“有虞氏上陶，夏后氏上匠，殷人上梓，周人上輿”，正因爲此書是周人所作，所以對於車的構造記述特詳。這一點也是考證《考工記》寫作時代所應注意的。既然記文不是僞作，而在記文裏明白地舉出這些，自然它不會是春秋或戰國時人的作品了。至於記文的價值，今日講工藝者，類能言之，就不在這裏詳説了。

《周禮》的價值就在於它是寶貴的歷史資料，我們研究古代史，論證一些問題，都可以利用，以期把歷史變成科學。這樣，我看它就是無價之寶。

古今注釋《周禮》的書很多，不能一一列舉，也沒有必要一一列

---

①　王應麟：《困學紀聞》卷四。

②　胡宏：《皇王大紀》。

③　《古書真僞及其年代》。

舉。兹祇舉最基本的三部分：一、鄭玄《周禮注》；二、賈公彥《周禮注疏》；三、孫詒讓《周禮正義》。

鄭玄注成於東漢末，是在杜子春、鄭興、鄭衆、賈逵、馬融諸家舊注的基礎上完成的，實際上是給《周禮》學作了第一次總結。《周禮》鄭注簡奧融通，功力最深，爲學《周禮》必讀的書。

賈公彥疏成於唐初，它是闡釋鄭注的。此書舊謂原出沈重《周官禮義疏》，實際上已包括魏晉六朝諸家之説，賈公彥在唐初爲《周禮》學作了第二次總結。《朱子語類》論唐人諸經義疏，説"《周禮注疏》最好"，是有根據的。

孫詒讓正義成於清末，博采宋元明清諸家之説，疏通證明，折衷至當，在清人諸經新疏中，沒有超過此書的。在目前，可以説是《周禮》學最後的一次總結。當然，由於歷史局限性，不能説此書沒有錯誤，不過錯誤很少。這就有待於後人繼續研究了。

鄭玄《周禮注》通行版本很多，以四部叢刊影明翻宋刊本爲最佳。賈公彥《周禮注疏》，阮元刻《十三經注疏》附校勘記本較好。董康涌芬室用宋槧影印《周禮疏》五十卷最稱善本，然不易得。孫詒讓《周禮正義》有光緒三十一年鉛印本，字迹淺深不一，不便閱讀。另有民國二十年笛湖精舍刻本，字迹很大，便於閱讀，但錯字太多。還有四部備要本，也有錯字。至於國學基本叢書本，則字太小，錯字和斷句斷錯了的也不少，閱讀時，最好以笛湖精舍刻本爲主，用其他各種版本作參考。

（《經書淺談》，中華書局，1984 年）

談　禮

一、禮是什麼

禮是什麼呢？《説文》説："禮，履也。所以事神致福也。"我認爲《説文》以禮、履二字音同，因用履即踐履來解釋禮的本義，是對的，但不全面，不能作爲禮這個概念的界説；至説"所以事神致福也"，則是畫蛇添足，因爲禮之爲用，主要是對人的而不是對神的；説"致福"尤陋，殊不似出自"五經無雙許叔重"的手筆。

自今日看來，禮這個概念，應該説是一定社會，由統治階級制定而爲全體人民共同遵守的一種行爲準則或規範。

説一定社會，是説它不是自初民以來就有的，而是歷史的産物。這一點，中國古籍早有説明。例如《禮記》一書中，《婚義》説："男女有別而後夫婦有義，夫婦有義而後父子有親，父子有親而後君臣有正，故曰婚禮者，禮之本也。"《郊特牲》説："男女有別然後父子親，父子親然後義生，義生然後禮作，禮作然後萬物安，無別無義，禽獸之道也。"《曲禮上》説："夫唯禽獸無禮，故父子聚麀，是故聖人作，爲禮以教人，使人以有禮，知自別於禽獸。"《禮運》説："今大道既隱，天下爲家，各親其親，各子其子，貨力爲己，大人世及以爲禮，城郭溝池以爲固，禮義以爲紀。"不但此也，《周易·序卦傳》也説："有天地然後有萬物，萬物然後有男女，有男女然後有夫婦，有夫婦然後有父子，有父子然後有君臣，有君臣然後有上下，有上下然後禮義有所措。"不難看出，上述這些言論，完全一致，都是

説，禮是自男女有别開始，至有君臣有上下完成。我認爲中國古籍
這些説法不是偶然的，很可能是出於中國古代大思想家孔子的研
究成果。因爲班固説：《禮記》是"七十子後學所記"，而《易傳》則是
孔子作的。那麼，這種説法對不對呢？我看是對的。因爲，恩格斯
説過"個體婚制是文明社會的細胞形態"。① 我們知道，恩格斯所
説的"個體婚制"，就是一夫一妻制，而實行一夫一妻制，必須以男
女有别爲前提條件，因爲男女無别是群婚時的情況，群婚時，知母
不知父，不可能實行一夫一妻制。由此可見，中國古籍所説的夫婦
有義與恩格斯所説的個體婚制一樣，都是文明社會的細胞形態。
而中國古籍所説"君臣有正"是"禮之本"，"有上下，然後禮義有所
措"，無疑是禮的完成，這就不能説是文明社會的細胞形態，而是成
熟的文明社會了。

　　説由統治階級中某人或某幾個人制定，是説明禮與俗不同，俗
是"約定俗成"，不需制定，而禮則必須有人制定，例如《曲禮上》説
"是故聖人作，爲禮以教人"，以及《尚書大傳》説"周公制禮作樂"，
都是證明。

　　説是一種準則或規範，是因爲在文明社會，能起準則或規範作
用的，不僅有禮，俗和法都在不同程度上起着準則或規範作用。禮
與法的區别在於禮禁未然之前，法施已然之後，法有强制性，禮則
主要依靠輿論維持。

二、禮的類别

　　《論語•顔淵》記顔子問禮的細目，孔子説："非禮勿視，非禮勿
聽，非禮勿言，非禮勿動。"證明禮經過制定，就要全部遵照履行。
《禮記•禮器》説："經禮三百，曲禮三千。"這裏所説的應當是周禮，

---

　　① 《馬克思恩格斯全集》第 21 卷，人民出版社，1965 年，第 78 頁。

證明周禮有《經禮》和《曲禮》之分，合計有三百，三千，可見這時禮文已極其繁縟。現從《禮記·曲禮上》摘録一段文字，藉以窺見其大略。原文説：

　　夫爲子者，出必告，反必面，所游必有常，所習必有業，恒言不稱老。年長以倍，則父事之；十年以長，則兄事之；五年以長，則肩隨之。群居五人，則長者必異席。

　　從於先生，不越路而與人言。遭先生於道，趨而進，正立拱手。先生與之言則對，不與之言則趨而退。

　　從長者而上丘陵，則必向長者所視，登城不指，城上不呼。

　　將適舍，求毋固。將上堂，聲必揚。户外有二屨，言聞則入，言不聞則不入。將入户，視必下，入户奉扃，視瞻勿回。户開亦開，户闔亦闔。有後入者，闔而勿遂，毋踐屨，毋躇席，摳衣趨隅，必慎唯諾。

　　關於禮的類别，據《昏義》説：“夫禮，始於冠，本於婚，重於喪、祭，尊於朝、聘，和於射、鄉，此禮之大體也。”可見古代的禮，共有八類。

　　第一類爲冠禮。《曲禮上》説“二十曰弱冠”，這就是説，在當時男子到二十歲時就舉行冠禮。今存《儀禮》，有《士冠禮》，記載當時士一級的男子舉行冠禮時的儀節，《禮記》中有《冠義》與《儀禮·士冠禮》對應，從理論上説明各種儀節的含義。今日我國個别地方在男子十八歲時舉行成年禮，有着古冠禮的遺意，我看作爲成年教育，似應普遍施行。

　　第二類爲婚禮。與冠禮一樣，在《儀禮》中有《士昏禮》記其儀節，在《禮記》中有《昏義》從理論上談了各種儀節的意義。中國古代最重視婚禮，相傳有一句諺語，叫做“萬惡淫爲首”，就與重視婚禮有關。中國歷史上無論是在道德上或在法律上都嚴屬禁止淫行，遇有淫行，必進行嚴懲，儘管從來也没有禁絶過。爲什麽這樣呢？據我理解，這是由於姦淫則破壞男女有别，而破壞了男女有别，就是從根本上破壞了禮。

第三類爲喪禮。古人對喪禮有不同的主張，儒家主張久喪厚葬，墨家主張短喪薄葬。今傳世的是儒家的遺教。在《儀禮》一書中記喪禮的，有《士喪禮》、《既夕禮》和《喪服》；在《禮記》中談及喪禮的，有《曾子問》、《喪服小記》、《雜記》、《喪大記》、《奔喪》、《問喪》、《服問》、《間傳》、《三年問》、《喪服四制》等十篇，説明儒家的確重視喪禮。

第四類爲祭禮。《儀禮》中有《特牲饋食禮》、《少牢饋食禮》，都是祭禮；《禮記》有《祭義》、《祭統》、《祭法》、《郊特牲》等，亦談到祭禮。但不是與《儀禮》中的祭禮相對應。

第五類爲朝禮。《儀禮》中有《覲禮》屬於朝禮。

第六類爲聘禮。在《儀禮》中有《聘禮》，在《禮記》中有《聘義》，與《儀禮・聘禮》相對應。今日的外交禮節，相當於古之聘禮。

第七類爲射禮。在《儀禮》中有《鄉射禮》、《大射》，在《禮記》中有《射義》與之對應。古之射禮與今日之球類比賽和體育比賽有某些相似，都有準軍事意義。但古代射禮有一點頗爲有趣，這就是當比賽結束，並不是贏家得金牌銀牌，而是輸家有酒喝。《論語・八佾》説：“子曰：‘君子無所争，必也射乎！揖讓而升，下而飲，其争也君子。’”即其事，其用意是説你比賽失敗，是由於身體羸弱，或有病，應喝酒來保養。

第八類爲鄉禮，即鄉飲酒禮。《儀禮》有《鄉飲酒禮》，《禮記》有《鄉飲酒義》。

關於鄉飲酒禮的意義與目的，應如《鄉飲酒義》所説：“鄉飲酒之禮，六十者坐，五十者立侍以聽政役，所以尊長也。六十者三豆，七十者四豆，八十者五豆，九十者六豆，所以明養老也。民知尊長養老，而後乃能入孝弟；民入孝弟，出尊長養老，而後成教；成教而後國可安也。"

後世久已不行鄉飲酒禮。《荆楚歲時記》説:"社日四鄰並結宗會社,宰牲牢,爲屋於樹下,先祭神,然後享其胙。"唐人張蠙詩有"桑柘影斜春社散,家家扶得醉人歸"之句,我看這種做法,猶有古代鄉飲酒的遺意,今日似可略加改造,普遍實行。

三、孔子所談的禮,有哪些特點以及有没有真理性

孔子所談的禮,據我看有兩個特點。

1. 孔子所談的禮,與别人所談的不同,裏邊包括有仁義,也就是説,孔子所談的禮,是以仁義爲内容的具體表現形式。這一觀點詳見《中庸》哀公問政章,此章記孔子答魯哀公問政,於"故爲政在人,取人以身,修身以道,修道以仁"下説:"仁者人也,親親爲大;義者宜也,尊賢爲大;親親之殺,尊賢之等,禮所生也。"我認爲這一段話非常重要,實際上它是孔子爲之奮鬥終身的基本思想内容。下面用較大篇幅,逐一詳細地加以闡釋。

"仁者人也","人也"二字是孔子爲其思想核心的仁所作的最精確的闡釋。爲什麽這樣説呢?可以從三個方面來考察,第一,仁人二字古通用,《論語·雍也》説"井有仁焉",仁就是人,即其例。第二,《説文》"仁"下説"親也,從人二",我理解,這個"人二",就是兩個人,其一是自己,另一爲自己面對的那個人,這個人可以是個人,可以是集體,也可以是全人類,總之,其相互關係必須是相親相愛,這就是"親也"的意思。那麽,這不就是作爲孔子思想核心的仁嗎?第三,《説文》"恕"下説"仁也",那麽,這個仁,不正是孔子在《論語·雍也》所説的"夫仁者,己欲立而立人,己欲達而達人"的仁嗎?有此三證,可以肯定,孔子這個闡釋是十分精確的。

"親親爲大",是説仁的範圍雖然至爲廣泛,但實行起來,應是親親爲大,即把血緣親屬關係擺在頭等地位。爲什麽呢?是否孔

子教人自私呢？不是。因爲"立愛自親始"，這裏是有深刻的道理的。我們可以從有人類那一天談起，可以説，自有人類就有母子之愛，母愛是最真摯、最純潔的，相對來説，子亦愛母，所謂"赤子之心"及"孩提之童無不知愛其親也"就是證明。從人類歷史來看，自原始人群以至氏族、胞族、部落、部落聯盟，所有這些共同體，没有不倚靠血緣親屬關係之間的相親相愛作爲聯結的紐帶的，恩格斯在《家庭、私有制和國家的起源》第一版序言稱原始社會爲"以血族團體爲基礎的舊社會"，無疑就是這個意思。因此，説仁應以親親爲大是正確的。

"義者宜也"，宜是正當。義這個概念應是有國家之後才產生的。恩格斯説："國家的基層單位已經不是血族團體，而是地區團體了。"①説"不是血族團體，而是地區團體"，就表明這時在一個地區之內，必然是血族與非血族同時存在。這樣，光用血族關係作爲聯結的紐帶就不夠了，因而產生了義。"義者宜也"，"宜"是正當，説明義與仁不同，它的本義是要求正當，而不是要求親親。

"尊賢爲大"，意思是説從義要求正當這一點來説，尊賢是最重大的問題。因爲一個國家，必須是賢者在位，能者在職，才能穩定有序，興旺發達，如果反其道而行，使不賢者在位，不能者在職，其結果，一定是天下大亂，民不聊生。

應當指出，上文講仁但講親親，講義但講尊賢，是不是仁祇適用於血族，義祇適用於非血族呢？不是。仁義對全人類是普遍適用的。當然，二者在適用時也不無微小的區別，例如，《禮記・喪服四制》説："門内之治恩揜義，門外之治義斷恩。"就是説在家庭，應更重視仁的一面；在社會，應更重視義的一面。

"親親之殺"是説親親的對象很廣，裏邊有親疏遠近的不同。"殺"是減少的意思，古人常常以隆殺對言，隆是增多的意思。例如

① 《馬克思恩格斯全集》第21卷，人民出版社，1965年，第30頁。

《禮記·三年問》説："故三年以爲隆，緦、小功以爲殺。"同書《喪服小記》就講過親親之殺的問題，它説："親親以三爲五，以五爲九，上殺，下殺，旁殺，而親畢矣。"鄭玄注説："己，上親父，下親子，三也；以父親祖，以子親孫，五也；以祖親高祖，以孫親玄孫，九也。親益疏，服之則輕。"鄭説是對的，輕就是殺。

"尊賢之等"，是説尊賢的對象有上下左右種種不同的等級，例如《左傳》莊公十八年説"王命諸侯，名位不同，禮亦異教"，即其證。

"禮所生也"，是説由於仁有親親之殺、義有尊賢之等，而產生了禮，所以，禮不是别的，它乃是以仁的親親之殺、義的尊賢之等爲内容的表現形式。由此可知，仁義禮三者儘管名稱不同，性質不同，實際上是一個整體。正因爲這樣，所以《論語·顏淵》説："顏淵問仁，子曰，克己復禮爲仁。"這句話舊解多誤，實際上孔子是説，你自己能够遵照禮去做就是仁。

2.孔子認爲禮不是一成不變的，它是歷史的產物，並隨着歷史的改變而改變的，《禮記·禮器》説："禮，時爲大。"正是説明這個問題。

《論語·爲政》説："子張問：'十世可知也？'子曰：'殷因於夏禮，所損益可知也；周因於殷禮，所損益可知也；其或繼周者，雖百世可知也。'"這是孔子用歷史事實證明禮是隨時代的改變而改變的。

如上所述，孔子所談的禮的產生、仁義的產生以及禮隨時代的改變而改變等觀點，基本上與恩格斯的觀點相一致，應當承認是有真理性的。

四、關於禮的評價問題

在中國歷史的長河中，對於禮，大多數人是持肯定態度的，但反對的亦大有人在。據我所知，春秋戰國時期的老子、莊子，魏晉時期的玄學家以及近代"五四"新文化運動時期的激進人物,都是反對禮的。

(一)春秋戰國時期的老子莊子

老子生於春秋,他精通禮學,《史記》説孔子問禮於老子,《禮記•曾子問》記孔子以禮的幾個具體問題問於老聃,這都應是事實,但他所著《老子》一書,卻大力反對孔子所講的仁義和禮。

他説:"失道而後德,失德而後仁,失仁而後義,失義而後禮,夫禮者,忠信之薄而亂之首。"實際上,他認爲歷史是越前進越壞。具體説,他認爲歷史的發展是由道開始,由道進到德,由德進到仁,由仁進到義,由義進到禮,一步比一步壞,進到禮是最壞了。

我認爲老子的這種看法,其根源在於他的世界觀是唯心的。老子世界觀之所以是唯心的,在於他説道在天地先。他説:"有物混成,先天地生,寂兮寥兮,獨立而不改,周行而不殆,可以爲天下母,吾不知其名,字之曰道。"天地是最大的物質,道是規律。老子説道在天地先,天地先没有物質,没有物質運動,怎會有規律呢?所以,老子所説的道是不存在的,因而他是唯心的。

不但老子所説的道不存在,老子所説的德也不存在。因爲,德字本義是"德者得也,行道而有得於心也"。道與德是這樣關係,没有道怎會有德呢? 因此,老子所説的"失道而後德"云云,即把道德看成是歷史發展的兩個階段,事實上也是不存在的。

老子説:"失德而後仁,失仁而後義,失義而後禮。"即把仁義禮看作是歷史的三個發展階段,這是可以的,我在上文講仁義禮時,已有説明。但老子用一個失字來説明三者的遞嬗關係是不符合歷史實際的。失的意思是喪失、墮落,歷史是發展的,一代勝似一代,怎能説是失呢? 如果有失,那祇能是失掉落後的東西,怎能失掉新生的先進的東西呢? 證明老子的觀點是錯誤的。

莊子生於戰國,著有《莊子》一書,他尊崇老子,反對孔子,鼓吹無爲自然,攻擊仁義禮樂。他在《馬蹄》篇説:"故純樸不殘,孰爲犧尊？白玉不毀，孰爲珪璋？道德不廢，安取仁義？性情不離，安用禮樂？夫殘樸以爲器，工匠之罪也，毀道德以爲仁義，聖人之過也。"莊子和老子一樣，都是反對歷史發展，不但不承認精神文明與物質文明的鉅大利益，反而看成是巨大的禍害。這種言論，在古代，確實有人受到蠱惑。今日歷史學、考古學、人類學等已充分證明未開化的民族，生活極端困苦，連使本民族免於滅亡都幾乎不可能，哪有什麽幸福可言？

（二）魏晉時期玄學家

《晉書·王戎傳》説："魏正始中，何晏、王弼等祖述老莊，立論以爲天地萬物皆以無爲爲本。"流風所扇，和之者有嵇康、阮籍、劉伶、阮咸及王戎、王衍等人，簡直形成一種運動，有很大影響。其特點是蔑棄禮法，任達放誕，表現於各方面。如《昭明文選》載嵇康《與山巨源絶交書》説："不涉經學，性復疏懶，筋駑肉緩，頭面常一月十五日不洗，不大悶癢，不能沐也，每常小便而忍不起，令胞中略轉乃起耳。"《晉書·阮籍傳》説："母終，正與人圍棋，對者求止，籍留與決賭。""鄰家少婦有美色，當壚沽酒，籍嘗詣飲，醉便卧其側。兵家女有才色，未嫁而死，籍不識其父兄，徑往哭之，盡哀而還。"同書《劉伶傳》説："常乘鹿車，携一壺酒，使人荷鍤而隨之，曰：'死便埋我。'"《阮咸傳》説："諸阮皆飲酒，咸至，宗人間共集，不復用杯觴斟酌，以大盆盛酒，圓坐相向，大酌更飲，時有群豕來飲其酒，咸直接去其上，便共飲之。"《王戎傳》説："性好興利，廣收八方園田水碓，周遍天下，積實聚錢，不知紀極，每自執牙籌。晝夜算計，恒若不足，而又儉嗇，不自奉養，天下人謂之膏肓之疾。家有好李，常出貨之，恐人得種，恒鑽其核。"《王衍傳》説："衍雖居宰輔之重，不以經國爲念，而思自全之計。"及軍敗爲石勒所虜，還"自説少不豫事。……勒怒曰：'君名蓋四海，身居重位，少壯登朝，至於白首，何得言不豫世事邪？破壞天下，正是君罪。'"及衍被"排墻填殺之，將死，始顧而言曰：'嗚呼！吾曹雖不如古人，嚮若不祖尚玄虛，戮力以匡天下，猶可不至今日。’”

　　總觀當時所謂玄學家，大抵都是當權派，乃祖述玄虛，不理朝政，日以放曠爲事，其結局決非意外。范寧著論以爲王弼、何晏之罪浮於桀紂，雖擬不於倫，然出於時人積怒的心情，是可以理解的。

（三）近代“五四”新文化運動時期的激進人物

　　新文化運動時期的激進人物以陳獨秀、李大釗、魯迅、吳虞爲代表，而魯迅、吳虞二人反對禮教尤力。魯迅在《新青年》發表《狂人日記》，認爲歷史寫着仁義道德是吃人；吳虞在《新青年》發表文章，名爲《吃人與禮教》。但是，他們反對禮教與春秋戰國時期的老子、莊子和魏晉時期的玄學家截然不同，他們不是祖尚玄虛，而是主張民主與科學；不是使歷史倒退，而是使歷史前進。

（《歷史研究》1996 年第 6 期）

釋"克己復禮爲仁"

《論語·顏淵》孔子答顏淵問仁說"克己復禮爲仁"一語,到底應該怎樣解釋,從古至今分歧很大,在清代成爲漢學與宋學論爭的焦點之一。分歧表現在訓詁上,也表現在義理上。主宋學的人繼承並極力維護朱熹《論語集注》的觀點,反對漢學家的解釋。漢學家有的從訓詁的角度講對了,但是不敢碰朱熹;有的敢碰朱熹,訓詁卻又搞錯。今人的問題是既未把訓詁弄明白又懾於朱熹的餘威不敢把朱熹的錯誤說清楚。我們認爲,這個問題今天應該實事求事地加以解決。清代漢學家沒說對的,我們把它說對就是了;清代漢學家說對了的,我們繼承過來接着說;對於朱熹的錯誤則必須給以徹底的批評,朱熹站在道學家的立場曲解孔子,借用孔子的言論爲他的道學理論張目,不把朱熹的錯誤弄清楚,孔子"克己復禮爲仁"的本義永遠不能明。

所以我們從朱熹說起。朱熹《論語集注》說:

> 克,勝也。己,謂身之私慾也。復,反也。禮者,天理之節文也。"爲仁"者,所以全其心之德也。蓋心之全德,莫非天理,而亦不能不壞於人欲。故爲仁者必有以勝私慾而復於禮,則事皆天理,而本心之德復全於我矣。①

朱熹這樣解釋"克己復禮爲仁",是完全錯誤的。第一,把"克己復禮"一語理解爲"克己"與"復禮"的組合,又視"克"字在句中爲動

---

① 《四書章句集注》,第 131 頁。

詞,從根本上就搞錯了。第二,把"克"字訓爲戰勝的"勝",把"己"釋作私慾,把"克己"說成戰勝自己的私慾,從而用"存天理滅人欲"的道學家觀點解釋"克己復禮",完全歪曲了孔子的本義。

首先要把"克己復禮"一語的語法關係弄對,同時把"克"字的訓釋搞明白。關於這兩點,漢人孔安國《論語》注説:"復,反也。身能反禮,則爲仁矣。"(劉寶楠《論語正義》引)釋克爲"能",釋己爲"身",是對的。可惜後世少有人理睬,祇有清人俞樾作《群經平議》接着孔安國説,把"克己復禮"基本上説明白了。俞氏説:

> 按孔注訓克爲能,是也。此當以"己復禮"三字連文,"己復禮"者,身復禮也,謂身歸復於禮也,能身復禮即爲仁矣,故曰"克己復禮爲仁"。下文曰"一日克己復禮,天下歸仁焉。爲仁由己,而由人乎哉"! 必如孔注,然後文義一貫。孔子之意以己與人對,不以己與禮對也。《正義》不能申明孔注而漫引劉説以申馬注約身之義,而經意遂晦矣。昭十二年《左傳》因楚靈王不能自克而引仲尼曰:"古也有志,克己復禮,仁也。信善哉。"則正訓克爲勝。左氏晚出,先儒致疑。凡此之類,皆不足據。①

俞氏依孔注義訓"克"爲能,謂"己復禮"三字連文,至確。説孔子之意是己與人對言,不是己與禮對言,祇有如此作解,才與孔子下文"爲仁由己,而由人乎哉"文義一貫,更切中肯綮,可謂真知灼見。對馬融把"克己"釋作約身以及劉炫《左傳》昭十二年注的批評,對《左傳》昭十二年引孔子語的懷疑,也是卓有見地。俞氏不足之處是對朱熹的謬誤不敢碰,對《左傳》昭十二年引孔子語僅僅質疑而已,未能深究。

俞氏據孔注指出"己復禮"三字連文,這一點至關重要。祇有

---

① 《清經解續編》卷一三九二,上海書店影印本。

確定這一點，才有可能把"克己復禮爲仁"這句話講明白。"己復禮"，當然就是自我復禮，不是要別人復禮或者要別人爲我復禮。這正是孔子答顏淵問仁所要表達的意思。所以下文孔子接着說"爲仁由己，而由人乎哉"。如果以爲"克己"與"復禮"是對應關係，"克己"是約己或者勝己，則孔子答"顏淵問仁"的一段論爲語無論次。孔子而語無倫次，是不可想象的。

在肯定"己復禮"三字連文的前提下，必須承認"克己復禮"是個單純句子，不是由"克己"、"復禮"兩個句子合成。"克己復禮"祇有一個動詞，就是"復"。"克"字在句中是助動詞，不是動詞。因此，孔安國、俞樾訓克爲能，把"克己復禮"釋作自己復禮，是唯一正確的解釋。任何把"克己復禮"的"克"字作動詞看的訓釋，都是錯誤的。

漢人馬融注説："克己，約身。"把"克己"二字連文，與"復禮"分開，必不合孔子本意，把"克"訓爲"約"，釋"克己"爲約束自己，當然是錯誤的，清代不少漢學家接着馬融的注往下講，越講越錯誤。其中毛奇齡最有代表性。毛氏《論語稽求篇》說：

> 　　馬融以約身爲克己，從來説如此。夫子是語本引成語。《春秋》昭十二年楚靈王聞祈招之詩，不能自克，以及於難。夫子聞之，嘆曰："古也有志，克己復禮，仁也。楚靈王若能如是，豈其辱於乾谿。"據此，則"克己復禮"本屬成語，夫子一引之以嘆楚靈王，一引之以告顏子。此間無解，而在《左傳》則明有"不能自克"，作克己對解。克者約也，抑也。己者，自也。①

毛氏訓"己"爲"自"，是對的。接受馬融説法訓"克"爲"約"爲"抑"，釋"克己"爲"約身"，又堅信《左傳》所引孔子語，以爲"克己復禮"是

---

① 　《清經解》卷一八〇，上海書店影印本。

孔子以前就有的成語，則大謬。"克己復禮"應當説就是孔子答顔
淵問仁説的話，並非古已有之的成語。《左傳》昭十二年引孔子的
話其實不可信。上文引俞樾《群經平議》，對《左傳》已有懷疑，今考
諸《論語》孔子答顔淵問仁之語意，"克己復禮"如孔安國、俞樾所
説，應讀成"克""己復禮"，不可以讀成"克己""復禮"，故不是成語。
《左傳》昭公十二年記楚靈王因"不能自克"而及於難，引孔子嘆曰
"古也有志"云云，的確以爲"克己復禮"是成語。孔子一方面告訴
顔淵能自己復禮就是仁，一方面又把"克己復禮"當作古已有之的
成語引用，二者是矛盾的，必有一是真孔子語，一是假孔子語。《論
語》一書是可信的，而《左傳》在漢代經劉歆之手整理過，很可能是
他自己以爲《論語》記孔子"克己復禮"一語是成語，就加上"古也有
志"四字，充作孔子的話塞進《左傳》。《左傳》裏這種情形不僅此一
例。劉歆這一做法造成極壞的影響，朱熹在注釋"克己復禮"上的
謬誤，其文獻方面的根源即在於此。

　　俞樾從孔安國訓"克己復禮"之"克"爲"能"，在訓詁上是有根
據的。據《説文》，"克"的本義是肩任、勝任。《説文》克部"克"訓
"肩"，人部肩作仔之訓。《詩•周頌•敬之》"佛時仔肩"，"仔肩"二
字毛傳共訓"克"，鄭箋同訓"任"。段玉裁《説文》注説："克，勝也。
勝與任義似異而同。"克字的本義是勝，是任，猶今語之勝任、肩任。

　　"克"字的引申義有兩項：一是能，一是戰勝的勝。《爾雅》之
《釋言》訓"克"爲"能"，而《釋詁》則克勝互訓。訓能訓勝，都有文獻
根據，《堯典》、《康誥》之"克明峻德"，克字顯然取能義，《洪範》之
"沉潛剛克，高明柔克"，克字顯然取勝義。有時候"克"字在句子中
包含克與勝二義。如《左傳》隱元年"鄭伯克段於鄢"，《公羊傳》逕
訓克爲殺（取戰勝義），而《穀梁傳》則説："克者何？ 能也。何能也？
能殺也。"

　　究竟"克"字在句中取何義，要視上下文義具體分析。"克己復
禮"之"克"字朱熹訓戰勝之勝，謂"克己"是戰勝私慾，有違於孔子

人與己對言的一貫思想,肯定是不對的。孔安國、俞樾訓"克己復禮"之克爲能,與上下文義恰相符合,是正確的,也是有訓詁根據的。

劉寶楠《論語正義》取馬融注之"克己"爲約身説,訓"克己復禮"之"克"爲約束之約,並斷言"凡言'克己',皆如約身之訓",且舉《後漢書・祭遵傳》之"克己奉公"句爲證。"克己奉公"是孔子之後形成的成語,此"克"字訓約當然是對的,但不可用此以例孔子講的"克己復禮"。"克己復禮"是孔子自己説的平常話,不是成語。

完全講對"克己復禮"的,自古迄今衹有清人俞樾的《群經平議》。俞氏不但指出了馬融訓"克"爲"約"的錯誤,還批評了劉炫《左傳》昭十二注訓"克"爲"勝"的觀點。而對朱熹的問題則諱莫如深,不敢置一詞。朱熹碰不得,幾成不成文的約法,影響至今猶存。今人錢穆作《論語新解》(巴蜀書社,1985 年),於"克己復禮"句取馬融注義釋"克己"爲約束己身,説"克己之己,實不指私慾,復禮之禮,亦與天理義藴不盡洽",明明是覺察了朱熹的錯誤,卻仍要加以調和,説"宋儒以勝私慾全天理釋此克己復禮四字,大義亦可相通","未嘗不可以通《論語》"。清人毛奇齡、焦循曾指名駁朱熹之謬,乃遭遇方東樹《漢學商兑》的激烈反駁。

今日我們釋"克己復禮",實無必要,也不應該爲朱熹諱。朱熹的謬誤一日不澄清,孔子"克己復禮"的本旨便一日不得明。朱熹釋"克己復禮",根本違背了孔子的本旨。他講的"克己復禮"是他自己的,不是孔子的。具體而言,朱熹的錯誤可從三方面分析:(1)語法問題,(2)文獻依據問題,(3)思想問題。

"克己復禮"的語法問題除孔安國、俞樾之外,幾乎無人講對。朱熹既視"克己復禮"爲成語,讀作"克己""復禮",理注定不可能做出正確的訓詁。上文已有討論,此不贅述。

朱熹訓克爲戰勝的勝,訓己爲私慾,不是發明創造,是有所因襲的。焦循説:"劉光伯(劉炫)嗜慾與禮義交戰之言,意主楚靈王,因上文有'不能自克'語,望文生義耳,與《論語》何涉! 邢叔明(邢昺)剽襲之以釋《論語》,遂開《集注》訓己爲私慾之論。與全部《論語》人己對舉之文,枘鑿不入矣。"①毛奇齡《四書改錯》說:"劉炫曰:'克者,勝也。'此本揚子雲'勝己之私之謂克'語。然己不是私,必從己下添'之私'二字,原是不妥,至程氏直以爲私,稱曰'己私'。致《集注》謂身之私慾,別以己上添身字,而專以己字屬私慾,於是宋後字書,皆注己作私,引《論語》'克己復禮'爲證,則誣甚矣。"

毛氏、焦氏共認朱熹訓"克"爲"勝"、訓"己"爲"私慾"之謬,因於劉炫《左傳》昭十二年注。劉炫之謬因於誰,二人說不同。焦氏以爲劉炫因於《左傳》。說因於《左傳》,是對的。劉炫注《左傳》昭十二年說:

> 克訓勝也,己謂身也。有嗜慾,當以禮義齊之。嗜慾與禮義交戰,使禮義勝其嗜慾,身得歸復於禮,如果乃爲仁也。②

《左傳》昭十二年論楚靈王因"不能自克"而及於乾谿之難,引孔子言"古也有志,克己復禮,仁也"云云爲證,顯然有訓"克"爲"戰",訓"己"爲"私"的意思,劉炫以禮義戰勝私慾的說法,無疑得之於此。祇是《左傳》這段話大約是劉歆整理秘中古書時竄入的,非《左傳》原物,故不可信據,而劉炫堅信不疑,且大加發揮,乃貽誤後世不淺。毛氏亦不疑《左傳》昭十二年的記載,但理解不同。他據馬融《論語》注訓"克"爲"約"的說法,認爲《左傳》的"克己"是約束自己,不是戰勝私慾,故說劉炫之謬非源自《左傳》,而是受揚雄《法言·問神篇》"勝己之私之謂克"一語的影響。③ 按《左傳》昭十二年對"克"字的理解與揚雄《法言》其實一致,揚雄與劉歆生當同時,不存

---

① 方東樹:《漢學商兌》,第76頁引。
② 孔穎達:《春秋左傳正義》引。
③ 《漢魏叢書》,吉林大學出版社,1992年影印本,第508頁。

在誰因襲誰的問題,劉炫對《左傳》"克己復禮"的解釋可能同時受《左傳》和《法言》兩方面的影響。但是影響主要應來自《左傳》。《左傳》昭十二年關於楚靈王因"不能自克"而及於難並引孔子說"古也有志克己復禮仁也"的話,極可能是劉歆竄入,對後世影響很壞、很大。劉炫接過來把克訓爲勝,把己釋作嗜慾,邢昺用以作《論語》疏,更加以發揮,而最終成爲宋儒,尤其朱熹作《論語集注》用存天理滅人欲的道學思想扭曲孔子"克己復禮"本義的文獻依據。欲徹底弄清朱熹對孔子"克己復禮"一語的曲解,須首先知道《左傳》昭十二年那段話根本不可信。那不是孔子的原意,是劉歆依據他自己對《論語》"克己復禮"的理解加進去的,所謂"古也有志"云云把"克己復禮"視作孔子以前即有的成語,也不是事實。

朱熹之《論語集注》注"克己復禮"完全是發揮宋儒存天理滅人欲的道學思想,與《論語》的本意,與孔子的思想沒有關係。這個界限務須辨別清楚。清人方東樹《漢學商兌》不顧此界限,硬把朱熹當孔子。他説:

> 以存理遏欲爲説,何害於學者爲仁之旨乎! 蓋嗜慾必得恣情便意,乃古人恒人通趣,幽潛性命不斷。所以自古聖人皆兢兢戒謹防之,乃是大段第一難事。始而致知窮理,以辯其途;既而省察克治,以專其力,以理與欲不並立也,非至剛決者不能。夫子以顏子於理欲大分不待今始致知,故直告以下手力行功夫,所謂單刀直入。①

理、慾不並立,明明是宋儒的特有思想,方氏卻説自古聖人如此,且説顏回心中固有理慾大分,不待孔子教。故孔子不須講理慾不並立的道理,乃單刀直入,直截告顏回如何下手力行。不消説,孔子當然有明理慾大分、理慾不並立的思想。

---

① 《漢學商兌》,第77頁。

孔子是這樣嗎？不是。孔子是個很實際的人，總是從實際出發講話，不搞玄虛的一套。程樹德説："朱注爲短，蓋欲申其天理人慾之説，而不知孔子言禮不言理也。"①是説得對的。孔子平生注意的是人己關係、義利關係，强調的是仁，是義，是禮。要正確解決人己、義利關係，須做到仁義禮。仁是内容是目的，義實質也是仁。禮是實現仁義的現實途徑。所以顔回問仁，孔子答以"克己復禮爲仁"。意謂爲，仁之方説來似難，其實簡單，你能自己回復到禮上，就做到仁了。爲使顔回不發生誤解，孔子接着又説"爲仁由己，而由人乎哉"，欲爲仁全在你自己，這做起來也不複雜，你衹要非禮勿視、聽、言、動就是了。道理講得明明白白，簡簡單單，哪裏有什麽天理人慾之分，存理遏慾之説！孔子没有天理的概念，此盡人皆知，無須辯。至於人欲，孔子亦衹講擺正欲與義的關係，絶不言天，更不以爲義利不兩立。這樣的言論在《論語》中多的是，舉例是多餘的。方東樹强詞詭辯，斷言朱熹的存理遏慾説是孔子"克己復禮"的正解，不能成立。

總而言之，俞樾《群經平議》釋"克己復禮"承孔安國注訓克爲能，"己復禮"三字連續，訓詁至確；然在思想方面僅僅言及劉炫，涉及《左傳》，而未直指朱熹。毛奇齡《四書改錯》對朱熹有所批評，但由於他仍因馬融釋克爲約，"克己"爲約束自己，批評是五十步笑百步，未能入裏。朱熹的解釋，訓詁與思想全不對，其文獻根據是劉歆做手脚的《左傳》昭十二年及劉炫的注，存理遏慾的思想則是道學家的，與孔子實無關涉。用朱熹《集注》研究朱熹思想，恰恰相當；若用以講《論語》，無異於郢書燕説。

（與吕紹綱合作，《中國哲學史》1997 年第 1 期）

---

① 《論語集釋》第 3 册，第 818 頁。

《春秋》釋要

讀《春秋》竟,比緝簡札所記爲《〈春秋〉釋要》,凡六目,曰名義,曰宗旨,曰原始,曰筆削,曰大義,曰微言,都九千言。意欲疏通疑滯,上溯本源,以醇正爲歸,以平實爲宗,義求堅確,詞務簡質。凡拘墟之見,吊詭之説,皮傅之談,汗漫之辭,悉所不取。夫豈謂已絶此失哉,亦道吾之志焉爾。辛巳花朝,金景芳自識於嘉州烏尤寺。

一、名　義

《春秋》命名之義,宜兼采杜、賈兩家之説。

(一)錯舉四時

杜預曰:"《春秋》者,魯史記之名也。記事者,以事繫日,以日繫月,以月繫時,以時繫年,所以紀遠近,別同異也。故史之所記,必表年以首事。年有四時,故錯舉以爲所記之名也。"(《春秋序》)

(二)法陰陽之中

賈逵曰:"取法陰陽之中。春爲陽中,萬物以生;秋爲陰中,萬物以成。"(杜序、孔疏引)

案杜氏目表年首事爲史官記事通法,其體則魯《春秋》與晉《乘》、楚《檮杌》不殊,然《春秋》編年顯見二傳(《公羊》隱六年、《穀梁》桓元年),而《乘》與《檮杌》今並不傳。《孟子》有述,正謂三者同屬記事之史,至其體例是否一致未加稱説。顧名思義,"乘"意爲載,當以行遠立號。"檮杌"訓斷木,或與方策同旨,取以記事足傳而已，未必即用編年之體。而《春秋》編年，四時具然後爲年，正其名號不可即稱年，亦不可累稱四時。別嫌顯旨，故錯舉春秋二字以爲名。春以該夏，秋以該冬，且因人所恒言，故杜氏之説不可易也。

賈説本於劉歆，始見三統曆（《漢書·律曆志》），後人頗有異同。孔穎達曰："據周以建子爲正言之，則春非陽中，秋非陰中。"（《左傳》疏）毛奇齡曰："舊謂春以善善，秋以惡惡。《春秋》者，善善惡惡之書，則《毛詩》'春秋匪懈'，《孝經》'春秋祭祀，以時思之'，《中庸》'春秋修其祖廟'，未聞有善惡於其間也，蓋古來恒稱如是矣。若賈逵謂'春取陽中，秋取陰中'則周正春皆是冬，秋皆是夏，非陰陽中也。"（《春秋毛氏傳》）

案《春秋》與《易》相表裏，並爲孔子傳心之作。解《易》之名必兼取變易、不易、易簡而後備。解《春秋》者亦曷可舍棄法中之義？蓋未贊之《易》，觀《左氏》所志，其説怪誕穿鑿，曾不異於占書，而經孔子假年以學，著成"十翼"，遂乃醇粹嚴正，嶄然一新，不以三義説之不可也。《春秋》亦然。蓋孔子之《春秋》，孔子所獨有也，非復前日之《春秋》，其取義應具微旨。不然稱"紀年"亦可，奚必一仍其舊！況《春秋》辨於是非以正褒貶，是非之要固可以法中盡之。孔謂"周正建子，春非陽中，秋非陰中"，夫謂陰陽之中，亦約其概以寄意耳，豈謂極端之中？如孔之意，似以夏正之春秋可當陰陽之中矣，然核實論之，其春秋之月盡，與夏冬之月初，未見其異，亦安得謂之中？抑周正春秋雖非陰陽正中，較之冬夏固爲差近，且春蠢秋緒，義從其朔，取以寓旨，奚爲不可！孔氏之説未免祖杜之過也。至毛謂周正春皆是冬，秋皆是夏，是直以夏正之正月爲冬，七月爲夏，其爲舛謬，不足置辯。然謂春秋爲古來恒稱，其説可用，顧以爲率爾取名，亦非諦實之論也。

二、宗　旨

"《春秋》以道名分"（《莊子·天下篇》，疑是注語誤入正文，然其說則極精確），故爲"禮義之大宗"，而長於辨，"別嫌疑，明是非，定猶豫，善善惡惡，賢賢賤不肖"（《史記·太史公自序》），而其歸則在"撥亂世，反之正"（同上。又見《公羊》哀十四年，惟"之"作"諸"）。名分爲人倫之紀，孔子爲政，正名爲先。《左傳》桓二年師服曰："夫名以制義，義以出禮，禮以體政，政以正民，是以政成而民聽，易則生亂。"此語至精，移以說《春秋》亦至切。蓋"名者所以別物也"（《春秋繁露·天道施》），有名則有分。分之意，爲職分，以言乎己之所宜行也；爲分際，以言乎其人己之關係也。有分則有宜，宜者義也。義之著於動靜之謂禮，禮之用於治理之謂政。政以正民。蚩蚩而正，蔑不正矣。易訓反，反是則亂。孔子生亂世，修《春秋》以正名分，是即所謂"撥亂世，反諸正"也。而或者以黜周王魯，升平三世說之，不亦誣乎？

案：公羊家言"撥亂於隱公，功成於獲麟"（哀十四年徐疏），其說不誤，而謂"憛憛治之，至於太平"（同上），分《春秋》爲據亂、升平、太平三世則舛矣。"文致太平"（定六年何注）不誤，而謂"《春秋》定哀之間文致太平"（同上），則過矣。蓋《春秋》宗旨在"撥亂世，反之正"。因筆削正名分，治起衰亂，文致太平，七十子相傳舊說應如是，而輾轉授受，寖失本義，累經增飾，遂成乖戾。人見其奇佹難信，一概棄之，固失之悍；而以爲師承有自，硜硜信守，亦失之固。排沙簡金，是在善學而已。夫衰亂，其世也；太平，其文也。衰亂之世，恩衰義缺，裂冠毀冕，君不君，臣不臣，父不父，子不子；太平之文，君君臣臣，父父子子，別嫌疑，明是非，定猶豫，善善惡惡，賢賢賤不肖，辨析纖芥，不失毫毛。故以世徵之，十二公皆爲衰亂，奚止隱桓；以文言之，十二公一是太平，不獨定哀，曷得強別三世，斗增轇轕？蓋由不曉其義而牽於"所見異辭，所聞異辭，所傳聞異辭"之過。殊不知"主魯、親周、故宋"，"所見異辭，所聞異辭，所傳聞異辭"，"内其國而外諸夏，内諸夏而外夷狄"，"撥亂世，反諸正"，"治起衰亂，文致太平"，同爲七十子相傳大義，交融互貫而不可混而爲一。啖助曰：《公羊》、《穀梁》初亦口授，後人據其大義散配經文，故多乖謬，失其綱紀，然其大旨亦是子夏所傳。"（《春秋集傳纂例・三傳得失議》）説可信據，非神悟妙契者不能知也。

《春秋繁露》曰：《春秋》之道，視人所惑爲立説，以大明之。"（《玉杯》）又曰：《春秋》常於其嫌得者見其不得也。"又曰：《春秋》之用辭，已明者去之，未明者著之。"（《楚莊王》）又曰：《春秋》慎辭，謹於名倫等物者也。"（《精華》）又曰："名倫等物，不失其理。"（《會盟要》）又曰："吾以其近近而遠遠，親親而疏疏也，亦知其貴貴而賤賤，重重而輕輕也，有知其厚厚而薄薄，善善而惡惡也，有知其陽陽而陰陰，白白而黑黑也。"（《楚莊王》）以上爲《春秋》別嫌疑，明是非，定猶豫，以正名分之説明。

三、原　始

《春秋》何爲而作，作於何時，始隱終麟，其意何居？此則本章所欲申論者。

（一）《春秋》何爲而作

《史記・孔子世家》："'子曰：弗乎，弗乎，君子病殁世而名不稱焉，吾道不行矣，吾何以自見於後世哉！'乃因史記作《春秋》。"又《太史公自序》："我欲載之空言，不如見之於行事之深切著明也。"以上二條可指爲孔子作《春秋》之原由。簡言之，即知道不行於當代，思自見於後世，又慮載之空言不如見之行事之深切著明，乃作《春秋》。"空言"意猶原理，超超玄著，不落迹象。"行事"喻同事例，人倫庶物，綱紀粲然。前者大《易》近之，後者恰爲《春秋》。太史公曰："《春秋》推見至隱，《易》本隱以之顯。"(《史記·司馬相如傳》)二語盡其趣矣。蓋《春秋》據行事而斷以理義，《易》本理義而演爲象變。行事粲然，而揆理則隱，理義幽隱，而懸象著明。二者互爲表裏，相須而備，孔子垂教之意深矣。

(二)《春秋》作於何時

杜元凱感麟而作，作起獲麟之説，庶乎近之。孔子以大聖阨叔世，駸駸衰老，已矣興歎，而適西狩獲麟。夫麟鳳龜龍謂之四靈，古稱太平之瑞，今亦出非其時，虛其應而失其歸，感物傷己，情弗能禁，因思自見於後世。《獲麟操》見《孔叢子》，雖未可案據，然稱"唐虞世分，麟鳳游，今非其時，來何求？麟兮麟兮我心憂"，於當日之情，似爲得之。反袂拭面，稱吾道窮，當亦實録。《春秋》之作，蓋在此時矣。

(三)《春秋》文止於所起，當如杜説

始隱之義，則以周自平王而王者之迹熄，魯起隱桓而篡亂之事多，《春秋》爲撥亂之書，斟酌周魯之故，固當以隱公爲始也。

四、筆　削

《春秋》因史記，其所以夐絕千古，端在筆削。筆者，定而書之；削者，刊而去之。筆削二字見《史記·孔子世家》。其言曰："孔子在位，聽訟文辭，有可與人共者，弗獨有也。至於爲《春秋》，筆則筆，削則削，子夏之徒不能贊一辭。"可想見其概矣。未修之《春秋》，世已不傳，然尚可略見一二。《公羊》莊七年傳曰：不修《春秋》曰"雨星不及地尺而復"，君子修之曰"星實如雨"。左襄二十年傳曰："名藏在諸侯之策，曰孫林父、寧殖出其君。"而經實書"衛侯出奔齊"。《穀梁》僖十六年傳曰："子曰：石無知之物，鶂微有知之物。石無知故日之，鶂微有知之物故月之。君子之於物無所苟而已。

石、鶂且猶盡其辭，而況於人乎！故五石六鶂之辭不設，則王道不亢矣。”又十九年傳曰：“梁亡，鄭棄其師，我無加損焉，正名而已矣。”此其可考者也。《春秋》正名而已，無有加損（無加損謂如理如量，各當其分。楊疏鍾注解同筆削，失之，鍾據劉知幾引《汲冢瑣語》晉春秋獻公十七年“鄭棄其師”，其文正同，證仍魯史舊文。實則《紀年》爲戰國魏哀王時人所作，其人應見《春秋》，因而襲用，何足案據），名正則王道亢，即所謂撥亂世，反之正也。

《孟子》曰：“王者之迹熄而詩亡，詩亡然後《春秋》作。晉之《乘》，楚之《檮杌》，魯之《春秋》，一也，其事則齊桓晉文，其文則史，孔子曰：‘其義則丘竊取之矣。’”（《離婁下》）《公羊》昭十二年傳曰：“《春秋》之信史也，其序則齊桓晉文，其會則主會者爲之也，其詞則丘有罪焉耳。”蓋周自東遷而王者之迹熄，“天子之在者，惟祭與號”（《穀梁》昭三十二年）。約《春秋》二百四十二年間之征伐會盟，主之者齊晉而已。齊盛於桓，晚有景公，不失小霸。晉盛於文，適至皋鼬（定四年）猶主夏盟，至如宋襄、秦穆、楚成莊、吳夫差之倫，或同閏餘，或屬夷狄，舉無足道，故曰“其事則齊桓晉文”，“其序則齊桓晉文也”，“其文則史”。孔子之所盡心者，惟在詞義二端。太史公述董生之言曰“《春秋》以道義”，此應相承舊説也。夫名以義斷，而義由辭顯，筆削之歸，信在斯乎！

五、大　義

《漢書·藝文志》曰：“仲尼没而微言絶，七十子喪而大義乖。”其説“微言大義”不知何謂（皮錫瑞謂《春秋》大義在誅討亂賊，微言在改立法制。疑未諦）。鱖生膚末，潛心於此，似若有所窺見，謹著於篇，以俟知者。兹先述大義。

（一）主魯、親周、故宋

“七十子喪而大義乖”，乖者，違戾其本也。然欲求其本，舍是乖者亦無從得。《公羊》王魯、新周、故宋之説，乖戾甚矣。苟非拘守一家，稍通文理，即識其妄，而董何大儒，乃故推陳不休，豈非以其確爲七十子以來相傳之大義歟。

　　竊嘗考之，"新周"見《公羊》宣十六年傳，其文曰："成周宣謝災，何以書？記災也。外災不書，此何以書？新周也。"何休曰："孔子以《春秋》當新王，上黜杞，下新周而故宋，因天災中興之樂器，示周不復興，故係宣謝於成周，使若國文，黜而新之，從爲王者後記災也。"陳立曰："此《春秋》通三統之義，注爲全經發其例也。"

　　"故宋"見《公羊》襄九年傳，"（宋）何以書？記災也。外災不書，此何以書？爲王者之後記災也"及《穀梁》莊十一年傳"宋大水，外災不書，此何以書？王者之後也"，襄九年傳"宋災，外災不志，此其志，何也？故宋也"。"以《春秋》當新王，上黜杞"見《春秋繁露·三代改制質文》，曰："故《春秋》應天作新王之事，時正黑統，王魯尚黑，黜夏，親周，故宋。"又隱七年何注有"《春秋》王魯，托隱公以爲始受命王"，而二傳則並無其文。晉王祖游謂何氏"黜周王魯，大體乖硋，且志通《公羊》，往往還爲《公羊》疾病"，誠爲篤論。顧新周故宋雜見二傳，夫豈無故？

　　《史記·孔子世家》："子曰：'弗乎，弗乎，君子病歿世而名不稱焉。吾道不行矣。吾何以自見於後世哉？'乃因史記作《春秋》，上至隱公，下訖哀公十四年，十二公。據魯，親周，故殷，運之三代，約其文辭而指博。"《索隱》曰"言夫子修《春秋》以魯爲主，故云據魯"，"時周雖微而親周王者，以見天下之有宗主也"，竊以爲得之矣。蓋《春秋》固魯史也，以其義精法備，足以爲教，遂奉爲經，語其體例，自是以魯爲主。王魯之説或由主魯而乖（《公羊》定五年何注因上王魯文王之。校勘記曰，"閩本作'故主之'，是也。此作'王之'，誤。案此主可誤爲王之證"）。孔子焉有自同吳楚僭王之事。

　　親新古字通用。《公羊》"新周"即《繁露》與《史記》之"親周"也。且就傳文論，説以"親周"則不煩言而解，以爲"新周"，反詰屈難通。何氏之蔽，正坐誤會一新字耳。

　　故宋故殷一事。《春秋》"故殷"即刪詩而録商頌之義。商頌，三家詩以爲正考父美宋襄。《禮記・樂記》鄭注："商，宋詩也。"宋可名商，亦可名殷。"故宋"者，以其爲王者後，因親周而遂及之（《穀梁》桓二年傳，"孔子故宋"專爲孔父不稱名而發，又是一義，不可並爲一談）。

　　據魯親周故宋，依其厚薄分爲三等，仁至義盡，孔子用心，故不可及。其爲七十子相傳大義，斷然無疑。《禮記・喪服小記》"親親上殺"鄭注："以父親祖"，"以祖親高祖"，"親益疏者服之則輕。"《春秋》因魯親周，因周故宋，亦其比也。

（二）所見異辭，所聞異辭，所傳聞異辭

　　此義述於《公羊》隱元年、桓二年、哀十四年，凡三發傳，而《穀梁》桓十四年傳："孔子曰：'聽遠音者，聞其疾而不聞其舒；望遠者，察其貌而不察其形。'立乎定哀以指隱桓，隱桓之日遠矣。"意亦大同。竊謂《公羊》得其辭，《穀梁》得其意。時有遠近，志有詳略，情固合於親疏，勢亦不得不爾，而昧者泥之，克指所見幾世（顏安樂定爲哀、定、昭、襄四世，孔廣森從之。董仲舒定爲昭、定、哀三世，何休説同），所聞幾世（顏、孔以爲成、宣、文、僖，董、何以爲文、宣、成、襄），所傳聞幾世（顏、孔以爲隱、桓、莊、閔，董、何以爲隱、桓、莊、閔、僖），更將内外三世諸説牽混爲一，繳繞穿鑿，失之遠矣。《公羊》隱元年何注云："所見者謂昭、定、哀，己與父時事也。所聞者謂文、宣、成、襄，王父時事也。所傳聞者謂隱、桓、莊、閔、僖，高祖曾祖時事也。異辭者，見恩有厚薄，義有淺深，時恩衰義缺，將以理人倫序人類，因制治亂之法。故於所見之世恩己與父之臣尤深，大夫卒有罪無罪皆日録之，'丙申，季孫隱如卒'是也。於所傳聞之世，王父之臣恩少殺，大夫卒無罪者日録，有罪者不日略之，'叔孫得臣卒'是也。於所聞之世見治起於衰亂之中，用心尚粗觕，故内其國而外諸夏，先詳内而後治外，録大略小，内小惡書，外小惡不書。大

國有大夫,小國略稱人。内離會書,外離會不書是也。於所聞之
世,見治升平,内諸夏而外夷狄,書外離會,小國有大夫,宣十一年
'秋,晉侯會狄於攢函',襄二十三年'邾婁鼻我來奔'是也。至所見
之世,著治太平,夷狄進至於爵,天下遠近小大若一,用心尤深而
詳,故崇仁義,譏二名,'晉魏曼多'、'仲孫何忌'是也。所以三世
者,禮爲父母三年,爲祖父母期,爲曾祖父母齊衰三月。立愛自親
始,故《春秋》據哀録隱,上治祖禰。"何氏説己與父及王父高祖曾祖
等三世,據哀十五年注有"猶曰我但記先人所聞"之語,知指孔子而
言。姑無論孔子曾祖防叔始來魯,其高祖猶是宋人,未必譜於魯
故,即此己與父之臣王父之臣亦嫌悖妄。至張三世之不可用已見
前。外内義當於次條申釋。

　　總之,所見、所聞、所傳聞,祇是所得史料有直接、間接,記載因
之有詳有略,亦義應爾,初不曾克指某世某人也。以圖示之如次:

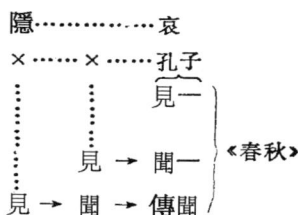

(三)内其國而外諸夏,内諸夏而外夷狄

　　此義《公羊》成十五年述之,經曰:"冬,十有一月,叔孫僑如會
晉士燮、齊高无咎、宋華元、衛孫林父、鄭公子鰌、邾婁人會吳於鍾
離。"傳曰:"曷爲殊會吳?外吳也。曷爲外也?《春秋》内其國而外
諸夏,内諸夏而外夷狄。王者欲一乎天下,曷爲以外内之辭言之?
言自近者始也。"《穀梁》曰:"會又會,外之也。"

　　案此義觀傳文自明,而何氏牽入升平、太平之説,反致難通,兹
表解於後:

內				外
內	外			
其　國	外	諸　　夏	外	夷　狄
叔孫僑如	會	晉士燮、齊高無咎、宋華元、衛孫林父、鄭公子鰌、邾婁人	會	吳

　　蓋別外內爲《春秋》大義之一，凡曰“來朝”，“來聘”，“來盟”，“來錫”，“來奔”，“來歸”，“來獻”，“來求”，“來逆”，“來戰”，“逃來”，皆自外來內也。曰“如京師”，“如齊”，“如晉”，“如陳”，“如宋”，“如楚”，“如莒”，“如牟”，皆自內如外也。乃至及內爲志，會外爲主，外災不書，外相如不書，外取邑不書，外離會不書，《春秋》錄內而略外，灼見二傳，其尤大彰明較著者也。至如內殺稱刺，國稱我，君夫人奔稱孫，此又用字之別異者。

　　僖四年：“楚屈完來盟於師。”《公羊》曰：“其言來何？與桓爲主也。”《穀梁》曰：“來者何？內桓師也。”案此亦內諸夏而外夷狄之例也。至柤之會（襄十年）、向之會（襄十四年），皆與鍾離同，不可一二舉也。

　　蓋《春秋》以道名分，爲禮義之大宗，而長於辨。以時辨之，則所見異辭，所聞異辭，所傳聞異辭。以地辨之，則內其國而外諸夏，內諸夏而外夷狄。以國所尊親辨之，則據魯，親周，故殷。凡此之類，皆所謂炳若日星之大義也。表之如後：

甲圖：

		夷狄	外	外
		諸夏		內
殷	周	魯	內	
故	親	據		

乙圖：

所傳聞	所聞	所見		
…………………………魯			內	內
…………………………諸夏			外	
…………………………夷狄				外

或曰依何氏義,《春秋》大國有大夫,小國略稱人,内離會書,外離會不書,約爲一期;書外離會,小國有大夫,約爲一期。今不取張三世之説,將何以明之? 又吴楚諸狄,例以外内,參校經文,不能盡合,亦有故否? 曰,書法前後詳略不同,可該於"所見異辭,所聞異辭,所傳聞異辭"義中,然亦大概如是,不可膠執。吴楚諸狄,書經前後之異,可以"其事則齊桓晉文"例之,蓋亦志世變也。周制中爲京師,外爲諸夏,再外爲四夷,降逮春秋,已非其舊,今可考者,山戎、赤狄、白狄(北燕晚見經,近狄也)爲北夷,犬戎、瓜州允姓之戎(秦近之)爲西夷,介、萊、徐戎、淮夷(杞自雍丘遷淳于緣陵,處東裔,亦夷之)爲東夷,荆楚、吴、越、巴、庸、百濮爲南夷,皆在諸夏之外。而犬戎則入殺幽王矣,狄人則滅邢滅衛矣,陸渾之戎則遷逼京師矣。《公羊》僖四年傳曰"南夷與北狄交,中國不絶若綫",蓋實録也。

竊謂稱夷之義有二,一則以其地處邊裔,一則以其禮俗樸獷,而與其種姓無關(吴太伯仲雍後,越少康後,楚鬻熊爲文王師,是其證)。楚、吴,夷也,初書以其等,既而交争中國,狎盟諸夏,魯、鄭、陳、蔡舉北面事之,而壞地且半天下矣,又安得不以實書。孔廣森曰:"錯綜酌劑,相須成體。"此言得之。蓋諸大義交融互貫,不可拘於一例,亦不可混爲一談也。

(四)録内略外,書其重者

《公羊》隱十年傳曰:"《春秋》録内而略外。"又莊十年傳曰:"戰不言伐,圍不言戰,入不言圍,滅不言入,書其重者也。"又桓八年傳曰:"常事不書。"校覈全經,知此亦《春秋》大義之一。蓋《春秋》主魯,約文以見義,故録内略外,録重略輕,而常事不書。惟其主魯録内,故近於魯而數有國交者,乃先書之。邾、莒小國,書於隱元,而秦、晉大國,晚始見經是也。

略外略輕,書亦不一,大抵親疏有漸,遠近有等,尊卑有倫,輕重有衰,横之竪之,左之右之,酌量筆削,精義入神,固非從心所欲不逾矩者不辨，游夏之徒所以不能贊一辭也。

（五）爲尊者諱，爲親者諱，爲賢者諱

《公羊》閔元年傳曰：“《春秋》爲尊者諱，爲親者諱，爲賢者諱。”又莊四年傳曰：“《春秋》爲賢者諱。”《穀梁》成元年傳曰：“爲尊者諱敵不諱敗，爲親者諱敗不諱敵。”又成九年傳曰：“爲尊者諱耻，爲賢者諱過，爲親者諱疾。”案此亦應是《春秋》大義爲七十子所傳者，第自散配經文，頗多乖謬，如“紀侯大去其國”（《公羊》莊四年），“齊仲孫來”（《公羊》閔元年），“滅項”（《穀梁》僖十七年），“晉欒書帥師伐鄭”（《穀梁》成九年）之類，諸言諱皆斷斷不可用者。夫以爲復九世之仇可許，則桓公薨於齊，齊魯仇也，陳恒弑其君，孔子奚爲沐浴而朝，請伐齊乎？至“齊仲孫來”，據左氏爲仲孫湫。“滅項”爲蒙上省文。“晉欒書帥師伐鄭”與“楚公子嬰齊帥師伐鄭”一例，何諱之有？今謂爲尊者諱，成元年“王師敗績於貿戎”是所謂諱敵諱耻也。爲賢者諱，僖二十八年“天王狩於河陽”是所謂諱過也（爲晉文諱過）。

舊説以書狩不書召爲天王諱，夫實召周天子而諱召言狩，使召天子之惡不著，則爲晉文諱決矣（書狩，明天王自往，不諱，明因晉文之意而往。非謂不諱，便應書召。召字史公所説據質言之耳）。蓋晉文尊王，賢也；尊王而陷於召王，過也。孔子賢其賢而諱其過，變文示法而不没其實，瑕瑜不掩，義所以爲精也。爲親者諱，内弑不書，是所謂諱疾也。啖助曰：“諱者，非隱其惡。蓋諱避之，避其名而孫其辭。”説爲近之。蓋《春秋》爲信史，於尊者之耻，賢者之過，親者之疾（疾當訓痛，范以病解之，恐非），所不忍言，而義又不可不言，乃諱而避之，寄其言於文字之外，衹益深切，非没其實也。乃或者以甲乙相貿説之，誤矣。

（六）信以傳信，疑以傳疑

《穀梁》桓五年傳曰：“《春秋》之義，信以傳信，疑以傳疑。”又莊七年傳曰：“《春秋》著以傳著，疑以傳疑。”案此亦《春秋》大義之一。

孔子曰:"蓋有不知而作之者,我無是也。"又曰:"吾猶及史之闕文也。有馬者,借人乘之。"《春秋》筆削,蓋守此義。"夏五"(桓十四年)、"郭公"(莊二十四年),有微言焉。

(七)時月日

以時、月、日説《春秋》,人多病其拘牽,疑不可用,然三傳具有明文,必有所受,似未可一概抹殺。《穀梁》定元年傳曰:"以年決者,不以日決也。"蓋事有以年決者,亦有以時決者,以月決者,以日決者,自非缺失,國史悉宜分別書之,以便覽觀,此定例也。然《春秋》於以日決者而書月書時者有矣。於以月決者而書時者有矣,其間頗多進退而進退之迹又似非漫無統紀者,其必有故,亦何可以不思?夫三傳之説月日,誠不盡可通,然其説"王魯、新周,故宋","内其國而外諸夏,内諸夏而外夷狄","爲尊者諱,爲親者諱,爲賢者諱"諸義亦曷嘗盡通。應知"仲尼没而微言絶,七十子喪而大義乖",後人就口授所得散配經文,取捨由己,自難盡合,然大義正在此中,一鱗一爪皆爲瓌寶。津逮後賢舍此莫由,學者宜静心研索。卒難通曉,亦宜謹守蓋缺之義,乃議廢之,不亦過乎。

竊謂《春秋》以道名分,爲禮義之大宗,而長於辨,其辨於親疏、遠近、尊卑、輕重、善惡之際,皆有等衰,大抵皆假辭之詳略以爲進退。語其漸也,則由渾而別,由樸而文,《公羊》曰:"州不若國,國不若氏,氏不若人,人不若名,名不若字,字不若子。"(莊十年)《穀梁》曰:"州不如國,國不如名,名不如字。"(莊十四年)其徵也。夫時月日之於記注本有詳略之異,孔子之修《春秋》也,隨時進退,以旌輕重,奚爲不可乎?今定此亦《春秋》大義之一。

(八)褒譏貶絶

褒譏貶絶之文,並不見經。朱子曰:"當時祇説張三打李四,李四打張三。未嘗判定云張三應杖六十,李四應杖四十。"思之良是。然三傳標此爲賞罰之等,亦似經師口授如是,或爲七十子所傳,果爾則亦《春秋》之大義也。

六、微　言

仲尼没而微言絶，公、穀之等未必與聞，今日得之，豈非誣妄。然遺經具在，默而識之，悠然神會，亦未必不可以得其仿佛，矧記所學或不嫌也。

大義與微言對舉，疑前者義通全經，爲筆削之準則，著而易知。後者旨寄當文，僅傳心之筌蹄，幽而難喻。然其著者非比轇議，故傳久而乖，其幽者有異庾辭，應猶可識。無大義則《春秋》之法不備，無微言則《春秋》之心不出。立科條以振其綱者，大義也。隨物情以盡其理者，微言也。大義定寡，即可考於句中，微言當多，且須求諸言外。此所以大義晚乖而微言早絶歟。竊謂“《易》本隱以之顯”，其隱者，理也；顯者，象也，數也。“《春秋》推見至隱”，其見者行事也，隱者微言大義也。舍象數無《易》，舍微言大義無《春秋》。世有知者，以爲然否？

（一）行夏時

會稽馬先生曰，胡傳謂夏時冠周月，朱子已非之矣。然《春秋》記事始隱元年三月而終哀十四年春，卻有行夏時之意。謹案周三月夏正月也。周春之一二兩月，夏之冬也。《春秋》記載起訖用夏時，微言也（狩爲冬田，《春秋》之祭祀田獵用夏時，故獲鱗定是夏正之冬）。

（二）明實錄

莊二十四年“赤歸於曹。郭公”，《公羊》曰：“赤者何？曹無赤者，蓋郭公也。”《穀梁》曰：“赤，蓋郭公也。”孔廣森曰：“郭公不當倒在下，疑傳《春秋》者赤上字舊漫缺，經師相承，以爲郭公，謙慎不敢補入正文，故著之於下耳。”鍾文烝曰：“孔説甚有理。”謹案審二傳意,郭公疑是仲尼自注,所謂著以傳著,疑以傳疑,明其爲實録也。如謂經師所補,亦定在公、穀之先,時距游夏甚近,無爲失之。若以意補,則謂赤即曹羈較爲近情,何爲補此絶不見上下文低離突兀之"郭公"? 然則此與"夏五"同旨,皆《春秋》之微言也。

(三)初、猶、乃

"初獻六羽"(隱五年),"初税畝"(宣十五年),"猶朝於廟"(文六年),"猶三望"(僖三十一年、宣三年),"猶繹"(宣八年),"乃免牲"(僖三十一年、襄七年),"乃不郊"(宣三年、成十年、哀十一年),"乃免牛"(成七年),"乃克葬"(定十五年),凡此之類,於文外見意,皆微言也。

(四)作、立、用

"作僖公主"(文二年),"作丘甲"(成元年),"立武宫"(成六年),"立煬宫"(定元年),"用致夫人"(僖八年),"用郊"(成十七年),"用田賦"(哀十二年),凡此之類,非直記注,亦微言也。

(五)子同生

著此所以決疑,亦微言之班(案在桓六年)。

(六)歸邴,假許田,盜竊寶玉大弓

"歸邴"(隱八年),"假許田"(桓元年),志於《春秋》之始,示朝宗巡守不復行而王室夷於群侯矣。"盜竊寶玉大弓"(定八年),志於《春秋》之末,示世守宗器不能保而公室卑於陪臣矣,皆微言也。

(七)鼷鼠食郊牛角

改卜牛,鼷鼠又食其角,乃免牛,夏五月,不郊,猶三望,書之重,詞之復,其間必有大美惡焉,不可以不察也。此類是也。應定爲微言(案在成七年)。

(八)文姜,哀姜。宋共伯姬

文姜自桓三年"公子翬如齊逆女"訖莊二十二年"葬我小君文

姜”，凡書十六事，雖如“會禚”（莊二年）、“享祝丘”（莊四年）、“如齊師”（莊五年）、“會防”（莊七年）、“會穀”（莊七年）、“如莒”（莊十九年、二十年）之穢，亦一一書之於經。哀姜，自莊二十二年“公如齊納幣”訖僖二年“葬我小君哀姜”，凡書十事，“觀社”（莊二十三年）、“丹楹”（莊二十四年）、“覲用幣”（莊二十四年）都不一遺。宋共伯姬，自成八年“公孫壽來納幣”訖襄三十年“叔弓如宋，葬宋共姬”，凡八事，“來媵”“致女”亦書之。夫《春秋》文約指博，借墨如金，何於此等處獨絮聒不已，其爲微言，不亦審乎。

（九）公居於運，公在乾侯

昭公篇書“居於運”凡五，“在乾侯”凡三，皆屬特筆，應寓有微言。

以上所列，姑摘其特顯者，引其端以示例耳，實則《春秋》經世爲傳心之作，舉二百四十二年之行事，悉微言大義所攝，不能羅縷也。

（四川樂山：復性書院《吹萬集》，1941 年；又收入《學易四種》，吉林文史出版社，1987 年）

"左史記言,右史記事,事爲《春秋》, 言爲《尚書》"讆言發覆

今日言中國史學史的,多視《漢書‧藝文志》"左史記言,右史記事,事爲《春秋》,言爲《尚書》,帝王靡不同之"數語爲不刊之論,從而總想於中國古史中尋找所謂"左史"、"右史"。其實,這是誤信劉歆的讆言,在中國古時,並沒有"左史記言,右史記事,事爲《春秋》,言爲《尚書》"這回事。

請看先秦和西漢古書,例如:

《莊子‧天下篇》説:

> 《詩》以道志,《書》以道事,《禮》以道行,《樂》以道和,《易》以道陰陽,《春秋》以道名分。

《荀子‧儒效篇》説:

> 《詩》言是其志也,《書》言是其事也,《禮》言是其行也,《樂》言是其和也,《春秋》言是其微也。

董仲舒《春秋繁露‧玉杯》説:

> 《詩》道志,故長於質;《禮》制節,故長於文;《樂》咏德,故長於風;《書》著功,故長於事;《易》本天地,故長於數;《春秋》正是非,故長於治。

司馬遷《史記‧滑稽列傳》説:

> 孔子曰:"六藝予治一也。《禮》以節人,《樂》以發和,《書》以道事,《詩》以達意,《易》以神化,《春秋》以道義。"

亦即相傳舊説,都是説《書》是道事的,《春秋》是道義的,從來沒有説"事爲《春秋》,言爲《尚書》"。

當然《禮記·玉藻》有:

> 天子……玄端而居,動則左史書之,言則右史書之。

但是仔細考察這段文字,它所説的,與所謂"左史記言,右史記事"亦並非相合。第一,它説右史記言,而不是左史記言;第二,它説的左史、右史,祇是指在天子的左右而言,並不能證明當時的史官是以左右命名的。實際上,《漢書·藝文志》這條記述是没有根據的。

我們知道,《漢書·藝文志》是鈔襲劉歆《七略》的。所以,"左史記言,右史記事,事爲《春秋》,言爲《尚書》"數語,定是劉歆的舊文,而决不是班固的新作。

那末,劉歆爲什麼憑空造此讆言呢? 我認爲,這一點可從當時的經今古文之争中找到答案。

兩漢經今古文之争是劉歆挑起的。劉歆以前不存在經今古文之争。根據《漢書·楚元王傳》記載,事情是這樣的:

漢成帝河平中,劉歆與父向領校秘書。向死後,哀帝即位,王莽爲大司馬。歆以王莽薦,貴幸,復領五經,卒父前業。歆校秘書,見古文《春秋左氏傳》,大好之。及歆親近,欲建立《左氏春秋》及《毛詩》、《逸禮》、《古文尚書》皆列於學官。由於學官所用以教學的五經都是用當時通行的隸書寫的,故稱今文。劉歆所請列於學官的諸書,都是用古文字寫的,故稱古文。經今古文争論的實質並不在於文字的今古,而在於它是否真正爲孔子傳授下來的五經。

例如《左氏春秋》,無疑是一部史料價值很高的古書,但是它卻不是《春秋》傳。不是《春秋》傳,就不能列於學官。劉歆爲求能够把它列於學官,所以一定説它是《春秋》傳。

《漢書·楚元王傳》説:

　　　初，《左氏傳》多古字古言，學者傳訓故而已。及歆治
《左氏》，引傳文以解經，轉相發明，由是章句義理備焉。

正説明《左氏春秋》爲《春秋》傳，是劉歆個人的主張。劉歆不但認
爲《左氏》是《春秋》傳，而且以爲"左丘明好惡與聖人同，親見夫子，
而《公羊》、《穀梁》在七十子後。傳聞之與親見之，其詳略不同"。
不過，當時五經博士則認爲《左氏》不傳《春秋》，堅決反對列於學
官。爭論的結果，劉歆没有達到目的。但是劉歆並不是就此罷休，
而是搞了一個陰謀。他把自己在經今古文鬥争中的觀點作爲私
貨，暗地裏夾雜在《七略》之中，努力向天真的人們推銷。

　　他知道《公羊》、《穀梁》之可貴在於它們能闡發《春秋》的微言
大義，所以他想出辦法，一則制造出"昔仲尼没而微言絶，七十子喪
而大義乖"的謬説，用以否定《公羊》、《穀梁》；二則説《春秋》是記事
的，而不是道義的，並進一步貶低《春秋》。正因爲這樣，他才捏造
出"左史記言，右史記事，事爲《春秋》，言爲《尚書》，帝王靡不同之"
的讆言，以蠱惑人心。其實，《莊子·天下》説"《易》以道陰陽，《春
秋》以道名分"，《史記·司馬相如列傳》説"《春秋》推見至隱，《易》
本隱以之顯"，《春秋繁露·玉杯》説"《易》本天地，故長於數；《春
秋》正是非，故長於治"，即漢初以前的學者，凡是論及六藝的特點
的，都强調《春秋》是"正名分"、"推見至隱"、"正是非"、"道義"，而
與《易》對舉。從來没有把記事作爲《春秋》的特點而與《尚書》對舉
的。言《尚書》則總是與《詩》對舉，例如《荀子·儒效》説："《詩》言
是其志也，《書》言是其事也。"《莊子·天下》説："《詩》以道志，《書》
以道事。"都是證明。祇有劉歆把記事作爲《春秋》的特點而僞造出
一個"左史記言，右史記事，事爲《春秋》，言爲《尚書》"的故事，令
《春秋》與《尚書》爲一類，這純粹是一種陰謀。

　　不僅如此，《七略》中《六藝略》的次序，竟然令《易》居首，《尚
書》次之，《詩》次之，《禮》次之，《樂》次之，《春秋》最後。這一點，也
是變亂詩書禮樂易春秋六藝的原有次序。正因爲這樣，所以公孫

禄指出：“國師嘉信公（劉歆）顛倒五經，毁師法，令學士疑惑。”（《漢書·王莽傳》）公孫禄所説的“顛倒五經”，正是指劉歆的這等事而言。

然而劉歆“左史記言，右史記事，事爲《春秋》，言爲《尚書》”的讆言，確實迷惑了許多人。例如荀悦《申鑒·時事》説：

> 古者天子諸侯有事必告於廟，朝有二史，左史記言，右史記動，動爲《春秋》，言爲《尚書》，君舉必書，臧否成敗，無不存焉。

鄭玄注《禮記·玉藻》“動則左史書之，言則右史書之”説：

> 其書《春秋》、《尚書》具存者。

特別是唐人劉知幾作《史通》，把《尚書》、《春秋》列爲六家之二，而於《尚書家》説：

> 至如《堯》、《舜》二典，直序人事；《禹貢》一篇，唯言地理；《洪範》總述災祥；《顧命》都陳喪禮；兹以爲例不純者也。

又於《載言》説：

> 古者言爲《尚書》，事爲《春秋》，左右二史，分尸其職……逮左氏爲書，不遵古法，言之與事，同在傳中。

知幾自稱“史有三長：才、學、識”，我看知幾此論，最爲無識。“左史記言，右史記事，事爲《春秋》，言爲《尚書》”，如果説是一例，也祇始於劉歆，怎能讓《尚書》和《左氏春秋》遵守呢？ 清人章學誠作《文史通義》，於《書教上》説：

> 記曰：“左史記言，右史記動。”其職不見於《周官》，其書不傳於後世，殆禮家之懟文歟？ 後儒不察，而以《尚書》分屬記言，《春秋》分屬記事，則失之甚也。夫《春秋》不能

舍傳而空存其事目，則《左氏》所記之言，不啻千萬矣。
《尚書》典謨之篇，記事而言亦具焉；訓誥之篇，記言而事
亦見焉。古人事見於言，言以爲事，未嘗分事言爲二物
也。劉知幾以《二典》、《貢》、《範》諸篇之錯出，轉譏《尚
書》義例之不純，毋乃因後世之空言，而疑古人之實事乎？
《記》曰："疏通知遠，書教也。"豈曰記言之謂哉？

　　章學誠不相信"左史記言，右史記事，事爲《春秋》，言爲《尚
書》"之說，其識遠較劉知幾爲愈，然而將此謬說錯誤地歸罪於《禮
記·玉藻》，而不知其說實始於劉歆，并且對劉歆爲什麼造此讆言，
亦無所知。看來章氏之說也沒有真正解決問題。

　　當然，劉歆頑固地爲古文爭一席地，從整個文化發展來看也不
能說沒有積極意義。當時的經今文家，在學術上，的確有如劉歆
《移讓太常博士》所說的"茍因陋就寡，分文析字，煩言碎辭，學者罷
老且不能究其一藝，信口說而背傳記，是末師而非往古"的缺點。
經過劉歆掀起經今古文的鬥爭，爲面臨絕境的西漢經學開闢出一
條嶄新的、廣闊的道路。東漢古文學大師輩出就是證明。這個功
績是不能泯滅的。然而劉歆所采取的手段則是卑鄙的，見不得人
的。這是不能原諒的。

（《史學集刊》1981 年復刊號）

史　學　編

論宗法制度

本文所要討論的,不是一般的宗法制度,而是中國歷史上存在的宗法制度,更具體些説,是指以所謂"別子爲祖,繼別爲宗,繼禰者爲小宗"爲主要内容的一種家族制度而言。主要想談以下幾個問題:一、別子的概念;二、爲什麽大宗百世不遷,小宗五世則遷?三、宗法制度存在於中國歷史上哪個時代? 哪個階層?

一、別子的概念

在《禮記·喪服小記》和《大傳》裏都説:"別子爲祖,繼別爲宗,繼禰者爲小宗。"我認爲,正確地理解別子這一概念是理解整個宗法制度的關鍵。

應該着重指出,別子的別字原取區別、分別的意思,表明要跟舊有的系統區別開來,另建一個新的系統。爲什麽要區別開來呢?由於尊卑不同。具體説,爲國君的是尊,不爲國君而爲國君的臣屬是卑。所以別子這個概念,實含有兩種意義:一是"自卑別於尊",一是"自尊別於卑"。前一種意義指公子而言。公子與嗣君雖然同是先君之子,同是一個血統傳下來的,但是,由於公子不繼君位,在政治地位上已與嗣君大大懸殊,即一方是君,爲統治者;一方是臣,爲被統治者,尊卑不同。公子須離開舊有的系統(君統)另建立自己的系統(宗統),這就是"自卑別於尊"。後一種意義,指公子之子孫有封爲國君者而言。公子之子孫不消説是在宗統中,但是,今已封爲國君,政治身份與前已不大相同,這樣,也要離開宗統另建君統，這就是“自尊別於卑”。不過，宗法所説的別子，祇限於“自卑別於尊”的一種情況，至“自尊別於卑”的別子，則因所建的是君統，不在宗法範圍之内。

《儀禮·喪服傳》説：“諸侯之子稱公子，公子不得禰先君，公子之子稱公孫，公孫不得祖諸侯，此自公別於尊者也。若公子之子孫有封爲國君者，則世世祖是人也，不祖公子，此自尊別於卑者也。”這裏所説的“自卑別於尊”，實爲《喪服小記》和《大傳》裏別子一名所本。因此，別子這個概念，祇有依據《喪服傳》來解釋才是唯一正確的解釋。《喪服小記》注説：“謂之別子者，‘公子不得禰先君’。”鄭玄用“公子不得禰先君”來解釋別子，正本《儀禮·喪服傳》，這是正確的解釋。但是，他卻不能堅持這個正確的意見，在《大傳》注又説：“別子謂公子若始來在此國者，後世以爲祖也。”這個“若始來在此國者”，是鄭玄以爲上面的解釋還不夠全面，用他自己的見解來作的補充。其實，他這個補充是多餘的，不但沒有説到問題的本質，反而把問題的本質給模糊了。程瑤田《宗法表》附注，先列鄭注“別子謂公子若始來在此國者，後世以爲祖也”於上，次加案語説：“瑤田案：諸侯之公子自卑別於尊曰別子。”程的案語，實際是對鄭注作了糾正，這個糾正是正確的。

又，王國維著的《殷周制度論》裏有一段論到宗法問題，他説：“此制（案指宗法）爲大夫以下設而不上及天子諸侯。”這一論斷，是正確的。因爲，士大夫在名位上雖然也不相同，但無君臣的意義，其相互關係，如用舊時術語來説，是親親之義大於尊尊，所以在這個範疇内，沒有那樣尊卑之別，即不論政治地位是士或者是大夫，一概上統於宗。《禮記·曾子問》：“曾子問曰：‘宗子爲士，庶子爲大夫，其祭也如之何？’孔子曰：‘以上牲祭於宗子之家，祝曰：孝子某爲介子某薦其常事。’”《喪服小記》：“士不攝大夫，士攝大夫唯宗子。”《内則》：“適子庶子祇事宗子宗婦。雖貴富，不敢以貴富入宗子之家；雖衆車徒，舍於外，以寡約入。子弟猶（若）歸（饋）器、衣服、裘衾、車馬,則必獻其上,而後敢服用其次也;若非所獻,則不敢以入於宗子之門,不敢以貴富加於父兄宗族。若富,則具二牲,獻其賢者於宗子,夫婦皆齊而宗敬焉,終事而後敢私祭。"《儀禮·喪服》:"大夫爲宗子。"傳曰:"何以服齊衰三月也?大夫不敢降其宗也。"以上,都是大夫、士同統於宗不更論政治地位尊卑的證據。

但是,王氏在同一論文裏又説:"天子諸侯雖無大宗之名而有大宗之實。"説:"由親之統言,則天子諸侯之子,身爲別子,而其後世爲大宗者,無不奉天子諸侯以爲最大之大宗,特以尊卑既殊不敢加以宗名,而其實則仍在也。"這個説法對不對呢?我認爲是不對的。大概,王氏見《禮》所言宗法,不能通於《詩》,想用名實之説來調和彌縫。其實,這個調和彌縫的辦法不能使《詩》、《禮》的矛盾達到統一,反而推翻了他自己在上面所作的正確肯定,混淆了宗統與君統兩個不同的概念。王氏是近年來史學界杰出的學者,他在史學上,特別是在古史上有很多重要貢獻,他做學問的態度是謹嚴的,他的論述在史學界有很大影響,正由於這樣,在上述這一問題上,我們就有必要多占一些篇幅來分析。

首先,要辨明宗統與君統是兩個不同的範疇。其特點是:在宗統範圍內,所行使的是族權,不是政權,族權是決定於血緣身份而不決定於政治身份;與宗統相反,在君統範圍內,所行使的是政權,不是族權,政權決定於政治身份而不決定於血緣身份。固然,宗統、君統,其繼統法基本上是相同的,國君對族人也不是否定了天然的血緣關係,相反,不但不否定,而且對族人給以種種優待——精神上、物質上的優待。他利用這天然的血緣關係作聯繫,要求族人作爲政權上的有力支柱;另方面,國君同姓雖然別立宗主,也不是與國君斷絶了同姓的關係,他們還有權利受到國君的種種優待,有義務對國君政權予以支持。在本宗裏,宗子之尊,實際也就是國君的縮影。但是,儘管這樣,政權和族權是有區別的,絶不能因此相混。公子別立宗,是自卑別於尊,其精神實質是,表明一國裏,政治權力是唯一的、最高的。這個唯一的、最高的權力衹由國君一人掌握，所有國人無論同姓、異姓，都爲國君的臣屬，服從國君的統治，斷不容許有第二種權力和政治權力平行、對抗。《大傳》説："君有合族之道，族人不得以其戚戚君位也。"就是闡明這個道理。戚的意思是親近，在這裏指血緣關係。爲什麽"族人不得以其戚戚君位"呢？就是對於族人的族權行使範圍的一種限制，限制它，使它不能跟國君的權力對抗。另方面，"君有合族之道"，又説明什麽呢？説明國君是不受限制的，國君對族人可以論血緣關係。因爲這樣不但沒有跟政權冲突的壞處，相反，有團結族人的好處。可見，宗法衹限制族人對國君的行使族權不守臣節，並不限制國君對族人的行使政權兼行使族權。那麽，王氏所引《大傳》"君有合族之道"，《詩·小雅·常棣序》"燕兄弟"，《大雅·行葦序》"周家能内睦九族"，《周禮·大宗伯》"以飲食之禮親宗族兄弟"和《文王世子》"公與族燕則以齒"等材料，顯然，都不能證明天子諸侯有大宗之實的。《喪服傳》説："始封之君，不臣諸父昆弟。封君之子，不臣諸父而臣昆弟。封君之孫，盡臣諸父昆弟。"在這裏所説的"臣"和"不臣"，是指所服的喪服而言。不臣，則君依血親本服爲服——服"期"。臣，則君無服，臣對君服"斬"。同時，也説明確定其相互關係的標準有兩個：不臣，依據宗法上的等級；臣，則依據政治上的等級。這裏的由不臣到臣，實標誌着由適用宗法到不適用宗法的過渡。賈疏説："君是絶宗之人。"《穀梁傳》説："諸侯之尊，弟兄不得以屬通。"（見隱公七年。又見昭公八年，唯"弟兄"作"兄弟"）《漢書·梅福傳》説："諸侯奪宗。"所説絶宗、奪宗、不得以屬通，實質上都是一個意思，是説明諸侯不行宗法。

那麽，王氏又引《詩·公劉》："君之宗之。"傳曰："爲之君，爲之大宗也。"《詩·板》："大宗維翰。"傳曰："王者，天下之大宗。"又："宗子維城。"箋曰："王者之嫡子，謂之宗子。"等作證，這些文字，是不是能説明天子諸侯有大宗之實呢？正確的答復，應該是不能！

不過這些文字，涉及的問題很廣泛、很複雜，須分別加以詳細説明。

關於"大宗維翰"和"宗子維城"這兩句詩裏的"大宗"、"宗子"應該怎樣解釋才對呢？最好先就詩的本身來體會，不要被傳、箋成説所束縛。這節詩原文是這樣："價人維藩，大師維垣，大邦維屏，大宗維翰，懷德維寧，宗子維城，無俾城壞，無獨斯畏。"大宗維翰和宗子維城跟價人維藩、大師維垣、大邦維屏等句平列，從語法結構上看，完全相同，都是上兩字指人，下一字指物，借物的作用比喻人的作用。《詩序》説："板，凡伯刺厲王也。"尋繹詩意，"無俾城壞"這個城字，應跟《宋書》所記"檀道濟見收，脱幘投地曰：'乃復壞汝萬里之長城'"的城字意思一樣。《詩·周南·兔罝》説："赳赳武夫，公侯干城。"《左傳》僖公二十四年説："昔周公吊二叔之不咸，故封建親戚以藩屏周。"古人借干城、藩屏來比喻公侯將帥，固屬習見之事。因此，這節詩應該這樣理解：大宗、宗子與價人、大師、大邦爲同類，總爲中央、地方、異姓、同姓各個方面分掌政權的人們；翰、城與藩、垣、屏爲同類，總爲内、外、大、小各種形式有防禦作用的建築物。兩兩相比，用意在説明價人、大師、大邦、大宗、宗子這些不同的人們，其保衛王室，跟藩、垣、屏、翰、城不同的建築物對人所起的保衛作用一樣，警告王，要依靠他們，不要殘害他們。如果從傳以"王者天下之大宗"解大宗，從箋以"王者之嫡子謂宗子"解宗子，則是價人、大師、大邦等都説王臣，而大宗、宗子卻説王室自己。這樣，不但不合語法習慣，即在文義上説也費解。因爲，王室把自己和大師、大邦一例看待，都用防禦建築物作比喻，是没有意義的。所以，傳、箋的解釋，實際是錯誤的解釋，不可依據的。

那麽，《板》詩裏的大宗和宗子到底應該怎樣解釋呢？它們跟上述禮家所説的大宗、宗子是不是一致呢？

關於前一問題，我認爲鄭箋解釋大宗是對的，即大宗是王之同姓的嫡子，宗子應從陳奐説定爲群宗之子。陳奐據《左傳》僖公五年、昭公六年兩引詩並以宗子爲群宗之子。又據《逸周書·皇門篇》"我聞在昔,有國誓王之不綏於卹,乃維其有大門宗子勢臣,罔不茂揚肅德,訖亦有孚,以助厥辟,勤王國王家"和《祭公篇》"維我後嗣,旁建宗子,丕維周之始並(屏)"説,"周書宗子與詩義亦合"(《詩毛氏傳疏》)。總之,大宗、宗子所説的都是同姓諸侯(包括畿内受封的)。不過,這就牽涉到後一問題。

　　在談後一問題之先,可能有人要問,你剛才在前面説了很多話辨明諸侯不行宗法,現在又説諸侯可以稱大宗和宗子,豈不是前後自相矛盾嗎?我認爲,如果單從文字表面上看,當然,是可以説矛盾;如果不從文字表面上看而從本質上看,它們卻不矛盾而是一致的。關於王子立宗問題,禮家無説,但是我們已經知道公子立宗了,不難即以同一義例推知。且《禮記·郊特牲》説:"諸侯不敢祖天子,大夫不敢祖諸侯。"我們知道大夫不敢祖諸侯是由於尊卑不同,則諸侯不敢祖天子也是由於尊卑不同可知。大夫不敢祖諸侯,則大夫之所祖者一定是自卑別於尊的別子即公子,諸侯不敢祖天子,則諸侯之所祖者也一定是自卑別於尊的別子即王子可知。公子自別於諸侯,爲祖,傳子孫,繼世有大宗、宗子之稱;王子自別於天子,爲祖,傳子孫,繼世當然也可以稱爲大宗、宗子了。所以,禮家言"諸侯絶宗",是指諸侯對公子之爲大夫、士者而言,詩人以大宗、宗子稱諸侯,是指王子爲諸侯者對天子而言。詩、禮上的分歧,祇由於所指的具體内容不同,從其精神實質上看,完全是一致的。禮,大夫、士不世爵,大夫跟士的政治地位差別不大,所以,大夫、士這一階層行宗法。宗法的特點,就是它是一種家族制度,在這一範圍内,一個人的身份,主要決定於血緣關係而不決定於政治地位(《喪服》,大夫雖降其世父母、叔父母、子、昆弟、昆弟之子爲士者,但無絶義,且不降其宗)。諸侯世爵,掌握一國政權,盡臣諸父昆弟,在其政權所及的範圍内,宗法不適用,決定身份的是政治地位不是血緣關係。但是,如遇另外一種情況,即與諸侯尊卑相同,則宗法還適用。《儀禮·喪服》:"君爲姑、姊妹、女子子嫁於國君者。"

傳曰:"何以大功也? 尊同也。尊同則得服其親服。"《孟子》述滕文
公的父兄百官語,說:"吾宗國魯先君莫之行,吾先君亦莫之行也。"
《左傳》襄公二十年說:"凡諸侯之喪,異姓臨於外,同姓於宗廟,同
宗於祖廟,同族於禰廟,是故魯爲諸姬臨於周廟,爲邢、凡、蔣、茅、
胙、祭臨於周公之廟。"又,僖公五年虞公說:"晉,吾宗也,豈害我
哉?"以上所引《孟子》一條、《左傳》二條,都是諸侯有宗的例證,至
其理論,則《儀禮》一條足爲説明。因爲,諸侯與諸侯彼此的政治地
位相同,所以,得論血緣之親,適用宗法。

　　總之,宗法是一種家族制度,它是以血緣關係爲基礎的。在宗
法制度裏面,雖然也反映了若干階級社會的色彩,但是,宗法的維
持,主要靠傳統習慣,不能用階級統治來解釋。從本質上說,宗法
是與原始社會的血族組織聯繫着的。到了階級社會,它的存在,不
僅由於血族組織的根深蒂固,不易廢除,還由於它有與統治階級有
利的地方,統治階級願意保存它,利用它爲他們服務。但是,儘管
這樣,統治階級卻絕不容許侵犯他們的統治權。所以,事實上,祇
有在不與政治權力抵觸的地方,宗法才被承認有效,一遇與政治權
力抵觸,宗法便失去效力,不適用了。可見,爲什麼"大夫不敢祖諸
侯,諸侯不敢祖天子"呢? 以及爲什麼有"自卑別於尊"和"自尊別
於卑"的別子呢? 其道理,就在於限制宗法的適用範圍,不讓它損
害政權的尊嚴。《禮記・喪服四制》説:"門内之治恩揜義,門外之
治義斷恩。"《公羊傳》哀公三年説:"不以家事辭王事,以王事辭家
事。"《穀梁傳》文公二年説:"不以親親害尊尊。"《左傳》隱公四年
説:"大義滅親。"等等,都是闡明這個道理。在等級階梯中,諸侯的
地位比較特殊,對天子來説他是臣,對大夫、士來説他是君,對其他
諸侯來説他又不是君也不是臣,而是處同一等級。因此,禮家説天
子、諸侯絕宗,是對的,這是專就天子對諸侯以下,諸侯對大夫、士
以下爲君一方面説的;詩人稱天子同姓諸侯爲大宗、宗子,也是對
的,這是專就諸侯對天子爲臣一方面説的。《孟》、《左傳》諸書記

同姓諸侯稱宗，也是對的，這是專就諸侯同級一方面說的。總之，我們祇要認真地研究了宗法制度的意義，就不會懷疑上述各説的矛盾，而將感到這些記錄都是很合理的。

現在要談《詩·公劉》所言"君之宗之"的問題。關於這句詩的解釋，毛傳説："爲之君，爲之大宗也。"鄭箋説："宗，尊也。"孔疏引孫毓説："國君不統宗，故有大宗、小宗，安得爲之君復爲之大宗乎？箋説爲長。"我認爲，孫毓的見解，基本上是正確的。依據宗法，國君不統宗，詩中"宗之"不應該用宗法的大宗來解釋。但是，毛傳説："爲之大宗。"也不能就認爲不對，因爲，古人使用大宗一詞，所指的對象並不固定，有宗法上的大宗，也有政權上的大宗。如果毛傳所説的"爲之大宗"本意不是指宗法而是指政權，那也是對的。不僅這個，即《板》詩毛傳所説"王者，天下之大宗"，如果不是解詩而僅就這句話本身來説，也沒有毛病。因爲，王者是可以稱爲天下之大宗的。陳奐疏引《國策·秦策》："周，天下之宗室也。"《逸周書·大子晉篇》："師曠對曰：'王子！汝將爲天下宗乎？'"《荀子·強國篇》："夫桀紂，聖王之後子孫也，有天下者之世也，勢借之所存，天下之宗室也。"《正論篇》："聖王之子也，有天下之後也，勢借之所在也，天下之宗室也。"等，所有這些天下之宗室、天下宗，所説的都是王者。還有，《尚書·多方》："王來自奄，至於宗周。"《詩·小雅·正月》："赫赫宗周，褒姒滅之。"《左傳》昭公二十四年："抑人亦有言曰：'嫠不恤其緯而憂宗周之隕。'"等，都稱周室爲宗周，證明毛傳説"王者天下之大宗"，並不是沒有根據的。不過，應該知道，這是政權上的大宗，不要與宗法上的大宗混爲一談罷了。

爲什麼大宗一詞，古人於説明宗法時用它，於説明政權時也用它呢？到底宗法上大宗跟政權上大宗，有哪些相同，哪些不同呢？要解決這個問題，我們首先應該瞭解宗字的本義，其次要考察一下它在歷史上的發展過程。

《説文》宀部："宗，尊祖廟也。"從字形來説，宗從宀從示，段玉裁説:"示謂神也,宀謂屋也。"從字音來説,宗尊雙聲古通用。《國語・晉語五》説:"梁山崩,而以傳召伯宗。"《穀梁傳》成公五年則説:"梁山崩,晉君召伯尊而問焉。"伯宗作伯尊,《詩・鳧鷖》傳:"宗,尊也。"又,《公劉》箋:"宗,尊也。"都是例證。可見,宗字原用以稱祖廟,其本義則是尊。

古禮,士大夫祭宗廟,諸侯祭宗廟還祭社稷,天子祭宗廟祭社稷還有郊天之祭。就在這個簡單的宗教儀式裏,實忠實地記錄歷史上一段發展過程。如果對於這個記錄細心地加以考察,就不難瞭解士大夫在宗法上有大宗之稱和天子、諸侯在政權上也有大宗之稱的道理。以下即單就這一問題再引一些有關文獻並加以分析。

《曲禮》説:"國君去其國,止之曰:'奈何去社稷也?'大夫,曰:'奈何去宗廟也?'士,曰:'奈何去墳墓也?'"(孔疏説:"士亦有廟,避大夫言墳墓,亦與大夫互也。")《孝經・諸侯章》説:"然後能保其社稷。"又,《卿大夫章》説:"然後能守其宗廟。"《禮運》説:"故國有患,君死社稷謂之義,大夫死宗廟謂之變。"不必更多引了,祇由上述這幾條記載就可以看出當日宗廟與士大夫,社稷與諸侯是怎樣的關係。還有,《禮運》説:"魯之郊禘非禮也,周公其衰矣!杞之郊也,禹也;宋之郊也,契也,是天子之事守也。故天子祭天地,諸侯祭社稷。"《公羊傳》僖公三十一年説:"魯郊非禮也。魯郊何以非禮?天子祭天,諸侯祭土,天子有方望之事,無所不通,諸侯山川有不在其封內者,則不祭也。"由上述這兩條記載也可以看出祇有天子才有郊天的資格。

從歷史發展進程來看,郊、社、宗廟三種祭,不是同時產生的,實標誌著歷史發展中的三個不同階段。每一種祭的產生,都是合乎歷史要求,有它的實際意義的。大略説,宗廟之祭產生最早,應起源於原始氏族的祖先崇拜。其特點,是以同一血統為限界,所謂"神不歆非類,民不祀非族"(《左傳》僖公十年。又,三十一年"鬼神非其族類,不歆其祀"),是最好的證明。最初受崇拜的,多為氏族首腦、勇士等，後來社會向前發展，特權者即利用宗廟爲聯繫血族成員的工具，宗廟遂成了族人精神上共同尊崇的中心。還由於繼承制的關係，主祭宗廟的人遂成了族人實際上共同尊崇的中心。宗法的大宗，就是這樣產生的，至少，基本上是具有這樣意義的。

當社會進到由氏族組織變爲地域組織的時候，光有宗廟這個聯繫工具，顯然已經不够了，因爲宗廟所能聯繫的僅限於有血緣關係的人，而現在住在同一地域的成員很多是没有血緣關係的，因之，就不能不在舊有的聯繫工具——宗廟以外，再尋找一個新的、合用的聯繫工具，而這種工具果然找到了，就是社稷。這時地域組織的首腦即國君，自稱社稷主，因爲，社是土神，稷是穀神，對於住在同一地域的全體成員來說，再没有什麽比土地和五穀更爲重要，更有實際意義的。正由於國君是社稷主，它爲住在同一地域的成員所共尊，所以，它也可以稱爲宗。光看字面，這個宗跟上邊所説的宗，是没有分毫不同，可是，如果還看看它們所表述的内容，就會看到它們是有本質上區别的。簡單説，上邊所説的宗是血緣的關係，而這個宗則不是血緣的關係而是階級的關係，前者的聯繫是靠傳統習慣，而後者的聯繫是靠階級統治。所以，前者是宗法上的宗，而後者則是政權上的宗，二者本質不同，牽混爲一是錯誤的。

當衆多的地域組織由於某種原因或力量聯合起來，共尊一個地域組織的首腦爲大首腦即王，在這種情況下，舊有的聯繫工具又嫌不够了。因爲，社稷還有地域性的限制，而現在所需要的工具，須能擔負起無所不包的更廣泛、更全面的聯繫任務，這樣，就不能不另外去尋找新的、合用的工具，這個聯繫工具終於找到了，就是天。古時王者郊天，自稱"天之元子"，取得王位的叫做"受天命"，其道理就在此。《書·召誥》説："嗚呼！皇天上帝改厥元子，兹大國殷之命，惟王受命。"這是周家代殷爲王，自稱受天命爲天之元子之證。《召誥》又説："我不可不監於有夏！亦不可不監於有殷！我不敢知曰，有夏服天命，惟有曆年；我不敢知曰，不其延。惟不敬厥德,乃早墜厥命。我不敢知曰,有殷受天命,惟有歷年;我不敢知曰,不其延。惟不敬厥德,乃早墜厥命。今王嗣受厥命,我亦惟兹二國命,嗣若功。”這是古時王者有國都叫做“受天命”,亡國都叫做“墜天命”之證。《左傳》宣公三年説:“成王定鼎於郟鄏,卜世三十,卜年七百,天所命也。周德雖衰,天命未改。”這也是謂王朝興亡爲天所命的例子。正由於王者是天下之所共尊,所以,它也可能稱爲大宗。這個宗也同國君稱宗一樣,不局限於有血緣關係,不是宗法上的宗,而是政權上的宗。

所以,毛傳説:“爲之君,爲之大宗也。”又説:“王者,天下之大宗。”這兩句話,從其本身意義來講,並没有毛病,祇是不應當説成是宗法的宗罷了。王國維説:“天子諸侯雖無大宗之名而有大宗之實。”其錯誤就在於混淆了政權上的大宗與宗法上的大宗兩個不同的概念。程瑶田説:“蓋宗之言尊也,凡有所尊,皆可曰宗。”(《宗法小記·宗法述》)這話是對的。總之,具體的歷史不是簡單的、僵硬的,而是複雜的、變化的。所以,説“天子諸侯絶宗”是對的,但是,並不排除王子爲諸侯可稱宗子和在諸侯與諸侯同等級間可以有宗。最初的宗,起於祖先崇拜,祇限於有血緣關係的,但是,並不排除後來又用宗以表述階級關係。天子諸侯的統治,本質上是階級統治,主要靠政治權力,但是並不排除在與政治權力不抵觸的限度內,還利用舊有的血族組織爲它們服務。儘管這樣,仍然不能把分封制度歸結爲宗法制度。所有上述情況,都是歷史的具體情況。具體的歷史,就是這樣極其複雜而多變化的,要瞭解它,祇有用具體的分析,不是“僅僅站在那裏遠遠地望一望”或搬用什麽現成的公式所能辦到的。一看見宗字,便以爲是宗法的宗,恐怕是近來講宗法制度的通病,而這個毛病不能不説是受了王國維《殷周制度論》的影響。現在就舉出最近流行最廣的幾部歷史著作中講宗法部分作爲例子來談一談吧。

首先,請看范文瀾先生在他著的《中國通史簡編》修訂本第一編第三章所講的西周宗法。原文説："封建制度與宗法及土地是分不開的。周天子自稱是上天的元子，上天付給他土地和臣民，因此得行施所有權。天子算是天下的大宗，同姓衆諸侯都尊奉他作大宗子。"請看，周天子既然自稱是上天的元子，算是天下的大宗，無疑，包括異姓在内。因爲，第一，"天下"二字的意義無所不包，異姓不能除外；第二，"算是"二字意味着本來没有血緣關係，硬説有血緣關係，所算的當然不是别的，是異姓了。既然天子是天下的大宗，不别同姓異姓，爲什麽結尾單單説"同姓衆諸侯都尊奉他作大宗子"呢？前後不是正相矛盾嗎？説"同姓衆諸侯都尊奉他作大宗子"，毫無疑義是認爲異姓衆諸侯都不尊奉他做大宗子，説"天子算是天下的大宗"，毫無疑義是肯定異姓也應尊奉天子爲大宗，在邏輯上都是必有的結論，然而這兩個結論顯然是互相排斥的，不能並容。又，原文説："大侯國如魯衛晉等國附近，封許多同姓小國，小國君尊奉大國君做宗子，如滕宗魯，虞宗晉。"這段文字也嫌含混，到底滕宗魯、虞宗晉是基於小國君跟大國君的關係，還是基於同姓的關係呢？或者是基於上述兩種關係呢？没有交代。這個没有交代，當然是跟上文有聯繫的。又，原文説："一國裏國君是大宗，分給同姓卿大夫采邑，采邑主尊國君爲宗子。"這個説法跟上文解説天子是天下的大宗犯了同樣毛病，既然説"一國裏國君是大宗"了，當然，異姓也統於這個大宗之内，爲什麽光説同姓采邑主尊奉國君爲宗子呢？細心玩味，豈不是也有矛盾嗎？又，原文説："采邑裏采邑主分小塊土地給同姓庶民耕種，同姓庶民尊奉采邑主爲宗子。"這段文字，不知道是根據什麽材料寫的，其實，在士大夫階層内有這種情況，即"宗子爲士，庶子爲大夫"，而且這種情況雜見於《禮記》之《内則·曾子問》及《儀禮·喪服》（已詳前），並不是孤證。可見，在士大夫階層内，庶子與宗子的關係，不能歸結爲同姓庶民與采邑主的關係。至於范先生在下文又説到"同姓庶民有自由民身份，不同於農奴身份的庶民"等等，牽涉問題很多，在這裏不準備多談。總之，我認爲范先生對於宗法制度的理解，是有問題的。

其次，請看呂振羽先生在他著的《簡明中國通史》第六章第三節所講的宗法制度。原文說："繼大夫者，以大夫爲其奉祀的祖先，這在宗法上，即所謂'別子爲大宗'；其從屬下的士，不論其是否親族，同樣祗能陪祭。繼承士者，以士爲其奉祀祖先，即宗法所謂'小宗'……士之子不得繼承爲士的，便不能稱爲'小宗'。所以宗法上說繼王者或繼國君者，繼大夫者，'百世不遷'；繼士者，'五世則遷。'"依照這個說法是宗法繼大夫者定爲大宗，繼承士者定爲小宗，士之子不能繼承爲士的，不得稱小宗。宗法上所謂"百世不遷"是指繼王者、繼國君者、繼大夫者而言，所謂"五世則遷"是指繼士者而言。可是，一把這個說法跟呂先生引用的原始材料互相核對，就發現了在原始材料上所說的宗法制度完全不是這麼一回事。第一，《曾子問》說："宗子爲士，庶子爲大夫。"《喪服》說："大夫不敢降其宗。"這些記錄，恰恰說明大夫不必爲大宗，士不必爲小宗。第二，禮家祗說："宗其繼高祖者，五世則遷。"絕不見有繼士五世則遷的文字，高祖是血緣身份，士是政治身份，二者顯然是不能並爲一談的。而且士子爲士（士指職位），事實上容或有，如果說在禮制上有這樣規定，士也襲位同天子諸侯一樣，這個說法是沒有根據的。第三，繼王者或繼國君者固然是百世不遷，但是，宗法上所說的"百世不遷"實指"別子之後，宗其繼別子者"而言，這個別子並不包括王和國君在內，且王也斷無稱爲別子之理。因此，呂先生所說的百世不遷肯定說不是引文原意。第四，呂先生說"士之子不得繼承爲士的，便不能稱爲小宗"，也是沒有根據的。總之，呂先生是把宗法的體系歸結爲政治的體系，這個說法，是不符合歷史實際情況的。

又次，請看李亞農先生在他著的《中國的奴隸制與封建制》附注裏所講的宗法制度（原書，第7～9頁）。原文說："所謂宗法制度是這樣的：天子世世相傳，每代的天子都是以嫡長子的身份繼承父位，奉始祖爲大宗；嫡長子的諸弟與庶弟封爲諸侯，爲小宗。每代的諸侯也是以嫡長子的身份繼承父位,奉始祖爲大宗,任命諸弟爲卿大夫爲小宗。卿大夫以下,由士而庶人,其大宗與小宗的關係與上同。"又説:"諸侯對天子爲小宗,但在本國則爲大宗。卿大夫對諸侯爲小宗,但在本族則爲大宗。宗法僅限於大夫以下,諸侯以上,宗統與君統合而爲一,並不叫做宗法。"李先生在前邊講宗法首先舉了天子諸侯,後邊又説宗法僅限於大夫以下,這是自相矛盾的,這個矛盾,應是受了王國維説的影響。不過,王國維説宗法"爲大夫以下設"是根據下面這個理由説的,即"天子、諸侯則宗統與君統合,故不必以宗名;大夫、士以下皆以賢才進,不必身是嫡子,故宗法乃成一獨立之統系"(《殷周制度論》)。李先生卻説:"卿大夫以下,由士而庶人,其大宗與小宗的關係與上同。"既然卿大夫以下與以上大小宗的關係相同,難道還可以説宗法僅限於大夫以下嗎?又,李先生説"諸侯對天子爲小宗,卿大夫對諸侯爲小宗",這不但與舊説"天子諸侯絶宗","天子諸侯不統宗"不相容,也嫌没有根據,大概是也把毛傳"王者,天下之大宗"等等,誤認爲宗法上的大宗了。

此外,還有周谷城著《中國通史》上册由繼統法到宗法制條,瞿同祖著《中國封建社會》第四章封建社會宗法制度,李玄伯著《中國古代社會新研》大宗與小宗條等等,所談的宗法基本上與上述各家相同,都是把政權上的大宗跟宗法上的大宗混爲一談,都是沿襲王國維的論點。其實,在奴隸社會裏,宗法的體系跟政治的體系,並不是一致的,而且也不可能是一致的。因爲,它們在本質上是矛盾的,宗法制度僅僅在統治權力所容許的範圍内才存在,才起作用。

二、爲什麽大宗百世不遷,小宗五世則遷?

爲什麽大宗百世不遷,小宗五世則遷呢?兹先將主要材料録出,然後再加以分析:

《禮記·大傳》説:"别子爲祖,繼别爲宗,繼禰者爲小宗。有百世不遷之宗,有五世則遷之宗。百世不遷者,別子之後也。宗其繼別子(此下原有"之所自出"四字,兹從朱熹校刪正)者,百世不遷者也,宗其繼高祖者,五世則遷者也。尊祖故敬宗,敬宗,尊祖之義也。"又,《喪服小記》説:"別子爲祖,繼別爲宗,繼禰者爲小宗。有五世而遷之宗,其繼高祖者也。是故,祖遷於上,宗易於下,尊祖故敬宗,敬宗所以尊祖禰也。"這兩段記載,大同小異,同爲講宗法者所本。其不同處,正可以互相補充,並無矛盾。

關於別子的命名,如前所述,是取自卑別於尊。這個自卑別於尊的別子,不僅僅限於公子,也包括王子在内。《詩·大雅·板》言大宗、宗子,即指王子爲諸侯者而言(説詳前),是其明證。但是,諸侯是國君,不統宗,所以禮家述宗法,祇舉公子爲例,不用王子爲例(見前引《儀禮·喪服傳》)。程瑤田説:"宗之道,兄道也。若吾既君之矣,則不敢兄之。"(《宗法小記·宗法表》)這話很對。公子爲大夫,對嗣君應執臣節,不敢用兄弟之禮。正由於這樣,公子要自卑別於尊,離開原來的血統,另建自己的血統。也正是在這個意義上,公子有"別子"之稱。別子另建的血統,是從別子開始的,以後不論孳衍多少代,宗族多麼大,除非有封爲國君者,因尊卑不同也應跟本系統區別開另建一個系統以外,其餘都尊奉別子爲始祖。這就叫做"別子爲祖"。在別子所建立的系統内部,祇看到宗族關係,看不到君臣關係。祇有宗法在起作用,政權不能與宗法對抗,更不能壓倒宗法。因此,講宗法制度,嚴格説,是應以這個範圍爲限。越出這個範圍,宗法制度就不適用或者就不完全適用了。

"繼別爲宗,繼禰者爲小宗",説明了大宗小宗是怎麼産生的,同時也説明了大宗與小宗的區別及其相互關係。

"繼別爲宗"是專解釋大宗。簡單説,就是繼承別子的叫做大宗。不過,在今天看來,這句話嫌太簡單了,已經不是一般人所能瞭解的了,有必要還用較多的文字加以説明。

首先,談"繼別爲宗"的繼字。關於繼字的意義,如果仔細考察,也並不簡單,實牽涉繼承制問題。我們知道,過去歷史上的繼承制不是僅有一種形式而是有幾種形式,它也有自己的發生發展的歷史。我們所討論的這種宗法制度是與歷史上特定時期特定繼承制聯繫着的。假如不是實行這樣繼承制,即由嫡長子一人繼承其先人產業,更全面地説,即如《公羊傳》隱公元年所説:"立嫡以長不以賢,立子以貴不以長。"而是認爲兄終弟及和父死子繼同樣合法或用他種繼承形式的話,就不會有這種宗法制度。爲什麽呢?應該指出嫡長子繼承制的特點,在於體現了嚴格的等級制度的精神。這個嚴格的等級制度的精神,簡單説,就是"以一治之"。《禮記・喪服四制》説:"天無二日,土無二王,國無二君,家無二尊,以一治之也。故父在爲母齊衰期者,見無二尊也。"《荀子・致士》説:"君者,國之隆也;父者,家之隆也。隆一而治,二而亂。自古及今,未有二隆爭重而能長久者。"以上二條,實正確地揭露了等級制度的精神實質。所以,嫡長子繼承制跟其他繼承制不同的地方,就在於它的合法繼承人衹有一個,而且不須臨時考慮,早已十分確定。這個繼承制是以區别嫡庶、分辨長幼的等級制度爲其前提條件的。顯然,衹有依賴於區别嫡庶、分辨長幼,世世由嫡長子一人繼承這個制度的存在,而後才可能産生宗法的弟統於兄、小宗統於大宗的嚴整體系。所以,"繼别爲宗"這個繼字,不能理解爲一般的繼,而是一定由嫡長子繼承的繼。這是我們應當認識的第一點。

　還有第二點,就是這個嫡長子繼承是繼承什麽呢?這點,可能有人認爲不成問題。要説繼承什麽,當然是繼承其先人的財產、事業、權力等等了。是的,這樣看法不錯,是繼承這些東西。但是,這是本質的東西,古人並不願意也不可能把本質的東西公開地講出來(因爲,是階級社會),而是要在這上面涂上一層油彩,編造一套理論的。當我們進行瞭解具體史實時,這套理論也是應當知道的。因爲,在當時它爲統治階級利用的確起過作用。那麽,古人對繼承到底是怎樣解釋呢?應該説,古人所謂繼承的意義,是指人的繼續而言。這個意義可用天子、諸侯的繼承來説明。因爲,宗法是血族在階級社會的一種組織形式,它也反映了階級的色彩。階級社會,特別是在初期,往往政權與族權神權糾纏在一起,宗法的繼承方式跟天子、諸侯政權的繼承方式基本上是一致的。《儀禮•士冠禮》説:"無大夫冠禮而有其昏禮。古者,五十而後爵,何大夫冠禮之有? 公侯之有冠禮也,夏之末造也,天子之元子猶士也,天下無生而貴者也,繼世以立諸侯,象賢也。"(亦見《禮記•郊特牲》)這段文字非常重要,它是理解古代繼承制理論的一把鑰匙。什麽叫做"象賢"呢? 爲了容易瞭解,可用尸象神來比喻。古人於祭祀時立尸,尸是活人扮演的,不是神;但是,古人事尸如事神,立尸所以象神。同樣,繼體的諸侯不是賢,如依據"天下無生而貴者"的道理,不是賢即不應居諸侯之位。那麽,他爲什麽居了諸侯之位,這是根據象賢的道理,立他象賢——象始封的諸侯,即立尸象神一樣。所以,繼體之君,事實上雖然無可懷疑是在獨立地行使自己職權,但在理論上卻須這樣説,他是始封之君的繼續,他所執行的是始封之君的職權,不是自己的職權。正由於這樣,明明魯隱公元年是周平王四十九年,可是,《公羊傳》解釋《春秋》"隱公元年春王正月"時,卻説:"王者孰謂? 謂文王也。"其道理就在於此。又,《公羊傳》文公九年:"毛伯來求金,何以書? 譏。何譏爾? 王者無求,求金非禮也。然則是王者也? 曰:非也。非王者則曷爲謂之王者? 王者無求,曰,是子也,繼文王之體,守文王之法度,文王之法無求,而求,故譏之也。"這裏説"繼文王之體,守文王之法度"實際即是隱公元年傳,王謂文王的注腳。這是相傳古義,幸賴《公羊傳》保存下來,而有些人竟不加考察,認爲這也是非常異義可怪之論,豈知在古人看來,原是尋常的道理,一點也不怪呀!

　　根據上邊兩點説明,可知繼別的繼字,其意義,是由嫡長子繼承,爲先人的繼續,意思是説,人雖然不能永世長存,有了繼承人就與本人長存一樣。正由於這樣,所以,繼承別子的人就成爲一族的

大宗了。因爲，别子爲祖，這個宗族的蕃衍是由别子開始的，所有
族人都是别子累代相傳的子孫，毫無疑義，别子是全族天然的統紀
中心，全族的人對於别子自然都極尊崇，没有例外。不過别子本人
不能不死亡，可是，有了繼承人，就可以彌補這個缺憾。大家承認
了别子繼承人是别子本人的繼續就同别子本人存在一樣，那麽，這
個繼承别子的人當然也就成爲全族的人所共尊了。《儀禮·喪服
傳》説："大宗者，尊之統也。大宗者，收族者也。"《大傳》説："尊祖
故敬宗，敬宗，尊祖之義也。"大宗所以是尊之統，敬宗所以是尊祖
之義，其道理就在於此。正由於大宗是繼承别子的，他是尊之統，
有收族的責任，所以百世不遷；另方面，也由於他繼承了别子的采
邑、禄田等等，不論在社會地位上、經濟力量上，他都有條件作尊之
統和負起收族的任務，可以百世不遷。還有，依據等級制度"以一
治之"的精神，大宗是尊之統，一族中尊之統衹能有一個，不能有二
或多於二，這也決定了大宗百世不遷。

　　關於什麽叫做大宗和大宗百世不遷的道理，具如上述。以下
説明小宗和小宗五世則遷。

　　"繼禰者爲小宗"，這個繼字也同繼别一樣是由嫡長子繼承。
繼禰的意思，一方面説明他有别於不繼禰的庶子，爲庶子宗；另方
面説明他不繼别，他又應尊奉繼别者爲宗，因此，他遂有了小宗的
名稱。稱小，對有大而言；稱宗，對庶子而言。不過，光説繼禰者爲
小宗，於小宗之義還不完備，還有繼祖的小宗、繼曾祖的小宗、繼高
祖的小宗没有包括。所以《大傳》又説："有百世不遷之宗，有五世
則遷之宗……宗其繼高祖者，五世則遷者也。"《喪服小記》也説：
"有五世而遷之宗，其繼高祖者也。是故祖遷於上，宗易於下……
敬宗，所以尊祖禰也。"在這裏有兩個問題還應加以説明：第一，什
麽是五世則遷之宗；第二，爲什麽五世則遷。爲了説明方便起見，
特制一大宗小宗世系畧圖如下圖。

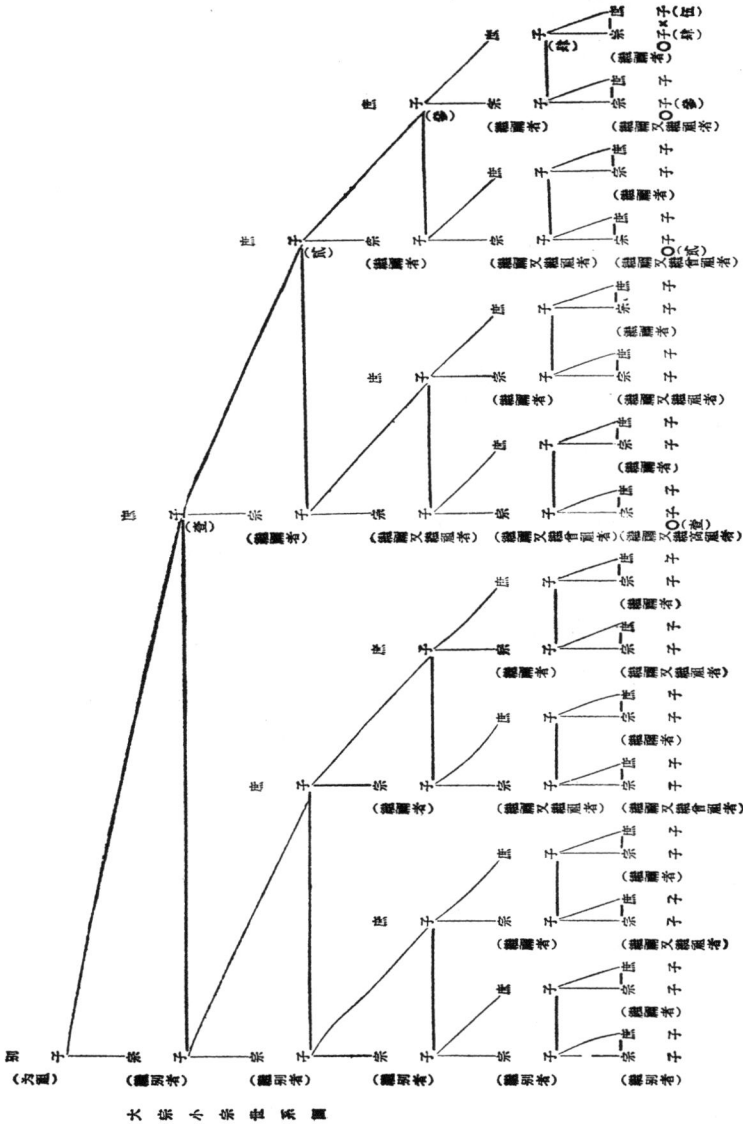

大宗小宗世系圖

今以庶子(伍)爲例(見圖)。如圖示庶子(伍)同時有大宗一、小宗四。大宗一爲別子之後，繼承別子的，這是百世不遷之宗。小宗四，具體説，如圖示宗子(肆)爲繼禰之宗，宗子(叁)爲繼祖之宗，宗子(貳)爲繼曾祖之宗，宗子(壹)爲繼高祖之宗。庶子(壹)是庶子(伍)的高祖，由庶子(壹)到庶子(伍)傳四世，如庶子(伍)生子數人，依法嫡長子繼禰，其餘諸子都奉此繼禰者爲宗，則先前自庶子(伍)言，爲繼禰宗、繼祖宗、繼曾祖宗、繼高祖宗者，現在自庶子(伍)的庶子言，已依次變成了繼祖宗、繼曾祖宗、繼高祖宗、繼遠祖宗。不過，這個遠祖如圖示即庶子(壹)，距庶子(伍)的庶子已達五世，於禮，五世以上之祖應遷(但始祖除外)，所以，繼遠祖之宗應易。原因：敬宗是由於祖禰——由於尊始祖(始祖即別子)，故敬繼始祖之宗；由於尊高祖，故敬繼高祖之宗。同樣，由於尊曾祖、尊祖、尊禰，故敬繼曾祖、繼祖、繼禰諸宗。因爲，祖禰有了繼承人，按其意義講，同於祖禰本人存在一樣，所以尊祖禰即不能不敬宗。至遠祖則無尊義應遷，因之，繼遠祖者之宗也無敬義應易。故小宗以同祖禰爲限，不同祖禰者無宗義；同祖者復以四世爲限，繼五世以上之祖者無宗義。世代相續無已，祖宗也隨着遞遷遞易，這就叫做"祖遷於上，宗易於下"，也就是所謂"五世則遷"。《大傳》言"宗其繼高祖者五世則遷"是説小宗的上限，其言"繼禰者爲小宗"是説小宗的通義，二者明，繼曾祖宗與繼祖宗已包括在內，故從省略，實則小宗即以上述四小宗爲限，宗法小宗無過繼高祖宗之理。

爲什麼小宗五世則遷呢？依照李亞農先生的解釋是："這是因爲種族繁衍的結果，分家出去，另立門户的人越來越多，於是乎小宗也就不斷地增加。所謂九世同堂，在中國的宗法制度史上，已屬罕見的現象，至於九世以上的共居，更是稀有。一般地説來，五世同堂，已是不容易的了。最多到了五世，就祗好分裂，分一些子孫出去另立門户，各自成家，所以小宗五世即遷。小宗五世即遷的規定，並不是什麼自然規律，而僅僅是生活事實。"(《中國的奴隸制與封建制》,第 8～9 頁)我認爲李先生這個解釋有一部分是對的,就是前頭幾句所説的"這是因爲種族繁衍的結果,分家出去,另立門户的人越來越多,於是乎小宗也就不斷地增加"。我們知道,大宗是尊之統,所統的範圍最廣,及於全族;繼高祖宗次之,所統及於族兄弟;繼曾祖宗又次之,所統及於再從兄弟;繼祖宗又次之,所統及於從兄弟;繼禰宗所統的範圍最小,祇統群弟(包括庶兄)。爲什麽宗法制度規定有一大宗,又有四小宗呢? 正是由於種族繁衍,另立門户的人越來越多的緣故。假令下傳四世還不分家,有一繼高祖宗即足以統,有什麽必要還設繼曾祖以下至繼禰諸宗呢? 所以,李先生這個解釋是對的。不過,李先生往後解釋小宗五世則遷,卻不對了。因爲,李先生在後面所持的見解跟前頭的見解正相抵觸。依據後面的見解,必然得出這樣結論,即祇由於五世同堂才有立四個小宗的必要,一經各立門户即當遷,亦即不以爲小宗。是小宗的不斷增加,乃是由於世世不斷同堂,而不是由於各立門户。這樣,豈不是跟前頭所持的見解相抵觸嗎? 豈不是難於説通嗎? 因此,我認爲李先生在後面的見解是不對的,也就是李先生所解釋的小宗五世則遷的道理是不對的。

那麽,到底小宗爲什麽五世則遷呢? 爲了解決這個問題,有必要先談一談當時的喪服制度。當時服制是這樣規定:爲親兄弟服期,一從兄弟大功,再從兄弟小功,三從兄弟緦麻。三從兄弟與服者本人同高祖爲四世,五服之親至此而盡,過此則無服。無服的意思,是認爲這時相互間在情感上跟一般人没有差别,不須在禮文上作何特殊表示。《大傳》説:"四世而緦,服之窮也。五世袒免,殺同姓也。六世親屬竭矣。"正因爲四世服窮,五世無服,親親之殺,極於此,所以,宗法制度規定小宗五世則遷。這個五世則遷的原則也可以在廟制上看到。古時,宗廟有遷毁之制,天子諸侯除了太祖廟及其他祖先有特殊原因其廟不遷外,其餘都依禮行遷毁之制,世世祇祀高、曾、祖、禰四親廟,五世以上則遷與宗法同。不過,宗法制度所説的"五世則遷"及"祖遷於上"等等,卻不能釋爲遷廟。因爲,宗法祇適用於大夫以下,大夫依禮立三廟,無五廟之制,因此,小宗的"五世則遷"及"祖遷於上"即不能説是祖廟。宗字溯源可信起於宗廟,但是,到後來它的含義是有變化的,不能都用宗廟來解釋。《喪服小記》説:"親親,以三爲五,以五爲九,上殺,下殺,旁殺,而親畢矣。"這是小宗五世則遷的根本理論,恐怕一般人不易瞭解,兹復略加以説明。鄭注説:"己上親父,下親子,三也。以父親祖,以子親孫,五也。以祖親高祖,以孫親玄孫,九也。殺,謂親益疏者,服之則輕。"案鄭注還不完備。其實,殺的意思是减。上殺,是由父而祖,而曾祖父,而高祖父,共四世而窮,血親的連鎖,一層遠於一層,彼此情感也一層疏於一層,具體表示於服制也一層輕於一層(從基本原則説)。下殺,是由子而孫,而曾孫而玄孫,也四世而窮,其血親的連鎖,也是以次遞遠,情感以次遞疏,服制以次遞輕。旁殺,是由親父而親兄弟,由親祖父而親從父兄弟,由親曾祖父而親從祖父兄弟,由親高祖父而親族昆弟,也四世而窮,其血親的連鎖與情感、服制,也是遞遠、遞疏、遞輕。服制的意義,是所謂"稱情以立文,以別親疏、貴賤之節"。服制有五,《禮記·三年間》所謂"三年以爲隆,緦、小功以爲殺,期、九月以爲間"。繼高祖宗是三從兄弟,依據親親旁殺的道理,恰好四世。至五世則無服,故遷以爲節。《中庸》説:"親親之殺,尊賢之等,禮所生也。"所以,小宗五世則遷的禮制,實以親親之殺的理論爲基礎。原因是等級制度不論是階梯式的由低到高,或楔子形的由大到小,都必須有界限,不能無限延長。

　　正由於小宗五世則遷,故小宗可以絶,不必立後;大宗百世不遷,故不可以絶,即必立後。《喪服傳》説:"爲人後者,孰後?後大宗也。曷爲後大宗?大宗者,尊之統也。"又説:"大宗者,尊之統也;大宗者,收族者也,不可以絶,故族人以支子後大宗也。"是其證。

三、宗法制度存在於中國歷史上哪個時代，哪個階層？

宗法制度以天然的血緣關係爲基礎，顯然，它是氏族社會的殘餘，所以談它的起源，至少應追溯到氏族開始分裂爲家庭的時代；另方面，我們也看到宗法的關係和封建的關係長期共存，祇有到了資本主義社會它們才一齊被破壞。偉大的革命導師馬克思、恩格斯曾這樣告訴我們，即，"資産階級在凡是它已達到統治的地方，就都把所有封建的、宗法的和淳樸的關係一一破壞。它無情地斬斷了那些把人們繫纏於其'天然尊長'的複雜封建羈絆，它使人與人之間除了赤條條的利害關係之外，除了冷酷無情的'現金交易'之外，再也找不出什麼別的聯繫了"（《共産黨宣言》）。不過本文所討論的範圍不準備涉及那麼廣泛，僅僅想把上邊所分析的有百世不遷之宗、有五世則遷之宗這樣具有嚴整體系的宗法制度談一談。

我認爲，有百世不遷之宗，有五世則遷之宗，這樣具有嚴整體系的宗法制度是自周初開始的，到秦完全破壞，它主要實行於大夫、士階層，它的存在與當時社會的經濟條件和政治條件密切地聯繫着。

爲什麼説，有百世不遷之宗，有五世則遷之宗這樣具有嚴整體系的宗法制度是自周初開始的呢？因爲這個宗法制度的存在是與分封制直接聯繫着的，而分封制是自周初開始的。宗法所謂"別子爲祖"，這個別子不論是王子或是公子，都不是簡單地把他精光光推出去了事，而是要分給他一部分財産的，即封以國或賜以采邑、禄田。至少，開始時是如此。宗子的"傳重"和"收族"，也不是空話，而是確確實實有重可傳，確實具有收族的經濟力量和政治力量。宗法的辨嫡庶、別長幼之所以成爲必要，也是由於有遺産繼承，而且這個遺産是相當穩固的。綜上所述，都與分封制分不開。没有分封制，這個宗法制度不會産生；分封制被破壞，這個宗法制度也必然被破壞。

殷代沒有分封制，沒有所謂"別子"，因而，也沒有由別子爲祖所產生的大宗小宗系統。我們知道殷代王位繼承不以嫡長子爲限，事實上有很多是以弟繼兄，證明當時還沒有嫡長子繼承的制度。嫡庶之間和長幼之間，一般說，地位上還沒有若何分別。在這樣情況下，不可能出現如我們所談的宗法制度，因爲我們所談的宗法大小宗，是以子繼父、嫡統庶、兄統弟爲基本內容的。

《儀禮·喪服·斬衰章》有："父爲長子。"傳曰："何以三年也？正體於上，又乃將所傳重也。庶子不得爲長子三年，不繼祖也。"又有："爲人後者。"傳曰："何以三年也？受重者必以尊服服之。何如而可爲之後？同宗則可爲之後。何如而可以爲人後？支子可也。"又《疏衰章》有："爲人後者爲其父母報。"傳曰："何以期也？不貳斬也。何以不貳斬也？持重於大宗者，降其小宗也。爲人後者孰後？後大宗也。曷爲後大宗？大宗者，尊之統也。禽獸知母而不知父，野人曰：父母何筭焉？都邑之士則知尊禰矣。大夫及學士則知尊祖矣。諸侯及其大祖，天子及其始祖之所自出。尊者，尊統上；卑者，尊統下。大宗者，尊之統也。大宗者，收族也，不可以絕，故族人以支子後大宗也。嫡子不得後大宗。"

我們就上述材料加以分析，可以明顯看出，大宗之所以不可絕，是因爲它是尊之統，負有收族的責任。它所以是尊之統，能負起收族的責任，是因爲它受重、傳重。什麼人有資格受重、傳重呢？原則上祇有正體於上者具有這個資格，但是，如遇特殊情況，沒有這樣合格的人，則可以立同宗的支子爲後。這裏的"正體於上"和"傳重"兩詞，不易瞭解，還須加以說明。

一、正體於上。欲知體字的正確意義，參看下列《喪服傳》中的一段文字自明，即"父子一體也，夫婦一體也，昆弟一體也。故父子，首足也。夫妻，牉合也。昆弟，四體也"。可見體就是一體，體於上，表明他與其先人爲一體，即他是由其先人的血統傳下來的。

體於上的,同時可能有若干人,但是正體於上的則祇有一個人,即嫡長子。

二、傳重。關於重的定義,鄭注以爲是"宗廟主",無疑是對的。但是,還有更重要的東西,和宗廟主密切地連在一起,他没有指出,這就是采邑或禄田。《荀子·禮論》説:"有五乘之地者,事三世。有三乘之地者,事二世。持手而食者,不得立宗廟。"《禮記·曲禮》説:"無田禄者,不設祭器。"《王制》説:"大夫、士宗廟之祭:有田則祭,無田則薦。庶人春薦韭,夏薦麥,秋薦黍,冬薦稻。"《國語·晉語》説:"大夫食邑,士食田,庶人食力。"(《左傳》襄公九年:"其庶人力於農穡。"此食力即指力於農穡)證明采邑或禄田和宗廟有密切聯繫。大夫、士有采邑、禄田,得立宗廟,設祭器以祭先祖;庶人持手而食,不得立宗廟,不得設祭器行祭禮,僅有四時薦新。所以,傳重的重,不應光説是宗廟主,更重要的應指出在宗廟主背後有采邑、禄田。

由以上説明,可見宗法的傳重,主要是傳采邑或禄田,宗法的由正體於上者傳重,實際是嫡長子繼承制。分以采邑、禄田,復用嫡長子繼承的制度來確保所分得的采邑、禄田。這種辦法,定在有了分封制以後才可能出現,而分封制是自周初開始的,所以,宗法制度也自周初開始。近人曾謇著《周金文中的宗法紀録》列舉周金文中的宗子、宗婦、大宗、宗室、皇宗、新宗等等名稱,①證明周有宗法,確然可信。丁山先生著《宗法考源》,斷言:"五宗者秦漢以後立新制,必非周人之舊法。"②是不正確的。在秦漢的歷史條件下,不但不可能產生這樣宗法制度,即捏造這樣宗法制度也不可能。因爲,意識是客觀存在的反映,捏造也不能完全不以客觀材料爲根據。

爲什麽説宗法制度主要行於大夫、士階層呢? 道理很簡單:一、我們知道宗法大小宗是以別子爲祖,別子是"自卑別於尊",那

---

① 見《食貨》第 2 卷第 3 期。
② 見《歷史語言研究所集刊》第 4 本第 4 部分。

末,尊如天子諸侯,當然不在宗法之内;二、我們知道宗法的傳重,主要是傳采邑、禄田,那末,庶人没有采邑、禄田,當然也不行宗法。禮文規定禮不下庶人,持手而食者不得立宗廟,實際也是因爲庶人食力,無重可傳,没有經濟力量立宗廟,行祭禮。至於宗法的統宗、收族,在庶人更談不到。因爲統宗、收族,不但需要經濟力量,還需要政治力量,這兩種力量,庶人都没有,所以庶人不行宗法。顧炎武著《原姓》説:"庶人無氏,不稱氏稱名。"又説:"氏之所由興,其在於卿大夫乎……氏也者,類族也、貴貴也。"(《亭林詩文集》卷一)顧氏所説實際是周的制度,周之稱氏與行宗法相一致,氏爲類族、貴貴,庶人無氏,正是庶人不行宗法之證。所以,宗法之制,以分封制爲前提條件,上不及天子、諸侯之至尊,下不及庶人之至卑,僅行於大夫、士階層。至同姓諸侯之間雖也稱宗,不過如數學有小數點以下的數字,一般不妨略去不計。《左傳》桓公二年晉師服説:"故天子建國,諸侯立家,卿置側室,大夫有貳宗。"師服所述,正是分封制。所言家、側室和貳宗都屬宗法的範圍。《左傳》襄公二十七年:"崔,宗邑也,必在宗主。"莊公二十八年:"曲沃,君之宗也。"成公三年:"……而以戮於宗……而使嗣宗職。"《史記·田敬仲完世家》:"子我曰:吾欲盡滅田氏嫡,以豹代田氏宗。"所有上述的宗,都是宗法的大宗(曲沃是桓叔封邑,獻公時稱"君之宗"是沿用舊稱)。正因爲大宗統宗、收族,不遷不絶,所以雖百世之後,族人也須爲宗子及宗子之母、妻服齊衰三月之服,與庶人爲國君同。大宗在同族的地位,實際與君無異。隨着歲月推遷,血胤蕃衍,宗族不斷擴大,而大宗的勢力也不斷擴大,終至形成極其雄厚的力量以與國君對抗,春秋時魯三桓、鄭七穆、晉六卿、齊崔田,都是最鮮明的例子,證明宗法制度確實行於當時大夫、士階層。

爲什麽説宗法制度到秦完全破壞呢? 因爲宗法制度是與分封制聯繫着的,到秦,分封制不存在,宗法制度失去了政治基礎,歸根到底是由於失去了經濟基礎。先前,土地爲奴隸主所有,人民僅有一定數量土地的使用權，沒有所有權，不能自由買賣。這時，土地允許人民私有，自由買賣，先人遺產縱令還由嫡長子一人繼承，很可能轉眼耗盡，化爲烏有；其不繼承遺產的，很可能瞬致千金，居然豪富。在這樣情況下，即令還有大宗、小宗，也不過如化石一般空存軀殼，不能負起統宗、收族的責任，沒有現實意義。所以必歸破壞無疑。我們知道宗法制度是與服制、廟制有聯繫的，請就廟制考察一下。本來"廟者，貌也，象先祖之尊貌也"，而《史記》記秦始皇二十七年立極廟，是身存而預立廟；本來"諸侯不敢祖天子，大夫不敢祖諸侯"，而漢惠帝元年卻明令郡諸侯王立高廟；本來"天子七廟，諸侯五"，有遷毀之制，漢於高帝時卻令諸侯王都皆立太上皇廟，至惠帝尊高帝廟爲太祖廟，景帝尊文帝廟爲太宗廟，行所嘗幸郡國各立太祖、太宗廟，至宣帝本始二年復尊孝武廟爲世宗廟，行所巡狩亦立焉，凡祖宗廟在郡國六十八合百六十七所，而京師自高祖下至宣帝與太上皇，悼皇考，各自居陵旁立廟，並爲百七十六（見《漢書·韋玄成傳》），簡直宗廟竟泛濫成災了；本來七廟五廟，廟各異宮，而漢明帝臨終遺詔遵儉無起寢廟，藏祖於光烈皇后更衣別室，其後章帝也遵行無改，後世立廟遂概用同堂異室之制。這一切都説明什麼？説明先前的廟制到秦被破壞了。請再就服制考察一下。服制也同廟制一樣，由漢文帝遺詔"已下（柩已下壙）服：大紅（功）十五日，小紅十四日，纖七日，釋服"（見《漢書·文帝紀》），即可以明顯看出先前的服制，已不能復行，後世雖還有人呶呶爭訟不休，終不能恢復古制。原因是時代前進了，原來這些制度——宗法制、服制和廟制，乃是舊基礎奴隸主經濟的上層建築物，現在舊基礎已爲新基礎地主經濟所代替，與舊基礎相適應的上層建築物不可避免地也隨着傾倒。

一九五六年四月十二日

（《東北人民大學人文科學學報》1956 年第 2 期）

論禮治與法治

禮法問題是研究儒法鬥爭問題的一個重要内容。近年來討論儒法鬥爭,在儒家主張禮治,法家主張法治這個問題上,大家的看法基本上一致。但是,到底什麽是儒家所主張的禮,什麽是法家所主張的法以及禮法的來龍去脈,還没有弄清楚,甚至還有若干糊塗觀念。爲了堅決地用辯證唯物主義歷史唯物主義研究歷史,徹底地肅清王張江姚"四人幫"在歷史科學領域内的流毒和影響,把這個問題提出來,認真地討論一下,是有必要的。

我的看法,要想把禮法問題弄清楚,需要對這個問題進行一次歷史地、全面地、具體地分析,光是遠遠望一下,或者憑想當然就作出結論,是不行的。因爲各個歷史時期的條件不同,表現在禮法上的特點也不同。具體説,有奴隸社會的禮法,有由奴隸社會向封建社會轉變時期儒法兩家所主張的禮法,有封建社會的禮法。兹分述如下。

一、中國奴隸社會的禮法

中國奴隸社會的禮法,其特點用古人現成的話來説,就是"禮不下庶人,刑不上大夫"。

在古時,刑、法二詞常用來表述同一的概念,所以,"刑不上大夫"也就是法不上大夫。其所以有"禮不下庶人,刑不上大夫"這個特點,最根本的原因在於:一方面,中國的奴隸社會在經濟、政治、道德和精神各方面,都還帶着氏族社會的痕迹;另一方面,如恩格斯所教導的，"人類是從野獸開始的，因此，爲了擺脱野蠻狀態，他們必須使用野蠻的、幾乎是野獸的手段"。① 具體説：

（1）在經濟方面：古代的自發的土地公有的公社没有破壞。井田制的存在就是證據。

據古籍記載，井田制的主要特徵是，土地不準轉賣，定期在農民中重分，每一個男勞動力所分得的土地都是同樣大小的方塊，用自己的力量耕種，並把產品留爲己用。這些主要特徵，和馬克思、恩格斯所論述的"馬爾克"或"農村公社"的主要特徵完全相同。這是用空言否定不了的。馬克思告訴我們，在各種原始公社中，"農村公社"是最後的或再次生的類型。② 這就充分證明，中國奴隸社會在經濟上還帶有氏族的痕跡。

（2）在政治方面：父權制的氏族關係不但存在，而且起着重要作用。中國奴隸存在的姓氏制度就是一個顯著的標誌。

顧炎武作《原姓》，論證過春秋時代的姓氏制度。他説："最貴者國君，國君無氏，不稱氏稱國……次則公子，公子無氏，不稱氏稱公子……最下者庶人，庶人無氏，不稱氏稱名。然則氏之所由興，其在於卿大夫乎？"（《亭林詩文集》）顧氏此論，最爲清晰。不過，有的説法還不够精確，要加以説明。

實際上，公子這個名稱本身就是氏，不能説公子無氏。又，前人多謂"國君以國爲氏"，是國君也不能説無氏。所以真正無氏的祇有庶人（庶人以下，自不待言）而已。

國君本來有氏，爲什麼不稱氏稱國呢？ 據我看，這裏邊反映一個歷史發展過程。劉師培《釋氏》説："氏即國。"（《左盦集》卷二）這種説法看來也對也不對。 説它不對，是因爲氏和國是兩個不同的

---

① 《馬克思恩格斯全集》第 20 卷，第 197 頁。

② 《馬克思恩格斯全集》第 19 卷，第 351 頁、第 369 頁、第 430 頁、第 452 頁、第 432 頁、第 450 頁。

概念；説它對，是因爲氏是國的前身，國是由氏轉化而來的。有很多歷史事實可以證明中國奴隸社會的國君，曾是氏族社會的部落首長。部落是以血族團體爲基礎的組織，部落首長自應稱氏；而國是以地區團體爲基礎的組織，國君再稱氏，就名不副實了。國君是一國的代表，一國的居民並不是同一血族，所以，君不能稱氏，祇能稱國。春秋踐土之盟，盟書上晉文公稱"晉重"，魯僖公稱"魯申"，就是國君稱國不稱氏的確證。

庶人則不然。庶人無氏是由於某種原因而被剝奪了稱氏的權利。《左傳》襄公十一年説的"墜命亡氏"，《國語·周語》説的"亡其氏姓"，就都是由於亡國，淪爲隸國，而被剝奪了稱氏的權利。

中國奴隸社會正是在這樣的歷史條件下，才產生了"禮不下庶人，刑不上大夫"這樣的特點，即對於有氏的，作爲同族的人看待，用禮；對於無氏的，作爲敵人甚至禽獸看待，用刑。

禮是什麼？在當時來説，它是一種表現形式，其内容則爲"親親、尊尊"。"親親"體現血緣關係，"尊尊"體現階級關係。當然，這種階級關係是等級的階級的關係，不同於非等級的階級的關係。

禮起源於父權制，從儒家的論著中，可以明顯地看得出來。

《禮記·喪服四制》説："其恩厚者其服重，故爲父斬衰三年。"

又説："資於事父以事君而敬同，貴貴尊尊義之大者也，故爲君亦斬衰三年。"

又説："資於事父以事母而愛同。天無二日，土無二王，國無二君，家無二尊，以一治之也，故父在爲母齊衰期者，見無二尊也。"

《孝經·士章》説："資於事父以事母而愛同，資於事父以事君而敬同。故母取其愛，而君取其敬，兼之者父也。"

上述這些材料，實質上是説禮起源於父權制，君權是父權的發展，母或妻的地位下降則是自父權制開始的。

又，《周易·序卦》説"有天地然後有萬物，有萬物然後有男女，有男女然後有夫婦，有夫婦然後有父子，有父子然後有君臣，有君臣然後有上下,有上下然後禮義有所錯。"

《禮記・昏義》說:"男女有別而後夫婦有義,夫婦有義而後父子有親,父子有親而後君臣有正。故曰:婚禮者,禮之本也。"

這兩條材料也同上述材料的觀點相一致。由此可見,它們這種說法絕不是某一個人憑空制造出來的,一定是有客觀事實作根據的,因而是可信的。恩格斯說:"在歷史上出現的最初的階級對立,是同個體婚制下的夫妻間的對抗的發展同時發生的,而最初的階級壓迫是同男性對女性的奴役同時發生的。"[①]又說:"男子在婚姻上的統治是他的經濟統治的簡單的後果。"[②]正是這個問題在馬克思主義理論上的說明。

關於禮的形式和內容的關係的問題,在儒家論著中也有具體的說明。

《禮記・中庸》說:"仁者人也,親親爲大;義者宜也,尊賢爲大,親親之殺,尊賢之等,禮所生也。"

《孟子・離婁上》說:"仁之實,事親是也;義之實,從兄是也;智之實,知斯二者弗去是也;禮之實,節文斯二者是也。"

上述二書的觀點基本上一致,都是說明禮作爲一種形式和它的內容的關係的問題。不過,文內有一些名詞概念比較難懂,需要加以解釋。現在首先把《中庸》這段話逐句解釋如下。

"仁者人也"這個"人"字是從人的自然性這種意義來說的。《孟子・盡心上》說:"人之所不學而能者,其良能也;所不慮而知者,其良知也。孩提之童無不知愛其親者,及其長也,無不知敬其兄也。"可看作是這句話的注腳。

"親親爲大"的上一"親"字是動詞,是親愛的意思;下一"親"字是名詞,指有血緣關係的親屬。"親親爲大"是說"仁"的範圍很廣,

---

① 《馬克思恩格斯全集》第21卷,第78頁。
② 同上,第96頁。

並不限於"親親"，親親是其中首要的。

"義者宜也"的"宜"字是合理、適當的意思。"義"這個概念實質上是指階級壓迫和被壓迫的關係。"義者宜也"是説這種階級關係在當時是合理的。

"尊賢爲大"這個"尊"字是動詞，有尊敬的意思。"賢"字是名詞，指地位高於自己的人而言。"尊賢"在這裏的用法同於"尊尊"。"尊賢爲大"是説"義"的範圍很廣，並不限於"尊賢"，"尊賢"是其中首要的。

"親親之殺"的"殺"字本義是減，在這裏有等差的意思。《禮記·喪服小記》説："親親，以三爲五，以五爲九，上殺、下殺、旁殺而親畢矣。"可看作是"親親之殺"的注腳。不過，《喪服小記》這段文字也不好懂，兹將鄭玄的注釋轉録如下。鄭注説："己上親父，下親子，三也；以父親祖，以子親孫，五也；以祖親高祖，以孫親玄孫，九也。'殺'謂親益疏者，服之則輕。""親益疏"是血緣關係的差異，"服之則輕"是喪服輕重的差異。前者是親親上事，後者是禮上事。

"尊賢之等"的"等"字指的是等級差別。《左傳》莊公十八年説的"名位不同，禮亦異數"，則是尊賢之等的具體實踐。

"親親之殺，尊賢之等，禮所生也"。就是説明禮是一種形式，其内容則爲親親、尊賢。從廣義來説，亦即仁義。這裏所談的，正是禮和親親尊賢的關係，亦即禮和仁的關係。

《孟子·離婁上》所説的"節文"也是表現形式的意思。舉喪禮爲例，喪期有三年、期（一年）、九月、五月、三月之異，就是"節"；喪服有斬衰、齊衰、大功、小功、緦麻之異，就是"文"。

"禮不下庶人"表明禮的適用範圍衹限於庶人以上，不包括庶人，更不消説庶人以下了。

那末，庶人以上都是一些什麽人？庶人和庶人以下又是一些什麽人呢？這是一個重要問題，有必要解釋清楚。

由於周代的史料較詳，加上周有爵，尊卑上下的等級最爲分明,現在即以周代爲例做簡括的說明。大體上說,當時自上而下有天子、諸侯、卿、大夫、士、庶人、工、商、皂、隸、牧、圉等很多的等級。由士以上,名爲"君子",是勞心者、治人者、食於人者;由庶人以下,名爲"小人",是勞力者、治於人者、食人者。也就是說,由士以上是壓迫人、剝削人的階級,由庶人以下是被壓迫、被剝削的階級。

當時,庶人是農民,是社會主要生產力。這樣的農民,馬克思稱之爲"普遍奴隸",①並曾作解釋說:"在這種財産的形態下,單獨個人從來不能成爲財産的所有者,而祇不過是一個占有者,所以事實上他本身即是財産,即是公社的統一體人格化的那個人的奴隸,而因此奴隸制這裏並不傷害勞動的條件,也不改變關係的本質。"②對奴隸當然談不到禮的問題,不用禮,當然要用刑了。

刑在任何時候都是統治階級鎮壓敵對階級的工具。奴隸社會的刑不同於別的階級社會,僅僅在於它不加掩飾罷了。

《周禮·秋官·小司寇》說:"以五刑聽萬民之獄訟。凡命夫命婦不躬坐獄訟。"《左傳》襄公十年說:"王叔與伯輿訟焉,王叔之宰與伯輿之大夫瑕禽坐獄於王庭。"是當時"刑不上大夫"的例證。至於對庶人,則如叔向所說:"昔先王議事以制,不爲刑辟。"(《左傳》昭公六年)這就是說,對庶人可以任意用刑,沒有公佈的成文法的限制。

總之,在當時,禮和法都是保護、鞏固和發展有利於統治階級的社會關係和社會秩序的工具。但二者的性質、內容和對象各不相同,牽混爲一,是不對的。

二、奴隸社會向封建社會轉變時期儒法兩家所主張的禮法

戰國時期是中國社會由奴隸制度向封建制度轉變的時期。這

---

①　《資本主義生產以前各形態》,人民出版社,1956年,第33頁。
②　同上,第30頁。

個時期的特點是"天下大亂"(《莊子·天下》)。表現在政治上,爲
"上無天子,下無方伯,力功爭强,勝者爲右"(劉向《戰國策序》)。
表現在學術上,則爲百家爭鳴。

　　"上無天子,下無方伯"表明舊的、奴隸社會的統治機構已經崩
潰;"力功爭强,勝者爲右"表明新的、封建社會的政權還沒有建立
起來。

　　所謂百家爭鳴,最主要的,實爲儒、道、墨、法四家。下面就各
家的政治傾向談一談。

　　在儒、道、墨、法四家中,儒家最爲守舊,它頑固地維護過時的
奴隸制度。道、墨、法三家都反對它。儒家創始人爲春秋末期的孔
丘。到了戰國時期,作爲儒家的代表人物加入百家爭鳴行列的,則
是孟軻。儒家以六藝爲法,其學說的核心爲仁義。《莊子·天道》
說"孔子曰要在仁義",是對的。仁義簡單說,就是"親親尊尊"那一
套。

　　道家從"物之生也,若驟若馳,無動而不變,無時而不移"(《莊
子·秋水》)這一基本觀點出發,認爲奴隸制也是注定要滅亡的。
因此,猛烈地抨擊儒家,說儒家維護奴隸制是"推舟於陸"(《莊子·
天運》)。從這一點看是有進步意義的。但它主張"無爲",妄想逃
避矛盾,特別是反對知識,反對文化,把"小國寡民"即原始社會作
爲其在政治上的奮鬥目標。這一點不但沒有進步意義,比儒家還
要落後。道家創始人爲春秋末期的老聃。在戰國時期,作爲道家
的代表人物加入百家爭鳴行列的,則是莊周。

　　墨家主張兼愛、非攻、尚賢、節用、天志、明鬼等等。墨家的創
始人爲墨翟。他生在戰國初期,正當中國奴隸社會發生危機的時
候。他對奴隸制的政治也深致不滿。但他的主張僅僅是頭痛醫
頭,腳痛醫腳,沒有提出從根本上解決問題的辦法。墨翟弟子有禽
滑釐等。

　　法家是革新派。它站在儒家的對立面,同時也反對墨家。對

於道家則吸取其進步的一面。例如，法家説的"古今異俗，新故異備"(《韓非子・五蠹》)同道家説的"古今非水陸歟？周魯非舟車歟"(《莊子・天運》)的觀點一致。但也受到道家落後的一面的影響。例如，法家的所謂"術"即原於道家的"無爲"。又，法家"燔詩書"也是受了道家反對知識、反對文化的影響。法家學説的核心爲法。司馬談説："法家不別親疏，不殊貴賤，一斷於法。"(《史記・太史公自序》)實道出了法家的本質特點。法家的創始人應爲李悝。商鞅、韓非則是法家中最有代表性的人物。

毛澤東同志説："在複雜的事物的發展過程中，有許多的矛盾存在，其中必有一種是主要的矛盾，由於它的存在和發展，規定或影響着其他矛盾的存在和發展。"那末，在戰國學術界百家爭鳴中，什麽是主要矛盾呢？我認爲，作爲戰國時期政治思想上主要矛盾的，是主張變革的法家和反對變革的儒家之間的矛盾。

由於儒家學説的核心爲仁義，而仁義的具體表現爲禮，又由於法家學説的核心爲法，所以，儒法的對立不能不表現爲禮法的對立。

那末，這一時期儒法兩家所主張的禮法又有沒有自己的特點呢？據我看，有。其特點在於儒家所主張的禮，不是"不下庶人"，而是下庶人；法家所主張的法，不是"不上大夫"，而是上大夫。不論下庶人也好，上大夫也好，都帶有時代的特點，即這一歷史時期的庶人已經不是奴隸，而是自由民了。這一點是社會發展的結果，是客觀存在，是儒法兩家所不能改變的。

孔丘説："導之以政，齊之以刑，民免而無恥；導之以德，齊之以禮，有恥且格。"(《論語・爲政》)又説："能以禮讓，爲國乎何有？"(《論語・里仁》)孟軻則言必稱堯舜，説："堯舜之道，孝悌而已矣。"又説："君仁莫不仁，君義莫不義，君正莫不正，一正君而國定矣。"(《孟子・離婁上》)仔細分析這些話可以看出，孔丘的法是以禮代刑，孟軻的説法是主張國君要像氏族社會部落聯盟首長那樣，自己

模範帶頭地講孝悌、行仁義。二人的説法可爲儒家主張禮下庶人
的佐證。

　　商鞅説：“法之不行，自上犯之。”（《史記·商君列傳》）韓非説：
“刑過不避大臣。”又説：“法不阿貴，繩不撓曲。”（《韓非子·有度》）
可爲法家主張刑上大夫的佐證。

　　怎樣理解戰國時期禮法的上述特點呢？ 應該看到，儒家主張
禮下庶人，實際上反映父權制氏族組織用調整社會關係的手段來
維護垂危的奴隸制，使之免於滅亡。這樣，不但没有促使歷史前
進，反而拉向後退。當然，是没有實現的可能的。韓非對這個問題
曾作過精闢的剖析。

　　他説：“夫古今異俗，新故異備，如欲以寬緩之政治急世之民，
猶無轡策而御駻馬。”（《韓非子·五蠹》）這就説明，儒家的主張太
落後了，遠遠不能適應已經發展了的社會的需要。

　　又説：“今有不才之子，父母怒之弗爲改，鄉人譙之弗爲動，師
長教之弗爲變。夫以父母之愛、鄉人之行、師長之智，三美加焉，而
終不動其脛毛，不改；州部之吏，操官兵，推公法而求索姦人，然後
恐懼，變其節，易其行矣。故父母之愛不足以教子，必待州部之嚴
刑者，民固驕於愛、聽於威矣。”（《韓非子·五蠹》）

　　又説：“母之愛子也倍父，父令之行於子者十母；吏之於民無
愛，令之行於民也萬父母。父母積愛而令窮，吏用威嚴而民聽從，
嚴愛之策，亦可決矣。且父母之所以求於子也，動作則欲其安利
也，行身則欲其遠罪也。君上之於民也，有難則用其死，安平則盡
其力。親以厚愛關子於安利而不聽，君以無愛利求民之死力而令
行。明主知之，故不養恩愛之心而增威嚴之勢。”（《韓非子·六
反》）

　　韓非舉了這些生動的例子，有力地證明在那時階級對抗的社
會，統治階級爲了維持自己的統治，不能不强化和使用暴力。仁義
道德衹有欺騙作用，光靠它是不能解決問題的。

三、中國封建社會的禮法

中國封建社會禮法的特點，既不同於奴隸社會的"禮不下庶人，刑不上大夫"，也不同於奴隸社會向封建社會轉變時期儒家片面强調的禮治，法家片面强調的法治，而是禮法並用。同奴隸社會時比較，法上升到主導地位，禮退居於從屬地位。其所以具有這樣特點，也是由歷史條件決定的。

具體説：

（1）這時原來的井田制和分封制已徹底破壞，或基本上破壞，而爲"自實田"和郡縣制所代替。建立在原來基礎上的血族關係的作用，不能不歸於消滅，或大大削弱。最明顯的例子，就是連大史學家司馬遷作《史記》都不辨姓氏之異。這證明原來在奴隸社會存在的姓氏制度這時已經不存在了。

（2）庶人（包括工、商、皂、隸、牧、圉）的地位已經上升成爲整個社會的一員。這時全體人民没有無氏的，就是證據。

因此，禮不再爲一部分人所專用。刑則由於階級的存在，事實上一部分人仍享有特權，但在名義上不能不承認"王子犯法，庶民同罪"，證明刑不上大夫的壁壘已經打破。

原來在氏族社會，"除了興論以外，它没有任何强制手段"。① 但是"凡是部落以外的，便是不受法律保護的。在没有明確的和平條約的地方，部落與部落之間便存在着戰争，而且這種戰争進行得很殘酷，使别的動物無法和人類相比"。② 中國奴隸社會的"禮不下庶人，刑不上大夫"，正是反映這個古代世界所固有的第一個剥

---

① 《馬克思恩格斯全集》第 21 卷，第 192 頁。
② 同上，第 112 頁。

削形式，仍舊帶有氏族社會的痕迹，把有姓氏的作爲同族的人處理，用禮不用刑；把没有姓氏的作爲異族的人處理，用刑不用禮。由於當時把有姓氏的看作是社會的主體，所以，在社會生活中占主導地位的是禮，而不是刑。到了封建社會，由於經過春秋戰國長時期的社會大動亂，從經濟基礎到上層建築都發生了根本變化，血緣關係的作用不能不讓位於階級關係。因此，禮治在社會生活中的主導地位不能不讓位於法治。

列寧説過："所有一切壓迫階級，爲了維持自己的統治，都需要有兩種社會職能：一種是劊子手的職能，另一種是牧師的職能。"①法正是執行劊子手的職能，禮正是執行牧師的職能。封建統治階級爲了維持自己的統治，二者缺一不可。秦始皇不瞭解這一點，統一中國以後，力排禮治，專任法治，以致不但没有如所希望的"二世、三世，至千萬世，傳之無窮"，反而享祚最短，僅二世、十四年而亡。這絶不是偶然的。

早在秦統一中國以前，荀況就説過："兼并易能也，唯堅凝之難焉。"（《荀子·議兵》）漢興，陸賈反駁漢高祖劉邦"乃公居馬上而得之，安事《詩》、《書》"的論點，説："居馬上得之，寧可以馬上治之乎？且湯武逆取而以順守之，文武並用，長久之術也。"（《史記·陸賈列傳》）叔孫通也説過："夫儒者難與進取，可與守成。"（《史記·叔孫通列傳》）賈誼《過秦論》的結語也説："仁義不施，而攻守之勢異也。"荀況等四人的見解基本上一致，應當承認是正確的。

漢宣帝劉詢説："漢家自有制度，本以霸王道雜之。"（《漢書·元帝紀》）這個"以霸王道雜之"的漢家制度正是在總結了秦王朝的歷史經驗基礎上制定出來的。所謂以霸王道雜之，實際上是儒法並用，亦即禮法並用，既重視劊子手的一種社會職能，也不放棄牧師的另一種社會職能。

_____

① 《列寧全集》第21卷，第208頁。

總而言之,禮法是一種歷史現象,脫離時間、地點、條件,祇作抽象的理解,是不能認識它們的本質的。

（原載吉林大學《理論學習》1978 年第 2 期）

中國奴隸社會的階級結構

在這裏準備以談階級結構爲綱，在談階級結構的同時，連帶説明經濟結構和上層建築各方面的情況。

在談階級結構以前，讓我先把室、邑、都、國、京師、鄙、野、城保等等，這一系列的名詞談談，好對當時有一個比較明晰的空間觀念以作爲考慮問題的背景。當然，在國與野、都與鄙等互相對立的名詞中，也反映着對立的階級關係。

在西周和春秋時期，“室”是社會結構的基本單位。不但庶人的户數用室計算，即大夫、諸侯以至王，也都可稱室。反映當時家族組織在社會生活中起着重要作用。

《周禮·地官·大司徒》：“凡造都鄙，制其地域而封溝之，以其室數制之。”

《論語·公冶長》：“十室之邑必有忠信如丘者焉。”

又：“求也，千室之邑，百乘之家，可使爲之宰也。”

《穀梁傳》莊公九年：“十室之邑，可以逃難；百室之邑，可以隱死。”

《詩經·周頌·良耜》：“百室盈止，婦子寧止。”

又，《豳風·七月》：“嗟我婦子！曰爲改歲，入此室處。”

以上這些材料中所説的“室”、“十室”、“百室”、“千室”（到戰國又有“萬家之邑”），主要指庶人、工、商的户數。

當時卿大夫的家私也可稱室。例如：

《左傳》成公十六年：“宣伯通於穆姜，欲去季孟而取其室。”

又，襄公十九年：“子展、子西率國人伐之，殺子孔而分其室。”

又，成公二年："巫臣盡室以行。"

《國語·晉語》六："諸臣之委室而徒退者。"

又，《楚語》："吾倍其室。"

當時諸侯稱"公室"。例如：

《左傳》昭公五年："舍中軍，卑公室也。"

又，昭公三年："雖吾公室，今亦季世也。"

王稱"王室"。例如：

《詩經·周南·汝墳》："王室如燬。"

《春秋》昭公二十二年："王室亂。"

《左傳》襄公十四年："右我先王，股肱周室。……王室之不壞，系伯舅是賴。"

邑是室的集合體。邑之大者稱"都"。諸侯出國都稱"國"。王的國都稱"京師"。

《左傳》隱公元年："都城過百雉，國之害也。先王之制：大都不過參國之一，中五之一，小九之一。"

又，閔公二年："大都耦國。"

由以上這兩份材料，可以證明邑之大者稱"都"。同時由"大都不過參國之一"、"大都耦國"等詞句的意義，也可以證明諸侯的國都可稱"國"。但是諸侯之國，如對他國而言，則自稱"敝邑"，以示謙敬。例如：

《左傳》成公二年："敝邑之幸。"

又，文公十七年："敝邑以侯宣多之難。"

又，襄公四年："敝邑褊小。"

王的國都稱"京師"。例如：

《春秋》桓公九年："紀季姜歸於京師。"《公羊傳》："京師者何？天子之居也。京者何？大也。師者何？眾也。天子之居，必以眾大之辭言之。"

《左傳》昭公二十九年："京師殺召伯盈、尹氏固及原伯魯之子。”

在邑、都、國和京師的周圍，除有特別情況，如《左傳》昭公四年“咸尹宜咎城鍾離，薳啓疆城巢，然丹城州來，東國水不可以城”以外，一般都修築城郭或郊保以爲防守之用。例如：

《春秋》隱公七年：“城中丘。”九年：“城郎。”

又，桓公十六年：“城向。”

又，莊公三十二年：“城小穀。”

光是《春秋》上這類例子就很多，姑舉幾條，以概其餘。

《左傳》襄公九年：“納郊保。”

又，八年：“焚我郊保，馮陵我城郭。”

又，十八年：“二子知子孔之謀，完守入保。”

《禮記·月令》：“季夏之月……四鄙入保。”鄭注：“都邑之城曰保。”

上述這些“保”或“郊保”是次於城郭的一種比較簡陋的防禦建築物。“保”今通作堡。

由於邑所處的位置和所居住的人們的政治上、經濟上地位的不同，又有國與野、都與鄙的分別。例如：

《公羊傳》桓公十一年：“古者，鄭國處於留。先鄭伯有善於鄶公者，通乎夫人以取其國，而遷鄭焉，而野留。”

《周禮·地官》“鄉大夫”之職：“以歲時登其夫家之衆寡，辨其可任者，國中自七尺以及六十，野自六尺以及六十有五，皆徵之。其舍者：國中貴者、賢者、能者、服公事者、老者、疾者皆舍。以歲時入其書。”

《孟子·滕文公上》：“夫滕壤地褊小，將爲君子焉，將爲野人焉。無君子莫治野人，無野人莫養君子。請野九一而助，國中什一使自賦。”

《儀禮·士相見禮》：“宅者在邦，則曰‘市井之臣’；在野，則曰‘草茅之臣。’”（《孟子·萬章下》：“在國，曰‘市井之臣’；在野，曰

'草莽之臣。'"）

　　以上是邑分國、野之證。大體説：國在中心，野在外圍。居住於國的，是所謂"貴者"、"賢者"、"能者"、"服公事者"和工人、商人；居住於野的，是所謂"野人"也叫做"庶人"。國與野的對立，實質上是階級對立的表現。

　　《國語·楚語》："制城邑，若體性焉，有首領、股肱，至於手拇、毛脈。大能掉小，故變而不勤。地有高下，天有晦明，民有君臣，國有都鄙，古之制也。"

　　又，《齊語》："昔者聖王之治天下也，參其國而伍其鄙，定民之居，成民之事。"

　　《左傳》莊公二十八年："使太子居曲沃，重耳居蒲城，夷吾居屈，羣公子皆鄙。"杜注："鄙，邊邑。"

　　《春秋》僖公二十六年："齊師侵我西鄙。"

　　又，同年："齊孝公伐我北鄙。"

　　又，文公十四年："邾人伐我南鄙。"

　　又，襄公八年："莒人伐我東鄙。"

　　由上述這些例子，證明邑有都、鄙的分別。鄙是邊邑的特有名稱。都與鄙的關係，同高與下、明與晦、君與臣的關係一致，是對立的關係。這種對立的關係，從表面上看，是由於所處的位置有中有邊來確定的。實質上也是由於所居住的人們的政治身份來確定的，即也反映對立的階級關係。

　　現在可以談談當時社會的階級結構。

　　當時社會基本上分爲兩個對立的階級。這兩個對立的階級的劃分，如用當時現成的詞彙來概括，就是一個階級是所謂"君子"，一個階級是所謂"小人"。君子是享有完全權利的、剝削的、壓迫的階級。小人是毫無權利的、被剝削的、被壓迫的階級。例如：

　　《左傳》襄公九年："君子勞心，小人勞力，先王之制也。"

又，成公十三年："是故君子勤禮，小人盡力。勤禮莫如致敬，盡力莫如敦篤；敬在養神，篤在守業。"

《國語·魯語》："君子勞心，小人勢力，先王之訓也。"

《孟子·滕文公上》："有大人之事，有小人之事。……故曰：或勞心，或勞力。勞心者治人，勞力者治於人。治於人者食人，治人者食於人。天下之通義也。"

就上述幾條史料加以分析，可以明顯地看出，君子（或大人）、小人（或野人）代表當時社會上互相對立的兩大階級。即一方面是"勞心"的，認爲"勞動是恥辱"，另一方面是"勞力"的，即"從事於單純體力勞動"的；一方面是"治人"的，即壓迫者，另一方面是"治於人"的，即受壓迫者；一方面是"食於人"的，即剝削者，另一方面是"食人"的，即受剝削者。而且這并不是個別的、暫時的現象，而是所謂"先王之制"、"先王之訓"、"天下之通義"，即它是一種制度。自當時人，至少自所謂"君子"的眼中看來，它是一種最合理的、美好的、永恒的、不容懷疑的制度。那末，這是什麼制度呢？是原始社會制度嗎？顯然不是。因爲原始社會沒有階級。是封建社會制度嗎？我看也不像。因爲封建社會雖然也有勞心、勞力的差別，但是不像這樣的簡單、固定。看來，祇有說它是奴隸社會制度才比較合適。

　　恩格斯說："當人類勞動的生產性還是如此之小，它除了必需的生活資料以外，還祇能提供微小的剩餘的時候——在那樣的時候，生產力的提高，交換的擴大，國家和法律的發展，藝術和科學的創造，所有這些，都祇有通過更大的分工，才有可能。作爲此種分工的基礎是：從事於單純體力勞動的羣衆，同領導工作，經營商業和經管國事，再後，更從事於科學及藝術的少數特權分子這兩方面之間的分工，這種分工的最簡單的完全自發形成的形式，就是奴隸制。"①

根據恩格斯這一指示,不難看到《左傳》、《國語》諸書所談的
"君子勞心,小人勞力",正是"最簡單的完全自發形成的形式"的那
種"分工",我們説它是奴隸制,並不算牽强。當然,祇憑這兩條證
據,就判斷一個社會性質,是不夠的,還需要進一步進行具體分析。

具體説,當時社會所謂"君子",包括王、公、卿、大夫和士等等;
所謂"小人"包括庶人、工、商、皂、隸、牧、圉等等。兹舉例證説明如
下:

《國語・周語》:"古者,先王既有天下,又崇立於上帝明神而敬
事之,於是乎有朝日夕月以教民事君;諸侯春秋受職於王,以臨其
民;大夫、士日恪位著以儆其官;庶人、工、商各守其業,以共其上。"

《左傳》襄公九年:"其卿讓於善,其大夫不失守,其士競於教,
其庶人力於農穡,商、工、皂、隸不知遷業。"

又,桓公二年:"吾聞國家之立也,本大而末小,是以能固。故
天子建國,諸侯立家,卿置側室,大夫有貳宗,士有隸子弟,庶人、
工、商各有分親,皆有等衰。是以民服事其上而下無覬覦。"

又,襄公十四年:"是故:天子有公,諸侯有卿,卿置側室,大夫
有貳宗,士有朋友,庶人、工、商、皂、隸、牧、圉皆有親暱,以相輔佐
也。"

由上述這些材料,可以清楚地看出,庶人、工、商、皂、隸、牧、圉
等等,統統是一個階級。這個階級的特點是:"各守其業,以共其
上","力於農穡,⋯⋯不知遷業","服事其上",總之,是被壓迫者、
被剥削者,即所謂"小人"。另一方面,是王(也稱"天子")、公(包括
諸侯)、卿、大夫和士等等所構成的階級。這個階級的特點是:"教
民事君","以臨其民","以儆其官"。在他們周圍還培植一幫勢力,

① 《反杜林論》,人民出版社,1956年,第187頁。

如"建國"、"立家"、"置側室"、"有貳宗"、"有隸子弟"等等，這正是壓迫人的、剝削人的階級，亦即所謂"君子"。

請先談談庶人。庶人是當時社會上所謂"小人"的基本隊伍，在整個社會中也是數量最大的一個組成部分。"庶人力於農穡"，證明他們是農業生產工作者。他們是當時爲社會創造財富的主力軍。沒有他們就沒有中國古代的文明。可是，他們所處的社會地位是卑賤的，所過的生活是痛苦的。

首先，說庶人的家庭。

庶人都是一夫一妻的個體家庭，更確切些說，是小家庭。通常是所謂"八口之家"。當然也有九口、七口的。總之，以一個成年的男勞動力，即所謂"一夫"所能贍養爲限。

《孟子·萬章》下："耕者之所穫，一夫百畝。百畝之糞，上農夫食九人，上次食八人，中食七人，中次食六人，下食五人。"

孟子所說的當時各等農夫所能贍養的人數，基本上與當時庶人一户的人數相符。商鞅爲秦立法，有"民有二男以上不分異者，倍其賦"及"令民父子兄弟同室内息者，爲禁"兩條，實際並不是什麼新的東西，衹是把東方諸國現行的庶人小家庭制度在秦地推廣而已。

這種小家庭制度，從表面的道理講，當如商鞅所說："爲其男女之別。"（《史記·商君列傳》）實際，其真實目的是：1. 爲便於計算、分配和組織勞動力以從事生產、徭役、戰爭等等；2. 爲便於統治、徹底分化、瓦解以血統關係爲紐帶的家庭組織，以削弱或消滅庶人的反抗力量。

顧炎武在所著《原姓》一文裏，追述古代制度說："庶人無氏，不稱氏稱名。"（《亭林文集》卷一）《左傳》襄公十二年，記同盟於亳的載書結尾處有："明神殛之，俾失其民，墜命亡氏，踣其國家。"可見，"亡氏"是當時貴族的一種最嚴重的懲罰，同時也是庶人的一種重要特徵。試想,庶人没有姓氏,兄弟二人以上達到一定年齡便須分開居住,過了兩三代以後,即不知誰是同族之人。終日從事於單純的體力勞動,他們身上雖然没有鎖鏈,實質上不是奴隸嗎?

其次,談談庶人的居住問題。

庶人居住的地方是在野、在鄙,距離政治中心、工商業中心的地區均較遠,因此,又有野人或鄙人的名稱。庶人的房舍有兩處:1. 在邑里,是永久性的住所,叫做"室";2. 在田間,是臨時性的住所,叫做"廬"。

《詩經·豳風·七月》:"嗟我婦子,曰爲改歲,入此室處。"

《周禮·地官·遂人》:"凡治野……以田里安甿。"

又,"辨其野之土,上地、中地、下地,以頒田里。上地:夫一廬,田百畝,萊五十畝,餘夫亦如之。中地:夫一廬,田百畝,萊百畝,餘夫亦如之。下地:夫一廬,田百畝,萊二百畝,餘夫亦如之。"

《孟子·滕文公上》:"願受一廛而爲氓。"

以上各條所説的"室","里","廬"等,都是庶人在邑里的住宅或住區。所謂"邑",衹是人民聚居的地方,周圍有防禦建築物——堡障而已,不要設想如後世的城市。所謂"十室之邑"實在算不了什麽城市。

《詩經·豳風·七月》:"四之日舉趾,同我婦子,饁彼南畝。"

又,《小雅·信南山》:"中田有廬,疆場有瓜。"

由以上兩條所述,證明庶人在田間有臨時性的房舍——廬。《漢書·食貨志》撮述井田制度説:"在野曰廬,在邑曰里。"又説:"春令民畢出在野,冬則畢入於邑。"這樣説法是有根據的、正確的。

至於爲什麽庶人得有兩處住宅呢?這決不是什麽優待,而是由當時的歷史條件所決定的。第一,當時勞動的現場距離居住區一般都較遠。這是由於生産力水平很低,衹能選擇"原隰衍沃"的土地去耕種,而這些土地要受自然條件的限制,不能到處都有。所謂"廬"不過是在勞動現場搭茅草棚一類的東西,供臨時居息而已。

第二，當時侵略、掠奪之風甚熾，需要把勞動成果如收穫的各種農產品，存放在安全的地方。第三，當時是"三時務農，而一時講武"（《國語·周語》），同時並有"營室之中，土功其始，火之初見，期於司裏"（《國語·周語》），即在冬季還有軍事訓練和土木建築等工作，限制必須回到邑里去居住。

當時社會各階級、階層人們的住宅，統由國家按等級分配，有專任的官吏管理，人們祇有使用權，沒有所有權，不能自由買賣。

《國語·魯語》："文公欲弛孟文子之宅。使謂之曰：'吾欲利子於外之寬者。'對曰：'夫位、政之建也，署、位之表也，車服、表之章也，宅、章之次也，禄、次之食也。君議五者以建政，爲不易之故也。今有司來，命易臣之署與其車服，而曰：將易而次爲寬利。夫署所以朝夕虔君命也。臣立先臣之署，服其車服。爲利故而易其次，是辱君命也，不敢聞命。若罪也，則請納禄與車服而違署，唯里人可命次。'公弗取。"

又："公欲弛郤敬子之宅，亦如之。對曰：'先臣惠伯以命於司裏，嘗禘烝享之所致君胙者有數矣，出入受事之幣以致君命者亦有數矣，今命臣更次於外，爲有司之以班命事也，無乃違乎？請從司徒，以班徙次。'公亦不取。"

《左傳》昭公三年："初景公欲更晏子之宅。曰：'子之宅近市，湫隘囂塵，不可以居，請更諸爽塏者。'辭曰：'君之先臣容焉，臣不足以嗣之，於臣侈矣。且小人近市，朝夕得所求，小人之利也，敢煩里旅？'……及晏子如晉，公更其宅。反則成矣。既拜，乃毁之，而爲里室，皆如其舊，則使宅人反之。且謲曰：'非宅是卜，唯鄰是卜，二三子先卜鄰矣，違卜不祥。君子不犯非禮，小人不犯不祥，古之制也。'卒復其舊宅。公弗許。因陳桓子以請，乃許之。"

由上述這些材料，可以看到，當時不僅是庶人，即卿大夫住宅，也是由國家按等級授與。管理住宅的官職是"司里"，也稱"里人"。司里的屬官爲"里旅"。司里則是司徒的屬官。

其次，談談庶人的勞動對象——土地。

關於一夫受田之數：

《周禮·地官·大司徒》：“凡造都鄙，制其地域而封溝之，以其室數制之。不易之地、家百畝，一易之地、家二百畝，再易之地、家三百畝。”

《孟子·梁惠王》：“百畝之田，勿奪其時，數口之家可以無饑矣。”

又，《滕文公上》：“以百畝之不易爲己憂者，農夫也。”

又，《萬章下》：“耕者之所穫，一夫百畝。”

又，《盡心上》：“百畝之田，匹夫耕之，八口之家足以無飢矣。”

《荀子·王霸》：“百畝一守，事業窮無所移之也。”

又，《大略》：“故家五畝宅，百畝田，務其業，而勿奪其時，所以富之也。”

《呂氏春秋·樂成》：“魏氏之行田也以百畝，鄴獨二百畝，是田惡也。”

《漢書·食貨志》：“是時李悝爲魏文侯作盡地力之教……今一夫挾五口，治田百畝。”

又，《食貨志》：“晁錯復説上曰……今農夫五口之家，其服役者，不下二人，其能耕者，不過百畝。”

《孟子·滕文公上》：“夏后氏五十而貢，殷人七十而助，周人百畝而徹。”

上述這些材料，除了漢代是以二百四十步爲畝，與周制“步百爲畝”不同，因而漢人所説的“百畝”也與周人所説的“百畝”的實際土地面積多寡不同，不能混爲一談；又，夏殷一夫所受之田是“五十”、“七十”，也與周代的“百畝”不同等等以外，其餘的材料，一致都説“一夫百畝”或“家百畝”，證明“百畝”這個數字是不會錯的。那末，這個百畝的數字，是根據什麽制定的呢？

在這個問題上，人們容易有錯覺，即往往用後世的眼光看問題,認爲受田越多越好,受田多少,跟總的人口數量與總的土地數量的比例有密切聯繫。實際,古代的情况,特别是古代早期的情况,卻不是這樣。古代的基本情况是地曠人稀,那時不患土地不足,所患是生産力水平不高,限制了人們受田的數量。爲什麽夏后氏五十,因爲那時一個人的勞動,充其量祇能耕種此數,並不是那時的土地特别不足。殷人七十,同樣是這個道理。周人受田有"一易"、"再易"之説,表明所受的田縱令有時多於百畝,也祇能采取休耕的辦法,不能同時並種。如同時並種必然有如《詩經·齊風·甫田》所説"維莠驕驕","維莠桀桀"。所以,五十、七十、百畝的不同,恰是三代生産力水平不同的反映,絶不是由於土地的有餘或不足,更不像顧炎武、錢塘諸人所説:"特丈尺之不同,而田未嘗易",①或"度法之各異"。②

在這裏附帶談談井田制的問題。

井田制的問題,在學術界曾引起過長期的、激烈的爭論。爭論結果,看來還不能不承認它確實是在中國歷史上存在過。經過這次爭論,人們似乎應該獲得以下兩點教訓:1.古今的歷史條件不同,不能用今天的眼光去理解古代事物;2.客觀上存在過的東西,不是主觀上所能改變的。

井田制的存在,是歷史條件決定的。實行井田制,基本上須具備如下三個條件:1.土地國有。即當時作爲主要的物質生産資料——土地全部爲代表統治階級政權的國家所有,每個成員所取得土地份額的多寡以及份額的變更或轉移等等,完全決定於政治權力或地位,不能當作商品自由買賣。2.土地廣闊、人口稀少,可以充分保證能滿足人口增殖時所需要的土地。3.生産力水平相當低,一個成人的男勞動力所能耕種的土地面積,一般須保持在一定

---

① 顧炎武:《日知録》卷七。
② 錢塘:《溉亭述古録》卷二。

的幅度以內,例如夏五十,殷七十,周百畝。過多或過少,都將影響井田制的存在。

《儀禮·喪服傳》:"君,謂有地者也。"鄭玄於傳"君至尊也"下注:"天子諸侯及卿大夫有地者,皆曰君。"

《詩經·小雅·北山》:"溥天之下,莫非王土;率土之濱,莫非王臣。"

《通典·田制》上:"春秋之義,諸侯不得專封,大夫不得專地。"(按"諸侯不得專封"見"穀梁傳"僖公二年,亦略見《公羊傳》。"大夫不得專地"無明文可考,當是《通典》的作者自己從《春秋》體會出來的。)

由上述這些材料,可以看出:當時的土地,全部掌握在天子、諸侯及卿大夫手中。自制度而言,最高的首腦——天子對土地的處理享有絕對的權力,所謂"溥天之下,莫非王土"。其次,諸侯一級,他們"不得專封",即沒有封諸侯的權力,但有權把所掌握的土地的一定數量賞給卿大夫,或從卿大夫手裏奪回來。其次,卿大夫一級,他們"不得專地",即沒有處分土地的權力,土地的轉移或變更的權力依舊操在天子、諸侯手裏。當然,自實際情況而言,春秋時代,諸侯卿大夫侵奪土地之事,史不絕書。不過,這些祇能證明制度的遭到破壞或未嚴格貫徹,不能否定制度的存在。

《國語·晉語》四:"公食貢,大夫食邑,士食田,庶人食力。"

這條材料證明"士"沒有土地份額,他們祇能分得一定數量的剝削物資而已。至庶人更談不到有土地份額,在當時所有一切可耕種的土地,對天子、諸侯、卿、大夫和士等等奴隸主階級而言,它是剝削的手段或工具;對庶人即奴隸而言,它是被剝削的手段或工具。所謂"一夫百畝",是根據勞動力的工作量來確定的,不是根據生活的需要量來確定的。有人把"百畝"看作是庶人的分地,看作同後世的"均田"沒有本質上區別,這是不正確的。誠然,庶人也可以從百畝田的總產量中取得一定數量作爲生活資料。但是,應該知道"奴隸是特定的主人的財產,由於他們與主人的利害攸關,他們的生活不管怎樣壞,總還是有保障的"。①

以上,就是當時土地國有的基本情況。

實行井田制依賴於一定的土地條件,這一點,也是討論這一問題的人們所最容易忽略的。

《國語·周語》:"猶其有原隰衍沃也,衣食於是乎生。"(茲依汪遠孫校,從宋庠本)

《詩經·小雅·信南山》:"信彼南山,維禹甸之,畇畇原隰,曾孫田之。"

《左傳》襄公二十五年:"蒍掩書土田:度山林,鳩藪澤,辨京陵,表淳鹵,數疆潦,規偃豬,町原防,牧隰皋,井衍沃。"

由上述這些材料可以看到,土田九等,可耕之地祇有原隰衍沃。這是生產力水平所決定的,同時也與當時人口所需要的耕地數是相適應。假如,一旦生產力大大提高,人口的增殖數量與所需要的土地數量失掉了平衡,井田制必然遭到破壞。例如:戰國李悝"作盡地力之教",他一方面要求"治田勤謹",即提高單位面積產量;一方面,他把"山澤邑居"除外,其餘均作爲可耕的土地計算,即要求擴大耕地面積。所以這樣做,當然是那時的歷史條件造成的。即生產力提高了,人口增加得很多、很快,原來可耕的土地不敷應用。但是,這樣做的結果,必然影響了井田制度的存在。因爲,第一,一個勞動力所能耕種的土地,非百畝所限,原先所規定的"豆腐乾塊"已不適用;第二,可耕的土地不限於"原隰衍沃",若干平坦肥沃的區域,想利用溝洫經界劃成整齊的"豆腐乾塊"已不可能。

井田的特點,就在於它的"豆腐乾塊"。因此,"正經界"是井田的首要工作,"開阡陌封疆",井田就破壞了。井田的目的,在於"制

___

① 恩格斯:《共產主義原理》,《馬克思恩格斯全集》第 4 卷,人民出版社,1958 年,第 360 頁。

禄”，即便於大小奴隸主的“分臟”。

《孟子・滕文公》上：“經界不正，井地不均，穀禄不平。是故暴君污吏必慢其經界。經界既正，分田制禄可坐而定也。”

由這份材料可以看出，井地的目的，就在於“分田制禄”的便利。至於談到什麼“行仁政”，完全是騙人的鬼話。

關於當時人口與土地的比例，在春秋初年的大致情況，可由下邊兩段材料窺見一斑。

《左傳》昭公十六年：“子產對曰：昔我先君桓公與商人皆出自周，庸次比耦以艾殺此地，斬之蓬蒿藜藿而共處之。”

又，襄公十四年：“對曰：昔秦人負恃其衆，貪於土地，逐我諸戎。惠公蠲其大德，謂我諸戎是四岳之裔冑也，毋是翦棄，賜我南鄙之田，狐狸所居，豺狼所嗥，我諸戎除翦其荆棘，驅其狐狸豺狼，以爲先君不侵不叛之臣，至於今不貳。”

以上兩條：前一條是追述東周初年之事，後一條是追述初進入春秋約七十餘年之事。可以想見，當時未開墾的土地是相當多的。

“經界”包括兩方面：1. 是封疆；2. 是阡陌。封疆的經界正，可以消除大小奴隸主互相爭奪土地的糾紛；阡陌的經界正，可以減少分配産品和分配耕作任務等技術性的麻煩。

《左傳》昭公元年：“疆埸之邑，一彼一此，何常之有？王伯之令也，引其封疆而樹之官，舉之表旗而著之制令，過則有刑，猶不可壹。於是乎虞有三苗，夏有觀扈，商有姺邳，周有徐奄。自無令王，諸侯逐進，狃主齊盟，其又可壹乎？恤大舍小，足以爲盟主，又焉用之？封疆之削，何國蔑有？主齊盟者，誰能辯焉？”

又，昭公二十三年：“夫正其疆埸，修其土田。”

以上兩條：是春秋時期諸侯互相間侵奪土地的例證。

《左傳》閔公二年：“初，公傅奪卜齮田。”

又，文公八年：“先克奪蒯得田於菫陰。”

又，文公十八年：“齊懿公之爲公子也，與邴歜之父爭田，弗勝。”

《國語·晉語》八：“范宣子與和大夫爭田，久而無成。”

又，《晉語》九：“邢侯與雍子爭田。”

以上五條是春秋時期卿大夫互相間，因爭奪土地發生糾紛的例證。

《詩經·小雅·信南山》：“我疆我理，南東其畝。”

又，《大雅·崧高》：“王命召伯，徹申伯土田。”

又，《大雅·韓奕》：“奄受北國，因以其伯，實墉實壑，實畝實籍。”

又，《大雅·江漢》：“江漢之滸，王命召虎，式辟四方，徹我疆土。……于疆于理，至於南海。”

《國語·周語》：“修其疆畔，日服其鎛，不解於時。”

《禮記·月令》：“孟春之月……王命布農事，命田舍東郊，皆修封疆，審端徑術。”

《左傳》襄公十年：“初，子駟爲田洫，司氏、堵氏、侯氏、子師氏皆喪田焉。”

又，襄公三十年：“子產使都鄙有章，上下有服，田有封洫，廬井有伍。”

以上所引這些材料，大致可分爲兩類：1.“崧高”、“韓奕”、“江漢”三篇所述爲一類，主要是關於邦國相互間和邦國內部的正封疆經界的事例。2.其餘各條總爲一類，主要是關於采邑相互間和采邑內部的正阡陌經界的事例。前一類中包括有正阡陌經界，後一類中也包括有正封疆經界，二者很難截然分開。但是，井田要求整齊劃一，則無可懷疑。不然，“審端徑術”、“廬井有伍”等等，將無法解釋。

不過，如果把孟子所説的井田方案絕對化，也會發生錯誤。因爲孟子在提出這個方案的同時，就説：“圭田五十畝，餘夫二十五畝。”又説：“此其大略也，若夫潤澤之，則在君與子矣。”是孟子本人並不認爲實行井田制必須把所有耕地一律劃成"豆腐乾塊"。顯然"町"、"畦"都是井田外的畸零土地。但"豆腐乾塊"式是井田的基本形式則是可以肯定的。

關於當時庶人的耕作方法,主要是實行"耦耕"。

《詩經·周頌·噫嘻》:"亦服爾耕,十千維耦。"

又,《周頌·載芟》:"千耦其耘。"

《左傳》昭公十六年:"庸次比耦以艾殺此地,斬之蓬蒿藜藿而共處之。"

《國語·吳語》:"譬如農夫作耦以刈殺四方之蓬蒿。"

《論語·微子》:"長沮、桀溺耦而耕。"

《周禮·地官·里宰》:"以歲時合耦於鉏,以治稼穡,趨其耕耨。"注:"鉏者,里宰治處也。若今街彈之室,於此合耦,使相佐助,因放而爲名。季冬之月令:'命農師計耦耕事,修耒耜,具田器,是其歲時與?'"

由上述這些材料可以看出,"耦耕"在當時農業生產技術中的重要地位。"耦耕"之制如何?前人雖有説明,終覺難曉,所可知者,"兩人並耕"而已。但根據上引里宰職"歲時合耦於鉏"和《左傳》莊公二十八年有"二五(梁五、東關五)卒與驪姬讒羣公子而立奚齊,晉人謂之二五耦"的記載,仔細思考,似耦耕之制一般還不是隨便有兩個人就可以在一起共同進行工作,而是要經過選擇搭配的。

程瑤田《耦耕義述》:

> 耜之長自本至末,尺有一寸。其本廣五寸。本有銎,以受耒者也。用以耕,一人之力能任一耜,而不能以一人勝一耜之耕。何也?無佐助之者,力不得出也。故必二人並二耜而耦耕之,合力同奮,刺土得勢,土乃迸發,以終長畝不難也。……《地官》里宰之職以歲時合耦於鉏,言農事最重,必於先年季冬之月,合耦於里宰治處。合耦

者,察其體材,齊其年力,比而選之,使能彼此佐助以耦耕也。《周頌》曰:'亦服爾耕,十千維耦。'又曰:'其耕澤澤,千耦其耘。'言耕者必言耦,以非耦不能善其耕也。耦之爲言,并也。共事并行,不可相無之謂耦。鄉射禮,大射儀,其射也,司射比其三耦。注以比爲選次其才之相近者。疏更推言力之相近。瑤田謂:桃氏爲劍有上中下三制,弓人爲弓亦有三制,以應服之者之形貌大小。射之比耦也,齊其才,齊其力,齊其形貌,乃可校其勝負。否則強弱相懸,勝負前定,何校之有?三耦既比,然後作射。其進射也:上下射并行,當階、升堂、堂上亦並行,卒射、降階又並行,並行故謂之耦。里宰合耦,義亦如是。不然,農夫之耕,何與於里宰,而必規規然爲之合耦者?以必耦耕,故先合耦以齊其才力形貌。以一人獨耕,不能出力,故必不可不耦耕。然則耦耕者,在昔先民莫不皆然,夫固有所受之也。①

程氏解釋耦耕之制,比較是最詳明的了。爲什麼引述了這麼多原文呢?因爲,如果耦耕之制必須"合耦",而合耦又必須"察其體材,齊其年力",那末,當時就必然是實行共同勞動,共同分配(當然,要把剝削去的產品除掉),也就是說,還保存着農村公社的遺迹,這是一個不小的問題啊!

關於庶人對農業生產勞動的興趣如何,可以從監督勞動方面引一些材料看看。

《國語·周語》記虢文公諫宣王不籍千畝。先述籍田之制,然後於末段說:"稷則徧誡百姓,紀農協功。曰:'陰陽分佈,震雷出滯,土不備墾,辟在司寇。'乃命其旅曰:'徇!'農師一之,農正再之,

---

① 《皇清經解》卷五四一,"溝洫疆理小記"。

后稷三之,司空四之,司徒五之,太保六之,太師七之,太史八之,宗伯九之,王則大徇。耨穫亦如之。民用莫不震動恪恭於農,修其疆畔,日服其鎛,不解於時。”

《詩經·豳風·七月》和《小雅》的《甫田》、《大田》諸詩篇描述農業生產情況,都有“同我婦子(《甫田》、《大田》“同我”作“以其”),饁彼南畝,田畯至喜”之句。

《周禮·地官》“鄁長”和“里宰”二職都有“趨其耕耨”。

《禮記·月令》:“孟春之月……王命布農事,命田舍東郊,皆脩封疆,審端徑術。”

又,“孟夏之月……天子勞農勸民,毋或失時。命司徒巡行縣鄙,命農勉作,毋休於都”。

又,“仲秋之月……乃命有司趣民收斂,務畜菜,多積聚。乃勸種麥,毋或失時,其有失時,行罪無疑”。

又,“季冬之月……命農計耦耕事,修耒耜,具田器”。

請看:當時統治階級在監督農業生產勞動方面作了多少事情。據《周語》所述,於每次耕、耨、穫的開始,都要經過自農師至王一遍又一遍地宣佈命令,而且還說“辟在司寇”,即用刑法來威脅,要求農民最後達到“莫不震動”。在《詩經》幾篇農詩中,都提到“田畯至喜”,那末,田畯如果是不喜而是怒時的情況如何? 可想而知了。特別是《月令》仲秋之月說:“其或失時,行罪無疑。”試想,行罪的情況怎樣? 不用說,自然是“刀鋸”、“鑽筆”或“鞭扑”一類的東西了。馬克思說:“一切建立在勞動者(直接生產者)和生產資料所有者間的對立地位上的生產方式,都必然有這種監督勞動會發生。其中的對立性愈是大,這種監督勞動所起的作用也愈是大。所以,在奴隸制度下,它的作用達到最高點。”[1]當然,中國的奴隸社會在監督勞動方面的情況也不會是例外。那末,當時庶人對農業生產勞動

---

[1] 《資本論》第3卷,人民出版社,1956年,第482頁。

的興趣如何，不必講就可以知道了。

其次，要説明當時庶人不僅是農業生產工作者，同時也是武裝部隊的戰士。《國語·晉語》八記叔向陳述當時禄田制度説："大國之卿，一旅之田；上大夫，一卒之田。"

當時的禄田不用頃畝計算，而用卒旅計算，足以證明庶人是農業生產工作者，同時也是武裝部隊的戰士。所以有這種情況，也是當時的歷史條件決定的。因爲當時總的情況是，地曠人稀，交通梗阻，加以奴隸社會的本性是好掠奪的。所以，不但在人民居住區的周圍須修建城堡，而且還須經常作防禦準備。

《左傳》昭公十八年："鄅人藉稻，邾人襲鄅。鄅人將閉門，邾人羊羅攝其首焉，遂入之，盡俘以歸。"

又，同年鄭有火災，"子產授兵登陴。子大叔曰：'晉無乃討乎？'子產曰：'吾聞之，小國忘守則危，況有災乎？國之不可小，有備故也。'"

以上兩條説明當時重視武備的必要。在這裏有一點須説明，就是庶人雖是武裝部隊的戰士，但是，平日武器卻不保存在他們手裏，而是在應用的時候，臨時發給。這可由上邊所引的"子產授兵登陴"和同書隱公十一年"鄭伯將伐許，五月甲辰授兵於大宫，公孫閼與潁考叔争車"來證明。"授兵"是發給武器的意思。又，同書閔公二年："將戰，國人受甲者，皆曰使鶴。""受甲"是領武器。

《周禮·地官·小司徒》："上地家七人，可任也者家三人。中地家六人，可任也者二家五人。下地家五人，可任也者家二人。凡起徒役，毋過家一人，以其餘爲羨，唯田與追胥竭作。"

這個材料説明當時庶人除了擔負農業生產工作，還要擔負：1."徒役"，包括出征和築城郭、宫室；2."田"，即畋獵；3."追胥"，即追捕盜賊。追捕盜賊列爲重大任務之一，要求正卒和羨卒一齊出動，不難看出當時掠奪之風何等嚴重。

最後，談談庶人的生活。當時庶人的生活是困苦的、悲慘的。

《左傳》昭公三年："民參其力，二入於公，而衣食其一，公聚朽蠹而三老凍餒，國之諸市，屨賤踊貴。"

又，同年："庶民罷敝而宮室滋侈，道殣相望而女富溢尤，民聞公命，如逃寇讎。"

以上兩份材料，真實地反映了春秋中葉齊、晉兩個大國人民生活的悲慘景象。前者是由晏嬰口中所說出來的齊景公時的概況。其剝削之重，竟至於三分取二，祇留下一分作爲農食之用。結果造成：一方面，公室儲藏之多，至於朽爛生蛀；另方面，農、工、商的老年人卻都受凍捱餓。不但此也，而且還實行殘酷的壓迫。單舉刖足之刑爲例，竟至於影響到市場上賣假脚的供不應求，大漲其價；賣鞋子的反因無人過問，不得不減價出售。後者是由叔向口中所說出來的晉平公時的概況，也是一方面。公室大興土木①，奢淫無度；一方面，庶民疲敝不堪，死於道路的，前後相繼。這種鮮明對比，深刻地說明了奴隸社會殘酷地階級壓迫與剝削的本質。

此外如：

《左傳》襄公九年："晉侯（悼公）歸，謀所以息民，魏絳請施舍，輸積聚以貸。自公以下，苟有積者盡出之。國無滯積，亦無困人。"

又，襄公二十九年："鄭饑而未及麥。民病。子皮以子展之命，餼國人粟，戶一鍾。"

又，同年："宋亦饑，請於平公，出公粟以貸，使大夫皆貸，司城氏貸而不書，爲大夫之無者貸。"

又，昭公三年："齊舊四量：豆、區、釜、鍾。四升爲豆，各自其四，以登於釜。釜十則鍾。陳氏三量皆登一焉。鍾乃大矣。以家量貸而以公量收之。"

從上述這些文字的表面上看，好像這是當時若干奴隸主的仁慈德政的一種表現。但從本質上看，卻大大不然。試問：這些奴隸

---

① "銅鞮之宮數里"，見《左傳》襄公三十一年。

主有這樣多的糧穀,是從哪裏來的呢? 顯然都是庶人即奴隸的勞動果實。爲什麽奴隸窮得要死,奴隸主們反而有這樣多的餘糧呢?不充分說明奴隸制度的剝削是如何粗暴、野蠻嗎?

《荀子·大略》:"古之賢人,賤爲布衣,貧爲匹夫,食則饘粥不足,衣則豎褐不完。"

《莊子·讓王》:"原憲居魯,環堵之室,茨以生草,蓬户不完,桑以爲樞,而甕牖二室,褐以爲塞,上漏下濕。"

又,"曾子居衛,緼袍無表,顔色腫噲,手足胼胝,三日不舉火,十年不製衣,正冠而纓絕,捉衿而肘見,納履而踵決"。

上述三條:前一條已明白指出所描述的是"布衣"、"匹夫"生活的典型的情況。後兩條雖未明說,尋繹大意,亦可知原、曾二氏是在過勞動人民的生活。總之,由上述三條所談的居住、飲食、衣服各方面的情況,不難想象當時庶人的生活是如何窮困了。

庶人不僅生活窮困,而且時時有遭受刑罰的可能。《曲禮》上說"刑不上大夫,禮不下庶人",這是當時社會在上層建築方面所確定的基本原則。換言之,就是禮爲大夫以上即奴隸主階級而設,刑爲庶人即奴隸階級而設。

《國語·魯語》:"大刑用甲兵,其次用斧鉞,中刑用刀鋸,其次用鑽笮,薄刑用鞭扑,以威民也。"

又,《晉語》六:"今吾司寇之刀鋸日弊而斧鉞不行。……今吾外刑乎大人而忍於小民。"

由上述材料可以看出:當時刑有三等五種,施於庶人的,以中刑爲多。故《晉語》上文言"刀鋸日弊",下文言"忍於小民",齊景公時的"屨賤踊貴",也是濫用刀鋸於小民的反映。在這裏還應着重指出一點,即當時祇有刑罰而沒有刑法,應否行刑和刑的輕重,沒有客觀的標準,奴隸主可以任意而爲。這正反映當時社會存在兩個對立的階級:一方面是"享有完全權利的人";另一方面則是"毫無權利的人"。

　　庶人之妻，則除了須做些日常的家務勞動，如造飯、送飯和照護小孩等等以外，最重要的，要擔負起一家人的衣着之責。

　　《國語·魯語》：“自庶士以下，皆衣其夫。”

　　此外，農副業生產則除了“環廬樹桑，菜茹有畦，瓜瓠果蓏殖於疆場”以外，還可以養猪養鷄。

　　《孟子·梁惠王上》：“五畝之宅，樹之以桑，五十者可以衣帛矣。鷄豚狗彘之畜，無失其時，七十者可以食肉矣。”

　　又，《盡心上》：“五母鷄，二母彘，無失其時，老者足以無失肉矣。”

　　《禮記·曲禮下》：“問庶人之富，數畜以對。”

　　《孟子》所述的“王道”，實際就是春秋以前的舊制。至《曲禮》所說的“數畜以對”的富，自然是極罕見的現象。

　　庶人一年中有三個盛大的節日：1. 春社；2. 秋社；3. 蠟。在節日裏，大概可以吃到一點酒肉。至於平日，當然没有了，因爲定制是“庶人無故不食珍”（《禮記·王制》）。

　　關於社事：

　　《禮記·月令》，仲春之月：“擇元日，命民社。”

　　又，仲秋之月：“擇元日，命民社。”①

　　社是土神，春祭社的意思是爲“祈穀”，秋祭社的意思是爲“報功”。《禮記·郊特牲》：“唯爲社事，單出里。”就是説，當時祇有祭社的時候要求人們盡數出來參加。後世如《史記·陳丞相世家》稱：“里中社，平爲宰，分肉食甚均。”《荆楚歲時記》：“社日，四鄰並結綜會社牲醪爲屋於樹下，先祭神，然後饗其胙。”及唐人張蠙詩有“桑柘影斜春社散，家家扶得醉人歸”之句等等，都應看作是古代的遺風流傳到後世的。

――――――――――

　　①　今本此文缺，此據《太平御覽》引文補。

關於蠟：

《禮記·郊特牲》："伊耆氏始爲蜡。蜡也者，索也，歲十二月，合聚萬物而索饗之也。"

又《雜記》："子貢觀於蜡。孔子曰：'賜也，樂乎？'對曰：'一國之人皆若狂，賜未知其樂也。'子曰：'百日之蜡，一日之澤，非爾所知也。張而不弛，文武弗能也；弛而不張，文武弗爲也。一張一弛，文武之道也。'"

蜡祭流傳的年代也很久，後世歷代相沿，直到明朝滅亡才廢除此祭。它是一年中關於農事的一個最大的祭典和節日。子貢光看到"一國之人皆若狂"，祇有孔子才瞭解其中的秘密。即，終年勞苦，讓他們休息這一天來盡情歡樂，這是符合於文武的"一張一弛"的政策的。

以上就是關於庶人的家庭、居住、勞動對象、耕作方法、勞動興趣，以及日常生活各方面的基本材料和初步分析。我們根據上述的材料和分析，這個庶人當然與希臘、羅馬類型的奴隸不同，但是也很難說是中國封建社會的農奴。最穩妥的說法，應該說它是"古代東方"類型奴隸制的奴隸在中國歷史條件下所表現的具體形式。它正是決定社會性質的，被奴隸主階級所占有的生產工作者——奴隸，而當時的社會則是奴隸制社會。

當時社會工、商的地位，基本上同庶人一樣。

《左傳》桓公二年，晉人師服論述當時社會的等級制度於結尾處說："庶人工商各有分親。"

又，宣公十二年，晉諸卿會議共同研究楚國情況，決定和戰大計，在隨武子的話裏有："荊尸而舉，商農工賈不敗其業。"

又，襄公九年，楚人子囊論晉國政治，在話裏有："庶人力於農穡，商工皁隸不知遷業。"

又，襄公十四年，晉人師曠與晉平公談及當時政治上的等級制度,於結尾處也説:"庶人工商皂隸牧圉皆有親暱。"

又,昭公二十六年齊人晏嬰述舊制説:"在禮,……民不遷,農不移,工賈不變。"

又,哀公二年,晉人趙簡子臨戰誓師,宣佈賞格説:"克敵者,上大夫受縣,下大夫受郡,士田十萬,庶人工商遂,人臣隸圉免。"

又,《國語·晉語》撮述晉文公歸國之初,在政治上的措施,其中談到:"公食貢,大夫食邑,士食田,庶人食力,工商食官,皂隸食職。"

我們仔細考察上述材料,將會看到:庶人、工、商、皂、隸、牧、圉這幾種人,在當時大人先生的言論中,有時完全合并在一起來講,如上引第四條師曠所談的就是;有時祇把庶人、工、商合并在一起來講,如上引第一條、第二條、第六條都是;有時是把商、工、皂、隸合并一起講,而把庶人分開,如上引第三條就是;有時庶人(農)、工、商(賈)和皂隸分爲三種人來講,如上引第五條、第七條都是。總之,可以證明庶人、工、商、皂、隸、牧、圉這幾種人在當時的社會地位,基本上是相等的,都是毫無權利的、受壓迫的、受剝削的階級,即都是奴隸階級的成員。

工在當時可以作爲禮物來送人的。例如:

《左傳》成公二年:"楚侵及陽橋,孟孫請往賂之以執斵、執鍼、織紝皆百人。"

不過,工師、工正、匠人等,則不在此例。他們是管理工人的,應屬於奴隸主階級。例如:《左傳》襄公四年的"匠慶",《禮記·檀弓》下的"公輸般",就不應誤認爲是"奴隸"。

商人在當時有致富的可能,并且在春秋的時候,也確實有幾個著名的大商人。但是,儘管這樣,還不能改變他們的階級地位。

《國語·晉語》八:"夫絳之富商,韋藩木楗以過於朝,唯其功庸少也。"

上述這條材料,就足以證明商人雖富,並不能改變階級地位。

《左傳》上有幾處關於商人的記載，兹撮録於下：

僖公三十三年秦師襲鄭，"及滑。鄭商人弦高將市於周，遇之。以乘韋先、牛十二犒師。曰：'寡君聞吾子將步師出於敝邑，敢犒從者。不腆敝邑爲從者之淹，居則具一日之積，行則備一夕之衛。'且使遽告於鄭"。

成公三年："荀罃之在楚也，鄭賈人有將寘諸褚（囊）中以出。既謀之未行，而楚人歸之。賈人如晉。荀罃善視之，如實出己。賈人曰：吾無其功，敢有其實乎？吾小人，不可以厚誣君子。遂適齊。"

昭公十六年，晉韓"宣子有環，其一在鄭商，……韓子買諸賈人，既成賈矣。商人曰：'必告君大夫。'韓子請諸子産。曰：'日起請夫環，執政弗義，弗敢復也。今買諸商人。商人曰：必以聞，敢以爲請。'子産對曰：'昔我先君桓公與商人皆出自周，庸次比耦以艾殺此地，斬之蓬蒿藜藋而共處之，世有盟誓，以相信也，曰：爾無我叛，我無强賈，毋或匄奪。爾有利市寶賄，我勿與知。恃此質誓，故能相保以至於今。今吾子以好來辱，而謂敝邑强奪商人，是教敝邑背盟誓也，毋乃不可乎？'"

以上三段記載，事都出於鄭國，證明鄭國商人，在當時社會應是特殊的情況。其原因應如下：1. 鄭桓公與商人東遷，曾共過患難，立有盟誓，商人享有一定的權利；2. 鄭國地處中原，交通便利，壤土褊小，難以自存，不得不向商人讓步，以圖繁榮經濟，增强國力。但是，商人還自稱爲"小人"，而且荀罃爲"君子"，證明還没有擺脱掉他的原有階級地位。

皂、隸、牧、圉無疑是當時社會上最卑賤的階層。但是，從他們的性質來説，與庶人、工、商還有些差别。他們不是決定中國奴隸社會性質的奴隸。

《左傳》昭公七年："天有十日，人有十等，下所以事上，上所以共神也。故王臣公，公臣大夫，大夫臣士，士臣皂，皂臣輿，輿臣隸，隸臣僚,僚臣僕,僕臣臺,馬有圉,牛有牧,以待百事。"

由上述這段材料可以看出,皂、隸、牧、圉,儘管是地位極卑,但是,他們還名列於統治的系統,對庶人、工、商還不免有壓迫和剥削的事實;同時從奴隸的類别上看,它們不屬於生産的奴隸的範疇。所以,祇有皂、隸、牧、圉,還不能決定當時社會是奴隸社會。

現在請進一步談談所謂"君子"的這一階級。

當時社會所謂"君子"的階級,是以"勞心"爲特徵的,即享有受教育,繼承、發展文化的特權。這個階級包括有天子、諸侯、卿、大夫和士。

關於君子享有受教育的特權之事,兹舉例證明如下:

《周禮·地官·師氏》:"以三德教國子:一曰至德,以爲道本;二曰敏德,以爲行本;三曰孝德,以知逆惡。教三行:一曰孝行,以親父母;二曰友行,以尊賢良;三曰順行,以事師長。居虎門之左,司王朝。掌國中失之事,以教國子弟、凡國之貴遊子弟學焉。"

又,《保氏》:"養國子以道,乃教之六藝:一曰五禮,二曰六樂,三曰五射,四曰五馭,五曰六書,六曰九數。乃教之六儀:一曰祭禮之容,二曰賓客之容,三曰朝廷之容,四曰喪紀之容,五曰軍旅之容,六曰車馬之容。"

又,《春官·大司樂》:"掌成均之法,以治建國之學政而合國之子弟焉。凡有道者、有德者使教焉,死則以爲樂祖,祭於瞽宗。以樂德教國子:中、和、祇、庸、孝友。以樂語教國子:興、道、諷、誦、言語。以樂舞教國子:舞雲門、大卷、大咸、大磬、大夏、大濩、大武。"

又,《樂師》:"掌國學之政以教國子小舞。"

又,《大胥》:"掌學士之版以待致諸子。春入學舍采合舞,秋頒學合聲。"

又,《小胥》:"掌學士之徵令而比之,觵其不敬者,巡舞列而撻其怠慢者。"

又,《籥師》:"掌教國子舞羽龡籥。"

《禮記·文王世子》:"凡學:世子及學士必時。春夏學干戈,秋冬學羽籥,皆於東序。小樂正學干,大胥贊之,籥師學戈,籥師丞贊之。胥鼓南。春誦夏弦,大師詔之。……"

又,《王制》:"樂正崇四術,立四教。順先王詩書禮樂以造士。春秋教以禮樂,冬夏教以詩書。王太子,王子,羣后之太子,卿大夫元士之適子,國之俊選皆造焉。凡入學以齒。將出學:小胥、大胥、小樂正簡不帥教者,以告於大樂正。大樂正以告於王。王命三公、九卿、大夫、元士皆入學。不變,王親視學。不變,王三日不舉,屏之遠方。西方曰棘,東方曰寄,終身不齒。大樂正論造士之秀者,以告於王,而升諸司馬,曰進士。司馬辨論官材,論進士之賢者,以告於王,而定其論。論定然後官之。任官然後爵之。位定然後祿之。大夫廢其事,終身不仕,死以士禮葬之。"

《周禮·夏官·諸子》:"掌國子之倅,掌其戒令與其教治。……凡國之政事,國子存游倅,使之修德學道,春合諸學,秋合諸射,以考其藝而進退之。"

又,《都司馬》:"掌都之士庶子,……以國法掌其政學。"

《左傳》襄公三十一年:"鄭人游於鄉校,以論執政。然明謂子產曰:'毀鄉校何如?'子產曰:'何爲? 夫人朝夕退而游焉,以議執政之善否。……'"

綜上所述,可以粗窺當時教育的情況。大體説:學校都設在"國",在"都",在"鄉"(鄉在"國中",與後世的鄉村不同),沒有設在野和鄙的。當時享有受教育的特權的是"國子","國之貴游子弟","王太子,王子,羣后之太子,卿、大夫、元士之適子,國之俊選","國子之倅","都之士庶子"等等,總之,都是貴族子弟,沒有庶人、工、商、皂、隸、牧、圉的子弟。學成以後,則"官之","爵之","祿之",即繼續作壓迫者、剝削者,以鞏固奴隸主階級的政權。

可能有人懷疑《周禮》、《王制》、《文王世子》等作品出世較晚,不能證明西周、春秋時期的制度，殊不知春秋末期奴隸制已發生動搖，在文化教育上最明顯的標誌，是孔子所實行的"有教無類"。以後風氣大變，諸書所説的制度，斷不是戰國時代所有，而與春秋以前的社會情況相符，其爲春秋以前的舊制，無可疑者。

關於奴隸主階級的天子、諸侯、卿、大夫和士，各個等級的特點及其相互間的關係，兹説明如下：

周代的政權組織，大體上分中央、地方兩級。中央政權的首腦是天子，地方政權的首腦是諸侯。

天子有自己直轄的區域，即所謂"邦畿千里"。諸侯轄區大小不等。周初初封的時候，大約最大的沒有超過百里的。

《國語·周語》記周襄王有下面這一段話，即："昔我先王之有天下也，規方千里，以爲甸服，以供上帝山川百神之祀，以備百姓兆民之用，以待不庭不虞之患。其餘以均分公侯伯子男，使各有寧宇，以順及天地，無逢其災害。"

《左傳》襄公二十五年記鄭子產語。有："昔天子之地一圻（千里），列國一同（百里），自是以衰。"

以上兩條，應是講周代封國大小的最可靠的根據（《周禮》書晚出，大司徒所説里數沒有現實意義。《孟子·萬章》篇所説比較近是，但覺得有點太公式化了）。

周初諸侯之國，大約有三種來源：1. 由前代沿襲下來的古老國家；2. 周代新封的同姓國家；3. 周代新封的異姓國家。

中央與地方有上下級統屬關係。但是，中央所管的並不多，并且也不够嚴格、徹底，一般祇要求能如期朝聘、貢獻，在名義上尊爲共主而已。經今文公羊家説有"諸侯不純臣"之義，[1]這話是有根據的。春秋各國中祇有魯國以"秉周禮"著稱（《左傳》閔公元年），其餘各國，如歷法、官制和禮俗等等，多不相同。

---

[1]　見《詩經·周頌·臣工》，《正義》引《五經異義》。

《史記·魯周公世家》："魯公伯禽之初受封之魯，三年而後報政周公。周公曰：'何遲也？'伯禽曰：'變其俗，革其禮，喪三年然後除之，故遲。'太公亦封於齊。五月而報政周公。周公曰：'何疾也？'曰：'吾簡其君臣禮，從其俗爲也。'"

由上述這段材料，可見當時諸侯在其轄區以內，權限很大，即對中央政權來說，有很大的獨立性。

天子在畿內，諸侯在國內，爲實行其階級統治，都設有一套完整的政治機構。當然，畿內的政治機構比較特殊，例如，設三公，並有畿內諸侯等。諸侯之國，依領土的大小、爵位的高低，所設機構和員額也各不相同。但有一點，卻基本上一致，即分成許多同一類型的等級。這個等級，就是我們在上邊所說的公、卿、大夫、士和所謂"卿置側室，大夫有貳宗，士有隸子弟"等等。不過，王公之間的關係和王公與卿大夫士之間的關係以及王公與卿大夫士之間和卿大夫與士之間的關係，都不是相同的，還須具體地加以分析。

爲了容易看到問題的本質，我們有必要注意下邊這個事實。《左傳》襄公二十六年記衛獻公使子鮮"與甯喜言曰：'苟反，政由甯氏，祭則寡人。'"（時獻公失國）

從上述這個事實，透露出當時諸侯實現它的統治，主要是利用兩種東西：1. 政；2. 祭。自今日的眼光看來，好像奴隸主的統治，政是必要的，祭則算不了什麽，而在當時的歷史條件下，祭和政二者，同樣具有重要意義和內容。

我們要知道：祭的對象是神，政的對象是民。祭同禮聯繫着，政同刑聯繫着。祭是利用宗教實行間接的統治，政是利用暴力實行直接的統治。"禮不下庶人"，證明祭這一統治工具的行使範圍，主要以卿大夫士爲限，即以所謂"君子"爲限。"刑不上大夫"，證明政這一統治工具的鋒芒，主要指向庶人、工、商、皂、隸、牧、圉等，亦即所謂"小人"。

《國語·周語》記祭公謀父諫周穆王稱武王"事神保民，莫弗欣喜"。

又，虢文公諫周宣王說："若是乃能媚於神而和於民矣。"

《左傳》桓公六年："所謂道：忠於民而信於神也。"（隨人季梁語）

又，襄公九年："使其鬼神不獲歆其禋祀，其民人不獲享其土利。"（鄭公子騑語）

所有上述這些材料，都是神、民並舉，列為國君工作的兩個重要對象。這絕不是偶然的，如果同上述祭、政二者聯結起來看，更容易看到其間的關係。我們有必要抓住這條綫索，進一步深入地加以研究。

為了深入地瞭解古人所以重視祭的精神實質，請先引一些材料，然後再加以分析。

《禮記·曲禮》下："天子祭天地，祭四方，祭山川，祭五祀，歲徧。諸侯方祀，祭山川，祭五祀，歲徧。大夫祭五祀，歲徧。士祭其先。"

又，《禮運》："魯之郊禘非禮也，周公其衰矣！杞之郊也，禹也；宋之郊也，契也。是天子之事守也。故天子祭天地，諸侯祭社稷。"

《公羊傳》僖公三十一年："魯郊何以非禮？天子祭天，諸侯祭土（社）。天子有方望之事，無所不通，諸侯山川有不在其封内者，則不祭也。"

《禮記·王制》："天子七廟：三昭三穆，與太祖之廟而七。諸侯五廟：二昭二穆，與太祖之廟而五。大夫三廟：一昭二穆，與太祖之廟而三。士一廟。庶人祭於寢。"

《荀子·禮論》："郊止乎天子，而社止於諸侯，道及士大夫，所以別尊者事尊，卑者事卑，宜大者巨，宜小者小。故有天下者事七世，有一國者事五世，有五乘之地者事三世，有三乘之地者事二世。持手而食者，不得立宗廟。所以別[積厚]。積厚者流澤廣，積薄者流澤狹也。"

《穀梁傳》僖公十五年：“天子至於士皆有廟：天子七廟，諸侯五，大夫三，士二。故德厚者流光，德薄者流卑。”

《儀禮·喪服傳》：“禽獸知母而不知父。野人曰：父母何算焉？都邑之士，則知尊禰矣。大夫及學士則知尊祖矣。諸侯及其太祖，天子及其始祖之所自出。尊者尊統上，卑者尊統下。”

《中庸》：“郊社之禮，所以事上帝也。宗廟之禮，所以祀乎其先也。明乎郊社之禮、禘嘗之義，治國其如示諸掌乎。”

《論語·八佾》：“或問禘之說。子曰：‘不知也，知其說者之於天下也，其如示諸斯乎？’指其掌。”

關於祭祀之事，上邊所引的這些材料雖然不能包括無遺，并且其所談的内容也往往是偏重於某一方面，或某一問題，但是，基本的東西，可以説，已盡於此。

大體説，當時的各種祭祀，是有不同的政治意義的。兹依其發生遲早、等級高下，分爲如下三類：1. 宗廟之祭；2. 社稷之祭；3. 天地之祭。

庶人没有廟。宗廟之祭，最低由士起，士以上隨着政治地位的增高，所祭的廟也相應的增多占由“官師一廟”（《禮記·祭法》），以次遞增，爲適士二廟，大夫三廟，諸侯五廟，最高天子七廟。

社稷之祭，則由諸侯起始。政治地位低於諸侯的，如卿、大夫、士，都不得祭社稷（成羣立社的不在此例）。

天子不但祭宗廟，祭社稷，并且祭天地。

人們看到這裏不禁要問：祭神爲什麼也分成這些等級？分成這些等級的意義何在？當然，在古書上找不到現成的答案。縱有一些如“尊者事尊，卑者事卑”、“積厚者流澤廣，積薄者流澤狹”、“尊者尊統上，卑者尊統下”之類的答案，是不能令人滿意的。因爲，他們都是站在當時的統治階級立場，替統治階級説話，没有也不能把真實的底藴告訴我們。

我們首先要看有宗廟之祭的是什麼人？没有宗廟之祭的是什

麼人？然後再看宗廟多的是什麼人？宗廟少的是什麼人？很明顯地會看到，有宗廟之祭的是剝削者，是享有完全權利的人；沒有宗廟之祭的是被剝削者，是毫無權利的人。宗廟多的，在剝削者享有完全權利的人當中，是剝削較多的、權利較大的人。宗廟少的，在剝削者享有完全權利的人當中，是剝削較少、權利較小的人。總之，宗廟之祭同政治上、經濟上的地位和權利有密切聯繫。那末，非常清楚，宗廟之祭雖然祇是一種宗教的形式，實具有政治的內容，事實上，它在起着統治工具的作用，它是一種特殊的統治工具。

宗廟之祭，不是階級社會新產生的，應起源於氏族社會的祖先崇拜。宗廟就是祖先崇拜的物質對象。大家知道："祖先崇拜的主要意義起初祇是爲紀念祖先的勞動經驗的獲得和留傳，用各種祭祀來表示繼續這種經驗。後來它變成了單純的迷信，借此來鞏固那種以共同血緣爲基礎的家族關係。"正因爲宗廟之祭是鞏固家族關係的工具，也就是說，它是團結一種組織力量的工具，所以，一方面，奴隸主爲了消滅奴隸的反抗，就不能讓奴隸利用這種工具；另方面，奴隸主爲了鎮壓奴隸的反抗，就不能不利用這種工具爲自己服務。至於廟有多少之分，則是由於奴隸主階級內部又有矛盾，目的在使政治力量與政治地位相適應，以保持奴隸社會的秩序。總之，宗廟的有無或多寡，絕不如前人所理解的，是文化修養、道德觀念的有無或高低的標誌，而是有政治的內容，即在饋享裸將的背後，實隱藏着階級鬥爭的實質。

諸侯祭社稷，從表面上看，是宗教迷信，從本質上看，也是政治上的問題。我們爲了進一步認識這個問題，首先，要對"社稷"這個概念加以說明。

在一般的意義上講，社是土神，稷是穀神。但在古書上使用這個概念的時候，並不局限於這個含義，而是常常把它看成是國家的同義語。例如，諸侯是一國之君，就常常用"主社稷"一詞來表述。

《左傳》莊公十四年："苟主社稷，國內之民，其誰不爲臣？"

又，襄公十三年："不穀不德，少主社稷。"

上述二條文内所説的"主社稷"，意思就是作了一國之君。

同類例子，如國家滅亡叫做"社稷不血食"。在《左傳》書中有：

莊公六年："若不從三臣，抑社稷實不血食，而君焉取餘？"

又叫做"泯其社稷"。在《左傳》書中有：

宣公十二年："若惠顧前好，徼福於厲、宣、桓、武，不泯其社稷，使改事君，夷於九縣，君之惠也。"

成公二年："吾子惠徼齊國之福，不泯其社稷，使繼舊好。"

又叫做"隕社稷"，在《左傳》書中有：

桓公五年："社稷無隕多矣。"

成公十三年："我襄公未忘君之舊勳，而懼社稷之隕，是以有殽之師。"

保衛國家叫做"衛社稷"。在《左傳》書中有：

文公元年："凡君即位，卿出並聘，踐脩舊好，要結外援，好事鄰國，以衛社稷，忠信卑讓之道也。"

以一身繫國家之重的大臣叫做"社稷之臣"。在《左傳》書中有：

成公十六年："夫二人者，魯國社稷之臣也。若朝亡之，魯必夕亡。"

戰敗國投降的禮節，由國君穿着喪服，懷抱着社主。在《左傳》書中有：

襄公二十五年："陳侯免，擁社，使其衆男女别而累以待於朝。"

根據上述這些例證加以分析，似可得出這樣結論，即：社是地方神。這個神有區域性，在當時是以一國爲限。在一個國家的内部，它是舉國共同尊祀的唯一的、最高的神。就其重要性來説，它居然達到這樣程度，即在當時它是一個國家的象徵。當然，實際代表國家的是國君，而不是這個不可捉摸的社稷。但是，爲什麽不直接地就用國君代表國家，而偏要拐了一個大彎子用社稷來代表呢？

我想這個道理可以從兩個方面來説明：1. 歷史方面；2. 現實方面。

從歷史方面看，社稷是社會發展到一定階段上的產物。先前在氏族、部落的時代，如果説已經有了社稷的祀典，那祇能屬於自然崇拜或靈物崇拜的範疇，是萬物有靈論的一種表現，而絕不能成爲一定區域的統一的、最高的神。因爲氏族、部落都是以同一血統爲基礎的共同體，在那時祇能有統一的氏族神、部落神（如前文所説的“宗廟”）而不可能有部族神。祇有發展到了以血統關係爲基礎的共同體開始解體，而將爲新的以一定地域的共同性爲特徵的共同體所代替的時候，即將轉變爲部族的時候，才有可能像社稷這樣的部族神出現。因爲宗教信仰的發展是社會經濟發展的反映。當一個社會由氏族、部落發展變爲部族的時候，住在同一地域的人們，彼此間經濟的聯繫比血統聯繫更具有共同的性質。因此，祖先崇拜即宗廟之祭，雖然還保留着，但已失去了共同體的統一的、最高的神的地位，而爲新的共同體的統一的、最高的神——社稷即地方神所代替。當然，最初主祭社稷的人，不一定是世襲的、實行階級統治的國君，很可能是由人民選舉出來的公僕。但是由於社會不斷向前發展，這個公僕很快變成了國君，於是國君與主祭社稷遂在一個人的身上統一起來，即一方面，他是神權的承擔者；一方面，他又是政權的承擔者。

從現實方面看，國君集神權、政權於一身。他一方面可以利用國家機器的暴力作用來鎮壓人民；另一方面，可以利用宗教迷信的欺騙作用來麻醉人民。這樣，對於鞏固奴隸主階級的統治來説，是更爲有利的。

天子祭宗廟、祭社稷，又祭天地，這與他是同姓的首腦，是邦畿的首腦，同時又是天下的首腦的特殊身份相適應。關於祭宗廟、祭社稷的意義，已如上述。天子祭天地，也是社會發展到一定階段的合理的產物。這是由於這個時候在政治上衆多部族基於某種原因尊奉一個部族的首腦爲共同的首腦，在宗教上也須創立一個新的共同的、統一的、至高無上的神，同它相適應，於是祭天地便被發明出來了。當然，這並不是說在此以前事實上不存在祭天地這回事。不過，意義上實大不相同，即先前如果有祭天地之事，那祇是從自然崇拜的意義上舉行的，天地是多神中的一個神；而這時的祭天地，則兼具有政治意義，天地已被突出地尊爲統一的、至高無上的神，祇有天子一人行祭，其他任何人都不能祭。天子名稱的由來，以及取得天子地位的叫做"受天命"，都是自這一意義産生的。

　　在這裏順便談談宗法制度。因爲宗法制度與宗廟之制有緊密聯繫，或者可以説宗法制度是宗廟之制在新的條件下的發展。周代宗法制度具有完整體系，它是周代奴隸主政權的重要支柱。但是，如果把周代的政治制度與宗法制度混爲一談，例如從宗法的意義出發，認爲天子是天下的大宗，國君是一國的大宗等等，則是錯誤的。顯然，宗法祇以有同一血統關係者爲限，不能包括異姓。而列國的諸侯有異姓，一國的大夫也不必盡是同姓。一有異姓，宗法即不適用，這是一個極平凡的、不容爭辯的道理。也正因爲這樣，所以才有天子祭天地，諸侯祭社稷之事，用另外一種辦法來維係没有血統關係的一些人，以彌補宗法的不足。同時，即同一血統，如天子與同姓諸侯，諸侯與同姓卿大夫也不適用宗法。爲什麽呢？這是因爲政權與宗法二者之間的關係，有統一的一面，也有矛盾的一面。從天子、諸侯倚靠宗法勢力來作政權的支柱；宗法倚靠天子、諸侯的政權來取得一部分政治利益和經濟利益以建立它的組織這一點來看，無疑是統一的。但是，宗法組織建立起來以後，由於胤嗣蕃衍，勢力不斷擴大，定將使政權受到威脅，甚至會取而代之；另方面，天子、諸侯早已見到這一點，所以絶對不容許有血統關係的族人利用族權來侵犯政權，這就是它們之間矛盾的一面。事實上，當時的制度是這樣：一方面，"天子建國"，大封同姓爲諸侯；"諸侯立家"，以公族爲卿大夫，作爲"公室之枝葉"。於是"天子有田以處其子孫，諸侯有國以處其子孫，大夫有采以處其子孫"（《禮記·禮運》），爲宗法制度樹立穩固的物質基礎以促其發展，藉以收到"藩屏"、"庇蔭"的效果。另方面，宗法制度規定"別子爲祖"（《禮記·喪服小記》和《大傳》）。別子的含義是"自卑別於尊"（詳見《儀禮·喪服傳》），即首先把政權與族權的界線劃清，使不相混淆。古人所說"君是絕宗之人"（《儀禮·喪服傳》賈公彥疏），"諸侯之尊，弟兄不得以屬通"（《穀梁傳》隱公七年），"諸侯奪宗"（《漢書·梅福傳》）等等，都是闡明這個意義。又如，《穀梁傳》文公二年："君子不以親親害尊尊。"《公羊傳》哀公三年："不以家事辭王事，以王事辭家事。"《左傳》隱公四年："大義滅親。"等等，也是説明當宗法與政權兩種關係發生矛盾時，應當讓宗法的關係服從政權的關係，不能讓政權的關係服從宗法的關係。

　　關於祭宗廟、祭社稷、祭天地的意義和作用，已如上述。不過，光知道這些還不够，還應進一步知道那時的統治者是怎樣具體地利用神權這一種工具爲政治服務。

　　當時統治者利用神權爲政治服務的具體方法，就是各種繁縟的禮。當然，禮不是某一個人單憑自己的主觀空想制造出來的，其中絕大部分是從老早以前就產生了，隨着時代推移，又不斷地經過補充和改造的風俗習慣。但是，在新的歷史條件下，又把原有的某些部分加以調整或改造，使它符合於新的要求，則是不容懷疑的事。所謂"周公制禮"就應當從這個意義上來理解。

　　《禮記·祭統》説："凡治人之道，莫急於禮。禮有五經，莫重於祭。"

　　又説："夫祭有十倫焉：見事鬼神之道焉，見君臣之義焉，見父子之倫焉，見貴賤之等焉，見親疏之殺焉，見爵賞之施焉，見夫婦之別焉，見政事之均焉，見長幼之序焉，見上下之際焉。此之謂十倫。"

　　由上述這些話裏，可見當時把祭的意義，看得何種重要！把祭的內容，看得何等豐富！那末，孔子説："明乎郊社之禮，禘嘗之義，治國其如示諸掌。"這話並不是過分夸大,而是有道理的,并且是有根據的。

　　不過,在這裏還要提醒一下,就是不要忘記"禮不下庶人,刑不上大夫"這條根本原則。上邊所説的那些,主要是統治階級内部的事情。如果從當時的整個社會看來,事實上存在兩種矛盾:1.奴隸主階級與奴隸階級之間,即所謂"君子"與所謂"小人"之間的矛盾。這是對抗性的矛盾。當時的統治者處理這種矛盾的辦法,是采取直接的、簡單粗暴的辦法,即是用"刑"。《國語·魯語》説:"大刑用甲兵,其次用斧鉞;中刑用刀鋸,其次用鑽筭;薄刑用鞭扑。"這就是當時所用的五種殘酷的刑罰;2.奴隸主階級内部的矛盾。這是非對抗性的矛盾(當然,在一定的條件下,也可以轉化爲對抗性的矛盾)。當時的統治者處理這種矛盾的辦法,是采取間接的(通過神權)、比較複雜細緻的辦法,即是用"禮"。上邊所説的祭禮,不過是一端,實則"經禮三百,曲禮三千"是極爲繁縟的(《禮記·禮器》)。

　　總之,當時的天子、諸侯實現他們的統治,主要是把握兩種權柄:一種是神權,一種是政權;執行兩種任務:一種是祭,一種是政;針對兩種對象:一種是所謂"君子"即奴隸主,一種是所謂"小人"即奴隸;應用兩種辦法:一種是禮,一種是刑;處理兩種矛盾:一種是非對抗性的矛盾——奴隸主階級内部的矛盾,一種是對抗性的矛盾——奴隸主階級與奴隸階級之間的矛盾。

(《歷史研究》1959 年第 10 期)

論中國奴隸社會的階級和階級鬥爭

  本文分兩部分：（一）根據馬克思、恩格斯、列寧關於奴隸社會的論述，較詳盡地分析了中國奴隸社會諸等級，論證了中國奴隸社會的階級也如一般奴隸社會一樣是等級的階級，與資本主義社會中簡化爲兩大敵對陣營的非等級的階級狀況根本不同；（二）解放以來通行的歷史書認爲，在奴隸社會裏，奴隸階級反對奴隸主階級的鬥爭經常居於主導地位，起決定作用。作者不同意這種觀點，指出：中國奴隸社會的階級鬥爭，也如古羅馬一樣，大量存在的是奴隸主階級內部諸等級之間的鬥爭；并且，縱觀中國奴隸社會的歷史，絕不見有"奴隸革命把奴隸主消滅了，把奴隸主剝削勞動者的形式廢除了"的事情。

  社會劃分爲階級和階級之間存在鬥爭，這是奴隸社會、封建社會、資本主義社會共同的現象。但是，奴隸社會存在的階級和階級鬥爭不同於封建社會的階級和階級鬥爭，封建社會存在的階級和階級鬥爭不同於資本主義社會的階級和階級鬥爭，特別是奴隸社會、封建社會存在的階級和階級鬥爭與資本主義社會的階級和階級鬥爭有很大的不同。

  恩格斯説："以往的全部歷史，除原始狀態外，都是階級鬥爭的歷史。"[1]毛澤東同志説："在階級社會中，每一個人都在一定的階

---

[1] 《馬克思恩格斯全集》第 19 卷，第 225 頁。

級地位中生活，各種思想無不打上階級的烙印。"①他們的這些話，無疑是就共性來說的。馬克思和恩格斯説："我們的時代，資産階級時代卻有一個特點，它使階級對立簡單化了。整個社會分裂爲兩大敵對的陣營，分裂爲兩大相互直接對立的階級：資産階級和無産階級。"②他們的這些話，則是就個性來說的。也就是説，資産階級時代的階級和奴隸社會、封建社會的階級不同。資産階級時代的階級對立，不是"由各種社會地位構成的多級的階梯"，③而是簡單化了，簡單化爲"兩大敵對的陣營"，簡單化爲"兩大相互直接對立的階級"。列寧對此也作過如下説明，他説："社會劃分爲階級，這是奴隸社會、封建社會和資産階級社會共同的現象，但是在前兩種社會中存在的是等級的階級，在後一種社會中則是非等級的階級。"④

　　不但奴隸社會存在的階級和資産階級社會不同，奴隸社會存在的階級鬥爭也和資産階級社會不同。馬克思對這個問題也作過具體的説明，他説："古代的羅馬，階級鬥爭祇是在享有特權的少數人内部進行，祇是在自由富人與自由窮人之間進行，而從事生産的廣大民衆，即奴隸，則不過爲這些鬥士充當消極的舞臺臺柱。"⑤恩格斯也説過："在奴隸制下，祇能有單個人不經過過渡狀態而立即獲得解放（古代是没有用勝利的起義來消滅奴隸制的事情的），而中世紀的農奴實際上卻作爲階級而逐漸實現了自己的解放。"⑥列寧也説過："我們知道，奴隸舉行過起義，進行過暴動，掀起過内戰，但是他們始終未能造成自覺的多數，未能建立起領導鬥爭的政黨，

①　《實踐論》。
②　《共産黨宣言》。
③　同上。
④　《列寧全集》第6卷，第93頁注。
⑤　《馬克思恩格斯全集》第16卷，第406頁。
⑥　《馬克思恩格斯全集》第21卷，第177頁。

未能清楚地瞭解他們所要達到的目的,甚至在歷史上最革命的時機,還是往往成爲統治階級手下的小卒。"①馬克思主義經典作家對這個問題所作的説明,是再清楚不過的了。

獨有斯大林發表過不同的見解。他在《在全蘇集體農莊突擊隊員第一次代表大會上的演説》中説:"奴隸革命把奴隸主消滅了,把奴隸主剥削勞動者的形式廢除了。"②斯大林的這一論斷,應當説是不符合事實的。因爲奴隸社會的階級不是簡單化爲兩大相互直接對立的階級。事實上奴隸革命既不能消滅奴隸主階級,也没有廢除奴隸主剥削勞動者的形式的事情。當然,斯大林是一個偉大的馬克思主義者,這一錯誤,對斯大林來説,祇是太陽的一個黑子,無損於它的光輝。今天我所以提到它,是因爲這一錯誤曾在我國史學界産生過巨大的影響。事實上自新中國成立三十年來,斯大林的這一觀點,一直在中國史學界作爲金科玉律來推行。

事情是這樣:斯大林的這一錯誤論斷,曾被列昂節夫在《政治經濟學初學讀本》裏作爲正確的觀點來引用,而我國解放初期印行的《社會發展簡史》,則以列昂節夫的這一著作爲底本,摘要照鈔過來。以後在中國就誤認爲是馬克思主義理論而長期地廣泛地傳播開來。

人們完全不考慮列寧曾明確地指出過,羅馬帝國由斯巴達克領導的最大一次的奴隸起義,並没有能推翻奴隸制,③也没有理會恩格斯所説的"古代是没有用勝利的起義來消滅奴隸制的事情"這一不容置疑的正確的觀點。馬克思還曾從理論上指出過,"古代階級鬥爭同現代階級鬥爭在物質經濟條件方面有……根本區別",這個區別就是"西斯蒙第所説的一句中肯的評語:羅馬的無産階級依

① 《列寧全集》第29卷,第442頁。
② 《斯大林全集》第13卷,第215頁。
③ 見《列寧全集》第29卷,第438頁。

靠社會過活，現代社會則依靠無產階級過活”。① 可惜人們對於馬
克思的這一極其重要的論斷，也不曾給予應有的注意。

應當指出，馬克思，恩格斯、列寧所說的奴隸社會，還祇限於古
代的勞動奴隸制，而中國的奴隸社會同古代的勞動奴隸制相比較，
又有它自己的特點。即中國奴隸社會存在的階級和階級鬥爭不僅
不同於現代社會的階級和階級鬥爭，也不同於古代勞動奴隸制的
階級和階級鬥爭。

從土地制度來說，中國奴隸社會是實行井田制，即把土地分配
給單個家庭，並實行定期重新分配。這樣，就不能不是“小土地勞
動”。在小土地勞動的條件下，是不能容納大量的農業奴隸的。而
古代的勞動奴隸制則不然。古代的勞動奴隸制由於商品經濟和貨
幣經濟發達，像腐蝕性的酸類一樣，滲入了農村公社的以自然經濟
爲基礎的傳統生活方式，從而使土地成爲無限制的私有財產，於是
產生了大莊園主。大莊園主不是在土地上種植穀物，過自給自足
的生活，而是種植橄欖、葡萄和蔬菜，用以出售，因此它能容納大量
的奴隸。但是，即便是在古羅馬，到了後來，如恩格斯所說的，也
“因爲銷售它的產品的市場已經消失了”，“帝國繁榮時代的龐大的
生產已收縮爲小農業和小手工業，這種小農業和小手工業都不能
容納大量奴隸了”，“祇有替富人做家務和供他過奢侈生活用的奴
隸，還存留在社會上”。② 由此可見，人們一方面承認中國奴隸社
會實行井田制，另一方面又把中國奴隸社會的奴隸說成同古代勞
動奴隸制的奴隸一樣，顯然是自相矛盾，不能成立的。

中國奴隸社會的階級，根據先秦古書有“君子勞心，小人勞力”
（《國語·魯語》、《左傳》襄公九年），“勞心者治人，勞力者治於人，
治於人者食人，治人者食於人”以及“將爲君子焉，將爲野人焉”，

① 《馬克思恩格斯全集》第 16 卷，第 406 頁。
② 《馬克思恩格斯全集》第 21 卷，第 170 頁。

"無君子莫治野人，無野人莫養君子"（《孟子•滕文公上》）等説法，似乎也可以把當時社會分爲兩個對立的階級，即一個是君子，另一個是小人或野人。君子是壓迫人剝削人的階級，小人或野人是被壓迫被剝削的階級。但是在實際上，當時並没有簡單化爲資産階級時代那樣，"整個社會日益分裂爲兩大敵對的陣營，分裂爲兩大相互直接對立的階級"，而是"幾乎到處都可以看到社會完全劃分爲各個不同的等級，看到由各種社會地位構成的多級的階梯"。①

例如《左傳》昭公七年説："天有十日，人有十等，下所以事上，上所以共神也。故王臣公，公臣大夫，大夫臣士，士臣皁，皁臣輿，輿臣隸，隸臣僚，僚臣僕，僕臣臺，馬有圉，牛有牧，以待百事。"這段記載，自皁輿以下，雖同一般的説法略有出入，但從"社會完全劃分爲不同的等級"這一點來看，實最能説明問題，是可以信據的。

大體上説，中國奴隸社會的等級是這樣：最高的一級是王，王也稱天子。王下爲公，公包括公、侯、伯、子、男五等諸侯。公下爲卿，卿下爲大夫，大夫下爲士。卿、大夫和士又各有上中下。公、侯、伯、子、男、卿、大夫、士都是爵。② 爵是周人創立的，夏、商兩代没有爵。③ 有了爵，則其爲由各種社會構成的多級階梯，就看得更加清楚了。

恩格斯説："農業是整個古代世界的決定性的生産部門。"④當然中國的奴隸社會也不例外。中國奴隸社會的農業是實行井田制，用馬克思的話來説，就是"不存在土地私有制"。⑤ 當時，一個有地者同時就是一個君。《儀禮•喪服傳》説："君，謂有地者也。"鄭玄注説"天子諸侯及卿大夫有地者皆曰君"，就是證明。因此，當

---

① 《共産黨宣言》。
② 見《周禮•天官•大宰》。
③ 見《儀禮•士冠禮》。
④ 《馬克思恩格斯全集》第 21 卷，第 169 頁。
⑤ 《馬克思恩格斯全集》第 28 卷，第 256 頁。

時等級的劃分，不祇是爵稱或職稱的劃分，而且也是以有地無地或有地多少，即經濟的劃分。《左傳》襄公二十五年説："且昔天子之地一圻（千里），列國一同（百里），自是以衰。"《荀子·禮論》説："故有天下者，事七世；有一國者，事五世；有五乘之地者，事三世；有三乘之地者，事二世。持手而食者，不得立宗廟。"上述引文裏的"有天下者"是指天子，"有一國者"或"列國"是指諸侯，"有五乘之地者"和"有三乘之地者"是指卿大夫，"持手而食者"是指庶人以下。這正可以爲當時政治上的等級同時具有經濟的特徵的證明。其無封邑而有禄田的，無禄田而有稍食的，所形成的等級，同樣也可以説是同土地即同經濟有聯繫的。所以，階級的劃分，在任何時候都不能不以經濟關係即生產關係爲基礎，中國奴隸社會的以等級形式爲外衣的階級的劃分，自然也不能違反這條原則。

自天子至士，都屬於統治階級，也可以稱爲君子。君子得名，當與王子、公子一例，表明他是君之子。後來變成統治階級的通稱。當時的統治階級，在宮室、車旗、衣服、禮儀方面都有和等級相一致的、不同的規定。

士之下則爲庶人、工、商、皂、隸、牧、圉。如上所述，他們之間也有不同的等級。這些人又可稱爲小人。小人的特徵爲勞力，即從事體力勞動。小人爲被統治階級。

《左傳》襄公九年説："其卿讓於善，其大夫不失守，其士競於教，其庶人力於農穡，商、工、皂、隸不知遷業。"襄公十四年説："是故天子有公，諸侯有卿，卿置側室，大夫有貳宗，士有朋友，庶人、工、商、皂、隸、牧、圉皆有親暱，以相輔佐也。"這些文字可以看作是當時社會的階級爲等級的階級的具體説明。

對於中國奴隸社會的階級分析，比較困難的是庶人、野人和小人這三個概念。據我瞭解，野人的來源主要是戰俘。在中國奴隸社會，作爲奴隸階級的，主要的是這部分人。野人本來是由於居住地在野而得名，所以，爲了弄清楚君子與野人的對立，首先要弄清楚國與野的對立。

《爾雅·釋地》説："邑外謂之郊,郊外謂之牧,牧外謂之野,野外謂之林,林外謂之坰。"《詩·魯頌·駉》毛傳則作："邑外曰郊,郊外曰野,野外曰林,林外曰坰。"陳奂説："今本《爾雅》,增'郊外謂之牧'一句,不知野即牧,非野外更有牧地。"(《詩毛氏傳疏》)據我看,陳説非是。實際上,統言之則曰郊,析言之則曰郊、牧,或曰近郊、遠郊。牧即遠郊,與野異地。《國語·周語中》説"國有郊牧",《周禮·地官·載師》説"牧田任遠郊之地"是其證。郊則以在國野之交而得名。

《爾雅》的這條材料,是我們研究中國古代史的一條重要材料。

恩格斯在所著《家庭、私有制和國家的起源》一書裏,有兩處談到部落時代的居住地問題。其一是在列舉美洲印第安人的特徵時談的,①其二是在野蠻時代和文明時代章談的。② 在前一處談得比較詳細。他是這樣説的:"每一部落除自己實際居住的地方以外,還占有廣大的地區供打獵和捕魚之用。在這個地區之外,還有一塊廣闊的中立地帶,一直延伸到鄰近部落的地區邊上;在語言接近的各部落中間,這種中立地帶比較狹小。在語言不接近的各部落中間,中立地帶比較大。這種地帶跟德意志人的邊境森林、凱撒的蘇維匯人在他們地區四周所設的荒地相同;這也跟丹麥人和德意志人之間的 tsamholt、德意志人和斯拉夫人之間的薩克森森林和 branlbor 相同。由這種不確定的疆界隔開的地區,乃是部落的公有土地,而爲相鄰部落所承認,並由部落自己來防衛,以免他人侵占。"可以想象,《爾雅》之所謂邑,原爲部落的居住地,後來進入文明時代遂變成國都。郊牧就是原來供打獵和捕魚之用的廣大的地區。郊牧如以恩格斯所著的《馬爾克》一文爲例來説明,則郊即"分

① 見《馬克思恩格斯全集》第 21 卷,第 105 頁。
② 同上,第 180 頁。

配的馬爾克”，牧即“公共的馬爾克”。

野，原爲無人區，相當恩格斯所説的“一塊廣闊的中立地帶”。林，則如恩格斯所説，是“邊境森林”。坰，則是邊境的界標。

古人把郊以内的地區叫做國，郊以外的地區叫做野。關於國這個概念，焦循説得好：“蓋合天下言之，則每一封爲一國，而就一國言之，則郊以内爲國，外爲野；就郊以内言之，又城内爲國，城外爲野。蓋單舉之則相統，並舉之則各屬也。”(《周禮正義》大宰疏引)國之所以具有這樣多的含義，證明名詞概念也不是静止的，它是隨着歷史的發展而發展的。國與野的對立，正是指郊以内爲國，外爲野而言。

爲什麽説野人的來源多爲戰俘呢？第一，因爲國内的土地除了居住區以外，一部分是分配的馬爾克(郊)，另一部分是公共馬爾克(牧)，這就無處安插大量的戰俘。第二，如作爲《周禮·秋官·司隸》所謂“四翟之隸”等，則所能容納的數量又有限。在當日的條件下，祇有安排在野，使之墾殖，才有可能。《殷契粹編》有“貞王令多羌坚田”(第 1222 片)，即令戰俘墾荒之一證。《左傳》宣公十二年鄭伯肉袒牽羊向楚王屈服，説：“其俘諸江南以實海濱，亦唯命；其翦以賜諸侯使臣妾之，亦唯命。”證明“實海濱”，爲“臣妾”之類，是當時處理戰俘的最一般的辦法。“實海濱”的辦法，實際上就是令在野地開荒。

野人與君子比較，不僅居住地不同，從先秦古書還可以看到有如下幾個特點：1. 君子或國人有姓氏，野人無姓氏。《左傳》襄公十一年説“隊命亡氏”，《國語·周語下》説“亡其氏姓”，都是當時作爲戰俘的不可逃避的命運。2. 國人有當兵的權利，野人不能當兵。《周禮》天子六軍出於六鄉，野人不與於六軍之數。3. 國人能受教育，並有擔任公職的機會，而野人則否。《周禮·地官·大司徒》有“以鄉三物教萬民而賓興之”，而六遂不言，是其證。

所以，中國奴隸社會的奴隸，主要是指野人而言。但它不是古

代羅馬的奴隸,而是東方類型的奴隸,即馬克思所説的"普遍奴隸".①

　　隨着歷史向前發展,又出現了下述兩種情況。一是有外來的移民加入了野人的行列,例如《周禮·地官·遂人》説:"凡治野,以下劑致甿,以田里安甿,以樂昏擾甿,以土宜教甿稼穡,以興耡利甿,以時器勸甿,以强予任甿。"《孟子·滕文公上》説"願受一廛而爲氓",是其證。甿、氓古通用。二是本來國人和野人、民和氓,在政治地位上是有嚴格的區別的,但是由於實行井田制,無論在國或在野,從事農業生產的勞動者所受的剥削和壓迫,並没有多大的差別。久而久之,民與氓的界限逐漸消失,而爲庶人一詞所代替。先秦古書上所説的庶人,其政治地位低於士,屬於被統治階級。這個庶人的特徵,主要是從事農業生產勞動,例如《左傳》襄公九年説:"其庶人力於農穡。"《國語·晉語》説"庶人食力",是其證。那末這個庶人就很難説都是野人而不包括國人在内。又如《禮記·文王世子》説:"五廟之孫,祖廟未毁,雖及庶人,冠取妻必告,死必赴,不忘親也。親未絶,而列於庶人,賤無能也。"《孟子·萬章下》説:"下士與庶人在官者同禄。"這些"庶人"很明顯都是國人而不是野人。《孟子·萬章下》還説:"在國曰市井之臣,在野曰草莽之臣,皆謂庶人。"則庶人一詞兼國人、野人而言,實毫無疑義。正因爲這樣,我們對中國奴隸社會作階級分析,説庶人是奴隸,並不算錯。實則這是歷史發展的結果。就原來的意義説,庶人同野人並不是同一的概念。原來真正具有奴隸身份的,祇有野人,而國人至低祇能説是自由民。至小人一詞則兼包庶人、工、商、皂、隸、牧、圉在内,又與庶人、野人不同。

　　由於古初人口稀少,野外土地遼闊,不僅可以供安插戰俘和移民之用,公卿大夫采地亦於是焉取之。《周禮·地官·載師》説"以

———————————

① 《資本主義生產以前各形態》,人民出版社,1956年,第33頁。

家邑之田任稍地，以小都之田任縣地，以大都之田任畺地”，鄭玄注說“家邑，大夫之采地；小都，卿之采地；大都，公之采地，王子弟所食邑也”，可爲證明。

中國奴隷社會的階級是等級的階級，已如上述。中國奴隷社會的階級鬥爭跟資産階級時代的階級鬥爭相比較，也有根本性的不同。

政治是經濟的集中表現。奴隷社會爲封建社會所代替，必然要以政權轉移爲標誌，即奴隷主階級的政權要爲地主階級的政權所代替。在由奴隷社會向封建社會、奴隷主階級的政權向地主階級的政權轉變過程中，不可否認，最關鍵的問題，是階級鬥爭直接推動歷史向前發展。但是這個階級鬥爭是否如當前通行的歷史書所説的，指的是奴隷階級反對奴隷主階級的鬥爭，或者説奴隷階級反對奴隷主階級的鬥爭經常居於主導地位，起決定作用呢？據我看，不能這樣説。至少在中國，不能這樣説。我的看法，在中國，這個階級鬥爭大體上説分爲兩個階段。第一個階段，是奴隷社會內部各等級之間的鬥爭。其結果，一方面，導致自上而下地權力下移，使先前由奴隷主階級所建立起來的大一統的政權機構大厦逐漸瓦解；另一方面，使新的地主階級得以在夾縫中産生并發展壯大。第二階段，則主要是新興的地主階級和腐朽的奴隷主階級之間的鬥爭。至於奴隷階級反對奴隷主階級的鬥爭，不但沒有取得完全勝利，也沒有居於主導地位，起決定性作用。

具體説，夏、商、西周是中國奴隷社會的上升時期。西周政權自厲王、幽王開始衰落。平王東遷，是歷史上一個新的轉折點，以下則爲春秋時期。繼春秋之後則爲戰國時期。至秦統一中國，中國歷史開始進入封建社會。

《史記·十二諸侯年表序》説：“及至厲王以惡聞其過，公卿懼誅而禍作，厲王遂奔於彘，亂自京師始，而共和行政焉。是後，或力政，强乘弱，興師不請於天子，然挾王室之義，以討伐爲會盟主，政由五伯,諸侯恣行,淫侈不軌,賊臣篡子滋起矣。"司馬遷的這段話,基本上符合當日的實際情況。也就是説,西周滅亡和五霸代興這一段歷史的發展過程,正如孔子所概括的,是由禮樂征伐自天子出變而爲自諸侯出,又變而爲自大夫出,乃至陪臣執國命的過程(見《論語・季氏》)。自階級鬥爭的觀點來看,顯然它是等級之間鬥爭的結果,而不是奴隸和奴隸主兩大對立階級之間鬥爭的結果。司馬遷説:"《春秋》弑君三十六,亡國五十二,諸侯奔走不得保其社稷者不可勝數。"(《史記・太史公自序》)這不正是當時階級鬥爭的具體寫照嗎? 遺憾的是,今日通行的歷史書卻不認爲這是階級鬥爭,而堅持從解放初期印行的《社會發展簡史》那裏沿襲下來的錯誤觀點。他們翻遍古籍,也找不到大規模的、有決定意義的奴隸階級反對奴隸主階級的鬥爭。爲了給錯誤的觀點下注脚,不得已衹好從《左傳》中搜來幾例絲毫不能説明問題的零星事件勉强充數。《左傳》中被選中作爲"民衆暴動的史實"的材料有以下幾條。

僖公十六年:"城鄫,役人病。有夜登丘而呼曰:'齊有亂!'不果城而還。"

襄公二十三年:"陳人城,板墜而殺人。役人相命,各殺其長,遂殺慶虎、慶寅。"

昭公二十二年:"王子朝因舊官百工之喪職秩者,與靈、景之族以作亂。"

哀公十七年:"公使匠久。公欲逐石圃,未及而難作。辛巳,石圃因匠氏攻公。"

第一例,確實有"役人"造反的味道,不過衹是有人登丘一呼而已,並未造成什麽起義或戰爭。第二例説的是楚軍援助逃亡在外的陳侯攻打被陳國的叛徒慶虎、慶寅占據了的陳。而築城的役人因"板墜而殺人"的偶然事件,起而殺其長,釀成了一次暴動。第三例是説王子朝藉助舊官和已喪失職秩的百工的力量造周天子的反。第四例記衛莊公要驅逐大夫石圃,反被石圃利用匠氏的力量所擊敗。

這幾件事全不是什麼奴隸階級反對奴隸主階級的了不起的鬥爭。後兩例本來就是奴隸主階級內部的鬥爭，百工和匠氏不過充當了奴隸主階級的手下的小卒而已。而且"百工"之前冠有"喪職秩"三字，説明是有職位、有俸祿的，不見得是奴隸。第二例，雖然像是"役人"的主動行動，但是到頭來還是成了奴隸主階級交戰雙方中一方的"臺柱"。退一步説，這一類的事情，縱然是奴隸階級反抗奴隸主階級的鬥爭，又怎能摧毀奴隸主階級長期經營的政權機構而推動歷史向前發展呢？①

歷史事實告訴我們，在我國春秋時期，很難找到奴隸階級在政治上軍事上獨立地向奴隸主階級進行階級鬥爭的事例。大量存在的倒是奴隸主階級內部諸等級之間的鬥爭。

經過春秋時期的階級鬥爭，一方面，奴隸主階級的統一的政權機構大廈被自上而下地瓦解了；另一方面，地主階級出現了，終至登上歷史舞臺。至戰國時期，社會的主要矛盾已變成新興地主階級與舊的奴隸主階級之間的矛盾。這種矛盾和鬥爭具體表現在以下三個方面。

1.變法。戰國時期一個最引人注目的新生事物，就是各國的變法。變法在當時簡直形成一種運動。各國的變法，儘管時間有早晚，規模有大小，成效也不盡相同，但是總的看來，都在不同程度上反映了時代的特點。就其性質來説，毋寧説是一種封建化運動。這個運動是從魏國開始的，以後發展到楚國、秦國。韓、趙、齊三國在一定程度上也有類似的措施。獨有燕王噲讓國，則是逆歷史潮流而動，成爲例外。

在這次變法運動中，以商鞅在秦變法最有典型性。商鞅在秦變法同吳起在楚變法一樣，都是接受魏相李悝的經驗，並在李悝經

---

① 參見拙著《中國奴隸社會的幾個問題》，中華書局，1962 年，第 66～69 頁。

驗的基礎上又加以發展和創造。從階級關係來看，商鞅變法顯然是代表新興的地主階級的利益，而反對商鞅變法的，如甘龍、杜摯和公子虔等，則是腐朽的奴隸主階級利益的代表。這一點，可由商鞅變法的具體措施中明顯地看出來。"宗室非有軍功論不得爲屬籍"，"集小都鄉邑聚爲縣，置令丞……爲田開阡陌封疆"等等，毫無疑義，這就是對井田、宗法、分封的否定。特別是秦孝公一死，公子虔之徒即誣告商鞅欲反，而商鞅旋被車裂，更足以證明這種運動的性質是屬於新的地主階級和舊的奴隸主階級兩個階級、封建社會和奴隸社會兩條道路的鬥爭，而且鬥爭是非常激烈的、殘酷的。

2. 戰爭。戰國以戰命名，説明這個時期的最大特點就是戰爭。這個時期，各國之間干戈相尋，歲無寧日，"爭地以戰，殺人盈野；爭城以戰，殺人盈城"。戰爭的原因和狀況非常複雜，不但有新興地主與奴隸主之間的鬥爭，而且交錯着奴隸主之間與新興地主之間的鬥爭。但是從總的趨勢、從本質上看，可以説新的地主階級和舊的奴隸主階級兩個階級、封建社會和奴隸社會兩條道路的鬥爭，是其中的主綫。

爲什麽這樣説呢？試看當時各國，凡是變法的，尤其是變法徹底的，就富强，富强就一定向外擴張。反之，凡是不變法或變法不徹底的，就貧弱，貧弱就一定招來侵伐。秦始皇之所以終於并吞六國，其根本原因，正在於商鞅變法而且變得最徹底。所以當時各國之間的戰爭，從表面上看儘管錯綜複雜，但是應當承認，本質上都是新的地主階級和舊的奴隸主階級兩個階級、封建社會和奴隸社會兩條道路的鬥爭。

3. 士的活躍和百家爭鳴。士在戰國最受歡迎。真是"入楚楚重，出齊齊輕，爲趙趙完，畔魏魏傷"（王充：《論衡・效力》）。士在當時的社會地位是比較低的。"士庶人"常被作爲一個概念來使用，就是證明。當時一般稱擔任公職的爲"仕士"，不擔任公職的爲"處士"。這時士的來源，有的是從貴族中下降的，如商鞅；有的是原爲農民由於學文化而上升的，如寧越。士不是一個階級，他們之中有的直接參加各國的政治和軍事的鬥爭，還有很大一部分則從事於思想學術領域的鬥爭，例如儒家的孟軻、荀卿，道家的列禦寇、莊周，墨家的墨翟、禽滑釐，法家的慎到、韓非，名家的惠施、公孫龍，陰陽家的鄒衍等都是。所以當時的思想界號稱百家爭鳴，呈現出一種五光十色、光怪陸離之觀。毛澤東同志説："在階級存在的條件之下，有多少階級就有多少主義，甚至一個階級的各集團中還各有各的主義。"①這段話用來概括當時思想界的情況，非常合適。毛澤東同志又説："在複雜的事物的發展過程中，有許多的矛盾存在，其中必有一種是主要的矛盾，由於它的存在和發展，規定或影響着其他矛盾的存在和發展。"②那末，在戰國的百家爭鳴當中，什麼是主要的矛盾呢？據我看，儒家和法家的矛盾，正反映當時社會的主要的矛盾，即法家思想代表新興地主階級的利益，走封建主義的道路；儒家思想代表没落的奴隸主階級的利益，走維護奴隸制的道路。秦始皇焚書坑儒，正是儒、法兩家思想的鬥爭達到最後決戰階段的反映。

至於這個時期的奴隸和農民，雖然不能説同階級鬥爭無關，但是基本上都是作爲統治階級手下小卒而出現的。獨立地進行鬥爭並取得決定性勝利的，實不多見。即便是盜跖，果如《莊子》所説，"從卒九千人，横行天下"，至多也不過如古羅馬的西西里暴動和斯巴達克起義，勇則勇矣，卻不曾起改變社會性質的決定性作用。

總之，縱觀中國奴隸社會的歷史，絶不見有"奴隸革命把奴隸主消滅了，把奴隸主剥削勞動者的形式廢除了"的事情。那種生搬馬克思、恩格斯對資産階級時代的階級和階級鬥爭的分析作爲公式來硬套中國奴隸社會的做法斷然不是馬克思主義，并且是同中

①　《新民主主義論》。
②　《矛盾論》。

國的歷史實際格格不入的。

　　斯大林肯定是一個偉大的馬克思主義者，但他是人不是神。斯大林有一點錯誤，並不是什麼奇怪的事。我們從事歷史科學研究，應當不是在口頭上，而是在事實上真正解放思想，破除迷信，要用科學與真理來統治我們的思想，不要讓任何形式的神來統治我們的思想。祇有這樣，我國的歷史科學發展的前途，才是有希望的。

一九八〇年一月於長春

（《中國社會科學》1980 年第 4 期）

漫談家長制、終身制和世襲制

我是一個歷史科學工作者，談到家長制、終身制和世襲制問題，不免引起我發思古之幽情。

從整個歷史發展過程來看，家長制、終身制和世襲制不但不是社會主義社會的東西，也可以説不是資本主義社會的東西，并且不完全是封建社會的東西。確切些説，它是父權制、奴隸制、封建制三個時代所遺留下來的最腐朽、最落後的東西。不幸，今天在我們社會主義社會裏出現，自然應當從速根除，不能讓它玷污我們的社會主義制度。

如所周知，資本主義社會是以民主、自由、平等相號召，戰勝封建專制主義以後建立起來的。因此，除了少數國家，如英、日等國還保留皇室，依舊實行終身制、世襲制以外，其餘絕大多數國家的公職人員，包括英、日等國的公職人員在内，都是通過民主選舉產生的。儘管這個民主選舉是虛僞的，但它們不實行終身制、世襲制。

在中國封建社會，衹有皇帝和有封號的王公貴族實行終身制、世襲制。他們人數雖少，卻是封建政權的主體。自餘全國大小官員基本上都是歸吏部銓選。俗語所説的"鐵打衙門流水官"，正是這時政治制度的真實情況。至於家長制作風，中國封建社會也是有的。它是自秦始皇開始，實行中央集權，搞專制主義，於是大小官長的家長制作風也興起了。

典型的終身制、世襲制是在中國奴隸社會。所謂終身制是指當時的天子、諸侯以及一些公卿大夫，一經受封或嗣位，即一輩子擔任這個職務，非有特殊原因，永不更改。世襲制則是終身制的繼續和延長。馬克思在《摩爾根〈古代社會〉一書摘要》中説："世襲繼承制在凡是最初出現的地方，都是暴力（篡奪）的結果，而不是人民的自由許可。"中國奴隸社會的君位世襲繼承制，是由夏后啓殺益奪權，變傳賢爲傳子開始的。至周代，由於實行宗法制、分封制，而使這個制度達到全面發展。最初天子、諸侯實行終身制、世襲制，以後逐漸發展爲天子、諸侯以下的卿大夫也實行終身制、世襲制。

《儀禮•喪服》"君"字下鄭玄注説："天子、諸侯及卿大夫有地者皆曰君。""君"是一個主權者的名稱，"有地"是這個主權者的經濟基礎或物質保證。

中國奴隸社會的經濟基礎是井田制。井田制的特點，是把土地分配給單個家庭並定期實行重新分配。農人祇有占有權和使用權，而沒有所有權。土地所有權與主權者合而爲一。恩格斯説："在整個東方，公社或國家是土地的所有者，在那裏的語言中甚至都没有地主這個名詞。"①這一點，實際上也適用於中國。但是這個國，對於天子，則是指甸服，即所謂"邦畿千里"；對於諸侯，則是指封疆；對於卿大夫，則是指采地。有人用《詩•小雅•北山》"普天之下，莫非王土"來解釋，是不正確的。

正由於當時的土地是公有制或國有制，天子、諸侯及卿大夫等是主權者和土地所有者，土地不準買賣，所以他們的終身制、世襲制能得到保證。

爲什麼中國封建社會不能實行完全的終身制、世襲制呢？主要原因在於這時的土地所有制是封建的土地所有制，即土地爲個人所有，準許自由買賣。其結果，使土地所有權經常處於變動之中。昨日富翁，有可能轉眼變成窮光蛋；昨日的窮光蛋，有可能轉眼間變成富翁，即經濟基礎不穩定。因此在它上面所建立起來的

① 《馬克思恩格斯全集》第20卷，第192頁。

政治制度也不穩定。正因爲這樣，這時自皇帝、王公貴族以外，所有大小官員没有也不可能實行終身制、世襲制。

歷史上真正的家長制，乃是原始社會末期父權制時代的東西。摩爾根《古代社會》談到羅馬的父權家族時説："父親對於其子女及其後裔的生殺予奪之權，與其對於家族中的奴隸與僕役的生殺予奪之權，使他成爲家族的核心並供給了此種家族的名稱；並且它對於他們所創造出來的一切財産有絶對的所有權。"又説："在羅馬型的父權家族之中，家長的權利實超越了理性的範圍以外而流入於過分的專制。"今天我們社會主義社會的領導幹部反而有家長制作風，無論如何解釋，也是不能容許的。

如上所述，家長制、終身制和世襲制是歷史上存在過的極端落後的東西。爲什麼今天在我們這個社會主義國家裏出現並且有所滋長呢？這絶不是偶然的，應當尋找出産生它的主客觀原因。

有人着重從主觀上、思想上找原因，説這是受了我國二千多年封建社會歷史的影響。我看，這樣説是對的，但不全面，還應從客觀上、現實裏去找原因。比較起來，或者後者是主要的。

什麼是産生家長制、終身制和世襲制的客觀上、現實裏的原因呢？我認爲主要有下面兩點：

第一，社會生産力方面的原因。恩格斯説："勞動愈不發展，勞動産品的數量、從而社會的財富愈受限制，社會制度就愈是在較大程度上受血族關係的支配。"①應該肯定，我們國家的生産力水平還相當低，這是産生上述制度的最根本的原因。

第二，在生産資料所有制方面，把全民所有和國家所有混爲一談，也是一個重要的原因。提出這個問題，可能有人感到奇怪。其實一點也不奇怪，祇是人們習焉不察罷了。

斯大林説："現今在我國，存在着社會主義生産的兩種基本形

---

① 《馬克思恩格斯全集》第 21 卷，第 30 頁。

式:一種是國家的即全民的形式,一種是不能叫做全民形式的集體農莊形式。"①非常明顯,斯大林在這裏是把國家所有和全民所有作爲等同的概念來使用的。這樣做對不對呢? 過去因爲是斯大林講的,所以從來没有人提出懷疑。實際,斯大林的這種説法是不對的。這種做法無論從理論來看,或從實踐來看,都是説不通的。

恩格斯説過:"國家的本質特徵,是和人民大衆分離的公共權力。"②又説:"國家是文明社會的概括,它在一切典型的時期毫無例外的都是統治階級的國家,并且在一切場合在本質上都是鎮壓被壓迫、被剥削階級的機器。"③祇是在無產階級砸爛舊的國家機器之後,建立了自己國家,祇有在這時候,國家的性質才發生了變化。恩格斯説:"國家真正作爲整個社會的代表所采取的第一個行動,即以社會的名義占有生產資料,同時也是它作爲國家所采取的最後一個獨立行動。那時,國家政權對社會關係的干預將先後在各個領域中成爲多餘的事情而自行停止下來。那時,對人的統治將由對物的管理和對生產過程的領導所代替。國家不是'被廢除'的,它是自行消亡的。"④這就是列寧所稱讚的、恩格斯提出的"國家自行消亡"的著名原理。列寧用最簡練的語言闡述這個原理,他説,恩格斯認爲資產階級國家是不會"自行消亡"的,而要用無產階級革命來"消滅"它。在這個革命以後,自行消亡的是無產階級的國家或半國家。國家即一小撮富豪對千百萬勞動者"實行鎮壓的特别力量"應該由無產階級對資產階級來代替,這就是"消滅國家之爲國家",這就是以社會名義占有生產資料的"行動"。這時"國家"的政治形式是最徹底的民主制。⑤

---

① 《蘇聯社會主義經濟問題》,1952年,第11～12頁。
② 《馬克思恩格斯全集》第21卷,第135頁。
③ 同上,第200頁。
④ 《馬克思恩格斯全集》第20卷,第305～306頁。
⑤ 《列寧全集》第25卷,第384頁。

我們引述了恩格斯的原話和列寧的解説以後，可以明顯地看出：第一，無產階級奪取政權後的國家，是對資產階級"實行鎮壓的特別力量"，而且是在"自行消亡"過程中的"半國家"；第二，這樣的國家不同於以往剥削階級占統治地位的國家，它是最徹底的民主制；第三，這樣的國家以社會名義占有生產資料，是由人民群衆所有，即全民所有，而不是少數公職人員所有。所以，全民所有和國家所有不是一個概念。

但是，由於我們對社會主義革命和社會主義建設没有經驗，没有正確理解馬克思主義的國家學説，原封不動地搬用前蘇聯的做法，把全民所有和國家所有混同起來，因而，就片面地强調無產階級專政，没有給予人民群衆以充分的民主。照理，在無產階級的國家或半國家中，應當不斷擴大社會主義民主，而無產階級專政的範圍（特別是剥削階級作爲一個階級整個消滅之後）則應當越來越小。可是，實際情況不是這樣。由於一味地喊加强無產階級專政，到林彪、"四人幫"十年動亂時期，進而變成對廣大工人、農民、知識分子和幹部的"全面專政"，人民群衆哪裏有民主可言呢！顯而易見，在這種情況下，國家所有絶不是人民所有，少數公職人員就會成爲真正的官僚，搞起家長制、終身制和世襲制那一套，這還有什麽奇怪的嗎？

其次，還應看到，把全民所有視同國家所有，就必然會把全民所有制的企業，都認爲是國家企業，因此一切都由國家來決定。生產任務由國家下達，產品由國家分配，人員由上級調派，設備由國家調撥，利潤全部上繳國家，甚至於虧損也有國家包干。這樣一來，就取消了企業的相對獨立性，實際上成了作爲國家這個獨一無二的總公司的分支機構而存在。在此種情況下，工人雖有所有權，但喪失了管理權和支配權，而這些權利卻過分集中於少數人手中，工人實際上又不具有監督和監察的職能。我們制度上的這種弊端和缺陷，正是產生官僚主義，產生家長制、終身制現象的病根。

　　粉碎"四人幫"以後,我們黨和國家的領導同志總結過去幾十年的經驗教訓,下決心進行改革。特別是最近開過的五屆人大三次會議,把所要改革的全部內容向全國人民公佈。我讀了會議文件以後,有說不出的喜悦,並表示衷心擁護。

　　毋庸諱言,現在我們黨和國家的領導制度、幹部制度方面,存在着官僚主義現象、權力過分集中的現象、家長制現象、幹部領導職務終身制現象和形形色色的特權現象。這些現象的存在是同社會主義制度根本不相容的。改革或消滅這些現象是完全必要的。但是,這些現象的發生不是偶然的,總應該反映它的本質。那末,它的本質是什麼? 據我看,產生這些現象的原因之一,就在於我們錯誤地把國家所有看作是全民所有。基於上述觀點,可以斷言,今天的經濟體制改革,如改革過於集中的國家管理體制,擴大企業的自主權和職工參加管理的權力等等,這決不是某些因循守舊的人或別有用心的人所說的那樣,是破壞全民所有制,從全民所有制倒退,恰恰相反,它是向全民所有制前進,避免產生官僚主義所應采取的必要步驟。

　　　　　　　　　　　　　　　　(《新長征》1981 年第 1 期)

由周的徹法談到"作州兵"、"作丘甲"等問題

在《孟子》書裏談到井田制,並對夏、殷、周三代實行井田制時所采取的三種不同的剝削方式——貢、助、徹,進行過評論。這份材料對於我們瞭解中國古代社會來説,是非常寶貴的。可是過去有一個時期,史學界一般卻不是這樣看法,而是多半采取懷疑、否定的態度。近來情況變了,大家都承認中國古代存在過井田的事實,但是對《孟子》的言論,還不免抱保留的態度,而没有引起人們足够的重視。這裏邊原因很多,而由於對《孟子》原文某些詞句,特别是有重大關係的詞句,没有很好理解和認識。正確地瞭解了它,十分有利於解決中國古史中若干關鍵性問題,這兩點,至少是其中原因之一。因此,我願意在這裏就其中比較難於理解的"徹"字以及理解了它對於解決中國古史若干關鍵性問題的意義這兩點提出來談一談。

(一)

在提出我的看法之前,簡要地把古今學者對於"徹"的幾種不同的解釋介紹如下。

1. 孟子説:"徹者,徹也。"(《孟子·滕文公上》)

2. 趙歧説:"耕百畝者,徹取十畝以爲賦。……徹猶人徹取物也。"(趙歧《孟子注》)

3. 鄭玄説:"周法什一而税,謂之徹。徹,通也,爲天下之通

法。"(何晏《論語集解》)

4. 張載説："百畝而徹,是透徹之徹。一井而田九百畝,公田百畝,八家皆私百畝。盡一井九百畝之田,合八家通徹而耕,則功力均,且相驅率無一家得惰者。及已收穫,則計畝衰分。以衰分之數,先取什之一歸之公上,其餘八家共分之。此之謂徹。"(鄭樵:《六經奧論·貢法徹法》引)

5. 楊時説："徹者,徹也。蓋兼貢、助而通用也。故孟子曰:'請野九一而助,國中什一使自賦。'方里爲井,井九百畝,八家皆私百畝,其中爲公田,所謂九一而助也。國中什一使自賦,則用貢法矣。此周人所以爲徹也。"(《南軒孟子説·卷三》引)

6. 朱熹説："徹,通也,均也。周制一夫百畝,而與同溝共井之人通力合作,計畝均收,大率民得其九,公取其一,故謂之徹。"(《論語集注》)

又説："周制一夫受田百畝。鄉遂用貢法,十夫有溝;都鄙用助法,八家同井。耕則通力而作,收則計畝而分,故謂之徹。"(《孟子集注》)

又説:'野,郊外都鄙之地也。九一而助,爲公田而行助法也。國中,郊門之內,鄉遂之地也。田不井授,但爲溝洫,使什而自賦其一,蓋用貢法也。周所謂徹法者,蓋如此。"(《孟子集注》)

7. 徐士圭説："徹是'十'和'一'的合音。"①

8. 范文瀾同志説："徹字的意義是通,就是通大小道路。通道路也就是劃疆界,疆界劃定,才能分給農夫去耕種。"又説:"徹是什一而税。"②

以上八種解釋,可以歸納爲六類。因爲孟子的解釋儘管在當時可能起了説明的作用,而自今日看來,實際是什麼也没有説明。

---

① 岑仲勉同意此説,見《西周社會制度問題》,新知識出版社,1956年,第66頁。

② 《中國通史簡編》(修訂本)第一編,人民出版社,1952年,第68頁。

至朱熹之説，顯然是張載、楊時兩説的混合物，不但沒有自己的獨立見解，也不能論定張、楊之是非。所以孟、朱二説應該剔除不計。上述六類解釋，依我的看法，獨有楊時一個人説對了，其餘五説都不正確。其餘五説有一個共同的缺點，即無論解釋爲"徹取"，爲"天下之通法"，爲"合八家通徹而耕"以及其他什麽也好，都不能説明"徹"法的特點，而與"貢"、"助"二法相混。因爲"貢"、"助"二法也不能不取，也曾經被看作是"天下之通法"，在當時生産力水平較低的條件下，也要"通徹而耕"，至於"什一"、"通大小道路"，則更爲"貢"、"助"、"徹"三法所公有。可見這些解釋都不正確，它們都沒有説到"徹"法的本質特點。

爲什麽説楊時的解釋對呢？

1.這種解釋與《孟子》原文"雖周亦助也"的説法相符。假如"徹"法不是"兼貢、助而通用"，那末，孟子於上文説："殷人七十而助，周人百畝而徹。"下文又説"雖周亦助也"，豈不是自相矛盾？將怎能解釋得通？很明顯，祇有如楊時的説法，周人的"徹"法當中，有一部分是用"助"法，才可以説"雖周亦助"，也祇有如楊時的説法，"徹"是"兼貢、助而通用"所以周人的"徹"才有它的獨具的特點，而不致與夏、殷二代的剝削方式相混。

2.與周人國、野異制相符。大體上説，周制天子畿内和諸侯封内都有國、野的區別。國在中間，野在外圍，段玉裁説："郊之爲言交也，謂鄉與遂相交接之處也。"（《經韻樓集·四與顧千里論學制備忘之記》）鄉與遂相交接之處，亦即國與野相交接之處。《周禮·遂人》説"遂人掌邦之野"是其明證。焦循總結過儒家經典關於"國"字的用法説：

　　經典國有三解：

　　其一，大曰邦，小曰國。如"惟王建國"、"以佐王治邦國"是也。

　　其一，郊内曰國。《國語》、《孟子》所云是也（案"《國

語》所云"指《齊語》"參其國而伍其鄙";"《孟子》所云"指
《滕文公上》"國中什一使自賦"。)

其一,城中曰國。《小司徒》"稽國中及四郊都鄙之夫
家"、"載師":"以廛里任國中之地",《質人》"國中一旬,郊
二旬,野三旬",《鄉士》"掌國中"是也。

蓋合天下言之,則每一封爲一國;而就一國言之,則
郊以內爲國,外爲野;就郊以內言之,又城內爲國,城外爲
郊。……蓋單舉之則相統,並舉之則各屬也。(《群經宮
室圖城圖六》)

案焦氏關於國這個詞的幾種不同用法的分析,最爲明晰可據。但
從《曲禮上》説:

入竟而問禁,入國而問俗,入門而問諱。

又可以看出一個問題,即:散文國雖有三解,對文則得稱國的,獨有
郊內。故"郊內曰國"一解,尤爲初義。實際國、野之分,不僅是名
稱上的不同、地域上的不同,而且具有政治內容的不同。它們二者
的對立,是不同階級對立的表現,當時居住於國中的,通稱之爲'國
人';居住於野的,通稱之爲"野人"。《孟子·滕文公上》説:"請野
九一而助,國中什一使自賦。"這是什麼制度呢? 這正是"周人百畝
而徹"的具體實施方案。

"野九一而助"的意思是説野的田制實行《考工記·匠人》所述
的"非田法"。《匠人》原文説:

匠人爲溝洫:耜廣五寸。二耜爲耦。一耦之伐,廣
尺,深尺,謂之畎。田首倍之,廣二尺,深二尺,謂之遂。
九夫爲井。井間廣四尺,深四尺,謂之溝。方十里爲成。
成間廣八尺,深八尺,謂之洫。方百里爲同。同間廣二
尋,深二仞,謂之澮。專達於川,各載其名。

這種方案的特點是"九夫爲井",以九起數,同《孟子·滕文公上》所説的"方里爲井,井九百畝,其中爲公田,八家皆私百畝,同養公田,公事畢然後敢治私事,所以別野人也"的方案是一致的。"九一",就是九中取一。"井九百畝,其中爲公田,八家皆私百畝",正説明了這個問題。"助"也叫做"藉"。所謂"借民力治公田"(徐邈説,見《穀梁傳》宣公十五年疏),"同養公田,公事畢然後敢治私事"正説明了這一點。"所以別野人也",則説明這種辦法同對待國人不一樣,它是專爲適應於野人的身份而設的。

　　"國中什一使自賦"的意思是説國中田制實行《周禮·遂人》所述的"溝洫法"。《遂人》原文説:

　　　夫間有遂,遂上有徑。十夫有溝,溝上有畛。百夫有洫,洫上有涂。千夫有澮,澮上有道。萬夫有川,川上有路。

這種方案的特點是"十夫有溝",以十起數,同《孟子·滕文公上》所説的"國中什一"的數字適相符合。"使自賦"説明了它(1)不用助法;(2)十中賦一,自己獻納。十中賦一,如何實行? 其結果必然如龍子所説"校數歲之中以爲常",否則將不勝其煩。所以"國中什一使自賦",事實上就是實行貢法。周人兼貢、助而通用,所以叫做"徹"。

　　爲什麼周人實行徹法,國、野異制呢? 這是因爲國中主要是征服者、統治者所居住的地區,而野主要是被征服者、被統治者所居住的地區。國人的職責主要是執干戈以衛社稷,野人的職責主要是力於農穡,以供其上。"野九一而助"不難看到依舊保留着農村公社的殘迹,"國中什一使自賦"則顯然是要求它須與軍旅的編制相適應。先儒相承舊説,"周之軍賦皆出於鄉。家出一人,故鄉爲一軍。天子六軍出於六鄉,大國三軍出自三鄉而已。其餘公邑、采地不以爲軍"(參見《詩·大雅·公劉》疏)。這種説法是可以相信的。清儒江永説：

　　説者謂古者寓兵於農，井田既廢，兵農始分。考其實不然。春秋之時，兵農固已分矣。

　　管仲參國伍鄙之法，"制國以爲二十一鄉，工商之鄉六，士鄉十五"，公帥五鄉，國子、高子各帥五鄉。是齊之三軍悉出近國都之十五鄉，而野鄙之農不與也。

　　"五家爲軌，故五人爲伍"。積而至於一鄉二千家，旅二千人。十五鄉三萬人，爲三軍。是此十五鄉者，家必有一人爲兵。其中有賢能者，五鄉大夫有陞選之法，故謂之士鄉，所以别於農也。

　　其爲農者，處之野鄙，别爲五鄙之法。三十家爲邑，十邑爲卒，十卒爲鄉，三鄉爲縣，十縣爲屬。五屬各有大夫治之，專合治田供税，更不使之爲兵。

　　故桓公問伍鄙之法，管仲對曰："相地而衰徵，則民不移，徵不旅舊，則民不偷。"謂隨地之善惡而差其徵税，而民安土著，不移徙。農恒爲農，不以其舊爲農者，忽隸於師旅，則民無貳志，不偷惰。豈非兵農已分乎？十五鄉三萬家必有所受田，而相地衰徵之法，惟施於伍鄙，則鄉田但有兵賦，無田税，似後世之軍田、屯田，此外更無養兵之費也。

　　他國兵制亦大略可考而知。

　　如晉之始，惟一軍。既而作二軍，作三軍。又作三行，作五軍。既舍二軍，旋作六軍。後以新軍無帥，復從三軍。意其爲兵者，必有素定之兵籍，素隸之軍帥。軍之漸而增也，固以地廣人多。其既增而復損也，當是除其軍籍，使之歸農。若爲兵者盡出農民，則農民固在，何必隨時改易軍制哉？

　　隨武子云："楚國荆尸而舉，工農商賈，不敗其業。"是農不從軍也。

　　魯之作三軍也，季氏取其乘之父兄子弟盡徵之；孟氏以父兄及子弟之半歸公，而取其子弟之半；叔孫氏盡取子弟，而以其父兄歸公。所謂子弟者，兵之壯者也。父兄者，兵之老者也。皆其素在兵籍，隸之卒乘者，非通國之父兄子弟也。其後舍中軍，‘季氏擇二，二子各一，皆盡徵之，而貢於公’。謂民之爲兵者，盡屬三家，聽其貢獻於公也。若民之爲農者出田稅，自是歸之於君。故哀公云：“二吾猶不足。”三家雖專，亦惟食其采邑，豈能使通國之農民田稅皆屬之己哉？魯君無民，非無民也，無爲兵之民耳。（《群經補義·春秋》）

由上述江氏所舉一些事例中，可以明顯地看到春秋各國都是國、野異制，兵農分處。又《書·費誓》兩次提到“魯人三郊三遂”，所徵發的都不出於“峙乃楨榦”、“峙乃芻茭”的範圍，而與“敫乃甲胄”、“敿乃干”、“備乃弓矢，鍛乃戈矛，礪乃鋒刃”的號令無涉。證明周初伯禽受封時，魯即鄉、遂異制，亦即國、野異制，士兵都出於國中，野人則專從事於農業生產，沒有當兵義務（確切些說，是沒有當兵權利）。《書·牧誓》稱“千夫長、百夫長”。《周禮·大司徒》述六鄉居民之制爲：

　　五家爲比，……五比爲閭，……四閭爲族，……五族爲黨，……五黨爲州，……五州爲鄉，……

與《小司徒》所述六鄉出軍之制爲：

　　五人爲伍，五伍爲兩，四兩爲卒，五卒爲旅，五旅爲師，五師爲軍。

相適應。證明周人於國中用貢法，采取“什一使自賦”的制度，完全是爲考慮了軍事上徵召的便利而設的。

　　當然，上面所説的國、野異制，兵農分處，不宜從絶對意義上來瞭解。因爲在没有戰争的時期，或雖在戰争時期而非正卒或羨卒的國人，也須從事農業生産勞動。另方面，在有軍旅之歲，野人也要於“歲收田一井，出稷禾，秉芻、缶米”之賦（見《國語·魯語》及《五經異義》周禮説）。又，《周禮·遂人》有“簡其兵器，教之稼穡”的記載。江永説：“天子六軍取之六鄉，而六遂與甸、稍、縣、都亦有兵，所以防守，不在六軍之中。”（《周禮疑義舉要·地官一》）江氏這種説法，疑亦符合當日事實。不過，説“防守”，不如説“防寇盜”爲確。因爲當時的野人縱令有簡單武裝，還不能擔負起衛國禦侮的任務，否則將與國人無别了。

　　還有一點需要補充説明的，即入春秋後，由於形勢發展，各國在兵制上都先後作了類似的改革。例如晉國的“作州兵”、魯國的“作丘甲”、鄭國的“作丘賦”都是。這些是由於强敵壓迫，感到兵源不足，遂不得不把原來出兵的地區向外擴展，使一部分野人也加入了當兵的行列。其次，則由於歲月淹久，生齒日滋，采邑也時時增加，結果遂於舊日的野或鄙的廣大地區中，出現了若干新都邑，形成了卿大夫一級的勢力，從而衝破了先前的“家不藏甲，邑無百雉之城”的限制。但是都、鄙的關係同國、野的關係一樣，也不是平等的關係，這是應該注意的。

　　3. 與“周監於二代，郁郁乎文哉”（《論語·八佾》）的説法相符。《禮記·檀弓上》記“仲憲言於曾子曰：‘夏后氏用明器，示民無知也；殷人用祭器，示民有知也；周人兼用之，示民疑也。’”（此下還記敍了曾子一段議論。曾子是不同意仲憲的見解的。但曾子所依據的是主觀推論，而仲憲所依據的是客觀事實。看來仍以仲憲之説爲長。）周人兼用貢、助，正同兼用明器、祭器的做法一樣。王國維説：“古人言周制尚文者，蓋兼綜數義而不專主一義之謂。”[①]有此

---

　　① 《觀堂集林·殷周制度論》。

二例而益信其説之確。

正由於有上述各點可爲證明，所以我認爲楊時對於"徹"的解釋是正確的。

（二）

我們瞭解了"徹"的正確含義，事實上對於周代社會國、野對立的内容已經有了具體的、深刻的瞭解。亦即對於"溝洫法"與"井田法"、兵與農、"禮不下庶人"與"刑不上大夫"等等重要問題，都同條共貫一並得到解決。這些問題裏邊實際包括基本的經濟結構和階級結構、基礎和上層建築。我們如以此爲綫索，而進一步對各種專門的、細節的問題進行研究，行將具有破竹之勢，而不致迷失方向。不僅如此，由於我們瞭解了周代社會制度的本來面貌是什麽樣子，從而對於它的發展、變化的過程，也將容易看得清楚。這樣，對於解決中國古史分期問題，毫無疑問，是有重要意義的。

根據上述觀點，準備在下面談兩個具體問題，這兩個問題都與中國古史分期有關。

1.《左傳》所述"作州兵"（僖公十五年）、"作丘甲"（成公元年）、"作丘賦"（昭公四年）數事，應如何理解？

我認爲解決這個問題，首先須對"州"和"丘"，"兵"、"甲"和"賦"，這幾個極關重要的單詞，有正確的瞭解。

關於"州"和"丘"的解釋，自來學者都根據《周禮》説"二千五百家爲州"、"四邑爲丘"，即認爲"州"是鄉的屬別，"丘"是計算土田的一種數量單位。我認爲這種解釋是有問題的。因爲《周禮》一書，實爲戰國某氏的私家著述，並非"周公致太平之書"。其中所陳諸制，雖亦多所因襲，不盡出自杜撰，但終屬方案性質，不能視爲真實的歷史記録。因此，引用《周禮》時，就不能不審慎從事，細心地加以抉擇。大體上説，凡《周禮》所言與先秦其他諸書之説相符，或雖不見於先秦諸書,而恰好可以用爲空白環節的補充説明的,可以斟酌引用。至於顯然與先秦諸書舊説相背,如五等諸侯封地之類,則斷不可用。假如這種看法不誤的話,那末,我們就可以先考察一下這個"州"字,在先秦其他諸書中是怎樣解釋的,是否曾有作爲鄉的屬別看待。

案,《説文·川部》:"水中可居者曰州。"《國語·齊語》:"群萃而州處。"韋注:"州、聚也。"這是州字的本義。不過,如一般説"九州"、"二百一十國以爲州"等,都與"作州兵"的"州"字無涉,現在在這裏可以不去管它。下面祇舉出幾個有關的材料來談一談。

《左傳》衛有"戎州",見於哀公十七年;楚有"夏州",見於宣公十一年,這兩個"州",都是安置俘虜或異族的區域。其性質與《周禮》的"二千五百家爲州"的"州",顯然有很大的差別。又,《司馬法》:"王國,百里爲郊,二百里爲州。"(見《周禮·載師》注)《管子·度地》:"百家爲里,里十爲術,術十爲州。"當然《司馬法》和《管子》二書所記,也不是沒有問題的,但是我們由這裏可以找到一點綫索,即"州"是什麼。除了《周禮》一説,以爲是鄉之屬別以外,還有一説與《周禮》相反,認爲"州"不是鄉之屬別,而是在郊之外,即在國之外、鄉之外(《司馬法》説:"二百里爲州"。此"州"無疑是在郊之外了。《管子》説:"術十爲州"。古遂、術二字通用,證明此"州"也是在郊之外。)。現在要問上述二説,用以解釋"作州兵",哪一説較長呢?我認爲後一説較長。我們不妨把《左傳》僖公十五年所記的韓原之戰找到,從頭到尾,仔細地讀上幾遍。就可以看出,"作州兵"是晉人由於戰敗而采取的一種增加兵源的措施。所謂"甲兵益多",正説明了這一點。值得注意的是,"作州兵"與"作爰田"連敍在一起。這説明什麼呢? 説明了晉本來也行徹法,國野異制。當兵作戰原爲國人所有的特殊任務,今因軍事緊急,兵源不足,不得不變更舊制,也讓一部分野人,即州人,負同等任務。"這也同羅馬帝國當兵源不足的時候,一方面把羅馬城公民所特享的權利普遍

推行於意大利半島,另外一方面就強迫他們擔負起從前他們未擔
負過的作戰義務有同樣的意義"①。所以"作爰田"的真實內容,乃
是把先前的"野九一而助",改變爲"什一使自賦",使同"國中"一
樣。如果依照《周禮》來解釋,那末,州是在鄉以內,州人本來就有
當兵作戰義務,爲什麽今天又要"作州兵"呢? 說不通。可見這種
解釋是不對的。附帶要說明一點,即"作爰田"、"作州兵"這種變革
的意義是重大的,它表明當時的階級關係已發生變化,土地制度也
不能保持原來的老樣子。但是,祇此而已,不應過分夸大,夸大到
把它與商鞅"廢井田,開阡陌"並爲一談的程度。事實上"作爰田",
祇是把"井田法"換成"溝洫法",把"助"換成"使自賦"罷了,它與商
鞅的"爲田開阡陌封疆"從根本上破壞了井田制度的做法,是有本
質差別的。

　　現在可以談"丘"了。《風俗通·丘》說:"謹案《尚書》'民乃降
丘度土',堯遭洪水,萬民皆山棲巢居,以避其害。禹決江疏河,民
乃下丘,營度爽塏之場,而邑落之。故丘之字,二人立一上。一者
地也。四方高、中央下,象形也。"(案此說實較《説文》"人居在丘
南,故從北"之說爲勝,故不用《說文》說。)又《爾雅》專立《釋丘》一
篇。爲什麽古人如此重視丘呢? 可以設想在這丘字裏邊實反映上
古穴居野處的遺迹。《孟子·盡心下》說:"是故得乎丘民而爲天
子。"《莊子·則陽》說:"丘里者,合十姓百名而以爲風俗也。"由此
可以聯想,《左傳》中"作丘甲"、"作丘賦"二語裏的"丘"字,實爲邑
聚之稱,與"作州兵"的"州"字一例,而不應如《周禮》所說,爲計算
土田的一種數量單位。"兵"、"甲"二詞的含義,也基本上一樣,都
是由初義爲一種軍事裝備的物的名稱,而引伸用爲使用這種裝備
的人的名稱。"丘賦"與"丘甲"二詞,就其實質來說,並無二致。
"賦"的含義,實爲兵賦。魯人"初税畝"(宣公十五年)實際已爲"作

----

① 　徐旭生先生語,見《歷史研究》1961年第 4 期,第 60 頁。

丘甲"準備了條件。"稅畝"之義,並不象郭沫若同志所説是"承認了土地的私有",而是於原來"九一而助"的基礎上,又"履畝而稅"亦即"藉"而又"稅",其結果遂造成了如魯哀公所説的"二"(《論語·顏淵》)。正因爲這樣,所以後來"作丘甲"時,就不必再"作爰田"了。至於子產"作丘賦",在當日是采取了晉人"爰田"的辦法呢?還是采取了魯人"稅畝"的辦法呢?因無明文可據,在此從略。

總之,春秋時代晉、魯、鄭諸國,由於局勢緊張,感覺原有的兵力不足以應付,都先後在軍制上作了類似的改革。於改革軍制的同時,連帶也引起了階級關係的變化和土地制度的改動,無疑這些都是封建社會將要產生的預兆,我們研究古史分期問題,應當予以足夠的重視。但是,必須看到這時井田制並沒有破壞,土地所有權還操於當時大小封君之手,還不能爲一般人民所私有。因此,不能根據上述這些材料説當時社會已經産生了封建的土地關係。

2.《左傳》襄公十一年的"作三軍"和昭公五年的"舍中軍"兩段文字應如何解釋?

在這個問題上,當前史學界,影響最大,要推郭沫若同志的説法了。兹爲慎重起見,先把《左傳》兩段原文鈔録在下面,其次具引郭沫若同志的解説全文,最後提出我的看法。

《左傳》:

> (襄公)十一年春,季武子將作三軍,告叔孫穆子曰,"請爲三軍,各徵其軍。"穆子曰:"政將及子,子必不能。"武子固請之。穆子曰:"然則盟諸?"乃盟諸僖閎,詛諸五父之衢。正月,作三軍,三分公室而各有其一,三子各毁其乘。季氏使其乘之人,以其役邑入者,無徵,不入者倍徵;孟氏使半爲臣,若子若弟;叔孫氏使盡爲臣,不然不舍。

又,

　　（昭公）五年，春王正月，舍中軍，卑公室也。毀中軍於施氏，成諸臧氏。初作中軍，三分公室而各有其一，季氏盡徵之，叔孫氏臣其子弟，孟氏取其半焉。及其舍之也，四分公室，季氏擇二，二子各一，皆盡徵之，而貢於公。

郭沫若同志解釋説：

　　魯宣公十五年即公元前五九四年，"初税畝"，要徵收私家土地的租税。過了三十二年即公元前五六二年，魯季孫、孟孫、叔孫三家"三分公室而各有其一，三子各毀其乘。季氏使其乘之人以其役邑入者無徵，不入者倍徵；孟氏使半爲臣，若子若弟；叔孫氏使盡爲臣，不然不舍"。三家中季孫氏采用了封建的剝削方法，叔孫氏仍用奴隸制的剝削方法，孟孫氏走了中間路線。再隔二十五年即公元前五三七年，三家"四分公室，季氏擇二，二子各一，皆盡徵之，而貢於公"，魯國就形成了封建社會，它的政權已經代表地主階級的了。①

　　郭沫若同志這種解釋對不對呢？現在我們可以就下列幾個方面來認真地進行考察。

　　（1）"初税畝"如上文所説，是"藉"而又"税"，亦即所謂"二"。不應解釋爲"徵收私家土地的租税"。②

　　（2）"三分公室"、"四分公室"，所分的衹是鄉，或鄉遂出兵賦部分，不關魯國全部。清人有很多著述談到這個問題。茲列舉如下。

崔述説：

　　夫使魯國果盡屬於三桓，則三桓之外，魯之大夫尚多，若叔氏、臧氏、施氏、邱氏、叔仲氏、東門氏之屬，其禄

---

① 《歷史研究》1959 年第 6 期，第 6 頁。

② 詳見拙著《中國奴隸社會的幾個問題》，中華書局，1962 年，第 60～63 頁。

皆於何取之？蓋三桓所分者鄉遂（其實當時三桓所分者，當祇有鄉而無遂。崔說由過信《周禮》而誤。），至於都鄙之地，固自若也。古者鄉遂之地，君所自奉，謂之公室。故曰"三分公室"，曰"四分公室"，明鄉遂以外，魯之國自若也。故臧氏之邑在防，武仲出奔，仍入據防而請後，是諸大夫之采邑，未嘗歸三桓也。不但大夫之采邑然也，都鄙之中，亦有公邑，仍爲公有。故季武子取卞，曰："卞人將叛，既敢之矣，敢告。"襄公曰："欲之而言叛，祇見疏也。"是季氏未取卞以前，卞仍屬於魯君也。後人不達古人鄉遂都鄙之制，遂謂通國盡屬三桓，誤矣。①

江永說已詳上文，茲不具引。朱大韶說：

> 兵出於鄉，故《小司徒》但有出軍法，無田制，《遂人》但有田制，無軍賦，周制兵農本分。魯之作三軍，藉民爲兵，其舍也，即還兵於農。其爲兵也，予以鄉之田，而復其役；其爲農也，田不改而取其力役之徵。三子各毀其乘，乘即卒乘，謂舊隸軍籍者也。……三子盡徵其兵而時貢於公，則公室無兵矣。昭二十五年傳："公徒釋甲"，"公徒"即所貢之兵也。若並其農而徵之，則公無一民尺土矣。哀公何以云"二吾猶不足"乎？②

案上述三說，崔說主要從鄉遂、都鄙之制着眼，辨明"公室"祇謂鄉遂，不包括都鄙；江、朱二說則主要從兵、農之制着眼，辨明三家所"分"的，祇限於"民之爲兵者"，不包括"民之爲農者"。如把三說合在一起來看，便能看得更清楚了。

（3）原文"盡徵之"、"臣其子弟"、"取其半焉"，應如何理解？

① 《崔東壁遺書·考古續說·東周大事摘考》。
② 《實事求是齋經義·司馬法非周制說》。

　　江永説已見前，因相隔太遠，翻檢不便，兹復將有關部分，摘録如下：

　　　　魯之作三軍也，季氏取其乘之父兄子弟盡徵之；孟氏以父兄及子弟之半歸公，而取其子弟之半；叔孫氏盡取子弟，而以其父兄歸公。所謂子弟者，兵之壯者也，父兄者，兵之老者也，皆其素在兵籍，隸之卒乘者，非通國之父兄子弟也。其後舍中軍，"季氏擇二，二子各一，皆盡徵之，而貢於公"謂民之爲兵者，盡屬三家，聽其貢獻於公也。若民之爲農者，出田税自是歸之於君。

　　朱大韶曾爲江説作補充説：

　　　　"乘之人"謂隸於軍籍者，父、兄、子弟即指乘之人。故清之戰，"季氏之甲七千"，"老幼守宮"，"老幼"郎父、兄、子弟中别其老者、幼者。其舍中軍也，"季氏擇二，二子各一，皆盡徵之，而貢於公"，"貢"即《小司徒》所云"而令貢賦"，謂軍賦也。貢即賦也，貢賦連言耳。①

　　我認爲上述江、朱二説這樣解釋基本上是對的。因爲《左傳》這兩段文字所説的中心内容，非常明顯，是屬於作軍、舍軍的問題。因此，所有原文中的'徵'字、'貢'字、'臣'字，以及'子弟'二字等等，都應依軍制作解。郭沫若同志把它們理解爲徵收土地租税，説"季孫氏采用了封建的剥削方法，叔孫氏仍用奴隸制的剥削方法，孟孫氏走了中間路綫"以及"魯國就形成了封建社會"等等，不但缺乏事實根據，也嫌與原文意旨不符。細繹郭沫若同志所以説"叔孫氏仍用奴隸制的剥削方法"大概是由於看到原文有一個"臣"字，認爲"臣"就是奴隸。其實這個"臣"字，應依《左傳》襄公二十九年"射者三耦。公臣不足，取於家臣。家臣：展瑕、展玉父爲一耦；公臣：公

---

　　① 《實事求是齋經義·司馬法非周制説》。

巫召伯、仲顏莊叔爲一耦,酆皷父、黨叔爲一耦"的文例作解,彼處家臣展氏,公臣公巫氏、仲顏氏,都是公族,自不能認爲是奴隸。可見郭沫若同志對於這個問題的理解是不夠妥切的。

還有關於"子弟"一詞,可能有人不相信是"兵之壯者",有必要還在這裏加以説明。《周禮·小司徒》説:

> 乃會萬民之卒伍而用之。五人爲伍,五伍爲兩,四兩爲卒,五卒爲旅,五旅爲師,五師爲軍,以起軍旅,以作田役,以比追胥,以令貢賦。乃均土地,以稽其人民而周知其數。上地家七人,可任也者家三人;中地家六人,可任也者二家五人;下地家五人,可任也者家二人。凡起徒役毋過家一人,以其餘爲羨,唯田與追胥竭作。

又《鄉大夫》説:

> 以歲時登其夫家之衆寡,辨其可任者,國中自七尺以及六十,野自六尺以及六十有五,皆徵之。其舍者:國中貴者、賢者、能者、服公事者、老者、疾者,皆舍。

《五經異義》説:

> 《禮》戴説:"《王制》云:五十不從力政,六十不與服戎"《易》孟氏,韓《詩》説:"年二十行役,三十受兵,六十還兵。"古《周禮》説:"國中自七尺以及六十,野自六尺以及六十有五,皆徵之。"許慎謹案:五經説皆不同,是無明文所據。漢承百王而制二十三而役,五十六而免。①

上引兩份材料,裏邊所載各説互有出入,很難據以推斷春秋時魯國兵制所規定的受兵、還兵年齡的具體數字。但是,有兩點似乎可以肯定:一、魯國兵役年限不能少於漢代的由二十三到五十六;

---

① 此據《禮記·王制》孔穎達疏引。

二、《周禮》"凡起徒役毋過家一人，以其餘爲羨"，這種區分正卒、羨
卒的做法，除非處在形勢過於緊張的年代以外，當爲諸國所同。這
種判斷如果不錯的話，那末，當時魯國的兵，是可以相信能用父、
兄、子弟來區分的；在徵用時，并且可以采取"盡徵之"、"臣其子
弟"、"取其半焉"等三種不同的辦法的。《史記·項羽本紀》結尾
處，記項羽與烏江亭長説："且籍與江東子弟八千人，渡江而西。"而
於開卷處則説："遂舉吳中兵，使人收下縣，得精兵八千人。"顯然，
這"江東子弟八千人"即是前面所説的"吳中……精兵八千人"，"子
弟"之義同於"精兵"，無可疑者。我們讀古書，遇難解處，不妨暫時
存疑，切忌臆斷曲説。近見報刊上有人目"八千子弟"爲"少爺兵"
這種望文生義的做法，是不足取的。

　　上面所討論的和所涉及的問題，如"初税畝"、"作爰田"、"作州
兵"、"作丘甲"、"作丘賦"以及"作三軍"、"舍中軍"兩段《傳》文等
等，都是當前史學界所公認是重要的、迫切需要解決而没有很好解
決的問題。這些問題關係到古史分期，關係到對春秋時期各種具
體問題的處理和瞭解。例如，近見有人"論孔子"根據郭沫若同志
的見解，而作出季氏"代表着新興地主階級"的論斷。這種看法就
不能説是没有問題。毛澤東同志説過："誰是我們的敵人？誰是我
們的朋友？這個問題是革命的首要問題。"①這種觀點，依我看也
適用於研究歷史。如果我們把歷史上一個最反動的人物錯誤地瞭
解爲一個最革命的人物，這就涉及整個方向的問題，絕不應看作是
小事。總之，經過上面的一路分析，證明郭沫若同志在對於一些重
要問題的瞭解上是不够實事求是的。以這種不够實事求是的瞭解
爲根據所作出的古史分期的結論，自然是難以成立的。

　　由於我瞭解"初税畝"、"作爰田"、"作州兵"、"作丘甲"、"作丘
賦"以及"作三軍"、"舍中軍"兩段《傳》文等問題，是以瞭解"徹"爲

---

　　① 《毛澤東選集》第 1 卷《中國社會各階級的分析》。

前提條件，故作此《由周的徹法談到"作州兵"、"作丘甲"等問題》一文，以求教於史學界同志們，希望同志們惠予批評和指正。

1962 年 3 月 30 日

(《吉林大學社會科學學報》1962 年第 1 期)

關於井田制的若干問題

　　井田問題是一個老問題。自兩漢到現在，一直有人討論它。就全部過程來看，大致可以分爲三個階段。從兩漢到清末爲第一階段，這一階段所討論的重心爲要不要恢復井田的問題。主張復古的人照例都大罵商鞅，認爲最理想的社會是夏商周三代，如何能達到三代之治，就一定要恢復井田制。但是也有人不同意這種見解。認爲時代變了，土地制度不能不隨着變（馬端臨《文獻通考·田賦考序》可爲這種看法的代表）。從辛亥革命到中華人民共和國成立爲第二階段，這一階段所討論的重心爲古代是否存在井田的問題。討論雙方的代表人物有胡適、廖仲愷、胡漢民等。由於當時是在疑古高潮的影響下，主要傾向是要否定井田制的存在，而不是認真地想討論它，所以儘管爭論得非常熱烈，結果並沒有真正解決問題。從中華人民共和國成立到現在爲第三階段，這一階段同從前的情況大不相同了。由於大家都以馬克思列寧主義科學的世界觀——辯證唯物主義和歷史唯物主義作爲指導思想。要求科學地、徹底地解決這個問題。現在除了容或有極個別的人物以外，大家都基本上承認井田制確實在中國歷史上存在過。但是在對若干具體問題的理解上，還不無分歧，有的甚至分歧很大。因此，願在這裏談談我的看法。

　　我現在總的看法認爲，井田制是中國奴隸社會土地制度的具體表現形式，是中國奴隸社會之所以區別於原始社會和封建社會的重要標誌之一，我們有理由這樣説，如果對於井田制沒有正確的瞭解，那末對於中國奴隸社會也一定不會有很好的瞭解，爲了進一步認識井田制的全部內容,以下將分成七個方面加以探討。

一、井田釋名

1.《周禮・小司徒》鄭注:"立其五溝五途之界,其制似井之字,因取名焉。"孫詒讓正義:"云其制似井之字因取名焉者,《釋名・釋州國》云,周制九夫爲井,其制似井字也。《論語・學而》皇疏云:名爲井者,因夫間有遂,水縱橫相通成井字也。程瑶田云:屋三爲井。井之名命於疆別九夫,二縱二橫,如井字也。"①

2.《通典・食貨三》:"昔黃帝始經土設井以塞爭端,立步制畝以防不足。使八家爲井。井開四道而分八宅,鑿井於中。一則不泄地氣,二則無費一家,三則同風俗,四則齊巧拙,五則通財貨,六則存亡更守,七則出入相同,八則嫁娶相媒,九則無有相貸,十則疾病相救。是以惰性可得而親,生產可得而均。均則欺凌之路塞,親則鬥訟之心弭。"

按:井田命名當以前一說爲正。後一說可注意的是杜佑把它安放在《鄉黨》項目裏,而沒有安放在《田制》項目裏,説明杜佑本意並不謂井田命名與鑿井有關,這是第一點。即在這個項目裏,既説"井開四道",又説"鑿井於中",到底井田的井,緣何制名,亦未明言,這是第二點。可見有人依據上述後一説并且牽引《易經・井卦》來解釋井田的名稱,認爲是由於鑿井溉田,是不正確的。

二、井田與溝洫、耦耕的關係

1. 溝洫

《周禮・地官・遂人》:"凡治野:夫間有遂,遂上有徑;十夫有

---

① 按程説見《溝洫疆理小記・井田溝洫名義記》。

溝,溝上有畛;百夫有洫,洫上有涂;千夫有澮,澮上有道;萬夫有川,川上有路,以達於畿。"

《周禮·考工記》:"匠人為溝洫。耜廣五寸,二耜為耦。一耦之伐,廣尺深尺謂之甽。田首倍之,廣二尺深二尺謂之遂。九夫為井,井間廣四尺深四尺謂之溝。方十里為成,成間廣八尺、深八尺謂之洫。方百里為同,同間廣二尋、深二仞謂之澮。專達於川,各載其名。"(此下有:"凡天下之地勢,兩山之間必有川焉,大川之上必有涂焉。凡溝逆,地阞謂之不行;水屬不理孫,謂之不行。梢溝三十里而廣倍。凡行奠水,磬折以參伍。欲為淵則句於矩。凡溝必因水勢,防必因地勢。善溝者水漱之,善防者水淫之。凡為防,廣與崇方,其閷參分去一。大防外閷。凡溝防,必一日先深之以為式,里為式,然後可以傅衆力。"戴震補注:"行奠水者,行之停之,直三而曲得五。井田雖以方計,隨溝委折,非截方,見於此矣。")

溝洫以備潦,非備旱

程瑤田《溝洫疆理小記·井田溝洫名義記》說:"……初分終合,所以盡水之性情而不使有泛溢之害也。鄭氏注《小司徒》云:溝洫為除水害,餘亦以為備潦非備旱也。歲歲治之,務使水之來也,其涸可立而待。若以之備旱,則宜瀦之,不宜溝之;宜蓄之,不宜泄之。今之遞廣而遞深也,是溝之法,非瀦之法;是泄之,非蓄之也。"又說:"《管子·立政篇》:溝瀆不遂於隘,鄣水不安其藏,國之貧也。《尚書大傳》:溝洫壅遏,水為民害,則責之司空。此皆溝洫為除水害之證。"又《溝渠異義記》說:"溝洫之為也,遞廣遞深,周官之法宜即神禹之法,為除水害,蓋疏瀹之極功。為溝洫與治洪水,事之相為經緯者也。若夫後世引水為渠以溉田,此溝洫之變法。溝洫為除水害,引渠為興水利。"

《禮記·月令》:"孟春之月……是月也。天氣下降,地氣上騰,天地和同,草木萌動。王命布農事,命田舍東郊,皆修封疆,審端經術。"又:"季春之月……是月也,命司空曰:時雨將降,下水上騰,循行國邑，周視原野，修利堤防，道達溝瀆。開通道路，毋有障塞。”

按：《遂人》、《匠人》所記的溝洫系統應是一般的、典型的、完備的形式，並不排斥具體情況的矛盾性、複雜性。祇從《匠人》本文中“凡天下之地勢”一段文字，即可窺見大概。

2. 耦耕

《詩經·周頌·噫嘻》：“亦服爾耕，十千維耦。”

《周頌·載芟》：“千耦共耘。”

《左傳》昭公十六年：“庸次比耦以艾殺此地，斬之蓬蒿藜藋而共處之。”

《國語·吳語》：“譬如農夫作耦以刈殺四方之蓬蒿。”

《論語·微子》：“長沮、桀溺耦而耕。”

《周禮·地官·里宰》：“以歲時合耦於鋤，以治稼穡，趨其耕耨。”

《禮記·月令》：“季冬之月……命農計耦耕事，修耒耜，具田器。”

按：耦耕、溝洫是井田制的基礎。耦耕、溝洫如果遭到破壞，井田制即不存在。耦耕、溝洫是集體經濟的標誌，它排斥個體經濟存在的可能。耦耕是由木、石製生產工具即較低的生產力水平所決定的。

三、井田的發生、發展過程

1. 夏

（1）

《尚書·皋陶謨（今本《益稷》）》：“予決九川距四海，濬畎澮距川。”

《詩·商頌·長發》：“禹敷下土方。”

《論語·泰伯》:"子曰:禹吾無間然矣。……卑宫室而盡力乎溝洫。"

(2)

《孟子·滕文公上》:"夏后氏五十而貢。"

2. 商

(1)甲骨卜辭:"乙巳卜設貞,王大令衆人曰:劦田,其受年。"(前7.30.2)

又,"貞,叀小臣令衆黍,一月"(前4.30.2)。

(2)甲骨文的田作畕、▨、⊕等形。

(3)殷人七十而助。

3. 周

《孟子·滕文公上》所説"野九一而助,國中什一使自賦"是周代井田制的標本圖式。

(1)國與野

《周禮·天官》:"惟王建國,辨方正位,體國經野。"

《周禮·地官·鄉大夫》:"以歲時登其夫家之衆寡,辨其可任者。國中自七尺以及六十,野自六尺以及六十有五皆徵之。其舍者,國中貴者、賢者、能者、服公事者、老者、疾者皆舍。以歲時入其書。"

《左傳》隱公元年:"都城過百雉,國之害也。先王之制,大都不過參國之一,中五之一,小九之一。"

又,閔公二年:"大都耦國。"

《儀禮·士相見禮》:"宅在邦則曰市井之臣,在野則曰草莽之臣。"①

《禮記·曲禮》:"入竟而問禁,入國而問俗,入門而問諱。"

①　《孟子·萬章下》:"在國曰市井之臣,在野曰草莽之臣。"

《荀子·强國》:"入境,觀其風俗……及都邑官府,其百吏肅然……入其國,觀其士大夫。……觀其朝廷……"

段玉裁説:"郊之爲言交也,謂鄉與遂相交接之處也。"①

《周禮·地官》:"遂人掌邦之野。"

(2)溝洫法與井田法(由於必要故重出)

①溝洫法

《周禮·地官·遂人》:"凡治野,夫間有遂,遂上有徑;十夫有溝,溝上有畛;百夫有洫,洫上有涂;千夫有澮,澮上有道;萬夫有川,川上有路,以達於畿。"

②井田法

《周禮·考工記》:"匠人爲溝洫。耜廣五寸,二耜爲耦。一耦之伐,廣尺深尺謂之𤰡。田首倍之,廣二尺深二尺謂之遂。九夫爲井,井間廣四尺、深四尺謂之溝。方十里爲成,成間廣八尺、深八尺謂之洫。方百里爲同,同間廣二尋、深二仞謂之澮。專達於川,各載其名。"

(3)什一與九一

"十夫有溝",以十起數,證明"國中什一"是用溝洫法,如遂人所述。

"九夫爲井",以九起數,證明"野九一"是用井田法,如匠人所述。

《五禮通考》方氏曰:"九一什一句法文義一耳。野之九一爲九中之一,則貢之什一亦什中之一而已。但以井田四方而成,則以八而包一,故不得不以九一爲法。貢法長連排去,則以五十起數,十夫有溝,百夫有洫,千夫有澮,萬夫有川,但以十相乘,亦復整齊而易算耳。"

胡承珙《毛詩後箋·甫田》説:"周則百畝而徹,兼用貢助,雖立

①　《經韻樓集·四與頤千里論學制備忘之記》。

法稱有變通而於中正之準，初無不合，故曰：其實皆什一也。”

(4)使自賦(即貢)與助

①使自賦

胡渭說：“《周禮·大司馬》注曰：賦給軍用者也。《小司徒》注曰：賦謂出車徒給繇役也。《論語》‘千乘之國可使治其賦’，孔安國注云：兵賦也。《左傳》曰：天子之老請帥王賦。又曰：悉索敝賦。又曰：韓賦七邑。又曰：魯賦八百乘，邾賦六百乘。又曰：鄫無賦於司馬。其所謂賦，皆軍賦也。”(《禹貢錐指》)

《孟子·滕文公上》：“卿以下必有圭田。圭田五十畝，餘夫二十五畝。死徙無出鄉。鄉田同井。出入相友，守望相助，疾病相扶持，則百姓親睦。”

②助

《孟子·滕文公上》：“方里而井。井九百畝，其中爲公田。八家皆私百畝，同養公田。公事畢然後敢治私事，所以别野人也。”

(5)兵與農

江永說：“説者謂古者寓兵於農，井田既廢，兵農始分。考其實不然。

春秋之時，兵農固已分矣。

管仲三國伍鄙之法，制田以爲二十一鄉。工商之鄉六，士鄉十五。公帥五鄉，國子、高子各帥五鄉。是齊之三軍悉由近國都之十五鄉，而野鄙之農不與也。

五家爲軌，故五人爲伍。積而至於一鄉二千家，旋二千人。十五鄉三萬人爲三軍。是此十五鄉者，家必有一人爲兵。其中有賢能者，五鄉大夫有陞選之法，故謂之士鄉，所以别於農也。

其爲農者，處之野鄙，别爲五鄙之法。三十家爲邑，十邑爲卒，十卒爲鄉，三鄉爲縣，十縣爲屬。五屬各有大夫治之，專令治田供稅，更不使之爲兵。

故桓公問五鄙之法。管仲對曰：相地而衰徵，則民不移，政不旅舊財民不偷。謂隨地之善惡而差其徵稅，而民安土著，不移徙。農恒爲農，不以其舊爲農者忽隸於師旅，則民無貳志，不偷惰。豈非兵農已分乎？十五鄉三萬家必有所受田，而相地衰徵之法惟施於伍鄙，則鄉田但有兵賦，無田賦，似後世之軍田、屯田，此外更無養兵之費也。

他國兵制亦大略可考而知。

如晉之始惟一軍。既而作二軍，作三軍。又作三行，作五軍。既舍二軍，旋作六軍。後以新軍無帥復從三軍。意其爲兵者，必有素定之兵籍、素隸之軍帥。軍之漸而增也，固以地廣人多。其既增而復損也，當是除其軍籍，使之歸農，若爲兵者盡出農民，則農民固在，何必隨時改易軍制哉？

隨武子云：楚國荊尸而舉，工農商賈，不敗其業，是農不從軍也。

魯之作三軍也，季氏取其乘之父兄子弟盡徵之，孟氏以父兄及子弟之半歸公，而取其子弟之半；叔孫氏盡取子弟，而以其父兄歸公。所謂子弟者，兵之壯者也；父兄者，兵之老者也，皆其素在兵籍、隸之卒乘者，非通國之父兄子弟也。其後舍中軍，季氏擇二，二子各一，皆盡徵之，而貢於公。謂民之爲兵者，盡屬三家，聽其貢獻於公也。若民之爲農者出田稅，自是歸之於君。故哀公云：二吾猶不足。三家雖專，亦惟食其采邑，豈能使通國之農民田稅皆屬之己哉？魯君無民，非無民也，無爲兵之民耳。"（《群經補義·春秋》）

《周禮·大司徒》述六鄉居民之制爲："五家爲比，……五比爲閭，……四閭爲族，……五族爲黨，……五黨爲州，……五州爲鄉……"

《周禮·小司徒》述六鄉出軍之制爲："五人爲伍，五伍爲兩，四兩爲卒，五卒爲旅，五旅爲師，五師爲軍。"

鄉黨編制與軍旅編制相適應。天子六軍取之六鄉，而野鄙不與焉。

（6）君子與野人

《孟子·滕文公上》：“夫滕壤地褊小，將爲君子焉，將爲野人焉。無君子莫治野人，無野人莫養君子。”（下文接着即説：“請野九一而助，國中什一使自賦。”）

又説：“有大人之事，有小人之事。……故曰：或勞心，或勞力。勞心者治人，勞力者治於人。治於人者食人，治人者食於人。天下之通義也。”

《左傳》襄公九年：“君子勞心，小人勞力，先王之制也。”

又，成公十三年：“是故君子勤禮，小人盡力。勤禮莫如致敬，盡力莫如敦篤。敬在養神，篤在守業。”

《國語·魯語》：“君子勞心，小人勞力，先王之訓也。”

《禮記·月令》仲夏“君子齋戒”疏：“君子謂人君以下至在位士也。”

《左傳》昭公十七年：“左司馬沈尹戌帥都君子與王馬之屬以濟師。”

《國語·吴語》：“越王乃中分其師以爲左右軍，以其私卒君子六千人爲中軍。”

《史記·越王句踐世家》：“乃發習流二千人，教士四萬人，君子六千人，諸御千人，伐吴。”

（7）禮與刑

《禮記·曲禮上》：“禮不下庶人，刑不上大夫。”

游桂説：“禮不下庶人，古注詳矣。如庶人不廟祭，則宗廟之禮所不及也；庶人徒行，則車乘之禮所不及也；庶人無燕禮，則酬酢之禮所不及也。不下者，謂其不下及也。然非庶人舉無禮也，特自士以上之禮所不及耳。

“刑不上大夫者言不上及於大夫，非大夫舉無刑也，特不以庶人之刑加之耳。

“且古者之制，貴賤異於後世。古者貴有常尊，賤有常卑，故禮刑所及,皆有常所。後世貴賤無常。爲庶人者,朝爲匹夫,暮爲卿相者有之。爲卿相者,一終其身,則其子孫降在皁隸者有之。所謂禮不下庶人,刑不上大夫,不可得而行矣。假以宗廟言之,世爲諸侯者,常爲五廟,常居諸侯之宮;世爲大夫者,常爲三廟,常居大夫之宮。及至後世,父爲卿相而子孫爲匹夫,則其宗廟、宮室不可再傳三傳也。朝爲匹夫而暮爲卿相則其禮前無所承,而所謂宗廟、宮室者,其來無所自,特以身祭而身居之,不可常也。天下之禮,惟其常也,則人知習之。惟其習之也,則其爲禮有序,其施行有漸,故人安於其常而易於爲治。若貴賤驟易,則犯法施行,其來無漸。此後世貴人不能爲禮,面子孫多至於犯刑者爲此故也。"(衛提:《禮記集說》卷七引)

(8)周的徹法取義於兼貴、助而通用

《論語・八佾》:"子曰:周監於二代,郁郁乎文哉!"

《禮記・檀弓上》:"仲憲言於曾子曰:夏后氏用明器,示民無知也;殷人用祭器,示民有知也;周人兼用之,示民疑也。"

又,《王制》:"凡養老:有虞氏以燕禮,夏后氏以饗禮,殷人以食禮,周人修而兼用之。"

馬克思和恩格斯在《德意志意識形態》第一卷裏説:

　　物質勞動和精神勞動的最大的一次分工,就是城市和鄉村的分離。城鄉之間的對立是隨着野蠻向文明的過渡、部落制度向國家的過渡、地方局限性向民族的過渡而開始的,它貫穿着全部文明的歷史並一直延續到現在。

　　隨着城市的出現也就需要有行政機關、警察、賦税等等,一句話,就是需要有公共的政治機構,也既是説需要一般政治。在這裏居民第一次劃分爲兩大階級,這種劃分直接以分工和生產工具爲基礎。城市本身表明了人口、生產工具、資本、享樂和需求的集中;而在鄉村裏所看到的卻是完全相反的情況:孤立和分散。城鄉之間的對立祇有在私有制的範圍内才能存在。這種對立鮮明地反映出個人屈從於分工,屈從於他被從事的某種活動,這種屈從現象把一部分人變爲受局限的城市動物,把另一部分人變爲受局限的鄉村動物,并且每天都不斷地産生他們利益之間的對立。①

又説:

分工和私有制是兩個同義語,講的是同一件事情,一個是就活動而言,另一個是就活動的産品面言。②

又説:

分工不僅使物質活動和精神活動、享受和勞動、生産和消費由各種不同的人來分擔這種情況成爲可能,而且成爲現實。③

又説:

分工起初祇是性交方面的分工,後來是由天賦(例如體力)、需要、偶然性等等而自發地或"自然産生的"分工。分工祇是從物質勞動和精神勞動分離的時候才開始成爲真實的分工。④

按:應用上述馬克思主義經典作家的言論,正可以説明周人的國與野、貢與助、兵與農、君子與野人、禮與刑等等的差別問題。應該指出,國與野的對立,即是城市與鄉村的對立。

---

① 《馬克思恩格斯全集》第 3 卷,人民出版社,1960 年,第 56～57 頁。
② 同上,第 37 頁。
③ 同上,第 36 頁。
④ 同上,第 35 頁。

四、井田制的若干細節問題

1. 畎、畝的問題

程瑤田《溝洫疆理小記・畎澮異同考》説:"溝洫廣深之度起於畝(畎)。《考工記》匠人爲溝洫。耜廣五寸,二耜爲耦。一耦之伐,廣尺深尺謂之畎。此人力所爲在田間者。然田間之畎又分爲兩事。

"一爲百畝行列之畎,因以爲田間水道之始。一夫百畝,中容萬步。《司馬法》六尺爲步,步百爲畝。然則畝廣六尺,長六百尺。《詩》所謂'禾易長畝'是也。① 百畝則百畎矣。陸德明《釋文》引司馬云:壟上曰畝,壟中曰畎。指謂此畎也。壟陂坂之名,平地中之高者也。有畎然後有壟。有壟斯有畝,故曰:壟上曰畝。兩壟之中則畎,故曰壟中曰畎也。《周書》曰:若稽田,既勤敷菑,惟其陳修,爲厥疆畎。按《爾雅》:田一歲曰菑。《方言》云:反草曰菑。然則敷菑者以耜發田,爲初耕反草之事。既耕去其草矣,然後陳其行列而修治之,以爲疆畎,此古人爲畎之事也。《信南山》之詩,我疆我理,南東其畝。畫其經界之謂疆,分其地理之謂理。是故疆之以成井,所以別夫也。理之成畝,所以爲畎。畝有東南,故畎有縱橫,順其地理以分之而已矣。故《左傳》賓媚人曰:先王疆理天下,物土之宜而布其利。今吾子疆理諸侯而曰盡東其畝而已,無顧土宜。所謂土宜者,東南之宜。所謂物而布之者,相其地理之順以分畫之云爾。此古爲畎之道也。

"一爲播種行列之畎。《漢書・食貨志》:趙過能爲代田。一畝三畎,歲代處,故曰代田。古法也。后稷始爲畎田,以二耜爲耦,廣

---

① 按胡承珙《毛詩後箋》説:"《甫田》禾易長畝。傳:易,治也。長畝竟由也。此以一畝之長爲竟,尤可見南畝、東畝指共直長而言。"

尺深尺爲畎，長終畝。一夫三百畎而播種於畎中，苗生葉以上，稍
耨壟草，因隤其土以附苗根。故其詩曰：或耘或芋，黍稷儗儗。耘，
除草也。芋，附根也。言苗稍壯每耨輒附根，比盛暑壟盡而根深，
能風與旱，故儗儗而盛也。夫畝廣六尺，畎廣尺，畝三畎，三尺也。
餘三尺與畎相間分高下，所謂壟也。以長畎平列百行，是爲一夫百
畝廣六百尺。其始也畝一壟，蓋百畝百壟。今更爲畎以播種。一
夫三百畎，亦三百壟。耨壟草隤其土於畎以附根，則畎浸高，壟浸
下。屢隤屢附，壟與畎平，故曰：壟盡而根深也。古人畎田耘芋之
法略具於此。"

2. 南畝、東畝的問題

《詩經》的《豳風·七月》、《小雅·甫田》、《小雅·大田》、《周
頌·載芟》、《周頌·良耜》諸篇都有"南畝"之文。

又，《小雅·信南山》："我疆我理，南東其畝。"

《左傳》成公二年："使齊之封內，盡東其畝。"

《信南山》"南東其畝"下毛傳説："或南或東。"孔疏："成二年
《左傳》曰：先王疆理天下，物土之宜。故《詩》：我疆我理，南東其
畝。是於土之宜，須縱須橫，故或南或東也。"

陳奐《詩毛氏傳疏》説："云或南或東者，或之爲有也。或南者，
有南其畝者也；或東者，有東其畝者也。《韓子·外儲説右上篇》晉
文公伐衛，東其畝。又《吕覽·簡選篇》晉文公東衛之畝，高注：使
衛耕者皆東畝以遂晉兵也。成二年《左傳》晉郤克伐齊，使齊之封
內盡東其畝。賓媚人曰：先王疆理天下，物土之宜而布其利。今吾
子疆理諸侯，而曰盡東其畝而已，唯吾子戎車是利，無顧土宜。杜
注云：晉之伐齊循壟東行易。蓋南東必因地勢，齊衛在晉東，故晉
使東畝爲不顧土宜也。"

胡承珙《毛詩後箋》説："程氏（程瑶田）又據鄭《遂人》注以南畝
圖之，爲遂縱溝橫，因謂南畝者，自北視之，其畝橫陳於南。南畝故
畝橫。畝流於遂，故遂縱。《匠人》賈疏云：井田之法，畝縱遂橫，溝

縱洫橫，澮縱川橫，爲東畝之圖，是自西視之，畝橫陳於東。且引
《左傳》盡東其畝，謂東畝則川橫，而川上路乃可東西行云云。今案
古人制田始於一畝，行水始於一畎。姑以一畝之畎言之，畎順水
勢，畝順畎勢。畎縱則畝縱，畎橫則畝橫，此自然之理也。南北曰
縱，東西曰橫。畎自北而注南爲縱，則畝之長亦隨畎而南，曰南畝。
畎自西而注東，畝之長亦隨畎而東，曰東畝。此《詩》云‘南東其
畝’，當是指畝之直長，所謂廣一步長百步者。非橫陳於南東之謂。
惟其指水之所注以爲名，而水勢趨東南者爲多，故有南畝、東畝。
若謂自北視之爲南，則使改而自南視之，不亦可曰北畝乎？鄭注之
‘遂縱溝橫’，賈疏之‘畎縱遂橫’，正劉氏所云‘遂南入溝’，則其畝
東，遂東入溝，則其畝南者。注疏之南畝、東畝乃適相反，程氏從
之，誤矣。”

　　馬瑞辰《毛詩傳箋通釋》卷二十一説：“瑞辰按，《齊風》衡從其
畝，《釋文》引《韓詩》作橫由其畝。云東西耕曰橫，南北耕曰由。
《説文》十數之具也。一爲東西，丨爲南北。又曰六尺爲步，步百爲
畮。畮或從十久，又曰田象形。囗十，千百之制也。是畝之一縱一
橫，實兼東西南北之象，此《詩》‘南東其畝’，蓋言南以該北，言東以
該西也。”

　　范處義《逸齋詩補傳》卷二十八説：“言疆理必言南東其畝，蓋
田事喜陽而惡陰。南東向陽則茂遂，西北傍陰則不實。凡《詩》言
南畝，亦取此義。或曰南東順地勢及水之所趨，亦通。”

　　陳祥道《禮書》卷二十八説：“蓋天下之地勢，西北高而東南下，
故古者或東其畝，或南其畝。畝之所向，溝塗隨之。則南東其畝
者，亦其大致如此而已，不必盡然。鄭氏曰：以南畝圖之，遂縱溝
橫，洫縱澮橫，九澮而川周其外。然川之所流當適地防，非於萬夫
之外必有大川圍其匝焉。穎達疏《詩》謂鄭氏所言特設法耳，其説
是也。”

　　按：南東猶言縱橫，馬瑞辰的説法是對的。今人則通呼爲南北

壠或東西壠。胡承珙以"畎自北而注南爲縱,則畝之長亦隨畎而南,曰南畝;畎自西而注東,畝之長亦隨畎而東,曰東畝"來解釋南畝、東畝,説此程瑤田的南陳東陳爲尤確。最不可從的是《詩補傳》"田事喜陽而惡陰"的説法。不知道爲什麽近年出版的《中國農學史》獨有取於此,竟説:"不論西周前期的詩篇《載芟》、《良耜》,或西周後期的詩篇《甫田》、《大田》等,都把田畝稱做'南畝'、'東畝',亦即向陽的田畝。《信南山》篇所謂南東其畝,指田南的地勢偏於東南方向,也是向陽。向陽的田畝,日照長,土溫高,土壤細菌活躍,對作物生長特別有利。"①

3. 上地、中地、下地的不同處理問題

《周禮·大司徒》:"凡造都鄙,制其地域而封溝之,以其室數制之。不易之地家百畝,一易之地家二百畝,再易之地家三百畝。乃分地職、奠地守、制地貢而頒職事焉,以爲地法而待政令。"

又,《小司徒》:"乃均土地以稽其人民而周知其數。上地家七人,可任也者家三人;中地家六人,可任也者二家五人;下地家五人,可任也者家二人。"

又,《遂人》:"以土均平政,辨其野之土上地、中地、下地,以頒田里。上地夫一廛,田百畝,萊五十畝;餘夫亦如之。中地夫一廛,田百畝,萊百畝;餘夫亦如之。下地夫一廛,田百畝,萊二百畝;餘夫亦如之。"

《漢書·食貨志》:"民受田:上田夫百畝,中田夫二百畝,下田夫三百畝。歲耕種者爲不易上田,休一歲者爲一易中田,休二歲者爲再易下田,三歲更耕之,自爰其處。農民户人已受田,其家衆男爲餘夫,亦以口受田如此。"

《周禮·大司馬》:"凡令賦以地與民制之,上地食者參之二,其

---

① 《中國農學史》(初稿)上册,科學出版社,1959年,第45頁。

民可用者家三人；中地食者半，其民可用者二家五人；下地食者參之一，其民可用者家二人。”

按：數說參差，但總的足以說明一個問題，即所謂一夫受田百畝，祇是一般原則規定如此。至具體實施時，則隨着土質的肥瘠，地區的寬狹，丁口的多寡、長幼等不同，還須作種種不同的處理。

4. 圭田、餘夫之田等問題

《孟子·滕文公上》：“卿以下必有圭田，圭田五十畝，餘夫二十五畝。”

焦循《孟子正義》說：“《說文·田部》云：畦，田五十畝曰畦，從田，圭聲。段氏玉裁《說文解字注》云：畦留夷與揭車。王逸注：五十畝曰畦。《蜀都賦》劉注云：《楚辭》倚沼畦瀛。王逸云：瀛，澤中也。班固以爲畦田五十畝也。孟子曰：圭田五十畝。然則畦從圭田，會意兼形聲與？孫氏蘭《輿地隅說》云：《孟子》圭田或以圭訓潔，非也。《九章·方田》有圭田求廣從法，有直田截圭田法，有圭田截小截大法。凡零星不成井之田，一以圭法量之。圭者合二句股之形。井田之外有圭田，明係零星不井者也。……《史記·貨殖傳》云：千畦薑韭。《集解》引徐廣云：一畦二十五畝。《文選》注引劉熙注‘病於夏畦’云：今俗以二十五畝爲小畦，以五十畝爲大畦。然則餘夫五十畝，亦即蒙上圭田而言。”

5. 中田有廬的問題

《詩·小雅·信南山》：“中田有廬，疆場有瓜。”鄭箋說：“中田，田中也。農人作廬焉以便其田事，於畔上種瓜。”孔疏說：“古者宅在都邑，田於外野。農時則出而就田，須有廬舍，故言中田，謂農人於田中作廬以便其田事，於田中種穀，於畔上種瓜，亦所以便地也。”

《說文·廣部》：“廬，寄也。秋冬去，春夏居。”

《漢書·食貨志》：“在野曰廬，在邑曰里。……春令民畢出在野,冬則畢入於邑。其《詩》曰:四之日舉趾,同我婦子,饁彼南畝。又曰:十月蟋蟀入我床下。嗟我婦子,聿爲改歲,入此室處。所以順陰陽,備寇賊,習禮文也。"

胡承珙《毛詩後箋》卷二十說:"《周禮》賈疏取趙岐廬井邑居各二畝半之說,以園廛二地合成一五畝之宅。不知五畝之宅自是民之恒居,非止取便,田家必因山水樵汲之便,陰陽向背之宜。云在邑者,民之所聚即爲邑,故十室千室皆曰邑,猶今之村落然,不必定在都邑。《孟子》之言自以五畝爲一宅,非二畝半之謂。此宅雖亦可名廛,要與國中市廛無涉,更非中田之廬可此。在田中者,猶今人田間草舍,不必在公田中,亦必無二畝半之廣。《甫田》正義曰:史傳說貢助之法惟《孟子》爲明。《食貨志》云:井方一里是九夫。八家共之,各受私田百畝,公田十畝,是爲八百八十畝。餘二十畝爲廬舍。其言取《孟子》爲說而失其本旨。班固既有此言,由是群儒遂謬。何休之注《公羊》、范寧之注《穀梁》、趙岐之注《孟子》、宋均之注《樂緯》,咸以爲然。皆義異於鄭,理不可通,何則言井九百畝,其中爲公田,則中央百畝,其爲公田,不得家取十畝也。又言八家皆私百畝,則百畝皆屬公矣。何得二十畝爲廬舍也? 若二十畝爲廬舍,則家別二畝半亦入私矣。家別私有百二畝半,何得爲八家皆私百畝也? 此皆諸儒之謬。《甫田》箋云:井稅一夫,其田百畝,是鄭意無家別公田十畝及二畝半爲廬舍之事。俗以鄭說同於諸儒,是又失鄭旨矣。承珙案一井八家,家爲公田十畝,餘二十畝共爲廬舍之說,其誤實始於《韓詩外傳》並引《詩》'中田有廬'爲證,班志特承韓而誤耳。"

郭沫若同志說:"《詩經》的中田有廬(蘆),疆埸有瓜,廬是蘆菔,並不是中央百畝的公田裏有人民的住宅。"[1]中國農業科學院、

①　《歷史研究》1959 年第 6 期,第 4 頁。

南京農學院、中國農業遺産研究室編著的《中國農學史》采用此說。①

按：“中田有廬”當以鄭箋、孔疏之説爲正，胡承珙在鄭、孔的基礎上又作了必要的闡發，尤足令人堅信不疑。可見一井八家，家爲公田十畝，餘二十畝共爲廬舍之説是錯誤的。説廬爲廬叢也是没有根據的。

6. 耡粟問題

《周禮•地官•旅師》：“旅師掌聚野之耡粟、屋粟、閑粟，而用之，以質劑致民，平頒其興積，施其惠，散其利，均其政令。凡用粟春頒而秋斂之。”

江永《周禮疑義舉要•地官二》説：“旅師所掌即遂人以興鋤利甿之事。耡粟者，農民合出之，因合輸於耡，故名耡粟，正猶隋唐社倉、義倉，每歲出粟少許，貯之當社，以待年饑之用者也。旅師所聚以耡粟爲主。旅衆也，謂主衆甿合輸之粟。耡粟無多，恐不足以給，又以載師之屋粟、閑粟益之。此粟不必爲凶年之用，即不饑之歲，當東作時，皆用此粟頒之，待秋而斂之。……其用之法，以質劑致民。質劑猶今之契券，所以爲授受之驗，一半給民，一半存官，待其秋斂合符於官也。民即田野之民，平日合出耡粟者。平頒其興積，積者歲歲之積，興者興發之，平頒者其數皆均、無偏饒偏乏也。必平頒者，耡粟本均輸，頒之有不平，則人不肯出耡粟矣。施其惠，散共利而均其政令，此粟補民不足，貸而無息是惠利也，施之散之，農民皆蒙惠利也。均其政令者，毋有貸而不償、抵冒、侵欺諸弊也。春頒而秋斂之，此申明用粟之時與斂粟之法。粟不斂則無以繼。歲歲又有合出之耡粟與增入之屋粟、閑粟，故此粟可不收息也。”

按：江氏對耡粟的理解基本上是正確的。如果把遂人“以興耡利甿"、里宰"以歲時合耦於鋤"和旅師"掌聚野之鋤粟、屋粟、閑粟而用之"三處文字聯繫起來看，就可以看出在這裏鮮明地保留着公社的遺迹：所謂"鋤"正是原來在公社生活時處理公共事務的場所；"合耦"表明是集體勞動；"鋤粟"表明是集體勞動的成果，應向公社成員作出合理的分配。當然這僅僅是遺迹，如果以爲這就是農村公社則是不對的。因爲實行井田制時，農夫的勞動成果，並不能由自己支配，而是僅僅留下維持最低生活的農產品，把其餘全部都貢獻出來交給奴隸主貴族享用。

7. 受田年齡問題

孫詒讓《周禮正義》於載師下説："案受田之年，經無明文。賈據鄭《內則》注義謂：三十受田。《後漢書·劉寵傳》李注引《春秋井田記》同。而《漢書·食貨志》云：民年二十受田，六十歸田。則較鄭説早十年。陳奐云：古者二十受餘夫之田，三十受一夫之田，六十歸田於公。大凡三十取室生子，子年三十，父年必六十，是父歸田乃子受田矣。案陳説足證鄭義。蓋夫家之名，起於一夫一婦。則受田者無論正夫、餘夫，年二十、三十，必已取室而後謂之夫。賈氏謂二十九以下未有妻者，得爲餘夫，非也。媒氏之法，男子三十而取自是極限，是年二十多已取妻。間有未取者，則不得爲餘夫，又安得竟受一夫之田乎？況六鄉十五萬夫之田，以養六軍，六遂副六鄉亦然。則凡受夫田者，必任受兵。鄉大夫職：國中七尺止任力役，尚未受兵，此尤未受夫田之確證。《王制》孔疏引易孟氏、詩韓氏説云：二十行役，三十受兵，六十還兵。受田、歸田與受兵、還兵年必正相準。《內則》注説不可易也。大抵男子年二十或已授室則受餘夫之田，餘夫任行役。《小司徒》：田與追胥。羨卒竭作是也。至三十而丁衆成家，別自爲户，則爲正夫，受田百畝。正夫任受兵，即六軍及丘甸之卒是也。若二十以上或未授室，則從父兄而耕，不得爲餘夫受田。其已授室受田之餘夫，雖年過三十，或尚從父兄，不自爲户，則仍爲餘夫，不得爲正。以起徒役毋過家一人。一家無二正卒,即一戶不得兩受正田也。古正夫、餘夫受田之法蓋約略如是。鄭謂三十受田,自指正夫自爲户者言之,其從父兄爲户者,固不得同受田。而《漢志》二十受田,則又自據餘夫言之,明受田自此始耳,非必二十即爲正夫也。《國語·魯語》韋注云:三十者受田百畝,二十者受田五十畝,六十還田。此似亦謂二十受餘夫之田,三十受正夫之田。其説近是。但餘夫受田不得有五十畝,韋説仍與經不合耳。"

按:孫説受田年齡雖然不見得完全符合實際情況,但頗能言之成理,故具録如上,以備參考。

8. 反映當時土地分配制度的一種簡明圖式

《周禮·地官》:"載師掌任土之法,以物地事、授地職而待其政令。以廛里任國中之地,以場圃任園地,以宅田、士田、賈田任近郊之地,以官田、牛田、賞田、牧田任遠郊之地,以公邑之田任甸地,以家邑之田任稍地,以小都之田任縣地,以大都之田任畺地。"

按:這個材料雖然不必爲當時實録,但已爲我們提供綫索,有很大參考價值。

9. 間田餘地問題

《左傳》襄公十四年:"(戎子駒支)對曰:昔秦人負恃其衆,貪於土地,逐我諸戎。惠公蠲其大德,謂我諸戎是四岳之裔胄也,毋是翦棄。賜我南鄙之田,狐狸所居,豺狼所嗥。我諸戎除翦其荆棘,驅其狐狸、豺狼,以爲先君不侵不叛之臣,至於今不貳。"

又,昭公十六年:"子産對曰:昔我先君桓公與商人皆出自周,庸次比耦以艾殺此地,斬之蓬蒿藜藋而共處之。"

金鶚《求古録禮説·井田考》説:"古者地廣人稀,田不盡井,隨地皆有閑田餘地。授萊田取之於此,圭田及餘夫之田亦取之於此。且生齒日增,已井之田不足以給,亦取於此以授之。"

五、土地歸誰所有的問題

《儀禮·喪服傳》:"君謂有地者也。"

鄭玄《喪服傳》注("君至尊也"下)説:"天子諸侯及卿大夫有地者皆曰君。"

《詩經·小雅·北山》:"溥天之下,莫非王土;率土之濱,莫非王臣。"

《國語·周語》記周襄王説:"昔我先王之有天下也,規方千里以爲甸服,以供上帝山川百神之祀,以備百姓兆民之用,以待不庭不虞之患,其餘以均分公侯伯子男,使備有寧宇,以順及天地,無逢其災害。"

《左傳》襄公二十五年鄭子產説:"昔先王之地一圻,列國一同,自是以衰。"

《通典·田制下》:"《春秋》之義,諸侯不得專封,大夫不得專地。"

《國語·晉語》:"公食貢,大夫食邑,士食田,庶人食力,工商食官,皂隸食職,官宰食加。"

《荀子·禮論》:"故有天下者,事七世;有一國者,事五世;有五乘之地者,事三世;有三乘之地者,事二世。持手而食者,不得立宗廟。"

《禮記·禮運》:"故天子有田以處其子孫,諸侯有國以處其子孫,大夫有采以處其子孫,是謂制度。"

《禮記·王制》:"大夫、士宗廟之祭,有田則祭,無田則薦。"

按:土地歸誰所有?最完全、最正確的解答,無過於"君謂有地者也"這一句話。實際是土地爲奴隸主貴族所有。把它説成是"國有",也不算錯,因爲當時的政權就是奴隸主階級的政權。有人説是"王有",這祇是不確切的説法。因爲事實上當時的土地是被整個統治階級所瓜分了的。每一成員所分到的土地份額多少，基本上同它所取得的政治權力大小是一致的。

六、在監督下進行農業生產勞動的材料

《國語·周語》："稷則徧戒百姓，紀農協功。曰：'陰陽分佈，震雷出滯，土不備墾，辟在司寇。'乃命其旅曰：徇！農師一之，農正再之，后稷三之，司空四之，司徒五之，太保六之，太師七之，太史八之，宗伯九之，王則大徇。耨穫亦如之。民用莫不震動，恪恭於農，修其疆畔，日服其鎛，不解於時。"

《詩·小雅·甫田》："曾孫來止。以其婦子，饁彼南畝，田畯至喜。攘其左右，嘗其旨否。禾易長畝，終善且有，曾孫不怒，農夫克敏。"

《周禮·地官·遂人》："以歲時稽其人民而授之田野，簡其兵器，教之稼穡。凡治野：以下劑致甿，以田里安甿，以樂昏擾甿，以土宜教甿稼穡，以興鋤利甿，以時器勸甿，以彊予任甿。"[1]

又，遂師："巡其稼穡而移用其民，以救其時事。"

又，遂大夫："各掌其遂之政令。以歲時稽其夫家之衆寡、六畜、田野，辨其可任者與其可施舍者，以教稼穡，以稽功事。掌其政令戒禁，聽其治訟。……正歲，簡稼器，修稼政。三歲大比，則帥其吏而興甿。明其有功者，屬其地治者。"

又，縣正："各掌其縣之政令徵比，以頒田里，以分職事。掌其治訟，趨其稼事，而賞罰之。"

又，鄙長："若歲時簡器與有司數之。凡歲時之戒令皆聽之，趨其耕耨，稽其女功。"

又，里宰："以歲時合耦於鋤，以治稼穡，趨其耕耨，行其秩

---

[1]　鄭注："變民貫甿，異外内也。"

敍，以待有司之政令，而徵斂其財賦。”

《禮記·月令》孟春之月："王命布農事，命田舍東郊，皆修封疆，審端經術。善相丘陵、阪險、原隰，土地所宜，五穀所殖，以教道民，必躬親之。"

又，孟夏之月："命司徒巡行縣鄙。命農勉作，毋休於都。"

又，仲秋之月："乃命有司趣民收斂，務畜菜，多積聚。乃勸種麥，毋或失時。其有失時，行罪無疑。"

又，仲冬之月："是月也，農有不收藏積聚者，馬牛畜獸有放佚者，取之不詰。"

《穀梁傳》宣公十五年："井田者，九百畝公田居一。私田稼不善則非吏，公田稼不善則非民。"

七、講井田制有必要辨明的一些問題

1. 籍田問題

《國語·周語》："宣王即位，不籍千畝。虢文公諫曰：不可。夫民之大事在農。上帝之粢盛於是乎出，民之蕃庶於是乎生，事之共給於是乎在，和協輯睦於是乎興，財用蕃殖於是乎始，敦厖純固於是乎成。是故稷爲大官。古者太史順時覛土。陽癉憤盈，土氣震發。農祥晨正，日月底於天廟，土乃脈發。先時九日，太史告稷曰：自今至於初吉，陽氣俱烝，土膏其動，弗震弗渝，脈其滿眚，穀乃不殖。稷以告。王曰：史帥陽官，以命我司事。曰：距今九日，土俱其動，王其祇祓，監農不易。王乃使司徒咸戒公卿、百吏、庶民。司空除壇於籍，命農大夫咸戒農用。先時五日，瞽告有協風至，王即齋宮，百官御事各即其齋。三日，王乃淳濯饗醴。及期，鬱人薦鬯，犧人薦醴，王裸鬯、饗醴，乃行。百吏、庶民畢從。及籍，后稷監之，膳夫、農正陳籍禮。太史贊王，王敬從之。王耕一墢，班三之，庶民終於千畝。其後，稷省功，太史監之。司徒省民，太師監之。畢，宰夫陳饗,膳宰監之。膳夫贊王,王歆大牢。班嘗之,庶人終食。是日也,瞽帥眂官以風土,廩於籍東南,鍾而藏之。"

《周禮·天官·甸師》:"甸師掌帥其屬而耕耨王藉,以時入之,以共齍盛。"

《禮記·月令》:"(孟春之月)乃擇元辰,天子親載耒耜,措之於參保介之御間,帥三公、九卿、諸侯、大夫躬耕帝籍。天子三推,三公五推,卿、諸侯九推。反,執爵於大寢。三公、九卿、諸侯、大夫皆御,命曰勞酒。"

又,《樂記》:"耕藉然後諸侯知所以敬。"

又,《祭義》:"是故昔者天子爲藉千畝,冕而朱紘,躬秉耒;諸侯爲借百畝,冕而青紘,躬秉耒。以事天地、山川、社稷、先古,以爲醴酪齊盛,於是乎取之,敬之至也。"又説:"耕藉所以教諸侯之養也。"

又,《祭統》:"是故天子親耕於南郊以共齊盛,王后蠶於北郊以共純服。諸侯耕於東郊以共齊盛,夫人蠶於北郊以共冕服。天子、諸侯非莫耕也,王后、夫子非莫蠶也。身致其誠信,誠信之謂盡,盡之謂敬,敬盡然後可以事神明。"

又,《表記》:"子言之,君子之所謂義者,貴賤皆有事於天下。天子親耕,粢盛秬鬯以事上帝,故諸侯勤以輔事於天子。"《毛詩·小序》:"《載芟》春籍田而祈社稷也。"

《穀梁傳》桓公十四年:"御廩之災不志,此其志何也?以爲唯未易災之餘而嘗可也,志不敬也。天子親耕以共粢盛,王后親蠶以共祭服。國非無良農工女也,以爲人之所盡事其祖禰,不若以己所自親者也。何用見其未易災之餘而嘗也?曰:甸粟而内之三宮,三宮米而藏之御廩,夫嘗必有兼甸之事焉。壬申御廩災,乙亥嘗,以爲未易災之餘而嘗也。"

《孟子·滕文公下》:"禮曰:諸侯耕助以供粢盛,夫人蠶繅以爲衣服。犧牲不成,粢盛不絜,衣服不備,不敢以祭。"

按:就上述這些材料加以考察,可以對籍田問題有比較全面

的、正確的瞭解。即籍田是一種禮節性的、象徵性的東西，並不是
王公大人真的到那裏去參加農業生產勞動，也不能理解爲王公大
人衹是依靠那樣一點收入生活。它的意義，從表面上看，一方面表
示他們是在親耕；一方面表示他們能用自己親身勞動所得，作爲祭
品來孝敬他們的上級——象徵性的上級，"天地、山川、社稷、先
古"。從實質上看，這乃是一種騙人的把戲。其目的在叫人家——
被統治者，也照他們那樣做，來孝敬他們。不過這個就不是禮節性
的、象徵性的，而是真實的，并且是極端殘酷的了。《國語·周語》
説："古者先王既有天下，又崇立於上帝明神而敬事之，於是乎有朝
日夕月，以教民事君。"上引《表記》説："天子親耕，粢盛秬鬯以事上
帝，故諸侯勤以輔事於天子。"就是説明這個道理。天子籍田千畝，
在南郊；諸侯籍田百畝，在東郊。每歲於孟春擇日定期舉行一次親
耕的儀式，天手籍禮，三公、九卿、諸侯、大夫都要參加。《詩·載
芟》所説的"侯主侯伯，侯亞侯旅"就指的是這一幫人。但是事實上
這一幫人僅僅是擺擺樣子罷了，真正"終於千畝"的還是庶人。至
於經常的"耕耨"工作，則由"甸師帥其屬"來承擔。所收到的產品
儲藏於所謂"御廩"或"神倉"（見《國語》韋注），以備將來祭祀時用
它作爲"粢盛秬鬯"。在這種制度本身可以看出它是原始社會其耕
制的遺迹，到了階級社會經過統治階級的改造，使符合他們的要
求，而作爲一種儀式繼續保留下來。所以周宣王"不籍千畝"衹能
説明他由於某種原因不願意實行這種禮節，不能理解爲這是土地
所有制有了變革。至於有人把籍田作了過分的夸大，好像周天子
衹是靠着這點收入過活，這也是不正確的。

2. 作爰田、初税畝、作丘甲、作丘賦等問題

《左傳》僖公十五年："晉侯（惠公）使郤乞告瑕呂飴甥，且召之。
子金教之言曰：朝國人而以君命賞，且告之曰：孤雖歸，辱社稷矣，

其卜貳圉也！衆皆哭。晉於是乎作爰田。① 吕甥曰：君亡之不恤，而群臣是憂，惠之至也。將若君何？衆曰：何爲而可？對曰：徵繕以輔孺子，諸侯聞之，喪君有君，群臣輯睦，甲兵益多，好我者勸，惡我者懼，庶有益乎？衆説。晉於是乎作州兵。”

《左傳》昭公四年：“鄭子産作丘賦。國人謗之曰：其父死於路，己爲蠆尾以令於國，國將若之何？子寬以告。子産曰：何害？苟利社稷，死生以之。且吾聞爲善者不改其度，故能有濟也。民不可逞，度不可改。《詩》曰：禮義不愆，何恤於人言，吾不遷矣。”

《春秋》宣公十五年：“秋，初税畝。”《公羊傳》説：“初者何？始也。税畝者何？履畝而税也。初税畝何以書？譏。何譏爾？譏始履畝而税也。何譏乎始履畝而税？古者什一而籍。古者曷爲什一而籍？什一者天下之中正也。多乎什一，大桀小桀；寡乎什一，大貉小貉。什一者天下之中正也，什一行而頌聲作矣。”

《春秋》成公元年：“三月作丘甲。”《左傳》説：“爲齊難故作丘甲。”《公羊傳》説：“作丘甲何以書？譏。何譏爾？譏始丘使也。”

按：作州兵、作丘甲、作丘賦三者的意義基本上一樣，即都是爲了增強防務、擴充軍隊而把一部分原來没有當兵義務（正確説是權利）的野人撥出來，也讓他們擔負當兵義務。這樣就須在土地制度上也作相應的改革，即或者采取把原來“九一而助”的辦法，改爲“什一使自賦”，象晉國那樣“作爰田”。或者簡直在“九一之外”，又加一個“什一使自賦”，象魯國那樣“初税畝”。② 總之：從這時起，階級關係開始發生了變化，土地制度也發生了變化。它預告井田制已不能維持下去，此後將一步步地向破壞方面發展，以至於最後的完全破壞，改變了整個土地所有制。這種破壞的直接原因是戰争，但這祇是表面現象，其最根本的原因，實在於生産力的發展，金

---

① 《國語・晉語》作“作轅田”。
② 《論語・顔淵》裏所謂“二”。

屬生產工具的廣泛使用。這一點必須認識。所以商鞅變法推翻了舊的生產關係，建立新的生產關係，主要不在於他個人如何高明，而在於歷史條件已經成熟，祇是通過他來實現罷了。

3. 書社問題

書社的名稱見於：

《左傳》哀公十五年："昔晉人伐衞，齊爲衞改伐晉冠氏，喪車五百，因與衞地自濟以西，禚、媚、杏以南書社五百。"

《晏子春秋·內篇雜下》："昔吾先君桓公以書社五百封管仲，不辭而受。"

《荀子·仲尼》："與之書社三百而富人莫敢距也（按此齊桓公與管仲）。"

《呂氏春秋·慎大》："武王勝殷……諸大夫賞以書社。"

又，《知接》："衞公子啓方以書社四十下衞。"

又，《高義》："請以故吳之地陰江之浦書社三百以封夫子（按此夫子謂墨子）。"

《管子·小稱》："公子開方以書社七百下衞矣。"

又，《版法》："武王伐紂，士卒往者，人有書社。"

《商君書·賞刑》："武王與紂戰於牧野之中，大破九軍，卒裂土封諸侯，士卒坐陣者，里有書社。"

《史記·孔子世家》："（楚）昭王將以書社地七百（里）封孔子。"

關於書社的解釋：

《呂氏春秋·知接》高注："社，二十五家也。四十社，凡千家。"（《高義》注同上，說："社，二十五家也。三百社，七千五百家。"）

《左傳》哀公十五年杜注："二十五家爲社籍書而致之。"

《荀子·仲尼》楊注："書社謂以社之户口書於版圖。《周禮》二十五家爲社。"①

《管子·小稱》注:"古者群居,二十五家則共匿社,謂以社數書於策。"

《史記·孔子世家》索隱:"古者二十五家爲里,里則各立社。則書社者,書其社之人名於籍。"

按:根據上述材料,進行研究,可以得出這樣結論:"書社"這兩個字連用,都是在記述賞賜土地(包括人民,更確切説,人民比土地重要)時見到的。"書社"並不是一種土地制度,同時這兩個字也不能構成一個單一的概念,單一的概念祇是"社"。所以《左傳》昭公二十五年:"齊侯唁公於野井……齊侯曰:自莒疆以西,請致千社以待君命。"《晏子春秋·内篇雜下》:"景公禄晏子以平陰與稾邑反市者十一社。"《戰國策·秦策》:"秦王使公子他之趙。謂趙王曰:齊與大國救魏而倍約,不可信恃,大國不義以告弊邑,而賜之二社之地,以奉祭祀。"都單稱社,而不稱爲書社。社的名稱略同於邑,都是人民聚居的地方。邑有十室、百室之異,社也不一定都二十五家。邑主要是就其居住地區而言,社則是就其邑居的重要標誌——土地廟而言。《禮記·祭法》:"大夫以下成群立社曰置社。"這就是社的名稱的由來。書社一詞當依《禮記·曲禮上》"獻田宅者操書致"作解,"書社"的"書"就是"書致"的"書"。孔疏:"書致謂圖畫於版,丈尺委曲書而致之於尊者也。"獻田宅於尊者操書致,賜田宅於卑者也必有類似書致的東西,可操以作爲受賜的憑證。所以書社五百,就是五百社,也就是五百邑。《左傳》杜注與《管子》注基本上是對的,其餘如高誘、楊倞、司馬貞等所有解釋都是錯誤的。

這是我來武大歷史系講學的一部分講演底稿。由於時間匆迫,已來不及加工,僅僅按一問題抄了些資料,間

---

① 盧文弨説:"注所引《周禮》出《説文》,乃《古周禮説》也。"

或在一組資料的後面加上幾句按語,留作講説時參考之資,實在不能算什麽作品。謬承《江漢學報》見采,願予發表,於交稿時,因略述本末於此。

金景芳　附記

1963 年 3 月 28 日於武漢大學半山廬

(《江漢學報》1963 第 4 期)

關於井田制的幾個問題

一、井田的名稱

研究井田制首先要知道什麼是井田,也就是井田的名稱問題。關於井田名稱的解釋,據我所知,有下列三説:

1. 鄭玄《周禮・小司徒》注説,原文爲:

> 立其五溝、五途之界,其制似井之字,因取名焉。

2. 程瑶田《溝洫疆理小記・井田溝洫名義記》説,原文爲:

> 屋三爲井。井之名命於疆別九夫,二縱二橫,如井字也。

3. 近人新説,大意是説井田之名起於"鑿井溉田"。

綜觀上述三説,實以鄭玄説爲最正確。程瑶田説雖然也有根據,但比較起來,還不夠全面、不夠確切。至近人新説則由於證據不足,很難使人同意。兹更細詳説明如下。

鄭説的特點在於從五溝、五途之界着眼來説明井田的井字取義。這樣,它既包括了"井田法"的井田,也包括了'溝洫法"的井田,同時並不把"圭田"、"餘夫之田"排除在井田之外。井田作爲一種土地制度來説,鄭説確能揭示出它的本質特點。不過,在這裏有幾個名詞概念還需要加以説明。

1. **五溝、五途**

"五溝"是遂、溝、洫、澮、川的總稱(見《周禮・司險》注),一般多稱爲"溝洫"。

　　"五途"是徑、畛、途、道、路的總稱（見《周禮·司險》注），一般多稱爲"阡陌"。

　　"溝洫"、"阡陌"是井田制的重要標誌，所以商鞅"爲田開阡陌封疆"（《史記·商君列傳》），就是從根本上破壞了井田制。

2. 井田法、洫溝法

　　《周禮》記述井田制的實施，計有兩個方案：一爲《地官·遂人》所述的方案，二爲《考工記·匠人》所述的方案。兩個方案的主要差別在於前者是説"十夫有溝"，以十起數；後者是説"九夫爲井"，以九起數。自來學者都把前一方案叫做"溝洫法"，後一方案叫做"井田法"。實際所謂"井田法"裏邊並不是没有溝洫，所謂"溝洫法"也是井田制的一種形式，這兩個名稱並不能十分確切地反映各自的内容。現在祇爲説明方便起見，權且依用，這一點需要附帶説明。

3. 圭田、餘夫之田

　　《孟子·滕文公上》説："圭田五十畝，餘夫二十五畝。"圭田、餘夫之田爲"零星不井之田"，自非"溝洫法"與"井田法"兩種形式所包，講井田制而漏掉了它，無疑也是不對的。

　　正由於鄭玄説適用於井田制的各種形式，所以他的解釋實最爲完善。程瑤田説並不是没有根據，但它祇適用於説明"井田法"一種形式，而不適用於説明井田的一切形式，比較起來就顯得不全面、不確切。因爲我們談井田是作爲一種土地制度來看待的，自然不應把"溝洫法"、"圭田法"、"餘夫之田"排斥於井田之外。

　　可能有人會舉出《孟子》"方里而井"、《考工記》"九夫爲井"、《司馬法》"夫三爲屋，屋三爲井"等等來證明程説符合古義，而鄭説缺乏根據。其實鄭説非無根據，祇是人們多不注意罷了。我們祇要細心地讀一讀《孟子》原文，就不難看出孟子講了許多話祇是爲了回答畢戰的問井地。孟子所提出的井地方案並不以"方里而井"即"九一而助"一種形式爲限，而是包括"什一使自賦"即"溝洫法"

及"圭田五十畝,餘夫二十五畝"等幾種形式在內的。並於全文結尾處説:"此其大略也。若夫潤澤之,則在君與子矣。"可見井田制如果實行起來實複雜得多,怎能歸結爲祇有"九夫爲井"一種形式呢? 鄭説的根據不是別的就是畢戰所問孟子所答的"井地"。這裏的"井地"恰恰代表一種土地制度。"井地"的井,顯然祇能用鄭説來解釋而不能用程説來解釋。

以"鑿井溉田"來解釋井田的名稱,所持理由主要有如下三點:(1)《易》井卦有"改邑不改井","井"、"邑"連稱;(2)甲文及金文田字爲田中有井之象;(3)西域有井渠。其實這三點理由都有問題,不能證明井田是由鑿井溉田而得名。兹分述如下:

(1)《易》井卦雖有"改邑不改井"的説法,但是由卦辭説"汔至亦未繘井,羸其瓶"和爻辭説"井泥不食"、"井谷射鮒"、"井渫不食"、"井甃"、"井冽寒泉食"、"井收勿幕"諸文來看,所説的井都不出飲用的範圍,看不出有一點兒用以溉田的痕迹。可見此處雖"井""邑"連稱,不能由此引出"井"爲井田的結論。

(2)由甲文、金文"田"字的幾種寫法來看,祇能證明《説文》所説"田……象形。口十,阡陌之制也"是有根據的,而不能證明"田中有井"的説法更符合於當時實際。

(3)西域的井渠實與西域的特殊地理條件聯繫着的。不能因爲西域有井渠,就斷言中國中原地區在古代也一定有井渠存在。

綜上所述,可見以"鑿井溉田"來解釋井田的命名是沒有根據的,不能令人贊同的。

二、井田與溝洫、耦耕(或耦田)的關係

溝洫是井田制的重要標誌,溝洫如果遭到破壞,井田制即不存在。井田制又與"耦耕"(或"耦田")密切地聯繫在一起。溝洫、耦耕(或耦田)是農業集體耕作的反映,它排斥農業個體經濟存在的

可能。溝洫、耦耕（或耆田）是由相當低的生産力水平（使用石制、木制、骨制、蚌制的生産工具）決定的。因此，一旦金屬農具出現並得到廣泛應用，就有導致井田制破壞的可能。

1. **溝洫**

溝洫之制見於《周禮》一書的有兩種完備的形式，這就是《地官·遂人》和《考工記·匠人》所記載的。兹具録如下：

《地官·遂人》説：

> 凡治野：夫間有遂，遂上有徑；十夫有溝，溝上有畛；百夫有洫，洫上有途；千夫有澮，澮上有道；萬夫有川，川上有路。

《考工記·匠人》説：

> 匠人爲溝洫。耜廣五寸，二耜爲耦。一耦之伐，廣尺深尺謂之畎。田首倍之，廣二尺、深二尺謂之遂。九夫爲井，井間廣四尺、深四尺謂之溝。方十里爲成，成間廣八尺、深八尺謂之洫。方百里爲同，同間廣二尋、深二仞謂之澮，專達於川，各載其名。

這兩種形式的共同之點爲五溝的名稱，其不同的地方則主要在於前者是十夫有溝，以十起數；後者是九夫有溝，以九起數。這兩種形式應該是井田的基本形式。學者通常稱前者爲"溝洫法"，稱後者爲"井田法"。據（《孟子·滕文公》説："請野九一而助，國中什一使自賦。"可以知道周制是野行"井田法"，國中行"溝洫法"。（下面將用專題論述）

在這裏需要説明兩個問題：

（1）爲什麼當説明井田的兩種基本形式時依據《周禮》，至談到兩種基本形式的行用處所時卻不依據《周禮》，而依據《孟子》呢？

這是因爲《周禮》一書應如梁啓超所説："是戰國、秦、漢之間，一二人或多數人根據從前短篇講制度的書，借來發表個人的主張。

主張也不是平空造出來的，一部分是從前制度，一部分是著者理想。"①芳案：梁説"秦、漢之間"似晚了些。應定爲戰國某氏所作。正因爲這樣，所以《周禮》所述，有的部分可以依據，有的部分不能依據。具體説，《周禮》所述與先秦其他諸書可以互相參證，或恰可用爲某些空白環節的補充者，可以依據。反之，顯然同先秦其他諸書相牴觸者，即不能依據。

　　即以現在我們所討論的問題來説吧。以《孟子》爲據，而用《匠人》説"九一"，用《遂人》説"什一"，就覺得吻合無間。反之，如以《周禮》爲據，不但與他書扞格，即在本書内亦有互相矛盾處。例如《遂人》説："凡治野……十夫有溝。"而《小司徒》説："乃經土地而井牧其田野，九夫爲井。"同是一野，或曰"十夫"，或曰"九夫"，這個矛盾到底應如何解決，《周禮》本身並没有明確的説明，那末，我們將何所適從？何況《遂人》、《小司徒》之説又同《匠人》不一致，這就是我們説明井田的兩種基本形式時依據《周禮》，至談到兩種基本形式的行用處所時，卻不依據《周禮》，而依據《孟子》的道理。

　　(2)《遂人》、《匠人》所記五溝、五途的名稱及其廣、深尺度極爲規整、系統，是否爲事實上所有？亦即這兩條材料的真實性是否可以信任的問題。

　　我認爲這兩條材料的真實性是没有問題的，它們決非出自後人虛構，而爲當時之所固有，問題袛在於如何理解這兩條材料。即，是把它們理解爲當時存在的制度呢？還是理解爲當時存在的具體事實？如果理解爲當時存在的制度，那末，它們不但是真實的，而且非常寶貴，因爲通過它們可以瞭解到當時井田制的基本情況。如果不是這樣，而理解爲當時存在的具體事實，即謂當時的土地真的區劃成如此規整、系統，那末，可以斷言，這種事實是不存在的。《漢書·食貨志》記述周代受田之制，在結尾處説："此謂平土

---

① 《古書真僞及其年代》，中華書局，1955年，第125頁。

可以爲法者也。"鄭玄注《周禮·載師》説:"地之形實不方平如圖,
受田邑者,遠近不得盡如制,其所生育賦貢取正於是耳。"這種看
法,實極爲精核,可謂善讀古書。請更以《匠人》所述明之。《匠人》
於詳記溝洫之制以後,緊接着就説:

> 凡天下之地勢:兩山之間,必有川焉。大川之上,必
> 有途焉。凡溝逆地阞,謂之不行;水屬不理孫,謂之不行。
> 梢溝三十裏而廣倍。凡行奠水,磬折以參伍。欲爲淵,則
> 句于矩。凡溝必因水勢,防必因地勢。善溝者,水漱之;
> 善防者,水淫之。

試思一篇之中,在前面講溝洫講得那樣規整、系統,而在後面
卻反而説:"凡溝必因水勢,防必因地勢。"難道"因水勢"、"因地勢"
能够做到那樣規整、系統嗎? 顯然是不能的。那末,這個矛盾將如
何解決呢? 有人説,這是由於作《記》者的思想混亂。我不同意這
種看法。我認爲祇有把前面所述的理解爲制度(即屬於立法上
事),而把後面所述的理解爲具體做法(即實行上事),然後才能説
得通。輕率地否定這份材料,認爲古人虛構事實,或思想混亂,這
是不恰當的。戴震《考工記圖》於"凡行奠水,磬折以參伍"下補注
説:

> 行奠水者,行之停之,直三而曲得五。井田雖以方
> 計,隨溝委折,非截方,見於此矣。

戴震爲此説,實際已正確地認識到古書上所記制度與實際之
間的關係了。

還有五溝、五途,兩兩對應,遞廣遞深,各有專名。這一點,自
今日視之,也似不近情理。可能有人要説這是出於後人憑肛造作,
當時定不會有這等事情。我的看法卻不如此,認爲正是這一點,證
明它確確實實是當時原有的東西,而不是出於後人僞造,理由如
下。

　　拉法格説過："在塔斯馬尼亞的土人中有豐富的詞來表示不同種的每一棵樹，但是就没有表示一般'樹'的詞。馬萊人没有'顔色'這詞，雖然每一種顔色各別地都有名稱。"[①]中國古字書《爾雅》裏也保存着很多這類例子。如：

《釋獸》：

　　麋：牡麔，牝麎，其子麆，其迹躔，絶有力狄。

　　鹿：牡麚，牝麀，其子麛，其迹速，絶有力麠。

《釋畜》：

　　騣上皆白，惟駹；四骹皆白，驓；四蹢皆白，騱；前足皆白，騱；後足皆白，翑；前右足白，啓；左白，踦；後右足白，驤；左白，騚。

　　駵馬白腹，騵；驪馬白跨，驈；白州，驠；尾本白，騴；尾白，駺；駒顙白，顛；白達，素縣；面顙皆白，惟駹。

又説：

　　犬：生三，猣；二，師；一，玂；未成豪，狗；長喙，獫；短喙，猲獢；絶有力狣。

　　上述這些例子説明什麽問題呢？説明原始語言的具體性。即它有着相當豐富的、具體的定語和人物的稱謂，然而極端缺乏綜合的概念。五溝、五途的名稱，從語言的角度來説，正具有這種性質。當然，這不是説周代是原始社會，但從這種語言本身來看，它是有着古老的歷史，而不是出於後人妄作，則是可以斷言的。

　　關於溝洫的作用問題，也有必要在這裏談一談。鄭玄《周禮·小司徒》注説："溝洫爲除水害。"今人則多謂溝洫是爲灌溉而興建的。程瑶田：《溝洫疆理小記·井田溝洫名義記》同意鄭玄的見解。

────────────

　　① 拉法格：《思想起源論》，王子野譯，三聯書店，1968年，第60頁。

他説：

> ……初分終合，所以盡水之性情而不使有泛溢之害
> 也。鄭氏注《小司徒》云：“溝洫爲除水害。”余亦以爲備潦
> 非備旱也。歲歲治之，務使水之來也，其涸可立而待。若
> 以之備旱，則宜豬之，不宜溝之；宜蓄之，不宜泄之。今之
> 遞廣而遞深也，是溝之法，非豬之法；是泄之，非蓄之也。

又説：

> 《管子·立政篇》：“溝瀆不遂於隘，障水不安其藏，國
> 之貧也。”
> 《尚書大傳》：“溝瀆雍遏，水爲民害，則責之司空。”此
> 皆溝洫爲除水害之證。

又在所著《溝渠異義記》中説：

> 溝洫之爲也，遞廣遞深，周官之法宜即神禹之法。爲
> 除水害，蓋疏濬之極功。爲溝洫與治洪水，事之相爲經緯
> 者也。若夫後世引水爲渠以溉田，此溝洫之變法。溝洫
> 爲除水害，引渠爲興水利。

案程氏發揮鄭義至爲明暢。不過，把溝洫的作用説成衹限於
除水害一方面，也嫌拘泥，似不如陳祥道的説法較爲全面。兹録陳
説如下：

> 溝洫之於田野，可決而決，則無水溢之害；可塞而塞，
> 則無旱乾之患。荀卿曰：“修隄防，通溝洫，行水潦，安水
> 藏，以時決塞。”則溝洫豈特通水而已哉？
> 《稻人》：“掌稼下地。以瀦畜水，以防止水，以溝蕩
> 水，以遂均水。”此又下地之制與《遂人》、《匠人》之法異
> 也。
> 《考工記》所謂“水屬”者，屬溝洫也。所謂“梢溝”者，

溝末也。自溝末言之，謂之梢溝；自田端言之，謂之田首。溝遠而不倍，不足以容水。水行而不磬折，不足以殺其勢。觀《易》"坎爲弓、輪"，而河亦百里一曲，千里一曲一直，而溝洫之制磬折可知矣。先王之時，通九川，陂九澤，溝洫脈絡，布於天下，則無適而非水利也。及井田廢而阡陌作，於是史起引漳以富河內，鄭國鑿涇以注關中，李冰雍江以灌蜀地，番係引汾以溉蒲阪，以至白公之於渭，邵信臣之於南陽，馬臻之於鏡湖，張閭之於新豐塘，劉義欣之於芍陂、鉗盧，李襲稱之於雷陂，史臣書之，以爲異績，此特名生於不足耳。(《禮書·五溝》)

　　大抵溝洫之制最初在歷史出現時，主要是爲除水害，這一點可由《尚書·皋陶謨》説禹"濬畎澮距川"，《論語·泰伯》説禹"卑宫室而盡力乎溝洫"，得到證明。但是井田制在歷史上存在很久，實行的地區也相當廣泛，如果説溝洫之設，一概是爲了除水害而不用於灌溉，也殊難通。程瑤田堅主溝洫爲除水害之説，其主要理由爲《遂人》和《匠人》二職都没有談到水的來源問題。其實《匠人》之原文在"凡溝必因水勢"以下，都是溝與防對言，防即涉及水源問題。它如《禮記·郊特牲》言蠟有"祭坊與水庸"，鄭注："水庸，溝也。"孔疏："坊者所以蓄水，亦以鄣水；庸者所以受水，亦以泄水。"實際也是溝與防對言，證明溝爲泄水之用，防爲蓄水之用。又《禮記·月令》於季春之月説"修利堤防，道達溝瀆"和程氏所引的《管子·立政》説"溝瀆不遂於隘，鄣水不安其藏"，也於談泄水同時，談到了蓄水問題。至於《荀子·王制》説"修隄梁，通溝澮(今本如此)，行水潦，安水藏，以時決塞"，其爲兼防水、旱，有排水與灌溉的作用，尤爲明顯。可見陳祥道的説法是有根據的、正確的。

　　還須指出：溝洫的興建與整治是政府的事情，不是個人的事情。這一點除了上面已經引過的，如《尚書大傳》："溝瀆雍遏，水爲民害，則責之司空。"《荀子·王制》："修隄梁，通溝澮，行水潦，安水藏,以時決塞,歲雖凶敗水旱,使民有所耘艾,司空之事也。"以及《遂人》、《匠人》所言,可爲證明以外,《禮記·月令》於仲春之月説:

> 是月也,天氣下降,地氣上騰,天地和同,草木萌動。
> 王命布農事,命田舍東郊,皆修封疆,審端經術。

於季春之月説:

> 是月也,命司空曰:時雨將降,下水上騰,循行國邑,
> 周視原野,修利堤防,道達溝瀆,開通道路,毋有障塞。

即"修封疆,審端經術","修利堤防,道達溝瀆"爲田和司空二官所掌,也可爲上述觀點的證佐。

馬克思説:

> 在亞洲,從很古的時候起,一般説來祇有三個行政部門:財政部門,或對內進行掠奪的部門;軍事部門,或對外進行掠奪的部門;最後是公共工程部門。[1]

馬克思這些話對於我們研究中國古代史有着極爲重要的指導意義。中國古代官制有三公之説,三公爲司徒、司馬、司空,三公所掌正是財政、軍事、公共工程三個行政部門。

爲什麽把公共工程看作同財政、軍事一樣重要,列爲國家三個行政部門之一呢?公共工程主要管什麽事情?從這裏可以看出什麽問題?馬克思、恩格斯在這方面也有重要指示。

馬克思説:

> 貝爾尼埃正確地看到,東方(他指的是土耳其、波斯、印度斯坦)的一切現象的基本形式就在於不存在土地私

---

[1]　《不列顛在印度的統治》,見《馬克思思格斯全集》第9卷,人民出版社,1961年,第145頁。

有制。這甚至是開啓東方天堂的真正鑰匙……①

恩格斯更補充説：

　　……土地私有制的不存在的確是瞭解整個東方的鑰匙。這是政治史和宗教史的基礎。但是東方人爲什麼没有實行土地私有制，甚至没有實行封建的土地私有制呢？我認爲，主要是由於氣候的關係，此外還和地勢有關，特别是和那個從撒哈拉起橫貫阿拉伯、波斯、印度和韃靼直到亞洲高原最高地區的大沙漠帶有關。人工灌溉在這裏是農業的第一個條件，而這不是公社和省的事，就是中央政府的事。東方的政府總是祇有三個部門：財政（掠奪國内）、軍政（掠奪國内和國外）和公共工程（管理再生産）。②

　　當然，馬克思、恩格斯所説的"東方"並不包括中國。中國的農業灌溉也並不是像恩格斯所説的那樣完全由於氣候和地勢的關係。但是中國古代的農業生産是實行井田制，而井田是與溝洫即灌溉工程密切地聯繫在一起的。這樣，就同恩格斯論東方時所説"人工灌溉是農業的第一個條件"十分相似。因此，溝洫的興建和整治就不能不是政府的事情，而政府的三個部門，很自然其中有一個是管理公共工程的部門。也正因爲這樣，所以中國古代也同東方一樣是不存在土地私有制的。

2. 耦耕

　　耦耕一詞在先秦古籍中反復出現，這不是偶然的事情，它表明在一定的歷史時期内，耦耕是農業生産中一種主要的耕作方法。

　　耦耕見於先秦古籍的，有：

①　《馬克思恩格斯書信選集》，人民出版社，1962年，第75頁。
②　同上，第75～76頁。

亦服爾耕，十千維耦。(《詩經·周頌·噫嘻》)

千耦其耘。(《詩經·周頌·載芟》)

庸次比耦以刈殺此地，斬之蓬蒿藜藋而共處之。
(《左傳》昭公十六年)

譬如農夫作耦以刈殺四方之蓬蒿。(《國語·吳語》)

以歲時合耦於鋤，以治稼穡，趨其耕耨。(《周禮·里
宰》)

命農計耦耕事，修耒耜，具田器。(《禮記·月令》)

長沮、桀溺耦而耕。(《論語·微子》)

關於"耦耕"的解釋，古今學者有種種不同的說法，目前還沒有定論。但是有一點卻可以肯定，即不管怎樣，這種耕作方法既然以耦爲名，就必然是兩個人共同在一起勞動，彼此相需，否則不得名耦。從上面所引的一些材料來看，如說"合耦於鋤"，"長沮、桀溺耦而耕"，也足證明耦耕是兩個人共同在一起工作。可能有人以爲這一點是人人知道的事，沒有必要在這裏說那樣多廢話。我的看法則不是這樣。我認爲知道這一點非常重要，因爲它是我們考慮問題十分可靠的出發點。我們知道這一點以後，就可以進一步來考慮兩個問題：

(1)這兩個人是一家的父子兄弟呢？還是兩家的勞動力經過組織才結合在一起的呢？是臨時的、任意的結合呢？還是經過選擇搭配結成比較固定的合作單位呢？從上面所引的一些材料來看，可以斷言，耦耕的兩個人多半不是一家的父子兄弟。因爲如果是一家的父子兄弟，《里宰》就沒有必要"以歲時合耦於鋤"，《月令》的"命農計耦耕事"也成爲多餘的了。同時也可以斷言，耦耕的兩個人不是臨時的、任意的結合。因爲如果是臨時的、任意的結合，也沒有必要"以歲時合耦於鋤"和"命農計耦耕事"。耦耕的兩個人是經過選擇搭配的兩戶人家的比較固定的結合，而不是一家的父子兄弟或兩戶人家的臨時的、任意的結合，這說明什麼問題呢？說

明了當時農業生產的集體性,在當時的歷史條件下,個體經濟沒有存在的可能。

　　(2)爲什麼耕作的進行必須用兩個人呢? 肯定說,這是由當時的生產力水平所決定的。不難推想,當時生產力水平的具體狀況是已經從鋤耕農業過渡到犁耕農業階段。但是當時的犁還爲木制,還没有裝上金屬犁頭。正因爲這樣,所以耦耕遂成爲必要。很明顯,假使說當時農業還停留在鋤耕階段,那麼,一個人盡可獨自工作,何必定要合耦? 假使說當時農業已經進入使用鐵犁階段,則鐵犁重而銳,入土甚深,一人扶犁,一人挽犁,將力有所不勝。《說文》耜字作梠,鑮字作茉,都從木(均見《木部》)。《易・繫辭下》說:"斲木爲耜。"中國古代在鋤耕農業之後,使用鐵犁之前,中間有一個時期曾使用木質犁,這是無可爭辯的事實。不能因爲没有從地下發見木犁,即否認木犁的存在。

　　基於上述看法,我認爲耦耕的解釋應以"一人在後扶犁,一人在前拉犁"的說法比較接近事實。祇是應該補充一句:這時的犁不是銅制或鐵制,而爲木制。因爲祇有這樣,耦耕才成爲必要和可能的東西。

　　近人解釋耦耕,有的以爲是"兩個人一個蹠末入土,一個曳繩拉耜發土",有的以爲是"組成二人小組,一人掘地發土,一人跟着把掘發出來的土塊打碎摩平",我認爲這兩種解釋有一個共同的缺點,就是不能說明耦耕之所以成爲一個歷史時期普遍存在的一種獨特的耕作方法的必要性。顯然,無論"蹠末入土"也好,"掘地發土"也好,一個人盡可獨力完成任務,不必定要合耦。如果說僅僅是由於多了一個"曳繩拉耜發土"或"把掘發出來的土塊打碎摩平"的人,就構成了耦耕,就會受到古人那樣重視,隨處稱道不休,我看這是很難說得通的。人們所以有上述主張,看來是有原因的。第一,雖然也承認末耜這個農業生產工具在其發展過程中經過了很多次變化,但是不承認當耦耕出現時,末耜已經轉化爲犁。第二,錯誤地認爲《淮南子·主術》所説的"一人蹠耒而耕,不過十畝",《繆稱》所説的"耕者日以卻"能作爲解釋耦耕的例證。其實,耦耕是屬於犁耕農業的一種耕作方法,它的出現是以犁的出現爲條件。在鋤耕農業時期不可能普遍地實行耦耕。《淮南子》所説的明明是"一人耕",怎能作爲耦耕的例證來使用?《淮南子》的作者劉安爲漢人,難道漢代還是衹有鋤耕而沒有犁耕嗎? 可見引用這類例證是無助於説明問題的。

　　正由於耦耕是犁耕(木犁)所要求的耕作方法,所以隨着犁耕的改善——木犁改爲鐵犁,耦耕也不能不很快就被新的耕作方法——牛耕所代替。

　　耦耕的出現,源於新的生産工具的要求。耦耕的廢除,則爲已有的生産工具又獲得新的發展的結果。耦耕的廢除,意味着農業生産的集體性遭到破壞,意味着這時井田制已由生産力所要求而變成生産力的桎梏,遲早也必然遭到破壞。井田制破壞,土地可以自由買賣,遂爲個體農業生産開闢了廣闊的前途。毫無疑義,這個變革是一次巨大的、根本性的變革,不能不引起它的全部上層建築也隨着發生變革。這就是中國社會由奴隸制向封建制過渡的真實原因和具體内容。

　　　　　　（《吉林大學社會科學學報》1964 年第 1 期）

井田制的發生和發展

　　中國的井田制是什麼時候産生的、怎麼産生的？這個問題由於史料不足很難作出完滿的回答。不過也並不是没有一點踪迹可尋，根據我的初步瞭解，認爲中國的井田制應産生於原始社會末期，亦即産生於開始從氏族共同耕地改爲分配於各個家庭並實行定期重行分配的時期。井田的形式反映這時人們的平等要求和相當低的認識水平。

　　拉法格在其所著《思想起源論》一書中談到"分配的正義"時説過：

　　　　原始羅馬人的土地尺度 Actus 有四十米長和一米半寬。在原始人學會以底乘高來測量平行四邊形的面積之前，因而也就是在他們學會比較平行四邊形之前，每個家庭分得的土地塊祇有包括在等長的直綫之内他們才會感到完全滿意；他們用同樣的木棍在土地上度同樣的次數而得出這些直綫。用以測量直綫地帶的長度的木棍被奉爲神聖的，埃及人認爲 Coudée（長度單位，自肘至中指尖的長度，約合半米）是正義和真理的象徵，凡是用 Coudée 測量過的都是真實的和正義的。

　　　　等長的直綫内包含的地塊滿足了平等精神和不給紛爭留下餘地，因此劃直綫是測量的重要部分，一旦直綫劃定，家長就會滿意，他們的平等感情得到完全滿足。因爲這個原因希臘文 Orthos 一詞先是表示置於直綫上的東西，往後就引伸來表示真實的、公平的和正義的東西。

……

平等精神在原始人中是這樣不能克制，以致爲了使土地的劃分，分成等長的狹形地帶，不引起争吵，這些地帶的分配在書寫發明之前就得靠用小石子（卵石）來抽籤。因此表示小石子、卵石的希臘文 Kleros 被用以表示抽中的部分，以後又引伸到氏族財産、命運、契約、地域。[①]

從拉法格這些話裏可以充分看出中國井田制的産生不是偶然的，是當時的歷史條件所决定的。不僅中國曾存在過這樣的事實，在世界各國的歷史中也可以找到很多這類例子。[②] 這是鐵一般的事實，任何懷疑或否定的做法，都是改變不了的。

以溝洫作爲大小地塊的界標，當是自禹治水以後才出現的。初時的界標當爲一定寬度的中立地帶如羅馬的十二銅表法所規定者。拉法格在上述引文之後，隔了三段文字，又説：

憑命運分給某一家庭的份額的每一塊田地都圍以中立地帶，作爲部落的領土。羅馬的十二銅表法規定中立地帶的寬度爲五尺。界標規定田地的邊界；界標開始時是一小堆石頭或一小堆木材，衹在後來才采用帶有人頭形，有時是帶手形的柱子。這些石堆，這些木材堆對於希臘人和羅馬人來説是一些神；他們發誓不去移動。農人不應當去接近界標，因爲害怕“被犁尖冒犯了的上帝會向他喊叫：停住，這田地是我的，而那裏才是你的”（《峨維德》）。耶和華宣佈説：“挪移鄰舍地界的必受咒詛，百姓

①　王子野譯，三聯書店，1963 年，第 88～90 頁。

②　參看恩格斯《家庭、私有制和國家的起源》，人民出版社，1954 年，第 57～58、136～137 頁；《馬克思恩格斯全集》第 19 卷，第 353～355 頁。

都要説：阿們。"①埃特魯士克人用一切咒詛來譴責犯罪
者："誰移動界石，——他們的神聖詛咒之一説，——誰就
會受到上帝的懲罰，他的房子將消滅，他的種族將要根
絶，他的土地將不再長出果實，讓冰電、銹病和酷暑毀滅
他的收穫，他的肢體將滿布潰瘍而腐爛。"……

　　　每年逢設置界標的節日，拉齊烏姆的毗鄰的田地所
有者給界標圈上花瓣，獻以蜂蜜、麥子和酒，並在爲此而
築的祭壇上殺死一頭羊羔，因爲倘被犧牲的血沾污神聖
的界標就是犯罪。②

　　拉法格於此處所説的界標之祭，也可以從中國古籍中尋到消
息。例如《禮記・郊特牲》説："伊耆氏始爲蠟。"蠟實際是一種農
祭。所祭的有：先嗇、司嗇、百種、農、郵表畷、禽獸、坊、水庸。什麼
叫做"郵表畷"呢？郵表畷不是别的，就是在毗鄰的地塊中間所留
下的作爲界標用的地段。"郵"是交界（郵的本義爲過，即由甲達
乙，所以可以説是交界），"表"是標誌，"畷"是連綴兩田的空地。合
言之，郵表畷就是界標的異名。饗郵表畷就是祭界標，同拉法格所
説的無疑是一致的。"伊耆氏"，鄭玄注説："古天子號也。"陸德明
《經典釋文》説："或云，即帝堯是也。"熊安生、皇侃二人則以爲神農
氏，③釋者各異，皆無明據。要之：都在夏禹之前，應定爲原始社會
末期。

　　歷史不停地向前發展，從夏初開始，原始社會已爲奴隸社會所
代替。井田的基本形式雖然依舊保留下來，但在性質上已發生了
根本變化。大體上説，這時：

　　1. 井田的土地已不是像先前那樣爲氏族公共所有，而是爲某

---

①　《申命記》XXVII，十七。

②　同上，第 91～92 頁。

③　熊説見《曲禮》疏，皇説見《郊特牲》疏。

些當權者個人所有；

　　2. 井田作爲生產集體，它的成員之間不以有血統親屬關係者爲限，可以容納没有血統關係的人們；

　　3. 井田與溝洫密切聯繫在一起，溝洫成爲井田的重要標誌。

　　也就是説井田制到了這個時候已經發展完成，我們一般所説的井田制，實際祇是指這種制度而言。正因爲這樣，所以，假如我們説，井田制是中國奴隸社會土地制度的具體表現形式，儘管不够十分確切，還是符合實際情況，不算錯誤。下面將根據現存史料認真地來探討一下夏、商、周三代井田制的具體情況。

一、夏

　　夏代井田制的具體情況，可從下列三條材料中窺見一斑：

　　1.《書·皋陶謨》記禹説："予決九川距四海，濬畎澮距川。""決九川"是治水。"濬畎澮"則不僅是治水，也包括治田在内。稱"畎澮"與稱"溝洫"一樣，都是簡括之詞。"濬畎澮"工作基本上就是《考工記·匠人》"爲溝洫"所做的工作。

　　2.《論語·泰伯》："子曰：'禹吾無間然矣！……卑宮室而盡力乎溝洫。'"這裏的"溝洫"向來學者都以井田的溝洫作解，無疑是正確的，這是夏代實行井田制的又一證據。

　　3.《孟子·滕文公上》"夏后氏五十而貢"與"殷人七十而助，周人百畝而徹"連敍在一起，這是夏代實行井田制的最爲明確的一條證據。

　　我們知道，夏代史料留傳於後世的非常之少。在這樣少的史料中居然有好幾條談到與井田有關的問題，是難得的，應當引起我們重視，而不應輕率地予以否定。

二、商

商代史料留傳於後世者比夏代爲多。但是全面地、系統地論述某一問題的依然很少。兹將與井田制有關的史料選錄幾條如次：

1.殷墟甲骨卜辭田字的寫法有"畾""罒""田"等形。根據《説文》對於田字的解釋説："田……象形。囗十，千百之制也。"段玉裁注説："此説象形之旨，謂囗與十合之所以象阡陌之一縱一横也。"試就甲骨卜辭田字的寫法和許、段兩家的解説來考察，可以斷言，甲骨田字諸形都是井田制爲溝洫、阡陌把土地界劃成若干規整小塊之象。今通寫作田，乃是經過後人簡化的結果。其始固依實物摹寫，各有所見，故文無定型，不過，儘管文無定型，如段氏所説"像阡陌之一縱一横"則始終一致，而這一點正鮮明地反映當時土地制度的最基本的特點，反映當時曾實行井田制。

2.殷墟甲骨卜辭有："乙巳卜㱿貞，王大令衆人曰：劦田，其受年。"[1]這裏的"劦田"在性質上應當與耦耕是一致的，即都是當時農業生産集體性的反映。二者的差異僅在於它的具體表現形式——劦田的劦字表明是許多人在一起勞動，耦耕的耦字則表明是兩個人在一起勞動。耦耕當是周代開始出現的新事物，它反映當時生産工具有了改進。但從其性質來説，則二者基本上相同。井田這種形式正是與當時生産力性質相適應的。

3.《孟子・滕文公上》説："殷人七十而助。"無疑這是商代存在井田制的最顯著的證據。

---

[1] 《殷墟書契前編》第7卷，第30頁，第2片。

三、周

　　周代留傳於後世的史料比較夏、商二代豐富得多,并且有人曾對井田制作過專門論述,這就是《孟子·滕文公上》關於井田制的一段言論。這段言論對於我們討論井田制這個問題來説,可謂一字千金,十分珍貴,應當予以特殊注意。兹先録原文如下,然後對幾個重要問題着重加以分析。

　　　　使畢戰問井地?

　　　　孟子曰:"……夫仁政必自經界始。經界不正,井地不均,穀禄不平。是故暴君汙吏必慢其經界。經界既正,分田制禄,可坐而定也。

　　　　夫滕壤地褊小,將爲君子焉,將爲野人焉。無君子莫治野人,無野人莫養君子。

　　　　請野九一而助,國中什一使自賦。卿以下必有圭田。圭田五十畝,餘夫二十五畝。死徙無出鄉。鄉田同井。出入相友,守望相助,疾病相扶持。則百姓親睦。

　　　　方里而井。井九百畝,其中爲公田。八家皆私百畝,同養公田,公事畢然後敢治私事。所以別野人也。

　　　　此其大略也。若夫潤澤之,則在君與子矣。"

　　上述這段言論裏有幾個互相對立的概念。這就是,"國"與"野"、"九一"與"什一"、"助"與"使自賦"和"君子"與"野人"。這幾個互相對立的概念極其鮮明地反映着當時的經濟關係和階級關係。瞭解了它們是瞭解井田制乃至先秦史的重要關鍵。反之,如果對於它們沒有很好的瞭解,可以斷言,對於井田制以至先秦史也決不會有很好的瞭解。因此,不嫌詞費,下面將用較多篇幅逐一作認真的、詳密的探討。

(一)"國"與"野"

孟子在這裏所使用的"國"與"野"這兩個概念都有它的具體的
內容,而不應作抽象的、一般的理解。"國"與"野"在中國古代一個
相當長的時期內是兩個互相對立的概念。它們代表天子畿內或諸
侯封內兩個互相對立的區域。國在中央,野在周圍。國野之間,以
郊為界。如就一個國家所擁有的全部領土而言,最外的界限為境。
入境而後始至野,入郊而後始至國。

即以戰國為例來說吧。滕地固然如孟子所說有國、野的分別。
其實不獨滕地如此,秦地亦然。《荀子·强國》記荀子入秦的經行
次第說:

> 入境,觀其風俗,⋯⋯入其國,觀其士大夫,⋯⋯

境和國分作兩個步驟來記述,證明秦地也有國、野的分別。

抑不獨戰國滕、秦如此,春秋時齊地亦然。《國語·齊語》:

> 管子對曰:"昔者聖王之治天下也,參其國而伍其
> 鄙。"

> 韋昭注:"國,郊以內也。⋯⋯鄙,郊以外也。"

抑不獨滕、秦和齊如此,當時各國莫不如此。實際這是有周一
代普遍存在的現象。兹更引數例,證明如下:

《禮記·曲禮上》說:

> 入境而問禁,入國而問俗,入門而問諱。

《儀禮·聘禮》說:

> ⋯⋯遂行。舍於郊,斂飱。

> 若過邦,至於境,⋯⋯士帥没其境。誓於其境。⋯⋯
> 未入境。⋯⋯及境,張旜誓。⋯⋯君使士請事,遂以

入境。

入境，斂旃。乃展：……入郊，又展如初。……及館，
展幣於賈人之館，如初。

賓至於近郊，張旃。……大夫帥至於館。卿致館。
……遂行，舍於郊。……士送至於境。

使者歸，及郊，請反命。……

上引二例，是一般性的敍述，不限於某一國或幾個國家。而其
所記行經次第，都是先入境而後始入國或郊，證明國野之分在當時
確是普遍存在的現象。

此外，如《周禮·鄉大夫》説：

國中自七尺以及六十，野自六尺以及六十有五，皆徵
之。

《儀禮·士相見禮》説：

宅在邦則曰市井之臣，在野則曰草茅之臣。①

也是有力的證明。

獨有《爾雅·釋地》説：

邑外謂之郊，郊外謂之牧，牧外謂之野，野外謂之林，
林外謂之坰。

似與上述論點略有出入。其實這衹是詳略的不同，總的看來，並無
矛盾。陳奐《詩毛氏傳疏》於《魯頌·駉》“在坰之野”毛傳“坰，遠野
也。邑外曰郊，郊外曰野，野外曰林，林外曰坰”下作了很好的説
明。他説：

邑外曰郊四句，傳引《爾雅·釋地》文。……今本《爾

① 《孟子·萬章下》説：“在國曰市井之臣，在野曰草莽之臣。”

雅》增"郊外謂之牧"一句。不知野即牧,非野外更有牧
地,毛於此及《野有死麕》、《燕燕》、《干旄》傳,《鄭風•叔
於田》箋,並云"郊外曰野"。又,《野有蔓草》傳:"野,四郊
之外"。皆不雲牧,有足證矣。《書•粊誓》云:"魯人三郊
三遂。"郊,鄉之界也。邑,近郊三鄉之地。郊,遠郊三邊
之地。野猶周甸、削。林、坰猶周縣,都。析言之,有邑、
郊、野、林、坰之異。其實四郊之外直達林坰,猶王畿六遂
之地直達縣都,統謂之野也。

陳氏這個解釋是正確的。

又,《書•牧誓》説:

> 時甲子昧爽,王朝至於商郊牧野,乃誓。

在這裏看到商的畿内也有郊、野的名目,可知國、野之分在商代已
經存在了。

商、周如此,夏代是否也如此? 由於史料不足,已無可考知。

國與野的對立,譯成今語,就是城市與鄉村的對立。它是階級
對立的表現。馬克思主義奠基人馬克思和思格斯説過:

> 物質勞動和精神勞動的最大的一次分工,就是城市
> 和鄉村的分離。城鄉之間的對立是隨着野蠻向文明的過
> 渡、部落制度向國家的過渡、地方局限性向民族的過渡而
> 開始的,它貫穿着全部文明的歷史並一直延續到現在。[①]

馬克思、恩格斯這一指示,已十分明確地告訴我們,城鄉之間的對
立是從頭一個階級社會奴隸社會開始的,并且一直延續到現在。
在中國很可能是從夏代開始,因爲有種種事實能證明中國奴隸社
會是從夏代開始。不過,儘管城市與鄉村的對立從奴隸社會開始,

---

① 《馬克思恩格斯全集》第3卷,第56～57頁。

一直延續到現在,但不能看作是始終一樣,没有變化。恩格斯於説到城市與鄉村間的對立時,就曾在括號内注明:"經濟上城市統治鄉村,如古代所有的;或是,鄉村統治城市,如中世紀所有者。"①即曾清楚地指出古代和中世紀兩個時代的不同。所以,如果不加分析地認爲中國奴隸社會的國野對立到了封建社會還原封不動地繼續存在,這是不正確的。

討論井田制爲什麽用了許多的篇幅來談國與野的問題呢? 這是因爲國與野之間的關係同君子與野人、什一與九一、"溝洫法"與"井田法"、貢與助、兵與農、勞心與勞力諸關係基本上是一致的。瞭解了這個問題,則其餘的一系列問題都可望迎刃而解。

(二)"九一"與"什一"

"九一"與"什一"一般説是當時的統治者對被統治者所采取的兩種不同的剥削率。"九一"應用於野,"什一"應用於國中。

"九一"與"什一"應該怎樣理解才是正確? 爲什麽'野九一"而"國中什一"? 與九一、什一相適應,野和國中的土地如何處理? 這些,正是本文準備討論的問題。

首先要説明"九一"與"什一"應該怎樣理解,也作爲一個問題提出來,是因爲前人對這兩個概念的解釋有分歧。例如,

趙岐《孟子·滕文公上》乃注説:

> 九一者,井田以九頃爲數而供什一郊野之賦也。……國中什一者,《周禮》:"園廛二十而税一。"時行重賦,責之什也。……孟子欲請使野人如助法什一而税之。國中從其本賦二十而税一,以寬之也。

---

① 《家庭、私有制和國家的起源》,人民出版社,1954年,第159頁。

這就是説，依趙岐的見解"九一"當釋爲"什一而税之"，"什一"當釋爲"二十而税一"。

又，《詩·甫田》"歲取十千"下孔穎達疏説：

> 孟子言什一，據通率而言耳。周制有貢有助，助者，九夫而税一夫之田；貢者，什一而貢一夫之穀。通之二十夫而税二夫，是爲什中税一也。故《冬官·匠人》注廣引經傳而論之云："周制畿内用夏之貢法，税夫無公田；邦國用殷之助法，制公田不税夫。貢者，自治其所受田，貢其税穀；助者，借民之力以治公田，又使收斂焉。諸侯謂之徹者，通其率以什一爲正，孟子云："野九夫而税一，國中什一，是邦國亦異外内之法耳。"是鄭解通率爲什一之事也。……助則九而助一，貢則什一而貢一，通率爲什一也。

孔疏基本上是依照鄭玄的見解來論述的。大意是説"九一"是於九中取其一，"什一"是於什一中取其一。

《五禮通考·軍禮·軍制》記方觀承案語説：

> 九一、什一句法文義一耳。野之九一爲九中之一，則國中之什一，亦什中之一而已。但以井田畫方而成，則以八而包一，故不得不以九一爲法；貢法長連排去，則以五什起數。十夫有溝，百夫有洫，千夫有澮，萬夫有川，但以十相乘，亦復整齊而易算耳。烏有十一爲數而取其一，反使奇零參差而難算也哉？

方説顯然是不同意鄭玄的看法。他從語法和事實兩個方面來考察，認爲"九一"是"九中之一"，同樣，"什一"也應該是"什中之一"。

上述三説，分歧很大，看來以方説最爲合理。趙岐的錯誤在於不詳審文義，而誤引《周禮》，並誤解了'其實皆什一也"一句話的意思。其實，《周禮》所談的，自是另一問題，《孟子》説"其實皆什一也"則爲近似之語,兩處"什一"從字面上看儘管一樣,而所表達的意思則不相同。蓋前者爲約數,而後者爲實數,牽混爲一,適以自亂。鄭玄的錯誤也由於誤解了"其實皆什一也"的"什一",與趙岐同。獨方氏能虛心地體會本文,不妄牽引,所説與文義事實兩不相悖,故爲最勝。

"野九一"而"國中什一",野與國中不作同樣處理,這是由於兩個地區的居住者的身份不同和任務不同。

孟子在講井田的時候,首先就説:"夫滕壤地褊小,將爲君子焉,將爲野人焉。無君子莫治野人,無野人莫養君子。"於結尾處又説:"所以別野人也。"這個"君子"和"野人"正説明了在國中和野這兩個區域居住者的不同身份。君子與野人的關係是壓迫者、剥削者與被壓迫者、被剥削者的關係。孟子用了一個"治"字和一個"養"字已經正確地指出它們之間的這種關係。正由於野和國中這兩個區域居住的人們身份不同,所以不作同樣處理。這是第一點。

任務不同將在下文解釋"助"與"使自賦"的時候來詳細講。簡單説,野人的任務主要是從事農業生産,君子的任務則主要是當兵,爲國家執行對内掠奪和對外掠奪這兩種職能來服務。這是第二點。

不過,有一個問題,還需要説明。這就是"什一"也是一種剥削。"九一"與"什一"從量上看並没有多大的不同。君子居於國中,其身份是壓迫者、剥削者,爲什麽也受剥削,并且受到相當重的剥削,幾乎跟野人没有什麽分別,這是什麽道理呢?這個問題也將於下文詳細講。簡單説,就是這一部分人雖然居於國中,有君子之名,實際已下降到幾乎與野人相同的地位。它是由舊日貴族中分化出來的,在古書上通常把這一部分人稱爲"國人"、"民"、"萬民"。而相對地把居於野的人們稱爲"野人"、"甿"(或作"氓"、"萌")。

與"九一"、"什一"相適應,對於土地的處理則是,於野實行"井田法",於國中實行"溝洫法"。

"井田法"和"溝洫法"的典型形式應如《周禮》《匠人》和《遂人》所述的。二法的重要差別在於前者是九夫有溝,而後者是十夫有溝。雖然自溝以上,"井田法"爲方十里,方百里,"溝洫法"爲百夫、千夫,即都是十進,其結構的方式大體上相同。但是由於其起算的根數不同,所以,在"井田法"的體系中,自始至終貫穿着九,在"溝洫法"的體系中,自始至終貫穿着十。正因爲這樣,所以,我們才知道"野九一"必然實行"井田法","國中什一"必然實行"溝洫法"。因爲假如不這樣做,其結果將如方觀承所説'奇零參差而難算',如何能行得通?

(三)"助"與"使自賦"

什麽叫做"助"和"使自賦"? 爲什麽野行助法,而國中采用"使自賦"的辦法? 這是本文所要討論的中心内容。

首先,談"助"。

根據《孟子》本書的解釋:"助者,藉也。"(《滕文公上》)古人有時也徑呼爲藉,例如,三傳解"初税畝"(宣公十五年),《公羊傳》説:"古者什一而藉。"《穀梁傳》説:"古者什一藉而不税。"《左傳》説:"穀出不過藉。"諸所謂"藉",都同於《孟子》所説的"助"。其義當如鄭玄《周禮・匠人》注所説:"助者,借民之力以治公田,又使收斂焉。"證以《孟子》書,則是"井九百畝,其中爲公田。八家皆私百畝,同養公田,公事畢然後敢治私事。所以别野人也"一段文字所説的内容。

在這裏有一個問題需要加以説明。這就是助的剥削數量依《孟子》説是"九一",依《公羊》、《穀梁》二傳説則是"什一"。二説顯然有矛盾,應如何解決? 我認爲二説從實質上看並無矛盾。二傳説"什一"同孟子在上文説完三代的貢、助、徹以後,又總了一筆説"其實皆什一也"一樣,祇是一個大體上標準,並不是實數。《公羊傳》説："什一者,天下之中正也。"就是説明這個問題。而《孟子》所説的"九一",則是實數,所以不同。

胡承珙《毛詩後箋》二十一《甫田》條下説:

> 孟子言三代税法實皆什一,則以貢法民田五十畝,貢上五畝,助法民田七十畝,公田亦七十畝,借民力以治之,而上自收其公田之入。貢爲什一,助爲九一,盈朒之數,本不甚懸殊。周則百畝而徹,兼用貢助。雖立法稍有變通,而於中正之準初無不合,故曰:其實皆什一也。

按胡氏此説最爲通達,足以釋九一、什一説法不一致之疑。

現在談"使自賦"。

在這個短語裏,最關緊要的是對於"賦"字的解釋。這個字如果解釋錯了,那末,不可避免地就要混淆了助與使自賦的不同性質,抹煞了國與野、君子與野人之間的對立關係,就要給全面地瞭解井田制造成很大的困難,應當指出,"使自賦"這個"賦"字,是軍賦,不應作爲田賦來理解。古書上賦字應釋爲軍賦的例子很多。如,《周禮·大司馬》注説:"賦給軍用者也。"《小司徒》注説:"賦謂出車徒,給繇役也。"《論語》:"千乘之國可使治其賦。"孔安國注説:"兵賦也。"《左傳》襄公四年"鄫無賦於司馬",襄公三十一年"悉索敝賦",昭公五年"韓賦七邑",昭公十三年"天子之老請帥王賦"。哀公七年"邾賦六百乘",哀公十三年"魯賦於吳八百乘"等,諸所謂"賦",都爲軍賦。[①]

"使自賦"的意思,實際就是軍費自給。這種剝削方式略同於後世的屯田(當然不是全同)。屯田在名義上何嘗不是軍費自給?然而實質上卻是一種無可置疑的剝削。大家讀過《晉書·傅玄傳》的都會記憶其中有如下一段文字:

---

① 采胡渭《禹貢錐指》説。

> 舊兵持官牛者,官得六分,士得四分。自持私牛者,
> 與官中分。施行來久,眾心安之。今一朝減持官牛者,官
> 得八分,士得二分;持私牛及無牛者,官得七分,士得三
> 分。人失其所,必不歡樂。

這段文字十分清楚地説出屯田的剝削性質和嚴重情況。對照來
看,對於我們瞭解"使自賦"會有很大幫助。

爲什麼於野行助法,而於國中使自賦呢? 這一點與居住於野
和國中兩個區域的人們的身份不同有直接聯繫。一般説,居住於
國中的爲君子,居住於野的爲野人。君子與野人之間的關係,如前
所述是壓迫者、剝削者與被壓迫者、被剝削者之間的關係。因此,
君子與野人不能立於平等的地位,享受同樣的待遇,具體説,表現
在社會分工上是,野人務農,君子則享有當兵特權。與此相適應,
表現在井田制度上是,於野行助法,於國中使自賦。

(四)"君子"與"野人"

"君子"與"野人"代表當時(主要是井田制存在的時期,或者説
是中國奴隸制時代)社會上存在着的兩個大的、互相對立的階級。
這一點已被孟子清楚地指出來了。但是,我們説"國中什一使自
賦"的對象是君子中的一部分,有什麼根據? 它是怎樣從貴族中分
化出來的? 有哪些事例能證明它是從貴族中分化出來的? 説君子
享有當兵特權,而野人則祇從事於農業生産這種社會分工是怎麼
産生的? 有哪些事例能證明這種説法的正確性? 所有這些,都是
非常重要的問題,還有必要提出來,逐項作認真的探討。

首先,談第一個問題,即"國中什一使自賦"的對象就其身份來
説是"君子",但不是君子的全部,而是其中的一部分。

這個問題,不須它求,在《孟子》這段言論自身中就可以找到答
案。因爲根據孟子的説法,這個小小的滕,在人的方面,有君子與

野人的分別；在地的方面，有國與野的分別。我們已經知道"野九一而助"是對野人而言的，那末，"國中什一使自賦"是對君子而言，自屬毫無疑義。但孟子於説"國中什一使自賦"之後，又説"卿以下必有圭田"，這説明什麽問題呢？它説明："什一使自賦"不包括"有圭田"，"國中"不包括"卿以下"。所以"國中使自賦"的對象雖爲君子，但它不是君子全部，而是其中一部分。

其次，談第二個問題，即作爲"使自賦"的對象的這一部分人，如果説它是自貴族中分化出來的，那麽，它是怎樣分化的？有哪些事例能證明它是分化出來的？

這個問題，實際上是要求對於君子這個概念的發生和發展作一次全面的、系統的闡述。這個任務是十分艱巨的。我現在祇能在這裏提出我的初步意見。

君子這個概念是中國所獨有的。但它也同人民一樣，在不同的歷史時期，有着不同的内容。① 前人爲君子作訓釋，有的説："人之成名也。"(《禮記·哀公問》)有的説："道德之稱。"(《白虎通義·號篇》)有的説："人君以下至在位士。"(《禮記·月令》:《君子齋戒》疏)等等。這樣多的説法，到底是哪一種説法對呢？ 依我看，不能抽象地下判斷，而要經過具體的分析，才能辨明誰是誰非。因爲這個概念的内容是隨着歷史的發展、變化而不斷地發展、變化的。

關於君子這個概念的起源問題，由於史料不足，殊難質言。不過如果能就現存的史料細心探索，也未必没有一點踪迹可尋。

依我淺見，"君子"一詞，其結構形式與"王子"、"公子"二詞相同，其取義也應與王子、公子二詞相似。我們知道，王子一詞表明它不是王而是王之子，公子一詞表明它不是公而是公之子，那末，同樣君子一詞的最初含義也應表明它不是君而是君之子。

---

① 毛澤東同志説過："人民這個概念在不同的國家和各個國家的不同的歷史時期，有着不同的内容。"見《關於正確處理人民内部矛盾的問題》。

　　什麼叫做君呢？《荀子·王制》説："君者，善羣也。"鄭玄《儀禮·喪服》注説："天子、諸侯及卿大夫有地者皆曰君。"荀子所説應爲君字的初義，鄭玄注語則爲一定歷史時期君字的具體內容。可以設想，在原始公社時期已經產生了君的稱號。最初所謂君，當如氏族酋長之類，祇表明它是一個集團的頭目，並不以大小而異名。正因爲這樣，降至後世，君遂爲天子、諸侯及卿大夫有地者之通稱。

　　君之爲名，其應用的範圍既如此廣泛，則君子一詞，也必不像王子之祇以稱王之子、公子之祇以稱公之子，而應爲凡屬有爵位、有封地者的子弟的通稱，正因爲這樣，所以君子一詞，在一般用法上直與貴族一詞無別。但是爲什麼又説有從貴族中分化出來的君子呢？兹列舉二證以明之。

　　《禮記·文王世子》説：

　　　　五廟之孫，祖廟未毀，雖及庶人，冠、取妻必告，死必赴，不忘親也。親未絶而列於庶人，賤無能也。

　　《左傳》僖公二十五年記周襄王與晉陽樊之田。陽樊不服，晉人圍之，蒼葛呼曰：

　　　　德以柔中國，刑以威四夷，宜吾不敢服也。此誰非王之親姻，其俘之也！

　　上述的第一條材料可以證明與公室親未絶即在五服之內，就有從中分化出來變爲庶人的可能。第二條材料可以證明一個王室下邑的居民，都是至少大部分是王室的親姻。在上述兩種情況下的人們，當然依舊可稱君子，但是他們此時已經不是貴族，他們此時已經從貴族之中分化出來了。

　　現在談第三個問題，即君子和野人這兩個階級的劃分以及君子享有當兵特權而野人祇限於從事農業生產勞動這種分工是什麼時候產生的，怎麼產生的，有哪些事例能爲證明的問題。

　　依據我的粗淺看法，君子和野人這兩個階級的劃分以及君子

享有當兵特權而野人祇限於從事農業生產勞動這種分工是從原始
公社制向奴隸制過渡的時期開始的。中國古代雖然没有留下史料
可作證明，我們似不妨借用世界上其他古國的事迹比例以求之。

莫爾根在所著《古代社會》一書中談到羅馬"階級的界限"説：

> 羅馬的人民，包括自由人以上，便分成兩個政治上的
> 階級，可以區分爲官僚貴族與普通平民。官僚貴族階級
> 包括元老院議員和他們的子孫，以及曾任過三種顯職
> 者——執政官、司法官與高級營造司——和他們的子孫
> 們。①

談到羅馬的"貴族"説：

> 西塞禄雖然留下了一種很明確的記載，謂元老院議
> 員及其子女均係貴族，但是，他並没有説及在元老院議員
> 之外還有貴族階級。西塞禄曾説："當羅繆勒斯的元老院
> 係由最好的人所組成以後，羅繆勒斯對他們萬分尊敬，他
> 願意他們被稱爲父老，他們的子女爲貴族……象在這裏
> 所用的父老一詞的意義，即是在羅馬人自己間亦是一種
> 論爭的題目。但是，貴族一詞，因係由父老而形成的階
> 級，所以這便證明貴族與元老院的公職有必然的關
> 係。"②

談到羅馬"元老院"説：

> 作爲一個立法者，羅繆勒斯的第一個重要的措施，便
> 是元老院的設置。它由一百名議員組成，每一氏族一名，
> 或每一古利亞十名。把一酋長會議作爲政府的主要機

---

① 摩爾根：《古代社會》，楊東蓴、張栗原、馮漢驥譯，三聯書店，1957 年，第 369
頁。

② 同上，第 367 頁。

關,在拉丁諸部落間並不是一種新的東西,從古以來他們就熟習於酋長會議的存在及其權力。但是,在羅繆勒斯時代以前,酋長會議可能象希臘的酋長會議一樣,已經變爲一種預審機關,其所負的義務,在於制訂最重要的公共議案,提交人民大會以備采納或否決。①

從上述三段材料可以看出,羅馬在"政治社會"(案:莫氏所説的"政治社會"實際就是國家制度)建立時期的官僚貴族階級主要爲元老院議員和他們的子孫。而元老院議員的前身則是舊日酋長會議的酋長。當然,中國從原始公社制向奴隸制過渡不必走與羅馬相同的道路。但是,以羅馬爲借鏡,我們設想,中國古昔的氏族酋長原來就是所謂君,繼世酋長和他們的子孫則稱爲君子,後來進入階級社會,君一變而爲"有土地者"的名稱,同樣,君子也變成了貴族之異名。當與事實相去不遠。

又,上書談到希臘"提秀斯的立法"説:

提秀斯不問其氏族如何,把人民區分爲三個階級,而給以名族、農民及工匠等名稱。凡關於民政與僧侶方面的主要職務,皆授與屬於第一階級的人民。

又解釋"名族"説:

此時稱爲名族的一種人,大約也就是各氏族中從前任要職握特權的人物。②

觀希臘曾把人民區分爲名族、農民及工匠三個階級,則中國古時曾把人民區分爲君子、野人兩個階級,君子相當於名族,野人相當於農民,並不是不可能的事。

---

① 摩爾根:《古代社會》,楊東蒪、張栗原、馮漢驥譯,三聯書店,1957年,第351頁。

② 同上,第290~291頁。

　　至於爲什麽君子享有當兵特權呢？這應當是由於軍事在軍事民主主義時期，占着特殊重要的地位，及進入奴隸社會，它又是實現國家對内掠奪和對外掠奪兩種職能的最有力的工具的緣故。

　　恩格斯論述軍事民主主義說過：

　　　　所以稱爲軍事民主主義者，因爲戰爭及進行戰爭的組織現在成了人民生活底正常的職能了。……以前他們進行戰爭，僅僅爲的報復侵犯，或者爲的擴大已經感覺不够的領土，現在進行戰爭，則祇是爲的掠奪，戰爭成爲經常的職業了。

　　又說：

　　　　掠奪戰爭加强了最高軍事首長以及下級首領底權力；適應習慣的由同一家庭中選出他們的後繼者的辦法，漸漸地，特別是自父權制確立的時候起，轉爲世襲的權力了；最初是容忍，其次是要求，最後更是篡奪這種權力了；世襲的國王權力與世襲的貴族底基礎便從此奠立下了。①

　　根據恩格斯的指示，可知在軍事民主主義時期，軍事實居於壓倒一切的地位，而後來的貴族，即由舊日的最高軍事首長及下級首領的權力轉化而來。則中國奴隸制時代的軍事完全由君子這一個階級壟斷，看來是很合理的。

　　那末，爲什麽後世多稱有教養的人爲君子呢？這是由於在奴隸制時代君子這個階極不但壟斷了物質生產資料，也壟斷了精神生產資料。應當指出，最初的教育是服從軍事需要，爲軍事目的服務的。以下即列舉大量事實來證明這個論點。

　　《周禮·師氏》說：

---

　　①　恩格斯：《家庭、私有制和國家的起源》，人民出版社，1954年，第158頁。

以三德教國子……掌國中失之事，以教國子弟，凡國之貴游子弟學焉。

又，《保氏》説：

養國子以道，乃教之六藝：一曰五禮，二曰六樂，三曰五射，四曰五馭，五曰六書，六曰九數。

又，《大司樂》説：

掌成均之法，以治建國之學政而合國之子弟焉。……以樂德教國子：……以樂語教國子：……以樂舞教國子：……

又，《樂師》説：

掌國學之政以教國子小舞。

又，《大胥》説：

掌學士之版以待致諸子。

又，《小胥》説：

掌學士之徵令而比之，觵其不敬者，巡舞列而撻其怠慢者。

又，《籥師》説：

掌教國子舞羽龡籥。

又，《諸子》説：

掌國子之倅，掌其戒令與其教治。……凡國之政事，國子存游倅，使之修德學道，春合諸學，秋合諸射，以考其藝而進退之。

又，《大司徒》説：

以鄉三物教萬民而賓興之。一曰六德:知、仁、聖、
義、忠、和;二曰六行:孝、友、睦、婣、任、恤,三曰六藝:禮、
樂、射、御、書、數。

又,《鄉大夫》說:

三年則大比,考其德、行、道藝,而興賢者、能者。

《禮記·文王世子》說:

凡學:世子及學士必時。……

又,《王制》說:

樂正崇四術,立四教,順先王詩、書、禮、樂以造士。
春秋教以禮、樂,冬夏教以詩、書。王太子,王子,群后之
太子,卿、大夫、元士之適子,國之俊選皆造焉。

在這裏先要說明一個問題。這就是《周禮》、《禮記》成書較晚,早則
不能超越戰國,遲則已逮漢初,那末,上述這些材料是否可以作為
春秋以前存在的舊制來看待呢? 我認為是可以的。因為中國社會
進入戰國以後,政治上、經濟上都發生巨大的變化,在當時的歷史
條件下不可能偽造出上述那些事實。

根據上述材料可以看出,這時教育的對象是"國子"、"國子弟"
"凡國之貴游子弟"、"諸子"和六鄉的"萬民"。"國子"當指"王太
子,王子,群后之太子,卿、大夫、元士之適子"而言。(見《周禮·師
氏》疏)至"國之俊選"則顯然是由六鄉萬民中選拔出來的。總之,
都是居住於國中的所謂君子。事實上這裏邊包括有兩類人:一類
是貴族子弟,一類是自貴族中分化出來的平民的子弟,而完全不包
括野人在內。

《周禮·遂大夫》說:

三歲大比,則帥其吏而興甿,明其有功者,屬其地治者。

把這段話同《鄉大夫》説：

> 三年則大比，考其德行道藝而興賢者、能者。

對照一下，就可以看出鄉、遂之間，亦即國、野之間的顯著的差別。

不但《遂大夫》如此，在《周禮》六遂各官職掌中都看不見有如"以鄉三物教萬民"，"考其德行道藝而興賢者、能者"這類事實的影子，有的祇是"教之稼穡"（《遂人》）、"以教稼穡"（《遂大夫》），證明當時野人是單純從事體力勞動，没有學文化的機會。

以上是當時君子受教育，而野人没有受教育的機會的證明。

還有，根據《周禮》的《師氏》、《保氏》和《大司徒》、《鄉大夫》諸職所述，可以看到當時的教育内容，基本上分爲兩類：一、德行；二、道藝。前者爲品德教育，後者爲文化、科技教育。值得注意的是，《周禮》的六藝爲禮、樂、射、御、書、數，與孔門傳授的六藝爲詩、書、禮、樂、易、春秋者迥然不同。二者相較，當以《周禮》所列爲尤古。《周禮》的六藝裏邊有軍事科目，鮮明地反映並保留着爲戰爭目的服務的痕迹。

《禮記·射義》説：

> 是故古者天子以射選諸侯、卿、大夫、士。……
> 是故古者天子之制：諸侯歲獻貢士於天子，天子試之於射宫。其容體比於禮，其節此於樂，而中多者，得與於祭。其容體不比於禮，其節不比於樂，而中少者，不得與於祭。數與於祭，而君有慶，數不與於祭，而君有讓。數有慶而益地，數有讓而削地。

又，《王制》説：

> 大樂正論造士之秀者以告於王，而升諸司馬，曰：進士。司馬辯論官材，論進士之賢者以告於王，而定其論。論定然後官之，任官然後爵之，位定然後禄之。

試想,古時爲什麽選拔各級人才都把射箭技術列爲重要的,甚至是唯一的考試科目? 爲什麽把"辯論官材"這樣大權交給司馬執掌,即交給軍事首長執掌,而不交給其他部門執掌?《漢書·百官公卿表》解釋"僕射"說:"古者重武官,有主射以督課之。"這個"重武官"又是什麽緣故? 所有這些都説明中國歷史上有一個時期(大約在原始社會末期和奴隸社會初期),戰爭是生活中壓倒一切的大事。社會上最有地位、最受人尊敬的是一些能征慣戰、經常獲勝的人們。這時決定性武器是弓箭,所以射箭技術受到特殊的重視。這時無論教育或選拔人才、安置人才等都須首先考慮服從於軍事的需要,爲戰爭的目的服務。

還有一事應該提到,這就是古時貴族子弟的宿衛制度。

《周禮·宮伯》説:

> 掌王宮之士庶子凡在版者,掌其政令,行其秩敘,作其徒役之事,授八次、八舍之職事。若邦有大事,作宮衆,則合之。月終則均秩,歲終則均敘,以時頒其衣裘,掌其誅賞。(注:"鄭司農云:'庶子,宿衛之官。'")

> 金榜説:"公卿大夫之子弟當學者謂之國子,其職宿衛者則謂之庶子。……蓋已命者謂之士。《司士》所云'王族故士在路門之右'是也。未命者謂之庶子,《太僕》所云'聞鼓聲,則速逆御僕與御庶子'是也。"[1]

> 孫詒讓説:"凡言士庶子者:所謂士,即上、中、下士,凡王族及群臣子弟既命而有爵者。如《司士》'王族故士'是也。《春秋繁露·爵國篇》説天子官制云:'士入仕宿衛天子者,比下士。'蓋指此。其未命者下士一等,則與庶人在官者等,以其世家貴冑殊異之,故不曰庶人,而曰庶子。

[1]　自孫詒讓《周禮正義·宮伯》轉引。

其他公邑及都家咸有貴族，侯國亦有公族、世族，故亦有庶子，若《掌固》、《朝大夫》諸職及《燕禮》、《大射儀》所云皆是。"①

又，《諸子》説：

掌國子之倅，掌其戒令與其教治。辨其等，正其位。國有大事，則帥國子而致於太子，惟所用之。若有兵甲之事，則授之車甲，合其卒伍，置其有司，以軍法治之。司馬弗正。凡國正弗及。

又，《大司馬》説：

王弔勞士庶子，則相。……大會同，則帥士庶子，而掌其政令。

又，《都司馬》説：

都司馬掌都之士庶子及其衆庶車馬兵甲之戒令。以國法掌其政學以聽國司馬。家司馬亦如之。

又，《掌固》説：

掌脩城郭溝池樹渠之固，頒共士庶子及共衆庶之守。

《禮記·文王世子》説：

公若有出疆之政，庶子以公族之無事者守於公宮：正室守大廟，諸父守貴宮、貴室，諸子、諸孫守下宮、下室。

以上所引的一些材料裏所説的"士庶子"，實即貴族子弟之異名，亦即所謂君子。他們如《宮伯》、《文王世子》所述，有宿衛王宮或公宮之事；如《掌固》所述，有防守城郭險要之事；如《諸子》、《大

① 自孫詒讓《周禮正義·宮伯》轉引。

《司馬》所述，有時並直接參加戰爭。總之，在上述這些材料裏可以明顯地看到當時的貴族子弟還保留着平時受軍事訓練，執行軍事勤務，有事則參加戰爭的傳統。

《戰國策·趙策》記觸聾説趙太后説：

> 老臣賤息舒祺最少、不肖，而臣衰。竊愛憐之。願令得補黑衣之數以衛王宫。没死以聞！

陳祥道《禮書》卷四十四説：

> 秦有郎中令，掌宫殿門户。漢武帝更名光禄勳。其屬有議郎、中郎、侍郎、郎中，凡四等，謂之三宇郎。而中郎以下更直執戟，内謹門禁，外充車騎，類取經明行修者充之。至於公車特起：賢良、方正、敦樸、有道、高節，公府掾曹試博士者，多在此選。而劉向、霍光、張安世、東方朔、揚雄之徒皆與焉。

上述兩條材料説明了貴族子弟宿衛的傳統，直到戰國秦漢，還不無遺迹可尋。沿流溯源，可以窺見昔日的梗概。

至於由貴族中分化出來的平民是君子的一部分，他們以從軍作戰爲主要任務的例證，儘管很少，也可以舉出兩條：

《左傳》昭公二十七年説：

> 左司馬沈尹戍帥都君子與王馬之屬以濟師。

《國語·吴語》説：

> 越王乃中分其師以爲左右軍，以其私卒君子六千人爲中軍。①

細繹這兩條材料裏所説的"君子"，顯然不能依據普通説法釋

---

① 《史記·越王勾踐世家》作："乃發習流二千人、教士四萬人、君子六千人、諸御千人，伐吴。"

爲"有才德者之稱"或"有位者之稱,因爲這時越王的國土還很小,
不見得有那樣多的有才德者、有位者。也不能説是貴族子弟,因爲
貴族子弟年壯的、可以執干戈衛社稷的,就有六千之多,也是不可
想象的。更不是野人,因爲野人與君子的名稱是對立的。所以,這
裏的"君子",不能是別的,祇能是指從貴族中分化出來的平民而
言。先前祇有君子享有當兵特權,野人没有當兵的資格。自從春
秋中世以後,由於戰争頻繁,兵源不足,逐漸地改變了這種情況。
例如,晉人的"作州兵"(《左傳》僖公十五年),魯人的"作丘甲"(《左
傳》成公元年),就都是當時爲了擴大兵源,開始改變舊辦法吸收一
部分野人當兵的證據。① 正由於軍士的成分有了野人,所以屬於
君子那部分人才有必要表而出之,以示殊異。根據上述論證,我認
爲這兩條材料可以作爲從貴族中分化出來的平民是君子一部分,
當兵爲其主要任務的證明。

　　關於周制有國野之分,君子(古籍中多稱爲"國人")當兵,野人
務農,清初學者江永基本上就是這樣主張,並曾作過詳密的考證,
有很大的參考價值。兹照録如下:

　　　　説者謂古者寓兵於農,井田既廢,兵農始分。考其實
不然。春秋之時,兵農固已分矣。
　　　　管仲參國伍鄙之法:"制國以爲二十一鄉:工商之鄉
六,士鄉十五。公帥五鄉,國子、高子各帥五鄉。"是齊之
三軍悉出近國都之十五鄉,而野鄙之農不與也。五家爲
軌,故五人爲伍。積而至於一鄉二千家,旅二千人。十五
鄉三萬人爲三軍。是此十五鄉者,家必有一人爲兵。其
中有賢能者,五鄉大夫有陞選之法,故謂之士鄉,所以別
於農也。

其爲農者，處之野鄙，別爲五鄙之法。三十家爲邑，十邑爲卒，十卒爲鄉，三鄉爲縣，十縣爲屬。五屬各有大夫治之，專令治田供稅，更不使之爲兵。

故桓公問伍鄙之法。管仲對曰："相地而衰徵則民不移，徵不旅舊則民不偷。"謂隨地之善惡而差其徵稅，而民安上著，不移徙。農恒爲農，不以其舊爲農者忽隸於師旅，則民無貳志，不偷惰。豈非兵農已分乎？十五鄉三萬家必有所受田，而相地衰徵之法惟施於伍鄙，則鄉田但有兵賦，無田稅，似後世之軍田、屯田，此外更無養兵之費也。

他國兵制亦大略可考而知。

如晉之始惟一軍。既而作二軍，作三軍。又作三行，作五軍。既舍二軍，旋作六軍。後以新軍無帥復從三軍。意其爲兵者，必有素定之兵籍、素隸之軍帥。軍之漸而增也，固以地廣人多。其既增而復損也，當是除其軍籍，使之歸農。若爲兵者盡出農民，則農民固在，何必隨時改易軍制哉？

隨武子云："楚國荊尸而舉，工農商賈不敗其業。"是農不從軍也。

魯之作三軍也，"季氏取其乘之父兄子弟盡徵之，孟氏以父兄及子弟之半歸公，而取其子弟之半，叔孫氏盡取子弟，而以其父兄歸公。"所謂子弟者，兵之壯者也；父兄者，兵之老者也。皆其素在兵籍、隸之卒乘者，非通國之父兄子弟也。其後舍中軍，"季氏擇二，二子各一，皆盡徵之，而貢於公"。謂民之爲兵者，盡屬三家，聽其貢獻於公也。若民之爲農者出田稅，自是歸之於君。故哀公云："二吾猶不足。"三家雖專，亦惟食其采邑，豈能使通國之農民田稅皆屬之己哉？"魯君無民"，非無民也，無爲兵之民耳。以此觀之，兵農豈不有辨乎？

三家之采邑固各有兵，而二軍之士卒車乘皆近國都。故陽虎欲作亂，壬辰戒都車，令癸巳至，可知兵常近國都，其野處之農固不爲兵也。

郤至言："楚有六間，其一爲王卒，以舊。"此正如後世養兵有老弱不代補之弊。

又如，楚君有二廣，太子有宮甲，若敖氏有六卒，吳有賢良，越有私卒君子六千人爲中軍，皆是別隸籍之親兵。微虎私屬徒七百人，冉有以武城人三百爲己徒卒，智是臨時集合之兵，與後世召募屯聚之兵略髣髴。故夫子答問政有足兵，去兵之説。使兵農全未分，亦何能別使之足，至不得已，又何必議去哉？（《群經補義》）

按江氏列舉事實，證明春秋時兵農已分，齊、晉、楚、魯諸國皆軍出於近國都之鄉，而野鄙之農則專令治田供税，其説實堅確不可移易。

又，《詩・公劉》疏説：

周之軍賦皆出於鄉，家出一人，故鄉爲一軍。諸侯三軍，出其三鄉而已。其餘公邑、采地不以爲軍。

此説也與江氏的觀點相符。可見《孟子》所説的"使自賦"決是軍賦，孟子的君子當兵、野人務農的説法並非一家之私言，而爲客觀上曾經存在並爲許多學者所共認的事實。

附帶還要談一個問題，即野人與庶人、小人、民這幾個概念的關係問題。

過去我認爲上述這幾個概念，從其所代表的階級身份來説，基本上是相同的，即在當時應都屬於奴隸階級。經過仔細研究，今天覺得這種看法太籠統了，裏邊包含着很大的錯誤。①

　　從原來的意義來講，野人是對君子而言的，小人是對大人而言的，庶人是對天子、諸侯、卿、大夫、上等有爵位者而言的，民是對君而言的。這幾個概念確有相同之處。正由於這樣，所以，古人在使用時多不加別白。但是，如果我們嚴格地分析中國奴隸社會的各階級，把它們看成是同一的東西，那就錯了。《孟子·滕文公上》説：

　　　　有大人之事，有小人之事。……故曰：或勞心，或勞力。勞心者治人，勞力者治於人；治於人者食人，治人者食於人，天下之通義也。

　　像這裏所闡明的，應該是大人和小人這兩個概念的本來含義。小人的特點是勞力。這樣它所包括的範圍就異常廣泛，不僅野人勞力應爲小人，其他如庶人、工、商以及皂、隸、牧、圉等等都是勞力者，也都應在小人之列。

　　《國語·周語》説：

　　　　古者先王既有天下，又崇立於上帝明神而敬事之，於是乎有朝日夕月以教民事君。諸侯春秋受職於王以臨其民，大夫、士日恪位著以儆其官，庶人、工、商各守其業，以共其上。

　　《左傳》襄公九年説：

　　　　晉君類能而使之，舉不失選，官不易方。其卿讓於善，其大夫不失守，其士競於教，其庶人力於農穡，商、工、皂、隸不知遷業。

　　從上述兩條材料可以看出庶人的確定身份。庶人的特點是
"力於農穡",它没有職位——不僅没有君、卿、大夫、士那樣高的職
位,也没有商、工、皂、隸那樣低的職位,而是社會上人數最多的、祇
從事於農業生産的大衆。它比上面所説的小人範圍要小些,因爲
不包括商、工、皂、隸;比野人的範圍則大些,因爲它包括那部分自
貴族中分化出來的平民。

　　野人是一個與君子對立的名稱,這一點不僅見於《孟子》,也見
於《論語•先進》。原文説:

　　　　子曰:先進於禮樂,野人也。後進於禮樂,君子也。
　　……

證明野人這個概念的原義,十分肯定是指居住於野,没有文化,專
從事於農業生産勞動的人們而言。它對那部分自貴族中分化出來
的平民來説,則稱氓。氓或作甿、萌。

　　《周禮•遂人》:"凡治野,以下劑致甿。……"鄭玄注説:

　　　　變民言甿,異外内也。甿猶懵懵,無知貌也。

　　孫詒讓《周禮正義》説:

　　　　宋本《釋文》出"致氓",則此章七甿字,陸並作氓。
　　《説文•耒部》鋤字注引《周禮》曰"以興耡利萌",字又作
　　萌。

　　又説:

　　　　案:民爲兆民、四民之通名,甿、氓字通,並爲田野農
　　民之專稱。故《説文》訓甿爲"田民"。田必在野,故《國策
　　•秦策》高注云:"野民曰氓。"《孟子•滕文公篇》趙注云:
　　"氓,野人之稱。"田野必在國外,故此經六遂以外之民稱
　　氓。《史記•三王世家》索隱引《三蒼》云:"邊人曰甿。"
　　《墨子•尚賢上篇》云:"國中之衆,四鄙之萌人。"四鄙即

邊邑，在甸外者也。……通言之，氓亦謂之民。故此經與
《旅師》並氓、民錯出。

按孫氏對於民、氓這兩個概念剖析得極爲精核。可知民、氓二
詞的含義儘管有若干相同的地方，有時並可通用，但在中國的一定
歷史時期内，判然屬於兩個不同的階級，即氓是奴隸而民爲平民，
此則必須辨别清楚，而絶對不容混淆者。

《左傳》一書提到民的地方很多，特别是下列諸例。

莊公二十七年説：

　　晉侯將伐虢。士蒍曰：“不可。虢公驕，若驟得勝於
我，必棄其民。無衆而後伐之，欲禦我誰與？”

僖公十三年説：

　　晉薦饑，使乞糴於秦。秦伯謂子桑“與諸乎？”對曰：
“重施而報，君將何求？重施而不報，其民必携。携而討
焉，無衆必敗。”

宣公二年説：

　　君子謂羊斟非人也。以其私憾，敗國殄民，於是刑孰
大焉？《詩》所謂“人之無良”者，其羊斟之謂乎？殘民以
逞。

從上述三例可以清楚地看出春秋時代民與兵的關係。當時認
爲凡是“棄民”、“民携”的就“無衆”，無衆則在戰爭中必然招致失
敗。在戰爭中由於某種原因而造成不應有的傷亡，則叫做“殄民”、
“殘民”。那末，非常明顯，這時的所謂“民”，實專指國人之素以當
兵爲天職者而言，不包括野人在内。

又，《左傳》昭公五年，晉人女叔齊論魯昭公説：

　　公室四分，民食於它。思莫在公，不圖其終。

昭公二十五年，宋人樂祁論魯昭公説：

> 政在季氏三世矣，魯君喪政四公矣，無民而能逞其志者，未之有也。

這兩條中之所謂"民"是什麼身份呢？江永於論述魯兵農分處之後，下斷語説："魯君無民，非無民也，無爲兵之民耳。"（已見上文）這個判斷，無疑是正確的。

又，《周禮·小司寇》説：

> 掌外朝之政，以致萬民而詢焉。一曰詢國危，二曰詢國遷，三曰詢立君。其位，王南鄉，三公及州長、百姓北面，群臣西面，群吏東面。小司寇擯以敘進而問焉，以衆輔志而弊謀。

這條材料説明"萬民"在社會上所處的地位並不是很低的。他們有權參加國王所召集的特大會議，共同討論國家的根本大計；他們又有"百姓"的稱號，表明他們是貴族的後裔；他們在外朝的朝位與三公及州長同向。所有這些，都説明他們不是奴隷，與野人的身份截然不同。

實際這類例子很多，不煩枚舉。總之，可以肯定，君子、國人、民、兵這幾個不同的概念在中國奴隷制時代基本上具有同一的内容。它們不但不與氓、野人這些概念相混，而且非常明顯屬於兩個不同的階級。我們談中國奴隷社會的階級關係，對這一點是不容忽視的。

那末，爲什麼這些概念又具有另外一種或幾種含義常常給我們研究問題增添了許多困難呢？這是由於概念是客觀現實的反映，客觀現實經常發生變化，概念也很難保持不變。顯然，井田制破壞了，土地可以自由買賣，則舊日的兵與農、民與氓的關係失去了存在的基礎，不能不爲新的關係所代替。這時，反映現實的舊概念如果繼續使用時，就不能不改造它的舊内容而賦予新内容。社會現象是極端複雜，并且充滿着矛盾的。不作歷史的、具體的考察，而采取簡單、武斷的做法，是不能得出正確論斷的。

（五）貢、助、徹

貢、助、徹是夏商周三代統治者利用生產資料——土地對直接生產者實行剝削（確切些說，是掠奪）所采取的三種不同的形式。關於這三種形式的名稱、異同和優缺點等問題，最早孟子曾經論述過。原文如下：

> 夏后氏五十而貢，殷人七十而助，周人百畝而徹，其實皆什一也。
>
> 徹者，徹也。助者，藉也。
>
> 龍子曰："治地莫善於助，莫不善於貢。貢者，校數歲之中以爲常。樂歲粒米狼戾，多取之而不爲虐，則寡取之；凶年糞其田而不足，則必取盈焉。"《孟子·滕文公上》

孟子這段話是我們探討三代的——與土地制度有密切聯繫的——賦稅制度的重要的，甚至是唯一的資料。綜觀貢、助、徹三種形式，助最易解，爭論也較少。徹則不然，在三種形式中，它是最難解、爭論最多的一種形式。貢則近人對它一般都抱着懷疑的態度。因此，本文準備着重就徹、貢兩種形式作嘗試性探討。

簡單說，依據孟子所述，貢、助、徹三種形式有一個共同之點。這就是從剝削生產物的數量來看，基本上都符合於"什一"的標準。所不同的是，貢如龍子所說是"校數歲之中以爲常"，即它是按照一定的數額徵收。這個定額是根據幾年的平均產量折算出來的，年有豐歉，定額不變。助則如孟子所說，實行"方里而井，井九百畝，其中爲公田，八家皆私百畝，同養公田"的辦法，即徵收公田的生產物。

徹是什麼？説者各異。我認爲徹是兼用貢、助兩種辦法，於國中用貢，於野用助。孟子所説的"野九一而助，國中什一使自賦"實際就是周的徹法。

《孟子》説："徹者，徹也。"從形式上看，好象祇説了一個甲是甲，令人讀後茫然不知其用意何在。這應是引起後世争論的一個基本原因。據我體會，《孟子》原文絶不會祇作簡單的重複，而必然是原來上下兩個徹字在音義上有很大的不同。上一徹字没有問題是指周的徹法，下一徹字則可能指的是車轍的轍。段玉裁《説文解字注・攴部》"徹"下注説："古有徹無轍。"《説文》新附有轍字，徐鉉注説："本通用徹，後人所加。"這都是古時轍祇作徹之證。徹的本義應爲"車迹"，在古籍裏徹又訓道、訓通，應都是自車迹一義引伸。孟子所以用徹來解釋徹，我想不一定取它的引伸義，而很有可能取它的本義。車有兩輪，轍有雙軌，與徹之兼用貢助適相類，因假以爲名。這樣解釋較之訓徹爲通似與原文尤爲密合。未敢自是，恃記於此，以俟知者指正。

總之，徹爲兼用貢、助，這是客觀存在、不能否認的事實。由於上文對這個問題已經談了很多，現在不擬再講，以免重複。現在祇準備談談爲什麼周行徹法——於國中用貢，於野用助。

有人説，這是由於周代居於國中的是周族，爲征服者；居住於野的是商族，爲被征服者。

過去我也認爲這種説法有道理。近來經過仔細研究，覺得這種説法有嚴重缺陷，不符合當時實際情況。

這種説法所稱的商族、周族，不知是指哪一種意義而言？

如果説是指有血統關係的氏族組織而言，那末，這就同説商是奴隸社會，已經有了國家的論點相抵觸。恩格斯曾明確地指出過：

> 國家和舊的氏族組織不同的地方，第一是按地區來劃分國家管治下的人民。舊的氏族聯盟是由於血統的聯繫而發生和保持的，象我們在前邊已經看到的，它們現在

所以大部分成爲不適用,是因爲它們的前提——氏族成
員與一定地域底聯繫,早已停止了。地域雖然依舊,但人
們已可移動了。因此,地域的區劃就作爲出發點,並允許
公民在他們住的地方實現他們的社會權利與義務,而不
管他們是屬於哪一氏族或哪一部落。這種按照居住地組
織公民的辦法,是一切國家共同采用的。①

這就是說國家出現了,氏族組織必然變爲地域組織。因爲這樣才
能够和國家適應。

如果說所指的不是氏族組織,而是地域組織。那末,它是單指
商王畿内而言呢? 還是包括一切有統屬關係的方國在内呢?

如果說是單指商王畿内而言,根據古籍記載,卻是這樣:

《史記·周本紀》記武王克殷後說:

> 封商紂子禄父殷之餘民。②

又,《宋微子世家》說:

> 周公既承成王命誅武庚、殺管叔、放蔡叔,乃命微子
> 開代殷後奉其先祀,作《微子之命》以申之,國於宋。微子
> 故能仁賢,乃代武庚,故殷之餘民甚戴愛之。③

此外還有,《書·多士》序說:

> 成周既成,遷殷頑民。

《逸周書·作雒》說:

> 俘殷獻民,遷於九畢,俾康叔宇於殷,俾中旄父宇於東。

---

① 《家庭、私有制和國家的起源》,人民出版社,1954 年,第 163～164 頁。
② 《逸周書》說:“武王克殷,乃立王子禄父俾守商祀。”蓋《史記》所本。
③ 《書·微子之命》序:“成王既黜殷命,殺武庚,命微子啓代殷後。”蓋《史記》所本。

《左傳》定公四年説：

> 分魯公以……殷民六族：條氏、徐氏、蕭氏、索氏、長
> 勺氏、尾勺氏，使帥其宗氏，輯其分族，將其類醜，……
> 分康叔以……殷民七族：陶氏、施氏、繁氏、錡氏、樊
> 氏、饑氏、終葵氏，……
> 分唐叔以……懷姓九宗，職官五正……

從上述這些材料可以看出，商王畿內居民其中有一部分遷於
成周，一部分分與魯、衛、晉各國，而最大的一部分則是跟隨微子於
宋立國。

如更進一步來考察，還可以看出，遷於成周的那一部分，據
《書・多士》記載是“商王士”。周公對他們説：

> 告爾殷多士！今予惟不爾殺，予惟時命有申。今朕
> 作大邑於茲雒，予惟四方罔攸賓，亦惟爾多士攸服奔走，
> 臣我多遜。爾乃尚有爾土，爾用尚寧干止。爾克敬，天惟
> 畀矜爾；爾不克敬，爾不啻不有爾土，予亦致天之罰於爾
> 躬。今爾惟時宅爾邑，繼爾居，爾厥有干有年於茲雒。

這段文字比較難懂。據我體會，大意是説，殷多士如果服從命
令遷於雒邑，則能受到照顧——有土地，有工作做。如果不服從命
令遷移，不但沒有土地，反要遭到懲罰。從這一段話裏可以明顯地
看出，所謂“殷多士”遷於成周之後，並沒有淪爲被奴役的野人，而
是依然居於“有地者”的地位。假如與《詩・大雅・文王》所説的：

> 商之孫子，其麗不億？上帝既命，侯於周服。
> 侯服於周，天命靡常。殷士膚敏，祼將於京。厥作祼
> 將，常服黼冔。

聯繫起來看，則所謂“殷士”能穿着舊日的禮服，參加王室宗廟之
祭，其地位是相當高的。

分與晉的那一部分，據《左傳》隱公六年說：

> 翼九宗五正、頃父之子嘉父逆晉侯於隨，納諸鄂，晉人謂之鄂侯。

這就是說，"懷姓九宗，職官五正"分與晉人以後，經過了二百多年，直到春秋初期，還保持着相當大的勢力，以至於有力量能作一個擁立舊君的主要角色。他們的身份當然不能說是野人了。

至於宋國，據《左傳》僖公二十四年說：

> 宋，先代之後也，於周爲客。天子有事，膰焉；有喪，拜焉。

這就是說，宋國至少在禮節上受到了周室的特殊優待。在宋國境內，居於野的雖然不能說不是商族，居於國中的，則可斷言，定不是周族。

綜上所述，可見如果說商族是指商王畿內居民，那末，說周代居於國中的是周族，爲征服者；居於野的是商族，爲被征服者，是没有根據，不能成立的。

如果說商族不是指商王畿內，而是指其他方國，那末，這種提法本身就未免荒唐可笑。事實上當時中國境內以族而論是非常之多的，不能簡單地看成祇有商、周二族。

總之，從上面一路論證，可以看出，無論從哪一種意義來講，都不能證明周代居於國中的是周族，爲征服者；居於野的是商族，爲被征服者這個論點的正確性。肯定說，周行徹法，於國中用貢，於野用助，是另有原因的。

據我淺見，周代國與野的對立同兵與農的對立、勞心與勞力的對立基本上是一致的。這些對立都是階級對立的表現。這些對立是自奴隸社會開始時就存在的，並不是周代所特有的現象（詳見上文）。用種族關係來解釋，認爲祇是一次戰爭造成的，肯定是不對的。

爲什麽周行徹法？我認爲這是周人總結了前代的經驗，感到這樣做更便利於他們的統治。

孔子説：

> 殷因於夏禮，所損益可知也。周因於殷禮，所損益可知也。（《論語·爲政》）

又説：

> 周監於二代，郁郁乎文哉！（同上，《八佾》）

這兩條就是周人進行統治曾吸取前代經驗的證明。

《禮記·檀弓上》説：

> 仲憲言於曾子曰：“夏后氏用明器，示民無知也；殷人用祭器，示民有知也；周人兼用之，示民疑也。”

又，《王制》説：

> 凡養老：有虞氏以燕禮，夏后氏以饗禮，殷人以食禮，周人脩而兼用之。

這兩條是周人吸取前代經驗的事例。

在這裏還需要補充説明一個問題。這就是《孟子》原文是説“國中什一使自賦”，而我們在討論問題時卻經常説國中用貢法（鄭玄注《周禮·匠人》已如此），説使自賦和説貢二者之間有没有矛盾的問題。我認爲這衹是看問題的角度不同，實際並没有矛盾。説使自賦是就它的原來意義而言，衹有這樣説才能正確地反映君子與野人之間的重要差別；説貢則是就它的實質而言，因爲從剥削來看，“什一”和“九一”基本上是一樣的。

談到夏后氏的貢的問題，由於史料缺乏，實難作更多的説明。但是我們既然承認了夏代已經進入階級社會，已經出現了井田制，就不應否認貢的存在，因爲它們之間是有聯繫的。有人説貢是生產物地租,助是勞動地租,生產物地租不應先於勞動地租而存在,因而孟子所説夏后氏的貢是不足憑信的。我認爲這種説法從理論上看,自屬無可非議;而從事實上看,不見得没有問題。因爲夏后氏的貢不能肯定就是生產物地租。恩格斯在論述克勒特人及德意志人的氏族時,有這樣一句話:"族長已經部分地靠部落底成員獻禮如家畜、穀物等來生活。"①依我淺見,夏后氏的貢就是直接從這種"獻禮"發展而來的。

《説文·貝部》説:"貢,獻功也。"段玉裁注引《國語·魯語》"社而賦事,烝而獻功"來説明。《魯語》原文如下:

> 社而賦事,烝而獻功,男女效績,愆則有辟,古之制也。(韋昭注:"社,春分祭社也。事,農桑之屬也。冬祭曰烝,烝而獻五穀、布帛之屬也。")

《左傳》僖公四年説:

> 爾貢包茅不入,王祭不共,無以縮酒。

又,昭公十三年説:

> 昔天子班貢,輕重以列。

綜觀上引諸例,大體上可以這樣判斷:貢的原義爲獻功。古代所有一切庶民的獻功,如《魯語》所説的;諸侯的獻功,如《左傳》昭公十三年所説的;四夷的獻功,如《左傳》僖公四年所説的,都叫做貢。貢的範圍,所包甚廣。夏后氏的貢實從庶民獻功取義,這個獻功的前身,可以肯定不是别的,就是恩格斯所説的"獻禮"。龍子所述則是貢的發展形式。社會現象是非常複雜的,我們應當仔細認真地進行研究,而不應當簡單地把貢看成是生產物地租,從而進一步又武斷地否定它的存在。

---

① 《家庭、私有制和國家的起源》,人民出版社,1954年,第139頁。

（六）小結

　　爲了對周代乃至整個井田制能有一個比較具體的、深刻的瞭解，上面以孟子的論點爲綱着重地討論了國與野、九一與什一、助與使自賦、君子與野人和貢助徹等五個問題。在進行討論的過程中，爲了能把問題説得更清楚，又廣泛地涉及中國奴隸社會的階級關係和中國奴隸社會是怎麽産生的問題。這些問題，無疑都是重大問題。由於歷史知識淺薄和馬克思列寧主義理論學習的不够，估計會存在很多錯誤，懇切地希望史學界同志們能給予批評和指正。

（《歷史研究》1965 年第 4 期）

關於井田制的破壞問題①

井田制破壞不是偶然的,有它破壞的原因,不是一個早上就完成了的,有它的長時間的變化過程。在變化過程中還有量變與質變之分,不能把量變錯誤地當作質變來看待,同樣也不能把質變錯誤地當作量變來看待。不但此也,在討論井田制的破壞問題時,還有必要指出某一具體歷史事件是質變、根本的變的標誌。所有上述這些問題,目前史學界同志們的看法並不是一致的。本文將專門就這些問題加以討論。

有人説:周宣王即位不籍千畝,這是井田制開始在王畿崩潰的標誌。這種説法對不對呢? 我認爲不對。其所以不對是因爲這種説法不符合"不籍千畝"的原意,而是對這句話作了粗暴的歪曲。如果進一步追問,爲什麼要歪曲這句話的原意呢? 不難看到,這同他堅持井田制里所謂"私田",是"諸侯和百官在方田以外所開墾出來的土地"這個錯誤觀點有直接聯繫。由於這個問題關係很大,内容又頗爲複雜,下面準備用較多的篇幅進行論述。

1. 籍田

我認爲"不籍千畝"這句話的原意不是別的,祇是説不舉行傳統的籍田典禮罷了。什麼叫做籍田? 爲什麼説這句話的原意是不舉行籍田典禮? 這些不須它求,祇就所引"不籍千畝"原文本身往下再多讀一點兒,把那段書讀完,就可以找到十分確定的答案。現

---

① 金老手稿顯示,該文應爲《關於井田制的幾個問題》續篇,成稿於 1964 年 9 月。──編校者案

在我們就把那段書的原文全部抄錄如下。

宣王即位,不籍千畝。

虢文公諫曰:"不可。

夫民之大事在農。上帝之粢盛於是乎出,民之蕃庶於是乎生,事之供給於是乎在,和協輯睦於是乎興,財用蕃殖於是乎始,敦庬純固於是乎成。是故稷爲大官(大或作太)

古者太史順時覛土。陽癉憤盈,土氣震發。

農祥晨正,日月底於天廟,土乃脈發。

先時九日。太史告稷曰:'自今至於初吉,陽氣俱蒸,土膏其動,弗震弗渝,脈其滿眚,穀乃不殖。'

稷以告王,曰:'史帥陽官以命我司事,曰:距今九日,土其俱動。王其祗祓,監農不易。'

王乃使司徒咸戒公卿、百吏、庶民,司空除壇於籍,命農大夫咸戒農用。

先時五日,瞽告有協風至。

王即齋宮,百官御事各即其齋。

三日,王乃淳濯饗醴。

及期,鬱人薦鬯,犧人薦醴。王裸鬯饗醴,乃行。百吏庶民畢從。

及籍,后稷監之,膳夫、農正陳籍禮。太史贊王,王敬從之。王耕一墢,班三之,庶民終於千畝。其後稷省功,太史監之;司徒省民,太師監之;畢,宰夫陳饗,膳宰監之。膳夫贊王,王歆太牢,班嘗之,庶人終食。

是日也,瞽帥音官以省風土。

廩於籍東南,鍾而藏之,而時布之於農。

稷則徧誡百姓,紀農協功。曰:'陰陽分布,震雷出滯,土不備墾,辟在司寇。'

　　　　乃命其旅，曰：'徇！'農師一之，農正再之，后稷三之，司空四之，司徒五之，太保六之，太師七之，太史八之，宗伯九之。王則大徇。

　　　　稺稷亦如之。

　　　　民用莫不震動恪恭於農。修其疆畔，日服其鎛，不解於時。財用不乏，民用和同。

　　　　是時也，王事唯農是務，無有求利於其官以干農功。三時務農而一時講武。故征則有威，守則有財。若是乃能媚於神而和於民矣，則享祀時至而布施優裕也。

　　　　今天子欲修先王之緒，而棄其大功，匱民之祀，而困民之財，將何以求福用民？"

　　　　王不聽。（《國語·周語》）

　　我們讀完上述這段文字，可以清楚地看到這段文字的主要部分是虢文公的一大篇言論。而虢文公的這篇言論並不是無的放矢，它正是針對"不籍千畝"而發的。那末，解釋"不籍十畝"而無視虢文公這篇言論，顯然是不對的。

　　我們仔細地分析虢文公這篇言論，可以看到這篇言論的中心內容是講籍禮，這可由文內有"除壇於籍"、"及籍"、"陳籍禮"、"廩於籍東南"等詞句得到充分的證明。古文獻中講到籍禮的地方還有很多，但是作爲一個問題，完整地、系統地講，則祇有此篇。在這篇言論中把籍禮的重要內容，如時間、地點、參加者、舉行典禮，當時及事前事後各個階段的儀節和生產物的儲藏、用途以及籍禮在當日各項政治工作中的地位和意義等等都作了詳晰的說明。所以"不籍千畝"的"籍"字肯定應用籍禮來解釋，"千畝"即是"庶民終於千畝"的"千畝"，任何別的解釋都與客觀歷史事實不符，都是錯誤的。

　　關於古代籍田之禮，參考諸書記載可以簡單概括如下：

　　(1)名稱"籍田"一名，始見於《詩·載芟序》，《國語·周語》則祇稱爲"籍"。籍又作藉(見《周禮・甸師》和《禮記》的《月令》、《樂記》、《祭義》等篇)、作助(《孟子・滕文公下》)。《説文》則作耤。我們從《説文・耒部》説:"商人七十而耡。耡,耤税也。"《孟子・滕文公上》説:"殷人七十而助。……助者,藉也。"又《滕文公下》説:"禮曰:諸侯耕助以供粢盛。"《周禮・遂人》"以興耡利甿",注説:"鄭大夫讀耡爲藉。"又《里宰》"以歲時合耦於耡。"注説:"鄭司農云,耡讀爲藉。"等等文例知道古時藉、助、耡諸字並通。藉之爲名實由集體耕作得義。藉田的藉同"助者,藉也"的籍原來並非二物。祇由於歷史發展,社會出現了階級,一個藉字遂分而爲二,一個變成了一些人定期舉行的一種儀式,一個變成了另一些人被剝削的一種手段。我們從藉田的儀式裏還可以清晰地看到原始時代實行共耕制的遺迹。前人釋藉爲借,爲蹈,看來是望文生義,不足信據的。

(2)實質　籍田是一種典禮,它是象徵性的東西,不但不能根據它説當時的統治者真的參加了農業生産勞動,也不能認爲當時天子、諸侯是依靠這項收入過活。

(3)類別　有天子的籍和諸侯的籍。

(4)時間　在孟春之月。

(5)地點　天子的籍在南郊,諸侯的籍在東郊。(《禮記・察統》)

(6)畝數　天子爲籍千畝,諸侯爲籍百畝。(《禮記・祭義》)

(7)參加者　天子的籍有"公卿、百吏、庶民"(《月令》謂:"帥三公、九卿、諸侯、大夫。"《載芟》詩則稱爲主、伯、亞、旅、强、以),諸侯的籍無考。

在這裏附帶談談《載芟》詩的主、伯、亞、旅、强、以。《載芟》原文是"侯主侯伯,侯亞侯旅,侯强侯以"。近人有譯爲:

　　　　主人家和大少爺來到了田裏,又帶着二少爺和其他的少爺們,還跟着打手一大批、幫手"一大批"。

我認爲這樣譯,儘管略本於毛傳(毛傳:"主,家長也。伯,長子也。亞,仲叔也。旅,子弟也。强,强力也。以,用也。"),不爲無據,但肯定是錯誤的。實際"侯主侯伯,侯亞侯旅,侯强侯以",正是上文"千耦其耘"的注腳。主、伯、亞、强以不是別的,就是《國語》所說的"公卿、百吏、庶民"。詩序以爲是籍田的詩無疑是對的。具體說主伯猶言正長,實指公卿而言;亞旅當依《書·牧誓》"司徒、司馬、司空、亞旅",《左傳》文公十五年"請承命於亞旅",成公二年"司馬、司空、輿帥、侯正、亞旅皆受一命之服"諸例作解,實指百吏而言;至强以則謂庶民,强是正夫,以爲餘夫。

(8)完成者　《周禮·甸師》說:"甸師掌帥其屬而耕耨王藉,以時入之,以共齍盛。"《序官》:"甸師下士二人,府一人,史二人,胥三十人,徒三百人。"

(9)生產物儲藏所　《周語》說:"廩於籍東南,鍾而藏之。"《月令》則稱"神倉",《春秋》則稱"御廩"(見《穀梁傳》桓公十四年)。

(10)生產物用途　1."供齍盛";2."而時佈之於農"。

(11)意義　1.勸農;2.孝敬(見《樂記》、《祭義》、《祭統》)。

綜上所述,可以看出籍田制度在古代確實存在過,否則不會諸書者有記載,並記載得如此詳明、具體。周宣王不籍千畝斷是不行籍田之禮,不能理解爲"廢棄公田制",看成是"井田制開始在王畿崩潰的標誌"。

2.公田、私田

把周宣王不籍千畝說成是井田制開始在王畿崩潰的標誌,推尋其原因,不僅在於誤解了"籍千畝"三字,還在於誤解了公田、私田這兩個概念。關於公田、私田這兩個概念的理解,看來已成爲目前研究中國古代史一個很重要的問題。它不僅牽涉到怎樣了解井田制,也牽涉到怎樣了解中國奴隸制向封建制過渡的問題。像這樣一個重要問題自然不是三言兩語所能說清的,因此,下面準備占用大量篇幅認真地、詳細地加以討論。

爲了徹底解決這個問題，首先從《詩・大田》的"雨我公田，遂及我私"談起。因爲這是看法分歧的根本所在。那末，這兩句詩裏的"公田"和"我私"到底應該怎麼解釋？是依照孟子把"公田"解釋爲"方里而井"中的公田，把"私"解釋爲"八家皆私百畝"的私對呢？還是把"公田"解釋爲"周王分賜給諸侯和百官的方田，即井田"，把"私"解釋爲"在方田以外所開墾出來的土地"如現在有人的説的對呢？爲了正確地解決這個問題，最好還是把《大田》原詩全部抄錄在下面來仔細進行研究。《大田》原詩全文是：

> 大田多稼，既種既戒，既備乃事。以我覃耜，俶載南畝，播厥百穀。既庭且碩，曾孫是若。
>
> 既方既皂，既堅既好，不稂不莠。去其螟螣，及其蟊賊，無害我田穉。田祖有神，秉畀炎火。
>
> 有渰萋萋，興雨（雨或作雲）祁祁，雨我公田，遂及我私。彼有不穫穉，此有不斂穧，彼有遺秉，此有滯穗，伊寡婦之利。
>
> 曾孫來止！以其婦子，饁彼南畝，田畯至喜。來方禋祀，以其騂黑，與其黍稷，以享以祀，以介景福。

《大田》詩的作者是什麼人？這是首先應當考慮的問題。據我看，這首詩不似出自詩中所謂"曾孫"或"田畯"那些人們之手。也不是那些"播穀"、"斂穧"的人們所能作。最穩妥的説法是第三者，即歌頌當時社會的御用詩人。

詩中總計用了四個"我"字，這些"我"字所代表的到底都是什麼人物呢？這正是本節所要解決的中心問題。我認爲解決這個問題最要緊、最可靠的辦法是要看與它們密切地聯結在一起的行動都是什麼？而不能單憑我們的主觀願望來決定。

請先看頭一個"我"字。非常明顯，這裏所提到的自我，不僅是"覃耜"的所有者，並且是"載南畝"、"播百穀"這些行動的主體。不但此也，並且是"去其螟螣，及其蟊賊"這個行動的主體。爲什麼呢？因爲文勢是一氣貫下來的。這樣，這第二個"我"字是什麼人的自我的問題實際上也解決了。因爲詩裏明白説除蟲爲的是不讓它損害我的田苗，可見除蟲害的自我與有田苗的自我自然是一個自我了。

再往下看。詩裏有"彼有不穫稺，此有不斂穧"的説法，那末，這時從事"穫""斂"的是什麼人呢？不假思索，就可以知道，定然是前此"播百穀"、"去螟螣"的人了。

現在可以考慮"雨我公田，遂及我私"這兩句詩中的"我"了。我們如果不是采取斷章取義孤立地看問題的方法，而是從聯繫看問題，就不能不看問題的方法，而是從聯繫看問題，就不能不看到這兩句詩是位於"播厥百穀"，"去其螟螣，及其蟊賊"與"彼有不穫稺，此有不斂穧"諸句的中間。這説明什麼問題呢？説明這兩句詩中的自我就是那些"播"者、"去"者、"穫"者、"斂"者的自我，而不能是別的。從文章結構看，固然爲此。從農業生産經驗看，也是爲此。顯然，農人播種、除蟲等等各項工作都做了以後，所關心的正是雨的問題。

審繹《大田》詩所描寫的，實際有兩類人物。一類是從事"載"、"播"、"去"、"穫"、"斂"的人物，即完全擔負起農業生産從春種到秋收的一系列工作的農業勞動者；另一類人物則是所謂"曾孫"和"田畯"。它們之間的關係是對立的關係，這可由"既庭且碩，曾孫是若"和"曾孫來止，……田畯至喜"這幾句詩明顯地看出來。從"既庭且碩，曾孫是若"可以看出衹有莊稼長得好才能博得所謂"曾孫"的歡心，從"曾孫來止，……田畯至喜"可以看出當日統治者監督勞動的情況。不難設想，田畯如果不喜，就要有多少人遭殃了。

全詩是由四章三十四句組成的，從寫作技巧來看，開頭三句和末尾一章都是采取客觀敘述的方法，從第四句起，改用自述語氣。所以詩中的自我都是一個自我的復述，即都是勞動者的自我而不是剝削者的自我。可見孟子的理解是對的，而另一種説法是不對的。

把勞動者的自我説成是剥削者的自我,把勞動者的私説成是剥削者的私,這絶不是小小的錯誤,而是把整個事情弄顛倒了,如果指導革命這就是認敵爲友。把這一論斷應用於研究古代史不可避免地要造成嚴重的後果。下面我們就來談這個問題。

例如説:

> 春秋時代,由於荒地被大量開闢和農業生産的提高,私田的數量因而也就不斷地增加。"公田"有一定的規格,私田則可以因任地形而自由擺布。"公田"是不能民買賣的,私田卻真正是私有財産。"公田"是要給公家上一定賦税的,私田在初卻不必上税。就在這樣的發展過程當中,諸侯和卿大夫們逐漸豪富起來了。

> 同時,貴族們還企圖在公田上確立自己的私有權。以前,公田屬於代表奴隸主國家的周王所有,周王有權處置所謂"天下"的全部土地,他對於各國諸侯、卿、大夫受封土地的干預,被認爲是理所當然。

這種説法就是根據自己對於公田、私田的錯誤理解而邏輯地引申出來的。由於它的内容涉及古代史中許多重要問題,包括土地制度問題、賦税制度問題、中國奴隸社會是通過什麽道路向封建社會過渡問題,所以下面還要廣引史實認真地進行討論。

首先要明確地指出,上述説法完全與歷史實際情況不符。

事實上古人所謂"溥天之下,莫非王土"衹表明周王有絶對無上的權力,並不是真的天下土地全由周王(包括他的行使職權的中央機關)直接支配,天下賦税全由周王(同上)直接掌握。我們知道當時諸侯受封是"受民、受疆土",即把一個地區整個兒交付他,並不是僅僅分賜給他若干塊方田。諸侯對周王如子産所説是"昔天子班貢,輕重以列"(《左傳》昭公十三年),即按着爵位尊卑作爲貢納輕重的標准，並不是按着實有公田畝數上稅。不僅諸侯如此，卿大夫受邑例爲魯季孫氏之於費，孟孫氏之於成也是把一地區整個兒交付與他們。《晉語》説"大夫食邑"，就是説卿大夫是食邑的稅入全部；説"公食貢"，就是説卿大夫們對公室衹負擔一定數量的貢納，而不是按照實有公田畝數上稅。至對周王則於義爲陪臣，連貢納義務都没有，更談不到上稅。

在這裏有必要説明一個問題，就是在金文裏常見有錫一田、十田、三十田、五十田等記載，這些田字應當怎麽理解？

《公羊傳》桓公元年説："此邑也，其稱田何？田多邑少稱田，邑多田少稱邑。"我認爲"田多邑少稱田，邑多田少稱邑"應是相傳古義而《公羊傳》述之。可見古人説若干田實際跟説若干邑差不多，都是統指一個區域中的全部土地而言，而不是專指一個區域中的可耕地而言。金文《散氏盤》、《鬲從盨》、《鬲攸從鼎》言田時都詳述疆界，就是證明。不僅金文如此，在文獻中也有很多此類例子。如，《左傳》僖公三十一年説：

　　　　分曹地，自洮以南，東傅於濟。

《春秋》記此事則謂"取濟西田"。又，同傳説："襄仲如晉，拜曹田也。"證明"曹地"就是"曹田"。

又，文公八年説：

　　　　晉侯使解揚歸匡、戚之田於衛，且復致公壻池之封，
　　自申至於虎牢之境。

又，襄公六年説：

　　　　遷萊於郳，高厚、崔杼定其田。杜注：定其疆界。

又，十九年説：

　　　　取邿田自漷水歸之於我。

此外如"疆許田"（成公四年）、"疆我田"（襄公十九年）、"疆鄆田"（昭公元年）、"疆戚田"（哀公二十六年）等等，不勝枚舉。總之，這些記載與《散氏盤》、《𠭯從盨》諸銘相比，祇是文字有詳略的不同，至於內容則基本上一致。"曹"、"匡"、"戚"、"邿"、"鄆"等都是田的名字，"洮"、"濟"、"申"、"虎牢"、"潧水"等則都是對於諸田所標明的界限。可見把金文的錫若干田的田解釋爲都是方田，不包括荒地在內，是沒有根據、不能成立的。至於拿這種論點作根據證明《散氏盤》時代的土地制度已經發生根本性的變化，則尤爲無稽之談。

綜上所述，可見，説周王干預各國諸侯、卿、大夫的土地，公田要給周王上一定賦税，私田是諸侯、卿、大夫的真正私有財産等等，都是出主觀虛構，與客觀事實不相符合。

那末，春秋時代的諸侯和卿大夫是否由於大量開荒而逐漸豪富起來了呢？事實證明絕對不是這樣。請看：

《左傳》襄公二十九年，晉叔侯説：

> 虞、虢、焦、滑、霍、揚、韓、魏，皆姬姓也，晉是以大。若非侵小，將何所取？武獻以下，兼國多矣，……

又，昭公二十四年，楚沈尹戌説：

> 若敖、蚡冒至於武、文，土不過同。……今土數圻。

又，襄公二十五年，鄭子産説：

> 昔天子之地一圻，列國一同，自是心衰。今大國多數圻矣，若無侵小，何以至焉。

《荀子·仲尼》説：

> 齊桓五伯之盛者也，……外事則詐邾襲莒，並國三十五。

《韓非子·十過》説：

秦穆公……兼國十二,開地千里。

《吕氏春秋·直諫》説：

荆國兼國三十九。

從上述這些材料可以看出什麽問題呢？可以看出春秋時代若干諸侯如齊、晉、秦、楚等國確實發生了很大的變化。但是,這個變化遠不是“豪富”二字所能形容,而是變得土兼數圻,互相争霸的地步,他們動不動就滅人國家。被他們滅了的不是一個或幾個國家,而是十幾個、幾十個國家。奇怪得很,爲什麽對這樣大的、鐵一般的事實竟熟視無睹,卻説他們是依靠開闢荒地、隱瞞賦税發家的呢？諸侯如此,卿大夫之間以及卿大夫與諸侯之間的互相殘殺、互相兼並的事實,其劇烈程度與諸侯也並没有兩樣。《史記·自序》説：“《春秋》之中,弑君三十六,亡國五十二,諸侯奔走不得保其社稷者不可勝數。”在這種情况下,身爲有國有家的諸侯和卿大夫們怎麽可能,又有什麽必要偷偷摸摸地做那些開闢荒地、隱瞞賦税的勾當呢？

還應指出,“諸侯和卿大夫們逐漸豪富起來”的説法不僅在於它是虚構的、没有根據的,更嚴重的,還在於它是作爲説明井田制破壞的原因,中國奴隸社會向封建社會過渡的道路而提出來的。簡單説,它是認爲井田制破壞是“私田”發展的結果,而井田制的破壞意味着土地私有制(地主所有制)的産生,奴隸制向封建制轉變的實現。也就是説,關於公田、私田的解釋是這一派學者研究中國古代史所建立起來的整個體系的基礎、核心。他們認爲在“私田”這個簡單的概念中已包含着封建生産關係的因素,已包含着新的跟舊的統治階級之間的矛盾,即周王是舊的統治階級——奴隸主階級的代表,而諸侯和卿大夫們則是新的統治階級——地主階級的前身。認爲諸侯和卿大夫們從受封的日子起就對開闢荒地、偷稅漏稅有極大的興趣，也就是說從受封的日子起就反對奴隸制，向往封建制。他們認爲中國奴隸制向封建制的過渡是通過下述這條道路實現的，即開始於開闢荒地、偷稅漏稅，完成於"承認私田的合法性而一律取稅"，亦即通過和平道路來實現的。他們認爲新的地主階級不是別的，不過是舊的諸侯和卿大夫們即舊的奴隸主階級（周王除外）的改頭換面而已。

　　爲了支持上述觀點，他們還設想周王是一個像秦始皇那樣的專制主義中央集權國家的首腦，所謂大小封君都徒有其名而無其實，他們封內的土田都要由中央管理，向中央上稅，封君的發財致富祇有或主要是開荒偷稅一途。不僅如此，他們還設想周室東遷以後，秩序依然如故，周王仍能繼續保持其體制。諸侯和卿大夫們祇是依靠開荒偷稅這件法寶日復一日、年復一年，平平靜靜地最後達到了土地制度的改變、階級關係的改變、整個社會性質的改變。

　　可是事實怎樣呢？事實同他們所設想的完全不一樣。姬周並不是一個專制主義中央集權的國家，周王在名義上雖爲共主，有一定的統治力量，但是大小封君仍然保持着從氏族社會遺留下來的割據的、分散的局面。諸侯和卿大夫們，在其自己的封域之內有相當大的獨立性，對土地和民人都有權處理。特別是自周室東遷以後，"天子之在者，惟祭與號"，更談不到對列國的諸侯、卿大夫有什麼控制能力。我們知道，當時社會的矛盾是非常複雜的，有諸侯與周王之間的矛盾，有諸侯與諸侯之間的矛盾，有卿大夫與諸侯之間的矛盾，有卿大夫與卿大夫之間的矛盾，有整個統治階級與被統治階級之間的矛盾，有各族之間的矛盾，決不能歸結爲祇有諸侯、卿、大夫與周王之間的一種矛盾。而且比較起來，這種矛盾還不是基本的、主要的。尤其進入春秋時代以後，各種矛盾都有不同程度的發展，階級鬥爭日趨激烈。相反，諸侯、卿、大夫與周王之間的矛盾已基本上得到解決。過分強調這種矛盾，在任何時候都把它放在首要的地位，甚至是唯一的地位，肯定是不對的。

　　總之,客觀的、真實的歷史完全不像他們所設想的那樣。實際當時社會根本不存在他們所説那樣的公田和私田,根本没有所説的開荒偷税那些事,絶對不能説井田制的破壞是由於開荒偷税導致的,更不能説諸侯和卿大夫們從一開始就反對奴隸制、向往封建制,到後來條件成熟一個早上就轉變爲地主階級,中國奴隸社會向封建社會過渡是通過和平道路實現的。因此,可以斷言:他們對公田、私田的解釋以及以他們的解釋爲基礎、核心所建立起來的整個體系都是虚構的、錯誤的,並且是有害的。儘管是無意識的、不自覺的,但事實上混淆了階級界限,把反動的説成是革命的,並宣傳了和平過渡的錯誤觀點。

　　有人説齊國在春秋初年,管仲執政的時代就大體上完成了封建制,論據是"承認田地私有,實行'相地而衰徵'"(《國語·齊語》),實行'與民分貨'(《管子·乘馬》),即地租剥削方式"。這種説法對不對呢? 我認爲不對。其所以不對,在於所據以立論的兩條引文本身有問題。即假如不是曲解或誤解,根據這兩條引文得不出"地租剥削方式"的結論,不能認爲當時井田制已經破壞,封建的生産關係已經出現。

　　首先説"相地而衰徵"。

　　我認爲"相地而衰徵"這句話的意思祇在於説明賦税負擔的合理,即制定賦税不僅看土地的數量,還看土地的質量,做到好地多上税,不好的地少上税,令賦税的等第與土地的等第相適應。至於這種剥削屬於什麽性質,是奴隸制的剥削還是封建制的剥削? 這時井田制是否存在? 在這句話裏是看不出來的。那末,這句話是不是意義不確定,怎麽理解都行呢? 我認爲不能這樣説。原因是這句話是在一段話的中間,它要受其他的一些話制約。我們不能不看到在這句話的下面,僅僅間隔兩句,就有這樣一句話:"陵阜陸墐,井田疇均,則民不憾。"而且這幾句話是並列的句子,每一句話擔負着一個特殊的任務,綜合起來説明一個問題。正由於這段話裹有了"井田疇均"這樣一句話,所以"相地而衰徵"這句話的意義就確定了,引用它作爲井田制破壞、封建生産關係出現的證據就是錯誤的、不能允許的。

事實上井田制是中國奴隸社會土地制度的具體表現形式。井田制的剥削方式有兩種:一種是"制公田不税夫",另一種是"税夫無公田。""相地而衰徵"正適用於後一種。我們不能祗從表面上看到没有公田,又談到税的問題,便斷言土地制度改變了,社會性質也改變了。

其次,談"與民分貨"。

《管子・乘馬》原文作"與之分貨"。"之"是民的代詞,用民來替换"之"字並不是不可以的,問題在於這個"貨"字不應解釋爲"地租",理由如下:

(1)《乘馬》篇裹曾兩次談到"市者,貨之准也","貨"的本義猶今言商品,用這個詞來稱"地租",實在是罕有其例。(2)原文"距國門以外,窮四境之内,丈夫二犂,童五尺一犂,以爲三日之功。正月,令農始作,服於公田農耕。及雪釋,耕始焉,芸卒焉。士,聞見、博學、意察而不爲君臣者,與功而不與分焉。賈知賈之貴賤,日至於市而不爲官賈者,與功而不與分焉。工治容貌功能,日至於市而不爲官工者,與功而不與分焉"。很明顯,這段文字裹是就"爲三日之功"一個問題,分别從"農"、"士"、"賈"、"工"四個方面來談的。以下隔了幾行又説:"是故非誠賈不得食於賈,非誠工不得食於工,非誠農不得食於農,非信士不得立於朝。"也是"賈"、"工"、"農"、"士"四民並言。那末,在結尾處説:"不告之以時而民不知,不道之以事而民不爲,與之分貨則民知得正實,審其分則民盡力矣。"顯然也是針對"農"、"士"、"賈"、"工"四個方面説的。具體説,"告之以時"是指農説的,"與之分貨"是指賈説的。《荀子・王霸》有"傅曰:'農分田而耕,賈分貨而販,百工分事而勸,士大夫分職而聽。'"之語,與此處所談的内容略同。"分貨"斷然是指賈説的,把"貨"解釋爲"地租"實難説得通。(3)從"與之分貨"這句話孤立地看,也很難得出"地租剥削"的論斷。爲什麽呢?因爲"與之分貨"譯成今語祇是"和他分貨","貨"原來是誰的?在文字上看不出來。遽然説它是"地租",也嫌武斷。基於上述三點理由,我認爲把"與之分貨"解釋爲"地租剥削"是錯誤的、不能成立的。

另方面,我們如果不怕麻煩,把《乘馬》篇那段文字找到,粗略地讀一遍,就可以看到有下列三點應當引起我們注意。(1)農言"服於公田",賈言"官賈",工言"官工"。(2)説"非誠賈不得食於賈,非誠工不得食於工,非誠農不得食於農"。(3)説"均地分力,使民知時也",試想這個農人是在公田上勞動,與官賈官工的身份基本上相同;如果不是真正的農人,在生活上就不能享受與農人同樣的待遇;農人的土地是由國家平均分配的。這樣,這個農人是什麽身份不是已經很清楚了嗎?怎能認爲農人有自己的私有土地,向政府繳納封建性的地租呢?

總之,引用"相地而衰徵"、"與民分貨"這兩條材料不能證明春秋初年的齊國已經廢除井田制,出現了封建的生產關係。相反,如果認真地考察一下這兩條材料,倒足以證明當時依舊實行井田制,社會性質並沒有改變。

還有《左傳》裏的"作爰田"、"初税畝"、"用田賦"是否應如某些人所説,可以看作是井田制被破壞、封建生產關係出現的標誌呢?我認爲不能。不過這個問題也比較複雜,仍然有必要多占用些篇幅,逐條加以討論。

(1)作爰田

"作爰田"這句話見於《左傳》僖公十五年。《國語·晉語》也記載了這件事,惟"爰"作"轅"。爲了把這個問題盡可能地談清楚,有必要詳引原文並與"作州兵"聯繫起來考察。茲録《左傳》原文如下:

> 晉侯(惠公)使郤乞告瑕呂飴甥,且召之。子金教之

言曰："朝國人而以君命賞。且告之曰：孤雖歸，辱社稷矣。其卜貳圉也！"衆皆哭。晉於是乎作爰田。

呂甥曰："君亡之不恤而羣臣是憂，惠之至也。將若君何？"衆曰："何爲而可？"對曰："征繕以輔孺子。諸侯聞之，喪君有君，羣臣輯睦，甲兵益多，好我者勸，惡我者懼，庶有益乎？"衆悦。晉於是乎作州兵。

關於"作爰田"應如何解釋才是正確？前人的見解也頗不一致。茲具録諸説如下，然後再加以分析。

①《〈左傳〉注疏》説：

注："分公田之税應入公者，爰之於所賞之衆。"疏："服虔、孔晁皆云：爰，易也。賞衆以田，易其疆畔。杜言爰之於所賞之衆，則亦以爰爲易。謂舊入公者，今改易與所賞之衆。"

②韋昭《國語解》説：

賈侍中云："轅，易也。爲易田之法，賞衆以田。易者，易疆界也。或云：轅田以田出車賦。"昭謂此欲賞以悦衆而言以田出車賦，非也。唐曰："讓肥取磽也。"

③惠棟《春秋左傳補注》説：

棟謂爰田者，猶哀公之用田賦也。下文作州兵者，猶成公之作丘甲也。《外傳》爰作轅。賈逵曰："轅，車也。以田出車賦。"《説文》曰："爰，籀文以爲車轅字。"《春秋左傳》多古字古言，故以爰爲轅。服訓爰爲易。易田之法本是周制，何云作也？《漢書・地理志》曰："秦孝公用商君制轅田。"豈亦賞衆以田耶？《外傳》所云賞衆是一時之事，爰田、州兵是當日田制、兵制改易之始，故特書之。

……

④錢大昕《廿二史考異》説：

> 按《春秋傳》"晉於是乎作爰田"，服虔、孔晁皆云爰，易也。《説文》爰作"趄"："趄田，易居也。"《張湯傳》"爰書"師古訓爰爲換。換與易同義。（見《食貨志》"三歲更耕之，自爰其處"條）

仔細分析諸家之説，大體上可以這樣判斷："爰"、"轅"、"趄"三字音義並同，可以通用。諸家訓"爰"爲易、爲換是對的。惠棟以轅爲車，其説迂曲，不足爲據。

不過，"爰田"到底應當怎樣解釋？《國語·晉語》有"轅田"，《漢書·地理志》也有"轅田"，兩處文字全同，所表述的内容是否也完全一樣？又學者解釋《地理志》"轅田"往往援引《食貨志》的"自爰其處"，以爲是"三年爰土易居"，也就是説又牽涉《漢書·食貨志》所説的爰田，那末，這些"爰田"或"轅田"的含義究竟是相同，還是不同？所有這些問題都有必要作認真地探討，以期得到徹底的解決。

我認爲儘管爰、轅字通，其義都應訓爲易、爲換，但是，《左傳》、《國語》的"爰田"或"轅田"與《漢書·地理志》的"轅田"不同，《左傳》、《國語》和《漢書·地理志》的"爰田"或"轅田"又與《漢書·食貨志》的爰田大異。

首先説《左傳》的"爰田"不能用《食貨志》爰田之義來解釋。爲什麽呢？因爲《左傳》"爰田"的前面有一個"作"字。這個"作"字表明是新創，而《食貨志》所謂"三年爰土易居"的辦法是老早就有的。請看：《食貨志》説：

> 民受田：上田夫百畝，中田夫二百畝，下田夫三百畝。歲耕種者爲不易上田，休一歲者爲一易中田，休二歲者爲再易下田。三歲更耕之，自爰其處。

《周禮·大司徒》説：

不易之地家百畝,一易之地家二百畝,再易之地家三百畝。

《公羊傳》宣公十五年何注説:

司空謹別田之高下善惡分爲三品:上田一歲一墾,中田二歲一墾,下田三歲一墾。肥饒不得獨樂,墝埆不得獨苦,故三年一換主易居。

恩格斯著《馬爾克》説:

凡是實行三圃制的地方(差不多到處都實行這種制度),村的全部耕地被分成相等的三大塊,其中每一塊輪換地第一年用於秋播,第二年用於春播,第三年休耕。……在分配土地的時候,就要注意到使每一個社員在這三塊土地上都能得到同樣大小的一份,以使每個人都能不受損失地適應公社的强制輪作制;按照這種制度,他必須在他自己這塊秋播地裏進行秋播等等。①

從上述這些材料可以看出:所謂三年爰土易居的辦法不僅曾實行於中國,也曾實行於歐洲。它是一定的生產力水平所決定的。論其最初產生應追溯到原始時代末期,決不是封建時代初期新出現的東西。

其次,説《左傳》的"爰田"與《地理志》的"轅田"不是一回事。

《地理志》説:

孝公用商君制轅田,開阡陌,東雄諸侯。

"轅田"在這裏衹説明改革了土地制度,至於怎樣改革的? 則由"開阡陌"回答,"轅田"本身並沒有回答這個問題。"阡陌"是井田制的重要標誌,"開阡陌"井田制自然就破壞了。可是《左傳》的

① 《馬克思恩格斯全集》第19卷,人民出版社,1963年,第358頁。

"爰田"則不然，它並没有破壞井田制。何以見之呢？因爲如果這時井田制已經破壞，則後來晉文公時所説的"公食貢，大夫食邑，士食田，庶人食力"（《國語·晉語》）就成爲不可能的了。

那末，《左傳》所説的"作爰田"到底應該怎樣理解呢？我認爲要理解"作爰田"當與"作州兵"聯繫起來看，惠棟説"爰田、州兵是當日田制、兵制改易之始"，這種看法是正確的。

不過，正確地理解"作州兵"也並不是一件容易的事。下面就來談這個問題。

《左傳》僖公十五年杜注"作州兵"説：

> 五黨爲州，州二千五百家也。因此又使州長各繕甲
> 兵。

杜説本於《周禮》。然《周禮》所述制度不盡可憑，且《周禮》所述都是王國之制，晉爲侯國，不見得完全適用；又《周禮》述六鄉的民制爲"五家爲比，五比爲閭，四閭爲族，五族爲黨，五黨爲州，五州爲鄉"，軍制爲"五人爲伍，五伍爲兩，四兩爲卒，五卒爲旅，五旅爲師，五師爲軍"。按照它所説"凡起徒役毋過家一人，以其餘爲羨"的原則來計算，是一州二千五百家應出一師二千五百人之衆，即已經有了當兵的義務，今天又説"作州兵"幹什麼？總之，杜預的解釋是有很多問題的，是不能作爲正確的結論來使用的。

我認爲杜説之所以不足據，最根本的原因在於他没有考慮"州"字還有另外的解釋。例如《司馬法》説：

> 王國，百里爲郊，二百里爲州。（《周禮·載師》注引）

這個"州"是在郊外一百里的範圍以内。又《左傳》宣公十一年説：

> 乃復封陳。鄉取一人焉以歸，謂之夏州。

哀公十七年説：

> 初，公登城以望，見戎州。問之？以告。公曰："我姬

姓也,何戎之有焉? 蔑之!"

所謂"夏州"、"戎州"是安置異族的地方。以上二"州"都不是鄉的
屬別。

那末,"作州兵"的"州"應當怎麼解釋才對呢? 我認爲這個
"州"既不是鄉之屬別,也與"夏州"、"戎州"不同。看來以依《司馬
法》作解,較爲妥當。爲了説明這個問題,無妨再舉一兩個例子。
《荀子·君道》説:

> 夫文王非無貴戚也,非無子弟也,非無便嬖也,偶然
> 乃舉太公於州人而用之,豈私之也哉?

《詩·小雅·大東》説:

> 舟人之子,熊羆是裘;私人之子,百僚是試。

我們如果仔細地加以分析,要以看出《荀子》所説的"州人"用意在
説明其爲卑賤疏遠。"貴戚"、"子弟"、"便嬖"是從反面來襯托,"偶
然"是從正面來形容。很明顯,這個"州"與《司馬法》所説的"州"是
一致的。"州人"猶言野人,它與"國人"的身份是有貴賤遠近之分
的。《詩》所説的"舟人"與《荀子》的"州人"相同,舟、州古字通。
"舟人之子,熊羆是裘"同"私人之子,百僚是試"一樣,以詩人的眼
光看來都是最不合理、反常的現象。野人的子弟怎能穿上熊羆皮
衣? 非貴族的子弟怎能也任政府官吏? 可是前人並不是這樣理解
的。

俞樾《諸子平議·荀子二》説:

> "州人"當從《韓詩外傳》作"舟人"。太公身爲漁父而
> 釣於渭濱,故言"舟人"也。舟、州古字通。

于鬯《香草續校書·荀子二》説:

> 州有儔義。……州人者,儔人也。

我認爲俞説是有缺點的。"釣於渭濱"祇能稱釣叟,不能稱舟人。因爲舟人一詞古人多用以爲司擺渡者之稱。《詩·匏有苦葉》"招招舟子,人涉卬否"是其證。而釣叟祇在於持竿捕魚,不一定有舟可操。于説尤爲疏陋,因爲以"傭人"作解則與上文的"非無貴戚也"三句和本句的"倜然"一詞都不相照,古人行文定不如是。

關於《詩》的"舟人之子"毛傳説:

舟人,舟楫之人。

鄭箋説:

舟當作周,裘當作求,聲相近故也。周人之子謂周世
臣之子孫退在賤官,使搏熊羆,在冥氏、穴氏之職。

我認爲毛説是望文生義,鄭説尤爲謬誤。爲什麼呢?因爲舟楫之人這個行業沒有代表性,特別是在北方尤其爲此,不能作爲執賤役的典型來使用。至於把舟人改成周人,不但與上文"西人"重複,而且顛倒了貴賤的身份,於詩義尤扞格難通。實際《大東》全詩都是用東西兩方面對比的手法來寫的。即一方面,盡力描寫東方諸國已困於賦役,疲憊不堪;另方面,極意演染宗周畿内卻奢淫無度、事事逾制。此章的"東人之子,職勞不來"是就東方諸國一方面説的,"西人之子,粲粲衣服;舟人之子,熊羆是裘;私人之子,百僚是試"則都是就宗周畿内一方面説的。具體説,"西人之子"指的是上層,"舟人之子"和"私人之子"指的是下層。原詩命意是十分清楚的。所以此處"舟人"應作"州人"與《荀子·君道》"州人"的用法相同,傳箋的解釋都是不對的。

綜上所述,可見《司馬法》關於"州"字的解釋並不是孤立的、不可靠的,而是有許多事例可爲證明。祇是這種解釋已經長期湮没,不經過細心鈎考,是不容易知道的。正因爲州在郊外,是野人居住的地方。舊制野人是不當兵的。現今由於特殊原因(兵源不足,國勢垂危),野人(在州内居住的)也當上兵了。所以,"作州兵"遂成

爲一件新事情。"作"字正表明是新創的東西。"甲兵益多"則是
"作州兵"的最好注腳。假如依《周禮》所説，州是鄉的屬別，那末，
州人本來就有當兵的義務，今天爲什麽稱"作"？又怎能達到"甲兵
益多"的目的呢？可見依據《周禮》作解是不對的。

　　"作州兵"既然如上面所分析的應理解爲改變舊制，令州人即
一部分野人服兵役，那末，"作州兵"與"作爰田"的聯繫何在呢？我
認爲這一點可由孟子所説的"野九一而助，國中什一使自賦"這兩
句話裏看到點線索。即一般説當時國與野的差別是同九一與什
一、助與使自賦的差別相適應、相一致的。今兵制發生變化，必然
牽連到田制、税制等等也一齊發生變化。反之，田制發生變化也正
是給兵制的變化準備了前提條件。所以"作爰田"必須與"作州兵"
聯繫起來看，才能得出正確的理解。這在當時的確是一個相當大
的變化。它説明這時的經濟關係、階級關係都發生了變化。但是
不是已經發生了根本性的變化，即舊的井田制破壞了，新的地主土
地所有制産生了呢？我認爲不能這樣説。因爲第一，它没有像商
鞅那樣明確地説"開阡陌"；第二，文公時還有"公食貢，大夫食邑，
士食田，庶人食力"的記載；第三，兵制是和田制密切地聯繫在一起
的，所以不能衹同户口發生關係，而不同土地發生關係。基於上述
三點，可以斷言"作爰田"、"作州兵"衹是走向根本的變化的第一
步。這一步固然很重要，低估了它的意義是不對的。但是，如果過
分地誇大了它的意義，把它説成是已經完成了根本的變化，也是不
對的。

　　(2)初税畝

　　"初税畝"見於《春秋》宣公十五年。它也是作爲一個重大事件
而被記録的。"初税畝"這條文字實際並不難理解，譯成今語，就是
開始征收田畝税。問題在於没税畝的時候是怎麽辦的？税畝以後
出現什麽情況？

　　從《三傳》的解説看來，没税畝的時候並不是没有剥削，衹是那

時候是"什一而藉"(《公羊傳》説),"藉而不税"(《穀梁傳》説),"穀出不過藉"(《左傳》説),即利用公田來進行剥削,實行所謂"制公田不税夫"。税畝以後則變成所謂"二"(《論語·顔淵》記魯哀公説"二吾猶不足"是其證),即既"制公田",又"税夫",而剥削加重了。當然不能否認這是一個很重要的事件,在這裏邊可以看出:第一是生産力提高了,提供了加重剥削的可能;第二是階級矛盾和鬥争有了新的發展;第三是井田制開始發生動揺,有了逐步轉變爲地主土地所有制的趨勢。但是,儘管這樣,還不能不承認這衹是賦税制度的變革,而不是土地制度的變革。尤其不能説這時已經廢除井田制而代替以地主土地所有制。

可是近來學術界有些人卻不是這樣看的。他們認爲未税畝的時候是諸侯和卿大夫們開闢荒地長期漏税,税畝是正式宣佈這些土地歸諸侯卿大夫私有而向他們徵税。其結果是井田制不存在了,地主階級出現了,奴隷制向封建制的轉變完成了。亦即認爲封建革命是開始於諸侯卿大夫的"開闢荒地",而完成於諸侯自己的"正式宣佈廢除井田制,承認私田的合法性,而一律取税"。新的地主階級不是别的,僅僅是舊的奴隷主换了一套服裝而已。這種看法不僅没有事實根據,在理論也説不通。由於它在學術界影響很大,不能不在這裏提一下。又由於上文已經談了很多,這裏就不準備多談了。

(3)用田賦

"用田賦"這條材料見《春秋》哀公十二年。《三傳》和《國語》都有説明,兹先録原文如下,然後再進行分析。

《公羊傳》説:

> 何以書?譏。何譏爾?譏始用田賦也。

《穀梁傳》説:

> 古者公田什一,用田賦,非正也。

《左傳》説：

> 季孫欲以田賦，使冉有訪諸仲尼。仲尼曰："丘不識也。"三發，卒曰："子爲國老，待子而行，若之何子之不言也？"仲尼不對。而私於冉有曰："君子之行也，度於禮。施取其厚，事舉其中，斂從其薄。如是，則以丘亦足矣。若不度於禮，而貪冒無厭，則雖以田賦，將又不足。且子季孫若欲行而法，則周公之典在。若欲苟而行，又何訪焉？"弗聽。

《國語·魯語》説：

> 季康子欲以田賦，使冉有訪諸仲尼。仲尼不對。私於冉有曰："求來！汝不聞乎？先王制土：藉田以力而砥其遠邇，賦里以入而量其有無，任力以夫而議其老幼。於是乎有鰥寡孤疾，有軍旅之出則徵之，無則已。其歲收：田一井出稯禾、秉芻、缶米，不是過也。先王以爲足。若子季孫欲其法也，則有周公之藉矣。若欲犯法，則苟而賦，又何訪焉？"

審觀上述四種説明，前二種過於簡略，衹説明它是變更舊制，而沒有介紹它的具體内容，對於我們了解這條材料幫助不大；後二種比較好些，但是《左傳》衹説了個"以丘"，究竟"丘"的詳細内容是什麼？"以丘"同"以田"的區別何在？還是令人茫然不得其解。看來《國語》的説明更好些。因爲它原原本本講出許多具體的東西。當然裏邊還有疑義，但畢竟比前三種要好得多。孔廣森《公羊通義》釋"用田賦"即據《國語》爲説。他引了《國語》一段文字後，説：

> 《五經異義》周禮説"有軍旅之歲，一井九夫百畝之賦出禾二百四十斛、芻秉二百四十斤、釜米十六斗"，謂此"田賦"也。古者公田藉而不税，有武事然後取其賦。故

賦之字從貝、從武。昔伯禽徂征淮夷，芻茭餱糧，郊遂峙
之，田賦之法也。今魯用四賦者，是無軍旅之歲，無一切
取之，屬民甚矣。稅畝本無其制，故言初；田賦本有其制，
特不宜非時用之，故言用。《傳例》曰："用者，不宜用也。"

我認爲孔廣森的解釋是對的。孔氏從詞例辨明"初"是本無其
制，"用"是本有其制，從字形辨明"賦"是軍旅之徵，而總的説來都
是不斷地加重剝削。這種看法無疑是有根據的，符合歷史實際情
況的。因爲魯到哀公時期已到了腐朽的、垂死的階段，統治階級越
是到了垂死階段越要加重對勞動人民的壓榨，這是合乎規律的。
有人説這是"進一步承認土地私有，而徵收賦税，按照封建制的方
法剝削民衆"把它看成是一種進步的，甚至是革命的東西，顯然是
不對的。這樣説不僅沒有根據，不符合歷史實際情況，即就立論本
身來看也有很大問題。因爲以前解釋"初税畝"時已經説過這類
話，怎麼又過了一百多年還是做這一工作？到底承認土地私有與
"進一步承認土地私有"有什麼差別？其具體內容是什麼？這些重
要問題都沒有回答，很難令人滿意。假如説承認土地私有都是所
謂"承認私田的合法性"，因爲從宣公十五年到哀公十二年始終不
能禁止某些卿大夫的開荒偷税，那末，爲什麼又説"按照封建制的
方法剝削民衆"？難道民衆與卿大夫是同義語嗎？對卿大夫的"私
田"收税是剝削，那末，前時卿大夫的"私田"不收税難道是正當的
嗎？總之，無論怎説都説不通。證明這種論點是錯誤的、不能成立
的。

還有，有人説："書社是井田制破壞後，春秋戰國間村公社的普
遍形態，自村公社由井田演變爲書社後，各諸侯的封賜土地，也就
由井田變爲以書社爲單位。"我認爲這種看法也是不對的。

據我所知在先秦古籍裏書社二字連用在一起的有下列諸例。
《左傳》哀公十五年説：

昔晉人伐衛,齊爲衛故伐晉冠氏,喪車五百,因與衛地自濟以西,禚、媚、杏以南,書社五百。

《管子・小稱》説:

公子開方以書社七百下衛矣。

又,《版法》説:

武王伐紂,士卒往者,人有書社。

《晏子春秋・内篇雜下》説:

昔吾先君桓公以書社五百封管仲,不辭而受。

《商君書・賞刑》説:

武王與紂戰於牧野之中,大破九軍,卒裂土封諸侯,士卒坐陣者,里有書社(案"里"當從《管子》作人)。

《荀子・仲尼》説:

與之書社三百而富人莫敢距也。

《吕氏春秋・慎大》説:

武王勝殷……諸大夫賞以書社。

又,《知接》説:

衛公子啓方以書社四十下衛。

又,《高義》説:

請以故吳之地陰江之浦書社三百以封夫子("夫子"謂墨子)。

審觀諸例,值得注意的有下列兩點:第一,書社一詞散見於西周、春秋和戰國幾個時期,不是井田制破壞後才出現的新事物;第二,書社一詞總是在記述賞賜或獻納土地時出現,可能與賞賜或獻納的問題有關。

在古籍中記述賞賜或贈與土地還有單稱社不稱書社的例子。如:

《左傳》昭公二十五年説:

> 齊侯唁公於野井……齊侯曰:"自莒疆以西,請致千社以待君命。"

《晏子春秋·内篇雜下》説:

> 景公禄晏子以平陰與稟邑反市者十一社。

《戰國策·秦策》説:

> 秦王使公子他之趙。謂趙王曰:"齊與大國救魏而倍約,不可信恃,大國不義以告弊邑,而賜之二社之地以奉祭祀。"

這三個例子從其所記内容來看與上引諸例基本上相同,即都涉及轉讓土地問題。但有的則稱爲書社,有的則祇稱社,證明社真正是轉讓的對象,書字則可有可無。書社二字不是一個具有特定内容的名詞。那末,書字在這裏應當怎麽解釋呢? 我讀《禮記·曲禮上》,見有"獻田宅者,操書致"一語在"獻車馬者,執策綏。獻甲者,執胄"諸文之下。《疏》云:"書致謂圖書於板,丈尺委曲書之,而致之於尊者也。"因悟"書社"之"書",即此"書致"之"書"。《左傳》哀公十五年杜注:"籍書而致之。"《管子·小稱》尹注:"謂以社教書於策。"都是對的。因爲土地不能移動,又是大物,與珠玉、弓劍不同,轉讓時不能直接以實物置於面前而互相授受,故必采取"書致"的辦法。這個"書"好似後世的禮單。後世餽送禮品很多不是當面持贈,而是開列清單,注明品名、數量,交付對方,以憑查點驗收。所以書社二字儘管經常連用,並没有構成一個名詞。前人解釋"書

社”，有的説“書其社之人名於籍”（《史記·孔子世家》索隱），有的
説“以社之户口書於版圖”（《荀子·仲》注），都是不得其解而妄爲
之説。今人把“書社”看成是“井田制破壞後村公社的普遍形態”，
則失之愈遠了。

那末，“書社”的“社”應當怎麼解釋？《戰國策·秦策》：“而賜
之二社之地。”（高注：“皆有社、二社二邑也。”）這是最正確的解釋。
其他任何的解釋都是妄説，不足據的。

上面已就當前史學界關於井田制破壞問題的一些有較大影響
的意見作了研究。大體上可以這樣説，古籍中“不籍千畝”、“與民
分貨”、“書社”等記載與井田制破壞問題並無關係，“作爰田”、“初
税畝”等記載與井田制破壞問題雖有關係，但它們是破壞的前提，
而不是破壞的表現。根據這些材料的哪一條斷定當時井田制已經
廢除，封建生産關係已經出現，都是不妥當的。我認爲井田制破壞
最根本的原因是生産力的提高，特別是鐵制生産工具的應用，使個
體農業經濟的産生和發展成爲可能。但它決不是，也不可能自動
地完成，而是通過了長期的、殘酷的階級鬥爭才實現的。由於中國
奴隸社會的特點，即它的不成熟性，還保留着很多原始社會的痕
迹。以周爲例來説吧，宗法制是氏族制的痕迹，井田制是公社的痕
迹。所以並没有形成專制主義中央集權的國家，而是在很大程度
上還保持着割據的、分散的局面。天子與諸侯之間、諸侯與卿大夫
之間不可否認是有不同程度的統屬關係，但是這種統屬關係相當
鬆弛，大小封君在其封域之内有極大的獨立性。正因爲這樣，當時
的階級矛盾和鬥爭的内容及其表現形式非常複雜。大體上説，諸
侯與天子之間的矛盾、諸侯與諸侯之間的矛盾、卿大夫與諸侯之間
的矛盾、卿大夫與卿大夫之間的矛盾、各族之間的矛盾、整個統治
階級與廣大勞動人民之間的矛盾等等，從一開始就存在着。但是，
各種矛盾的性質及其發展程度並不是一樣的。根據歷史記載來
看，周代社會矛盾的激化以至表現爲公開衝突，首先是以諸侯與天

子之間的矛盾開始的。具體説，是從周厲王開始。到了幽王被殺、平王東遷，這個矛盾基本上已經解決。此後，諸侯與諸侯之間的矛盾上升變成了社會的主要矛盾，即進入春秋初期諸侯爭霸的時代。到了春秋中期，諸侯與諸侯之間的矛盾和鬥爭趨向緩和，代之而起，居於主導地位的是卿大夫與諸侯之間的矛盾、卿大夫與卿大夫之間的矛盾。各族之間的矛盾在春秋初期有了很大的發展，其劇烈的程度竟達到所謂"南夷與北狄交，中國不絕若線"的地步。中期而後，大部分已經解決，小部分還繼續作生死存亡的鬥爭。至於統治階級與勞動人民之間的矛盾和鬥爭，實貫穿於整個春秋的各個時期，始終没有停止過，但始終没有居於主導地位。總的看來，孔子把西周和春秋分爲禮樂征伐自天子出、自諸侯出、自大夫出等幾個階段基本上是符合客觀實際情況的。所以，春秋時代的階級矛盾和鬥爭是非常複雜而激烈的，但是占主導地位的始終是統治階級内部的矛盾。因而在這個時代之内的任何時期、任何區域都没有出現過封建生産關係。有的，祇是它的前提條件而已。不能設想，不通過統治階級與被統治階級的鬥爭或新、舊統治階級的鬥爭，僅僅依靠統治階級自己的努力就能由奴隸制過渡到封建制。即以大家所熟知的"作爰田"、"初税畝"這兩條材料來説吧，爲在上文所分析的，它們都不是井田制破壞的表現，而祇是井田制破壞的前奏。導致井田制破壞的直接原因則是戰争。由於戰争的要求而不能不竭力去擴大兵源、加重剥削，這樣勢所必至就引起了土地制度和階級關係的變化。但是，必須看到，這個變化祇是量變，而不是質變，尤其不是根本的質變，不能認爲這時井田制已經廢除，封建生産關係已經出現。

那末，在什麼時候、哪一事件可以看作是井田制破壞的標誌呢？我認爲井田制破壞的最好的標誌還是確定爲戰國初期商鞅變法的"爲田開阡陌封疆"。理由如下：

(1)《史記·商君列傳》"爲田開阡陌封疆"這條材料的含義非

常明確,不須費辭解說就斷然知道是破壞井田制。

(2)商鞅變法非常明顯是"反古"而不是"法古",即是革命的,而不是保守的或改良的。變法的内容如:"宗室非有軍功,論不得爲屬籍",就意味着是對宗法制的否定;"集小都鄉邑聚爲縣,置令丞",就意味着是對分封制的否定。而二者的經濟基礎正是井田制。否定井田制、宗法制和分封制不是别的,就是否定奴隸制而向封建制過渡。這種情況在"作爰田"、"初稅畝"時是没有的,而且也不可能有,因爲當時正是統治階級内部矛盾占主導地位,没有這個歷史條件。

(3)《史記·蔡澤傳》述蔡澤語有:"商君爲秦孝公……決裂阡陌。"《漢書·食貨志》述董仲舒語有:"至秦則不然,用商鞅之法,改帝王之制,除井田,民得買賣。"可見井田制破壞開始於商鞅,這是歷代相傳爲大家公認的事實。

(4)從《商君列傳》所記商鞅變法的全部過程來看,很明顯這是一次極爲劇烈的、有歷史意義的政治鬥爭。在這次鬥爭中,清楚地看到了商鞅及秦孝公爲一方,甘龍、杜摯、公子虔、公孫賈和太子爲另一方。前者堅決主張並實行變法,他們是革命派,是新的、地主階級的代表;後者堅決反對並破壞變法,他們是反動派,是舊的、奴隸主階級的代表。秦孝公本來是奴隸主的頭子,爲什麽他同意並支持變法呢? 要知道,這並不是出於他的階級本性,恰恰相反,這乃是由於國内外形勢的逼迫,他意識到不這樣做將活不下去,因而背叛了原來的階級。甘龍、杜摯等爲什麽反對變法呢? 這純粹是出於他們的階級本性,因爲變法的鋒芒正是針對着他們,直接觸犯他們的利益。認爲向封建制過渡對奴隸主階級有利,他們能自動地進行改革,這是不可想像的。

(5)經過了春秋時代長期的、深入的、殘酷的統治階級内部的鬥爭,一方面,統治階級力量大大削弱;另一方面,被統治階級也發生了很大的變化。具體説,先前不能當兵,後來當上兵了;先前没有學文化的機會，後來可以學文化了；先前不能參加政權，後來也可以做政府官吏了。正因爲這樣，戰國初期遂由統治階級内部矛盾占主導地位的時代轉入新舊統治階級矛盾占主導地位的時代，而使商鞅的變法成爲可能。像商鞅這樣人物，在春秋初期或中期肯定不會出現的。爲什麽呢？因爲當時没有出現這樣人物的歷史條件。

　　基於上述五點理由，我認爲商鞅變法的"爲田開阡陌封疆"是井田制破壞的最明顯的標誌。當然當時各國的發展是不平衡的，三晉及齊、楚、燕各國井田制的破壞與商鞅變法的關係不大，或者簡直没有關係。但是從總的趨勢來看，發展的步驟基本上是一致的。決不應把井田制破壞的上限提到戰國以前。另方面，井田制的破壞，封建制的建立，並不是一次鬥爭就完成的，而是經過長期的、反復的、無數次鬥爭才完成的。具體説，直到秦始皇兼並六國，"使黔首自實田"，地主土地所有制才最後確立，向封建制過渡才最後完成。至其詳細經過情況如何，因與本題關係不大，不在這裏贅述了。

　　　　　　　　　　　　　　　　　（未見發表，據手稿整理）

論井田制度①(存目)

① 見"專著"類《論井田制度》,另發表於《吉林大學社會科學學報》1981 年第 1 至 4 期。

談談中國由原始社會向
奴隸社會過渡的問題

中國由原始社會向奴隸社會的過渡，從根本上說，當然，是由社會生産力發展引起的。不過，由於史料缺乏，難言其詳。現今能考見的，祇有一點，就是中國由原始社會最後怎樣向奴隸社會轉變的。

我的意見，中國由原始社會最後向奴隸社會的轉變，是由夏后啓開始的。禹和啓雖是父子，就政治身份來說，二人實代表兩個不同的歷史時代。即禹是原始社會部落聯盟最後的一個民主首領，而啓則是奴隸社會最初的一個專制君主。

過去一些歷史學家認爲禹傳子，夏代始於禹，是錯誤的、不符合歷史實際的。這個錯誤不知始自何人，至少，孟軻應負一部分責任。

據我看，中國堯舜禹時代的所謂"帝"，同希臘英雄時代的巴賽勒斯、羅馬王政時期的勒克斯一樣，都是軍事民主制軍事首長的名稱。恩格斯說："勒克斯的職位不是世襲的；相反地，他大概是由其前任推薦，先由庫裏亞大會選出，然後在第二次大會上正式就職的。"①這一點，同《尚書‧堯典》裏所述舜禹帝位産生的辦法完全一致。又，《堯典》裏，"咨四岳"一語反復出現。這個"四岳"一詞，前人不得其解，有的說是四人，有的說是一人，其實都不對。獨有《漢書‧百官公卿表》釋爲"四方諸侯"比較接近事實。它不是別

---

① 《家庭、私有制和國家的起源》，《馬克思恩格斯全集》第 21 卷，第 145 頁。

的,正是恩格斯所説的軍事民主制的氏族社會的一個重要機關,即聯盟議事會。這個議事會是由部落首長組成的,自後世看來,自然可以説是四方諸侯。

軍事民主制除了軍事首長、議事會以外,還有一個重要機關,即人民大會。這一點,中國古籍裏没有記載。但是,後世有"國危"、"國遷"、"立君",於外朝詢萬民之制,見於《周禮·秋官·小司寇》;有"朝國人"問與楚與吴之事,見於《左傳》哀公元年,顯然這是古制之遺。可以斷言,人民大會定存在於堯舜禹時代。然則堯舜禹時代爲原始社會末期的軍事民主制,已確然無疑。

堯以前無考,我們知道舜、禹的帝位不是世襲的,是用民主選舉的方法產生的。首先破壞這種制度的、變傳賢爲傳子的,實爲夏后啓。《竹書紀年》説:"益干啓位,啓殺之。"《戰國策·燕策》説:"禹授益,而以啓人爲吏。及老,而以啓爲不足任天下,傳之益也。啓與支黨攻益而奪之天下。"①《韓非子·外儲説右下》説:"古者,禹死將傳天下於益,啓之人因相與攻益而立啓。"三書的説法雖略有出入,然認爲啓是用暴力奪取政權則相同。馬克思《摩爾根〈古代社會〉一書摘要》説:"世襲繼承制在凡是最初出現的地方,都是暴力(篡奪)的結果,而不是人民的自由許可。"(第 123 頁)可見,世襲繼承制的最初出現,都是暴力的結果,這是一條規律。這條規律又在啓的身上得到證實。

可是,孟軻卻獨制造異説,胡謅什麽"堯崩,三年之喪畢,舜避堯之子於南河之南。……舜崩,三年之喪畢,禹避舜之子於陽城。……禹崩,三年之喪畢,益避禹之子於箕山之陰"(《孟子·萬章上》)等等一套謬論,好像自古以來,都是傳子,傳賢乃是特例。歪曲歷史事實,抹殺了原始社會同奴隸社會的界限,給歷史科學造成極壞的影響。

---

　① 亦見《史記·燕召公世家》。

恩格斯説：“文明國家的一個最微不足道的警察，都擁有比氏族社會的全部機關加在一起還要大的‘權威’；但是文明時代最有勢力的王公和最偉大的國家要人或統帥，也可能要羨慕最平凡的氏族酋長所享有的，不是用强迫手段獲得的，無可争辯的尊敬。後者是站在社會之中，而前者卻不得不企圖成爲一種處於社會之外和社會之上的東西。”①我們持這一馬克思主義觀點來考察一下禹和啓，可以看到他們二人是迥然不同的。《莊子·天下》説：“禹親自操橐耜，而九雜天下之川，腓無胈，脛無毛，沐甚雨，櫛疾風。”《韓非子·五蠹》説：“禹之王天下也，身執耒臿，以爲民先，股無胈，脛不生毛，雖臣虜之勞，不苦於此矣。”證明禹是“站在社會之中”。而啓則不然，《墨子·非樂上》説：“於《武觀》曰，啓乃淫溢康樂，野於飲食。”《竹書紀年》説：“夏后開舞九韶。”（“開”即啓，漢人避景帝啓諱改）《山海經·大荒西經》説：“……名曰夏后開。開上三嬪於天，得九辯與九歌以下。”證明啓是一個荒淫無度的傢伙，他已“成爲一種處於社會之外和社會之上的東西”。由上述證明，毫無疑義，中國奴隸社會的開創者是啓而不是禹。啓開闢了中國奴隸社會的新紀元，但這並不能證明啓的人格偉大，恰恰相反，乃是由於他的道德墮落。恩格斯説：“卑劣的貪慾是文明時代從它存在的第一日起直至今日的動力；財富，財富，第三還是財富，——不是社會的財富，而是這個微不足道的單個的個人的財富，這就是文明時代唯一的、具有決定意義的目的。”②啓作爲一個道德墮落者，竟開闢了中國奴隸社會的新紀元，這毫不奇怪，是符合歷史發展規律的。

　　恩格斯不祇一次地説：氏族社會是以血族團體爲基礎的，而國家的基層單位已經不是血族團體而是地區團體了。又説：“奴隸制

① 《家庭、私有制和國家的起源》，《馬克思恩格斯全集》第21卷，第195頁。
② 同上，第201頁。

是古代世界所固有的第一個剝削形式。"①我們如果把這兩段話聯繫起來看,可以看到,作爲原始社會和奴隸社會分界的標誌的,應該是國家,而不是別的什麼東西。"國家是文明社會的概括",②而文明社會是由奴隸社會開始的,奴隸社會和原始社會分界的標誌,自然是國家。

在中國,國家是什麼時候出世的呢? 這一點,《禮記・禮運》有一段話,可以看作是很好的說明。原文說:

> 大道之行也,天下爲公,選賢與能,講信脩睦。故人不獨親其親,不獨子其子,使老有所終,壯有所用,幼有所長,矜寡孤獨廢疾者皆有所養,男有分,女有歸。貨惡其棄於地也,不必藏於己,力惡其不出於身也,不必爲己。是故謀閉而不興,盜竊亂賊而不作。故外戶而不閉,是謂大同。

> 今大道既隱,天下爲家,各親其親,各子其子。貨力爲己。大人世及以爲禮,城郭溝池以爲固,禮義以爲紀。以正君臣,以篤父子,以睦兄弟,以和夫婦,以設制度,以立田裏,以賢勇知,以功爲己。故謀用是作,而兵由此起。禹湯文武成王周公,由此其選也。……是謂小康。

這段話,自"大道之行也"至"是謂大同"顯然講的是原始社會的情況。具體說,"故人不獨親其親,不獨子其子",講的是家庭情況,反映這時的家庭是母系氏族的家庭,而不是父系氏族的家庭。"貨惡其棄於地也,不必藏於己,力惡其不出於身也,不必爲己",講的是經濟情況,反映這時的經濟是原始共産制的氏族經濟。"是故謀閉而不興,盜竊亂賊而不作",反映這時還没有階級和階級鬥爭。

---

① 《家庭、私有制和國家的起源》,《馬克思恩格斯全集》第 21 卷,第 194 頁、第 200 頁。

② 同上,第 200 頁。

自"今大道既隱"至"是謂小康",顯然講的是國家出現以後的情況。具體説,"天下爲家,各親其親,各子其子"講的是家庭情況,反映這時的家庭是父家長制的家庭。"貨力爲己",講的是經濟情況,反映這時是私有制經濟。"大人世及以爲禮"至"以功爲己",講的是社會政治情況,反映這時國家的階級統治工具相當完備。"故謀用是作,而兵由此起",講的是階級鬥争,反映這時不但産生了階級,而且階級鬥争日益加劇。"禹湯文武成王周公,由此其選也",實際上是以夏初爲上限,在奴隸社會和原始社會之間明顯地劃出一道分界綫。缺點是把國家的最初出現同禹聯繫起來,而不是同啓聯繫起來。

古籍如《周禮·考工記》、《禮記·檀弓》、《祭義》、《論語·八佾》、《孟子·滕文公上》等,談一些問題,總是"夏后氏"、"殷人","周人"並言。最顯著的例子是《孟子》講井田制時説:"夏后氏五十而貢,殷人七十而助,周人百畝而徹,其實皆什一也。"這不是偶然的。它説明夏殷周三代之間有一致的地方,有不一致的地方。自今天看來,夏殷周三代的一致地方在於它們都是奴隸社會。不一致的地方在於夏是一個過渡時期,而殷、周則已完成了過渡,成爲真正的奴隸制國家。夏不稱夏人,而稱夏后氏,就説明了這一點。馬克思《摩爾根〈古代社會〉一書摘要》講到羅馬人時,説:"以氏族爲基礎的社會和以領土與財産爲基礎的國家並存;後一組織在二百年的時期内逐漸代替了前者的地位。"(第209頁)正好用作中國也有這個過渡時期的證明。由階級社會向無階級社會即共産主義社會轉變有一個過渡時期,由無階級社會向階級社會轉變,也有一個過渡時期,這是歷史的必然,對此不應有任何懷疑。

把上文簡單地概括一下,就是,中國由原始社會向奴隸社會轉變是由夏后啓開始的。(仔細考察,我國古籍中,帝、后、王幾個名詞概念原來是有區別的。其區別在於"帝"是部落聯盟軍事首長的名稱,"后"和"伯"都是部落首長的名稱,"王"則是奴隸制國家最高

的專制君主的名稱。《左傳·僖公二十五年》説："今之王，古之帝
也。"這種説法，雖然表明帝王的政治地位有某些相同，亦隱含二名
在歷史實際上是有區別的。)夏殷周三代都是奴隸社會，但具體分
析，夏和殷、周還有差別。其差別在於夏代氏族的組織和國家長時
期並存，也就是説有一個過渡時期，而殷、周二代則已完成了過渡，
成爲真正的奴隸制國家。

(吉林大學《理論學習》1977 年第 11 期，《光明日報》1978 年 2 月 2 日)

關於中國原始社會向奴隸社會過渡問題的討論

——答劉文英同志

不久前,我發表了一篇文章,題爲《談談中國由原始社會向奴隸社會過渡的問題》。蘭州大學劉文英同志看過後,提出了不同意見。我認爲劉文符合百家爭鳴的方針,應該歡迎,建議我校學報刊載他的文章。真理愈辯而愈明。這裏,我還願意申述自己的意見,和劉文英同志商榷。

一、我們的根本分歧

劉文英同志承認"從原始社會到奴隸社會,其間必然有一個過渡時期",但不承認"把從啓開始的整個夏朝,看作中國原始社會向奴隸社會轉變的過渡時期",而認爲"奴隸制國家的形成,應該説是這個過渡基本完成的標誌"。也就是説,我認爲夏后啓殺益奪權是過渡時期的開始,而劉文英同志認爲它不是過渡時期的開始,而是過渡時期的完成。這是我們的根本分歧所在。

我現在仍舊認爲我的看法是正確的,兹申述如下。

我認爲由無階級社會向階級社會的革命轉變,不同於階級社會内部一種社會形態向另一種社會形態的革命轉變,它有一個過渡時期。這個過渡時期,是由國家部分出現開始,到國家完全形成爲止。過渡時期的内容是以氏族爲基礎的社會和以領土與財產爲基礎的國家並存,後一組織在幾世紀的時期内逐漸代替了前者的地位。摩爾根《古代社會》中所謂"過渡時期"，原指由氏族制度向國家的過渡而言，把它說成是由原始社會向奴隸社會的過渡，則是根據我個人的理解。我認為，這裏所説的"氏族制度"是指原始社會末期的氏族制度，所説的"國家"是指奴隸制國家。

恩格斯説："雅典人國家的產生乃是一般國家形成的一種非常典型的例子。"①他在具體論述雅典國家形成的時候説："國家是怎樣部分地靠改造氏族制度的機關，部分地用設置新機關的辦法來排擠掉它們，最後全部代之以真正的國家權力機關而發展起來的。"②恩格斯在這裏所談的，正是氏族制度向國家的過渡，或者説是過渡時期。

馬克思《摩爾根〈古代社會〉一書摘要》説："雅典人認為最初企圖消滅氏族組織的是提秀斯，提秀斯的名字應該看作是這個時代的或一系列事件的名稱。"③我認為夏后啓在某種程度上説，正是扮演了提秀斯的脚色。因此，我説啓殺益奪權是過渡時期的開始，而不是過渡時期的完成。

二、對於劉文若干具體意見的商榷

1. 劉文説："按照馬克思主義的觀點，所謂社會形態，就是一定的經濟基礎與其相適應的上層建築的統一。從一個社會形態轉變為另一個社會形態，其實質，就是舊的基礎與上層建築的破壞，而被新的基礎和上層建築所取代。一旦新的基礎和上層建築在整個社會生活中居於主導或支配的地位，就應當承認這個轉變或過渡基本完成。"又説："奴隸制就是這樣在原始社會的母胎裏，發生、發

---

① 《馬克思思格斯全集》第 21 卷，第 136 頁。
② 同上，第 125 頁。
③ 馬克思:《摩爾根〈古代社會〉一書摘要》，第 183 頁。

展和成熟。”

我不同意劉文英同志的看法。我認爲劉文英同志所引述的觀點，祇適用於階級社會內部一種社會形態向另一種社會形態的轉變，而不適用於無階級社會向階級社會的轉變。因爲，階級社會的基礎和上層建築不可能在無階級社會中一旦居於主導或支配的地位。這一點，也像從資本主義社會向共產主義社會轉變一樣，必須有一個過渡時期。共產主義社會的基礎和上層建築不可能在資本主義社會中一旦居於主導或支配的地位。

2. 劉文説：“馬克思曾深刻地指出：‘私有制是新的要素，經過延續了若干世紀的在氏族基礎上建立國家的嘗試以後，這種要素逐漸改造希臘的制度並爲上述變化（即向政治社會或國家過渡）作好了準備。’馬克思的這段論述，具有普遍的意義。許多民族的歷史證明，隨着私有制的產生和發展，經過幾次大的社會分工，整個社會必然要分裂爲兩個對抗的階級：奴隷和奴隷主。起初祇是把戰爭的俘虜作爲奴隷，繼而氏族內部的窮人也陷於奴隷的地位。使用奴隷開始不過是個別的零散的現象，結果奴隷逐漸成爲整個社會勞動的主力。經濟領域的這種變化，一定要反映到上層建築。於是，原來爲整個社會成員服務的氏族制度，由於‘脱離了自己在人民、氏族、胞族和部落中的根子’而‘轉化爲自己的對立物’，成爲一部分氏族貴族用以壓迫奴隷和平民的工具。正如恩格斯所説：‘氏族制度已經過時了。它被分工及其後果即社會之分裂爲階級所炸毀。它被國家代替了。’”

我認爲，劉文引述的“私有制是新的要素”至“作好了準備”那一段話不是馬克思的論述，而是摩爾根《古代社會》一書的原文，其內容講的是由氏族制度向國家的過渡。這個過渡時期不是在氏族社會內部，而是與氏族社會相次。

摩爾根《古代社會》的原文是這樣：“財産這種東西，是徐徐地改鑄希臘諸制度而開闢建設政治社會道路的新要素，它是政治社會的基礎，而同時又爲政治社會的主要泉源。……創造一新政治體制的最初企圖，從開始以至問題的解決，其間經過了數百年之久。當經驗證明氏族組織不能形成爲國家組織的基礎以後，於是在希臘各種社會中試行了一些不同的立法上的方案；他們都多少是互相模仿彼此的實驗及趨向着同一的結果的。在雅典人中的經驗將要拿來作爲主要的例證，其中可以列舉：提秀斯的立法（以傳説爲根據）、德累科的立法（紀元前六二四年）、梭倫的立法（紀元前五九四年），與克來斯忒尼的立法（紀元前五〇九年）。其中最後三者都屬於歷史時期。都市生活及諸制度的發達，財富之集聚於城壁圍繞的都市之内，由之而産生的生活方式的巨大變化，對於氏族社會的覆滅而代之以政治社會的建立準備好了道路。"①這裏所説的"創造一新政治體制的最初企圖，從開始以至問題的解決，其間經過了數百年之久"，正是從氏族制度向國家的過渡時期。摩爾根把"氏族制度的最後歷史"叫做"由氏族社會到政治社會的過渡以前"，②則過渡時期很明顯是不在氏族社會以内了。劉文的論證多屬氏族社會内部的問題，和馬克思主義所説的過渡時期不是一回事，不能混爲一談。

　　3. 劉文用大量文獻資料和考古資料來證明中國原始社會已經有了私有制，有了階級。其實，這一點不會有人懷疑，不需要證明。問題不在這裏，問題的中心在於馬克思主義所説的過渡時期，是在氏族社會以内，還是在氏族社會以外。

　　馬克思《摩爾根〈古代社會〉一書摘要》説："氏族制度本質上是民主的，君主制和氏族制度是不相容的。"③又説："在氏族制度之上不可能建立一個政治社會或國家。"④恩格斯説："國家的本質特

---

①　楊東尊等譯，三聯書店，1957 年，第 244 頁。
②　同上。
③　馬克思：《摩爾根〈古代社會〉一書摘要》，第 176 頁。
④　同上，第 108 頁。

徵,是和人民大衆分離的公共權力。"①正由於氏族制度和國家在本質上是矛盾的,在氏族制度之上不可能建立一個國家,而馬克思主義所説的過渡時期的内容則是以氏族爲基礎的社會和以領土與財産爲基礎的國家並存:後一組織在一定的時間内逐漸代替了前者的地位。因此,這個過渡時期不可能在氏族社會内部開始和完成。夏后启用暴力奪取政權,這樣,他所建立起來的新政權必然和人民大衆分離,而决不會扎根於人民、氏族、胞族和部落之中。另方面,他又不可能一下子就建立起真正的國家權力機關。這就决定它一定是過渡時期的開始,而不是過渡時期的完成。

4. 劉文説堯時已出現土地私有。我不同意這個意見,我認爲,不但堯時土地公有,即後來夏商周三代所實行的井田制度也是土地公有。恩格斯説:"差不多一切民族都實行過土地由氏族後來又由共産制家庭公社共同耕作……繼而差不多一切民族都實行過把土地分配給單個家庭並定期實行重新分配。"②井田制就是"把土地分配給單個家庭並定期重新分配"。它是原始社會實行的土地由氏族後來又由共産制家庭公社共同耕作的必然發展。因此,説堯時已經土地私有,是不符合事實的。

5. 劉文引用《尚書》"象以典刑"一段文字,特別是提到"寇賊姦宄",説舜時的刑,不但門類多,而且已把内部作爲打擊對象。我認爲《尚書》這段記載是有問題的,不能作爲依據。

據《今文尚書》,《堯典》、《舜典》原爲一篇,《皋陶謨》、《益稷》原爲一篇。在《堯典》、《皋陶謨》兩篇篇首都有"曰若稽古"四字,很明顯,它是後人所作,不是當時實録。雖是後人所作,也不能説全無根據。因此,過去疑古派學者全盤否定它,是不對的。但它既然是後人所作,就不免雜入後人的意見。過去多數封建士大夫全盤肯

---

① 《馬克思恩格斯全集》第 21 卷,第 135 頁。

② 同上,第 159 頁。

定它，也是不對的。正確的辦法，應該是用馬克思主義理論作指導，去粗取精，去僞存真。

恩格斯説："氏族制度是從那種沒有任何内部對立的社會中生長出來的，而且祇適合於這種社會。除了輿論以外，它沒有任何强制手段。"①又説："凡是部落以外的，便是不受法律保護的。在没有明確的和平條約的地方，部落與部落之間便存在着戰争，而且這種戰争進行得很殘酷，使别的動物無法和人類相比。"②這就是説，在氏族制度下，不可能有對内部的刑法。在氏族社會内部，放逐是最嚴重的處罰。《堯典》説"流共工於幽州，放驩兜於崇山，……殛鯀於羽山"即其例證。

不但氏族社會如此，即後來到了奴隸社會，刑法也不是使用於全民。《曲禮上》説："禮不下庶人，刑不上大夫。"這是中國奴隸社會的一條基本原則。從庶人以下無姓氏，庶人以上有姓氏這一點來看，對庶人以下用刑不用禮，實際上是把它們作爲異族人來看待，即從這裏仍然可以看到氏族社會的遺迹。又，《禮記•王制》有簡不帥教者，移之左鄉、移之右鄉、移之郊、移之遂、屏之遠方、終身不齒等等幾種不同等第的處罰辦法，在某種程度上説，也保存着氏族社會的痕迹。

由此可見，説堯舜時就已經有了如劉文引述的那樣完備的刑法，而且那種刑法已適用於氏族社會内部，是不可想象的。

6. 劉文説"堯舜禹時代的社會組織機構"，"形式上仍然是在部落基礎上組織起來的部落聯盟，實質上則正在轉變爲按地區劃分居民的國家。很明顯，鯀、禹先後治水，那麼長的時間，那麼大的規模，它必然要衝破部落血緣關係的界限，而把'地域的要素'注入到古老的氏族制度的肌體"。

---

① 《馬克思恩格斯全集》，第 192 頁。
② 同上，第 112 頁。

　　國家和氏族制度在本質上是矛盾的,因此,不可能有如劉文所説的"形式上的部落聯盟,實質上的國家"。

　　鯀治水,據説靠的是築堤防。這樣做,實際上是以鄰爲壑,所以不能成功。禹治水,改變了辦法,"高高下下,疏川導滯",所以成功。鯀治水,把注意力衹放在自己的部落聯盟所在地即可,不必有全面規劃。禹治水則不然,必須有全面規劃。作全面規劃,就不能以自己的部落聯盟爲限,勢必涉及其他的氏族、部落或部落聯盟。禹所能采取的辦法,大體上説,應有兩種:一是用和平的辦法徵求同意,二是用武力進行征服。如《吕氏春秋·貴因》説:"禹之裸國,裸入衣出。"即用和平的辦法徵求同意之例。《尚書·益稷》説:"苗頑弗即工。"《戰國策·魏策》説:"禹攻三苗,而東夷之民不起。"即用武力進行征服之例。

　　馬克思《摩爾根〈古代社會〉一書摘要》説:"易洛魁人曾征服了其他部落而使之服從,如德拉瓦部落,但是後者依然在他們自己的酋長治理之下,對於聯盟並未增加何等力量。在這種社會制度之下,不可能把語言不同的部落聯合在一個管理機構之下,從被征服的部落中除去貢獻物之外,不可能獲得住何其他的利益。"①可見,禹雖征服了很多部落,但在當時的歷史條件下,不可能把它們聯合在一個管理機構之下,所能得到的,衹有"任土作貢"而已。禹時所劃的九州,當和我們今天所説五大洲一樣,衹是地理上的名詞,並不是行政區劃的名稱。劉文相信"十二州、十二牧"之説,認爲舜時不但變更州制,而且設置了如此龐大的中央機關和地方機關,簡直和秦漢的規模差不多。我認爲這不是當時應有的情況,因而是不可信的。

　　7. 關於"四岳"的解釋,《漢書·百官公卿表》説:"四岳謂四方諸侯。"鄭玄説:"四岳四時官主方岳之事。"僞孔傳:"四岳即上羲和

---

　　①　馬克思:《摩爾根〈古代社會〉一書摘要》,第123頁。

之四子,分掌四岳之諸侯。"韋昭説:"四岳官名,主四岳之祭爲諸侯伯。"蔡沈則謂"四岳爲一人而總四岳諸侯之事。"諸説龐雜,而以《漢書》之説爲最早。我的意見,《漢書》之説,當有所受,其餘都是望文生義,没有多大參考價值。

恩格斯説:"軍事首長、議事會和人民大會構成了發展爲軍事民主制的氏族社會的各機關。"[①]當談到易洛魁聯盟的時候,他説:"聯盟的機關是聯盟議事會,由五十個地位和權限平等的酋長組成;這個議事會對聯盟的一切事務作最後的決定。……這五十個酋長,在聯盟成立時,被分配在各部落和氏族中,擔任專爲聯盟目的而設立的新的公職。……聯盟的這些酋長們,在他們各自的部落中也是酋長,享有參加部落議事會和表決的權利。……聯盟議事會的一切決議,須經全體一致通過。"[②]

根據恩格斯的上述論述,可見,聯盟議事會,第一,是由若干地位和權限平等的酋長組成;第二,對聯盟的一切事務作最後的決定;第三,聯盟的這些酋長們同時也是各自部落的酋長;第四,聯盟議事會的一切決議,須經全體一致通過。這樣,四岳如果不是四方諸侯(四方諸侯是後人的看法,在當時應是四方的部落酋長),而僅僅是一人或四人,怎能執行聯盟議事會的任務呢? 所以,我認爲《漢書》的解釋,比較近似,而其他解釋,都没有可取的價值。

8. 劉文舉出三條理由,斷言堯舜禹時代所説的"帝",不同於希臘英雄時代的巴賽勒斯和羅馬王政時期的勒克斯。

我認爲其第一條理由的"歷史長"和第三條理由的"時期晚",都不能成立,否定不了我的論點。祇有第二條,説到了真正的不同。不過,從馬克思《摩爾根〈古代社會〉一書摘要》中論述巴賽勒斯和勒克斯的職務來看,也不是完全一致。他説:"巴賽勒斯在戰

① 《馬克思恩格斯全集》第 21 卷,第 187 頁。

② 同上,第 109 頁。

場上是軍隊指揮官,在設防城市里是衛戍軍統帥,他的權力使他也在民事上能够具有影響;但是他似乎未曾擁有民政上的權力。"①"列克斯(列克斯即勒克斯的異譯)是統帥,又是祭司,但是没有民政上的職能。"②巴賽勒斯似乎未曾擁有民政上的權力,勒克斯没有民政上的職能,中國軍事民主制時期的軍事首長又何妨兼管民政呢? 我看用這條理由也不能否定我的論點。

9.劉文對《史通·疑古》及其他一切異聞別記有關和《尚書》不同的堯舜事迹,特感興趣。但又不敢斷然執此非彼,而采取了調和的態度,説:"部落和部落聯盟首領必須通過推薦和選舉而産生,這種制度有久遠的歷史,根深柢固不可能一下子被人廢棄。因此,舜禹繼位,依然要在形式上經過《尚書》講的那種程序。不過,由於私有制的發展和追求個人財富的貪慾的增長,部落聯盟首領早已成爲人們覬覦與争奪的對象了。"

選舉和争奪是兩個互相對立的概念。氏族制度本質上是民主的。在氏族制度之下,不可能有一方面用暴力奪取政權,另一方面還實行虚僞地禪讓的形式。曹丕篡權,確曾扮演過一出禪讓的把戲,並説什麼"舜禹之事,吾知之矣"。這祇能證明曹丕的厚顔無恥,絶不像劉知幾所説,是什麼"精鑒"、"先覺"。劉知幾的歷史觀是"以古方今,千載一揆"③也就是説他是用唯心的形而上學觀點看待歷史,因此,把舜禹和曹丕看成是一樣人物,而不知這是厚誣古人。把原始社會與階級社會的人物作歷史對比,是要犯絶大的錯誤的。《汲冢瑣語》言堯舜事,也與劉知幾相同。馬克思説:"歐洲的學者,大半生來是宫廷的奴僕,他們把巴賽勒斯説成是現代意義的王國。"④馬克思的話,説的雖然辛辣,但是對於那些用唯心的

---

① 馬克思:《摩爾根〈古代社會〉一書摘要》,第 181 頁。
② 同上,第 217 頁。
③ 《史通·疑古》。
④ 馬克思:《摩爾根〈古代社會〉一書摘要》,第 178 頁。

形而上學觀點看待歷史的人，卻是不無有益的。

10. 劉文説我引用"身執耒耜，以爲民先"這條史料來證明禹是站在社會之中，"衹是看到問題的一面"。劉文舉出兩件事，用以否定我的看法：其一是，"禹伐三苗，出師之前先祭祖宗，後'會群后'"；其二是，"'禹合諸侯於涂山，執玉帛者萬國'、'禹致群神於會稽之山，防風氏後至，禹殺而戮之'"。

我認爲，第一件事出自僞古文尚書《大禹謨》，它是晉以後的作品，不能證明禹的問題。第二件事應指被征服的氏族、部落或部落聯盟的首長而言，不在禹自己的部落聯盟的範圍以內，不能用它來否定禹是站在社會之中。

11. 我認爲《禮記·禮運》並不是馬克思主義作品。它根據客觀歷史實際，正確地勾劃出原始社會和奴隸社會的一個大致輪廓，已經了不起，不能要求它把一些細節也寫出來。應當指出，劉文説"夏朝開始已經形成了一幅完整的奴隸社會的圖畫"，是不符合歷史實際的。

夏后啓是用暴力奪取政權的，他所建立的新政權，一定是和人民大衆分離的，而決不會扎根於原有部落聯盟的氏族、胞族和部落之中。有扈氏不服，就是一例。所以，劉文説夏朝開始已經成了一幅完整的奴隸社會的圖畫，是不能令人同意的。

從史籍記載來看，夏代有有窮氏、伯明氏、有鬲氏、斟尋氏、斟灌氏、豢龍氏、御龍氏、昆吾氏等等，與伏羲氏、神農氏、無懷氏、葛天氏之以氏名，完全相同。而商代則不然，商湯在文告中，已使用"萬方"一詞（見《論語·堯曰》、《墨子·兼愛下》），而殷墟出土卜辭中稱"方"的尤多。"方"是國的異稱，由稱氏而變稱方，這不是偶然的，它是由以血族團體爲基礎轉變爲以地區團體爲基礎的反映。周人論著於夏商周三代並稱時，商周稱"人"，而夏獨稱"氏"，這裏顯然有精意存焉，正説明古人用詞得不苟。我們研究歷史，像這樣有重大關係的問題，絶不應等閑視之。

　　爲了弄清楚歷史問題,根據百家爭鳴的精神,我不憚煩瑣,又談了很多。由於馬列主義水平和歷史知識的限制,裏邊一定存在若干缺點和錯誤,還望劉文英同志予以指正。